"泰山学者"建设工程专项经费重大项目资助

"'是''在'""'诚''成'"的哲学

——交汇点上的塑造论哲学

上

张全新 著

山东人民出版社
国家一级出版社 全国百佳图书出版单位

图书在版编目（CIP）数据

"'是''在'""'诚''成'"的哲学：交汇点上的塑造论哲学/张全新著．—济南：山东人民出版社，2013．10
ISBN 978-7-209-07549-7

Ⅰ．①是…　Ⅱ．①张…　Ⅲ．①哲学—研究　Ⅳ．①B0

中国版本图书馆 CIP 数据核字（2013）第 201059 号

责任编辑：李怀德

"'是''在'""'诚''成'"的哲学
交汇点上的塑造论哲学
张全新　著

山东出版集团
山东人民出版社出版发行
社　址：济南市经九路胜利大街 39 号　　邮　编：250001
网　址：http://www.sd-book.com.cn
发行部：(0531)82098027 82098028
新华书店经销
青岛星球印刷有限公司印装

规　格　16 开(148mm×210mm)
印　张　65.75
字　数　1510 千字
版　次　2013 年 10 月第 1 版
印　次　2013 年 10 月第 1 次
ISBN 978-7-209-07549-7
定　价　180.00 元(全三册)

如有质量问题，请与印刷厂调换。电话：(0532)88194567

总目录

第一篇　关于“‘是’‘在’”的哲学

第二篇　关于“‘诚’‘成’”的哲学

第三篇　塑造论哲学：“‘是’‘在’”“‘诚’‘成’”的交汇与综合

目　录

第一篇　关于“‘是’‘在’”的哲学

第一篇

关于“‘是’‘在’”的哲学

第一章　古希腊哲学：关于 τό ὄν，关于 οὐσία

在西方的普通逻辑语句中，最基本的即通常所说的“S is P”（“S 是 P”）。这里 is 是 be 的一种情况。通常认为，这是在印欧语系中以系动词联结主词与谓词的结构，这是对于事物与其属性等等之间各种关系加以表述的基本结构。

英语中的 be，作为动词、系词，有其人称、时态、主动被动态及分词的种种形态。其他语种也有类似情况。如德文中的 sunt、sind、sein，俄文中的 есть、быть，以及拉丁语中的 esum 和 esse，还有梵语中的 esmi、esi、est、asmi 等等。

英文的 be，现在时单数有第一、第二、第三人称的 am、are、is，有复数的种种形式；有表示过去式单数的 was 及表示过去式复数的 were；还有作为过去分词的 been 和作为现在分词的 being。

相当于英文中的 be，希腊文的原型动词是 εἰμί（eimi）。其有不定式为 εἶναι（einai）。词形变化，有第一人称单数、第二人称单数、第三人称单数（εστιν，estin），有第一人称复数、第二人称复数、第三人称复数（έίμέυ，eimeu）；在这单数和复数的几种形式中，涉及现在时、未完成时、未来时的变化，又有命令、祈使、假设语气等的形式变化，还有过去分词、现在分词。

希腊文过去分词 ουσα（ousa），相当于英语中过去分词

been；希腊文现在分词 ουσία（ousia），相当于英语中现在分词 being。与英文 being 相对应的分词形式，在希腊文中有阳性、阴性、中性之分，而三种形式都可英译为 being。

关于希腊语中 είμί(eimi) 及 είναι（einai），在拉丁语中涉于 esum 和 esse。据考，其在欧印语系中有两个相关词根：一是 εs（es），这是最古老也是最基本的词根，其原本的含义是生活、生者、由其自身来立于自身，是又走又停者，本真常住者。其意指“依靠自身而出现”、“依靠自己的力量能运动”的生命和存在。说某物 εs（es），就是说某物自然而然地从自身而来，在自身中出现、运动和停留。可见，εs（es）的本来含义就带有了后来人们所说的“存在”的意思。二是 ρημα（phma），基本词义即说出的语言、话语、言辞，与 εργματα、έργου 即“所行的事”，与 τόάληθές即“真事”等相对。此处的词根 ρηυ（phuo），其本义是起来、起作用、由其自身站立并停留，带有产生、有力量、自己出现或涌现，敞开着、展开着。因带有处于、保持某种状态而得以可见，所以延伸于与“是”“存在”相关。ρηυ 后来往往成为“现象”的词根。由作为希腊语的 ρηυ（phuo），演变出 phyein 和 physis，即“生长”和“自然”，这词后来往往被解释成 phsics 即（物理），在习惯上往往被对译为 Nature（自然）。在这个意义上的词根，发展出 physis 和 phyein，人们现在将之理解为“自然”和“生长”的意思。出现了印欧语系的 bhu、bheu，拉丁文的 fui、fuo，德文有的 bin、bist 等等。由这两个词根派生出生活、产生、持续等可见的“是”“存在”意义。这都与希腊文的 phuo 或早于晚于它相关，这成为希腊文 einai 演变出来的相关词。

在历史上，ίεμί（eimi）就其原初讲，曾经只是一个实义动词，还谈不上真正意义的系动词，此时也就不会有动词、名词、系词、分词的变化。后来，随着表达对象及其属性的要求，愈益复杂起来。ίεμί（eimi）演变成系动词后，随之也就区分出现其不定式、现在分词、过去分词等形式，其分别是 είναι（einai）、ούσία（ousia）、ουσα（ousa）等等。

希腊语中，ίεμί(eimi)，其可以由不同的性、数、格和时间，而出现不同的形式，表示许多更细致的意义。而只就其作为无具体界说的不定式来讲，这只在语言中起着涉及对象的联结作用，而除此之外，不能替代其所连结的主词、谓词分别表示的内容意义。但其作为动名词或分词，它又具有特定的含义。根据西方一些语言学家和古代希腊哲学史专家的研究，τό ὂν（to on，to be）的用法和意义，主要有三个基本特征。即表示"真实的"用法、表示"持续的"用法，以及起"表示位置"的作用三种情况。είμί作为"是""在"又在变化中与"现有的东西"联系，带"有"的含义。后来的一些哲学家，例如黑格尔，在其哲学体系中特别使相当于此的 Sein 作为初始范畴，谓 sein 为"纯有"对应于"无"，当强调为"有"便带上了 have（有）的意思：指向于此，即是 have 又是 to be，一物的属性之有（have）是"有"，一物的存在（to be）也是"有"。经过这些意义的延伸，凸现了既当"是"讲又指"存在"，还延伸于"有"，往往兼有中文中所说"是""存在""有"的多重意义。

由对 ousia 的研究，出现了 ousiology，如果译 ousia 为"本体"，那么 ousiology 则可译为"本体论"，这成为后来所称的 ontology 的主要内容。希腊文的 ousia，后来演化为被英译为拉丁文拼写的 substance（中文往往译作"本体"或"实体"）。作为相当于希腊语中 ὂν（on）的英文 be，当其带上冠词，即可成名词形式。on 可认为相当于英文中的 being。后来西方出现的 ontology 表明一门关于 being 的学问，这里的"onto"是由希腊文 on 变来。ontology 显然表明的是关于 einai 的学问，被认为是关于"本体"的学问。这形成了从系动词或等同关系意义演化出的形而上学意义。同时要注意到的是，在英文对希腊哲学文献的翻译中，往往大写开头的 Being 表示"是"本身，而以小写开头的 being 表示"所是"，并且常常以复数形式 beings 出现，指"所是"有各式各样；或者把 being 保留给"是"，而以 entity 或 essent 去指"所是"。

在以上词语和概念的种种演化情况中，出现了西方哲学基本概念的复杂性。我国译者对此力求作出区别，并出现了种种的汉语翻译方式。例如，对于 on 译为"是"、"在"、"有"；being 译为"存在"；ousia 译为"本是"、"存有"、"实有"、"本体"或"实体"；ti esti 译为"何是"、"是何"、"其所是"；to ti en einai 译为"恒是"、"作为是的是"、"作为存在的存在"，并认为这等于 essence，译为"本质"；等等。

可以讲，西方哲学史中，"是""在""有"，一直贯串于其中而形成一系列哲学体系的演进。

第一节　巴门尼德的"存在"(öν)

哲学史表明，在西方哲学史的初始，大多数哲学家主要是围绕万物的"本原"（'αρχη' 或译"始基"，arche）进行哲学探究。对于 'αρχή，按照亚里士多德在《形而上学》卷（A）1 中的解释，就是万物由它构成，最初由它产生，最后又复归于它的那个东西。古希腊哲学的对此追求，在达到关于存在、理念、本体这样的与感性物质形态相分离的带有思辨性的本体概念前后，提出过种种学说。就带有基质性的本原来说，如泰利士（Thales，约公元前 624－前 547）说是水，阿那克西米尼

(Anaximenes，约公元前 585—前 526）说是气，赫拉克利特（Herakleitos，约公元前 540—前 470）说是火，阿那克萨戈拉（Anaagoras，约公元前 500—前 428）说是种子，恩培多克勒（Empedokles，约公元前 495—前 435）说是根，留基波（Leukippos，约公元前 500—前 400）和德谟克利特（Demokritos，约公元前 460—前 370）说是原子，这影响了后来的伊壁鸠鲁以至更往后的科学与哲学。如此等等。这期间，有的古希腊学者已由基质性的本原，开始提出带有更高抽象性的原因性的本原。例如，作为阿那克西美尼的学生，比苏格拉底晚一辈的阿那萨戈拉（约公元前 500—前 428 年）提出了个“种子说”认为：促使原始的混合物生成万物，是由于有一种可叫作“奴斯”（Nos）的东西在起作用。这是万物生成的根本原因。也就是说，起初，种子是处于一种混沌的状态，由于“奴斯”的作用，使一团混沌的“种子”产生一种渐次扩大的旋涡式运动，使同质者互相结合，形成万物及世界秩序。阿那克西曼德（约公元前 610—前 550）则提出“无限者”为本原。通常哲学史书上认为，阿那克西曼德提出的“无限者”也是提出了一个新的始基，仍是把一个具体的东西作为世界的本原。实际上，正如有的研究者指出的，阿那克西曼德提出“无限者”并不是提出一种新的始基，而是提出了一个性质范畴，从而进一步说明像泰利斯等所提出的始基之不足，他强调始基应是无边无沿的、无定形的、无限的。这里的“无限者”严格说应当译成“无限定”。

巴门尼德（Parmenides，约前 6—前 5 世纪）在西方哲学史上的重要贡献，就是明确使 ὄν（是、存在、有）进入哲学。他促使了 εἶναι（einai）及 εἰμί（eimi）由普通语词到哲学概念的转化。他在此关注了 ὄν（on），中文在此译为“存在”。在巴门尼德那里，“存在”（ὄν）是超越有形物的。

当巴门尼德提出与有形物相对立的“存在”（ὄν，on、being）并把它当作世界的本原，人们关于世界的二重化意识开始正式明确地成为人们的哲学思考。巴门尼德在早期希腊哲学家们寻求世界本原并企图在变动不居的自然中寻求不变不动的东西时，重视了与有形物相对的不变不动的“存在”。

巴门尼德为把“二重化”明确起来，特别由 εἶναι（einai），对 εον（eon，to on）和 εστιν τε（estin te）加以辨析。巴门尼德指出：动词 einai 是表述性的“是”，而作为 on 早期写法的 eon（to on）指向的是“真理”（ἀλήθεια，Aletheia）对象，estin te 作为动词短语则突出了“存在性”的“是”。这种辨析很大程度上在于那时希腊文中尚缺乏一个专指“存在”（exsit）的词。巴门尼德重视辨析 estin，这个词更直接地关涉“是什么”“其所是”。巴门尼德论辩说，指向真理对象的 eon，实质上强调“被说的和被想的必须是一个东西”，“不存在的东西（ouk estin）”只是“无”；作为动词的短语“estin te”表示“是某个东西”，有时可省略不定代词 te，故有“estin eina”这样的句子。① 这个句子如果直译，字面意思是“是某个东西是”。这个中文直译，显然让人难解其义。当认为 estin te 凸显的是“存在性”的“是”，那 estin eina 成为“存在的东西是”或者说“存在的东西可由‘是’表述”；这个句子的反面即“onk estin me einai”（“不存在的东西不是”或者说“不存在的东西不可说‘是’”）。巴门尼德指出：“说‘不是者’是，这种话不可取”。可以看出，巴门尼德的整个论辩维系于：对存在性的“是”和表述性的“是”之关系作出说明。“由 eon 的表述意义转变为存在意义，指出它是不变的、连续的‘一’”。“至此 eon 表示一个在空间中的存在体。简言之，在巴门尼德著作中，除了 einai 可译作

① 参见 G. S. Kirk 等编：The Presocratic philosophers，2nd. ed Cambridge，1983，p247，p293，p1～2.

'是'外，estin 的主要意思是'存在的东西'，eon 的意思介于两者之间，有时指'是'所表述的内容，有时指存在整体"。①

正是通过巴门尼德前人及后继者们的努力，才由追问自然宇宙之时间在先的原始开端即 αρχη（arche，"始基"或译"本原"）的宇宙论，发展到追问自然宇宙之逻辑在先的"存在"形而上学。显然，从巴门尼德开始，以什么是"是"、什么是"存在"为中心的哲学问题讨论，成了西方哲学的主干，成了不同哲学系统从不同角度以及后来在不同哲学重心情况中考察的问题。

第二节　柏拉图作为 εἴδος、ἰδέα 的"存在"(on os althes)

柏拉图（Platon，公元前 427—前 347）出身于雅典的名门贵族。父亲阿里斯顿据说是阿提刻最后一个王的后裔，他的母亲是雅典奴隶主民主制的创始人梭伦的后代。柏拉图幼年受过良好的教育，最初对诗艺感兴趣，后来从事哲学研究，并想在政治上有所建树。据亚里士多德记载，柏拉图最初与克拉底鲁熟识，是为了解赫拉克利特的"一切流动"的学说。同时他还接受了爱利亚学派和阿那克萨戈拉的学说，并受到了智者们的影响。20 岁时，柏拉图从学于苏格拉底，并成为苏格拉底的忠实信徒。苏格拉底被处死后，他先躲避到麦加拉，后来可能游历过埃及和居勒尼，结识了一些自然科学家和数学家。也许就在这个时期，他写下了早期有关苏格拉底的对话。柏拉图 40 岁

---

① 赵敦华：《西方哲学的中国式解读》，载《学人》1992 年第 4 辑。

时，第一次访问意大利的西西里，结识了毕达哥拉学派的学者，并在叙拉古结交了王族第翁。柏拉图企图在叙拉古实现自己的政治理想，但因第翁与叙拉古王狄奥尼修有矛盾，被迫返回雅典。他在雅典城外的阿加德米创办学园，免费收徒，吸引了希腊各地的很多学者。此后，他曾两度重游叙拉古，但他的政治理想始终未能实现。

以柏拉图的名义流传下来的文稿有 30 多篇对话和 13 封信。经过学者们多年的研究，大体上分辨了真伪，确定了著作的先后分期。现在比较公认的有 25 篇对话和 1 篇替苏格拉底作的《申辩》为柏拉图所作；在 13 封信中，一般认为第 7 封信比较可靠，被看作柏拉图的自传。

多数学者把柏拉图的对话分为 3 个时期：(1) 早期有：《申辩篇》《克里多篇》《卡尔米德篇》《拉凯篇》《吕锡篇》《克拉底鲁篇》《欧谛德谟篇》《欧谛弗罗篇》《梅内克塞诺篇》《伊安篇》《高尔吉亚篇》《小希比阿篇》《普罗泰戈拉篇》；(2) 中期有：《美诺篇》《斐多篇》《会饮篇》《费德罗篇》《国家篇》(Politeia，又译《理想国》或《共和国》)、《巴门尼德篇》《泰阿泰德篇》；(3) 晚期有：《费雷波篇》《智者篇》《政治家篇》《法篇》《克里底亚篇》《蒂迈欧篇》。

作为英国著名的柏拉图研究者 A. E. 泰勒指出，“柏拉图是古典时代著作丰富而作品似乎完整齐全留传下来的唯一作家。我们在较后的古代，没有在任何地方发现提到过一部我们至今还没有掌握的柏拉图著作。”[①]

柏拉图继续围绕巴门尼德等人探讨的问题进行了讨论。柏拉图关于“表述性的‘是’”与“存在性的‘是’”二者区分的

① [英] A. E. 泰勒：《柏拉图——生平及其著作》，谢随知等译，山东人民出版社 1991 年版，第 21 页。

思想，主要体现于其《巴门尼德篇》和《智者篇》等著作中。

柏拉图理论的重要特点在于，特别论述了与“现象世界”相区别的 εἶδος、ἰδέα（eidos、idea）。在希腊文中，εἶδος（eidos）是中性，ἰδεα（idea）是阴性形式；其出于ἰδείν（idein），此是现在时主动语态不定式，其原形动词为 εἴδεο。ιδειν（idein），本义是“看”；ἰδεα（idea）、εἶδος（eidos）作为从ιδειν（idein）产生的名词，指所见。对于 'ἰδεα（idea）、εἶδος（eidos），根据《希英大辞典》，汪子嵩等在其著作《希腊哲学史》第 2 卷中对与此相关的词义整理如下：关于 idea，有以下含义：（1）形式（form）、形状（shape），不但柏拉图这样用，德谟克利特讲原子的形状时也有用这个词的，如他的残篇第 141。（2）和实在相对应的外观（semblance opp、reality）或外观现象（outward appearance）。（3）种（kind）、类（sort）。（4）修辞学上的文学形式（literary form）、风格（style）。（5）逻辑上的类（class）、种（kind），引申为分类的原理（principle of classification）。（6）其复数，柏拉图哲学中指理想的形式（ideal forms）、原型（archetypes）。（7）概念（notion）、观念（idea）。关于 eidos，有以下含义：（1）看到的形式、形状（that which is seen：form，shape）；人的形象（figure）、外貌（appearance）；人的秀美（beauty of person，comeliness）、体格（physique）、体质（constitution）。（2）一般说的形状（shape），如数的图形（pattern of figurate numbers）、装饰的图形（decorative pattern or figure）、音阶（of a musical scale），以及原子的各种形状、几何的各种图形。（3）相似的形式、种或性质，如事物的位置、状态，行动的计划、政策，特殊的概念、意义、观念；基本的性质、类型（type），文学风格等。（4）类、种，特别是亚里士多德以之作为与“种”（genus）有上下关系的“属”（species），以及与质料相对的形式（form），引申为形式因、本质。（5）后期希腊社会中还有指谓各种不同货物(wares，goods）的用法。

对于柏拉图所论的ἑίδos、ἰδέα，在我国以往的汉语译著中，常常译为"理念"，在商务印书馆出版的吴寿彭译本中则译为"意式"。实际上，柏拉图哲学体系对于此概念的意思，突出的是其"形式"之义。因为由 είδos、ἰδέα 希腊文原义是动词"看"(idein)，转为名词是所看到的东西；看到的是事物的形状，大体相当于中文里的"形""型""相"；所以近几年我国关于柏拉图著作中的中文译者建议译为"型相"。因为此词同时带有"形式"的意义，所以本书主要译为"形相"。

从"看"，到"看到的对象（外形)"，再到"灵魂之眼"所看到的内在形式，这是柏拉图推出他的"形相"的基本思路。

在柏拉图讲来，凭感官认识到的现象世界是变动不居的，而对于"那些恒常不变的东西，你除非是去思想它，否则是不能把握到它们的；我们的肉眼是看不见它们的"。[①] 也就是说：柏拉图强调，只有作为"灵魂之眼"的"思想"去把握（看到）的 είδos、ἰδέα，才是普遍的形式，才是真正的"是"，才是真正的"存在"（on os alethes)。这里，以 on os alethes 指谓"存在"。古希腊词 alethes 本义强调着"真的""无隐蔽的"。柏拉图以此标示存在，意在与作为现象世界的可感事物相对比，他认为现象世界的可感事物与 είδos、ἰδέα 不同；后者才是真正的存在，现象世界的可感事物则既"是"又"不是"，是似是而非、半真半假的存在；当然，感觉对象毕竟是可以认识的，他在《泰阿泰德篇》中承认，可以依据感觉对于对象作出真判断。

既然任何判断都离不开"是"的表述功能，这就涉及到表

① 柏拉图：《斐多篇》，79a。

述“不是”，表述 me on 何以可能的问题。在巴门尼德说来，“是”只能表述存在性的“是”（“某个东西”），存在性的“不是”不能被“是”所表述。柏拉图反驳说，如果这样，那么“是”所表述的总是真正的存在，就不会有错误的表述。他于是提出：对“非存在”（希：me on；拉：non ens；英：nonbeing），对 to me on 也可以由“是”（einai）表述。① 柏拉图在这里进一步论述了存在性的“是”（to on）与表述性的“是”（einai）的关系。他认为，“非存在”不是“什么都不是”，当我们说：“某个东西不存在”时，这“某个东西”（to“ti”）已经是一个可表述的概念，已经“是一个东西（esti）”。也就是说，“存在性”的“是”（to on）意味着“是这一个东西”，同时“不是那一个东西”。这样说来，存在性的“是”及“不是”与表述性的“是”及“不是”之间的关系，在逻辑上不是等同关系。正如他在《智者篇》中所说：“按某一方式，非存在是一个东西；另一方面，存在在某一意义上不是一个东西。”②

由这种关系，柏拉图提出了基于“分有说”的形相论解释。他把“存在”与“非存在”列为最普遍形相的“通种”（γένος，genos；英文往往译作 kind 或 class，汉语往往译作“种类”），此有时可译为科属（门类）。在柏拉图哲学中暗示出，有“形相”能否被某个可感事物所“分有”的问题，才涉及到在判断中用“是”和“不是”来表述的问题。换言之，逻辑上的表述关系来自世界中的分有关系：一个东西“是”或“不是”，只因它分有“存在”或不分有“存在”。这样，柏拉图把 to on 解释为亦可表述无形的本质，而不一定是在空间中占有位置的本体。可见，柏拉图著作中所论的 on、einai、esti，即“是”和“有”

---

① 柏拉图：《智者篇》，237a。

② 柏拉图：《智者篇》。986b10，991a20。

及"存在"，基本意义是：表述性的"是"，指"具有"什么规定性或本质，存在性的"是"，在"分有"中获得存在的某种本质。[①] 柏拉图在行文中对 estin 和 on（它们在一定意义上分别相当于英文的 is 和 being）是不加区分的；某个"是"的东西(that it is) 也就是真正的"是者"(a true being)。

这关涉于，柏拉图哲学深入讨论了古希腊学早已涉及的"一"(one) 与"多"(many) 的问题。这里的要害在于，当把同一谓词应用于许多不同的事物，它们何以能以这方式相连？根据柏拉图的理论，共同的形式表明一个共同的"形相"存在，在诸多殊相的"模仿"中分有"形相"，并决定了它们的真实存在；形相是共相的，这是"一"，当其居于许多殊相之中，这是"多"；"形相"可以是独立于人们心灵的对象。他还强调，形相是"知识"的对象，殊相是"意见"的对象。这便是柏拉图的"多上之一的原则"或译称为"以一统多的原则"(one over many principle)。

依此，柏拉图阐述了"形相"与"现象"、"共相"与"殊相"的关系。最终他把最高、"最真实"意义上的"是"等同于"善"。这导致了柏拉图关于"灵魂恒久"的命题。

柏拉图的《斐多篇》是篇较为集中地涉及ἰδέα 及 εἶδos 性质的谈话。话题主要是关于灵魂恒久的问题。这篇谈话的背景设定在苏格拉底将受刑死去的那天，写到了苏格拉底与一群前来与他诀别的朋友作最后谈话。文中强调，应坚信灵魂是恒久的。人的死亡是灵魂和肉体的分离；而摆脱了肉体束缚的灵魂，仍是智慧的状态、是获得的纯粹知识。[②] 总之，在柏拉图讲来，εἶδos、ἰδέα，是以"灵魂之眼"去看，是用思想去把握的。依柏

① 参见赵敦华：《西方哲学的中国式解读》，载《学人》1992 年第 4 辑。

② 柏拉图：《斐多篇》，67e。

拉图的见解，εἴδος、ἰδέα 作为真实的存在，比感性中的事物真实，因而当称之为实在（reality）。①

由本书角度，我们应特别注意到，哲学史上见于柏拉图著作中的 Noumenon 这个概念。在柏拉图那里，在其《理想国》一书中，由说“善”论述了关于“可理知事物”、“可理知世界”，以及与之相对的“可见世界”等概念。在其著作《理想国》中柏拉图托苏格拉底之口讲：“我们说善在可见世界中所产生的儿子——那个很像它的东西——所指的就是太阳。太阳跟视觉和可见事物的关系，正好像可理知世界里面善本身跟理智和可理知事物的关系一样。”②“正如我所说的，有两个王，一个统治着可知世界，另一个统治着可见世界……你是一定懂得两种东西的：可见世界和可知世界”。③

由以上引述可见，这里，中文翻译柏拉图《理想国》时，大部分译著对于《理想国》第六卷曾几次出现的“noumenon”这个词，多译为“可理知事物”。这个词源自希腊文 noein（思维），其本意就是“被思想的事物”或“理智事物”。noumenon 的复数形式是：noumena。学者们的基本见解是：noumenon，在柏拉图的理论中是作为可理解对象或终极实在的事物来表述的，以相对于现象，即“显现的或可感的事物”。当然，在现有的中文译著中对其翻译并不统一。郭斌和、张竹明合译的《理想国》将这个词译为“可理知事物”或“可知世界”，以与“可

① 柏拉图：《斐多篇》，66b。

② 柏拉图：《理想国》，郭斌和、张竹明译，商务印书馆 1986 年版，第 266 页。

③ 柏拉图：《理想国》，郭斌和、张竹明译，商务印书馆 1986 年版，第 268 页。

见世界”相对；[①] 苗力田主编的《古希腊哲学》将这个词译为“理智的对象”或“可知世界”，以与“视觉对象”“可见世界”相对；[②] 北京大学哲学系外国哲学史教研室编译的《西方哲学原著选读》上卷，将这个词译为“可知的东西”，以与“可见的东西”相对。[③] 对于如此等等的中文译名，有关学者认为，尽管意思相差不多，但是把“noumenon”译为“可（理）知事物”比译作“可（理）知世界”更为妥当，因为上述各书另把“noeitos topos”译为“可（理）知世界”，当然有时也译为“理念世界”。[④] 在希腊语英语对照“洛布古典丛书”版中把这个词译为“the intelligible realm”[⑤]。而“noumenon”与“noeitos topos”这两个词的意思显然是有所不同的，汉语当中分别译作“可（理）知事物”和“可（理）知世界”才能把两者分开。从意思上来说，前者是指柏拉图所说的一个一个“形相”（也常译为“理念”）。后者则是一般的“形相”（也常译为“理念”），即其作为普遍、作为一个整体。

后来，在哲学史上，Noumenon 成为标示“本体”的概念，这特别与康德有关。在康德哲学中，现中文译作“本体”的 noumenon，意指某种超越于感性、直观或经验的东西。因此，康德指认本体（noumenon）是不可知之物，康德以此表明可能

① 见柏拉图：《理想国》，郭斌和、张竹明译，商务印书馆 1986 年版，第 266 页、第 268 页。

② 见苗力田主编：《古希腊哲学》，中国人民大学出版社 1989 年版，第 314 页、第 316 页。

③ 见北京大学哲学系外国哲学史教研室编译：《西方哲学原著选读》上卷，商务印书馆 1981 年版，第 91 页。

④ 见苗力田主编：《古希腊哲学》，中国人民大学出版社 1989 年版，第 314 页、第 316 页。

⑤ 参见 Plato：《Republic》，英文影印本，中国社会科学出版社 1999 年版，第 235 页。

知识的界限，此只是由纯粹理性设定而作为一切科学探究的起点。在康德看来，这样的设定作为人类自由的条件尤为必要。而且，如果把客观性归于他，那么就会从一个没有内容的逻辑形式进展到一个必然地自在存在的对象，一个实证知识的对象。在康德看来，这是一种辩证的谬误，是不可避免地导致传统形而上学错误的根源。在康德那里，"本体"（noumenon）有时可与"物自体"（或译为"自在之物"）交替使用，尽管它们分别有不同的侧重点。康德讲："一个本体（noumenon）的概念，即一个完全不应被思考为一个感官对象、而应（只通过纯粹知性）被思考于一个自在之物本身的物的概念。"①

第三节　亚里士多德由 οὐσια 所论的"本体"

《形而上学》是亚里士多德（Aristotle，公元前 384—前 322）学说中的重要著作。正因为这样，人们通常称亚里士多德为"形而上学"的创始人。关于《形而上学》的书名，据考，这并不是亚里士多德本人所称，而且他在生前也并没使用过"形而上学"这一概念。而以"形而上学"命名的此书，是后人整理出版的。当时的情况是：亚历山大大帝于公元前 323 年暴毙，希腊掀起了反马其顿的浪潮。此时亚里士多德因当过亚历山大大帝的老师，也首当其冲地成为被攻击对象，于是他逃离雅典，次年在流亡中去世，其手稿不知所踪。直到 200 年后即公元前 1 世纪，亚里士多德的手稿才被人重新发现，后运到罗

① 康德：《纯粹理想批判》，B310。

马。亚里士多德的学院（吕克昂学院）继承人即罗德岛的安德洛尼克任职于罗马图书馆，他熟悉亚里士多德的学说，着手整理亚里士多德的手稿。安德洛尼克在整理完亚里士多德关于自然哲学或物理学（phusike）的手稿之后，进而整理有关第一哲学的手稿，却苦于找不到合适的书名，只好名之为《των μετα τα φυσικα》（“ta meta ta phusika”），即“自然哲学（物理学）之后诸卷”，后来被简化为“metaphusike”。而在希腊语中，meta 这个前缀不仅有“在……之后”的意思，也有“元（基础）……”、“超越……”的意思，这些含义恰好与亚里士多德“第一哲学”的意思相近。这样，“metaphysics”便成了“第一哲学”的代名词。亚里士多德讲到：“有一门知识，静观沉思 to ti, en einai（“是的是”，或译为“存在的存在”，苗力田译本译为“是者”）和属于它本身的东西”。这指向“第一哲学”，即“形而上学”。①

亚里士多德的研究者认为，作为亚里士多德去世后被编纂成书的《形而上学》，它并不是亚里士多德原来就是这样写下来而准备供人阅读的。从它的形式和内容看，有不少重复和矛盾，前后各卷间，有许多是不相连接的；有一些显然是不同时期的著作，有的还可能是他的学生的笔记。古代有一种记载，说《形而上学》只有十卷，但是现在我们看到的《形而上学》却有 14 卷。对此，西方的研究者做了不少考究。例如，W. D. Ross：《Aristotle's Metaphysics》一书中的导言开始部分（第 13～33 页）专门讨论《形而上学》的结构，可供参考。

一、亚里士多德由“本体”、“存在”而论的范畴

在《形而上学》及《范畴篇》等著作中，亚里士多德对他

① 亚里士多德：《形而上学》，1003a20。

之前的哲学作出考察。他指出以往哲学家寻求世界的本原和原因，都未能达到第一哲学的高度。自然哲学家把次要原因说成首要原因、把部分原因说成全部原因。亚里士多德在《形而上学》卷一中，批评"巴门尼德似乎把'一'当作只存在于语言之中的东西"①，批评柏拉图等是在可感世界之外寻求首要的、全部的原因。柏拉图以"分有"来解释"形相"（εἶδος、ἰδέα 以往常译为"理念"）与"事物"（"可感事物"）的关系，认为"形相"是与"事物"分离的独立存在。亚里士多德针对于此指出，"把形相说成原型，其他的东西分有形相，那不过是一句空话，是一种诗的比喻"。②

亚里士多德继承了巴门尼德和柏拉图关于联结词"是"的逻辑功能和指称"存在"的理论传统，进一步由希腊文系词 το ον（to on）及其现在分词 οὐσία（ousia）入手来进行哲学解析。亚里士多德指出，"那过去被提出，现在被提出，始终被提出，并始终是困惑的问题，即什么是'是'（το ον，to on），也就是这样一个问题'什么是本体'（οὐσία，ousia）?"③

涉及什么是 ον（on），亚里士多德列举了 10 个范畴。"范畴"（categories），这个词来自于希腊语的 katēgoria，这是名词形式；而其动词形式是 kategorein，原意是"指控"。亚里士多德将它用于逻辑，常说 kategorein ti kata tinos 即 assert something of something（述说某物于某物）。

在亚里士多德那里，"存在"被分为四类：在其自身的存在、偶性的存在、真与假的存在、"潜能/现实"的存在。其中，在其自身的存在与"潜能/现实"的存在是他形而上学研究的中

① 亚里士多德：《形而上学》，991a20～22。

② 亚里士多德：《形而上学》，991a20～22。

③ 亚里士多德：《形而上学》，1028b3～5。

心。在《形而上学》第5卷第7章有关存在的词条中，亚里士多德对“在其自身的存在”（per se，being）有以下论述：“那些由谓述类型所表示的东西被说成在其自身而存在；因为‘存在’的意思就像这些类型一样多。因为一些谓词表示主词是什么，另一些表示它的性质，另一些表示数量，另一些表示关系，另一些表示主动或被动，另一些表示它的处所，另一些表示它的时间，‘存在’都有一个意思与它们每一个相对应。”① 在亚里士多德讲来，那些“由谓述类型所表示”的东西就是“per se（在其自身）。”②

在亚里士多德的论述中，讲到“谓述类型”（ta schēmata tēs katēgorias），而被译作“谓词”的是katēgoroumena，直译是“谓述者”。亚里士多德强调，说有多少“谓述类型”或“谓词”就有多少“在其自身的存在”（per se），就等于说有多少“范畴类型”或“范畴”就有多少“在其自身的存在”（*per se* being）。他说，“在其自身的存在”，其划分规定了范畴的划分。由于这个原因，“在其自身的存在”也可以被称作“范畴性的存在”（catagorial beings）。这样，katēgorein便成为一个逻辑或语法的术语，亚里士多德把这此与legein（说，say）通用。英语中译作category，但更多是译作predicable或predication（谓项）。亚里士多德特别讲到，B kategorein A，B即是A的谓项，而A是被述说的东西，是主体（kateforoumenon）。③

亚里士多德在《范畴篇》（《Categories》）及《正位篇》

① 亚里士多德：《形而上学》，1017a22～27。

② 参见余纪元：《亚里士多德〈形而上学〉中存在的结构》（The Structure of Being in Aristotle's Metaphysics），第一章第1节，Kluwer Academic Publishers，2003，第1～9页。

③ 参见，余纪元：《亚里士多德论ON》，载《哲学研究》1995年第4期。

(《Topics》) 中，区分了范畴的种类。亚里士多德在《正位篇》卷一章九的开头就写道：“它们在数目上是十个：本体（ousia)、质（quantity)、量（quality)、关系（relation)、位置（place)、时间（time)、姿态（position)、状态（state)、主动（action)、受动（affection)。”亚里士多德本人把此称作“存在的诸范畴”。[①] 这表明，kategoria 与“主语—谓语”的结构相关。十个范畴说明指谓事物的十种方式。十个范畴即十个谓项。每一类谓语按种属关系都会有一个系列。如这系列不能再延伸，那么这重点就是范畴，范畴乃是谓词的种。[②] 亚里士多德认为，任何一种范畴都不能是任何其他范畴的属或一个成分。他们不能相互归结，也不能归结为一个共同的东西。[③]

基于此，亚里士多德提出了关于“第一本体”“第二本体”的理论。他是这样立论的：判断词的主词可分为两种，第一，有些主词只能作为主词来使用；第二，有些主词也可以用作谓词。试比较“人是会死的”和“苏格拉底是人”，“人”在第一个判断中作主词而在第二个判断中作谓词；“苏格拉底”却只能作主词，不作谓词。这两类主词的区别实际上是通名和专名的区别：通名指示属和种，专名指示个别事物。于是，亚里士多德在《范畴篇》中讲，“本体在最真实、最原初和最确切的意义上说，是既不表述，也不依存于一个主体的东西，例如，个别的人或马。在第二性意义上所说的本体，指的是涵盖第一本体的种，以及涵盖种的属。例如，个别的人被涵盖于‘人’这个种之中，而‘人’又被‘动物’这个属所涵盖，因此，‘人’和

① 亚里士多德：《形而上学》ix. 1，1045b28。
② 参见，亚里士多德：《分析后篇》，83b15。
③ 见，亚里士多德：《形而上学》，1024b15～16，1070a31～b9。

‘动物’被称作第二本体。”[①]

二、亚里士多德关于本体特征的论述

亚里士多德哲学为回答什么是本体（οὐσία，ousia）的问题，由 ὂν（on）与 οὐσία（ousia）、τίεστιν（ti esti）与 τὸ τί ἦν εἶναι（to ti en einai）的关系，辨析了“本体”的特征。

（一）关于 ὂν（on）与 οὐσία（ousia）。

亚里士多德一再说，“ὂν（on）有许多含义”，“ὂν（on）为许多方式所述说”（to on legetai pollachous）[②]。

亚里士多德指出，το ον（to on），不是一个单义词；然而，这个词也不是一个歧义词，因为它的多重意义都与一个中心意义有关。只有本体（οὐσία，ousia）可以充当主词，其他九个范畴都是用来表述主词的谓词。他说：“有些东西之为‘是’（τοὂν，to on），在于它们自身是本体（οὐσία，ousia）；另一些东西之为‘是’，在于它们是本体的衍变；还有一些东西，因为它们正变成、或正在毁灭一个本体，或是它的缺陷、性质、产生者或者来源以及一切可以与本体及其对立面与关系相关的东西。因此我们可以说，甚至非是也‘是’一个不是什么的东西。”[③]

关于 on：

1. 亚里士多德说，“依据自身的 on 正是那些由范畴类型所表明的东西；on 的意义与这些范畴类型是一样多的。”“相应于它们每一个，都是一种意义的 on”。[④]

---

① 亚里士多德：《范畴篇》，2a11～17。

② 亚里士多德：《形而上学》，1003b5。

③ 亚里士多德：《形而上学》，1003a33～b10。

④ 亚里士多德：《形而上学》，1017a13～27。

2. 既然相应于每一谓词即范畴，都有一个 on，那么范畴的种类也是 on 的种类。十类范畴即是 on 的十种类。这样，范畴作为对谓词的划分，作为谓词的种，都有一个 on。①

3. 各范畴虽然都是 on 的类，可它们的地位并不是平等的。on 在一种意义上指 ti esti，在另一种意义上指质、量及其他类似的范畴。② 二流范畴的 on 是另一 on 的属性，而 ousia 自身不是其他范畴的属性；这样各种 on 的不平等有了两重划分：一流的是第一的 on，二流的是第二的 on。第一意义的 on 是第一 ousia（本体）。

亚里士多德从语言结构得出范畴（谓项）分类，又从后者推出 on 的分类。

关于 ousia：

1. 第一 ousia 是第一本体，作主词。第二 ousia 是第二本体，作谓项。这里要注意的是，ousia 既可处于主项地位亦可处于谓项地位。只有第一本体才是终极主体。

2. 其他范畴不能作第一 ousia 的主体，第一 ousia 则可以作它们的主体。第一 ousia 是现实世界的形而上学基础，其他范畴则成为第一 ousia 的属性，而且需要有第一 ousia 作为属性的基础。亚里士多德明确说：如果第一 ousia 不“是”，则其他事物皆不可能“是”。③

3. 在《形而上学》卷七章一之中，亚里士多德进一步说明 on 与 ousia 及与其他范畴的关系：“一切其他事物被说成是 on，乃是因为它们有些是这第一义（ousia 第一义）的 on 的量，有

---

① 亚里士多德：《论灵魂》，412a6。

② 亚里士多德：《形而上学》，1017a17。

③ 亚里士多德：《范畴篇》，2b5～6。

些是它的质，有些是它的状态，另一些是它的其他的规定。"①也就是说，on 虽然具有不同的含义，可是 on 的第一含义乃是事物的 ousia。其他范畴不能作 ousia 的主体，ousia 则可以作它们的主体。这才使各种 on 不再平等了，于是 on 有了两重划分。越是主体越是 ousia，故"属"比"种"更是 ousia；因为"属"可以作"种"的"主体"，② 第一 ousia 于是成为其他一切 on 之所以成为 on 的必要条件。

在《范畴篇》中亚里士多德以"述说于"（said of）和"内居于"（being in）作为两条标准，将世界分为四类：（1）第一 ousia，既不述说于一个主体又不内居于一个主体之中，如个别的人和马；（2）第二 ousia，述说于却不内居于一个主体，如"人"、"动物"；（3）其他范畴的一般，既述说于又内居于一个主体；（4）其他范畴的特殊，内居于但不述说于一个主体。亚里士多德的这两条标准和四类划分，包含着对形而上学发展具有根本性影响的三种区分：

第一个区分是，一般与个别即普遍与特殊。所谓普遍，亚里士多德的定义是"述说许多主体的事物"，而特殊则是"不述说许多主体的事物"。③"普遍"的希腊文是 katholou，kath 为"归属"，olou 是"全部"。普遍既能作主项又能作谓项，而特殊则只能作主项。前者是第二 ousia，后者是第一 ousia。后者如"苏格拉底"，只能是一个主体，后者则包含特殊于自身的"属"，以及包含"属"于自身的"种"。④ 第二 ousia 之所以是第二 ousia，一个根本性的原因是：在所有谓项中，只有通过它们

① 亚里士多德：《形而上学》，1028a18～20。

② 亚里士多德：《范畴篇》，2b7。

③ 亚里士多德：《解释篇》，17a39～40。

④ 亚里士多德：《范畴篇》，la14～18。

（“属”和“种”）才能揭示第一 ousia 的根本规定性。

第二个区分是，本质谓项与偶然谓项。第二 ousia 作谓项时，其名字和定义皆可述说主体，如“人”是第一 ousia 之为苏格拉底的谓项。“人”的定义是“理性的动物”。我们不但可以用“人”述说苏格拉底（“苏格拉底是人”），也可以用“人”的定义述说苏格拉底（“苏格拉底是理性动物”）。与此相对应，其他范畴作第一 ousia 的谓项则只能用其名词的形容词，根本不能用其定义。如“白”的定义是“这样的一种颜色”，我们可以说“苏格拉底是白的”，而不能用白的定义述说“苏格拉底是这样的一种颜色”。于是，第二 ousia 即“种、属”作谓项时，构成本质谓项，而其他范畴述说 ousia 则只是偶然谓项。本质谓项说明主体“是什么”，而偶然谓项所表明的只是“主体有什么特性”，换言之，“本质谓项：x 是”；“偶然谓项：X 有”。

第三个区分是，主体与属性。其他范畴必“内居”于一主体。所谓“内居”，按亚里士多德自己的解释是指不能离开或独立于所属的主体。[①] 而第一 ousia 之所以是第一的，乃是因为它既不述说一个主体又不内居于一个主体；相反，其他事物或是内居于其他范畴之中或是述说第二 ousia。故 ousia 即是主体，是 hupokeimenon（“躺在下面”的意思），这是“躺在下面”意味着是载体。于此可以说 ousia 是“载体”，第一 ousia 更加趋于终极主体，第二 ousia 在一定意义下亦是主体，却不是终极主体，我们说“苏格拉底是白的”，也可以说“人是白的”。而越是主体便越是 ousia，故“属”比“种”更是 ousia，因为“属”可以作“种”的主体。[②]

可见，第一 ousia 自身不是其他范畴的属性，而二流范畴的

---

① 亚里士多德：《范畴篇》，1a22～23。

② 亚里士多德：《范畴篇》，2b7。

on 却必是另一 on 的属性，这便决定了 ousia 范畴的特殊地位。第一 ousia 凭自身（per se）即是 on，是绝对的、无条件的（aplos）on；而其他范畴却是相对的、有限制的或部分意义的（epi merous）on。[①] 可见在亚里士多德讲来，第一 ousia 作为其他范畴的基础，不仅表现在形而上学方面，而且也表现在知识论方面。相对于其他范畴，第一 ousia 有三种在先性：第一种在先是指除了第一 ousia 以外，其他范畴都不能单独地“是”；第二种在先是定义在先；第三种在先是知识在先。在亚里士多德看来，当且仅当第一 ousia 在形而上学上在先，它才在定义和知识上在先。于是，亚里士多德说：“很清楚，只是由于这一范畴，其他每一个范畴亦‘是’。所以，那第一意义上的，即不是有限制的，而是绝对意义上的‘是’，必定是 ousia。”[②]

《范畴篇》确定了第一 ousia 是其他范畴的主体，同时又对质、量、关系、质等分章加以讨论。到《形而上学》第七卷，作为该书的核心，亚里士多德以三个意义上的“在先”为基础，确立了对 on 的研究应当集中于对 ousia 的研究，断定“什么是 on”这一永恒问题其实乃是“什么是 ousia”这个问题。[③] 这就是问：什么是 ousia 的 on 的问题。要明白 on 的含义，“则主要的、第一的，并且几乎是只要知道 ousia 这种第一意义的 on”。[④] 由于《形而上学》卷七是对 ousia 作分析，有人便将之名为 ousiology。如果 ousia 译为“本体”，则 ousiology 便是“本体论”。论说 ousiology 乃成为后来所称 ontology 的主要内容。[⑤]

---

① 亚里士多德：《分析后篇》，89b33。

② 亚里士多德：《形而上学》，1028a28～30。

③ 亚里士多德：《形而上学》，1028b2～4。

④ 亚里士多德：《形而上学》，1028b6～7。

⑤ 参见余纪元：《亚里士多德论 ON》，载《哲学研究》1995 年第 4 期。

亚里士多德在《范畴篇》中提出“本体”与“属性”十范畴的根据是对“是”动词在判断句“S 是 P”中表述功能的分析：“是”既表述 S，又表述 P；“S 是”表示本体的存在，“是 P”表述属性的存在；本体的存在是中心点、基本点，属性只有附于本体才存在。这就是亚里士多德在《形而上学》卷七中所说的，本体在定义上、认识上和时间上都优先的属性。这具有的重要意义。

因为本体与属性的主从关系可从“S 是 P”的判断形式推导出来，由 S 和 P 的逻辑区别形成了本体优先的存在论区别。所以亚里士多德才说：“本体在定义上、认识顺序上、时间上都在先”。“定义上优先”，指本体是 to ti einai 即 essence（本质），而属性是偶性；“认识顺序上优先”，指确认存在是指存在是某个本体，然后才进一步认识这个本体有什么属性；“时间上优先”，指本体首先存在，其次才发展出依赖于本体的种种丰富的属性。也就是说，本体和属性都被陈述为所“是”的东西，因而都是“存在”。但本体不依赖其他东西而存在；而属性依附于本体才存在。亚里士多德说：“只是由于本体这个范畴，其他任何范畴才能存在；本体必定是首要的，即，非限定意义上的、无条件的存在”。[①]

（二）关于 ti esti（τί εστιν）与 to ti en einai（τὸ τί ἦν εἶναι）。

在说明 on 及 ousia 时，亚里士多德引入了 ti esti 与 to ti en einai 这一对命题。

关于 ti esti。

古希腊语的 ti esti，其英文可写为 what-it-is，带有指认事

① 亚里士多德：《形而上学》，1028a29～b1。

物本性或定义对象的意思；中文可译为“是什么”“什么是”“其所是”；这在哲学中常被用来表示寻求一物的一般性质。苏格拉底的哲学在于寻求诸如正义、勇敢等等的“是什么”。也就是说，寻求“是什么”依赖于“ti esti”。只有当一个事物“ti esti”，才确认“是”、确认“存在”，人们才能问其是什么。亚里士多德在划分十类范畴时，在其广义上，每一类“是”都有其“是什么”。例如“苏格拉底是人”，“白是颜色”。但在狭义上，“是什么”是用来表述本体的范畴。正因为这样，在亚里士多德的“是”“存在”论的范畴中，所有第二范畴的存在都依赖于本体。亚里士多德区分了第一义的“on”和第二义的“on”，他也区分了第一义的“ti esti”和第二义的“ti esti”。前者属于本体，后者属于其他范畴。在这一基础上，亚里士多德常常把“ti esti”用作是本体的同义词。所以亚里士多德强调：“在一定意义上，‘是’‘存在’意为‘是什么’或‘这一个’。”①

关于“这一个”即 τοδε τι（tode ti，that it is），亚里士多德讲，这是与“其所是”（ti estin/what it is）相对应的，带有表示第一本体的专名和定义的意义。

亚里士多德同时又指出，当一个人在表明 ti esti 时，有时是在表明 ousia，有时是一种质，有时是另一类范畴。当一个人 B 被置于某人 A 面前，某人 A 说那呈现的是人或动物，这某人 A 便说明了该物的 ti esti，表明了它的 ousia；当一种白色呈现于它；某人 A 说这所呈现的东西是白或者是一种颜色，则某人 A 便说了该物的 ti esti，表明了它的质。同样，当一腕尺的长度呈现于某人 A，某人 A 说呈现于他的乃是一腕尺的长度，某人 A “他就是在描绘该物的 ti esti，表明它的量。其他情形也同样”。②

① 亚里士多德：《形而上学》，1028a12。

② 亚里士多德：《形而上学》，103b22～36。

这样，在亚里士多德那里，如同区分 on 的第一义与其他意义一样，区分了 ti esti 的第一意义与其他意义；ti esti 的二重划分与 on 的二重划分是相对应的。所以当亚里士多德将 on 的研究着重于对 ousia 的研究时，他也就把对 on 的 ti esti 的研究着重于对 ousia 的 ti esti 的研究上，即关于第一义 on、第一义 ti esti 的研究。亚里士多德指出，"ti esti 在一种意义上是指 ousia 和这一个，在另一种意义上是指另一个范畴如量、质等等。如同 on 属于一切事物，但不是在同一意义上，而是在第一意义上属于一类事物，在随后的意义上属于其他事物；同样道理，ti esti 在无条件意义上才属于 ousia，而在有限的意义上属才于其他范畴。"①

关于 to ti en einai。

这一术语是亚里士多德特别引入的。此中没有用"是"的现在时（esti），而是用了过去时 en（曾是）；人们认为，这是亚里士多德特别的"哲学过去时"，这是为了强调这是表示某种持久的、永恒的东西。如前所说，亚里士多德在解释什么是"第一哲学"即后人所讲的"形而上学"时，专门讲到，"有一种考察 to ti en einai（'作为是的是'或译为'作为存在的存在'）的学问，以及就自身而言依存于它们的东西的科学"，"它不同于任何一种各部类的科学"。"我们应当把握的是 to ti en einai（'作为是的是'或译为'作为存在的存在'）指最初原因"。②

在亚里士多德那里提出的 to ti en einai（"作为是的是"或译为"作为存在的存在"）即 to on hei on、Being qua being 或 Being as being"其所以是"、"是其所是"、"为什么是"，是与 ti

① 亚里士多德：《形而上学》，1030a19～24。

② 参见，亚里士多德：《形而上学》，苗力田译本，中国人民大学出版社 2008 年版，第 58 页。

esti（“其所是”、“是什么”、“什么是”）相比较提出的。也就是说，如果讲 ti esti 在于“是什么”、“什么是”、“其所是”；那么 to onen einai 则在于“为什么是”、“是其所是”、“其所以是”。

to ti en einai 一词是亚里士多德发明的。这个术语独特在于“en”，这是“to be”的过去式（imperfect），等于英文的“was”。故英文直译乃是“What the‘to be’（of something）was”或“what it was（for something）to be”，中文直译为“一个事物的过去之‘是’是什么”。学者们一直对亚里士多德为何对此用过去式表示费解，名之曰“哲学过去式”（philosophic imperfect），而很少有人认为这一过去式对该术语的哲学含义有多少增加，所以在英译中，喜爱直译的学者往往忽略过去式，将它译成“What it is（for something）to be”，中文直译为“某物的‘是’是什么”。将这一直译写回希腊文，就变成“to ti estin einai”，于是人们不禁要问，它与 ti esti 是什么关系？从字面上看，只是多出一个主语 to einai，如上所述，ti esti 归属于十个范畴，而现在 to ti en einai 被等同为第一 ousia，二者似乎有很多学理上的差别。可是事情又没有这么简单。我们在上文引用过《形而上学》1030a18～24 中的那段话，亚里士多德在那里说明 on 有第一义和其他意义之分，第一义属于 ousia，其他随后的意义属于其他范畴。亚里士多德还说，ti esti 也有第一义与第二义之分，第一义属于 ousia，第二义属于其他范畴。现在他对 to ti en einai 也作了同样的区分：“很显然，在我们所使用的语言中，to ti en einai 正如 ti esti 一样，在主要的和无条件的意义上属于 ousia，在第二流的意义上也属于其他范畴—不是作为无条件意义上的 to ti en einai，而是一种质的 to ti en einai 或一种量的 to ti en einai。”①

罗斯（W. D. Ross）对这两个术语作了如此区分：同是对 what is so and so（为何如此）这一问题的回答，ti esti 可以是部分的或完整的回答，即可以单讲“种”（这是部分的），也可以讲种加属差（这是完整的），而 to ti en einai 则总是完整的回答；故 to ti en einai 总是 ti esti，反之则不然。② 这样，第一义的 on，第一义的 tiesti，第一义的 to ti en einai 三者是等同的，乃是亚里士多德从各个角度说明第一 ousia。当然，亚里士多德对第二流的 to ti en einai 是什么，论述得较少，但其并不否认。

亚里士多德认为，作为第一义的 to ti en einai，这是一个事物的根本特征：“每物的 to ti en einai 就是那被说成是该物自身的东西”。③ “你的 to ti en einai” 不是“白”，也不是“有教养的”，因为它们都不是“你之所以是你的根本性质”，“你，就你本性所属的‘是’，即是你的 to ti en einai”。④ 这样一种 to ti en einai，从静的方面看，即是事物的基本规定性；而从动的方面看，即构成事物的形式因。形式因常常和运动因与目的因相一致，揭示范畴之 on 的动的方面，从潜能到显实的过程，虽然主要之点仍是 ousia 范畴的潜能和显实。研究者们指出，这便使 to ti en einai 与定义结下了不解之缘。正如 to ti en einai 有不同的含义，定义亦有不同的含义：“在一种意义上，除了 ousia 以外，没有什么事物具有定义和 to ti en einai；在另一种意义上，其他事物亦有”。⑤ 在亚里士多德著作中，to ti en einai 有时通过定义

① 亚里士多德：《形而上学》，1030a28～31。

② 罗斯：《亚里士多德的〈形而上学〉》注释本，第 1 卷，第 171 页。

③ 亚里士多德：《形而上学》，1029b13～14。

④ 亚里士多德：《形而上学》，1029b15。

⑤ 亚里士多德：《形而上学》，1031a10～11。

来解释，如“只有那些其公式即是定义的事物才有 to ti en einai”。[①] 据此，to ti en einai 乃是在定义中被给予的东西。有时定义又根据前者来解释，如“定义即是陈述 to ti en einai 的公式”[②]；或者“定义即是表示 to ti en einai 的术语”[③]。有学者评述道：亚里士多德交替使用它们，强调着：对 to ti en einai 的研究即是对定义的研究，反之亦然。或许由此可以明白《形而上学》，尤其是其中心各卷（第七、八、九卷）中有如此多的篇幅讨论定义，也可以明白为什么在许多英译中，学者们抛弃 to ti en einai 的字根含义，将它译成 essence（本质）。基于此，亚里士多德除了设定寻求第一 ousia 即第一 to ti en einai 的基本原则外，亚里士多德还给出了一个具体例子即动物的第一 ousia。什么是一个动物的 to ti en einai 或形式？他回答说：是灵魂。[④]

总之，第一 ousia 是可以说明一个事物的真正的“是”的本质。这是事物中最持久的东西。由此出发，亚里士多德在“to ti en einai”这一术语中使用过去式，是有深义的：他强调的是事物中恒久不变的东西。

英国牛津大学现代中国研究所的我国学者余纪元，针对有关汉语翻译的不能令人满意之处，特别是针对以上概念加以辨析，之后，特别表明，“on 出自语言中的系词，ousia 是第一的、原初的 on，ti esti 问事物的 on，to ti en einai 表示事物的恒定性，即根本的 on”[⑤]。这是很有见地的，是可以被我们接受的。而这里的“恒定性”，才常被理解成“本质”。

---

① 亚里士多德：《形而上学》，1030a6～7。

② 亚里士多德：《形而上学》，103la12。

③ 亚里士多德：《正位篇》，101b39。

④ 参见亚里士多德：《形而上学》1035bl4，1037a5、a28～29，1043bl～4 等。

⑤ 以上参见余纪元：《亚里士多德论 ON》，载《哲学研究》1995 年第 4 期。

（三）关于“个体”（τοδε τι）与“形式”（εἶδος）。

如前所说，亚里士多德对于本体区分了第一本体、第二本体；而对于第一本体，亚里士多德有两种说法：既讲它是个体，又讲它是形式。

关于亚里士多德的第一种说法：第一本体是个体（“这一个”）。

亚里士多德强调，只有个体才是第一本体，而属（eidos）并关涉于种（genos）是第二本体。对此我们应结合前面引述，再充分研究《范畴篇》中重要的这段话：“本体在最严格、最原初、最根本的意义上说，是既不表述另一个主体，也不在一个主体之中的东西。如这个人、这匹马。而人们所说第二本体指第一本体的属，就像属包含在种之中一样。”①

这里，亚里士多德首先强调了，本体是某个体。亚里士多德在此构造使用了 τόδε τι（tode ti / that it is）这个专有名词，有时也译作 thisness，相当于我们所说的“这一个”、“这样的一个”、“这个东西”。它指单一的个体。在《范畴篇》中，亚里士多德对之定义是：“个别的且数量上为一个”，并把它看作是第一本体的一个重要标志，以相对于第二本体。

为了使人们不至于对“这一个”产生误解，亚里士多德还专门强调了“这一个”与“这一类”的区别。亚里士多德提出的“这一类”，希腊文为 τοίονδε（toionde，等同于 poion ti）或 τοιόντον，直译带有“如此”普遍性的意思；亚里士多德以此指类、共同性质或共同谓项，英文往往与 Such 及 univerality 相应。亚里士多德指出，τοίονδε 等于“通式”，等于“普遍”；他对柏拉图主张“形相”（往往译为“理念”或译为“意式”）可

① 亚里士多德：《范畴篇》，5. 2a 11。

与事物相分离而独立的作为存在的精神本体，进行了批评；同时对柏拉图把作为“这一类”的形相与体现它的特殊事物相分离的观点，加以批评；指出柏拉图使“形相”变成“这一类”是错误的。因为“这一类”是一般的，而“这一个”是个别的；本体是“这一个”，而“这一类”作为共相不是本体。亚里士多德讲，“凡是共通的云谓只表示‘这一类’（如此），而不能指示‘这一个’，但本体是‘这一个’。”① 他进一步指出，“共通云谓不表示‘这一个’，而是表示‘这一类’；不然的话，就会导致许多困难，其中包括‘第三者’的论证。”② 这是说，如若不然，就会误入柏拉图的“形相论”。柏拉图在《巴门尼德篇》中提出，某某要确定是人，就得符合于“人的形相”（有的译著往往译为“人的理念”或“人的意式”）③；按照柏拉图的“分离”说，这“人的形相（理念）”是可分离出来的，这样就导致了能从“两个人”或从“这类人”分离出来的“第三人”或译“第三者”。而每个作为个体的东西都是“这一个”。例如，苏格拉底、这个人、这一匹马等等，都是“这一个”，是个体。而诸如白、大、在上、作等等，则不具个体性，都不能说是“这一个”。“第一本体”的特征，就在于它是“这一个”。“这一个”，是亚里士多德讨论本体时常用的一个概念。所以他在《范畴篇》中明确指出：只有“第一本体”才真正具有这个特征，这是其他范畴所不具有的特征；也就是说，作为“第二本体”的“属”是不具有这个特征的，“种”更不具有这特征。

然而，亚里士多德其次又指出，“属”这样的“第二本体”，联带着“种”，这是表述“第一本体”的。因为在逻辑语句的谓

---

① 亚里士多德：《形而上学》，1003a 7～10。

② 亚里士多德：《形而上学》，1038b 36～1039a 1。

③ 参见柏拉图：《巴门尼德篇》，132A. D～133A。

词中，只有“属”和“种”才能说明“第一本体”是什么。亚里士多德举例讲，我们只能说“人是动物”而不能说“动物是人”。[①] 当我们说明苏格拉底是人、是动物时，我们才能说明苏格拉底是什么；如果我们用别的属性来说他，例如说苏格拉底是白的、苏格拉底是在跑等等，并不能说明苏格拉底是什么；我们说“苏格拉底是人”与说“苏格拉底是动物”，虽然都是说了本体，但前者比后者更能说明苏格拉底的特性；因为后者太一般化。[②] 亚里士多德说，除了“第一本体”以外，“属”联带着“种”固然也可以被称为本体[③]；可是，如果没有“第一本体”，就不可能有其他的东西存在。[④] 所以说，“第一本体”是最根本的东西，是决定其他一切的东西。

带根本性的是，亚里士多德特别认为，“第一本体”之所以称之为“第一”，因为这是其他东西的基质，即基体、基础，这是“主体”。“主体”，在逻辑上讲往往处于“主词”地位；这个词在英文中是 subject；这与亚里士多德的用语 ὑποχείμενον (substratum，通常译为基质）同一词根；原希腊词，νποκείμενον（hypokeimenon)，最初意义是“躺在下面的东西”，有时译为“底层”，作为哲学概念强调其为属性的承受者或主体。陈康先生解释说，固然这个词是主词又指基质即基体，“它是一切的基础”。而主词与基体又是不同的：“一个是逻辑原则，一个是形而上学原则”。[⑤] 可见，这就应作出如此区别：第一，作为

① 亚里士多德：《范畴篇》，2b 15～20。

② 亚里士多德：《范畴篇》，2b 7～14。

③ 亚里士多德：《范畴篇》，2b 30～37。

④ 亚里士多德：《范畴篇》，2b 4～6。

⑤ 转引自《西方哲学的中国式解读》，高平凯：《评近三十年中国思想史》，第 431 页。原载郭湛波著《近五十年中国思想史》，北平人文书店 1936 年版，第 256、284 页。

“本体”的主词，通过“是”表示出谓词作为属性内容附属于主词，这是“本体”的基质；第二，作为“本体”的主词，通过“存在”，表示出属性的“存在”附加在一个基体之上，这是附加于“本体”的基础之上。亚里士多德在《范畴篇》中把本体定义为基质，就在于它承受其他范畴。亚里士多德讲，“基质是那其他一切事物都属于它，而它自身却不述说于其他任何事物的东西”。[①] 所以亚里士多德几乎把“本体”与“基质”当作同义词使用。

另外，在亚里士多德看来，对本体还应在以下方面注意其特征：

一是本体程度的不同。亚里士多德指出，在同一类本体中的各个本体之间，是谈不上本体程度不同的。这一个人（苏格拉底）和那一个人（柏拉图）之间，在是本体的意义上，我们不能说苏格拉底比柏拉图更是“人”[②]；同样，这个“属”与那个属之间，这个“种”与那个种之间，即在同一个属层次意义上、在同一个种层次上，不能说有本体程度的区别。可是，“第一本体”与“第二本体”之间，“第二本体”中的“属”与“种”之间，在本体性的程度上，是有所不同的。“第一本体”比“第二本体”在本体性的程度上更高。进一步看，作为“第二本体”的“属”与“种”之间比较，不是“属”去表述“种”，而是“种”去表述“属”。所以说，“属”和“种”相比，“属”更接近于“第一本体”。[③]

二是本体没有与它相反的。亚里士多德所说的“相反的”，是指例如：好与坏、多与少、大与小、上与下、白与黑这种相

① 亚里士多德：《形而上学》，1028b 36～37。

② 亚里士多德：《范畴篇》，3b 33～4a 9。

③ 亚里士多德：《形而上学》，1042a 12～15。

反的性质、数量、关系等等；这是就本体以外的范畴来讲的。而本体是没有和它相反的。[①]“相反的”，是亚里士多德在《范畴篇》第十节专门讨论的“对立”概念所包括的四类中之一项。这四类“对立”是：(1) 相互关联的；(2) 相反的；(3) 实有和缺失；(4) 肯定和否定。在《物理学》和《形而上学》中也有几处专门讨论“对立”的问题，又增加了一类：“矛盾”。他在那些章节中企图找出这些概念之间的联系和区别，为后人研究“对立”、“矛盾”提供了重要资料。

三是本体是变中的不变。亚里士多德认为，因为本体是其他一切属性的主体、基础。主体的基础是不变的，而其他性质则是可变的。本体自身中发生变化，其他性质会随之改变[②]；而“本体保持着自身在数目上的同一”，其他性质不仅可能发生改变，甚至容许有相反的性质。这种特性是对于本体来说的，对于别的范畴来说则没有。[③] 这里所说的“本体保持着自身在数目上的同一”，包含着两重意思：第一，本体作为本体，它没有改变；第二，作为同一个本体，并没有从这一个本体变为另外一个本体的问题，所以亚里士多德说它“在数目上是同一个”。在这两点上，本体都没有变化。亚里士多德说“本体自身发生变化”，这是说，本体所具有的性质发生了变化。而总起来说，本体作为本体没有发生变化，当它是自身同一的时候，它所具有的性质、数量、关系、位置、运动等等，却是可以经常不断发生变化的。所以说，本体是“变中的不变”。

关于亚里士多德的第二种说法：“第一本体”是形式。

在《形而上学》第七卷的最后一章即第十七章中，亚里士

① 亚里士多德：《范畴篇》，3b 24～26。

② 亚里士多德：《范畴篇》，4b 16～18。

③ 亚里士多德：《范畴篇》，4a 10～21。

多德强调，形式是"第一本体"。这里的"形式"与柏拉图所说的"形相"（往往译为"理念"），在希腊文中出自一个词：eidos；这个词在希腊文中与"属"也是同一个词。柏拉图在对eidos引申中，认为它可以分离于作为存在的本体。亚里士多德对此是否认的。他批评了柏拉图关于eidos是可独立分离的本体的观点，同时主张形式由"种"、"属"及其差异的构成。①

由此亚里士多德对于"形式"与"定义"、"形式"与"本质"、"形式"与"质料"作出分析，以确立"形式"作为"第一本体"的地位。

1. "形式"（εíδos，eidos）与"定义"（δoσμos，Definition）。

当亚里士多德明确说形式是第一本体之后，怎样联系"是"的意义来确定"本体"的意义，这是必须回答的。前已涉及到，如果说关于本体的论述主要建立在"A是"或"S是P"基本句型分析的基础之上。而同时又必须考虑到，"是"在定义中的用法，即"A是Df"。首先，"A是Df"表述的是本体的本质。在陈述"S是P"时，谓词表述的是本体的属性；而在作为"A是Df"的"定义中，除最初的种和属差外，别无所有。其他的种，是最初的种加上随之推导出来的属差"②。可见，定义和被定义者是等同的，可用"A＝Df"表示，但我们却不能由"S是P"就说"S＝P"。其次，"A是Df"与"S是"还有不同的是，后者只表示"S是P属性"，前者却回答了"A是一个什么东西"。两者的关系在希腊文中可以看得很清楚，如果"S是P"表示tode ti，那么"A是Df"则表示tode（这一个）是ti（什么）。后者恰恰是亚里士多德所说的ti estin的意义，这个词组表示的

① 亚里士多德：《形而上学》，1039a 25。

② 亚里士多德：《形而上学》，1037b 30。

是本质意义上的定义。可以认为，这个词组是 to ti en einai 的缩写。前已说到，这里面包含着一个过去式的“是”，直译为“曾经是的什么东西”，意思是“是这个东西本来所是的那样”，可译为“其所是”。亚里士多德说：“尽管‘是’有多种意义，但‘其所是’是首要的‘什么’，因为它指这个东西的本体”；又说：“我们对一个东西认识得最充分，是在知道它的其所是的时候，而不是在知道它的性质、数量、位置这些谓词中的任何一个的时候。”①

根据亚里士多德的原则，如前所说，可以这样认为，第一，作为“本体”的主词通过“是”，表述出谓词内容属于主词；第二，属性附加在作为存在的主体之上，这是“本体”的基础。表述性的“是”总与存在性的“是”相对应。与表述一个本体定义的“其所是”相对应的存在便是“形式”。亚里士多德明确说：“我所说的形式指每一事物的其所是以及它的第一本体。”②而这里所说的形式是个体的形式。个体由质料和形式一起构成，但由形式决定其本质。当亚里士多德说本体是形式时，他明确地把“这一个”与“其所是”等同起来。③

人们往往认为，亚里士多德关于“是”与“本体”的这两种不同说法，留下了千古之谜。人们又往往认为，实际上，在“是”与“存在”问题上，本来就可有不同的说法。“是这个”的意思强调有形事物的存在和个体事物自身存在，“其所是”的意思强调无形本质的是什么，如我们平常说，“这个东西在这里存在”和“这个东西有这个本质”，分别回答了“这个东西是不是”和“这个东西是什么”两层不同的问题。

① 亚里士多德：《形而上学》，1028a 15，35。
② 亚里士多德：《形而上学》，1032b 1～2。
③ 亚里士多德：《形而上学》，1028a 25～30。

2."形式"(εiδos，eidos)与"本质"(τό τί ήν είναι，Essence)。

"形式"在英文中写为Form。就其希腊词源eidos讲，这出自动词"看"(idein)或"观看"、"看见"，字面上意味着事物的感性外观并且与另一希腊词morphe(即"形状")同义。在柏拉图讲来，从"看"，到"看到的外观(外形、形状)"，再到"灵魂之眼"看到的内在"形相"(eidos)，这就是他推出"形相"(旧译"理念"或"意式")的基本思路。柏拉图使用的另一词idea也是从动词"看"的一种变位形式得出的。在某种意义上讲，柏拉图称作最终实在的"形相"与亚里士多德作为第一ousia的"形式"是有相同性的概念。那最真实的on，必须是由eidos所指称的东西。而在亚里士多德那里《范畴篇》以"这一个"作为第一ousia；《形而上学》中，亚里士多德讲的eidos与柏拉图讲的eidos在含义上更是不同。同时，亚里士多德有时在"属""种"的比较中用到eidos。在此意义上eidos也常被译为"属"；而作为"种"，当它作为一个共同的谓项，虽然亚里士多德在《范畴篇》中曾讲它是第二本体，而在《形而上学》中往往又似乎不说这是本体。实质性在于：对于柏拉图来讲，eidos是抽象的普遍共性，是独立于具体事物的东西；而对于亚里士多德说，正如他在《形而上学》卷七章十三中强调的，"普遍不能作为ousia"而独立存在于"这一个"之外。

"本质"在英文中是Essence，这个词源自拉丁词esse(是)。这是由希腊词ousia而生长的。柏拉图和亚里士多德都用到ousia这个词，在柏拉图那里，它指的是形相(理念)自身的"是"，对亚里士多德来说，ousia是"是者之为是者"的原因。在西方思想史中，Essence是对τό τί ήν είναι(to ti en einai)的翻译，"ti estin"是其缩写，中文可译为"所以是的是"、"作为存在的存在"，或"为什么是"、"是其所是"、"其所以是"，即"这个东西本来所是的那样"，意指作为"其所以是"的"本质"。如前所说，这个术语是由亚里士多德特别引入的。这里面没有用现在时的 esti，而是用了过去时的 en，这是为了表示某种持久的、永恒的东西。人们讲这是亚里士多德的"哲学过去式"。亚里士多德的论述是：由 on（是、存在），进展到 what-it-is（是什么、存在什么），然后到 ousia（第一意义的是、第一意义的存在，第一意义的本体），再到 to ti en einai（本质）。亚里士多德明确地说："To ti en einai（本质）和形式是等同的"①，又说："形式和 To ti en einai（本质）是第一本体"②。正是于此意义，在亚里士多德那里，形式与本质（to ti en einai）往往同义。他强调的是，"我用形式是指每件事物的本质及其第一本体"③。

重要的又在于，亚里士多德的 to ti en einai 这一表述，是从寻求带必然性的定义形式结构出发的。所以，本质是定义的第一要义。亚里士多德讲："'什么'是你？这是由于你自己（本性）而成为你，这就是你的本质（to ti en einai)"。④

亚里士多德在确定"是其所是"为"本质"时，还对其与"偶性"的关系进行了澄清。亚里士多德的意思是："决定本体的各个项目，其中之一即所谓'是其所是'"。"是其所是"即就自身而言或说"由其本性的"，就是"本质"；⑤ 而除此之外，那些不是"由其本性的"，却伴随着的，便是"偶性"（αοιτίοτηs，

① 亚里士多德：《形而上学》，1032b 1～15。

② 亚里士多德：《形而上学》，1030b 5。

③ 亚里士多德：《形而上学》，1032b 1～2。

④ 亚里士多德：《形而上学》，1029b 15。

⑤ 亚里士多德：《形而上学》，1029b 1～2，1029b 13～14。

even)。该词相应于希腊词 sumbebekos，来自动词 sumbainein，即"聚合"或"发生"，亦可译为"相合"或"相伴"；拉丁语为 accidens。于是可这样理解，"本质"是"由其本性"来说必是这样的，而"偶性"却不是由其本性说一定是这样的，因此是可有可无的。亚里士多德讲，"偶性的意思是，它依附于某物并能被真实地说明，不过既非出于必然，也非经常发生。"①

亚里士多德在把"偶性"与"本质"相对照时，对"偶性"主要强调了这样几层意思：（1）虽不成为事物的本质部分，却是该物固有的、不可分地连在一起的恒常特征。亚里士多德有时也用"特性"（希腊词：idia）一词来表达这层意思。人们在中文翻译其《物理学》中的这一概念时，还曾译为"附随者"。（2）仅仅暂时性地属于主体，其增损并不影响主体保持同一的那些特征。在此可认为相当于后来通常所说的"偶然特性"，这与如果损失将会改变事物之同一性的"本质特性"相反。（3）第二位的范畴（即第一本体之外的范畴），是本体的偶性。而在另一种意义上，它们也是本质性的，例如，白是苏格拉底的偶性，而这只是一种颜色。把这类偶性称为属性或特性更合适。它们只能内居于某一本体，不能独立存在。另外，亚里士多德还强调，如果把"偶性"当作"本质"，就会出现一种"偶性谬误"。可举个例子："这条狗是你的；这条狗是一位父亲；所以这条狗是你的父亲。"这是一种从普遍规则直接推理到某一特例的错误。

3. "形式"（εíδos，eidos）与"质料"（ϋλη，hule）。

亚里士多德在讨论本体时，把"形式"与"质料"作为相关术语加以对照。"质料"希腊文为 ϋλη（hule），原义为树木，

① 亚里士多德：《形而上学》，1025a 13～14。

多数为树林，引申为木材，此继续衍生为用于制造的材料，后又转成为一般物质；英译 Matter，中文往往译此为“物质”；作为拉丁文还日常用作指谓美味佳肴等等。在亚里士多德看来，如果说形式作为内在结构出现，那么质料就是原料或底层的材料基础。

亚里士多德在《形而上学》第一卷第三章中，论述了他的“四因说”。他讲到，原因（αίτια，Gause）可分为四项予以列举。第一个原因：“本体”（όνσία，ousia）和“其所以是”（το τi ην είναι，to ti en einai）。因为把“为什么”归结为终极原因时，那最初的“为什么”就是原因和本原，有时还被称为“原理”，按吴寿彭译本的译法，这是“本因”（式因）。第二个原因：“质料”（ϋλη，hule）。这与“基质”（ύποκείμενον，hypokeimenon）为同一系列概念。“质料”作为四因之一，往往被称为“质料因”，对此吴寿彭译本译为“物因”（底因）。第三个原因：“动变”。这是吴寿彭译本的译法；吴寿彭还注释道：这里的词是 κίνησιs 原义为运动，这大体同于近代“动力学”（kinetics）一词。亚里士多德用的 κίνησιs 这个词。包括变化之义在内，因此译文中有时译为“动变”，有时译为“运动”。亚里士多德以此词表示四因之一，意为变化发生之源（吴寿彭译本的表述），即运动由此发生之点（苗力田译本的表述）；还有译者表述为“动力因”，依吴寿彭译本即“动因”（效因）。这是“相对于”（以往译为“相反”）“动变”者而决定“何所为”的“目的”与何为“本善”的原因。在亚里士多德看来，这往往又同于“效因”（70b 31）、同于“式因”（44b 1）。第四个原因：“目的”（τέλος，吴寿彭译本译为“终极”）与“善”（τό άγαθδν，Good）。这是因为“善”是生成全部这类运动的“目的”，故往往也被称作“目的因”。由于亚里士多德在此指出，这已开始说出“定义”，触及到“本质”问题，所以人们又常称之为“本质因”；由于亚里士多德认为柏拉图讲的“形相”即“理念”本质上是“形式”，所以说这是“形式因”。亚里士多德于此讲到：“目的”与“本善”，因为这是一切创生与动变的终极（τέλos），所以称之为“极因”（善因）[①]。

《形而上学》强调，应把“形式”、“质料”、“形式与质料的复合物”，作为“本质”的范畴；他认为，在三者之间形式最合乎“这一个”的标准、复合物次之；他又指出，“复合物”是属性的基质，而“质料”是“形式”的“基质”。关于“基质”，前已涉及到，亚里士多德强调，“第一本体”之所以称之为“第一”，因为这是其他东西的“基质”，这个词的原希腊词是ὑποκεί μενον（hypokeimenon），其原初意义是“躺在下面的东西”，有时译为“底层”或“主题”，还有人译为“载体”（苗力田译本，中国人民大学出版社 2003 年版）。作为哲学概念强调其为属性的承受者或主体。亚里士多德用语中的 υποκείμενον，与主体，即拉丁文中 substratum（也常译为基质），与英文 subject（通常译为主体），同一词根，甚至同义。亚里士多德在《范畴篇》中把本体定义为基质，就在于它承受其他范畴。亚里士多德讲，“基质是那其他一切都述说它，而它自身却不述说他物的东西”。[②] 所以亚里士多德几乎把“本体”与“基质”当作同义语使用。亚里士多德曾说，作为“每一个东西”（ἑκάστον）的“初级本体（οὐσία，being），大体四项，或许更多；由外在性至少可应用于：‘所以是的是’即本质（τό τί ην είναι，being a what）、通则（καθόλον，being a generality）、类属（γένos，be-

① 亚里士多德：《形而上学》，983a～983b。

② 亚里士多德：《形而上学》，1028b 36～37。

ing a kind)，加之第四项即基质（ὑποκείμενον，being a subject matter）。"①

与此相关，亚里士多德还特别引入了两个概念："潜能"（δύναμις，Potency）与"显实"（ἐνέργεια，Actuality，对此以往多译为"现实"，本书笔者考虑此词在亚里士多德论述中的贴切含义，采取"显实"这一译法）。《形而上学》的第九卷前五章，讨论了 δύναμις 这个词本来的、严格的意义，即"能"或"能力"。这里区别了其中有两种情况：一是依据"逻各斯"的，二是非理性的。由此可转到 δύναμις 所带有的又一重意义，即"可能"。《形而上学》从第六章开始，在讨论"能力"和"可能"基础上，进行了对于"显实"的讨论。亚里士多德论述此问题时，用了两个希腊词：一个是ἐνέργεια，带有"正在动作"、"活力"、"活动"的意思，牛津版罗斯英译本译为 actuality；中文通常译为"现实""现实性"或译为"埃奈季亚"。再一个是ἐντεγέχεια，带有"完成了目的"的意思，中文通常译为"完全实现"，或对希腊原词音译为"隐德来希"，罗斯英译为 complete reality。另一个值得注意的是，关于 reality，其通常兼有现实、真实性以至本质、实体的译法；牛津辞典中除此之外还有"真实之物"、"真正被看到或经验的东西"，以及与"真实"相关的"逼真"等涵义；重要的是 Reality 在中文中主要译为"实在"，哲学史上被称为"实在论"（Realism）哲学的词与此相关。

这样，联系"形式"与"质料"，亚里士多德体现出这样的思想：质料中有其"潜能"，有成为本体的可能性，而"能存在

① 亚里士多德：《形而上学》，1028b 33～36。

的、却永远不会存在的”便是“不可能的”[1]，如果某实在“是可能的便没什么能阻止它成为可能”[2]。总起来说，形式实现着使质料之“潜能”成为“显实”之“形式”的“目的”。所以亚里士多德强调：质料和形式，前者作为潜能，后者作为显实，这是存在的两个方面，这也是定义不可或缺的成分。

关于以上有关概念的联系，亚里士多德曾举出“砖石”成为“房屋”等种种例子加以说明。我们在这里综合编译一下，是这样的：人们为了建造一个达到“善”的好房屋以达到居住之“目的”（极因），就得把砖石质料（物因）变成房子“形式”。建筑师心中有了房屋的“形式”，建筑工面前有了砖石的“质料”；把本来是杂乱的砖石“质料”按体现房屋“本质”的“形式”在“动变”中排列起来（动因），这就使砖石质料的“潜能”成为房屋形式的“显实”。从而使“质料”变成了“其所以是”房屋“形式”的“本体”（本因），这其中也就体现出关于“房屋”这个“存在”的“定义”。

在亚里士多德的论述中还透露出这样的看法，尽管质料是形式的主体，但它并不因此而比形式更有资格充当第一本体的身份，它只能是第二本体。有人说，《形而上学》卷七章三排斥质料是本体（ousia）。实际上，这应理解为亚里士多德只是排斥它成为第一ousia；因为卷七这里的任务是确定何者是第一ousia，而不是讲谁为唯一的ousia。在亚里士多德那里，质料是ousia范畴的一员，这是无从否定的。在卷七章三以后，亚里士多德仍然将质料称作ousia，但从来没讲它是第一ousia。人们所注意到的这方面的论述，主要在《形而上学》这部著作中诸如1035a1～2、1024a33、1042b9～10、1043b27、1044a15等处。

① 参见，亚里士多德：《形而上学》，1047b 3～14。

② 参见，亚里士多德：《形而上学》，1047b 14～30。

亚里士多德在论述质料与形式的关系而确认形式及本质是本体时，还对于把“一”认作本体的见解，作了批评；他特别提出了“一”不是“本体”。亚里士多德的论证中还暗示出这样的意思，“一”和“数”自身不是本体；它只是，当且仅当体现在成为本体要素的质料处于形式中，这才相关于成为本体。亚里士多德举出“铜球”为例说道：“‘铜’与‘圆球形’成为‘一’的原因是什么？疑问的解答是，因为：一项是质料，另一项是形式。除了制造者以外，在生成中是什么原因使潜能变为显实呢？这在于‘其所以是’（to ti en einai，相当于本质）。”①这才是本体。

“一”（τό ἕν，One）与“多”（πολλά，Many），是古希腊哲学家一直研究的命题。亚里士多德在《形而上学》第五卷里十分重视讨论“一”这个概念。而“一”这个概念，在与“多”的对照中，往往在许多情况下使用：事物由于“偶性”或由于“自身本性”都可被称为“一”。由于“自身本性”而被称为“一”的事物，原因又有多种，或有相同的“底层”、或有相同的“属”或“种”、或分有相同的“定义”，等等。而在数目上，“种”上或“属”上又是“一”。而且亚里士多德专门讲到“多之上有一”的问题。对此可以这样理解：“一”，作为实质意义上的“一”，是“整个”的意思。所以亚里士多德强调说，“无论在何处，‘一’在数量上或种类上都是不可分的”。②

关于“一”不可分。亚里士多德从数学出发，由不同角度作了繁缛的论证。我们在此概括其要义，大体是这样：由数的原理来看，“一”是一个点，“一”也可是一个单位。如果认为“一”可分，可分成 2、分成 3……这就涉及作为 1、2、3……

---

① 亚里士多德：《形而上学》，1045a 25～34。

② 亚里士多德：《形而上学》：1016b 24。

数列了,1 成为数列的组成部分。可是“2”作为一个单位，也可认为是个“一”，而在作为“2”的自身整体中，那“2”又是可分的，这就形成所谓“不定的 2”（άορίστος δνάς）；由“2 自身”是一个“一”，可有“3”也是一个“一”，如此等等，“对于所有其他成群成组的东西，在‘多’之上也会有一个‘一’”,[①] 即“多之上有一”。那这里的“一”及“不定的二”等等，究竟是形式还是质料？这里的“一”以及“数”，是就数的质料来说呢，还是就数列的形式来讲呢？对之，无论说它是质料还是说它是形式，都有无法解决的困难。亚里士多德从“质料”和“形式”两个角度看过去，解析了这个问题。

就从“质料”看过去的“形式”来讲：一方面，如果说“一”是整体，尽管其包含着“多”，而“数”是计量“多”的或者说“多”是许多的数量，那么“一”就不是数；的确，古代希腊的“数”就曾不包括“一”，即“‘一’不在数列之内”,[②] 而是从 2 开始的。在此意义上“数”是“多”而不是“一”。另一方面，如果说“一”是度量计数的出发点，例如可以计量“1 个人”，也会随之有“2 个人”，这里的“2 个”即两个单位，是 δνάς，这不同于 δύο，即“二这个数”[③]；同样，“3 个人”、“4 个人”……道理也是如此；于此“1”等等是作为计量事物的数量，那么，度量应与它所计量的东西相对应。可见，作为“一自身”只能依附于一个主体，也就是说，讲独立存在的“一”是本体，是不成立的。

就从形式看过去的质料来讲：亚里士多德特别由“算术”和“几何”怎样来研究人，来说明“一”与“质料”的关系，

① 亚里士多德：《形而上学》：990a。

② 亚里士多德：《范畴篇》：88a 6。

③ 亚里士多德：《形而上学》：990b 20。

以证明“一自身”不是本体。因为，“人”作为人，是一个不可分的个体；而由算术来研究“人”，不是将他作为“人”来研究，而是以他作为数中的“一”来研究；几何学研究“人”，不但不是作为“人”，也不是作为“一”，而是作为一个“立体”来进行研究。可见，以上说的种种属性虽然是属于“人”的，但是已将这属性与其他的属性分离开来，也就是将它抽象出来，这是一种空洞的抽象。亚里士多德说，几何学家说得正确，他们说他们研究的对象是存在的，乃是这样的存在：它不是完全现实的存在，而只是作为潜能的“质料性的存在”。① 亚里士多德在这里暗含着这样的意思，如果脱离作为“显实”的“形式”来讲作为“潜能”的质料，那么这里的“一”只能是抽象的、空洞的，不可能是本体。

在《形而上学》第七卷的主要几章中，亚里士多德既从正面讲本质和形式是第一本体；又从反面对“一”和“存在”是否本体作了说明。在亚里士多德看来，“一”和“存在”是普遍的一般，然而一般不是本体。亚里士多德在《形而上学》第三卷讲，关于“一”和“存在”这普遍的一般，从毕达哥拉学派和爱利亚学派，到柏拉图学派，都认为“一”和“存在”是本体。亚里士多德批评了这种观点。亚里士多德论证说，如果讲一般是本体，那么，不仅“一”和“存在”是普遍的一般，还有各种不同程度的一般；更有甚者，柏拉图讲“形相”也是一般；然而，这“形相”不是本体。

所以，亚里士多德在《形而上学》第七卷第十六章结尾处讲，“普遍性名词显然均非本体，也不存在由本体构成的本体”②。在第十七章中，亚里士多德又进一步从原因的角度来分

① 亚里士多德：《形而上学》，1078a 21～31。
② 亚里士多德：《形而上学》，1041a 7。

析问题。他认为组成事物的质料因，并不是使事物成为这个事物的原因，决定一个事物的第一原因只能是它的形式或本质。而"形式"或"本质"不是"一"，也就是说"一"不是成为决定事物第一原因的"形式"或"本质"，所以它不是本体。

亚里士多德在《形而上学》第二卷中曾提出过十几个问题，其中就有这样一个问题：是否在可感觉事物以外还有另外一类的本体？所以他在第七卷中着重论述了"一般"不是本体。以现在我们的理解，应强调的是："一般"不等于就是"本体"，而"本体"有一般性，是寓于"这一个"的一般性。亚里士多德关于"一般"的澄清曾主要就"数"和"形相"（往往译为"理念"）来论。这是当时历史的产物。柏拉图认为"形相"是本体，同时他又接受了毕达哥拉学派的思想即"数"是事物的本质及本体。从现存的柏拉图的对话篇中可以看到，在《理想国》中，曾经将"数"当作在"形相"和个别事物之间的中间体；在《蒂迈欧篇》中，"形相"的数学化倾向更为明显。柏拉图在其线段之喻中，把"努斯"（Nous）看作是理智的最高阶段，与 dianoia（推论理性）相对。按其所说，Dianoia 关涉数学实在，从假设推至结论；而努斯则关注形式，从假设进展到第一原则，再从第一原则推出其他一切。根据记载，在当时柏拉图的"学园"（Academy）中广泛地讨论"形相"和"数"。许多柏拉图的学生认为只有"形相"和"数"才是真正的本体。其中最著名的是柏拉图的继承人斯潘雪浦和芝诺克拉底。他们有的主张只有"形相"是本体，有的主张只有"数"是本体，有的主张二者都是本体，并且对这二者的关系，作了种种解释。他们用"形相"来解释"数"，从而得出"形相的数"、"形相的大和小"等各种学说。关于这些学说的原来文本现都已失传，能看到的只是亚里士多德对他们的批判。亚里士多德虽然也是柏拉图的学生，但他对"形相论"持批判的态度，特别是对那种将“形相”和“数”结合起来的学说，更是坚决反对。亚里士多德不同意柏拉图学说讲“一”是本体、讲“数”是本体、讲“形相”（往往译为“理念”）是本体。亚里士多德在多种意义上使用努斯一词：（1）一般理性思想和理解，与 dianoia 不加区别；（2）直观推理，它把握证明科学的第一原则，即那些必然的，不必需要进一步说明的原则；（3）实践努斯，它把握特殊情形的相关特征，是实践理性的一个因素；（4）主动理性，它直接领悟纯形式，是一种可与肉体相分离的永恒的神圣的理智。不过，这一学说很难与亚里士多德关于灵魂的其他学说相调和。亚里士多德说，“除了努斯外，没有其他思维比科学知识更精确。”① 亚里士多德与柏拉图学派在理论上有许多分歧，在柏拉图逝世以后，他就离开了“学园”。

亚里士多德由其关于本体的形式和功能的见解，由他关于什么是本体的学说，特别论述了关于“灵魂”（ψυχή，Soul）的形式和功能的问题。亚里士多德在《论灵魂》中说，批判性地吸收前人思想是为了“得益于他们好的意见，避免他们的错误”②。他批评两种倾向：第一种是倾向于把灵魂当作独立本体的柏拉图观点，第二种是把灵魂和身体看成两个分离的本体的二元论观点。他认为灵魂不是独立的本体，而是有生命本体的形式。

在亚里士多德所论的本体等级中，有生命的事物比无生命的事物更高级。灵魂只存在于有生命的事物之中，无生命的事物没有灵魂。这种看法在某种程度上克服了古代流行的“万物有灵论”。他给灵魂下的定义是：“潜在地具有生命的自然形体的形式”；又说：“所谓生命，指靠自身摄取营养和生长（以及

① 亚里士多德：《后分析篇》，100. b8。

② 亚里士多德：《论灵魂》，403b 20。

相应的朽灭)”。[①] 这里第一句说明灵魂是身体的形式，同于“怎是”(形式)；第二句说明灵魂是靠自身摄取营养和生灭的生命功能。生命和一切运动过程一样，具有潜能和显实两个方面。一方面，灵魂使身体的潜能转变为生命显实；再一方面，转变为生命显实的潜能使身体有了灵魂。这是有灵魂生命体的自因，这是一种内因；这与关于从外部推动无生命物体作位移运动的动力的观点，是完全不同的。

亚里士多德把有生命的本体分为“植物”、“动物”和“人”三大类，灵魂也相应地分成“植物灵魂”、“动物灵魂”和“人类灵魂”。植物灵魂的功能是消化繁殖，这是生命活动的一般功能。动物灵魂除了具有植物灵魂的功能之外，还具有感觉、欲望和自行移动的功能；感性活动是动物灵魂的一般功能，因此，动物灵魂也被称作感性灵魂。人类灵魂除了具有植物灵魂和动物灵魂的功能之外，还有理性思维的特殊功能，因此又被称作理性灵魂。这表现为由低到高的等级，较高级的灵魂包含着较低级的灵魂。因此，动物灵魂有生命的功能，人类灵魂也有动物灵魂的全部功能。亚里士多德的这些思想体现出，属的功能寓于种的功能之中，特殊寓于普遍之中。

不难看出，在亚里士多德那里，植物灵魂、动物灵魂和人类灵魂在逻辑上是按照属和种的顺序排列的。植物灵魂是所有灵魂的属，包含在一切灵魂的定义之中。动物灵魂是植物灵魂的种，它的定义由植物灵魂（属）和感性功能（种差）构成。人类灵魂是动物灵魂这个种再作为属下的一个种，它的定义由动物灵魂（属）和理性功能（种差）构成。由此，亚里士多德作出一个著名定义：人是有理性的动物。

---

① 亚里士多德：《论灵魂》，412a 20，15。

可见，亚里士多德把灵魂当作一种特殊运动的原因，即有生命的事物运动的原因；在此意义上，对灵魂的研究属于自然哲学。另外，亚里士多德还论述了，人的灵魂的特殊功能是认识活动，论述了认识活动及其原因，由低到高逐步上升，论述了认识的感性和理性的问题。这样，亚里士多德的自然哲学、灵魂学说和形而上学融为一体，构成调和感觉主义和理智主义的认识论。

三、亚里士多德论“最高本体”

在亚里士多德看来，无论是形式，或是质料，都有一个层次问题：形式之上还有形式，一直到最高的无质料的纯形式；质料之后还有质料，一直到最后的没有任何规定性的纯质料。但是，亚里士多德认为，从我们认识一个具体的事物说，重要的不是去寻求最初的形式和最后的质料，而是要寻求和这个具体事物最接近的质料，以及这个具体事物所特有的形式。对于这个形式和这个质料，亚里士多德认为，它们并不是两个不同的东西，而是同一个东西。形式是显实的，质料是潜能的。这是同一个东西的两种不同的存在样式。所以他在《形而上学》第九卷里专门讨论了潜能和显实。而对于哲学来说，则要追寻作为最高本体的最终东西。

亚里士多德根据形式与质料以及显实与潜能所占的不同比重，把本体分为由下到上的等级：本体的质料或潜能越多，则形式或显实越少，所处的等级也就越低；反之则处在较高的等级。本体沿着形式或显实越来越多的方向上升。最后到达没有任何质料的纯形式和无需任何潜能的纯显实。《形而上学》提出了三类本体构成的世界等级：第一类是可朽的本体，第二类是不朽的本体，第三类则是永恒的、不动的本体。第一类本体是地界的个体，第二类本体是天体；这两类本体都是可感的本体，由形式和质料组成，属于物理世界。第三类本体是最高本体，已达到没有任何质料的纯形式，达到无需任何潜能的纯显实，这已不属于经验世界，亚里士多德称之为"神"（θέτos，God）。

《形而上学》的思路是从物理学上升为神学（Θεολογική，Theology）。此书第一句话是"人在本性上是求知的"，接着说明人们追求知识的由低到高的等级：从感觉到理智，从个别、可感的认识对象到普遍的以至于不可感的对象，最后达到最高知识，最高知识以最高原因和最普遍的原则为对象，亚里士多德称之谓作为"第一哲学"的"神学"。

"神"是亚里士多德所说的最高本体的代名词，它有三重意思：第一，不动的推动者或第一推动者；第二，纯形式或纯显实；第三，纯思想。"神"的三重意思可由"四因"由低到高地推导出来。不动的推动者是终极的动力因；纯形式或纯显实是完全纯粹的形式因即没有质料的形式因；纯思想是最高的目的因。关于纯思想，亚里士多德解释说，纯思想没有任何外在对象，否则它将追求一个外在的目的；神是一个精神本体，神的活动是思想活动，永恒地思想自身；神不思想外在对象，而是外界活动所朝向的最高目的。在目的因的由低到高的等级中，无目的的事物以有目的的事物为目的，无思想的生命以思想为目的，人的思想以智慧为目的，哲学家以纯思想为目的，因此最接近于神。

亚里士多德所谓的"神"不是人格神、创世的神，不是指原初意义上对之顶膜礼拜的宗教对象。对他来说，对神的追求是纯思辨活动，是智慧和幸福的顶点；研究神学是哲学的最高境界，不包括实用的动机与利益。他明确地讲，人与神之间无友谊可言。[1] 总起来说，亚里士多德关于神的观念继承了希腊哲学的传统，而把形而上学归结为神学，把最高的哲学原则或最高本体冠以“神”的名称，在物理领域之外设立一个超自然的神圣领域，这为形而上学与各种宗教（基督教、伊斯兰教、犹太教）的哲学结盟开辟了道路。人们把西方形而上学归结为“onto－theo－logy”（本体—神学—论）传统，归结为“形而上——神学”传统，似与此有原源关系。

① 亚里士多德：《大伦理学》，1028b 26～32。

第二章　中世纪哲学：关于 substence，关于 ontology

始于公元前6世纪，终于公元后6世纪，持续了达1200年的希腊哲学史（罗马哲学亦可被看作是希腊哲学的衍生），概括起来，人们往往十分关注其三个重要时期：第一时期（约前600年至前400年初）的哲学家大都重在试图去寻找世界的本原。第二时期（约前5世纪中期智都学派出现至前332年亚里士多德去世），中心位于雅典，这被称为阿提卡文化中心。这时期希腊政治走向衰落，哲学猫头鹰在此黄昏时起飞（黑格尔语）。第三时期（始于亚里士多德去世后至公元后6世纪）先是斯多葛学派和伊壁鸠鲁学派发生重要影响；斯多葛学派成为与基督教意义相关的哲学，同时出现怀疑派哲学，后产生罗马的折衷主义；在公元后初期柏拉图思想与东方的宗教因素混合在一起形成了新柏拉图主义。第三时期的哲学也被称为后亚里士多德哲学。

当我们的研究视野从古希腊罗马哲学移到关注中世纪西方哲学，会看到基督教哲学在教父那里开始形成正好与古希腊罗马哲学衰落是同时发生的；体现于基督教哲学，显然可以看到其间的历史延续性。基督教神学的兴起与古希腊罗马哲学的衰落之间，既有一种跨历史阶段的发展，又有一种承上启下的联系，并且是同时而又相继发生的。这样，基督教神学与古希腊哲学结合，成为中世纪西方哲学的重要特点。

还要考虑到的是，基督教是在古代各式各样宗教传统基础上产生的。这里，主要是古代犹太教，还包含着源自巴比伦和亚述特别是波斯的思想，甚至还有古埃及的思想；另外，不可忽视的因素是：曾被称为“蛮族”的凯尔特人、日耳曼人以及斯拉夫人部落的文化因素。这些民族从对罗马帝国外围边境构成威胁，到在民族大迁移中淹没古罗马世界，直到罗马帝国崩溃。在此历史过程中，一些民族也带来了其自身的文明和宗教，这是一些在当时尚赶不上罗马帝国文明程度的文化及宗教因素；而正如历史上常常发生的那样，军事上的胜利者可能成为文化上的被征服者；他们逐步丢弃了原来有自己民族特色的生活方式，成为古罗马文化发展的继承者和承担着，也接受了基督教文化。与此同时，东部斯拉夫人也进一步发展了东古罗马帝国的古基督教文化。此外，由于伊斯兰教也长驱直入西班牙境内，一些伊斯兰教学者也关注了基督教文化并参与了其思想建设。中世纪晚期，基督教与阿拉伯哲学进一步接触。这都对基督教哲学成为西方中世纪哲学的主要内容，发生了作用。

基督教哲学在中世纪的演进，史学界认为，可大体分为两个主要时期。第一个时期，从使徒传教时期至公元 800 年左右，这个时期的哲学被称为教父哲学（Patristik，源自拉丁语中的 pater，即父亲，意指教父）。教父哲学时期又被划分为两个阶段。在其中的第一阶段，基督教与希腊哲学初步接触，基督教内部发生了诸多矛盾冲突，之后，在外在形式上，基督教建立了统一的强大教会，在内容上，确定了基督教的基本教义。公元 325 年举行的尼西亚会议标志着这一阶段的结束。而在教父哲学的第二个阶段，已经确定了的基本教义被整理为基督教教义和哲学的统一体系，这特别体现于奥古斯丁的著作中。第二个时期，主要是从公元 800 年至 1500 年时的中世纪哲学，这一时期的哲学被称为经院哲学（Scholastik，这个词源自拉丁语的

scholastici，起先指教师，后来指传教士，再后来指基督教神学家）。经院哲学又可划分为三个阶段：从公元9世纪至公元12世纪的早期经院哲学，公元13世纪的中期经院哲学，从公元14世纪至公元15世纪的后期经院哲学。早期经院哲学的特点是，形成了一种独特的经院哲学方法，神学与哲学紧密地联系在了一起，围绕从柏拉图和亚里士多德那里继承下来的为争取一般概念的有效性而进行思想辩论，这就是所谓的共相之争。后来，亚里士多德的思想被越来越多地接受下来，这标志着中期经院哲学时期的开始，中世纪阿拉伯哲学和犹太哲学在其中起着一种中介作用。中期经院哲学使中世纪基督教哲学达到了最高的形式。这尤其表现在大阿尔伯特和托马斯·冯·阿奎那的著作中。在后期经院哲学时期，中世纪哲学在唯名论的影响下逐渐走向衰落。在中世纪后期，基督教神秘主义又开始繁荣起来，它与经院哲学关系密切，但又与经院哲学有着重要的区别。

在中世纪哲学的讨论中，深入解析了古希腊哲学提出的哲学范畴，出现了作出区分的substantia、substance，以substance去译ousia以标示本体（“实体”），并且在走向近代哲学的进程中出现了用以标示“本体论”的由ousiology到ontologia。

第一节 《圣经》神学与古希腊哲学结合

从整个哲学史演进上看，应当认为，《圣经》神学与古希腊哲学结合，或者说“古希腊哲学”与《圣经》神学结合，成为中世纪西方哲学的重要特点。

一、基督教的起源

现在通常被称作世界三大宗教之一的基督教，在公元1世纪起源于巴勒斯坦，后逐渐流传于罗马帝国全境。其前身可追溯到历史上产生的作为犹太教的某些教派。对古代犹太人，人们也称之为“希伯来人”，原意是“从大河那边过来的人”，后指以色列人，即现在通常称的犹太民族。以色列人聚居的地区，处在距罗马遥远的巴勒斯坦地区；西至埃及边境的“新月形沃壤”；南端东起波斯湾，已算得上是东方的地域。以色列人在游牧时期，各部落把共同信奉的神称作“雅赫维”（Jhwn），也有文献译为“耶畏”。这是与他们在沙漠中游牧生活最密切相关的雨神，宗教仪式包括杀人献祭。在巴勒斯坦定居的部落，受当地原始宗教的影响，还信奉其他神祇。Jhwn 只是诸神之一，它还有配偶，一直到以色列王朝初期的扫罗时代（扫罗是第一个以色列王），宗教仪式仍包括杀人献祭。扫罗最盛的二十年是公元前 1047 年至公元前 1027 年。随着由部落联盟形成统一的以色列王朝，地方性圣殿逐渐被废除，以色列王所罗门在耶路撒冷修建圣殿，作为以色列全国的宗教中心，但多神教到公元前五世纪还存在。此前后，在以色列人对神 Jhwn 的信奉中，由于犹太教为表示尊敬禁止径直称呼其神名，所以在读经时往往以希伯来文“阿特乃”（’ ădhōnay，意为“吾主”、“上主”）代之。据近代学者考证，后来因为基督教学家把’ ădhōnay 一词中的元音嵌入 Jhwn，才读成“耶和华”（Jehovah 或 Yehevah 或 Yahwen，中文也有人译为“雅威”）。在希伯来文的《圣经》中保持了这种写法和读法。这在基督教中一直沿袭至今。

古犹太人在封立君王和祭司时，因受封者额上被敷膏油而往往称“受膏者”。“受膏者”即“弥赛亚”（希伯来文 mashiah），意指神的派遣者。在公元前 11 世纪末巴勒斯坦地区的犹太民族建成以色列王国之后，不断受到异族的入侵，巴比伦、波斯、马其顿、埃及等都做过其宗主国。公元前 63 年，罗马帝国攻占了耶路撒冷，屠杀了 1 万多犹太人。公元 6 年正式吞并了犹太国。在以色列人历经入侵、蹂躏、屠杀、被虏、放逐等民族灾难的情况下，长期盼望有一个救世主降临，拯救以色列。以色列国灭亡后，南部犹太由大卫王后裔继续维持统治一个多世纪。后来以色列人就把救世主的希望寄托于大卫王的后裔，盼望从中能兴起一个救主。这成为犹太教信仰的中心。而犹太教的祭司贵族早已依附异族统治者，因此，从公元前八世纪起，在民间开始以宗教形式形成一些先知形象，以作为“神的代言人”。此时，一再爆发犹太人的起义。犹太宗教中有的教派如奋锐党人崇尚武力的解救，奉“弥赛亚”为尚武之神，鼓励抗争，这是反抗情绪的反映；而另一派如艾塞尼派所期待的是精神的弥赛亚或精神的救世主，视“弥赛亚”为“主持公义者”，主张恪守种种戒规，这是起义失败后的情绪反映；再一派如拿撒勒派则更接近于后来的基督教，拿撒勒人在“福音书”中已通常将“弥赛亚”作为耶稣的称谓，这是终身献己于神的人。由此，“弥赛亚”成为基督教的基督形象的前身。基督（Christ），系此词原音译“基利斯督”的缩写。Christos 源于希腊文。这源自希伯来文 māshīah（弥赛亚）的希腊文写法，后成为对耶稣的专称。同时，作为耶稣的形象，又是由奥西里、密特拉、狄奥尼索等古代东方神的种种特质再加上古犹太神启传说混糅而成，不乏起源于犹太、埃及、巴比伦、叙利亚、继而还有希腊等地区的古星辰神话及其他神话的影子。

可见，“这‘弥赛亚’以及后来被称作的‘耶稣基督’者，实际上是人塑造出来的，同时又有某人作为原型。而要确立起其作为上帝派遣的救世主的无所不包、统摄一切、无所不能的性质，那就不能不在一个符号系统中使之与关于本体、理念

(形相）及世间现象界关系的理论相互沟通”[①]。

二、基督教的圣经

基督教的圣经，主要是《旧约全书》《新约全书》。这些经书之所以称为“约”，据说是因为其中心思想是天主与人类所建立的盟约。天主与以色列人在西乃山上所建立的盟约为“旧约”；耶稣基督以自己的“圣血”与“圣死”，在天主与人间所建立的作为永远盟约的救恩圣约，为“新约”。

《旧约全书》大体汇集成于公元前 1300 至公元 100 年。其成书时间大约持续了 1000 多年。众多受到启示的作者、编者、文士及其他人参与了编写。起初，创世的故事和犹太人的早期历史都是以口述的方式传承的。后来，在希伯来文字发明以后，这些故事以文字形式记录下来，并在其中加入了其他故事、律法、预言和诗歌。经过数个世纪，这些描述神介入人类社会历史的著作得到修订、合并，逐渐形成今天所看到的样子。

《旧约全书》的原文除几卷和若干卷的几小段外，大都以希伯来文写成。后来侨居北非而受了希腊文化影响的犹太人，因为大多不谙希伯来文，所以在公元前 2 至公元 3 世纪将“旧约”各书译为希腊文，即所称的“七十贤士译本”。当希腊文也成了罗马帝国的通用语言，宗徒们在各地宣讲福音时，使用希腊文圣经更为方便。这样，希腊文圣经（包括 46 卷）为教会所重视。

《旧约全书》的 46 卷中，前五卷通常称《摩西五书》。“摩西”，在有的汉文献中也音译为“梅瑟”或“若瑟”，希伯来原文系 mōshēh，意思是“水里拉上来的”。此名的埃及文为 mase，

① 张全新：《塑造论哲学导引》，人民出版社 1995 年版，第 110～111 页。

是王室中常用的名字，意思是“儿子”。历史上很多法老的名字将 mase 拼写于其中，写为 mos，例如 Tuth-mose（意为 Tuth 的儿子）以及 Amen-mose，Ah-mose，等等。这里说到的“法老”，也常被译为“长老”。“长老”的原词为“有须的人”。这曾指以色列人的领袖。据说他们富有智慧和经验，有时代表百姓出面，负起排难解纷、判事和率众作战等等的责任。① 摩西的成长与长老直接相关，而且他后来也成为长老。据圣经“申命记”载，摩西活了 120 岁。其一生可分为三个阶段，每个阶段都是 40 年。最初 40 年，《圣经》记载，他曾在迦南的旷野，有 10 年在法老王宫中，包括断奶前的那段时间在内。摩西进宫后由法老的女儿领养为子。他在宫中长大，成为王室中人，学了埃及人的知识学问。在有的记载中说他的老师中还有希腊人。据说摩西聪明过人，常常难倒老师。在第二阶段的 40 年，摩西在米甸。米甸这个地方通常是指今巴勒斯坦南部阿卡巴湾以东的沙漠地带。“米甸”是亚伯拉罕庶子的名称，可见米甸人与以色列人有血统关系。第三个阶段的 40 年，摩西在埃及。②

《摩西五书》有时也简称为“五书”。按历史相传，其作者就是摩西；同时也认为，并不是全书的每一字句都出于他一人手笔；摩西的作用是搜集了不少当时所能找到的史料、文献，而且在他死后又有后人增补。又据说，这五书原是以色列人宗教、政治、社会生活的法典；被认为是摩西给以色列人所宣布的法律，《圣经》上就多次称之为“法律”，西伯来人称之为“托辣”。对《摩西五书》，犹太人曾以每书的首句首字为名；自希腊七十贤士译经以来，皆以每书的内容大意命名，分别是

① 参见，《圣经》《旧约全书》，“申命纪”22 章，“约书亚记”8 章。

② 参见，《圣经》《新约全书》，“使绕行传”7 章、15 章，《旧约全书》“创世纪”25 章、“出埃及记”1 章。

“创世纪”、“出谷纪即出埃及纪”、“肋未纪”、“户籍纪”、“申命纪”。作为五个“纪”的五卷，在纪元前就有此划分，而自古以来一直视这五卷为一部。人们认为《摩西五书》是《旧约全书》中最重要的内容。

《新约全书》据说是耶稣死后由其宗徒弟子在天主圣神的默感与引导之下所写的经典汇集而成。此汇集于公元 2 世纪，称为“新约书”或简称“新约”。《新约全书》主要是以希腊文写成；只有玛窦福音（马太福音）的原文系阿拉伯文，但很早就失传，所留传的只有希腊文本。《新约全书》，按圣教会古老的传授，共 27 卷，分为 3 组：

一组是“历史书”五卷，即玛窦（马太）福音、马尔谷福音、路加福音、若望福音和宗徒大事录。“福音”一词，原意指喜讯；但按《新约全书》采用此词的意义来说，乃是指天主之子耶稣降生后从天上给人类带来的启示和他在完成救赎后向万民所宣布的得救喜讯。这喜讯的传报，最初只是靠口头宣讲，稍后才有不少人把耶稣的生平与宣讲内容笔录著于书，因而产生了“福音书”。据现在一些圣经在书的“总论”中讲，按新约圣经中“路加福音”11 章的记载，这样的著作在当时已为数不少，可是圣教会自初只承认玛窦福音、马尔谷福音、路加福音、若望福音，这四部福音据说是受默感而写的经典，后著录在正式书目内；而其他名为“福音”的著作，则被认为是伪经。基督教在介绍圣经时往往强调，“福音”书虽有四部，但所传述的“福音”却只是一个，因为四圣史所撰述的是同一的喜讯，只是在所采用形式上有所不同而已。前三部《福音》无论是在取材和结构上，或在用字上，大致可说相同，甚至可并列对照，一读便可知彼此间的关系，因而有“对观福音”之称。这三部《福音》之所以如此相同，是因为前三圣史记述了大体相同的“宗徒教理讲授”：玛窦记述了耶路撒冷教会的传授；马尔谷记述了罗马教会的传授；路加记述了安提约基雅教会的传授；若望因见前三《福音》已流传于世，没有重述的必要，遂由自己记忆所及，采取了一些有关的材料，在公元1世纪末叶，针对当时周围环境的需要，编著了自己的《福音》，其目的是在攻击方兴的异端学说。在通常的《圣经》书前写的"福音总论"中常这样强调：四《福音》虽然不是狭义的史书，但就信实性来说，世界上没有一部史书可与之相比；因为各位作者，或是目睹所述之事的宗徒（玛窦、若望），或是宗徒的亲传弟子（马尔谷、路加），他们所依据的，据说是亲历其事人物的口述；据传《福音》成书时，尚有不少耳闻目睹的证人生存于世。

作为"历史书"中的"四福音书"，重要的是玛窦（马太）福音。这一部《福音》的作者是圣玛窦宗徒。据经所记，玛窦又名肋未，是阿尔斐的儿子。[①] 他在耶稣召叫之前，曾在葛法翁做过税吏。他一被召，即刻舍弃一切，跟随了耶稣。[②] 耶稣升天后，玛窦先在巴勒斯坦一带，给自己的同胞宣讲福音多年，然后动身往外方传教，最后死在何处何时，史无确证。从古以来，圣教会中认他是一位为主殉道的宗徒，每年9月21日庆祝他的瞻礼。据最古的传授，圣教会始终认为圣玛窦是第一部《福音》的作者；这也可由《福音》书内容的暗示得到证明；例如马尔谷与路加记载12位宗徒名单时，只记了玛窦的名字，然而在第一部《福音》内，于"玛窦"名字前却加上了受人歧视的"税吏"头衔，可知原作者对自己的职位，毫不避讳。因为《玛窦福音》的原著为阿拉伯文，所以被认为是巴勒斯坦的犹太人写的，这是自古以来圣教会一致公认的事。此书后来不知由何人

① 参见，《圣经》《新约全书》，"马尔谷福音"2章14节。

② 参见，《圣经》《新约全书》，"玛窦福音"9章9节，"马尔谷福音"2章13节、14节，"路加福音"5章27节、28节。

译为希腊文。该《福音》因为是写给归化的犹太人，因此特别力证耶稣基督就是天主所预许及先知所预言的“弥赛亚”。虽然许多犹太人否认耶稣为弥赛亚，并把他置于死地：然而他却由死者中复活，并建立了自己的教会作为天国在世上的开端，继续他救世的使命。由于这个目的，玛窦（马太）福音书比其他三部福音书，更强调先知们的预言在耶稣身上全应验。圣经中这部分内容的著作地点，大概是耶路撒冷。至于著作时期，原文可说是写于其他《福音》之前，大约著于公元 50 年左右；现行的希腊译本，大概是成于《马尔谷》和《路加》两福音之后，约在公元 70 年左右。

再一组是“训诲书”21 卷，包括圣保罗书信 14 封、罗马书、格林多前后二书、迦拉达书、厄弗所书、斐理伯书、哥罗森书、得撒洛尼前后二书、弟茂德前后二书、弟铎书、费助孟书和希伯来书；公函七封；雅各伯书、伯多禄前后二书、若望之一之二之三并犹达书。

另一组是“先知书”一卷，即若望默示录。

以上《旧约全书》46 卷、《新约全书》27 卷，合起来共计 73 卷，形成人们通常所见到的《圣经》。由于许多基督教派只相信以希伯来文写成的书才为圣经，所以希腊原文的“巴路克”、“多俾亚传”、“友弟德传”、“玛加伯上下”、“智慧篇”和“德训篇”七卷，未著录于其组编的圣经书目内。而天主教会自古即以希腊文七十贤士本为圣经，因而对上述七卷一律认为是圣经。

由哲学研究来关注基督教哲学，不能忽略的是，要把上帝确立起来，就要作出一种形而上的设置。这里，很重要的在于，应关注《圣经》中关于“天主所是”的论说。《圣经》中“出埃及纪”讲，摩西对天主耶和华说：“当我到以色列子民那里，对他们说：‘你们祖先的天主派我到你们这里来’。他们一定会问我：‘他叫什么名字?’我该如何回答他们呢?”天主向摩西说：

"我是我所是"。"你(摩西)要这样告诉以色列人:那'我所是'派我(摩西)到你们这里来"。"天主接着又对摩西说:'你告诉以色列人:'耶和华,你们祖先的天主,亚伯郎的天主,伊萨格的天主派我来的'。这是我的名字,直到永远;这是我的称号,直到万世。'"①

这里应充分注意到的是,天主耶和华讲,"我是我所是"(Ego sum qui sum/I am who I am/I am what I am)。这句话在中文圣经中还常常被译为"我是自有者"、"我是自有永远的"或"我是存有者"。这其中,拉丁文的 sum,可同时作"是""在""有"解。sum 是单数第一人称,相当于英文中的 am,即 to be 的第一人称单数形式。sum 与 esse 是相关词,带有本体、存在、本质的意思。在此意义上,esse 相当于英文中的 being,英文中的 essence(本质)同它有词源的联系。在神学中与在哲学中一样,对 sum 可作不同解释,或解释为"上帝自为自在"、"自有永远",或解释为"上帝拥有一切"。再就是,作为天主与以色列人立约的名字"耶和华",系 Jehovah,本身就含有"自有""永有"即"自有永远"的意思。关于 qui,带有"如何"、"何以"、"用何"以及"作为"、"以……资格"的意思,这个词与 quomodo 相同。qui 等于 at emin(is enim),带有"是"、"原因"、"由于"、"其实"等意思。相关的形态有 quia,这同于 quod,直译是"因为"、"由此"。quod 等于 subst,辞典上往往解释为:食料、财富、体质、原素、自主体、支柱、支撑、生存、存在以及实质、本体(实体)等等。对此,西方哲学史上,特别到中世纪基督教哲学,进行了细致的讨论。

① 见《圣经》《旧约全书》,"出埃及纪"3章13节、14节、15节。

三、基督教与古希腊罗马哲学的结合

从思想史上看，不管基督教的创始人被赋予多少传奇色彩，前已涉到，回溯基督教的遥远过去，它是在各式各样宗教传统的基础上产生的，而且其根源也不仅仅是古代犹太教；上个世纪的一些研究者发现，《圣经旧约》中也包含着一些源自亚述和巴比伦特别是波斯的思想，或许还有埃及的思想。若想从历史的角度对基督教做深入了解，就必须研究和说明其中的这种关联。这本来应该是宗教史而非哲学史的任务，而哲学史也必须阐明基督教的形成。由耶稣和使徒保罗赋予其形式的基督教主要是在地中海区域传播的，这前后特别与古希腊罗马哲学又发生了许多思想碰撞和结合。

在历史上，基督教的真正产生离不开与古希腊哲学的结合。最早将犹太教和希腊哲学结合起来的是古希腊逍遥学派的犹太人阿里斯托布鲁斯（Aristobulus，约公元前 2 世纪）。他认为希腊许多哲学家的观点与旧约圣经中的犹太教的教义是一致的，希腊人是从犹太经典中吸取了知识；同时，他又用希腊哲学来解释犹太经典。

而“犹太—希腊哲学”最著名的代表是斐洛（Philo Judaeus，约公元前 25～公元 40 年）。斐洛与耶稣是同时代人。恩格斯曾引用布鲁诺鲍威尔的见解说到斐洛是“基督教的父亲”。斐洛出生于亚历山大里亚的犹太教家庭，后成为那里的犹太社团领袖。斐洛的思想反映了古希腊哲学与犹太教的调和。他认为，犹太教集人类智慧之大成，犹太教经典是最神圣的书。斐洛对希腊哲学、尤其是对柏拉图哲学十分熟悉。他用亚历山大里亚通用的譬喻讲解方法，用希腊哲学对犹太经典作寓言式的神秘解释；他甚至认为希腊哲学渊源于犹太经典，柏拉图和亚里士多德都是摩西的信徒，是从旧约中得到了智慧。斐洛强调，《旧

约》使用的隐喻语言，可以被"翻译"成哲学语言。他告诉人们，犹太经典和柏拉图著作，虽然两者使用了不同的语言表述，而其精神实质是一致的。

斐洛的神学理论与柏拉图学说有着密切联系。柏拉图认为，只有"永恒的、无始无终、不生不灭、不增不减的"形相（理念）是实在的，是绝对存在的，由此派生出来的可感事物是非实在的，处于绝对存在和绝对非存在之间，事物是由于分有或模仿形相（理念）而产生的，现象界是形相（理念）的影子。柏拉图在《斐多篇》中说，人虽通过感知得到认识，但这只不过是回忆灵魂。灵魂与不可见的理念共存，是不灭的。若灵魂不被肉体所污染而不断追求智慧，就能指望得到快乐；若灵魂迷恋于感官世界，他就会被囚于肉体之中。

柏拉图主义哲学家，包括旧的以及新的柏拉图主义者，对于"神"提出了大量的论证，认为：神超越一切尘世事物，因此无法用任何表述尘世事物的宾词（谓语）去表述神。柏拉图主义的这种理论，对斐洛来说几乎是一种教义。他论证说，为了要了解神，人首先必须成为神，但这是不可能的；把神看作绝对的存在，一切有限事物的性质都不足于表述神的属性，神是永恒不变的单纯的本体，要是用某一性质的存在表述神的属性，只会把神归类到有限的存在物中去；因此只能说神不是什么，即只能用否定的称谓来表示其特征，只能用纯否定的宾词（谓语）去表述神，以此确保神所具有的超越世界的绝对崇高性。

斐洛在解释上帝和世界与人关系时，既基于柏拉图的形相论（以往常译成"理念论"），又渗透了斯多葛学派关于逻各斯的思想。在斯多葛学派那里，逻各斯有内在外在之分。内在逻各斯是思想和理性（相当于神的"观念"），外在的逻各斯是表达思想的语言（相当于神说出的话即《旧约》中的"神言"）。

斐洛说《旧约》中有许多谈及上帝智慧之处，如讲“耶和华以智慧立地”①，还讲“耶和华啊，你所造的何其多，都是你用智慧造成的”② 等等，都是对内在逻各斯的歌颂；《旧约》中谈及上帝言辞之处（“约翰神学”中的那些话），则是对外在逻各斯的歌颂。斐洛说：逻各斯是上帝的长子、上帝的人身、上帝的影象、仅次于上帝的神，就是说，逻各斯是外在于上帝的存在，它是上帝在时间中创造出来的。

可见，斐洛既吸收柏拉图的形相（理念）论，又把古希腊哲学如斯多葛学派所重视的“逻各斯”解释为上帝创造万物的原型，并依据犹太教的信仰把“逻各斯”说成是上帝与其智慧的产物；他认为这既代表了上帝对世界作为，又是上帝与万物的中介。恩格斯说，“这个词是神所有的并且本身就是神，它是神与人的中介”③。斐洛在用“隐喻”解释《圣经》中有关造人和“原罪”的故事时，持犹太教一神说，同时又肯定神与物质世界之间存在的中介，即神的逻各斯。

首先，斐洛论证了，逻各斯是上帝创世的工具。上帝用话语创世，他说出的一切话都能立即变为现实。斐洛说：“当上帝说话时，他在创造。两者在时间上无间隔。如果需更好地说明这一真理，我们可以说，上帝的言辞就是行动。”④ 而上帝的言辞表达了上帝的思想，上帝的思想被说成柏拉图式的“形相（理念）的理智世界”，逻各斯就是这个世界的所在之处。

其次，斐洛论证了，逻各斯是上帝与人的中介。逻各斯一

① 《圣经》《旧约全书》，“箴言”3 章 18 节。

② 《圣经》《旧约全书》，“诗篇”104 篇 24 节。

③ 《马克思恩格斯全集》（第 19 卷），人民出版社，第 329 页。

④ The Cambridge History of Later Greek and Early Medieval Philosophy, ed. by A. H. Armstrona. Cambridge, 1967. P. 143.

旦被上帝说出，就成了决定万物秩序的本质，人们在认识事物本质的同时也在不同程度上把握神圣的逻各斯。人的理性是对逻各斯的“分有”，但不能完全把握逻各斯。斐洛于是更强调人对逻各斯的“效仿”，即道德实践的意义。人的道德生活以上帝的至善为目标，修养越高，越接近于逻各斯。通过执着的灵魂净化活动，最后可导致灵魂与逻各斯相通的境界。斐洛的这一思想后来在新柏拉图主义著作中得到进一步发挥。这对早期基督教影响尤其重要，以致有人说：“基督教哲学的历史不是以一个基督徒，而是以一个犹太教徒，即亚历山大的斐洛为开端的。”①

这样，斐洛由神的逻各斯，论证了作为基督教核心形象的耶稣基督。他的论证是：耶和华至高无上，是不可窥测的。而“上帝如何支配万物”，“人如何认识上帝”，这些问题对犹太教徒来说一直是难以回答的。斐洛说：“为了把握上帝，我们必须首先变成上帝，这是不可能的”②；当人们认真考虑这些问题时，需要一个既能代表上帝、又能为人所接近的中介。于是，斐洛在上帝之外又设定了一个神圣“本体”，这成为在上帝与人之间设定出的中介。这个中介就是逻各斯。

总之，斐洛的思想是基督教“逻各斯成肉身”教义的重要来源。《约翰福音》成书时间较晚，其佚名作者大概是公元2世纪生活在亚历山大城的犹太人。虽然没有证据说明作者与斐洛的直接关系，但两者思想的亲缘关系是很明显的。作者强调上帝的逻各斯创造世界，逻各斯的化身是上帝之子，逻各斯向人

---

① The Cambridge History of Later Greek and Early Medieval Philosophy, ed. by A. H. Armstrona. Cambridge, P. 137.

② A History of Philosophy. Vol. II～III. by F. Copleston. Image Books, New York, 1962. p. 203.

显示上帝的存在、恩典和真理，这些说法的意义都在阐明逻各斯所起的中介作用。“逻各斯成肉身”的思想，对于解决“人如何认识上帝”的问题，起到了很重要作用。逻各斯无具体形象，人并不能充分认识它；《约翰福音》把上帝、逻各斯以及基督作为同一神来看待，以基督形象为上帝显现，这样就消除了斐洛所重视的障碍。而斐洛所说的逻各斯虽然起到了中介作用，却难以说明基督外在于上帝的本体性。但重要的是，基督教的观念通过被斐洛神化了的“逻各斯”观念间接地与希腊哲学的逻各斯中心主义相联系；这是基督教与希腊哲学碰撞与融合的最初产物。①

还要说到的是，毕达哥拉斯主义及新毕达哥拉斯主义。毕达哥拉斯主义作为古希腊哲学中的一个学派，在公元前 4 世纪时已消亡。到公元前 1 世纪，它又作为一个学派重新复活，但并不是简单地回复为早期的毕达哥拉斯主义，而是既采纳毕达哥拉斯学说中的因素，又吸取柏拉图、亚里士多德的一些哲学思想，成为具有折衷主义色彩的新毕达哥拉斯主义。这个学派继承了老毕达哥拉斯派关于数的理论，更重要的是提出了“流溢”这个概念。基于此，这种学说也把上帝看作是完全超验的；上帝居于一切存在之上，不与感性事物接触。因此重视论证在最高的上帝与物质世界之间有一中间的存在物。新毕达哥拉斯主义的最著名代表是阿波罗尼（Apollonius 约公元 1 世纪）。他将“第一神”和其他神区别开来，认为人不能将任何物质的祭品供给第一神。因为一切物质的东西都是不纯洁的，只能将它供给其他神；对于第一神来说，其只能提供理性，不能对之使用现实生活中的语言或祭品。②

① 参见赵敦华：《基督教哲学 1500 年》，人民出版社 1994 年版，第 73～75 页。
② 参见，F 科普尔斯顿：《哲学史》第 1 卷，第 447 页。

更要注意到的是，由普罗提诺开始的新柏拉图主义（Neo-platonism）。新柏拉图主义在公元2至3世纪得到了发展。新柏拉图主义并不是简单地复活柏拉图的学说，而是以柏拉图的形相（理念）论和神秘主义思想为基础，吸取了亚里士多德派、斯多葛学派等希腊哲学的一些内容，加上东方的宗教哲学结合而成的一种神秘主义哲学。据说这个学派的先驱是安莫纽·萨卡斯（Ammonius Saccas 公元175—242年），但他并没有留下著作。实际完成这个学派思想体系的是萨卡斯的学生普罗提诺（Plotinos 约公元204—270年）。哲学史界认为，普罗提诺是这个学派的真正创始者，是其最著名最有影响的代表。

普罗提诺（Plotinos，亦有译柏罗丁，约公元205—270年）是埃及人，他先在亚历山大里亚跟萨卡斯学习哲学达11年之久，而后为了解波斯哲学又参加了罗马皇帝的远征军，到了波斯。罗马军远征失败后，他于公元243年来到罗马，建立一所学校。他的讲学很合当时奴隶主统治集团的要求，因而成为当时很有声望和影响的哲学家，深得罗马皇帝和高级官吏的信任和宠爱。他还试图建立柏拉图式的理想国。普罗提诺的著作很多，后来由他的高足波菲利（Porphyrios 公元232—304年）编辑成书，共6集（卷），每集都有9篇论著，故取名为《九章集》。这成为使普罗提诺创立的哲学在哲学史上产生影响的重要工作。普罗提诺在前人研究的基础上，重视围绕 Hypostăsis，论证"太一"以及"理智"和"灵魂"。

Hypostasis，原系希腊语 hupo（在下面）和 stasis（站）组成的词。有的汉语文献译为"本在……"。它是新柏拉图主义的一个关键术语。这与亚里士多德所说的 υποκείμενον（Hypodeimenon）的字典原意"躺在……之下"相似，表示基础、承受者。前已说到，亚里士多德用语中的 υποκείμενον，与拉丁文的 substratum（也常译为基质），与英文的 subject（通常译为主体），同一词根，甚至带有同义。亚里士多德在《范畴篇》中把本体定义为基质，就在于它承受其他范畴。亚里士多德讲，“基质是那其他一切都述说它，而它自身却不述说他物的东西”。[①] 所以亚里士多德几乎把“本体”与“基质”当作同义语使用。亚里士多德曾说，作为“每一个东西”（ἕκαστον）的“初级本体（οὐσία，being），大体四项，或许更多；由外在性至少可应用于：所以是的是即本质（τό τί ἦν εἶναι，being a what）、通则（καθόλον，being a generality）、类属（γένοs，being a kind），加之第四项即基质（ὑποκείμενον，being a subject matter）。”[②]正因为在如此意义上，对 Hypostasis 有指向于“实在”的使用，这样，后人往往将此就理解为“实在”；中国近现代一些哲学家，有时将其译为“实体”，也有将其译为“实在”的译法；而这里很重要的在于要对之加以辨析。

Hypostasis 一词被普罗提诺赋予独特的意义，以与之前出现的范畴相区别。普罗提诺用此指最高的、能动的原因（Principle），中文翻译中也有人把它译为“原则”。Hypostasis 作为新柏拉图主义的一个关键术语，指终极实在；大体上说是存在和本体（实体）的同义语（因为如此，我国许多文献往往将 Hypstasis 就译为“本体”）。普罗提诺认为，太一、心智（心灵）和灵魂是三个 Hypostăsis，其他一切事物都是它们的表现。普发提诺哲学的大部分内容专注于解说这 Hypostasis 的本性以及其他事物如何表现之。在此意义上，普罗提诺联系于“是”、“存在”对“太一”（to en/希：hen、monas，拉：unum/the one）、心智（心灵）和灵魂，展开进行了详细论述。

普罗提诺特别强调，“太一”指谓无所不包的统一性，超越

① 亚里士多德：《形而上学》，1028b36～37。
② 亚里士多德：《形而上学》，1028b33～36。

了“是者”。他说，“创造万物的‘太一’本身并不是万物中的一物。所以它既不是一个东西，也不是性质，也不是数量，也不是心智，也不是灵魂，也不运动，也不静止，也不在空间中，也不在时间中；而是绝对只有一个形式的东西，或者无形式的东西，先于一切形式，先于运动，先于静止。因为这些东西都属于存在，存在创造了这些繁多的东西。”① 他强调说：“正依靠太一，是者才是东西。除去太一，是者就不再是什么东西了。……任何东西失去了其所是”。② 普罗提诺虽然没有用过多的概念来规定“太一”，却用形象来比喻它。在他那里，“太一”时常被喻为“太阳”或“源泉”。按照这些比喻，“太一”虽然不运动，但却能生成其他的 Hypostăsis，这一生成过程被喻为“流溢”（希 eklampsis，拉 flucre，英 emanation）。普罗提诺说：“‘太一’是完满的，因为它既不追求任何东西，也不具有任何东西，更不需要任何东西，它是充溢的，流溢出来的东西便生成其他 Hypostăsis。”（“形成了别的实体”）③

也就是说，既然“太一”是一种不可名状的绝对的一，它无所谓“创造”万物。普罗提诺强调了，所谓的“创造”不同于一般的意义，而是一种“流溢”。他说，“太一是充溢的，流溢出来的东西便形成了别的实体”。对于“太一”的“流溢”，普罗提诺作了好几个比喻。如太阳辐射出光，火发热，雪生寒

① 普罗提诺：《九章集》（Ⅵ. 9，1），见《西方哲学史原著选读》上卷，商务印书馆 1983 年版，第 214 页。

② 普罗提诺：《九章集》（Ⅵ. 9，1～2），参见《西方哲学史原著选读》上卷，商务印书馆 1983 年版，第 211～215 页。

③ 普罗提诺：《九章集》，（Ⅴ. 2，1），见《西方哲学史原著选读》上卷，商务印书馆 1983 年版，第 215 页。

等等。[1] 根据普罗提诺的说法，这个“流溢”的过程大体如下：首先从“太一”中流出来的是“努斯”，指宇宙理性，相当于柏拉图的形相（理念）世界；然后从“努斯”流出世界灵魂，从世界灵魂流溢出个别灵魂；最后由“灵魂”流溢出物质世界。当心灵从“太一”中流溢出来，被产生的 Hypostăsis 不再保持原初的绝对统一性，它包含着一些原初的区分，因而具有肯定性质，可用最一般的范畴表示它。而因为有“太一”，被区分出来的多样性仍然是统一的。如果说“太一”是绝对的、不可分割的一，心灵则是存在和思维、一和多的统一。他说，“万物当继续存在的时候，也都必然凭它们自身的力量、从它们自身的本质中产生出一个 Hypostasis 在它们自身之外，并且围绕着它们，附着在它们身上，——产生出一个形相，那就产生它的原形的形相。”[2]

普罗提诺还进一步说明了 Hypostăsis 适用于理智的范畴，它们是：思想和存在、异和同、动和静。这六个范畴取自柏拉图的“通种论”。普罗提诺认为，通种只适用于第二本体心灵，因为它们是区分的产物，不能适用于不能被区分的“太一”。通种表示的这三组区分是心灵本体的区分，是一切可感现象的最普遍的形相。在普罗提诺说来，灵魂即柏拉图所说的世界灵魂，它是一种能动力量。灵魂从心灵中流溢出来。它的能动性表现在变动不居，活跃于各个领域，既可作用于与自己本性相一致的“太一”，也可作用于与自己本性不一致的低级对象。或者说，灵魂既是一，又是多：当它与心灵和太一相通时，它复归

① 普罗提诺：《九章集》（V. 1，4），见《西方哲学史原著选读》上卷，商务印书馆 1983 年版，第 216 页。

② 普罗提诺：《杂章集》（V. 1，4），见《西方哲学史原著选读》上卷，商务印书馆 1983 年版，第 216 页。

于原初的统一，因而是一；当它被分割在个别事物之中时，作为推动事物变化的内部动力，它是多。普罗提诺使用哲学与宗教相混杂的表达方式，来说明太一、理智和灵魂是三个Hypostăsis，而认为它们又是同一个最高的神。他和其他希腊人一样，相信星辰日月都是神。

普罗提诺还强调，作为Hypostăsis的太一、心灵（神圣的心智）和灵魂都是善的；既然如此，为什么世界充斥着恶呢？普罗提诺认为恶只存在于可感世界。“质料”和“太一”是对立的两端，犹如黑暗与光明的对立。由“太一”发端的流溢终止于质料，犹如光线不能穿透无际的黑暗。然而，与灵魂一起活跃的能力，却能与质料相结合，产生出个别的、可感的事物，它们的总和就是可感世界。质料及可感世界本身无所谓恶，恶在于人的灵魂的欲望。人的灵魂被禁锢在肉体之中，处于中间地位：一方面可以通过思辨和观照追求神，另一方面也可以耽于肉欲而陷入身体不能自拔。

总之在普罗提诺看来，“物质世界”离“太一”最远，是与“太一”相对立的，与其说它是存在，不如说它是存在的否定；它是杂多体，是最卑贱的，是邪恶的根源。因此，人生的目的便是要“赶快脱离这个世界上的事事物物”，挣脱“把我们缚在这些事物上的锁链”，回到“太一”那里去。而灵魂来自于“太一”，“灵魂很自然地对神有一种爱”，[1]渴望回到“太一”。但是，要达到这个目的，灵魂必须经过“净化”，要清除一切肉体欲望，摆脱肉体，从肉体中超脱出来，清修静观，苦思默想，达到断思绝虑，忘形“出神”，在神秘的状态中，与“太一”融而为一，和神合为一体，这时一切矛盾和区别就会一齐消失。

① 普罗提诺：《九章集》（Ⅵ．9，9），见《西方哲学史原著选读》上卷，商务印书馆1983年版，第217～218页。

但这样的境界是不易达到的，而且是短暂的。据波菲利说，他在普罗提诺门下六年期间，普罗提诺曾有过四次达到这种境界。

新柏拉图主义者继普罗提诺之后的有“亚历山大里亚—罗马学派”，延续的还有其他一些派别。如以普罗提诺的弟子波菲利（Porphyrios 公元 232－304 年）、扬布利可（Jamblichus 约公元 250－325 年）为代表的叙利亚派；以普鲁塔克（Plutarch 公元 350－433 年）、普罗克鲁斯（Proclus 公元 411－485 年）和辛普里丘为代表的雅典学派。普洛克鲁斯的《神学要旨》是对普罗提诺学说系统的解释；他们在柏拉图学园中复兴新柏拉图主义；直到公元 529 年东罗马皇帝尤士丁尼下令封闭雅典的柏拉图学园，该学派在组织上才宣告结束。亚历山大里亚学派的发展，一直持续到公元 642 年亚历山大里亚城陷落为止。

西方哲学史界通常认为，新柏拉图主义是西方古典世界的最后一个哲学体系。这一学派的突出在于，用普罗提诺的三个“本体”（太一、心智和灵魂）和“流溢”过程来解释世界的起源。新柏拉图主义通过把亚里士多德哲学视为柏拉图更高智慧的入门，试图调和柏拉图与亚里士多德这两个体系。这种态度，使得不少新柏拉图主义者广泛注视柏拉图和亚里士多德，因而对哲学史作出了重大贡献。哲学史家史蒂威尔这样讲，“新柏拉图主义强化了柏拉图思想的一个方面，即强调太一（或善）的超验，以及太一处于一切范畴化的语言或思想之外。”[①] 当然，新柏拉图主义倡导的是多神论和神秘主义，对神学在一定程度上持友好态度。而它毕竟成为早期基督教的主要竞争对手，甚至直接攻击基督教。以柏拉图的学园为基础的雅典学派之所以在 529 年被查士丁尼皇帝下令关闭，正是由于它与基督教的冲

① 史蒂威尔：《宗教语言哲学》，1996 年，第 16 页。

突。这个事件通常被看作是希腊化哲学终结的一个标志。但是，由于新柏拉图主义通过诉诸一个终极本原寻求对世界的解释，它对基督教哲学的发展产生了很大影响。在文艺复兴时期，新柏拉图主义被费其诺在佛罗伦萨复活，它的另一次复兴是由剑桥柏拉图派的学者们在17世纪实现的。

第二节　围绕“三位一体”“本体”“上帝存在”的哲学讨论

一、“教父”哲学与“三位一体”的哲学解释

（一）公元2世纪以后的一段时间，在基督教的传播、发展中，由“使徒时期”进入到“教父时期”。在此之前的“使徒时期”，基督教组织松散，各地组织使用的经文和语言不统一，对经文和信仰有不同的理解。经过4个多世纪的经文规则化、组织制度化、信仰正统化的过程，形成了以罗马教会为首的、被称作“公教会”的统一教会。“公教会”这一名称来自希措文Katholikos，有“普遍”或“大一统”的意思。公教会的大一统地位依靠继承使徒地位的合法性。罗马教皇被当作使徒彼得的传人。在思想上直接继承了使徒教导的基督徒被称作教父。

于是，“教父”成为基督教实现大一统过程中的教义传播者、解释者和教会的组织者。一般认为，教父有这样的特征：持有正统学说，过着圣洁生活，为教会所认可。在教父时期的教父并没有建立完整的哲学理论，人们一般也不称之为哲学家。但是，教父在建立神学理论时，用不同的方式处理他们所知的哲学理论，或排斥、或求同存异，或改造利用。人们把教父著作包含的哲学因素，如他们提出的哲学问题，使用的哲学概念

和思辨方法等，抽取出来，概括为教父哲学。按其使用的语言加以区分，教父可分为希腊教父与拉丁教父。按年代区分，可以 315 年召开的尼西亚会议为界，把教父时期分为前、后两期。

任何宗教内部都有信仰是否“正统”之争。“正统”（orthodoxy）的意思是“正确的信仰”。在争夺正统的争论中，教父取得了对使徒教导以及关于《圣经》教义一以贯之的合法权威。被他们谴责为异端的派别包括：否认《旧约》、只采用保罗与路得福音书为经文的马谢安派（Marcionism）；调和罗马人多神崇拜与基督教、认为只有少数人靠神赋的灵性获得神秘的知识而得救的诺斯替派（Gnosticism）；否认耶稣基督的独立神格的神格唯一论（Monarchism）；还有认为圣灵与圣子都是被上帝创造出来的阿里乌派（Ariansm）；再就是否认耶稣基督具有人性的涅斯多留派（Nestoriansm）；在处理叛教者问题上从事分裂教会活动的多纳特派（Donatism）；以及强调意志自由和道德行为、否认原罪与恩典的佩拉纠派（Pelagiansm）。[①]

（二）作为较前时期的教父哲学，主要体现于希腊护教士、亚里山大城的希腊教父、早期拉丁护教士等基督教思想家的学说之中。

1. 希腊护教士。早期教父大多为护教士。他们的辩护主要针对犹太教和希腊罗马文化。他们往往以基督教优于这两者为由来捍卫它的生存与传播。其中的人物主要有：查士丁（Justin，约 100—165 年）、塔堤安（Tatian，约 110—172 年）、阿萨纳戈拉斯（Athenagoras，2 世纪下半叶）、提奥菲勒（Theophilus，约 115—181 年）、伊里奈乌（Lrenaens，约 120—202 年）、希波利特（Hippolytus，170—236 年），等等。

① 参见赵敦华：《基督教哲学 1500 年》，人民出版社 1994 年版，第 76～77 页。

值得一提的是，伊里奈乌（Lrenaens，约120—202年）所著的五卷本《驳异端》。《驳异端》的希腊原文标题是《揭露和批驳伪知识》。这里讲的"伪知识"特指以"知识"标榜的诺斯替派的观点。据伊里奈乌介绍，诺斯替派不是一个统一派别，只是当时的一种思潮，形成基督教内的异端。据说："第一个采用'诺斯替'名称作为异端原则的人是瓦伦提诺（Valentinus)"。他认为，"物主包括有某种不可命名的'二元'，其中之一叫'不可说'，另一叫'沉默'；从这个二元中产生出第二个二元，其中之一叫'父亲'，另一叫'真理'。从这个次二元生成出'逻各斯'和'生命'，'人性'和'神性'。这些构成了最初的神祇。他还说，"从'逻各斯'与'生命'中又产生出十种力量……"。[①] 这说明诺斯替派思想沿袭了新柏拉图主义。诺斯替派把"上帝"、"大天使"、"小天使"与《圣经》中的耶和华、基督，以及希腊哲学的"心灵"、"智慧"，混合成一个庞杂的宗教体系。[②]

2. 亚历山大城的希腊教父。埃及的亚历山大城在希腊化时期已是著名的文化中心，各种思想在这里交汇，学术思想很活跃。柏拉图主义者在这里建立学派，犹太哲学家斐洛也是在此地首次把《旧约》圣经引进哲学。公元二世纪后期，基督徒成立了亚历山大城教理学校。首任校长是皈依基督教的斯多葛派哲学家潘陀纽斯（Pantaenus，约180—199年在职）。经过他的继任者克莱门特和奥立金的努力，亚历山大城的教理学校在3至4世纪成为基督教神学中心，主导着教会的思想，被人誉为"教会的母亲和主妇"。亚里山大城的希腊教父主要有：克莱门

① 《驳异端》，1卷11章1节。The Ante Nicene Fathers. Vol. I. ed. By A. Roberts and J Donaldon. Buffolo. 1885. P. 332.

② 见赵敦华：《基督教哲学1500年》，人民出版社1994年版，第87～88页。

特（Titus Flavius Glement，约 153—217 年），奥立金（Origen Adamantinus，185—254 年），等等。

生于亚力克山大城的奥立金（Origen Adamantinus，185—254 年）是一个多产著者，他的著作据说有 6000 册之多。现存著作大多为对《圣经》的注释与文字修订。主要著作是《第一原则》《反塞尔修斯》等。《第一原则》共四卷，主题分别为上帝、世界与人、自由意志、《圣经》解释原则。在其在力图建构完整的神学体系中，神学与哲学的融合已见端倪。奥立金解释《圣经》的方式，与提奥菲勒为代表的安条克教父抠字解词的方法截然不同。他区分了《圣经》字句的隐义与显义："圣经为圣灵所写，其意义不仅有一眼可看出的，也有大多数人都没有注意的意义。因为这些文字是某种神秘的形式与神圣事物的影象。"① 他认为从"一切变化的东西都是不完善"的前提可以推出"上帝是精神"的结论。他由柏拉图关于无形的、不动的、超时空的、超越世界的观念，强调《圣经》记载的历史事件也要按"精神意义"去理解。他说："圣灵解释者的主要目标是保留精神意义在应当做的或已经做的事情中的一致性"。② 奥立金提出理解"上帝"概念的隐喻意义和揭示历史记载的精神意义的主张，体现出要用哲学思辨深掘《圣经》的精神实质。

奥立金第一次对"圣父、圣子、圣灵"的意义作出正式的哲学解释。他认为，"圣父"即作为纯粹精神的上帝，他超越物质与时空，也超越了人的思想与语言。奥立金说："上帝是不可把握、不能测定的。因为不管我们用知觉或反思能获得什么样

---

① 《第一原则》，导言，8 节。The Ante Nicene Fathers. Vol. IV. ed. by A. Roberts and J Donaldon. Buffolo. 1885. P. 241.

② 《第一原则》，4 卷 1 章 15 节。The Ante Nicene Fathers. Vol. IV. ed. by A. Roberts and J Donaldon. Buffolo. 1885. P. 364.

的关于上帝的知识，我们必然会相信他比我们所能感知到的好得多。"[①] 奥立金否认人类知识可以穷尽"上帝""本体"，但认为可以知道上帝的存在。这里的根据便是，因为耶和华对摩西说："我是我所是"，这句话就揭示了上帝是无所不是的存在者。一切事物都从上帝那里"分有"存在，或者说，都由上帝创造出来。但上帝首先创造的是他的独子——圣子。圣子是上帝智慧的本体化，用奥立金的话来说："如果把上帝的独生子正确地理解为他的智慧的本体性的存在，那么我知道这一本体不含有任何形体的性质。"[②] 这里应当注意，奥立金用希腊文 hypostasis 表示"本体"，这个词曾被新柏拉图主义者用来表示"太一"及其流溢出来的理智、灵魂，其意不包括形体。奥立金使用 hypostasis 一词有两个用意。其一是说明圣父与圣子是本体之子存在，以此说明其间的内在关系。他说，圣父产生圣子"犹如太阳产生光明"，"不凭任何外在活动，而凭他自身的本性"。[③] 其二是说明圣父与圣子是纯粹精神与其型相之间的相互映照关系。圣子是"logos"，是上帝无所不在的精神凝聚而成的型相，在此意义上，奥立金说，圣子是上帝"自身的影象"，但他如同上帝一样是"不可见"的。[④] "不可见的影象"指人的眼肉不可见的精神存在，"不可见的上帝"则指不可见的精神本体。奥立金力求用"本体"与"存在"的关系说明圣父与圣子是两个形态不

① 《第一原则》，1卷1章3节。The Ante Nicene Fathers. Vol. IV. ed. by A. Roberts and J Donaldon. Buffolo，1885. P. 243.

② 《第一原则》，1卷2章2节。The Ante Nicene Fathers. Vol. IV. ed. By A. Roberts and J Donaldon. Buffolo. 1885. P. 246.

③ 《第一原则》，1卷2章4节。The Ante Nicene Fathers. Vol. IV. ed. By A. Roberts and J Donaldon. Buffolo. 1885. P. 247.

④ 《第一原则》，1卷2章6节。The Ante Nicene Fathers. Vol. IV. ed. By A. Roberts and J Donaldon. Buffolo. 1885. P. 248.

同的同一个上帝。

奥立金引用《圣经》里“圣灵所结的果子就是仁爱、喜乐、和平……”（加拉太书，5 章 22 节）的话，说明圣灵是上帝的情感，表达了上帝的善。总之，圣父、圣子、圣灵三位一体是上帝的本体、存在和善的统一体。正是从这三个方面看，上帝才成为一个精神本体（ousia)，是人所不见、不能感知的对象。上帝出于让人感知他的恩典，将圣子的不可见影象肉身化为耶稣基督，显示于人。然而，耶稣的活动只是上帝揭示其精神意义的历史事件。研究者认为，奥立金没有完全肯定上帝与耶稣基督的同一性，也没有充分评价耶稣活动的自身价值，这与他崇尚精神而贬低肉体的柏拉图主义倾向有关。这显示出，奥立金对“三位一体”的解释并不完全符合后来的正统教义。①

奥立金之所以坚持上帝是纯粹精神，一个很重要的原因是这一说法有利于用柏拉图的“分有说”解释人与上帝的关系。奥立金争辩说，被分有者不可能有形体，否则，“分有”便成了分有者对被分有的形体的分割。“既然很多圣徒分有了圣灵，圣灵不能理解为是一形体，被每一个圣徒分成各个有形部分”。②因此，一方面上帝只能是精神本体，另一方面上帝又必须有三种形态，这样才能被不同的事物从不同方面分有他。我国学者对此解释评论说，奥立金承认圣父与圣子的“人格”，但没有明确肯定“圣灵”的人格。他的“三位一体说”还不是后来神学家所说的“一个本体，三位人格”，似可用“一个本体，三种形态”来概括它。奥立金讲，被造物“首先从上帝即圣父那里获

---

① 以上见赵敦华：《基督教哲学 1500 年》，人民出版社 1994 年版，第 98～100 页。

② 《第一原则》，1 卷 1 章 3 节。The Ante Nicene Fathers. Vol. IV. ed. By A. Roberts and J Donaldon. Buffolo. 1885. P. 242.

得存在，其次从圣道那里获得他们的理性本性，第三从圣灵那里获得他们的圣洁"。[①] 这三者发生在不同的层次上：对存在的分有最为广泛，一切被造物，包括有理性的和无理性的事物，都分有圣父的存在；但只有理性动物——人才能分有圣子的道、或精神存在；最后，只有人群中的善者才能分有圣灵的圣洁。这种逐步升级的分有是事物等级秩序的原因。

奥立金认为，除了上帝之外的一切存在都是有形体的。形体可分物质的与精神的两类。物质形体是由质料与性质组成的本体。奥立金设想上帝从无到有而创造出质料，是附加上他所意愿的性质，构成了物质形体。并且，物质形体与理性是不可分离的。奥立金说："逻辑推理的必然性迫使我们认为理性最初是被造物，但是，在思想与理解中，我们可以把物质本体与理性分离。物质本体为了理性，在理性之后形成，但理性不能离开它而生活。"[②] 奥立金接着推论说，形体依与理性结合的紧密程度而转化，它可以疏远理性而下降为更粗糙、更坚实的形体，也可以追求理性而上升为"精神形体"，或者说，脱离了质料的形体外壳。研究者对此评论说，奥立金提出"精神形体"的概念的一个目的是解释"死者复活"的教义。他说，人死之后，组成肉体的质料散落，但精神形体仍然存在，散落的质料最后还会聚集在这个外壳里复原为以前的身体。因此，人有两种本性："可见的、有形的本性和不可见的理性"[③]。前者是支配身体

---

① 《第一原则》，1卷3章8节。The Ante Nicene Fathers. Vol. IV. ed. By A. Roberts and J Donaldon. Buffolo. 1885. P. 255.

② 《第一原则》，2卷2章2节。The Ante Nicene Fathers. Vol. IV. ed. By A. Roberts and J Donaldon. Buffolo. 1885. P. 270.

③ 《第一原则》，3卷5章7节。The Ante Nicene Fathers. Vol. IV. ed. By A. Roberts and J Donaldon. Buffolo. 1885. P. 347.

欲望和活动的动物本能，后者是影响灵魂的目的与自由意志。①

奥立金的《反塞尔修斯》是对塞尔修斯《真逻各斯》一书观点的反驳，这被认为是一场基督教与希腊哲学的全面交锋。塞尔修斯所谓的"真逻各斯"指只有哲学思辨才能达到的神圣理性；他由此指责基督教为承袭犹太教的落后宗教，基督徒愚昧、无知，基督教义违反"真逻各斯"。奥立金反对将上帝的逻各斯与哲学思辨相等同；他的基本理由是，圣逻各斯之光照耀着每一个人，但哲学只为少数有教养的人独享。哲学对于天启并不是必不可少的，因此耶稣基督选择的使徒是渔夫而不是哲学家。但这并不表明基督徒的哲学教养低于异教徒。事实上，不论在基督徒或在异教徒中间，哲学家都是少数人。基督徒对哲学的兴趣并不低于异教徒；相反，哲学对于基督教纵然不是必不可少、也是十分珍贵的。奥立金建议基督徒像犹太人掠夺埃及人的珍宝那样使用希腊人的哲学。（该典故见圣经《出埃及记》12 章 36 节。）

奥立金反驳塞尔修斯的一个重要论辩是，希腊哲学所能达到的理性（逻各斯）只是人的智慧，基督教宣扬的圣逻各斯是神的智慧。神的智慧高于人的智慧，但这并不意味着信仰高于理性；因为不能把神的智慧等同为信仰，不能把人的智慧等同为理性。奥立金明确指出："神圣智慧不同于信仰，它是上帝首要的'传世能力'，随后的第二性能力见之于那些知道如何准确地辨认传授下来的道理的人中间，即所谓的'知识'，第三能力见之于更简单的被拯救的人等，他们在力所能及的范围内坚持服务于上帝，它就是信仰。"② 奥立金把知识置于信仰之上，认

① 见赵敦华：《基督教哲学 1500 年》，人民出版社 1994 年版，第 101 页。

② 《反塞尔修斯》，6 卷 13 章。The Ante Nicene Fathers. Vol. IV. ed. By A. Roberts and J Donaldon. Buffolo. 1885. P. 579.

为以天赋理性获得知识比单纯的信仰更接近于上帝。这种观点针对着几乎众口一词地强调信仰高于知识的教父，在当时可以说是空谷足音。

奥立金不赞成塞尔修斯站在柏拉图主义立场上批评基督教的。奥立金并没由新柏拉图主义否定柏拉图主义。相反，他在对塞尔修斯的反驳中包含着对柏拉图哲学的积极评价。首先，他指出柏拉图思想来自犹太先知，因此与基督教继承的历史传统并不矛盾。这是当时流行的一种辩护。其次，奥立金显示出比塞尔修斯有更加熟悉柏拉图著作的学术水平。比如，他指责塞尔修斯在旁征博引时，“有意不提柏拉图在给霍尔米斯和戈里斯科的信中关于圣子的言论”。柏拉图的原话是：“要看到万物的上帝，现在和将来事物的统治者、原因的父亲和主宰。如果我们真是哲学家，我们都会清楚地认识他，因为这是幸福的人所能达到的知识。”（见“柏拉图第 6 封信”。）塞尔修斯站在基督教立场上对柏拉图著作重新解释，他说：“在那些看到圣经高贵特性的人的眼里，先知们的秘传包含着比塞尔修斯所敬仰的柏拉图著作更值得敬重的东西。”① 对奥立金的反驳，可以看作是早期教父利用、改造柏拉图哲学的一个重要尝试。

奥立金是一个易遭非议的教父。他生前已遭到教会当权者的批判。4 世纪后期教会的主要神学家哲罗姆批评他的学说，6 世纪时罗马皇帝查士丁尼又颁布了谴责他的观点的禁令。另一方面，他的学说被卡帕多奇亚的教父所继承。如果我们追溯中世纪源远流长的柏拉图主义传统的源头，那么无疑要提到奥立金的名字。②

---

① 《反塞尔修斯》，6 卷 18 章。The Ante Nicene Fathers. Vol. IV. ed. By A. Roberts and J Donaldon. Buffolo. 1885. P. 581.

② 见赵敦华：《基督教哲学 1500 年》，人民出版社 1994 年版，第 98～103 页。

3. 早期拉丁护教士。基督教在罗马帝国疆域内的传播是由东向西进行的。东部地区通行希腊语，西部通行拉丁语。因此，早期基督教会以亚历克山大城与安条克为中心，罗马教会到 2 世纪末期还不起领导作用。到 3 世纪中期，罗马教会开始使用拉丁语，逐渐成为西方教会的中心。最早的拉丁教父出现于 2 世纪后期的北非。正如最早的希腊教父都是护教士，最早的拉丁教父也是一批护教士。

基督教在产生中依靠希腊哲学而理论化，依靠犹太教而民众化。它宣称耶稣兼有神性、人性，既是人又是神；它要取代其他诸宗教，使耶稣有作为救世主的至高唯一之神的地位。这成为从 2 世纪末叶到 3 世纪中叶发展起来的教义。而要组织、控制教徒，必须强调出“神灵”的地位。基于此，德尔图良在 3 世纪进一步论述了“三位一体”。

德尔图良（Quintus Septimius Florens Tertullianus，约 160 年—225 年），是罗马帝国基督教神学家，生于北非迦太基城(Carthage，今突尼斯城)。

在德尔图良之前，曾有过《使徒信经》。由德尔图良曾引述过的一些文句，一些考证家推定，其原型约于 2 世纪间已形成。这里的“信徒”(Apostle)，也有的汉语文献译为“宗徒”。此词源于希腊文 Apostolos，原意义为“受差遣者”。据基督教《圣经》所载，他们最初为耶稣特选并赋予传教使命的十二使徒。后来，其中的加略人犹大因出卖耶稣而失去使徒身份。耶稣“升天”后，众门徒在彼得的主持下，补选马提亚为使徒。后又有耶稣向其显现而召选了的保罗。此外，《圣经》中被列为使徒者的还有巴拿巴等数人。《使徒信经》的今本据说是后来定型的。从中可以看出在德尔图良之前的《使徒信经》中已开始有了这样的内容：相信全能的圣父上帝（天主）；相信圣子（耶稣）降生、受难、复活、升天；相信圣灵（圣神）、圣教会、肉身复活等。

德尔图良精通希腊文和拉丁文，其著作大多用拉丁文写成。德尔图良被认为是第一个用拉丁文撰写神学著作的人，有第一个拉丁文教父之称。他开始使用许多新的拉丁文神学术语。他创造了专门的术语"位格"（persona）；在"三位一体"（trinitas）中，这个概念虽然是由德尔图良开始使用的，但在他那里，对于"三位一体"的内在关系，并未作出深入解释，特别是对"圣灵"并没能予以充分说明。

（三）4世纪初，罗马帝国君士坦丁大帝对基督教由迫害改为控制之后，于325年召开"尼西亚会议"，欲判定文句确定的统一信经。会议期间曾有一些不同的草案提出，经过各派间激烈的争论，最后由当时尚未正式受洗入教的君士坦丁大帝裁决定稿，遂成为正统派教会法定准则，并成为强制性的统一信条；这被史称为《尼西亚信经》。《尼西亚信经》正式确认上帝圣父、圣子、圣灵，三位一体；强调圣子与圣父"本体同一"。

"本体同一"（Homoousion）是与"本体互异"（Heteroousion）相对的。"本体互异"这个基督论术语，源于希腊文éterooúsion，原意为"属于不同的本体"，这是阿里乌斯派的用语，谓上帝圣子耶稣基督与上帝圣父分具互相迥异的两个本体。此后为正统派所反对，也为阿里乌斯派反对。"本体同一"这个基督论术语，源于希腊文ómooúsion，原意义为"属于同一个本体"，特指耶稣基督与上帝圣父本体同一；认为耶稣基督虽降世成人而具有人性，但同时仍具有神性，其神、人二性密切结合成同一的位格，上帝的第二位格即圣子。总之，上帝的三个位格，本体是同一的。尼西亚会议使用此语，以反对阿里乌所主张的圣子与圣父不具同体性的说法。

325年的尼西亚会议标志着基督教史的一个重要转折点。尼西亚会议不但开创了主教会议判决异端作法的先河，而且开启了长达一个多世纪的神学争论。“三位一体”说，本不见诸《圣经》，它的正统性不仅需要教会使用行政手段、而且也要通过神学家的论证才能得以维持。在尼西亚会议之后，教会又先后召开了君士坦丁堡会议（381 年）、弗弗所会议（431 年）、查尔西登会议（451 年），最后才形成了“圣父、圣子和圣灵是同一本体（hypostasis）、三位人格（prosopon）”、“基督的神性与圣父的本质相同（homoousia），基督的人性与人的本质相同”、“按人性而言，基督为童贞女玛利娅所生”等后被认为是正式的说法。从哲学的角度看，“三位一体”教义引起的神学争论在很大程度上是哲学概念之争。

“三位一体”简称“三一论”，专论上帝只有一个但有三个“位格”。此论以《尼西亚信经》和教会历次会议所作的有关信条阐释为基础，并征引《圣经》与教父著作的章句来论证“圣父”“圣子”“圣灵”既是“三位”又是“同一本体”；阐述圣父“生”圣子，而非“造出”圣子；圣父和圣子相爱而又“共发”圣灵。“三位”之间有区别、不可混淆，而又是同体的，彼此间无大小尊卑之别而同为一个上帝；对此只能通过上帝的启示来信仰。

具体说来，这个理论包括：（1）上帝论。主要是对上帝的存在和属性加以证明或解释。其中认为，上帝是灵，没有形体，没有方位，超乎万物之上，又贯穿于万物之中。上帝全在、全知、全能、全善，具有三个位格（圣父、圣子、圣灵），三者各有特定份位，又同具一个本体，同为一个独一真神，即所谓的“三位一体”。“三位一体”中的第一位是创造万物的“圣父”。（2）基督论。主要是阐述上帝如何通过基督而道成肉身向世人启示其本性并成全救世的旨意，包括基督的位格和事工。基督的位格即“三位一体”的第二位。圣子是上帝的“独生子”。他在世界尚未造出前便与上帝同在，体现上帝的逻各斯；为救赎世人，降为世人，成肉身，这是借童女玛利亚因圣灵感孕才实现的。因此基督既有完全的神性又有完全的人性，是圣父启示的传递着，是救世福音的宣告者。他甘愿钉死在十架上牺牲，替人类祭献上帝，作为赎价；后复活升天，将来还要来临，施行最后的审判。基督的事工理论则被称为“救赎论”，主要讨论基督如何完成拯救世人的使命。教会是由基督所建立，具有圣洁性和普世性，它宣传福音，组织引导圣事圣礼。(3) 圣灵论。主要是强调圣灵的地位和作用。圣灵处于“三位一体”第三位格。由于人是上帝“按自己的形象”所造的，它由身体和灵魂组成，在万物中居最高地位，但人有原罪，背离上帝而陷于魔鬼的罪恶势力之下，不能自救，唯有信赖基督才能蒙救称义，获得永生。正是圣灵使人知罪、悔改、成圣。

基督教各派在讨论“圣父圣子圣灵”结构时，解释阐发的是教义，但实际上涉及着这个符号结构与世界的关系。这在很长时间里影响了基督教中各派的争论和走向。

基督教于公元 1～2 世纪在罗马帝国形成后，出现了以罗马教会为首的被称作“公教会”的统一教会。后来，逐渐分化为东西两派。东派以希腊语地区为主，西派以拉丁语地区为主。公元 4～5 世纪，罗马主教逐渐成为整个西派教会领袖，并逐步形成教皇体制。6 世纪上半叶，拜占庭皇帝查士丁尼一世自封为教会元首，将东部教会置于皇权监护之下，直接干预教义审订和人事安排，而教会则依附于国家政权。这时宗教的显意识约束管制作用已非常突出了。553 年，查士丁尼一世召集第二次君士坦丁堡会议，将君士坦丁教会的地位提高到罗马教会之上；559 年开始使用普世教会宗主教（普世牧首）的称谓。9 世纪后半叶，君士坦丁堡牧首佛提乌与罗马教皇相互绝罚，史称“佛提乌分裂”。至 11 世纪，因西部教会坚持将《尼西亚信经》的圣灵“从父出来”一句强调改为“从父和子出来”，再度引起争端。1054 年，普世牧首色路拉里与教皇利奥九世互下绝罚令，东西两派正式分裂，史称“色路拉里乌分裂”。

东派教会以君士坦丁堡为中心，自称“正教”（希腊文 Orthodoxia），即通常所说的“东正教”。中世纪时受拜占庭帝国控制并为国教。自 9 世纪起，这一派由马其顿、希腊、埃及及其以东地区的历史延续，逐渐向东欧及北亚传播，并将《圣经》译为斯拉夫语。988 年，基辅罗斯公国大公佛拉基米尔信奉基督教，奉正教为国教。后来，君士坦丁堡的教会在十字军洗劫和被奥斯曼帝国攻陷中元气大伤，而俄罗斯正教会的地位却逐渐上升。莫斯科被诩为“第三罗马”，有取代君士坦丁堡的企图。1589 年俄罗斯正教会取得自主地位，建立牧首区，并向国外传播，建立隶属其管线的教会和教区。西派教会以罗马为中心，自称“公教”，即通常所说的“天主教”。中世纪时，成为西欧各国占统治地位的宗教。它由高卢、意大利至北非迦太基一带及以西地区，向西欧传播。罗马教主称教皇后、势力扩大。8 世纪中叶，法兰克国王丕平将拉文那到罗马的大片土地赠与教皇，开创了延续 1000 余年之久的教皇国。

这两大教派的分裂固然有种种复杂的原因，而在关于“圣父圣子圣灵”的争论中已显示出各自都想从中找出一个对教义和世界之间关系带有合理结构的解释。基督教古老的信经特别是《尼西亚信经》《使徒信经》在对圣父、圣子、圣灵加以说明时认为：“圣灵”“从父出来”。东派教会坚持这一点，而西派教会增入了“和子”一词，改为“从父和子出来”。这两字之差，是东西教派争端的一个重要标志。

可见，对“三位一体”的说明体现着论证本体时必定要遇到矛盾。由其产生的争论，既促使基督教宗教思想完善，又成为产生宗教分裂的焦点。

作为基督教核心形象的耶稣基督是否确有其人，固然说法不一，但流传下来的耶稣应当说首先是个活生生的人。而教义宗旨在于信奉一个全在全能的上帝。这种宗教追求与人们对世界本原的哲学追求是相近的，并且伴随着人类意识二重化也有个神学思维的“抽象”过程。为使活生生的人成为全在全能上帝的体现，首先可做到的是说他是上帝派生出来的，所以说耶稣基督是圣父上帝的儿子，是圣子，使之成为体现上帝“逻各斯”的化身。但这里不可避免地要遇到耶稣能否具有上帝的全在全能属性的问题，需要解决。公元 325 年的尼西亚会议争论的问题就体现这一点。会上阿里乌斯教派及其门徒认为，基督是上帝的创造物，秉赋自由意识，上帝预见他将用以为善，从而在创造时予他以神的尊严。这种看法中的耶稣尽管为上帝所造，但基本还是人，因为它的神性毕竟还是外在地被给予的；他既然要被创造，就像整个形而下的世界被创造一样，似乎有同样的性质。正因为这样，反对派阿塔纳西乌认为，圣父之子作为救世的本原，是圣父所生却不是由他创造的；他同圣父一样悠久，同圣父是本体同一的（homoousios）。但父和子毕竟还是两个，所以只能同时又讲，圣子充分享有圣父的天性，而无损于圣父，又不失其为另一存在方式；历史上的耶稣在本质上是逻各斯，这是上帝或圣父之子同人体的结合；这种化身是完全的化身。当然同时还有圣灵，而这被看作是另一个或第三个存在物；上帝是由本体同一的三种存在方式所组成，是同一本体的“三位一体”。在尼西亚会议上阿里乌斯教派被否定，“是圣父所生，而不是由他创造的，同圣父属于一个本体”这样的字句被编入尼西亚的信经。而对于圣灵，则是坚持“从父出来”。可是如果讲父亲，他也被理解成活生生的人，这成为人格化的神是不可避免的，他怎么能有全在全能而超形而下的大全性质？如果说自 3 世纪中叶德尔良图率先论述“三位一体”，但当时并没能真正确定三者间的关系，而且对“圣灵”并不重视；

那么后来的争论则又似乎更加关注形而上意义更强的“圣灵”问题。只讲“圣灵从父出来”显然不利于把基督教的核心形象耶稣所具有的全在全能性质确立起来。于是出现了至11世纪西部教会坚持将《尼西亚信经》的“圣灵”“从父出来”一句改为“从父和子出来”的情况。于是便形成“和子”提法及围绕于此的争论。显然强调“从父和子出来”的后者比前者更加抬高了圣子的与上帝同样全在全能的意义。同时，圣灵贯彻于圣父圣子的性质也得到了加强。这就进一步提升了“三位一体”的超在全能的形而上性质。

在由“和子”问题而导致东西派分裂的过程中，东派不同意“和子”提法。这既代表着早期基督教与当时古希腊哲学结合所能达到的水平，也显示了东派基督教沿着与古希腊哲学结合后而向其偏于东方特点发展的趋势。

因为如前所说，由于地理环境、社会关系、原始观念诸方面的因素造成，东方原始观念的开端和发展，基本上是在一种由原先氏族制度的血缘关系为纽带的宗法统治社会中形成的，所以原始崇拜多是体现氏族首领的帝王神。这样，在“三位一体”的结构中，充分强调出一个，使之具有突出地位，与东方一些国家形成的社会结构易于吻合。事实也正是如此，分裂出来的东派长期以来很大程度上依附于皇权，皇权直接决定教义并干预教务，这与一些帝国长期的专制统治有关。坚持圣灵“从父出来”而不同意改为“从父和子出来”正显示了东派基督教更加重视强化圣灵与作为上帝根本的圣父一体性，所以引出的是对于被认为更能出来圣灵的圣父进行强化。这服务于统治者强化其绝对统治的权力，实际上也就是在强化大一统皇权统治的权力。

而西派的环境则不同，西罗马帝国在蛮族入侵下衰亡，政治上长期处于四分五裂的状态。西方当时在地域、社会政治多方原因中形成的是国域分散而形不成大一统的政治权力中心。

基于这样的社会基础形成的，从古希腊罗马走向西方的西方哲学，延续着由诸种因素造成的按古希腊罗马哲学进行哲学思考的特点。古希腊罗马哲学生长于重在具有其特定性质的"逻各斯"问题上，就符号语言与语言符号所涉及客体的一致性来由显意识影映潜意识从而实现着对关于存在必然性的形而上追问。基督教西派强调"圣灵从父和子出来"，这里的"子"曾被认为是逻各斯，是中介，这显然隐藏着对"逻各斯"地位的一种充分肯定和抬高。正因为这样，西派的神学家，总是既关注其教义中的本体论问题，又特别关注其中的逻辑问题。

二、"三位一体"与"本体"之论

（一）325年的"尼西亚信经"以希腊文写成，其中有两个重要概念：ουσία（ousia）和ύπόστασισ（hypostasis）。

为了深入了解这两个重要概念，我们把这份信经的通常汉译文引述如下："我们信独一上帝，全能的父，创造有形无形万物的主。我们信独一主耶稣基督，上帝的儿子，为父所生，是独生的，即由父的ουσία（ousia）所生的。从神出来的神，从光出来的光，从真神出来的真神，受生而非被造，与父本体同一（homoousia），天上、地上的万物都是借养他而受造的。他为拯救我们世人而降临，成了肉身的人，受难，第三日复活升天。将来必再降临，审判活人死人。我们也信圣灵。"信经还附有一段谴责阿里乌斯派观点的文字："凡说'曾有一段时间还没有他，在被上帝所生之前他尚未存在'，或说上帝的儿子所具有的是与上帝不同的ύπόστασισ（hypostasis）或ουσία（ousia），或是被造的、或是会改换或变化的，这些人都被公教会所咒诅。"①

如前所说，ουσία（ousia），作为 το ōυ（to on）的现在分词，相当于英语 being。ουσία（ousia）在柏拉图《斐多篇》（65d）中用作指谓“本质”，在《斐德罗篇》（245e）中的意思相当于“定义”，显然“定义”相关于“本质”。而在亚里士多德的体系中，ουσία（ousia）有“第一”与“第二”的区分。他讲，“第一 ουσία（ousia）”是“第一本体”，其在关于“是”和“存在”的语句中处于主词地位；当然，ουσία（ousia）亦可处于谓项地位，这成为“第二 ουσία（ousia）”，即“第二本体”；只有“第一 ουσία（ousia）”才是终极主体。所以，在亚里士多德讲来，“第一 ουσία（ousia）”可说明一个事物真正“是”的本质，这是以“to ti en einai”特别强调的“事物中最持久的东西”。

而关于ὑπόστασισ（hypostasis），我们要注意到的是：作为亚里士多德哲学代表著作的《形而上学》，曾围绕“形式”、“质料”、“形式与质料的复合物”，来论说作为“本质”的范畴。亚里士多德强调，“我所说的形式指每一事物的其所是以及它的第一本体。”他所说的“形式”重在于个体的。当亚里士多德说“形式”是“本体”时，明确地把“这一个”与“其所是”等同起来。这样，他重视由“这一个”、“其所是”来直接论“形式”，进而才论到“复合物”。他指出，“复合物”是属性的基质，而“质料”是“形式”的“基质”。关于“基质”，前已涉及到，亚里士多德强调，“第一本体”之所以称之为“第一”，因为这是其他东西的“基质”。亚里士多德在这里用的原希腊词是ὑποκείμενον（hypokeimenon），这与ὑπόστασισ（hypostasis）

① G. F. Moore：《基督教简史》，郭舜平等译，商务印书馆 1989 年版，第 85 页。

基本意思一致，其原初意义是"躺在下面的东西"。对此，在中文译者中，有的译著译为"底层"或"主题"；还有人译为"载体"（苗力田译本，中国人民大学出版社 2003 年版）；也有人译为实质、本质、实体或本体。作为哲学概念，强调其为属性的承受者或主体。亚里士多德用语中的 υποκεíμενον，与"主体"即拉丁文的 substratum（也常译为基质），与英文 sbuject（通常译为主体），同一词根，甚至同义。亚里士多德在《范畴篇》中把基质认作本体，就在于它承受其他范畴。亚里士多德讲，"基质是那其他一切都述说它，而它自身却不述说他物的东西"。[①]所以亚里士多德几乎把"本体"与"基质"当作同义语使用。在此意义上，本体不只是 ousia，而且是 hypokeimenon。正因为这样，即因为 Hypokeimenon 的字典意义是"躺在……之下"，与"hypostasis"（站在……之下）的意义相似，两者都表示"基本的存在者""性质和活动的承受者"之意，所以许多人将其亦译作"本体"。

对于"hypostasis"，如前所说，普罗提诺在《九章集》中用以表示太一、心智（心灵）和灵魂（见卷 2，9 章 1 节；卷 5，2 章 1 节；卷 6，7 章 42 节等处）。普罗克鲁斯在《神学要义》中用它表示存在者（见概述命题 20）。另外，早在尼西亚会议之前大约一个世纪，奥利金已经使用 ousia（本体）与 hpyostasis（实质）这两个词区别圣父与圣子。我们在前面已经谈到，奥立金指认作为圣父的上帝是纯粹的精神本体，圣子是上帝的具体形象，是为圣父的精神本体所生、与圣父有别的精神存在。奥立金的区分是由新柏拉图主义的本体高于存在的思想作出的。尼西亚信经宣布圣父与圣子不但本质相同，而且本体也相同，

① 亚里士多德：《形而上学》，1028b36～37。

这样就产生了如何区别圣父、圣子乃至圣灵的问题。尼西亚会议之后围绕“三位一体”问题展开的神学争论，其哲学意义在于，神学家按照对“本体”和“本质”关系的不同说明来解决问题。便如，如果按柏拉图学说，把本体与本质理解为个别分有普遍的关系，那么，圣子和圣父的本质就不可能完全相同（homo），只能是相似（homoi），因此就产生了“本质相似论”（homoiousia）；尼西亚信经讲“圣子与圣父本质相同”可谓“本质相似论”（ homoiousia）；“homo”与“homoi”相比，虽然只有一个字母之差，却遭到正统派的强烈反对。再如，如果按照亚里士多德学说，ousia 也就是本质，本质在根本意义上等同于本体，那么，圣父、圣子、圣灵在本质和本体两方面都是同一的，它们之间关系便是个体与个体的平等关系，为了说明三者的统一，又要设定一个普遍的精神。

可见，ousia 和 hypostasis 之间的含义是很接近的，区别只是相对的、大致的。亚里士多德所说的 ousia 在最原初、最基本、最严格的意义上等同于 hypokeimenon，而新柏拉图主义者所说的本体是无所不在的精神本体。当尼西亚信经作者不加区别地使用这两个词时，他们显然未觉察到“本质”与“本体”各自所具有的哲学意义。

这种不加区别的用法导致了如此一个问题：“圣父、圣子、圣灵”三者，是在“本质”和“本体”上都相同，还是“本质”相同而“本体”不相同，抑或“本体”相同而“本质”不同？希腊教父围绕于此展开了几种见解的激烈争论：一是肯定三者在本质上和本体上都相同，这实际上取消了三者的区别，与犹太教的“一神论”没有区别。二是肯定三者本质相同而本体上不同，这形成了否定基督和圣母人性的尤提立斯派的异端；这个异端派，由说圣子与圣父、圣灵具有共同的本质，导致不能承认圣子具有神性以外的性质，因而耶稣基督也就不可能具有人性。三是肯定三者本体相同而本质不同，这导致了涅斯多留派的“三神论”；亚历山大城的主教西里尔及其追随者涅斯多留派把三者归结为“圣的逻各斯”（汉语有文献写为“圣道”），这背离了奥利金主张的“圣子是逻各斯（道）”的教义。

后来，拉丁教会的教父用拉丁文 substantia 代替了希腊词 ousia，并用 persona 代替 hypostasis；这里重要的是以拉丁文强调，“圣父、圣子和圣灵”为三个位格（persona）而同为一个本体（substantia）；从而避免了在希腊词 ousia 与 hypostasis 中，关于“本体”与“本质”概念含混而难以弄清及所产生的以此说明二者关系与“圣父”“圣子”“圣灵”之间关系的争论。

当拉丁教父说上帝是同一本体时，他们坚持了尼西亚信经说上帝为同一本体和本质的基本立场，同时，他们使用 Persona（“位格”，原意为“人格”）这一概念区别了上帝的诸存在，即圣父、圣子和圣灵。然而，“一个本体，三个位格”的说法只是避开了希腊文“本体”与“本质”的关系说不清楚所造成的混乱，却避不开要对于本体与本质关系问题的哲学内涵加以揭示。首先，希腊哲学家和教父争论的本质和本体关系涉及普遍与个体关系。拉丁教父并没回答：上帝“三位一体”之中“一体”与“三位”是否也有普遍与个体关系问题呢？这一问题被搁置下来。其次，“本体”与“本质”的歧义涉及对希腊文 to on（“是”“在”）的不同理解。另外，争论上帝的本体与本质是否等同实际上反映了本体与本质，两者关系如何、何者根本等一系列形而上学重大问题。再就是，《圣经》记载，耶和华对摩西说：“我是我所是”（Ego sum qui sum）。（“出埃及记”3 章 14 节），而对上帝的“是”或“我所是”应该作何解释，既可解释为“自在的本体”，也可理解为“自有的本质”。拉丁教父于是发现他们又回到了本体与本质关系在哲学问题上的模糊。

关于“三位一体”问题的哲学意义，虽然在当时还不明确，而神学家对“三位一体”的教义进行论证时已经逐步显示出他们所使用概念的哲学意义。如希腊教父阿塔那修斯和拉丁教父普瓦蒂埃的希拉里在神学领域对“三位一体”的维护，拉丁学者维克托里纳斯在哲学上对“三位一体”所作的全面论证。他们都或多或少地涉及到哲学问题。而在其中，带有明显的柏拉图主义倾向。这体现于把上帝看作本体、上帝的位格是分有普遍本质的个体因而带有个性、圣子因肉身化为耶稣基督而带有人性，等一系列问题的论说之中。

（二）这期间出现了，许多基督教学者围绕“三位一体”表示他们的见解。

出生于亚历山大城的阿塔那修斯（Athanasius，296—373），他的著作有《反异教》《论肉身化》《反阿里乌斯谈话录》以及《圣安东尼生平》。《圣安东尼生平》一书把安东尼的苦修生活奉为真正基督徒的榜样，对隐修制度的兴起发生了很大作用。阿塔纳修斯借助圣安东尼的威望维护尼西亚信经。书中有这样记载：“他说他们的异端是最坏的反基督的急先锋，他教导人们说，上帝之子不是被造的，他也不是从非存在而来的存在，他是圣父本体的永恒的道与智慧。”① 阿塔那修斯按照文字本义理解教义。比如，他不允许把尼西亚信经中“本质同一”一词解释为“本质相似”。认为，阿里乌斯派之所以从本体上区分圣父与圣子，根源在于寻求理性解释，依据是哲学本体论，以“两个个体不可能为同一本体”的原则，推导出圣子是圣父创造出来的本体的结论。阿塔那修斯一方面认为，理性思辨不能达到信仰的神秘深处，“三位一体”、“圣子肉身化”等教义是理性不可理解、但必须无条件接受的信仰。另一方面，他也不赞成完

① J. Quasten，Patrology，VolIII. Westminster，1960，P41.

全依赖《圣经》而放弃理性解释，他认为理性的作用在于使信仰避免"无理性"，信仰的神秘性不等于无理性；信仰的可靠性虽然不来自理性，但却可以毁于无理性，因此它需要理性的维护。

出生于高卢地区普瓦蒂埃的希拉里（Hilarius de Poitiers，约315—366），345年受洗礼入教，353年左右任普瓦蒂埃主教，与阿里乌斯派进行不调和的斗争，被罗马皇帝放逐。他在356—360年流放生活中，写成《论反阿里乌斯的信仰》著作，又称《论三位一体》，后回原地复位。希拉里在论证"三位一体"教义时，对《圣经》里上帝的名称"我是我所是"作了解释。他还由此说明了为什么要参加基督教的理由。在皈依基督教之前，他一直在寻求真正的幸福，并且强调这样的道理：能给予人真正幸福的神不可能为了终止人的生命而给予人生命，这样的神必然是"唯一的、永恒的、全能与不动的"。[①] 但在哪里才能找到这样的神呢？据说，直到他认真研读《圣经》里"我是我所是"这句话时，才恍然大悟：他苦苦寻求的神原来就是基督教的上帝。上帝说"我是我所是"这句话意味着他的存在是永恒、无限、完满、不可思议的。他肉身化为耶稣基督是为了给人以永恒的生命。因此，希拉里认为他在基督教中实现了对真正幸福的追求。希拉里以自己的经历说明坚持"三位一体"教义与人的真正幸福的现实联系，他指出，圣父与圣子统一于上帝的"我是"实际上即"我在"，这突出了使把"存在"意义进入关于"三位一体"问题的讨论。这使后来的中世纪哲学家很多人注重从"我是（在）我所是（在）"这句话的诠译开始，形成他们关于形而上学的沉思。

① 《论三位一体》1卷1章。History of Christian Philosophy in the Middle Ages by E Gilson. New York. 1955. P. 579. note68.

出生于北非的马里留维克多里（Marius Victorinus，300—363），在家乡完成学业之后，来到罗马开设雄辩术学校，在哲学与某些学科方面取得成就，353 年罗马人在广场上为他树立了塑像。他的神学著作有《论圣逻各斯的产生》《反阿里乌斯》《论本质的交互性》以及对圣保罗的《加以太书》《以弗所书》和《腓立比书》的注释等。他的神学著作反映了他按照形而上学的“存在”之思来理解“三位一体”教义的努力。

《论圣逻各斯的产生》一文是致阿里乌斯派神学家甘地德（Candidus）的答辩。甘地德依据柏拉图的《蒂迈欧篇》，说明神永恒不变、其存在不是生成；认为，如果圣的逻各斯由圣父产生，那么圣的逻各斯就不可能是神；这样说圣的逻各斯是上帝首要的创造物，并由此否认了尼西亚信经中圣子“受生而非被造”的说法。这里的问题在于，圣子或圣的逻各斯究竟是上帝本身还是由圣父创造的？这一问题关系到圣子与圣父是否同质共体。维克多里竭力解决这样一个问题：在什么意义上可以说圣子的存在是生成的？在《蒂迈欧篇》中柏拉图曾利用巴门尼德的论辩，证明神的存在不可能是生成的，否则的话，他要么生于非存在，要么生于前存在，这两种情况皆不可能。维克多里试图证明，圣子的存在既可以生于非存在，也可以生于前存在，关键在于澄清“存在”、“非存在”、“生成”等概念的意义。

维克多里以新柏拉图主义的口吻说，上帝是不可言喻的“一”，他高于存在、先于存在。如果人们要用“存在”概念理解上帝，那么可以说上帝既是存在又是非存在。他说：“我们应该如何谈论上帝，说他是存在抑或非存在？我们当然可以称之为存在，因为他是所有存在的东西的原因。然而，只要以他为父亲的东西尚未存在，这个父亲就是非存在。另一方面，我们也不能说，甚至不可能想象非存在是存在的原因，因为原因总是高于结果。上帝因而是最高的存在，并且正是因为最高，他又可称作非存在，其意义不是说上帝缺乏所有存在东西的存在，而是说这个同时为非存在的存在应该与仅仅是存在东西的那个普遍性相区别。与那些被生成的东西相比，上帝是非存在；作为生成存在东西的原因，上帝是存在。”[①] 维克多里说上帝是“前存在”（ro-on），而不是某一个东西（aliquid），而是这一切东西的原因。当然，作为存在者的原因，他必须是所是的一切，但必须把作为原因的存在和作为结果的存在者相区别。在《反阿里乌斯》一书中，他用拉丁文 esse（是）表示上帝的本质（希腊文 to einai），用希腊文 to on 表示事物的存在。他说，上帝是赋予一切存在的活动和力量，他是存在的源泉，却不是一个存在的东西，正如“第一推动者”自身不动一样。维克多里还从“是”动词的意义入手区别“存在”与“非存在”的意义。“存在”就是一切“真正是”和“似乎是”的东西，“非存在”就是一切“真正不是”和“似乎不是”的东西。“真正是”的东西是自在的本体，它们是精神（pneuma）、心灵（nous）、灵魂（psyche）、思想（noema）、学理（paideia）、德性（arete）、理性（logos）等。“似乎是”的东西是把握上述本体的“内理智”（intellectualia），它们是“外理智”（intellectibilia）留于人的灵魂的印迹；人的理智观念是对外部理智对象的模仿，故被当作“似乎是”的东西。“真正不是”的东西是不可能、自相矛盾的，因而是不可想象与不可表达的非存在。“似乎不是”是潜在的质料，它没有自身规定性，但与形式一起构成存在事物的规定性，因而是可以想象与可以表达的非存在。维克多里指出，上帝不属于上述四个层次的存在或非存在，因为不能说上帝是存在或

---

① 《论圣道的产生》，4 章。History of Christian Philosophy in the Middle Ages by E Gilson. New York. 1955. P. 68.

不存在的某个东西；他作为造成一切东西是或不是如此这般的原因，只能有“是”本身的意义，即蕴含着“存在”的“非存在”。上帝产生圣子就是产生他自身的存在。维克多里说：“圣的逻各斯的定义是存在”。[①]这里的“存在”用了 to on，以示圣子的存在是圣父的生成活动。在他看来，“生成”在这里应理解为“自我显露”。他说：“上帝是隐蔽的东西，圣子是上帝得以显现的形式。”[②] 就两者的隐显关系而言，圣父是前存在的“非存在”，圣子是存在，圣父产生圣子意味着非存在生成存在；就两者的因果关系而言，圣父是无规定性的活动，圣子是活动的确定后果，圣父生圣子意味着前存在生成存在。维克多里认为，这样便驳倒了阿里乌斯派关于神的存在不可能生成的论证，证明了圣父生圣子的共体性。

维克多里把“三位一体”的神学推广为“三位一体”的灵魂观。他认为，正如圣道是上帝的显相，人的灵魂是圣道的显相，或者说是上帝显相之显相，因此也有“三位一体”的结构。人的灵魂有这样的结构：“神圣灵魂寓于物质性精神之中，物质性精神寓于物质性灵魂之中（即在物质性身体的灵魂之中），物质性灵魂寓于肉欲的身体之中。后者要以前三者净化，才能接受永恒的光、永恒的生活，这就是信仰基督要做的事情。”[③] 人的灵魂包含神圣灵魂、物质性精神和物质性灵魂三个层次。神圣灵魂是圣逻各斯的产物，享有圣逻各斯的存在；“物质性精神”（hylico spiritu）这一概念取自斯多亚派的“普纽玛”，它是

---

① 《反阿里乌斯》，1 卷 53 章。History of Christian Philosophy in the Middle Ages by E. Gilson，New York. 1955. P. 588 note4.

② Selections from Medieval Philosophers，Vols I～II，ed by R. Mckeon，New York，1929. P. 334.

③ 《反阿里乌斯》，1 卷 62 章。History of Christian Philosophy in the Middle Ages by E Gilson. New York. 1955. P. 588 note10.

有生命力的气息;"物质性灵魂"指与身体结合在一起的理解能力。人的灵魂的"三位一体"表现为人的存在、生命和理解共存一体。但灵魂的"三位一体"与上帝的"三位一体"有区别:后者是永恒不变的神圣实体,前者却处于变动之中。他说:"灵魂是一种理性(logos),处于精神、理智和物质之间的理性,它能使心灵朝向两个方向活动:或者成为神圣的东西,或者下降到理解的层次。"① "神圣"指摆脱肉欲,与圣道融合,"理解"指受身体约束的一般见识。这种说法把新柏拉图主义的灵魂观与基督教"三位一体"说结合起来,体现了"三位一体"教义对哲学的影响。

再后来,即尼西亚会议以后,位于小亚细亚的卡帕多奇亚地区,成为继亚历山大城之后的神学中心。卡帕多奇亚的恺撒城在4世纪号称"学术大都会",在这里出现了三位关系亲密的神学家,他们是大巴兹尔及其弟尼斯的格列高利、他的密友纳西盎的格列高利。

出生于凯撒城一个富有基督徒家庭的大巴兹尔(Basilius Magnus,330—379),著有《驳罪恶的优诺米的辩解》《创世六天说》《诗篇说》《论利用希腊文学》。《驳优诺米》是一篇反阿里乌斯派的论文。优诺米说,圣父是"非生"的,圣子是"被生"的,根据逻辑规则,"非生"不可能等同于"被生",因此圣父与圣子不可能同一本体。巴兹尔反对用逻辑规则判断上帝的性质。他说,以辩证法为最高思维准则的人不是神学家,甚至连基督徒也称不上。他明确地提出了圣父与圣子统一于"是者"的观点。他的论证是:虽说上帝是"非生"的,但这种否定性的提法并不表明上帝的实质。上帝的实质(ousia)正是他

① 《反阿里乌斯》,1卷61章。The Cambridge History of Later Greek and Early Medieval Philosophy. ed. By A. H. Armstrong. Cambridge. 1967. P338.

的“所是”（to einai），同样，圣子或圣逻各斯的实质也不是“被生”，而是“是者”，由此可证圣父与圣子本质相同。大巴兹尔注意澄清上帝的“einai”，反对把此表示的“是”解释为“存在”。他论证说，否则的话就会出现这样的情况：圣父作为“非生”的存在，圣子作为“被生”的存在，两者就必定要在时间上有先后之分。他把上帝的 ousia 解释为不处于时间之中的“实有”或“本质”。

大巴兹尔认为物质不是潜在的质料，而是世界的基本元素，物质彼此联结的循环，从中产生出自然界万物。大巴兹尔认为不同的世界有不同的物质。按传统的天界与地界的区分，他把宇宙分为神圣世界和自然世界。人的灵魂也是在光的照耀下认识到宇宙的秩序。大巴兹尔还思考了世界与时间的关系。他认为，神圣世界是永恒的，因而超越时间，在世界之外；自然世界与时间一起被上帝创造出来，因而处于时间之中，有生有灭。这在他的宇宙图式中意味着时间被封闭在天空之内。由此大巴尔兹作了两个关于时间的推论：第一，时间是天空旋转运动的尺度，也是自然界事物位置变化的尺度，时间、空间和运动密不可分地联结在一起。第二，时间随天空旋转一起循环。他说：“上帝创造了时间的本性，指定‘日’为它的量度与标记，以‘周’的重复计算时间的运动。一周是一日的七次重复，这是始于自身，归复自身的循环。它像是永远回归自身的万古之期。因此，他（指摩西）不把时空的开端称作第一天，而是一天，这说明了时间接近于永恒。”[1] 针对“时间被创造出来之前有无时间?”这一疑问，大巴兹尔强调，上帝不是在时间中创造时间，上帝创造了可以继续重复的“一天”，而不是作为直线系列

① 《创世六天说》2 讲 8 节。The Cambridge History of Later Greek and Early Medieval Philosophy. ed. By A. H. Armstrong. Cambridge. 1967. P436.

的起点的"第一天"。如果把时间想象为直线系列，那么在直线的任一点都可以想象一个在它之前的点，因此想象不出时间的开端。如果把时间想象为循环的周日，那么则可以说，上帝从无中创造出"一天"之时，就是时间的开端。大巴兹尔是第一个对时间问题作出详细论述的神学家，他已经提出了问题的关键，即，时间有无开端？世界是否永恒？后来的神学家对时间的争论及思考往往大都以此为焦点。

出生于卡帕多奇亚西南部纳西盎区的格列高利（Gregorius Nazianzenus，329—389），又称作"神学家格列高利"，以区别于另外著名的格列高利。他被认为是第一个明确区分神学与哲学、以神学家身份自觉地思考哲学问题的神学家。格列高利的神学理论以"三位一体"问题为中心。他说，上帝是无限的，这意味着不能给定上帝的定义，因为任何定义都是一种界定。而人应当如何称呼上帝呢？格列高利说，上帝有两个名称：on 和 ousia。on 并没有告诉我们他是什么。ousia 是上帝所说"我是我所是"的意义，是天启昭示于理性的最高的神圣名称。他说："准确地说，ousia 专属于上帝，完全属于他，不因在前在后而受限或减少，应当说，他没有过去或将来"。[①] 上帝的无限性表现为两个方面，其一指他好似"ousia 是大海，无限又无际"；第二指上帝名称不可定义，人只能通过拟人化的方式，或通过被造物所分享的"有"间接地认识上帝。因此，《圣经》里上帝的其他名称都是人造的，仅有比喻意义。比如，"神"这一名称来自希腊文的 theein（跑）和 aithein（照），这一名称表示上帝普及万物的外延意义；其余名称如"永生者"、"造物主"、"圣父"、"圣子"、"圣灵"等都表示"ousia"这一神圣名称的内

① 《神学演讲录》，30 讲 18 节。History of Christian Philosophy in the Middle Ages by E Gilson. New York. 1955. P. 581 note71.

涵意义。

在《神学演讲》第 31 讲，格列高利又从 on 与“言语”的关系入手说明了理性与信仰的关系。他把一切所是的东西分为四类：被人们谈论的“非是者”，不被人们谈论的“是者”，不被人们谈论的“非是者”，被人们谈论的“是者”。第一类是拟人化的神，第二类是非生成的是者，即上帝的“ousia”，第三类是上帝创世之前的“无”，第四类是在历史上发生的真实事件。他说：第一类对象在理性之外，第二类对象高于理性，第三类对象低于理性，只有第四类对象才在理性之中。他在另一地方谈到：“要以信仰而不是以理性为指导，认识到你在最接近事情上的弱点，就能判断理性的价值，并知道有一些东西在理性之外。”[①] 他认为，理性只能以拟人化的方式间接地思考上帝，只有在爱和信仰之中才能达到与上帝直接相通的神秘境界。格列高利借助了光和镜子的比喻：人的灵魂好比一面镜子，净化灵魂犹如把肉体造成的污染擦拭干净。神学家就是这样的人，他们的灵魂与神圣的逻各斯相通犹如“光加叠在光亮之上，我们的黑暗向着光开放，从下面的反射通向上面的光源，等待着极乐的观照，把影象融汇于真理之中”。[②]这样的语言在格列高利的布道演讲中处处可见，使其思想涂上了神秘主义的色彩。有人评论说，格列高利似乎没有想到，如果说理性不得不借助拟人化的比喻，那么他的信仰不也要借助隐喻吗？不也仍然陷入他要超越的理性与语言的窠臼之中吗？事实上，哲学与神学、理性与信仰的区别并不如他预期的那样明显。他对“存有”和

① 《神学演讲录》，28 讲 4 节。The Cambridge History of Later Greek and Early Medieval Philosophy. ed. By A. H. Armstrong. Cambridge. 1967. P440.

② 《神学演讲录》，20 讲 1 节。The Cambridge History of Later Greek and Early Medieval Philosophy. ed. By A. H. Armstrong. Cambridge. 1967. P443.

“是者”所作的哲学思辨与表达神学信仰的神秘隐喻之间的差异只是语言风格的不同，正如中世纪理性主义与神秘主义的差异往往表现为不同的语言风格一样。

出生于尼斯的格列高利（Gregorius Nysenus，约335—394）是大巴兹尔之弟。主要著作有《论人的构成》《创世六天注》《关于灵魂与复活的对话》《论基督教义》《主教堂讲演录》《摩西的生活》《伟大的教义》等。

尼斯的格列高利说，《圣经》“创世纪”中的第一句话：“起初上帝创造天地”是“一种概括方式”。“天”和“地”分别代表了“光”和“物质”，上帝在瞬间创造出以光和物质为基本材料的全部宇宙，包括有生命和无生命的存在物以及它们的力量、原因与过程，所有这一切都被凝固在事物的种质之中。物质是不透光的坚固体，光围绕着物质形成天空，并射向天空之外。尼斯的格列高利讲的宇宙图式有四个层次：最里层是被天空包围的物质世界，天空是第一重天，天空之外是由星辰日月等天体构成的第二重天，第二重天之外还有第三重天，但《圣经》中没有提到第三重天，因为它“包含着无法用语言描述的天堂的美丽”。①

尼斯的格列高利说，人性是在第二重天被创造的，因此人性是无形的理智，这就是《创世记》所说的上帝按照自己形象造人的意思。这还意味着，人性最初是统一的，多样性和个别性只是后来随着肉体而附加于人性之上的。尼斯的格列高利论人没有采用灵魂与肉体两要素的简单模式。他的见解是：纯粹的人性包括精神和灵魂，人的身体和情感属于可见世界。它们都是人的道德生活不可缺少的因素。人的身体以及由此产生的

① 《创世六天注》。Selections from Medieval Philosophers，Vols I～II，ed by R. Mckeon，New York，1929. P. 448.

激情和情欲本身并不是邪恶，这都是在动物王国中保存生命的必要手段。尼斯的格列高利从理性与言语的关系入手考察身心关系。他说，灵魂是理性知识的内在原因，但任何理性知识都离不开言语，灵魂终归以身体器官为求知的工具。并且，身体是灵魂不可弃置的工具；既使人死之后，身体器官发出过的语言声音仍然存留在灵魂的知识内容中。灵魂因而得以保持个性，不致于像柏拉图所说那样忘记生前知识，转移到其他身体，失去专属于某一个人的个性。尼斯的格列高利在知识论中独辟蹊径，为“肉身复活”教义所需的个人灵魂不朽说找出一条新的理由。尼斯的格列高利把人性的“精神”因素说成联结人与上帝的纽带，精神引导人遵从上帝的戒律而过完善的生活。人的精神生活是情感服从理性、灵魂追求上帝的上升道路，它包括放弃婚姻、净化尘念、面对上帝这样三个阶段。[①] 他说：“排除了尘世的欺骗与虚幻的人将维系于事物的本体，成为光之子。”[②]“本体”指上帝，“光”指圣的逻各斯。一旦人的灵魂与圣的逻各斯相通，就会进入这样一个神秘的境界：“至乐的观照下的美丽越来越清晰，神圣主宰越来越逼近在灵魂面前。在超越的境界，新的快乐层出不穷，每一次都上升到新的高度……那些真正上升的人将永远上升，朝向主的人将永远在广阔的空间沿着神圣的道路行进”。[③]

---

① 以上参见赵敦华：《基督教哲学 1500 年》，人民出版社 1994 年版，第 122～136 页。

② 《赞歌注》，6 章。Selections from Medieval Philosophers，Vols I～II，ed by R. Mckeon，New York，1929. P. 453.

③ 《赞歌注》，10 章。Selections from Medieval Philosophers，Vols I～II，ed by R. Mckeon，New York，1929. P. 456.

三、上帝“存在”的“本体论”证明

(一)在“基督教希腊哲学化”“希腊哲学宗教化”之中的“存在”与“本体”。

基督教希腊哲学化的过程，同时也是希腊哲学宗教化的过程。在此过程中，作为重要环节的，通常被认为是早期基督教会最重要而有创见的4世纪思想家奥里留·奥古斯丁(Aurelius Augustinus，354—430)。奥古斯丁生于罗马帝国北非努米底亚省的塔加斯特镇(现位于阿尔及利亚)。他幼年时曾跟从母亲加入基督教，而19岁在修辞学校读书时成为摩尼教追随者。从修辞学校毕业后，先在迦太基城，后到罗马和米兰教授修辞和演讲术。387年复活节，他接受米兰主教安布罗斯洗礼，正式加入基督教。此后回到北非的家乡，隐居三年之后被教徒推选为省城希波教会执事，395年升任主教。他以极大的精力从事著述、讲经布道、组织修会、反驳异端异教。他在晚年目睹了汪达尔人的入侵，死于希波城沦陷之前。奥古斯丁生前写了大量的著作，是用拉丁文撰写的。他留下的文献比任何的古代作家都要多。奥古斯丁的著作堪称神学百科全书。在这些卷帙浩繁的著作中，《忏悔录》《论选择自由》《论三位一体》《上帝之城》可算作代表作，其中包含不少哲学论述。

奥古斯丁在罗马教育制度下受过良好教育。而他在北非所受的教育主要局限于文法。由于没学好希腊语，他那时尚不能直接阅读古希腊哲学家柏拉图及亚里士多德的著作。以至奥古斯丁称之为“希腊害虫”。然而奥古斯丁从青少年起就想成为哲学家。他18岁时因读到西塞罗的著作而对哲学产生兴趣，后来又读过间接表述柏拉图学说的新柏拉图主义者的著作。他从自己的亲身经历中感受到改造和利用哲学的必要性。他对“哲学”概念的理解来自一位叫伏洛(Varro)的人所写的哲学手册(现已失传）。其中列举出 288 种哲学，都是对于“如何取得幸福生活”这一问题的不同回答。奥古斯丁根据这一流行观念，把基督教理解为“真正的哲学”，认为它和其他哲学一样以幸福为目标，并且知道什么是真正的幸福，提供了达到幸福生活的唯一正确途径。在此意义上，他称自己皈依基督教是“到达哲学的天堂”[①]。奥古斯丁把哲学和神学结合起来，用新柏拉图主义论证基督教的教义，其神学中的主体是吸取新柏拉图主义，体现出上帝绝对性的思想。

奥古斯丁特别论证了：上帝作为永恒，存在于时间之外。

在奥古斯丁之前，早期教父们通常认为，神及其所在的地方是永恒的。所谓永恒，意在指超出时间之外，时间和万物一起是神所创造的。而据《圣经》中“创世纪”，上帝创造世界用了七天，这很容易使人想到，上帝创造世界也需要时间，上帝是在时间之中的，这同上帝在时间之外因而得以永恒的说法矛盾。正因为如此，卡帕多奇亚的希腊教父大巴兹尔解释说：“上帝创造了时间的本性，制定‘日’为它的量度和标记，以‘周’重复计算时间的运动。一周是一日的七次重复，这是始于自身，归复自身的循环。它像是永远回归自身的万古之期。因此，他（指摩西）不把时空的开端称作第一天，而是一天，这说明了时间接近于永恒。”[②] 大巴兹尔的说法显然是有破绽的。尽管七天被缩为一天，或者说从时间长度变为时间单位，这一天的时间还是有长度的，作为时间的单位总是包含着起初的一个量。大巴兹尔的弟弟，尼斯的格列高利提出了“瞬间说”。他讲，“创世是上帝在时间之外的活动。上帝在瞬间创造出所有事物潜在的种质，并让种质在时间中演化为现实存在的万物，上帝不需

① 奥古斯丁：《论幸福生活》，第 1 卷 1 章 5 节。

② 转引自赵敦华：《基督教哲学 1500 年》，人民出版社 1994 年版，第 131 页。

要随时干预种质的演化过程。至于《圣经》‘创世纪’中所写的六天过程，不能按照字面理解它。‘六天说’只是隐喻着‘灵魂的哲学，说明演化的必然顺序以完善的被造物为最后结果’。‘完善的被造物’指人，‘演化的必然顺序’指宇宙的形成过程。上帝创世按照从宇宙到人的顺序进行。他凭着思辨，自由地发挥了对宇宙和人的解释。”① “瞬间说”优于“一天说”在于，“一天”仍是可度量的时间长度，“瞬间”则无所谓度量，因为人们可以在思想上把瞬间设想得比任何短促的时间更短促。然而，瞬间毕竟还是一个时间的概念。不管瞬间多么短促，只要上帝创世时用到了这个瞬间，创世还是在时间里进行的。如果上帝需要在时间里创世，那么时间本身就不可能是上帝创造的。

奥古斯丁在思辨中对上帝作为永恒存在于时间之外的观点进行了说明。他把上帝创世解说成无中生有的过程：在上帝造成宇宙之前，还没有创造宇宙的场所；上帝创世也不用任何工具，因为没有一样东西是可以不经上帝创造而存在的。奥古斯丁认为，上帝创世用的是“logos”。“logos”不在时间中。他这样论述说：“这‘logos’是‘和你天主同在’的天主，是永远不寂的言语，常自表达一切，无起无讫，无先无后，永久而同时表达一切，否则便有时间，有变化，便不是真正的永恒，真正的不朽不灭。”奥古斯丁接着说：“你用了和你永恒存在的‘logos’，永永地说着你要说的一切，而命令造成的东西便造成了，你唯有用言语创造，别无其他方式；但你用言语创造的东西，既不是全部同时造成，也不是永远存在”。② 可见，奥古斯丁认为，上帝的言语即 logos，这与我们用肉体的耳朵听得到的言语不同。肉体的耳朵听到的言语有时间上起讫，是有声响的，声

① 引自赵敦华：《基督教哲学 1500 年》，人民出版社 1994 年版，第 134 页。

② 奥古斯丁：《忏悔录》，周士良译，商务印书馆 1987 年版，第 237 页。

响需借助于发生的物体，还有赖有声音传播时振动的媒体。可是在上帝创世前，这些东西都是没有的。上帝的言语是用理智去听取永恒的言语。

奥古斯丁指出，上帝不在时间中，这并不是证明的结论，而是前提；他对一些诘难，这样设问："(1) 天主在创造天地之前做些什么？(2) 如果闲着无所事事，何不常无所为，犹如他以后停止工作一样？(3) 如果天主为了创造从未创造过的东西，有新的行动、新的意愿，那么怎能说是真正的永恒？前所未有的意愿又从何处发生？天主的意愿不由受造而来，而是在乎造物之前，因为创造一物之前，创造者先有意愿。所以天主的意愿属于天主的本体。天主的本体中如产生一些前所未有的东西，则天主的本体不能说是真正的永恒；既然天主创造的意愿是永远的，那么受造为何不也是永远的呢？"①

奥古斯丁关于第一个问题的论证是："你既然是一切时间的创造者，在你未造时间之前，怎能有无量数的时间过去？能有不经你建定的时间吗？既然不存在，何谓过去？"② 这个答复的推论形式是，前提：上帝是一切时间的创造者；中项："过去"在一切时间内；结论：不可能有未经上帝创造的"过去"，即，所谓"在上帝创造天地之前"的说法不能成立。

奥古斯丁关于第二个问题的论证是："既然你是一切时间的创造者，假定你创造天地之前，有时间存在，怎能说你无所事事呢？这时间即是你创造的，在你创造时间之前，没有分秒时间能过去。如果在天地之前没有时间，为何要问在'那时候'

① 奥古斯丁：《忏悔录》，周士良中文译本，商务印书馆 1987 年版，第 239 页。

② 奥古斯丁：《忏悔录》，周士良中文译本，商务印书馆 1987 年版，第 241 页。

你做什么呢？没有时间，便没有‘那时候’。”[①] 这是对第一个问题论证的进一步发展。这里以肯定上帝从时间上说存在于创造天地之前为前提，分别两种情况，论证了怀疑上帝在那时无所事事，是不是正确的。他指出，立足于“上帝是一切时间的创造者”这一前提；一种情况是，假设：上帝创造天地之前有时间存在，则：依前提，时间是上帝创造的，所以：上帝并非无所事事；再一种情况是，假设：如果在上帝创造天地之前没有时间，则：不存在上帝在天地之前的问题，所以：不存在上帝在天地之前无所事事的问题。

奥古斯丁关于第三个问题的论证是：“你也不在时间里超越时间，否则你不能超越一切时间了。你是在永永现在的永恒高峰上超越一切过去，也超越一切将来，因为将来的，来到后即成过去；‘你永不改变，你的岁月没有穷尽。’你的岁月无往无来，我们的岁月往过来续，来者都来。你的岁月全部屹立着绝不过去，不为将来者推排而去，而我们的岁月过去便了。你是‘千年如一日’，你的日子，没有每天，只有今天，因为你的今天既不递嬗与明天，也不继承着昨天。你的今天即是永恒。你生了同属永恒的一位，你对他说，‘我今日生你’（按，指生圣子）。你创造了一切时间，你在一切时间之前，而不是在某一时间中没有时间。”[②] 奥古斯丁以“永永现在”说明上帝不在时间中却又永恒不朽，那么“现在”不是时间吗？这是需要说明的。在该处稍前，奥古斯丁对“永恒”和“时间”作出区分。依他的看法，“时间不论如何悠久，也不过是流光的相续，不能同时

① 奥古斯丁：《忏悔录》，周士良中文译本，商务印书馆 1987 年版，第 241 页。

② 奥古斯丁：《忏悔录》，周士良中文译本，商务印书馆 1987 年版，第 241 页。

伸展延留，永恒却没有过去，整个只有现在，而时间不能整个是现在。”[①] 因此，永恒就是指永远的现在。这是我们世界里的时间所没有的性质。他针对那些提出诘难的人讲，“他们力求领略永恒的意义，他们的心却沉浮于事物过去和未来的波浪之中，依然无所着落。”[②] 此外，奥古斯丁还进一步论述过“现在是没有丝毫长度的”。[③] 如果说“瞬间”的概念总还丝连着经验，那么没有丝毫长度的“现在”就与经验断绝了关系，纯粹是思想上的一个概念了。这两者的区别就如在纸上画出一个点与几何学中的一个点。

奥古斯丁提出：对于上帝来说，人们只能信仰。关于信仰，他把信仰的对象分为三类：一类是只能信仰而不能理解的；另一类是和理解结合在一起的信仰；还有一类是首先必须信仰然后才能理解的。第一类是“历史的真理”；第二类是“数学和逻辑的推理”；第三类是关于上帝的真理。奥古斯丁认为，对于上帝，首先必须信仰，然后才能理解。真正的理解虽然不可能，但是由于有信仰在，就能获得关于神的“真理”。奥古斯丁又强调，对于我们居住在其中的世界，我们必须怀疑；“我”要怀疑“我们”居住的这个世界。同时奥古斯丁又反对“怀疑一切”。因为在这个“怀疑”的过程中，至少有一件事情是不能怀疑的——那就是我在怀疑。奥古斯丁针对皮罗主义“一切都可以怀疑”的观点说，“我在怀疑”这一事实说明至少有三件事是确定不疑的，即“我存在，我活着，我理解”。在奥古斯丁讲来，人

① 奥古斯丁：《忏悔录》，周士良中文译本，商务印书馆 1987 年版，第 240 页。

② 奥古斯丁：《忏悔录》，周士良中文译本，商务印书馆 1987 年版，第 239 页。

③ 奥古斯丁：《忏悔录》，周士良中文译本，商务印书馆 1987 年版，第 244 页。

类知识的确定性是无可置疑的事实，人们应当探究的问题是：人的知识为什么会有这样的确定性？确定的知识是从哪里来的？奥古斯丁利用柏拉图的“日喻”，认为真理是上帝之光，“光照”（illuminatio）是人的理性获得真理的途径。这是上帝之光压在心灵至上的印迹。“一切真理的规则都铭刻在这里”。[①] 他认为，我越是怀疑，我就越是确实地存在；如果怀疑发生了，那么这个怀疑者的存在就是毋庸置疑的。

奥古斯丁详细论证了“三位一体”。

为了论证上帝、耶稣和他们的关系，说明所谓“圣父”、“圣子”、“圣灵”的问题，奥古斯丁专门写了《论三位一体》的专著。他坚持认为，神只有一个，但有三个位格即“圣父”、“圣子”和“圣灵”，这三个位格是统一的，是三位一体的。奥古斯丁在《论三位一体》第7卷第3章第6节中论证写道：“圣父是智慧，圣子是智慧，圣灵是智慧，三者合起来不是三个智慧，而是一个智慧；因为在三位一体里，存在和智慧是一回事，圣父、圣子、圣灵是一个本体。不是在三位一体中是一回事，在神之中是另一回事，所以圣父、圣子、圣灵是一个神。”这就是说，奥古斯丁强调，整个三位一体是不朽的、永恒的，不能认为神是三重的。圣父和圣子是永远不可分的，永远是处于彼此关系之中，同时包含着圣灵。神是一个，却有三个不同的位格，这就是“三位一体”。

奥古斯丁综合论证了“上帝之城”。

“上帝之城”的说法源于圣经。奥古斯丁讲：“我们所称上天之城，是圣经上有证据的”。[②] 他重视圣经上所说的，“上帝之

① 奥古斯丁：《论三位一体》，14卷15章21节。

② 《上帝之城》，11卷，1章。

城啊，有荣耀的事乃指着你说的”。[1]“上帝本为大，在我们上帝的城中，在他的圣山上，该受大赞美。锡安山，大君王的城，在北面居高华美，为全地所喜悦”。“我们在万军之主的城中，就是在我们上帝的城中，所看见的正如我们所听见的。上帝必坚立这城，直到永远”。[2] 奥古斯丁指出，这些经文“都告诉我们有一座上帝之城，它的创造者劝我们作它的子民。然而世俗之城的民众，却将他们的邪神放在圣城的创造者之上，因为他们不知道他是众神之王。”[3] 这样，奥古斯丁区分了“上帝之城”和“世人之城”，认为教会是“上帝之城”在地上的体现；由此让古希腊哲学“形相（理念）世界”与“现象界”区分的思想，同“上帝之城”与“世人之城”的宗教理论相贯通。

奥古斯丁特别注意对“上帝之城”加以论证，他以跨度达 12 年的时间来写作共有 22 卷的《上帝之城》这部著作，是有其特定历史背景的。公元 410 年，当时被认为是蛮族的东哥特人洗劫了罗马城，这在基督教内外引起了很大反响。基督徒对罗马的感情相当复杂，由于罗马统治者对早期基督教的迫害，曾在基督徒中间产生强烈的反罗马情绪。《启示录》以“七头巨兽”比喻坐落在七座山丘上的罗马城，以身穿紫红服、喝圣徒和烈士血者及淫妇映射罗马皇帝的所作所为。然而，基督教成为罗马帝国的国教之后，罗马城被涂上神圣色彩。罗马的劫难在基督教内部引起沮丧、恐慌，对基督徒来说，似乎意味着罗马所担负的拯救人类的历史使命已破灭；异教徒也认为，这是罗马人背叛本民族庇护神、转而崇拜基督教而得到的报应。为了确立信仰，鼓舞士气，奥古斯丁写下《上帝之城》，对历史作

---

① 《诗篇》87：3。

② 《诗篇》48：1，2，8。

③ 《上帝之城》，11 卷，1 章。

出新解释。其中作出了圣史和俗史的区别：圣史是《圣经》所记载的上帝启示于人的事件，分成六个阶段，与创世六天相对应，圣史结束于耶稣之死；俗史即历史学家记载的事件，其发生时间与圣史平行，圣史结束以后仍然持续，但圣史之后的俗史与人类命运无关。与把圣史、俗史区别开的历史观相对应，便产生了圣城和俗城相区别的社会观。这里所谓的“城”（civitate）带有“国家”的意思。奥古斯丁认为，国家是人按照一定协议组成的群体。他说：“一群有理性的存在者就他们所爱的对象达成共同协议而结合在一起，因此，为了知道一群体的性质，我们只需了解什么是他们所爱”。① 按照这一定义，不同的爱组成不同的“城”，“爱自己并进而藐视上帝者组成地上之城，爱上帝并进而藐视自己者组成天上之城”。②

可见，“城”的划分标准具体化在于尘世生活中的人所爱对象的秩序；这必定关涉于对于“善”和“恶”的认识。奥古斯丁区分道：作为人，我们发现自己处在一个宇宙之中，在这里有些事物是比我们好的，有些事物是与我们同等的，有些事物是比我们低劣的。如果我们将注意力集中在好于我们的事物上，我们就变得更好，就提高了自己的存在；如果我们注意的是同等的或低劣的事物，我们就停滞或堕落到一个较低级的存在上了。据奥古斯丁讲，这两种注意力是两种不同的爱。对提升的爱，他称为“caritas”。英语中的 charity（“爱”）就出自于此。腐化性的爱，他称为“cupiditas”。英语中的 cupidity（“贪”）就来源于此，指情欲或贪婪。人类好的生活就是恰如其分地避免贪婪，培养仁爱。而奥古斯丁强调，上帝是至善的。于此，奥古斯丁发展了柏拉图主义关于“善”的理念，认为上帝的善

① 奥古斯丁：《上帝之城》，19卷24章。

② 奥古斯丁：《上帝之城》，14卷28章。

不仅在于他是最实在的，而且还在于他给人们以和平与安稳。“上帝是我们幸福的基础。他是我们一切期望的目的，上帝的善在于无限地爱我们，他通过爱来倾向于我们，以便我们可以安息在他之中，并通过他达到目的，找到幸福。”[①] 可见，在奥古斯丁看来，事物之所以是善的。是因为它是实在的，上帝是至高无上的实在，所以上帝是绝对的善。同时奥古斯丁对于现实世界存在的邪恶也有自己的解释。因为被造物的“善”无论如何都不如上帝的“善”，邪恶只不过是实在的善的“匮乏”，是每一种被造物不可避免的结果。在奥古斯丁思想发展中对恶的思考占据重要位置。他最初认为基督教无法解决恶的起源和性质问题，因而采用摩尼教的解释。摩尼教的教义是二元论，以代表善的光明之神与代表恶的黑暗之神的永恒斗争说明恶的普遍性。而基督教信仰的是唯一全能、全知、全善的上帝。于是产生了一系列问题：上帝造出的人为什么会犯罪？世间的恶来自何方？当时的伊壁鸠鲁主义者利用恶的来源问题否证了基督教信仰的全善、全知、全能的上帝。他们说，如果恶出自上帝创造，那么上帝就不是全善的。如果上帝因为不知道恶的存在而没有去阻止它，那么上帝就不是全知的。如果上帝因为没有能力去阻止它，那么他就不是全能的。总之，恶的存在与上帝的全善、全知、全能相矛盾。这些问题严重困扰着神学家。奥古斯丁在迦太基当学生时，参加过一个来自于波斯的摩尼（Mani，卒于 276 年）所创建的基督教异端团体，即“摩尼教”。当奥古斯丁皈依基督教之后，面临的一个重要任务是排除摩尼教的影响，合理地解释恶，而不违反基督教教义。在奥古斯丁看来，邪恶犹如图画中的阴影。邪恶不是善，正如黑不是白，然

① 奥古斯丁：《上帝之城》，5 卷 21 章。

而黑是图画中不可缺的颜色。有邪恶恰恰显示出上帝行善的手段。奥古斯丁关于恶的起源和性质的解释是最早的神正论（theodicy）。这个词来源于两个希腊词：“神”（theo）和“正义”（dike）；其意义是：面临着恶存在而显示出上帝的正义。甚至有人这样认为，奥古斯丁的“神正论”就是为了使上帝对恶的容忍正当化。

奥古斯丁由新柏拉图主义的灵魂观，对上帝、灵魂和身体列出由高到低的秩序。他认为，灵魂的正当目标应是高于灵魂的上帝；当灵魂追求低级的身体时，造成秩序的颠倒，产生伦理的恶。这里强调，恶不是上帝的创造，而产生于人类灵魂的内在缺陷。如果人们要继续追问：上帝为什么要赋予人以有缺陷的灵魂？上帝为什么不赋予人只会行善、不能作恶的灵魂呢？奥古斯丁回答说：“不是有意做的事既不是恶，也不是善，因此，如果人没有自由意志，则将不会有公正的惩罚和奖赏。但是，赏罚的公正来自上帝的善，它必然存在。因此，上帝必然赋予人以自由的意志。”[①] 这里强调，人类灵魂的缺陷还是意志自由选择所必需的，只会行善、不能作恶的灵魂没有自由选择。人只有对自己自由选择的事情才能承担自己的责任，否则将无所谓善恶之分，也不应该接受惩罚或奖赏；如果上帝不赋予人类意志以自由，他将丧失其公正性。人类意志有行善或作恶的选择自由，上帝的恩典主要表现为赏罚分明的公正，而不在于帮助人择善弃恶。“意志”一词的拉丁语是“voluntas”。尽管这个词远在奥古斯丁之前就已通用，但没有人像奥古斯丁那样赋予其如此的形而上学意义。

这种形而上化了的自由意志论是奥古斯丁所需要的，而奥

① 奥古斯丁：《论自由意志》，2卷1章3节，参见成官泯中文译本，上海人民出版社2005年版，第100页。

古斯丁晚年则修改了其早期的意志自由说。他强调，没有上帝的恩典，人的意志不可能选择善，只能在罪恶的奴役之下，不能遵循正当的秩序，丧失了选择的自由。伦理的恶的原因与其说是人的意志自由，不如说是人类的原罪。他把《圣经》中有关"罪"的说法发展为"原罪"说。根据这一教义，亚当夏娃受蛊惑所犯下的罪，是世世代代遗传下去的原罪，自那时以后，人的意志（liberum）已经被罪恶污染，利用自由选择犯罪，完全失去上帝造人时赋予人的择善避恶的自由选择的能力（libertas）。

于是，原罪使人失落了生活的完满幸福，但是人没有失落对幸福的爱，[①] 在现实生活中，"容易找到一个不愿做国王的人，但找不到不愿幸福的人"。[②] 然而，人类对幸福的共同之爱，却会产生不同的爱的对象的秩序。只有依靠上帝的恩典，人的意志才能摆脱原罪的奴役，恢复真正的自在。因为在这个有着上下等级秩序的世界中，既可选择至上的上帝，依精神而生活，也可选择下一级的自己，依肉欲而生活。这样，"两种爱创建了两座城：爱自己以至轻视上帝的人，组成了世俗之城，爱上帝以至轻看自己的人，组成了上帝之城。"[③]

对于奥古斯丁最著名的两本书即《忏悔录》和《上帝之城》，可这样认为：如果说《忏悔录》主要是从个人层面上探讨善恶的问题，那么《上帝之城》则主要是从社会层面上探讨这一问题。在奥古斯丁那里，"上帝之城"与"世俗之城"的划分不是空间或地理上的。他说，"天下万国，虽宗教与风俗各异，言语武器、衣冠不同，然而人类只有两个大团体，若照圣经上

---

① 《上帝之城》，22 卷，30 章。

② 《上帝之城》，4 卷，23 章。

③ 《上帝之城》，14 卷，28 章。

的话，我们可称之为两个城子，一个是由愿依肉欲生活的人组成，而另一个由愿依精神生活的人组成，若各得其所望，则平安无事"。[①] 这种划分不按民族、国度，因而具有普世意义。

奥古斯丁讲，上帝之城和世俗之城的界限既泾渭分明，又在历史发展进程中"自始至终混合在一起"，二者"直到通过最后审判它们才被分开"。[②] 所以，关于"两城"的说法是"隐喻式"的。[③] 上帝之城曾独立存在过，以后还将独立存在，不过那是尘世史之外的事情，即魔鬼犯罪前的"天使之城"[④] 和末世审判后的未来天国。在此意义上，相对于人类社会的历史现实来说，上帝之城在人类社会的历史现实中不是独立存在的，而是一种象征。奥古斯丁这样写道："上帝之城过去确实有过与之相似的某种影像和预言，它们是上帝之城的象征，而不是它在特定时间内在尘世的代表。这个影像也被称作圣城，因其象征性而得此名，它并不直接显示那将要到来的那个实在。"[⑤]

奥古斯丁又讲，两城的划分并不意味着基督徒的精神属于上帝之城，肉身属于世俗之城，而是指基督徒以灵与肉上下有序的生活态度（这就是属上帝之城的象征）从事着世俗的工作（此为世俗之城的身份）。这就是个人的历史境遇。现世中的人是具有双重身份的存在：作为一名非基督徒，他存在着做基督徒的可能；作为一名基督徒，他必然同时也是世俗社会的一员。因此，奥古斯丁称基督徒既是上帝之城的"居民"，[⑥] 又是世俗

---

① 《上帝之城》，14卷，1章。
② 《上帝之城》，18卷，54章。
③ 《上帝之城》，15卷，1章。
④ 《上帝之城》，11卷，9章。
⑤ 《上帝之城》，15卷，2章。
⑥ 《上帝之城》，14卷，9章。

之城的“旅客”。[①] 所以，基督徒虽然与他人有“不同的信、望、爱”，但也“同样享受世间的利或者遭受邪恶”。[②]

奥古斯丁由论证，所谓的依肉欲的世俗之城的生活是指精神背离上帝从而为朽坏的肉欲所奴役的生活，所谓依精神的上帝之城的生活是指精神服从上帝从而能够支配肉欲的生活[③]；重在于指出，人的完满本性不仅是灵与肉的统一，而且是上下有序的统一。在他讲来，人的灵魂或精神一旦背离了上帝，也就不能支配自己的肉欲，从而成为肉欲的奴隶。

奥古斯丁还专门强调，教会是上帝之城的象征，是“上帝之城”在地上的体现，而不是上帝之城本身。事实上，在教会中有些人也“毫不犹豫地与我们的敌人一起反对上帝”，而在敌人之中有些人则会潜在地成为上帝之城的居民。基督徒不要为这样的事实而失望，因为“实际上在现世两城是相互纠缠、混合的，直至最后审判，它们才被各自分开”。[④] 这一观点表明，奥古斯丁由未来历史命运的意义，来肯定教会优越于世俗国家，但没有要求教会在现实生活中凌驾于国家之上。[⑤]

在奥古斯丁那里，正如圣史和俗史在时间上平行，圣城和俗城在空间上交织。圣城和俗城是区别实际上生活在统一国家中的人们的不同精神生活和命运的概念，并不是两相独立的。奥古斯丁要求基督徒遵循耶稣基督关于“恺撒之物当归恺撒，上帝之物当归上帝”[⑥] 的教导，服从国家法律，承担国家义务，

---

① 《上帝之城》，14 卷，9 章。

② 《上帝之城》，18 卷，54 章。

③ 《上帝之城》，14 卷，2～4 章。

④ 《上帝之城》，3 卷，35 章。

⑤ 参见奥古斯丁《上帝之城》，王晓朝中译本序，人民出版社 2006 年版，第 20～22 页。

⑥ 马太福音 22：21。

如纳税、服役；同时在教会中坚守信仰，期待永恒和平。

对国家基本功能的看法，奥古斯丁与亚里士多德大致相同，认为国家的作用在于“提供现实生活必需的利益，保障能使我们在现世生活中享受健康、安全和人类友谊的世间和平”。① 接着奥古斯丁又说，和平是有序的平衡，人与上帝的秩序表现为人对上帝的信仰以及对永恒律的服从。或者说，“天上的和平”是上帝之城的功能，“地上的和平”是世俗政权的功能。马克思认为，奥古斯丁的《上帝之城》体现着“首先把教会和国家分开”的“教父和基督教的精神”。②

（二）拉丁文本基督教的哲学解释：“本体”“本体论证明”。

公元455年，汪达尔人攻陷罗马。这标志着早已分崩离析的西罗马帝国灭亡。此时西欧进入了人们所称的“黑暗时代”。在这“黑暗时代”，不但关于古代哲学的希腊文典籍和拉丁文典籍几乎丧失殆尽，就连早期教父的基督教哲学思想也无人承继。而在漫漫长夜里，仍依稀闪烁着思想的火花，延续着古代哲学的种子。

1. 出身于罗马贵族家庭、早年在雅典学习哲学的阿里西·曼留·塞伏林·波埃修（Anicius Manlius Severinus Boethius, 480—525年），在当时是一个罕见的学识渊博之人。他热衷于古代哲学，计划将柏拉图和亚里士多德的全部著作翻译为拉丁文，但实际上只翻译了亚里士多德的《工具篇》，包括《范畴篇》以及波菲利对之所作的注释，还撰写了关于《范畴篇》《解释篇》的注释各两篇，这些译著与注释在中世纪早期被广泛用作逻辑学教材，后人称之为“旧逻辑”；他翻译的《前分析篇》《后分

① 《上帝之城》，19卷，13章。

② 马克思：《第179号〈科隆日报〉社论》，《马克思恩格斯全集》第1卷，人民出版社1956年版，第125页。

析篇》《论辩篇》《正位篇》被埋没到 12 世纪才被人发现，此被称作“新逻辑”。波埃修还著有算术、几何、音乐等学科教科书，在中世纪学校中被广泛使用。他的另一部分著作是神学论文，由五篇讨论“三位一体”问题的论文组成。这些神学论文被包括拉波里的吉尔伯特与托马斯在内的神学家们所重视，成为他们注释的对象。波埃修 523 年被指控犯叛国罪下狱，后被处死。他在狱中写作的《哲学的安慰》以对话与诗的形式写成，大量介绍了古代哲学观点，这成为一部广泛流传的著作。波埃修的著作不仅保存了古代哲学的一些重要材料，而且将一些重要哲学概念由希腊文译成拉丁文，并规定了它们的标准定义。他对希腊哲学概念拉丁化所作的贡献仅次于西塞罗。

在波尔修之前，公元 3 世纪的新柏拉图主义者波菲利在《亚里士多德〈范畴篇〉导论》中首先提出共相问题：“种和属是否独立存在，抑或仅仅存于理智之中？如果它们是独立存在，它们究竟是有形的，抑或无形的？如果它们无形的，它们究竟与感性事物相分离，或者存于感性事物之中，并与之相一致？”波埃修的理论由本体理论入手。他指出种和属不可能是本体。因为属是为一类个体共同所有的东西；如果属是本体，那么，每一个体和属的关系都是本体与本体间的关系，于是便不能解释为什么多个本体能够同时占有同一个本体？同理可证种也不是本体。如果种和属不是本体，它们是否仅仅存于人的理智之中呢？波埃修的回答也是否定的。因为假设种和属仅仅是心灵的概念，那么，当我们运用这些概念时，何以会涉及心灵之外的本体呢？我们同样也不能解释：为什么心灵之外的本体能够同时归属心灵之中的种、属呢？面对本体理论带来的两难困境，波埃修从认识论入手另辟蹊径。他认为，当外部的个别本体作用于人的心灵时，心灵具有把这些事物分解为要素，并且重新组合这些要素的能力。种和属是心灵将存在于事物之中的要素加以重新组合的产物。波埃修所说的要素指一事物的可感性质，他设想心灵可以将一可感事物的整体印象分割为各种可感性质，把它们与通过同样方式获得的其他事物的可感性质相比较，抽象出相同的性质组成属概念。因此，种和属这些共相虽然是抽象概念，只存在心灵之中，但组成共相的要素材料却在心灵之外，它们是存在于事物之中的性质。因此，心灵之外的个别事物可以归属于心灵之中的共相，因为以集合方式存在于心灵的共相原先已经以分散方式存在于可感事物之中。这就是为什么很多本体可以同时占有一个共相的原因。①

波埃修作为首先以拉丁文介绍亚里士多德思想的拉丁学者，也积极参与了"三位一体"问题的讨论。在波埃修之前，拉丁神学家在讨论"三位一体"时，倾向于用 substantia 代替 ousia，以 persona 代替 hypostasis。这固然有利于解决以往在说明"圣父、圣子、圣灵"时，以希腊文表述，对"本质"与"本体"概念说不清楚的困难；但因为与此相关的若干概念的意义未能在拉丁文中找到相应表达，阻碍了拉丁学者关于形而上及神学体系的建构。

于是波埃修通过辨析 subsistantia 与 substantia、esse 与 persona、esse 与 id quod est 这些概念的联系和区分，展开了其哲学论证。

关于 subsistantia 与 substantia。

在波埃修那里，subsistantia（有人译为"实质"）相当于拉丁文的 hypostasis，substantia（常译为"实体"即"本体"）相当于希腊文的 ousia。波埃修有这样一段论述："当一事物无需偶性而存在时，它具有 subsistantia；当它支撑另外一些东西、

① 参见，赵敦华：《基督教哲学 1500 年》，人民出版社 1994 年版，第 182～184 页。

即偶性时，它为 substantia，即一个使它们存在的基体；因为它站在这些东西底下（sub-stat），‘置于偶性之下’（sub-iectum），因而，种和属只有 subsistantia，因为无偶性附加于种和属。但个体不仅有 subsistantia，而且有 substantia，因为它们的存在并不依赖于偶性，它们已经拥有专门的属差，作为偶性的基体而使偶性存在。”① 有学者这样说明道，在这段话意思中，显然 subsistantia 表示种和属这类性质的实在性，所以在中文里人们往往把此词译为“实质”；而 substantia 表示个别事物的基体以及附着其上的偶性的实在性，所以人们在中文里往往主张译为“本体”。substantia（本体）包含着 subsistantia（实质），但 subsistantia（实质）却不一定为 substantia（本体）。显然，在波埃修看来，substantia 带有“是这个”的意味。同时，波埃修认为“存在”自身的纯粹、绝对意义在于 subsistantia（实质）。不难看出，波埃修那里的“实质”与“本体”的区分，显然是为了对古希腊哲学中关于“存在”与“是这个”的区分作出进一步的运用与伸展；这就要对“本质”以特定的词表示。在西方哲学史上，波埃修提出以 substanc 去译亚里士多德哲学中的 ousia，这是一个重要贡献。

关于 essentia 与 persona。

波埃修主张把由拉丁文的“是”动词 esse（相当于希腊文的 einai）生长出的词 essentia，归结为“本质”。这又与希腊文的 ousia（往往译为“本体”，而对于波埃修来说，由他对其规定的含义，人们往往译为“存有”）相当；这个词的基本含义关涉于：为一切事物所有，以“分有”的方式赋予每一事物。而 persona 相当于希腊文的 hyposopon，其基本含义是“存在者”，

① Boethius，loeb chlassic. 1973. p89.

即，它们是个别的、具体的、不可归诸其他事物的存在物。这里"本体"（ousia，也有人译为"存有"）与"存在者"（persona，相当于希腊文的 hyposopon）的区别，主要在于普遍与个别、必然与偶然、形式与形体、单纯与复合的区别。波埃修思想的基本倾向是强调前者对于后者的决定作用，表现了柏拉图主义在中世纪早期哲学思想中的主导地位。另一方面，波埃修借助亚里士多德哲学中丰富而又严格的哲学概念与逻辑范畴，来表达他的思想观点，规定了中世纪形而上学概念的基本含义，以及在"本体"（ousia，也有人译为"存有"）与"存在者"（persona）关系中，形成了辨析"存在"意义的基本框架。

有研究者认为，波埃修使用形而上学概念的初衷并不是为了建立形而上学理论体系，而是为了解决"三位一体"的争论；他之所以如此解释这些概念，也是为适应"三位一体"的教义。按照他的解释，上帝的存在既属于"本体"（"存有"），又是属于"存在者"。如果上帝是存有（本体）的本质，那么他有三个位的"人格"。他给"本性"与"人格"的定义是："本性是任何本体的特性，人格是本性为理性的个别本体。"① 这里的针对性在于指出涅斯多留派所坚持的"基督双重人格论"是荒谬的。如果上帝是存在的本体，那么他有三重关系：圣父、圣子、圣灵，这表示同一本体的三个方面与该本体的关系。根据关系内在于本体的道理，阿里尔斯派的"三神论"是荒谬的。波埃修看出关于"三位一体"的神学争论中的概念混乱，他由澄清词义、定义概念入手讨论问题，进一步把形而上学引入神学领域。②

关于 esse 与 id quod est。

① 《反尤提克斯派》，3 章，Boethius. Loeb Library. 1973，P89.

② 参见，赵敦华：《基督教哲学 1500 年》，人民出版社 1994 年，第 189 页。

这里的 esse 相当于“存在”，id quod est 即“是这个”。波埃修说：“‘存在’（esse）与‘是这个’（id quod est）的东西是不同的。因为单纯的存在等着显现，但一个东西只要已经获得赋予它存在的形式，它便是这个，并且存在着。”① 这里的“存在”（esse）与亚里士多德所说的“是”（不定式 to einai）相当；“是这个”（id quod est）与亚里士多德所说的“这一个”（to ti）相当。亚里士多德用这两个概念区别了“存在”的普遍意义与具体意义，前者指本体的形式，后者指个别的本体。而亚里士多德对“本体的本质是什么”问题的回答动摇于两者之间，反映了他的哲学与柏拉图主义既相联系、又相区别的特征。波埃修对亚里士多德的术语力求作出符合柏拉图主义的解释，他把“存在自身”解释为纯形式，而对具体的存在即个别本体的存在，解释成是对纯形式的“分有”。他说：“纯形式不是观念，而正是存在以及存在的来源。因为所有的存在都依赖形式。”②波埃修基本沿袭了亚里士多德“高一级事物的质料因是低一级事物的形式因”的思想，但他的论点不是说明形式因对个别事物的本质的决定作用，而是说明纯形式对一切事物共同本质的决定作用。在他看来，“存在”是所有被称作事物的共同本质，它是最普遍的形式，即纯形式的规定性。也就是说，这里的“是”意味着一个单纯的形式（Forma），它决定了所是的本质；“是这个”成为“赋有”一个形式而存在的个体。波埃修还用这一区分表述了本质（esseotia）先于个体、本体（ousia，于此，也有人在此译为“实有”，另还有译为“存有”）决定存在（esse）的观点。波埃修对于“存在”与“是这个”之间的关系是普遍形式与具体事物之间的分有关系，讲到：“是这个可以分有，但单

① Boethius，loeb chlassic. 1973. p41.

② 《三位一体是一神而不是三神》，Boethius. Loeb Library. 1973，P10～11.

纯存在不以任何方式分有任何东西。因为只有当某物已经存在时分有才能进行，但只有当某物已经获得存在时它才是这个。”①波埃修在这里看出“分有存在”说的一个矛盾：被分有者在分有存在之前已经是某一事物；既然每一事物的本质是存在，那么，被分有者在分有存在之前就已经具有某种存在。为了解决这一矛盾，波埃修又区分了绝对的存在与具体的存在。他说：“任何单纯事物具有存在与自身具体存在的统一。在任何复合事物中，存在是一回事，它的具体存在是另一回事。”② 这里的“单纯事物”指“纯形式”，于此没有存在与“是这个”的区分；“复合事物”指具体的、个别事物，它们包含着存在与自身的存在（“是这个”）的区分。“存在”与“是这个”的区分既是普遍形式与具体事物的外在关系，又是具体事物之中两种存在之间的内在关系。

应该注意的是，不管外在关系抑或内在关系，对波埃修来说都是分有关系。“存在”与“是这个”的外在关系说明具体事物的存在是由一个普遍存在形式而分有的产物，两者于具体事物内部的区分则是分有的两种不同方式。他说：“仅是某物与因存在而是某物不同，前者指示一种偶性，后者指示一个本体。”③这里的意思是：事物的存在有个性与共性、偶然与必然之分。前者因对“存在”纯形式的分有，后者是对“存在”的共同的、绝对的分有。可见，波埃修对“本体”概念的辨析以对“存在”意义的辨析为基础，因而对希腊哲学概念作了更为精细的阐明。④

① 《实体为何因存在而善》，Boethius. Loeb Library. 1973，P41.

② 《实体为何因存在而善》，Boethius. Loeb Library. 1973，P43.

③ 《实体为何因存在而善》，Boethius. Loeb Library. 1973，P41.

④ 参见，赵敦华：《基督教哲学 1500 年》，人民出版社 1994 年，第 186～188 页。

总之，如前所说，在中世纪，拉丁神学家在讨论“三位一体”时，曾倾向于用拉丁文 substantia 代替希腊文存有 ousia，以拉丁文 persona 代替希腊文 hypostasis。这虽然有利于解决以往在说明“圣父、圣子、圣灵”时，以希腊文表述，对“本质”与“本体”概念说不清楚的困难；但因为与此相关的若干概念的意义未能在拉丁文中找到相应表达，阻碍了拉丁学者关于形而上及神学体系的建构。因为 essentia、ousia 都可当作本质、实质来用。所以后来的波埃修主张把 essentia 归结为本质，使与希腊文 einai 相当的 esse 相当于存在，用 id guod est 表示“是这个”，并同意用 substatia 代替希腊文的 ousia。从而这便涉及到对 substantia 与 subsistantia 作出区分，让 subsistantia 代替 hypostasis，既体现了它带有本质的意义，又与 essentia（本质）有不同的意义，用以指“实质”，表示种和属这类性质的实在性。这就把位格的概念确定了起来，即将其留给了与 hypostasis 不同的 persona，又用 persona 来表示作为位格的“存在者”；保持了不用 hypostasis 表示本质；主张以带有 subs（在……下面）意义的 substantia 表示“本体”，开了 substance 的先河。

2. 中世纪经院哲学是在天主教会的要求和监护之下、在教会的“经院”（即学校、学院）里产生出来并进行传授的基督教哲学，它被称为“神学的婢女”或“教会的婢女”。从历史的联系上看，经院哲学实际上是古代奴隶制末期的教父学的继续，继承和发展了古代的哲学和基督教神学。其基本任务是为教父学所制定的信条和教义作细致的论证，力求使之理论化和系统化。经院哲学深深植根于中世纪封建制度社会生活的土壤之中。经院哲学作为欧洲中世纪的主要哲学形态，成为中世纪占统治地位的哲学，是联结欧洲古代哲学和近代哲学的中间环节。通常认为，经院哲学有两个基本特征：一是，主要以“经院”（即教会或修道院办的学校）为生存环境；二是，主要以“辩证法”

（即亚里士多德所说的论辩推理）为操作原则。

关于“经院哲学”（英文“Scholasticism”或“Scholastic philosophy”），这个词来自拉丁文“Scholasticus”，原意为“学院中人的思想”，因此也曾被译作“士林学术”。这个词原来并不专指哲学；中世纪学院的学术研究主要包括哲学与神学，两者的界线不是很清楚；“经院学术”既是哲学，又是神学：它作为哲学史研究对象是经院哲学，作为神学史研究对象是经院神学。因此有学者专门强调，“经院哲学”的确切含义应是：在公教会（或天主教）学校里传授的、以神学为背景的哲学。[①]

关于辩证法，原初，包括中世纪人对之一般理解为对话的艺术，严格说是论辩推理。这种“辩证法”的基本要求是以一个普遍流行的意见为考察对象，列举赞成和反对这一意见的理由，然后使用辨析词义特别是区分种属方式来定义概念，并以三段式推理的方法审查正、反两方面的理由，得出肯定或否定的答案。在中世纪早期，这种意义上的“辩证法”的运用并未形成固定的程式，但人们已经遵其基本要求，从正、反两个方面考察一个问题，审视一个意见。

11—12世纪的历史环境为这样哲学的产生提供了物质条件和精神准备。所谓“蛮族”入侵的浪潮到11世纪初基本结束，西欧的封建制度建立起来，文化教育开始复苏。从克吕尼修道院开始的改革运动从改造隐修制度、僧侣生活开始，到11世纪已发展成为全面清除世俗影响、反对王权干预的斗争。这时的改革增强了教皇独立管理教会的权力。教会在政治上和组织上的统一需要统一的思想。所有这些都刺激了学校教育和学术研究的发展。神学教育和研究需要恰当地提出问题、严谨地辨析

① 参见赵敦华：《基督教哲学1500年》，人民出版社1994年版，第222页。

词义和进行推理。这越来越多地依赖逻辑手段。神学与逻辑的结合使人们能够重新认识教父典籍中涉及的哲学问题、命题与概念。开始很是单薄、贫乏。直到亚里士多德主义传入西方纵深之后，才获得了蓬勃发展的机遇。然而，在机遇到来之前，它已在奠定着自身的基础。

早在10世纪时伦巴底地区（现意大利北部）就曾出现过一批自称为“逍遥派”的学者，他们多为逻辑与修辞教师，在教学过程中尽量显示自己的论辩技艺，将“辩证法”作为训练智力的工具。这种风格接近于古希腊的智者，他们已开始运用“辩证法”解决一些简单的哲学问题。比如，一位名叫甘诺（Gunzo）的“辩证法”教师于965年左右在解答德国圣伽仑修道院僧侣的疑难时指出，真正的学问并不总是对一个问题有确切答案。他以波埃修关于共相问题的讨论为例说，波埃修列举了柏拉图肯定共相的独立存在与亚里士多德否定其独立存在这样两种对立的意见；当权威的观点相冲突时，人们无法决定取舍。他还指出，对概念按二元对立的原则区分并非普遍有效：通常认为，可将一切事物分为“本体”与“偶性”两个方面，但是事物的“属差”既不属于本本体，也不属于偶性；因此不能用两个对立的概念概括事物的所有方面。早期意大利注重“辩证法”的学者十分注意澄清两种对立意见的并存与论辩。他们把辩证法作为显示自己论辩技艺的手段，在这一点上与古代智者及怀疑论者的做法接近。由此，神学家往往把“辩证法”用作解惑的工具。

在此过程中，最早主张亚里士多德关于辩证法“是探求一切根本原理的途径”之精神并企图以此对待“辩证法”的神学家是吉伯特（Gerbert，约945—1003）。而人们通常认为，首先将“辩证法”运用于神学讨论的是贝伦加尔（Berengar de Tours，1010—1088）。后来的兰弗朗克（Lanfranc，约1010—

1089）发表了一些不同意贝伦加尔的见解。进一步讲，被指认为反“辩证法”最力者的是达米安（Petrus Damiani，1007－1072）。他有一句名言：“哲学应当像婢女服侍主人那样为神圣的经典服务”。[①] 这句话后来被改写为“哲学是神学的婢女”（Philosophia ancilla theologiae）的说法在中世纪广泛流行。

3. 11世纪最重要的神学思想家是坎特伯雷的安瑟尔谟。安瑟尔谟（St. Anselmus，1033－1109，有些译著译为安瑟伦），生于意大利北部奥斯塔的一个贵族家庭。他年青时弃家到法国求学，先是兰弗朗克主持的贝克修道院的一名世俗学生，1060年加入本笃会，曾任学校校长、修道院院长；1093年被任命为坎特伯雷大主教，为维护教会自主权与英王威廉二世与亨利一世多次冲突。他1494年被教皇追谥为圣徒。安瑟尔谟在贝克修道院讲学30余年。他的著作《论语法》《独白》《宣讲》《论真理》《论选择自由》《论魔鬼的堕落》《论协调》等是他教学成果的记录与总结。他在任大主教期间，著有《上帝为何化为人》《论三位一体的信仰》等。安瑟尔谟被一些人说成“经院哲学之父”。[②] 其实在他之前，贝伦加尔已经将“辩证法”运用于神学。安瑟尔谟的贡献在于，推广了这一方法，并认为教会所认可的研究成果表明“辩证法”可用作决神学问题的理性工具。他与贝伦加尔、兰弗朗克和阿伯拉尔一起，共同创建了“辩证神学”的新形式。

安瑟尔谟遵从兰弗朗克的师训，反对滥用“辩证法”，主张“辩证法”的应用必须增强信仰，而不能损害信仰；但他放弃了

① 《论神的全能》，D. Knowles. The Evolution of Medieval Thought，London. 1962. P97.

② M. Grabmann. Die Geschichete der Scholastichen Methode. VolII. Freiburg. 1909. P58.

兰弗朗克对“辩证法”应用范围的保留态度，强调把辩证法运用于神学家认为理性无法理解的神秘领域，特别是上帝存在、三位一体、基督的肉身和赎罪、命运与意志自由等问题，有他自己的见解。他相信理性可以达到与《圣经》和教父教导相符合的结论，由此认为，在运用辩证法的推理时，可以把教义当作有待证明的结论，而不是证明的前提。他说：“在思考中不能靠经典的权威来论辩……要简练地证明理性必然性，不管宣称什么样的研究结论，都要公开地显示出真理的明晰性”。[①] 安瑟尔谟著作的一个显著特征是，他不像中世纪大多数神学家那样旁征博引，以权威意见为前提；他以逻辑所要求的简明性和必然性来论证信仰的真理性。他相信：“我们信仰所坚持的与被必然理性所证明的是同等的。”[②]

安瑟尔谟并不否认逻辑推理可以达到与信仰不相符合的结论，认为贝伦加尔的学说就是这样一个危险的例证。他于是考虑到两个问题：第一，当“辩证法”结论与信仰不符合时，如何判断是非？第二，如何能够防止“辩证法”与信仰发生矛盾？关于第一个问题，他的回答是：以权威意见为是非标准。他在《独白》中说：“如果我在此次研究中说了一些权威没有提及的话，我的述说对我说来是理性的必然结论，我愿以这样的方式接受这一述说，即，它不被说成绝对必然的，只被说成现在看来似乎是必然的。”[③] 他在《宣讲》中向上帝祈祷道：“圣主啊，我并不求达到你的崇高顶点，因为我的理解力根本不能与你的

① 安瑟尔谟：《独白》前言，Anselm of Canterbury. ed. By J Hopkins and H Rcihardson. London. 1974. P3.

② 安瑟尔谟：《论三位一体信仰》，4 章。

③ 安瑟尔谟：《独白》前言，Anselm of Canterbury. ed. By J Hopkins and H Rcihardson. London. 1974. P5.

崇高相比拟，我完全没有这样做的能力。但我却切望能够理解你的那个为我所信所爱的真理，因为我决不是理解了才能信仰，而是信仰了才能理解；因为我相信：'除非我相信了，我决不会理解。'（'以赛亚书'，7章9节）"[①] 这里，安瑟尔谟关于"信仰，然后理解"的说法似与他在《独白》中关于"不能靠经典权威来论辩"的说法有出入。实际上，这两种说法是针对不同的问题而发：前者说明思想认识的顺序，后者说明语言论辩的顺序。他在《独白》中区分了辨认一个外部对象的三种方式：一是通过语言符号，二是通过思想观念，三是直接辨认。[②]如果被辨认的对象是上帝，那么就得有信仰。只有已经信仰上帝的人才能在思想中形成关于上帝的观念，通过这些观念理解上帝。安瑟尔谟根据奥古斯丁的"光照论"说明理解的必不可少作用。他认为，信仰之所以寻求理解，并不出于某种逻辑必然性，而是出自对上帝的热爱。理解并不是枯燥的逻辑思维，它伴随着信仰的感情因素。随着理解的深化，对上帝的热爱与崇敬之情会情不自禁地表露出来。安瑟尔谟富有感情色彩的论辩风格与奥古斯丁《忏悔录》的散文体相似，与后来经院哲学家"大全"式、"论题"式的"辩证法"固定程式迥然有别。语言表达观念，论辩是运用语言表达被理解的观念，终归要以信仰为理解的条件。然而，在论辩过程中，我们以被理解的命题为前提，证明信仰的真实性。论辩不过是人的实际认识过程的逆向运动，它不以信仰为前提并不等于说在进行论辩之前人们对论辩的对象没有信仰和理解，相反，论辩按照语言的逻辑顺序，把理解

① 安瑟尔谟：《宣讲》1章，《西方哲学原著选读》上卷，商务印书馆1983年版，240页。

② 安瑟尔谟：《独白》，8章，The Cambridge History of Later Greek and Early Medieval Philosophy, ed. By A. H. Armstrona. Cambridge, 1967. P. 624.

和信仰的内容清楚地表现出来。安瑟尔谟说，人类语言以抽象和概括为基础，不能完全表现在信仰中直接认识的上帝，这就是为什么论辩常常会出差错、推导出与信仰不相符合的结论的原因。但他又说，语言的中介犹如一面镜子，能够在一定程度上反映出信仰的真实性。

《独白》是安瑟尔谟的重要著作，其原来的标题是“对信仰的理性基础进行沉思的一个例证”。他的例证是对上帝的存在、创世与至上的理性证明。这些证明与奥古斯丁的观点有密切联系，表现出柏拉图主义的精神。与安瑟尔谟《宣讲》提出的上帝存在证明相比较，他《独白》中的证明往往被称作“后天证明”。所谓后天证明，指从公认的经验事实出发推导出上帝必定存在。

《独白》的 15 到 18 章讨论了如何认识最高存在的问题。其中使人感兴趣的篇章是对如何陈述最高存在的论述。他说，诸如“最高”、“至善”、“最完满”等都是形容词，它们一般表示属性，不适宜表示本体。因此，他建议用诸如“通过自身的存在”、“通过自身的善”、“通过自身的完满性”等，表示“在每一方面它的‘是，都优越于‘不是’的东西”。[①] 这个在一切条件之下都能用“是”动词对之加以陈述的东西 才是完全的、纯粹的存在，这就是“本体”的意义所在。在《独白》的最后讨论了最高存在和其他本体的关系问题。他认为，根据《范畴篇》，本体被分为个别的与普遍的两类，但最高存在既不是普遍本体，也不是个别本体，“因为它既不是许多本体的共同性，也

① 安瑟尔谟：《独白》15 章，Anselm of Canterbury. ed. By J Hopkins and H Rcihardson. London. 1974. P24.

没有与其他任何本体相同的本质。”① 或者说，它既不是种、属，也不是分享了种、属的个体。安瑟尔谟在《独白》中力求证明，这个最高存在是单纯的（17 章）、无始无终的（18 章）、无所不能的（20 章）、不在时空之中的（21～24 章）、不变的（25 章）。这样其实就是新柏拉图主义者所说的“太一”。按新柏拉图主义的原则，太一超越一切逻辑范畴、包括“本体”这一范畴。安瑟尔谟也说，当称最高存在为本体时，不应把它理解为各类本体中的一个。“即使它和其他东西有共同名称，无疑要在一个完全不同的意义上理解其名称”。② 他就此称上帝为本体，这大概有两个原因。第一，“本体”是亚里士多德逻辑学中最高的概念。只有使用这一概念，才能运用辩证法认识上帝。他说：“既然它不但是最确切的存在，而且是最高的存在，既然任何东西的存在通常都被称作本体，那么，最高存在如若被当作一样东西，没有理由不称之为本体。”③ 这里的“东西”（quisquam）有“认识对象”之意。这句话的意思是，认识对象的存在只有通过“本体”概念才能把握。第二个原因是，这一概念有助于理解上帝的“三位一体”。他说，只有用“人格”和“本体”的概念才能说明并表达这一信仰，“因为‘人格，这一词只表示有理性的个体性质，‘本体，表示存在于多样性之中的个别东西”。④ “上帝是有三个人格的本体”的陈述表示上帝是表现为三种独立本

① 安瑟尔谟：《独白》27 章，Anselm of Canterbury. ed. By J Hopkins and H Rcihardson. London. 1974. P42.

② 安瑟尔谟：《独白》26 章，Anselm of Canterbury. ed. By J Hopkins and H Rcihardson. London. 1974. P41.

③ 安瑟尔谟：《独白》26 章，Anselm of Canterbury. ed. By J Hopkins and H Rcihardson. London. 1974. P41.

④ 安瑟尔谟：《独白》79 章，Anselm of Canterbury. ed. By J Hopkins and H Rcihardson. London. 1974. P85.

性的单一存在。这样的陈述符合“三位一体”教义。《独白》虽然使用亚里士多德逻辑的概念与推理形式认识上帝，但它充满了柏拉图——奥古斯丁主义的精神，他对上帝与事物关系的说明和对事物的“原型”独立存在以及普遍本体的肯定都表现了极端实在论的立场。我们将看到，他的立场与罗色林对“三位一体”的极端唯名论解释之间的直接对抗，构成了唯实论与唯名论的首次交锋。

与《独白》中上帝存在的证明相比，安瑟尔谟在其另一著作《宣讲》中关于上帝存在的“本体论证明”，则被认为是在一种先天证明。在《宣讲》的开头，安瑟尔谟说，他的学生们提出的问题使他考虑这样一个问题：“能否找到一个独立的充足的关于上帝存在的证明？”经过长期的考虑，他突然想到问题的答案，这就是哲学史上著名的上帝存在的“本体论证明”。“本体论证明”是康德后来赋予它的名称，其意义是仅依赖于概念的分析而不依赖于经验事实的证明。它的先天性表现在两点：第一，它是对“上帝”概念的意义所作的逻辑分析；第二，“上帝”概念是证明的出发点，不像后天证明那样只到结论中才出现。照安瑟尔谟看来，人人都有“上帝”的观念，只要弄清这一观念的意义，就能理解上帝必然存在的道理。这就是他所说“独立的充足的证明”的意思。①

安瑟尔谟关于上帝存在的本体论证明，写在《宣讲》中的核心一段如下：“值得信仰而又可以理解的主啊，就你的选择，让我们来理解：你是否如我们所相信的，或者你是否就是我们相信你所是的那样。我们相信你是无与伦比的。于是问题就在于，这种性质的东西是否存在，因为‘愚人说，在他的心里是

① 参见，赵敦华：《基督教哲学 1500 年》，人民出版社 1994 年版，第 233～237、239～241 页。

没有上帝的'。然而可以肯定的是，当愚人听见'不能设想有比之更伟大的东西'时，他是理解他所听到的话的，他所理解的东西存在于他的理智中——尽管他认为它不存在。因为一个对象存在于人的理智中是一回事，对他来说去思想它的存在是另一回事。当一位画家构思他的作品时，作品在他的理智中，这时画还没产生出来，即他还没去想它的存在。当他画出来以后，因为它已经产生出来了，他想它存在着。只要能懂得'无与伦比'——愚人是懂这句话的，以及人所懂得的一切都存在于它的理智中，这便应使即便是愚人也相信无与伦比的东西是存在的。而无与伦比的东西肯定是不能只存在于理智中的。只要它存在于理智中，我们便能设想它也存在于现实中，因为这样它才是更伟大的。因此，如果一个无与伦比的东西只存在于理智中，那么这个无与伦比的东西却是一个可以设想有比其更伟大的东西。这显然是不可能的，于是，毫无疑问，无与伦比的东西是存在的——既存在于理智中，也存在于现实中。"①

安瑟尔谟的"本体论证明"是这样的：大前提：无与伦比的伟大的概念包含着"存在"；小前提："上帝"是一个无与伦比的伟大概念；结论：上帝是存在的。

与此相关的另外有两个证明。证明1：大前提：实际的存在与心中的存在不是一回事，就像画家在绘画以前心中设想的画和实际画出来的画不是一回事一样；小前提：上帝的存在不是纯粹心中的存在；结论：上帝是实际的存在。证明2：大前提：

---

① 摘自《Introduction to Philosophy，—Classical and Contemporary Readings》ed by John Perry，Michael Bratman，New York，Oxford University Press，1993，P. 39. 安瑟尔谟：《宣讲》Ⅱ，参见《西方哲学原著选读》上卷，商务印书馆1981年版，第241～242页。参见俞宣孟著：《本体论研究》，世纪出版集团上海人民出版社2005年，第358～359页。

不可设想的无与伦比的伟大的东西比可设想的伟大的东西更伟大；小前提：上帝是不可设想的无与伦比的伟大的东西；结论：上帝既存在于心中，也存在于现实中。

安瑟尔谟认为，每个人心中都有上帝的观念，即使有人说“没有上帝”，而这一思想本身就说到了上帝的存在。因为所谓“上帝”是不同于一般存在着的特殊的存在，用英文表示就是Being，而且强调这是“最完备者”，不能设想有任何比它更伟大的本体。既然我们确信上帝是最完备者，那他就绝不可能仅仅存在于我们的心中。如果假定他仅仅存在于心中，我们就一定能设想现实中的某种存在可与之相比。①

这里需要注意的是大写的 Being。有学者认为，“宗教与哲学，作为两个不同的领域，它们各自使用着自己的语言。宗教要援引哲学为自己作论证，必须对两者的语言实行某种转换，找到概念上的衔接点。这个衔接点就是：上帝＝Being。”基督神学以 Being 指称上帝。据《圣经》记载：当摩西请问上帝姓名时，上帝答曰：“我是我所是”（I am who I am）。② 而“Being”，如我们所知，正是希腊哲学、也是柏拉图哲学中的重要术语。说基督教教父们把上帝称作 Being 是出于对圣经的“假托”，那是因为，持这种说法的那几位教父对希腊哲学，尤其是柏拉图哲学都是有研究的，他们已经感到可以利用柏拉图哲学为“三位一体”说作出辩护。因为当把上帝指称作 Being，并且从逻辑上去思考时，便摆脱了日常思想方法所受到的时间的局限。尼斯的格列高利说，创世是上帝在时间之外的活动。维克多里把这一方法用于具体解释圣父和圣子的同等关系，他说：“我们应该如何谈论上帝，说他是存在抑或非存在？我们当然可以称之

① 谢维营：《本体论批判》，人民出版社 2009 年版，第 151～152 页。

② 《圣经》《旧约全书》，“出埃及记” 3 章 14 节。

为存在，因为他是所有存在的东西的原因。然而，只要以他为父亲的东西尚未存在，这个父亲就是非存在。”[①] 这是从逻辑上说，父亲之位父亲，是相对于儿子而言的；还没有儿子时，父亲便不是父亲，即他还是一个“不是者”。以 Being 指称上帝以后，教父们就可能以概念的分析讨论上帝及耶稣间的关系。如大巴兹尔反对以“非生”和“被生”分别指称上帝和耶稣，因为这样的话，从逻辑上说圣子和圣父是有别的，他们不可能是同一本体。他认为，圣父和圣子统一于“是者”。他论证说，“非生”是一种否定性的提法，不可能用以表述上帝的实质。上帝的实质（ousia）是他的“去是”（to einai）。[②] 最后这句话，根据我们对 ousia、einai 的理解，也可以解说为：上帝之是上帝（ousia），在于他的“去是”（einai/to be）。“去是”的结果就是“所是”或“是者”。这样，圣子就是圣父自己的“是”展开出来的“所是”。从概念的角度说，就解决了两者同质的问题了。这里的“是”是指显示的过程。[③] 关于这一理解，赵敦华先生在谈到维克多里几乎是同样的思想时，其表述与以上的理解是可以相通的。他说：“在《反阿里乌斯》一书中，他（指维克多里）用‘是’的动词（拉丁文 esse 或希腊文 to einai）表示上帝的存在，用‘是’的动名词（希腊文 on）表示事物的存在。两者区别不言而喻：上帝是一切东西的力量和活动，存在的事物是这种力量和活动产生的结果。”其中“事物的存在”、“存在的事物”就是所说的“是者”或“所是”。既然上帝已经被认为是 Being（“是”），那么，上帝产生圣子不过是上帝自身之“是”

① 赵敦华：《基督教哲学 1500 年》，人民出版社 1994 年版，第 134、126 页。

② 俞宣孟：《本体论研究》，世纪出版集团上海人民出版社 2005 年版，第 347～349 页。

③ 赵敦华：《基督教哲学 1500 年》，人民出版社 1994 年版，第 129 页。

的展开，展开是由隐而显，所以维克多里说："上帝是隐蔽的东西，圣子是上帝得以显现的形式。"[①]

我国学者谢维营在《本体论批判》中讲到"神学本体论"，这样总结道，这样一来，就把建立在日常思想方法基础上的宗教的观念（上帝）变为本体论的逻辑规定性的 Being，就可能以概念的分析讨论上帝及耶稣间的关系，就可以认为上帝是隐蔽的东西，圣子是上帝得以显现的形式。安瑟伦关于"上帝存在的本体论证明"，在当时和后世都引起许多争议，但作为基督教神学来说，似乎是达到了用理论逻辑为上帝的存在作出证明的目的。特别是，波埃修在其展开论证的哲学论著中使用拉丁文表示希腊形而上学的术语和观点，一些概被用拉丁文正式写出，如"存在"（esse）、"个体"（id quod est）、"实存"（existere）、"本质"（essentia）、"本体"（substantia）、"持存"（subsistentia）和"基体"（subjectum）等等，并结合"三位一体"的神学争论，区分和辨析这些拉丁文概念的意义。他认为，"存在"与"本质"相统一，"个体"是对"存在"的分有，但个体分有的存在是个别的，而分有的本质是普遍的，因而个体的存在和本质不统一。"基体"的意义是依赖于偶性的个别存在，而"本体"是包含普遍实质于自身之中的普遍存在。这些概念的辨析，对后世形而上学关于存在与本质、共相与殊相等区分的影响深远。[②] 所以人们把安瑟伦看成是奥古斯丁和托马斯·阿奎那之间最重要的神学家，他的理论"标志着中世纪封建教会官方神学

① 赵敦华：《基督教哲学 1500 年》，人民出版社 1994 年版，第 127 页。

② 参见，编写组：《西方哲学史》，高等教育出版社、人民出版社 2011 年版，第 135 页。

的正式成立”。①

4. 比安瑟尔谟稍晚的经院哲学家是阿伯拉尔。彼得·阿伯拉尔（Petrus Abailardus，1079—1142）生于法国南特的巴莱的一个骑士家庭。据他在自传《我的苦难史》中说，他放弃了骑士封号的继承权，为的是参加“辩证法的比武大赛”。他四处寻访名师，但每次都以对老师的激烈批评而结束。他于 1094 年向当时闻名遐迩的逻辑学家罗色林学习，因不满意后者的极端唯名论立场而于 1100 年到巴黎向著名的唯实论者香浦的威廉学习，但唯实论同样不能使他满意。由于他的批评，威廉不得不修改自已立场，乃至辞去教职。1113 年阿伯拉尔转向当时享有盛誉的神学家拉昂（Laon）的安瑟尔谟作为圣安瑟尔谟的学生而学习神学，但他发现他的老师名不符实，便批评安瑟尔谟像一棵光长叶不结果的树、光冒烟不发火的炉子。他在巴黎附近默伦开始教学生涯，1115 年在巴黎圣母院的主教学校任神学教师，受到学生热烈拥戴。他 39 岁时结识了他的同事、管堂神父富尔贝尔的外甥女海洛伊丝（Heloise），不久俩人陷入热恋。为了不妨碍阿伯拉尔的神学教师前程，17 岁的海洛伊丝与他秘密举行结婚仪式，并生有一子。富尔贝尔拒不承认这桩婚姻，指使人对阿伯拉尔施行阉割私刑。1118 年，海洛伊丝被送进修女院，阿伯拉尔成为巴黎郊区圣丹尼斯修道院的修士。他在修道院写了一系列逻辑论文，其中《论神圣的三位一体和整体》在 1121 年召开的索松主教会议上被谴责为否认上帝独立人格的撒伯里乌主义。此后，他考证本院崇拜的圣丹尼斯传说中的错误之处，激起僧侣群起攻之，迫使他出走，隐居乡间。很多学生慕名而来，他在法国西北部的一所保惠修道院为这些学生设立

① 全增嘏主编：《西方哲学史》（上册），上海人民出版社 1983 年版，第 303 页。

学校，写了《是与否》《基督教神学》《神学导论》等著作。他的教学活动引起教会精神领袖贝纳尔的敌意性的关注。不安全感迫使他逃离至偏远的布列塔尼地区，1126～1132 年在简陋的鲁伊修道院任院长，他力图改变那里愚昧习俗的努力使他差点被僧侣所谋害。《我的苦难史》至此为止。但他在此后的遭遇更为悲惨。1136 年他回到巴黎主教座堂学校任教，写了伦理学著作《认识你自已》。他的一系列著作激怒了贝纳尔。1140 年召开的桑斯主教会议谴责他的学说，贝纳尔专门写了“阿伯拉尔的错误”一文，列举 16 条罪状。

阿伯拉尔以逻辑论辩的敏锐而著称，他所论辩的主题是共相的性质问题。这一问题在 12 世纪时已成为神学家关注的焦点，其原因主要有两点：首先，波埃修在对波菲利的《导论》所作的注释中讨论了共相性质问题，并说明这一问题对于逻辑基础乃至整个哲学的重要意义。因为波埃修的逻辑著作被作为教科书使用，共相性质问题在当时引起学生和教师的极大兴趣与关注。其次，11 世纪神学家在运用“辩证法”讨论神学问题时，已自觉或不自觉地触及共相性质问题，如贝伦加尔反对圣餐的“实质转化说”的前提是不承认具有独立于饼和酒的某些普遍实质的存在，圣安瑟尔谟关于上帝存在的证明以及“补赎说”等神学理论都以承认普遍实质的独立存在为基础。而阿伯拉尔则把辩证法称为区别真理和谎言的艺术。随着“辩证神学”的深入发展，对共相性质的两种不同解释不可避免地发生正面交锋。总之，这些关于逻辑和神学的研究都使波菲利提出的古老问题获得了新的现实意义。

5. 12 世纪前后，亚里士多德著作从阿拉伯世界流入西欧。此过程中，阿拉伯哲学家的译作和注释成为经院哲学家了解亚里士多德著作的重要媒介，其不仅向后者提供了思想素材，而且提供了处理这些材料的角度、方法，还提出了由于不同的解释而产生的问题。这时，中世纪阿拉伯与西方的哲学交流，成为古希腊哲学遗产保存、流传和发展的途径。这成为促使经院哲学变化和发展的重要因素。

向前追溯，早在古希腊衰落之际，一批希腊哲学家就流亡到中东。后来，一些因“异端”罪名受迫害的希腊学者陆续流亡到东方，他们经过美索不达米亚地区进入波斯，然后来到叙利亚。这些地区相继成为学习和研究希腊文化的中心。7世纪，信奉伊斯兰教的阿拉伯人，同在叙利亚流行的基督教一个支派“聂士托里派”（因创立者聂士托里 Nestorihs 而得名，此派在唐朝曾传入我国，名为“景教”）相接触，并由此接受了亚里士多德和新柏拉图主义的影响。随后，在伊斯兰教的“哈里发”（阿拉伯文 khalifa 的音译，亦往往译“海里凡”“哈利发”，原意为“继承者”、“代言人”。《古兰经》多处称阿丹和达伍德为“哈里发”，意为安拉的代理人。）国家（如波斯、西班牙等）中出现了亚里士多德著作的许多解释家，以及许多哲学家。到9世纪后期至11世纪中期，亚里士多德的大部分著作和一些柏拉图的著作陆续被译为阿拉伯文。阿拉伯学者在翻译中对亚里士多德著作进行研究和解释，在此基础上发展出被有人所称“穆斯林的亚里士多德主义”。

例如，出生于土耳其的阿尔弗拉比（Al Farabi，约875—950年）作为第一位“伊斯兰的亚里士多德主义者”，在阿拉伯世界被看作是仅次于亚里士多德的“第二位大师”。他的思想实际是柏拉图主义与亚里士多德主义的结合。他在逻辑、物理学、伦理学领域追随亚里士多德，按照新柏拉图主义的精神解释亚里士多德的“形而上学”。阿尔弗拉比在《智慧的明珠》一书中注意到亚里士多德“本体”概念中“存在”与“本质”意义的区分。他说：“我们认为在存在着的事物中，本质和存在是不同的。本质不是存在，也不包含在它的含义之中。如果人的本质包含他的存在，那么，认识他的本质也就认识到他的存在；反过来，为了知道他是否存在，就必须充分地知道他是什么人。如果是这样，每一个想象都包含着对想象对象存在的肯定。同理，存在也不包含在事物的本质之中，否则的话，存在就是构成一个事物的性质，对它本质的认识若无对它存在的认识就是不完全的了；更有甚者，我们就不能在想象之中把存在与本质相区别。如果人的存在与他的肉身性、动物性相一致，知道他的肉身性、动物性便能知道他的存在了。但事实并非如此：除非我们对一事物有直接的感官知觉，或有间接的知觉作为证据，我们就不能肯定它的存在。因此，存在不是一个构成性质，它只是附属的偶性。”[①]按照以上所论，存在与本质的区别在于，本质是构造个别本体的属性，一个本体不能想象没有本质；存在是附属于本体的偶然属性，因为我们可以想象不存在的本体，本体有存在与不存在两种可能性。而阿尔弗拉比又说，存在与本质的区分仅限于自然本体，神圣本体的存在与本质相一致，因为神圣本体不可能不存在，它的存在与本质都是必然的。

6. 这一历史时期的阿拉伯哲学产生了两大流派：一是于10—11世纪在阿拔斯王朝统辖区域流行的“东部亚里士多德主义”，另一流派是12世纪继起的在西班牙流行的“西部亚里士多德主义”。

例如，波斯人伊本·西纳（Ibn Sina，980—1037），即拉丁译名所称的阿维森纳（Avicenna），被认为是东部亚里士多德主义的代表。他是阿拉伯哲学集大成者，同时也是著名的医学家和科学家。他的著作近200篇。哲学代表作为《康复书》和《拯救书》。《康复书》以《充足之书》为题译为拉丁文，这是一

① History of Christian Philosophy in the Middle Ages by E Gilson. New York. 1955. P. 186.

部百科全书式的著作，包括逻辑学、物理学、数学和形而上学。他还对亚里士多德的著作作了全面注释。他的注释带有新柏拉图主义倾向，渗入了宗教的神秘主义因素。阿维森纳思想标志着阿拉伯世界的“东部亚里士多德主义”顶峰。

阿维森纳的形而上学以“存在自身”为研究对象。他提出了一个表明形而上学对象先于其他一切科学对象的“空中人论证”：设想一个成年人突然被创造出来，他生活在空中，眼睛被蒙蔽，肢体被分离，试问在此条件下他有什么样的知识？他既不会有关于外部世界的知识，也不会有关于自己身体的知识，但他不可能不知道他的存在，一个思想着的心灵无论在什么条件下也不会缺少关于存在的知识。“存在自身”是一个先于一切具体事物的概念，它不是从事物存在中抽象出来的，不是一个种概念。阿维森纳说：“存在自身对一切东西都是相同的，它必须被设定为形而上学这一门科学的对象，在这里，无需问它是否实在，或它是什么的问题。其他科学必然会回答这些问题。”① 阿维森纳区分了“存在自身”与“存在事物”。后者包括存在与本质两方面，其中存在方面又有必然与偶然的区分。必然存在的事物有两种情形：一是由于自身而必然存在，另一是由于他物的必然存在而造成的必然存在。阿维森纳证明，第一种必然存在的事物是唯一的，他就是真主，其他所有必然存在事物都以真主为终极原因，真主是他自身的原因，他的存在包括本质。其他事物都是必然或偶然地造成的存在，它们从“第一必然存在那里获得现实的本质和潜在的存在，如果两者的结合是偶然的，那么事物便是可能存在物；如果两者的结合是必然的，那么事物便是必然存在物。阿维森纳关于存在自身与存在物、本

① History of Christian Philosophy in the Middle Ages by E Gilson. New York. 1955. P. 206.

质与存在、必然存在与可能存在的区分带有促进澄清“存在”概念的意义。但他把存在与本质的区分等同于潜在与现实的区分，在他那里有强调普遍高于个别的柏拉图主义倾向。

再例如，伊本·鲁西德（Ibn Rushd，1126－1198），即拉丁名称的阿维洛伊（Averroe），是西部亚里士多德主义最著名代表人物。他曾当过法官、宫廷医生，后从事哲学研究，以对亚里士多德著作的评注著称于世，以至“阿维洛伊”在中世纪与“评注者”成为同义词。他共写38篇评注，分三种形式：短评只写亚里士多德的结论，不写论证过程和思想的历史发展；中评把他自己观点与亚里士多德观点混合在一起，夹叙夹议；长评先解释亚里士多德思想，然后阐明自己的观点。阿维洛伊在这些评注中清除了以前的阿拉伯哲学家在亚里士多德思想中掺入的新柏拉图主义和宗教因素，同时他在《矛盾的矛盾》（拉丁文译本题为《对批驳的批驳》）中反驳了阿尔加扎里对亚里士多德主义的批判。他以忠实原著的精神力图恢复亚里士多德思想的原貌，中世纪的亚里士多德主义在他的著作中达到了纯粹的形式，因此，阿维洛伊主义成了亚里士多德主义的代名词。

阿维洛伊不同意阿维森纳关于存在与本质区分的论述。他指出，存在和本质都带本体的显实性，两者的区分不是实在的区分，只是关于“本体”意义在概念上的区分。“存在”的相似意义是“本体”，“本质”的相似意义是构成本体的“属性”。在现实中，存在与本质不可分割地统一于本体之中，人们只能在概念中把它们区分开来。阿维洛伊坚持以本体论为中心统一“存在”与“本质”的意义，但他否认存在与本质区别的见解，未能澄清亚里士多德关于本体的不同说法。如何在本体论基础上区分存在与本质？这个问题一直成为后来的亚里士多德主义者关注的一个焦点。①

7. 到12世纪后期，亚里士多德的著作才真正从阿拉伯世界流入西欧。这主要发生于基督教徒从摩尔人手中夺取了西班牙北部地区以后。这时，一些僧侣来此地传教，同时大规模地搜集、翻译亚里士多德的著作。当时最著名的翻译家是意大利僧侣冈萨里兹。他与懂阿拉伯文的西班牙人合作，将阿拉伯文译为西班牙文，再由他们将西班牙文转译为拉丁文，用这种方式翻译了亚里士多德、阿维森纳和阿维洛伊等人的著作。1203年十字军攻陷君士坦丁堡后，一些希腊典籍流入西方。极少数懂希腊文的学者根据希腊文原本翻译亚里士多德的著作。从12世纪中期到13世纪后期100余年的时间中，亚里士多德的著作基本上全被译为拉丁文。这些翻译对经院哲学的繁荣和发展起到重要作用。人们认为，到13世纪，在西方广泛传播的“亚里士多德主义”，并不是古代思想的直接沿袭，而是经过阿拉伯哲学家解释的成果。

亚里士多德主义在西方传播还有一个重要条件，这就是大学诞生。欧洲的大学建制是中世纪教育制度绽放的绚丽花朵，是对人类文明的一大贡献。12世纪后期的城市中出现了“大学”的组织。“大学”（universitas）原意为“统一体”，它原来是教师和学生的行业公会。教师按授课专业分成不同学院，一般分神学院、艺学院、法学院和医学院四部分。各大学的专科各有侧重。巴黎大学和牛津大学以神学院著名，巴黎大学成为13、14世纪欧洲哲学的中心，著名的经院哲学家大多出自这里。中世纪大学艺学院与神学院的分工建制使哲学与神学的矛盾十分突出。艺学院传授一切学生必修的“七艺”，这些知识与古希腊

① 参见赵敦华：《基督教哲学1500年》，人民出版社1994年版，第293～300页。

罗马文化有着天然联系，因而成为培育亚里士多德主义的温床。逻辑学科早已使用亚里士多德的著作为教材，《伦理学》也被当作正式教材，《物理学》《形而上学》等著作不顾教会禁令，不胫而走。与艺学院活跃的学术气氛相对照，哲学在神学院中被奥古斯丁的传统禁锢。但也有一些神学家开始效法艺学院教师，引进亚里士多德主义，却引来教会更为严厉的压制措施。艺学院教师首当其冲，受害尤烈。尽管教学内容有显著差别，艺学院与神学院的教学法基本是固定化、程序化的经院方法。而其中包括授课和争辩两个教学环节。“授课”（letio）原意是“阅读”，即阅读指定教材，由教师解释教材。授课的内容被记录、整理为“注释集”。“争辩”首先由教师提出一个论点，并由他本人或由学生针对该论点提出反驳，然后由助教对这一论点进行正面论证，并答复反驳意见。学生或教师可以针对助教的论证提出新的反驳和问题。“授课”与“争辩”方法的普及被认为是充分体现“辩证法”的标志。13－14 世纪经院哲学的著作几乎全按“注释”和“争辩”体例写成“争辩集”的著作，多种题目的争辩集总汇称作“大全”（summa）。

13 世纪神学家对待亚里士多德主义的态度主要有三派：一是主张全盘接受的激进派；二是主张改造利用的正统派；三是主张完全反对的保守派。

13 世纪早期的经院哲学家有许多接受阿拉伯对亚里士多德著作注释者的见解。阿维森纳就是其中代表，他由关于本质与存在关系的理解，认为，本质先于存在，存在指是附加于本质之上的偶性。其根据是，“是”的意义首先是“某个本质”，如果本质后来获得存在，才成为一个本体；如果未获得存在，也不妨碍本质的实有（ousia）；因此，存在只是可有可无的偶性，“其所是”在时间上先于、在逻辑上优于“是这个”。

当时巴黎大学艺学院的一些教师就是主张全盘接受的激进

派。他们主张像阿维洛伊那样忠实于亚里士多德思想，反对出于维护神学教义的需要而改造、割裂亚里士多德学说，他们因此而被称作"拉丁阿维洛伊主义"或"世俗的亚里士多德主义者"。他们不顾神学的权威，从阿维洛伊的一些注释中推导出一些违背正统教义的结论，因此有时他们也被称作"非正统（在非正统基督教的意义上）的亚里士多德主义者"。作为基督教徒，他们并没有公开地否定基督教信仰。在亚里士多德观点与正统教义相冲突的场合，他们总是声称，他们只是如实地介绍亚里士多德的意见；他们解释这些意见只是为了理解亚里士多德的论证，并非为了论证信仰的错误。从思想发展史的角度看。拉丁阿维洛伊主义的思潮对正统神学形成猛烈冲击，对经院哲学的发展方向产生了影响。

另外还有布拉帮的西格尔（Sigerus de Brabant，1240—1284年），这可认为是主张改造利用的正统派。西格尔是拉丁阿维洛伊主义的主要代表人物，巴黎大学艺学院教授。西格尔曾写《论理性灵魂》和《论理智》两篇论文回答托马斯的批评。他在《论理性灵魂》中首先承认，阿维森纳、阿尔加扎里和德米斯特等人的解释不同于阿维洛伊的注释，在哲学争论不能得到确定答案的地方，必须服从信仰的教导。然而，他接着说，根据托马斯可以接受的亚里士多德主义基本原则，人类只能有一个理智。这是因为，人是灵魂与肉体的复合体，灵魂在与肉体结合之前是独立的精神本体，它们必须有一个共同规定性，这就是人的理智。这篇论文未能完成，西格尔未能充分论证为什么作为个人灵魂共同规定性的可能理智是一个独立本体。《论理智》现已失传，它的残篇保留在15世纪意大利哲学家尼孚（Nifo）的著作之中。据今人布鲁诺·纳弟（Bruro Nardi）的研究，西格尔尽量以教会能够接受的术语与方式表达"统一理智论"。他说，可能理智是个人灵魂的类，它既是独立的精神本体，又存在于个人灵魂之中，正如共相既在殊相之先，又在殊相之中一样。可能理智与个人灵魂的结合产生理性灵魂，理性灵魂是身体的实质性形式，它们的数目和个人的数目一样多。上帝是活动理智，只是由于上帝的作用，存在于个人灵魂之中的可能理智才由潜在转变为现实的理解活动，认识上帝及其创造的世界的本质。西格尔在《论世界的永恒性》中论证了世界的存在是永恒的。他说，如果世界不是永恒的，那么它是如何由非存在变为存在的呢？只可能通过三种途径：一是由世界之外的某一个体衍生出各类世间事物；二是由世界之外的共相产生出世间具体事物；三是使原初质料获得形式，转变为现实的事物。西格尔指出这三种情况都是不可能的。第一种情况只有在个体在时间上先于它的类的前提下才是可能的。西格尔说："类并不是通过它的某一个特定的个体而存在。如果人类以前不存在，它就不会开始存在。"① 他的理由是，类是个别事物的无限系列，我们不能说它开始于某一个别事物，正如时间是时刻的无限系列，我们不能说时间开始于某一时刻一样。第二种情况也是不可能的，因为按照上述类与个体的关系，类不能在它所包含的全体事物之前存在。如果一个共相不包含任何具体事物，它们也不可能后来从共相中产生，因此，具体事物必然一开始就存在共相之中。在第三种情况之下，原初质料只有通过业已存在的现实活动才能获得形式，但是，没有无事物的活动。也就是说，在原初质料之前已有某种活动着的现实事物，这就推翻了原初质料在现实事物之前存在的前提。西格尔的结论是：世界不可能产生于一个先于世界之前的东西，不管这个东西是个体、类，还是潜在。他完全没有考虑在世界之前存在的上帝，

① 西格尔：《论世界的永恒性》，1 章。Philosophy in the Middle Ages. ed. by A Hyman and J. Walsh. Indianapolis 1974. P. 455.

没有援引上帝在时间中创世的教义。他说：“我们所说的道理是大哲学家（指亚里士多德）的意见，但我们并没有肯定这一意见是正确的。”[①] 他的表白往往被人看作推诿之辞，后来教会不但谴责了“世界永恒存在”的结论，而且谴责了他的论证中否认人类起源于亚当的“没有第一个人”的论点。由于西格尔与他在艺学院的同事不顾教会禁令与神学教条束缚，全面地公开宣讲亚里士多德的著作，不久即遭到神学家与教会的一致谴责。他被谴责的观点包括：世界是永恒的，不朽的灵魂是人类的灵魂，而不是个人的灵魂，哲学和神学是双重真理。西格尔虽屡遭谴责，但在人们心目中仍有崇高地位。但丁在《神曲》中把西格尔与托马斯、大阿尔伯特等人同列在“日轮天”这一人的天堂之中。

作为主张对亚里士多德主义完全反对的保守派，波那文都拉（Bonaventura，约 1217－1274）在 1268 年的神学演讲中表达了他的立场。波那文都拉基于在正统卫道士眼里，拉丁阿维洛伊主义已经发展到不可容忍的地步。他说：“当我还是一个学生时，我听人说亚里士多德认为世界是永恒的，我又听说这是使用理性论证的结果，我的心脏停止了跳动，我问自己，这怎么可能呢？可现在倒好，所有这些都公开化了，一切顾虑都没有了。”[②] 他宣布阿维洛伊主义者有败坏圣典、信仰和智慧的三大罪状：他们以时间与运动的循环性为由，以世界的永恒性否认上帝是一切存在的原因；以天体运转为由，以自然必然性否认上帝是知识的主宰；以理智的纯粹性为由，用统一理智否认

① 西格尔：《论世界的永恒性》，1 章。Philosophy in the Middle Ages . ed. by A Hyman and J. Walsh. Indianapolis 1974. P. 460.

② History of Christian Philosophy in the Middle Ages by E Gilson. New York. 1955. P. 403.

上帝是生活秩序的规定者。波那文都拉代表的保守神学家的学术思想迎合、助长了教会内部的思想专制主义。理论的批判转化为思想迫害。1270 年 11 月 10 日，巴黎主教斯蒂芬·唐比埃（Stephan Tempier）等颁布了一系列禁令。之后出发了一系列论战。在这一历史期间，教会从一开始就对亚里士多德这位异教哲学家持反对态度。教皇和巴黎教区主教曾多次要求在大学压制亚里士多德哲学，但未能奏效。巴黎主教于 1277 年颁布一道谴责 219 条命题的公开信，这就是通常所说的“七七禁令”。“七七禁令”涉及的哲学问题之广泛，堪称中世纪之最。其中主要是针对拉丁阿维洛伊主义，而西格尔等人的观点也几乎是全部遭到谴责。“七七禁令”同时牵连托马斯的一些亚里士多德主义观点，如肯定只有一个世界、质料是个体化原则、承认精神本体与物理世界有关系、肯定意志服从理性，等等。而后来不久罗马教会走向了承认托马斯主义为正统学说。

8. 这个时期关于“存在”的讨论，重要的在于，进一步由“是这个”与“其所是”的区分而进入到“存在”与“本质”的区分。应注意到的是，前已有所涉及，当 13 世纪亚里士多德著作由阿拉伯地区真正传入西方，拉丁译者在翻译 ti estin 时，使用拉丁术语 quo est，同时把 tode ti 理解为 quod est。这样，亚里士多德两种不同的关于本体的解释被移植到经院哲学，引发了 quo est（是这个）和 quod est（其所是）的区分。因而，当把亚里士多德的著作从阿拉伯文译为拉丁文，“是”作为系词与作为“存在”的意义得到区分，由此进一步解析了，“是”包含“本质”和“存在”两种意义。

前已涉及到，在希腊文中，对于“是什么”（本质）和“有什么”（存在），都用 to einai（to be）来表示。用同一个词表达两种意思是难以区分的。因为希腊文中还没有将“存在”和

“本质”分开来的词，人们已经注意到，[①] 当亚里士多德试图区分两者时，表达得十分吃力。例如，在《后分析篇》里，亚里士多德想分别“是”表示“有什么”和“是什么”两种不同意思，前者用的是“ei esti”（whether it is)，后者用的是“ti esti”（what ti is)。为了说明他这里想表达的“有什么”而不是“是什么”，亚里士多德特地在括号中说明：“我说的‘是’或‘不是’，是没有进一步限定的，不是指‘是或不是白的’。”(By ‘is or is not’ I mean ‘is or is not, without further qualification’; as opposed to ‘is or is not (e. g.) white’.)[②] 在另一处，亚里士多德又说：“一个事物是的原因——（此‘是’）不是指是这或是那，即，有这种或那种属性、而是没有限定的‘是’；以及它是其所是的原因——（此‘是’）不是指没有限定的‘是’，而是有某种本质属性或偶性的‘是这’或‘是那’。”(for the cause through which a thing is—not is this or that, i. e. has this or that attribute, but without qualification is—and the cause through which it is—not is without qualification, but is this or that as having some essential attribute or some accident)[③]

亚里士多德为希腊文中难以区分“是”与“在”及“本质”与“存在”而伤脑筋，而在阿拉伯文里则是另一种情况。“在阿拉伯文里不存在一个将这两种意义结合在一起的适当的词。”[④] 结果，“亚里士多德著作的阿拉伯文版是直译的，然而由于语言结构的原因，他们径将亚里士多德译成一位有时谈论存在，有

---

① A. C. Graham：《“Being” in Liuguistics and Philosophy》，见《Unreason Within Reason》，Open Court，1992，P. 85～95.

② 《The Basic Works of Aristotle》，ed. by Richard Mckeon，《Posterior Analytics》，89b33.

③ 《Posterior Analytics》，90a10.

④ A. C. Graham：《Unreason Within Reason》，P. 87.

时谈论本质（quiddity），却从不谈及‘是’的哲学家。”[①] 于是，12、13 世纪，当亚里士多德著作经由阿拉伯文转译成拉丁文时，就产生了相应的拉丁语词，“存在”与“本质”的区分也就分明了。

“存在”与“本质”的区分增加了神学的话题。经院哲学家认为，对事物来说，或者本质先于存在，或者存在先于本质。但有一点似乎是他们共同的主张，即，在上帝那里，本质和存在是统一的。上帝因此而是自己存在的原因。[②] 他们围绕于此，展开了深入讨论。

（三）“神学之中的哲学”“哲学所论的神学”——“存在”、“本体”、“本体论进明”。

中世纪最重要的哲学家当数托马斯·阿奎那（Thomas Aquinas，1224/1225－1274 年）。他生于意大利的洛卡塞卡堡。阿奎那家族是伦巴底望族，与教廷和神圣罗马帝国皇帝都保持着密切关系。托马斯 5 岁时被父母送到著名的卡西诺修道院当修童，父母希望把他培养成为修道院长。1239 年被革除教籍的弗利德里克二世派兵占领并关闭了卡西诺修道院，托马斯进入那不勒斯大学学习。在这里接触到亚里士多德的形而上学、自然哲学与逻辑学著作。他于 1244 年加入多米尼克会。修会计划把他送到波洛尼亚的总堂深造，但在半路被他的兄弟劫回家囚禁。1245 年他摆脱家庭控制，被修会送到巴黎的圣雅克修道院学习，后到科隆的大学馆学习，1252 年秋进入巴黎大学神学院学习，1256 年春完成学业。但学校没有授予托钵僧侣神学硕士的先例，由于教皇亲自出面干预，托马斯才获得学位，并正式开始了教学生涯。托马斯的著作卷帙浩繁，总字数在 1500 万字

① A. C. Graham：《Unreason Within Reason》，P. 88.

② 参见俞宣孟：《本体论研究》，上海人民出版社 2005 年版，第 363～364 页。

以上，其中包含着较多哲学观点的著作有：《神学大全》《反异教大全》《箴言四书注》《论存在与本质》《论自然的原理》《论真理》《波埃修〈论三位一体〉注》等。他对亚里士多德《形而上学》《物理学》《后分析篇》《解释篇》《政治学》《伦理学》《论感觉》《论记忆》《论灵魂》以及伪亚里士多德著作《论原因》作过评注。哲学史界认为，托马斯是中世纪最重要的哲学家，托马斯主义是中世纪神学与哲学的最大、最全面的体系。

1. 我们已知道，在托马斯之前，哲学家已对“存在”的概念作了较为详尽的分析，其中最著名者是波埃修关于“是这个”与“存在”的区分以及阿维森纳关于“存在”与“本质”的区分。13世纪前期的经院哲学家奥维尼的威廉、大阿尔伯特等人的著作中两种术语在此时已开始得到统一，波埃修所说的“存在（或“形式”）相当于阿维森纳所说的“本质”，意思指决定一个本体之为这一个本体的“其所是”；波埃修所说的“是这个”相当于阿维森纳所说的“存在”，指附属于本质的一个性质。按照这些区分，一个本体在存在之前首先要有本质，“其所是”决定“是这个”。这种解释强调，形式决定本体，本质先于存在，反映了柏拉图形相论（理念论）的基本立场。托马斯发挥了亚里士多德本体论的“存在优先”的基本原则，扭转了形而上学中的柏拉图主义倾向。托马斯对与“存在”概念相关的一系列术语，作出了他特定的解释。

一是，关于存在（esse）与存在者（ens）。

托马斯说，“存在”（esse）的意义来自“是”（est）：“‘是’本身的意义并不指一个事物的存在……它首先表示被感知的现实性的绝对状态，因为‘是’的纯粹意义是‘在行动’，因而才表现出动词形态。‘是’动词主要意义表示的显实性是任何形式的共同显实性，不管它们是本质的、还是偶然的”。[①]托马斯所说的显实性即“纯粹活动”，这纯粹活动系“存在”的本来意义；“存在”的活动赋予一切事物存在，存在自身不等于一个事物的存在。“存在”的本来意义指活动本身，它赋予一切事物现实性，并不指某一个或一类事物，存在自身不等于一个事物的存在。在此意义上，他把上帝等同为存在自身，因为“上帝是全部的现实性，就其自身而言，他是不掺杂潜在性的‘纯粹纯活动’；就其与现实的事物关系而言，他是它们的缘由”。[②] 把“存在”解释为“纯粹活动”或“显实性”是托马斯思想的一个关键所在。他有时把“存在的活动”作为“存在”的同义词，以示“存在”不同于“存在的事物”。

“ens”（“存在者”）是动词“est”的名词形式，在一些中文译著中也往往译为“是者”。它的意义是“是一个东西”，故译为“存在者”。托马斯指出：“它的意义是复合的，因为它指示一事物具有存在”。[③] 存在者与存在的区别在于存在是活动，存在者是活动的承受者，在存在活动中获得现实性的东西。托马斯在解释波埃修的理论时说：“存在的行动和被存在行动作用的东西是不同的”，[④] 他指的就是“存在”与“存在者”的区分。另外，虽然“存在者”与“本体”两个概念都指称存在的具体事物，但两者的内涵是不同的。他说：“存在是一个本体被称作

---

① 托马斯：《论存在与本质》，第 6 章。

② 托马斯：《论上帝的力量》，3 题 1 条。Saint Thomas Aquinas. Philosophical Texts. ed by T. Gilby. Oxford. 1960. P132.

③ On Spiritual Creatures. trans. by M. G. Fitzpatrick and J. J. Wellmuth. Milwaukee. 1949. P52.

④ 托马斯：《论真理》，19 题 1 条。Selections from Medieval Philosophers. VolsII. ed by R. Mckeon. New York. 1929. P169.

存在者的依据。”[①]本体是存在者，因为每一本体都具有现实性，但本体不等于存在者，因为本体中还包含有潜在性。“存在者”这一概念强调本体的最根本状态——存在状态，并说明它的存在状态不是自有的，而是在存在活动中所获得的现实。再就是，“存在者”也不同于“事物”（res）。托马斯指出：“存在者是存在活动产生的个体，但‘事物’这一名称表达了它的属性。”[②]引文中“属性”（quiddity）是与疑问代词“什么”（quid）相应的。“事物”的定义总是对“它是什么”问题的回答，并不涉及“它是否存在”的问题，后者与“存在者”的概念有关。总之，存在者、事物、本体三者的关系是这样的：“存在者”表示本体的存在状态，“事物”表示本体的本质属性，“本体”的完整意义是“存在着的事物”。

二是，关于“自有的存在者”（ens a se）与“共有的存在者”（ens commune）。

这两个概念是对“存在者”意义所作的进一步区分。以上所说的存在者是存在活动的承受者，但存在活动自身也需要体现者，“存在”并不是没有行动者的纯粹活动。“存在”自身的活动者是“自有的存在者”。“自有”（a se）是“自己是自身原因和来源”的意思，即“自因”。托马斯认为只有上帝才是“自有的存在者”，只有在上帝之中才能达到统一；其既是赋予一切事物存在的纯粹活动，又是这一活动的自因，即通过自身活动而自足的存在者。上帝说“我是我所是”，这句话的意思是“我乃自有的存在者”。

“共有的存在者”是表示一切存在者的普遍概念。托马斯认

---

① 托马斯：《反异教大全》，2卷，54题。

② Selections from Medieval Philosophers. VolsII. ed by R. Mckeon. New York. 1929. P164.

为，任何普遍概念都是从具体的、可感的个别事物中抽象出来的，如果把事物各自具有的本质、属性一一排除，那么剩下的就是它们——共有的最一般、最普遍的东西——存在状态，这是“存在固定于、留驻在存在事物的东西”。[①]“共有的存在者”这一概念是理智抽象的终极产物，表示一切事物共同享有的存在。托马斯认为，亚里士多德所说的形而上学研究的“存在之为存在”指的是“共有的存在者”，因此形而上学是最普遍、最高的科学。但形而上学可最终归结为神学，因为神学所研究的上帝，或“自有的存在者”是最纯粹的存在、存在自身和自因。所以说，神学位于最高科学的顶峰。

在托马斯看来。“自有的存在者”和“共有的存在者”的区别往往被归结为以下四个方面。第一，“共有的存在者”表示所有事物的共有存在，适用于一切事物。“自有的存在者”表示上帝的单一存在，只适用于一个对象。第二，“共有的存在者”是多中的一、个别中的普遍，它存在于事物之中，犹如共相存在殊相之中。“自有的存在者”超越一切事物，如托马斯所说：“任何个别存在的充足原因不可能来自存在之为存在的共同性。”[②] 第三，“共有的存在”是事物存在的共性；托马斯说：“上帝知道事物不仅因为它们享有一般的现实性，而且根据它们的特征”；另一方面“多样的、不同的事物从它们所共有的东西，而不是从使它们特殊的东西中得到统一性。”[③] 托马斯认为，感觉活动的对象作为殊相，理智活动的对象作为共相，共相既

① 托马斯：《反异教大全》，1卷，20题。

② 托马斯：《〈形而上学〉注》，4章2节。Saint Thomas Aquinas. Philosophical Texts. ed by T. Gilby. Oxford. 1960. P56.

③ 托马斯：《神学大全》，1集14题6条。Saint Thomas Aquinas. Philosophical Texts. ed by T. Gilby. Oxford. 1960. P104.

在殊相之先，也在殊相之中，还在于殊相之后。就是说，共相作为精神本体，在有形本体的殊相之先；共相作为有形本体的形式，存在于有形本体之中。就是说，“自有的存在者”是一切事物存在的整体，每一事物存在都是它的一部分，缺少了任何一部分都会影响其所体现的完善性。第四，“共有的存在者”是理智抽象产物，抽象概念的内容与它所概括的对象不是整体与部分的关系，用他的话来说，“共有的存在者这一概念既不盈也不缩”，它不受存在事物数量多寡的影响。“自有的存在者”是纯粹、简单的概念，它“包含着所有种类的完善性”，“不能再被充盈……因为纯粹存在不缺乏任何完善与崇高”①。

三是，关于“是这个”（quod est）和“其所是”（quo est）。

按以前哲学家的理解，“是这个”表示本体的个别存在，“其所是”表示决定本体本质的形式，这一解释基本是按亚里士多德区分“是这个”（tode it）和“其所是”（ti estin）的原意。托马斯认识到这种解释是本体论中的形相论（理念论）残余，不符合以存在为中心的形而上学精神。他不受亚里士多德原文和柏拉图主义传统的束缚，重新解释了这一区分。按他的解释，“是这个”表示本体所具有的本质或形式，“其所是”则是本质借以实现的存在，这完全颠倒了这两个术语的传统意义。在托马斯看来，“存在”概念来自“是”动词的意义，当用“是”动词表述一个对象时，可以表示三种基本含义：第一，说明它“是不是”；第二，说明它“是什么”；第三，说明它“何以是”。传统上认为，“是不是”为一方，对应的回答在于“是这个”，回答对象是否存在。“是什么”与“何以是”为一方，对应的回答在于“其所是”，回答对象是什么，同时也回答其为什么是这

① 托马斯：《论存在者与本质》，7章。Saint Thomas Aquinas. Philosophical Texts. ed by T. Gilby. Oxford. 1960. P154.

样。托马斯一反传统思路。在他看来，这里的区分不应以“是不是”为一方，以“是什么”与“何以是”为另一方，而应该以“是不是”与“是什么”为一方，以“何以是”为另一方。也就说，“是这个”回答了对象“是不是”和“是什么”的问题，“其所是”回答“何以是”，即它为什么是这样的问题。托马斯讲：“‘这是什么’与‘它是否存在’问题的比较等于‘它的原因何在’与‘它是如何造成的’问题的比较。”① “比较”在这里是相关之意。托马斯认为，“是不是”与“是什么”两个问题是不可分割的，他说：“我们不可能意识到一事物的存在却又没有以某种方式大致地了解它是什么。关于存在的知识蕴含着某些关于本性的知识。”② 按托马斯的区分，“是不是”、“是什么”两个相关问题为一组，“何以是”的问题为另一组。对于“是这个”与“其所是”分别是回答这两组问题的概念，托马斯作了很详细的分析：

表示“是这个”的拉丁文短语是 id quod est。指示代词 id（这）表示一个事物，关系代词 quod 充当从句主语，“是”（est）动词被译为“存在”，这个短语的完全意义是“存在着的一个事物”。如前所述，这指的是一个本体。托马斯在分析“是这个”的意义时说：“它既表示一个事物，如‘这个’所云，又表示存在，如‘是’所云。”③“是”肯定它是一个存在者，“这个”肯定它是一个事物。如前所述，“事物”这一概念表示本体的属性，回答“是什么”的问题。因此，“是这个”的概念不只表示

① 托马斯：《〈形而上学〉注》，7 章 17 讲。Saint Thomas Aquinas. Philosophical Texts. ed by T. Gilby. Oxford. 1960. P68.

② 托马斯：《〈波埃修论三位一体〉注》，6 题 3 条。Saint Thomas Aquinas. Philosophical Texts. ed by T. Gilby. Oxford. 1960. P68.

③ On Spiritual Creatures. trans. by M. G. Fitzpatrick and J. J. Wellmuth. Milwaukee. 1949. P52.

本体的个别存在，它还表示本体的本质；它表示存在与本质共同构成的个别本体，并不只表示本体的一个构成要素。

表示"其所是"的拉丁文短语是"quo aliquid est"。短语主词 quo 是指示代词"这"及其关系代词（quod）的夺格，表示别的东西对"这"一东西的依靠，不定代词"某一东西"（aliquid）是从句主词。短语的完整意思是："是某物所凭借的东西。"我们把它译为"其所是"，这一译法可作不同理解，关键在于"所"字的作用：若把"所"理解为助词，"其所是"的意思是"它是如此这般的东西"；若把"所"理解为因果连词"所以"，"其所是"的意思是"它是某物所以如此的原因（缘故）"。前一种是把"其所是"等同为"如此这般"的形式、本质的传统理解，后一种是把"其所是"作为实体的本质与存在的原因的托马斯主义的理解。托马斯在解释波埃修"'是这个，不同于存在"这句话时说："是这个'是存在着的实体。如果它是有形实体，它就是由质料与形式组成的事物；如果它是无形实体，它就是简单的形式。'其所是'是被分有的存在，因为只有分有了存在自身的东西才是个体。"[①]他用"分有"存在的理由解释为什么某一事物"是这个"的原因。事物的本质是由它的形式决定的，但形式本身并不包含存在；只有当形式从纯存在，或存在的活动，或自有的存在者那里获得所需要的存在，它才转变为本体：或直接变成无形的本体，或与质料相结合变成有形的本体。形式藉以成为一个本体的现实性就是"其所是"，即它所分有的存在。

四是，关于"本质"（essentia）与"存在"（esse）。

托马斯把亚里士多德关于"显实"与"潜能"关系的学说

① Philosophy in the Middle Ages. ed by A Hyman and J. Walsh. Indianapolis. 1974. P476.

运用于“存在”与“本质”的关系。他认为，任何事物的形式或本质在未获得存在之前都只是一种潜能，一种可能性。存在的特征在于它的显实性，它是使潜能转变为显实的活动。他说：“存在表示某种活动，因为一事物并不因其潜能而被称作存在，它的存在基于它在活动这一事实。”[①]按显实与潜能关系理解存在与本质关系：存在高于、优于和先于本质；本质依赖于存在，没有存在，就没有实在的本质。托马斯说：“事物的任何卓越性都是存在的卓越性；假如没有人的实际智慧，就不会有智慧的美德，同理也不会有其他美德。”[②] 存在是自在的活动，有着自身的原因，不因与本质发生联系而增加自身的完善。他说：“存在无所不在。当一个人产生时，首先出现的是存在，其次是生命，再次是人性，他在成为人之前首先是动物。依此后推，若他失去理性，但生命和气息留存，当他失去这些，但存在仍留”。[③] 托马斯又认为，“存在如同原初质料一样是最不完善的，因此，正如原初质料可被任何一种形式所规定，存在因为它的不完善性，可以被一切谓项表述的性质所规定。”托马斯针对一些观点说：“我在这里把存在理解为最高的完善性，因为活动总比潜能更完善。形式若无具体存在，将不会被理解为任何显实的东西……显然，我们在这里所理解的存在是一切活动的现实性，因此是一切完善的完善性”。[④] 托马斯颠倒了传统哲学中存在与本质的位置，以一种存在主义代替本质主义。吉尔松认为这是革命性的变化：“作为一种哲学，托马斯主义实质上是一种

① 托马斯：《反异教大全》，1卷22题。

② 托马斯：《反异教大全》，1卷28题。Saint Thomas Aquinas. Philosophical Texts. ed by T. Gilby. Oxford. 1960. P74.

③ 托马斯：《论原因》注，10章1节。Saint Thomas Aquinas. Philosophical Texts. ed by T. Gilby. Oxford. 1960. P134.

④ 托马斯：《论上帝的力量》，7题2条。

形而上学，他对第一原则，即存在的解释是形而上学历史上的一场革命。"①

以上可见，托马斯·阿奎那深知形而上学依"是"动词意义确定"存在"概念的真谛。正如他说，"'是'本身的意义并不指一个事物的存在……它首先表示被感知的现实性的绝对状态，因为'是'的纯粹意义是'在行动'，因而才表现出动词形态"。② 他把"是"的意义由亚里士多德所解释为"活动"、"显实性"（actus），并不指一个具体的存在事物。对于后者，当用 ens 表示，ens 是动词 est 的名词形式，表示"是一个东西"，这与后来产生的 existens 意思相应，故译为"存在者"。按托马斯的区分，"自在的存在者"（ens a se）指纯活动被具体化为存在的自因，它与纯活动不分彼此。只有上帝才是这样的存在者。被上帝创造的一切事物都是"共有的存在者"（ens commune），它们只是分有了上帝的存在才成为存在者。他认为"分有"首先是对存在的分有，而不是对本质的分有；相反，形式只有分有了存在，才能成为现实性，才"是"如此这般的本质。他在《论存在和本质》一文中说，除了上帝无存在与本质的区分、他的本质就是存在之外，其余一切事物都有存在与本质区分。事物首先是潜在的本质，接受上帝活动之后获得显实性，成为显实的形式，然后与潜在的质料结合为一个本体。

托马斯根据"存在优先"的原则解释了"其所是"（quo est）与"是这个"（quod est）的关系。"是这个"指存在着的本体，"其所是"则指出本体是什么的本质。托马斯却说，"其所是"决定本体的存在，它回答本体为什么具有如此这般的显实

① History of Christian Philosophy in the Middle Ages by E Gilson. New York. 1955. P. 365.

② On Spirtual Creatures, Marquette University Press, 1949, P. 52.

性，它代表了“是”的首要意义：活动与存在（托马斯有时把“活动”与“存在”用作一个词、谈论“存在的活动”）。“是这个”表示本体的个性，它是由本质所决定的，本质形式解释它为什么“是这个”而不是那个。“‘其所是”为“是这个”的原因和依据。两者是“存在的活动与被存在活动所作用的东西”的关系。[①] 从以上区分可以看出，托马斯坚持认为存在为“是”的首要意义：一个东西在“有”本质之前，首先必须“在”。另一方面，他不像亚里士多德只从静态的逻辑意义上分析“存在”的意义，而由创世说的动态观点把“存在”理解为一个活动和过程。[②]

2. 托马斯的形而上学以存在和本质关系的学说为枢纽对本体的等级、构造与类别作了全面论述。他把本体分为以下三类：

上帝是最高本体。作为存在的原因和自因，上帝是存在与存在者的统一，存在与本质的统一。托马斯说：“上帝的本质就是他的存在。”[③]他的论证是这样的：对一本体可用三种方式分析它：一是区分它的种与属差，二是区分它的形式与质料，三是区分它的主动与被动部分。但这三种区分都不适用于作为存在自身的最高本体。因为，第一，存在不属于任何“种”和“属”，形式逻辑中“种加属差”的定义方法不适用于“存在”概念；第二，存在是纯行动、纯粹现实性，不能蕴含着本性为惰性与潜在的质料；第三，被动也违反了存在的活动本性，存在是不包含任何被动部分的单一行动。托马斯对上帝本体所作

① On Truth、见 R. Mckeon 编 Selections from Medieval Philosophers，Vol2，P. 169.

② 参见，赵敦华：《基督教哲学 1500 年》，人民出版社 1994 年版，第 375～381 页。同时参见，《西方哲学的中国式解读》。

③ 托马斯：《论存在与本质》，6 章，On Being and Essence. trans by A. Maurer. Toronto 1949. P45.

的说明以存在活动的完整、纯粹、单一为基础。他虽然反对关于上帝存在的先天证明，但他对上帝本质所作的分析已经包含着上帝就是存在自身的结论。他的"后天证明"归根到底以这一先行的观念为隐蔽的前提。

第二类是精神本体。托马斯说："我们在被造的精神本体中看到本质，它们的存在活动不同于它们的本质。虽然它们的本质是非物质的，它们的存在活动不是独立的，而是获得的。这一活动被自身本性的接受能力制约、限定。"① 精神本体从上帝那里获得使之成为显实的存在活动，它的本质是固有的潜能，它限制本体接受什么样的显实以及多少显实。精神本体之中存在与本质、或活动与潜在的区分，意味着它们不可能完全、充分地接受或分享纯粹存在，这一点把它们与上帝区别开来。另一方面，精神本体只有存在与本质区分而无形式与质料区分，这一点又把它们与物质的、或有形本体区别开来。托马斯说，一切被造本体都是现实与潜在的复合体，但现实与潜在关系有两种：一种是存在与本质的关系，另一种是形式与质料关系。精神本体只有第一种区分，它们是不包含质料的复合体。他反对普遍质型论，认为只有物质本体才有质料，没有什么"精神质料"。他说："按恰当的、一般可接受的意义理解质料，质料不可能是精神的。"②"普遍质型论"者的错误在于只知道形式与质料的结合，不知道存在与本质的结合，他们从承认一切被造物都是现实与潜在的结合这一正确前提出发，推导出它们全都是形式与质料的结合的错误结论。

---

① 托马斯：《论存在与本质》，5 章，On Being and Essence. trans by A. Maurer. Toronto 1949. P32.

② 托马斯：《论精神被造物》。Philosophy in the Middle Ages. ed by A Hyman and J. Walsh. Indianapolis. 1974. P473.

第三类是物质本体。它们包含着存在与本质以及形式与质料的双重区分。托马斯说："在由质料和形式组成的本体中，活动与潜在有双重组合；一是本体的组合，即质料和形式的组合，二是已经成为复合物的本体与存在的组合。第二重组合也可称'是这个'和'存在'，或'是这个'和'其所是'的组合。"[①]"组合"是限制被接受的存在活动的方式。托马斯谈到"来自上面的限制"和"来自下面的限制"，前者是本质对存在的限制，即本体的潜能本质对存在活动的限制。本质在接受存在活动之后，由潜能变为显实的形式，它还要受到来自下面的潜在质料的限制。物质本体按照潜在本质和潜在质料的双重限制接受它们的显实性，它们因而比精神本体享有更少的完善性。

托马斯从存在与本质、形式与质料关系入手，把本体看作由高级到低级的等级系统。上帝本体没有存在与本质区分，精神本体含有存在与本质区分，物质本体含有存在与本质、形式与质料双重区分。区分越多，对现实性的限制越大，完善性越小。[②]

3. 中世纪的神学家始终为一个问题困扰，即有限的、不完善的人如何能够认识无限完善的上帝？在这一问题上有两种倾向：一种倾向强调人与上帝的相似性，把人类语言所能描述的最好属性归诸上帝，这是按照自身形象想象神的人类主义倾向；另一种倾向强调上帝至高无上的超越地位，否定人的思想和语言可以弥合人神之间不可逾越的差距，这是企图通过否定人的思想以达到不可言说境界的神秘主义倾向。托马斯调和两者，认为被造物和造物主具有一定程度的类似。存在、真、善、美、

① 托马斯：《反异教大全》，2 卷 5 题。

② 参见，赵敦华：《基督教哲学 1500 年》，人民出版社 1994 年版，第 381～383 页。

智慧、力量、仁慈等称谓，表示上帝的完满属性，也可以在一定程度和范围表示被造物的不完满的属性。

类比关系使人可以通过认识不完满的被造物来推论上帝的完满存在。托马斯强调，关于上帝存在的证明必须从经验事实出发，必须是“后天证明”，而不是安瑟尔谟的本体论证明那样“先天证明”。托马斯提出了从经验事实出发推导上帝存在的五个证明，简称“五路”。即“上帝的存在，可从五方面证明”：

“首先从事物的运动或变化方面论证。在世界上，有些事物是在运动着，这在我们的感觉上是明白的，也是确实的。凡事物运动，总是受其他事物推动；但是，一件事物如果没有被推向一处的潜能性，也是不可能动的。而一件事物，只要是现实的，它就在运动。因为运动不外是事物从潜能性转为现实性。例如用火烧柴，使柴发生变化，这就是以现实的热使潜在的热变为现实热。但是，现实性和潜能性都不是一个东西，二者也不同时并存，虽然二者也可以在不同方面并存。因为既成为现实的热就不能同时是潜在的热；它只可以作为潜在的冷。因此，一件事物不可能在同一方而、同一方向上说是推动的，又是被推动的。”“如果一件事物本身在动，而又必受其他事物推动，那末其他事物又必定受另一其他事物推动，但我们在此决不能一个一个地推到无限一因为，这样就会既没有第一推动者，因此也会没有第二、第三推动者。因为第一推动者是其后的推动者产生的原因，正如手杖动只是因为我们的手推动。所以，最后追到有一个不受其他事物推动的第一推动者，这是必然的。每个人都知道这个第一推动者就是上帝。”

“第二，从动力因的性质来讨论上帝的存在。在现象世界中，我们发现有一个动力因的秩序。这里，我们决找不到一件自身就是动力因的事物。如果有，那就应该先干动力因自身而存在，但这是不可能的。动力因，也不可能推溯到无限，因为一切动力因都遵循一定秩序。第一个动力因，是中间动力因的原因；而中间动力因，不管是多数还是单数，总都是最后的原因的原因。如果去掉原因，也就会去掉结果。因此，在动力因中，如果没有第一个动力因（如果将动力因作无限制地推溯，就会成为这种情况），那就会没有中间的原因，也不会有最后的结果。这是显然不符合实际的。因此，有一个最初的动力因，乃是必然的。这个最初动力因，大家都称为上帝。”

“第三，从可能和必然性来论证上帝的存在。我们看到自然界事物，都是在产生和消灭的过程中，所以它们又存在，又不存在。它们要长久存在下去，是不可能的。这种不能长久存在的东西，终不免要消失。所以，如果一切事物都会不存在，那末迟早总都会失去其存在。但是，如果这是真实的，世界就始终不该有事物存在了。因为事物若不凭借某种存在的东西，就不会产生。所以，如果在一个时候一切事物都不存在，这就意谓着任何事物要获得存在，也不可能了。这样一来，就在现在也不能有事物存在了——这样的推想，是荒谬的。因此，一切存在事物不仅是可能的，而且有些事物还必须作为必然的事物而存在。不过，每一必然的事物，其必然性有的是由于其他事物所引起，有的则不是。要把由其他事物引起必然性的事物推展到无限，这是不可能的。正如上述动力因的情形一样。因此我们不能不承认有某一东西：它自身就具有自己的必然性，而不是有赖于其他事物得到必然性，不但如此，它还使其他事物得到它们的必然性。这某一东西，一切人都说它是上帝。”

“第四，从事物中发现的其实性的等级论证上帝的存在。一切事物，它们的良好、真实、尊贵等，有的具有得较多，有的具有较少。其多少的标准，是指不同的事物，按它以不同的方式和最高点近似的程度来决定。有如某一事物被称为比较热，是按它比较更接近最热的东西来决定的。所以，世界上一定有一种最真实的东西，一种最美好的东西，一种最高贵的东西，由此可以推论，一定有一种最完全的存在。这些在真理中最伟大的东西，在存在中也必定是伟大的，这正如亚里士多德在《形而上学》第二章（933b 30）上所述的。在任何物类中，这种最高点就是那个物类中一切物类的原因。有如火，那是热的最高体，也是一切热的事物的原因。亚里士多德在上述书中（933b 25）这样说过。因此，世界上必然有一种东西作为世界上一切事物得以存在和具有良好以及其他完美性的原因。我们称这种原因为上帝。”

“第五，从世界的秩序（或目的因）来论证上帝的存在。我们看到：那些无知识的人，甚至那些生物，也为着一个目标而活动；他们活动起来，总是或常常是遵循同一途径，以求获得最好的结果。显然，他们谋求自己的目标并不是偶然的，而是有计划的。但是，一个无知者如果不受某一个有知识和智慧的存在者的指挥，如像箭受射者指挥一样，那他也不能移动到目的地。所以，必定有一个有智慧的存在者，一切自然的事物都靠它指向着他们的目的。这个存在者，我们称为上帝。”①

不难看出，托马斯的“五路”证明，其基本思路是把世界当作一条因果系列，由此从较低级的可感事物出发，追溯它们的最初原因或终结原则——上帝。

4. 理性和信仰的关系问题一直是中世纪哲学的一个重要问题。经院哲学初建时期，围绕这一问题展开过几番争论。正统的神学家竭力使理性变成信仰的工具，把哲学当作神学的附庸。13世纪的亚里士多德哲学虽不直接从属于基督教神学，然而，即使不赞成亚里士多德主义的神学家也不得不承认它博大精深。

① 托马斯：《神学大全》，1集1部2题3条。《西方哲学原著选读》上卷，商务印书馆1981年版，第261～264页。

托马斯在此历史背景下，论述神学与哲学的关系，他一方面明确区分了哲学与神学，指出它们是两门不同的科学，另一方面又坚持认为神学高于哲学。

对于神学依靠信仰，还说它是一门科学，还在讲神学时不否认哲学，托马斯说，科学是从第一原则推理的演绎系统；神学与哲学一样也使用演绎推理，差别在于，哲学用理性发现并证明科学的前提，而神学由信仰坚信同样的前提。判断一门学问是否科学的标准取决于它是否是一个演绎体系，而不取决于它如何认识和证明演绎的前提。因此，既不能因为神学依靠信仰而否认它是一门科学，也不能因为它运用了辩证法的推理而把它归之于哲学。

托马斯认为，区分标准不在于研究对象，而在于研究方式。托马斯在《神学大全》的开始提出："科学依它们认知对象的方式不同而不同"①。对于上帝、创世、天使、拯救等，神学靠启示认识它们，哲学以理性认识它们，两者因此是两门独立科学。既不能因为哲学研究神圣对象而将它归属于神学，也不能因为神学依赖理性而否认它的独立性。哲学以自然理性认识神学道理，如上帝存在和某些属性，而神学依靠天启和权威来信仰"三位一体"、"肉身化"、"赎罪说"等信条。

对于哲学可以独立地认识上帝，而同时不能否定神学的作用，托马斯说，虽然人人都有自然赋予的理性，但要使之充分发挥出来，要有艰苦的努力，需要充裕的时间；又因为人的理性在日常往往不完善，在运用过程中不免产生混乱、错误与不确定；只有少数人才情愿或能够充分使用理性，这些人在经过长期训练和艰苦探索之后才能获得一部分真理。总之，哲学是

① 托马斯：《神学大全》，1集1题1条。

少数人的危险历程，如果哲学是通晓关于上帝真理的唯一途径，那么大多数人将失去这一真理，这不利于达到上帝拯救人类的目标。托马斯说：“人类为了以更合适、更确定的方式获救，必然要通过神圣启示获得神圣真理的教义，因此，除了理性研究的哲学科学之外，还必须有一门通过启示的神圣学科。”①

然而人们又要问：既然启示能够“以更合适、更确定的方式”拯救人，那么少数哲学家的艰难追求又是何苦呢？于是托马斯有一句名言为哲学辩护：“恩典并不摧毁自然，它只是成全自然”。② 他强调，人的理性属于自然，“凡是自然的东西不会完全枯萎”③。他认为，人总是由自然理性通过自己的努力实现目标；人依靠恩典而获得启示，没有启示的帮助，人很难依靠理性而被拯救；但恩典的赐予是以自然属性为基础的，上帝只赐福给努力实现自己自然禀性的人。这相辅相成的关系，使人类同时需要哲学和神学。

哲学史界一般认为，托马斯把哲学的任务限定在证明、解释和保护信仰的范围之内，这与奥古斯丁、安瑟尔谟等人的立场并无根本区别。但托马斯区分哲学与神学的性质与方法有重要意义。他是中世纪肯定哲学独立于神学的第一人，他承认哲学家可以按照自然赋予的理性探索真理，为哲学的独立开辟了道路。④

① 托马斯：《神学大全》，1集1题2条。

② 托马斯：《神学大全》，1集1题8条。

③ 托马斯：《神学大全》，2集2部126题1条。

④ 参见，编写组：《西方哲学史》，高等教育出版社、人民出版社2011年版，第148～149页。

第三节　唯名论唯实论之争，走向近代哲学

一、唯名论唯实论之争

（一）从早期经院哲学家就开始注意到教义及语言中关于概念的一般与个别或说关于共相与殊相的问题。这在希腊哲学家中占有很重要地位，这是与柏拉图的形相论（理念论）和亚里士多德的本体论，有直接关系的哲学问题。到经院哲学那里，围绕着上帝的宗教证明，在这个问题上展开了新的争论，形成了唯名论和唯实论的分野。

唯名论认为存在的事物都是个别的，心灵之外没有共相；唯实论认为共相既是心灵中的一般概念，又是这些概念所对应的外部实在。以上每一派别又分极端派与温和派。极端的唯名论认为共相只是名词，名词的实在不过是“声音”；温和的唯名论认为共相是一般概念，是心灵对个别事物的个别性质加以概括而得到的，概念只存在于心灵之中。极端的唯实论认为共相是与个别事物相分离的、更高级的存在，犹如柏拉图式的形相（理念）；温和的唯实论认为共相是存在于个别事物之中的一般本质。中世纪唯名论和唯实论的争论通常被分为三个阶段：一是 12 世纪围绕概念意义的认识论和逻辑争论；二是 13 世纪围绕个别存在的本体论和神学争论；三是 14 世纪奥康主义造成的经院哲学的瓦解和衰落。[①]

由中世纪向前追溯，可以说唯名论唯实论争论的问题萌芽早已包含在古希腊哲学中，从亚里士多德经由晚期罗马哲学到

① 参见，编写组：《西方哲学史》，高等教育出版社、人民教育出版社 2011 年版，第七章。

早期经院哲学的发展过程中，也贯穿着唯名论与唯实论的生长线索。公元3世纪，波菲利在其《亚里士多德〈范畴篇〉导论》中就提出过关于"共相"的三个问题。公元6世纪波埃修翻并注释了波菲利的这篇"导论"。在中世纪，可以说早期真正的唯名论与唯实论争论发生于12世纪前后。11世纪末，波埃修的逻辑著作被作为教科书广泛使用。波埃修对波菲利问题的解答引起学生和教师的兴趣与关注。后来在经院哲学时期，罗色林等人首次明确提出"唯名论"。

（二）1. 罗色林（Roscelinus，约1050－1125年）生于法国贡比涅，先后在家乡以及布列塔尼的学校任教师。罗色林根据亚里士多德的《范畴篇》，认为真实的本体只是个别事物，殊相（个别概念）表示单个事物，共相（普遍概念）表示一类个别事物。他说，当人们用词表示事物时，他们并没有改变个别事物的实在，但发出声音也是一种实在，是把声音的实在加诸事物的实在；只有个别的实在，普通的概念无非是用以规定个别对象的名称和字眼。"唯名论"因而由"名称"（nomina）得名。马克思、恩格斯称罗色林为"唯名论学派的创始人"。①

罗色林把他明显主张的唯名论，作为解释"三位一体"的基础；强调丝毫没有实在的东西同上帝这个普通名称相符合，人们应用到"三位一体"上的神性概念不过是名称或字眼；不只是一个上帝本体，而是有三个个别的本体或位，它们具有同等的"权力"。罗色林的这种思想本身与教会之间本来不会发生不可调和的冲突，因为当时也有很多人，他们既是"唯名论者"，也是有信仰的基督徒。洛色林与教会发生冲突的主要原因在于，他将他的唯名论的基本原则应用到神的三位一体的基督

---

① 马克思、恩格斯：《法德历史材料》，《马克思恩格斯论艺术》第2卷，人民文学出版社1963年版，第96页。

教教义上去。他解释说，自 4 世纪以来开始盛行的“三位一体”的教义只是人的头脑里想出来的一种一般概念，“三位一体”的上帝只是一个名称，圣父、圣子、圣灵只能是三个个别实体，不可能是一个实体。因此，“三位一体”的上帝是不存在的，而应该是有三个神。对教会来说，这个结论是不可忍受的。因为这种观点同正统的“三位一体”的教义不吻合。1092 年苏瓦松会议谴责了罗色林对“三位一体”的解释，说罗色林犯有“三神论”的错误。罗色林的思想被教会判为异端邪说，他被迫收回自己的言论，这使得唯名论在很长时间里不可能再被公开宣扬。此时“唯名论”失去了威信。所以，唯名论哲学一直到 14 世纪才真正出现。但罗色林的唯名论，在他的同代人和后继人中间引起了对一般概念问题的极大兴趣。

罗色林承认共相是一类个别事物的共同名称，却没能说明一些个别事物为什么组成这一类，而不是那一类。香浦的威廉（William of Champeaux，1070－1121 年）则认为，共相是“相似的因素的集合”，属是许多个体的相似因素的集合，种是许多属的相似因素的集合。他认为共相是心灵按照种属的相似性，把分散在个体事物之中的相似因素集合起来，从而形成概念。

2. 阿伯拉尔（Pierre Abéland，1079－1142）讨论共相问题的著作《波菲利集注》是现存的了解早期唯名论与唯实论之争较为完整的重要资料。针对香浦的威廉认为共相是事物相似因素集合的观点，阿伯拉尔说：“不论单一事物，还是集合的事物都不能被称为共相，因为它们都不能表述众多的事物，能够表述众多事物的共相只能是词。”[①] 可见，当阿伯拉尔说共相是词时，他所说的是词的意义，而不是罗色林所说的词的语音或

① 引自 R. Mckeon, Selections from Medieval Philosophers, New York: Charles Scribner's Sons, 1929, Vol. 1, p. 232.

声音。阿伯拉尔从两方面区分了语音和意义。一方面，语音是可感的，外在于人的对象，意义是不可感的，内在于人的观念。另一方面，语音属于语言的语法学构造，意义是语言的逻辑学构造，语法上正确的构造不等于正确的逻辑表述。如“人是石头”和“人是动物”在语法上都是正确的，但“动物”正确地表述人，“石头”却不然。阿伯拉尔认为，意义就是词与事物的一种关系。

阿伯拉尔在波菲利问题之外，又增加了第四个问题：“种属是否必定具有因命名而来的实在？或者说，如果那些被命名的事物消失了，那个共相是否仍然有意义？”① 他回答说，造成共相的原因必定在被表达的事物之中。因为，第一，共相不可能由人的心灵无中生有地构造出来，第二，共相也不能从词的声音产生；剩下的唯一可能便是：共相因为外在于它的事物而产生。

阿伯拉尔认为，探讨事物如何成为共相的原因，必须弄清两个问题：首先，事物的哪些因素与共相的表述内容相对应，其次，心灵如何根据事物的相关因素把握共相？关于第一个问题，阿拉伯尔说，共相表述的是众多事物共处的“状态”（status），状态是事物的存在状态，它不能与事物相分离而存在，因此，共相不是唯实论所主张的普遍本体。其次，状态也不是本质。在“苏格拉底是人”这句话中，“人”表达苏格拉底的存在状态，而不指称任何本质。阿伯拉尔说：“我们不求助任何本质。”②

---

① 引自R. Mckeon, Selections from Medieval Philosophers, New York: Charles Scribner's Sons, 1929, Vol. 1, p. 219.

② 引自R. Mckeon, Selections from Medieval Philosophers, New York: Charles Scribner's Sons, 1929, Vol. 1, p. 238.

关于心灵如何认识共相的问题，阿伯拉尔认为，共相与心灵之中的一般印象相关联。它是对事物相同或相似的存在状态的感性认识。这种认识忽视单个事物生动、具体、清晰的形象。阿伯拉尔说，理解一个共相就是“想象众多事物的一个共同的、模糊的印象”①。但它与梦中出现的或任意想象出来的印象不同，因为共相是外部事物在心灵造成的结果。但共相与纯思辨概念如“理性”、“父权”等，也不相同，因为共相是通过感官产生的认识。阿伯拉尔主张以“辩证法”作为区别真理与谎言的艺术。阿伯拉尔把与共相概括的印象称作“意见”。

根据上述讨论，阿伯拉尔解答了共相性质的问题。第一，只有个别事物才是独立存在的本体，共相不是本体，也不表述个别本体以外的本体；第二，共相作为名词是有形的，作为名词的意义是无形的，但心灵中有关于它的印象；第三，共相表述的事物共同状态在感性事物之中，但共相把握这一状态的方式却在心灵之中，表现为一般印象。第四，个别事物是产生共相的原因，但共相一旦产生，便成为不依赖个别事物的心灵印象；即使个别事物消失，印象仍然存在。比如，在“这里没有玫瑰”这句话里，“玫瑰”的意义表示心灵中的印象。即使没有相应的事物，共相仍有意义。总的来说，阿伯拉尔既坚持共相是一般名词这一唯名论立场，又未否认共相与个别事物的状态相对应的唯实论观点。他所说的关于“共相”的“印象”相当关于一般所说的概念。阿伯拉尔的概念论属于温和的唯名论。②

以上早期唯实论与唯名论争论中的各种观点，在托马斯那

① 引自 R. Mckeon，Selections from Medieval Philosophers，New York：Charles Scribner's Sons，1929，Vol. 1，p. 240.

② 编写组：《西方哲学史》，高等教育出版社、人民出版社 2011 年版，第 159～160 页。

里调和起来。一方面，唯名论这认为物质实体只是可感的个体，共相只是存在于人的思想中的独立概念或名称，这是正确的；另一方面，唯实论者认为共相是独立实体或存在于个体之中的普遍本质，共相是普遍概念的认识对象，这也是正确的。总的说来，托马斯代表了温和唯实论立场。①

在13世纪至14世纪时，经院哲学有两个中心：一是巴黎大学，一是牛津大学。两地风格很不相同，巴黎大学流行的是亚里士多德主义，牛津大学注重研究数学和自然，发展出与唯名论相关的思想体系，对后世和当时的欧洲有重要影响。恩格斯说："唯名论，唯物主义的最初形式，主要是存在于英国经院哲学家中间。"②

3. 罗吉尔·培根（Roger Bacon，1214—1292年）出生于英国桑莫斯特郡。1230年在牛津大学艺学院学习。1236年在巴黎大学任教，他是第一批讲授被禁的《物理学》和《形而上学》的教师，成为亚里士多德的著名译者。当他读到伪托亚里士多德写给亚历山大大帝的信《秘密之秘密》时，他对自然奥秘的好奇心被唤醒，他的兴趣从经院学术转向秘传学问和工艺制造。他于1247年返回牛津大学，1257年加入法兰西斯会，希望他的研究计划能得到修会支持。但事与愿违，他的计划不见容于修会的保守领导人。1261年他受到会规处罚，被囚禁在巴黎一家修道院里。在备受劳役和饥饿折磨的情况下，他坚持写作，著有《大著作》《小著作》和《第三著作》。罗吉尔·培根是一位不幸的天才，他比同时代人更早地认识到实验及数学的重要性和科学应有的使用价值，他要以实用科学的精神全盘改造经院

---

① 北京大学哲学系外国哲学史教研室编译：《西方哲学原著选读》上卷，商务印书馆1982年版，第271～272页。

② 《马克思恩格斯文集》第3卷，人民出版社2009年版，第502页。

哲学。人们称他为“悲惨博士”，以表示他生前受到的不公正待遇。

罗吉尔·培根的主要论著《大著作》，提出了全面、系统改造经院哲学现状的计划。他把人类认识错误的根源归结为四大障碍。他说：“理解真理有四个主要障碍，它们妨碍着每一个人。无论人们如何学习，也无法获得真正的智慧和学识。这些障碍是：(1) 靠不住的、不适当的权威的榜样；(2) 习俗的长期性；(3) 无知民众的意见；(4) 以虚夸的智慧掩饰无知。”①“四障碍说”是对经院哲学的尖锐批评。他指出，崇拜权威是以圣徒和教父言论定是非的教条主义，因袭守旧是恪守传统的保守主义，服从流行意见是盲目的信仰主义，夸夸其谈是不学无术的文字游戏。罗吉尔·培根深感当时学术状况的堕落、懒惰、无知与虚浮已到了非改不可的地步。他的揭露激怒了同时代的权威，他非但没能铲除这些障碍，反而为障碍所窒息。

罗吉尔·培根设想的革新只与哲学有关。这里的“哲学”指与神学有别的一切世俗学问的总称，他把哲学分为数学、语言学、透视学、实验科学和伦理学五部分。他对这些学科性质的论述显示出与经院哲学不同的科学理性精神。

罗吉尔·培根认为数学是最基本的科学，用他的话来说，数学是“其他科学的大门和钥匙”，他还特别强调数学对自然研究所起的关键作用。罗杰尔·培根的透视学实际上是对感觉的分析。他把感觉对象分析成 29 个感觉要素（sensibilias），它们分属两个层次。简单层次是每一感官的单独感觉，这是“专门感觉”，计有：视觉感知的光和颜色，触觉感知的冷与热、干与湿，听觉感知的声音，嗅觉感知的气体味道和味觉感知的味道，

① 罗·培根：《大著作》，第 1 部 1 章。

共9种。第二层次是"专门感觉的复合",这是"一般感觉",计有:距离、位置、体积、形状、大小、连续化、单独性、数量、运动、静止、粗糙、光滑、透明、厚度、阴影、模糊、美、丑、近似、差别,共20种。罗吉尔·培根对感觉有简单到复杂过程的分析是英国经验论的先驱,以后的经验论者也是沿着这样的分析来说明感觉现象的。

罗杰尔·培根是第一个使用"实验科学"(scientia experimentalis)概念的人。他认为,个别事物不仅是唯一的存在,而且是经验的来源。实验科学是最有用、最重要的科学。他说:"没有经验,就没有任何东西可以被充分认识","一切事物都必须被经验证实"。[①] 罗吉尔·培根从三方面论证了实验科学的优越性。第一,"推理和实验是两种获得知识的途径……推理是不够的,经验才是充分的"。比如,亚里士多德在《气象学》卷三称虹为太阳和星星之垂直线,塞尼卡称之为神的笛杖,彩环是日冕。这些说法不可能得到经验证实。罗吉尔·培根设想用晶体做试验,看到晶体折射光的七种颜色,心灵便可知道虹是水汽反射太阳光而形成的自然现象。通过实验,人类还可以掌握无数制造彩虹的方法。第二,实验科学能达到科学目的。在此意义上,实验高于思辨和和学艺。实验可以窥测自然奥秘,发现过去和未来,谁掌握了实验科学,谁就有了制造奇妙科学的力量。他呼吁:"凡是希望在现象背后获得无可置疑的真理的欢乐的人,都必须知道如何献身于实验。"[②] 第三,实验科学有实现人类利益的巨大用途。比如,医学实验可以找到延长生命的途径。为了劝说统治者对他的研究纲领的支持,罗吉尔·培根设想了潜水艇、飞机、机车、望远镜在战场上的用途。

---

① 罗·培根:《大著作》,第6部1章。
② 罗·培根:《大著作》,第6部1章。

哲学史上有两位姓培根的哲学家，他们都以改造人类知识为目的。16～17 世纪的弗兰西斯·培根在《新工具》一书中对学术现状的批判和对未来科学的展望，这与 13 世纪的罗吉尔·培根在《大著作》中的观点极其相似。

4. 约翰·邓斯·司各脱（Johannes Duns Scotus，1265—1308 年）生于苏格兰。司各脱在刚到加入修会年龄的 15 岁便加入法兰西斯会。1294 年到 1297 年在巴黎大学学习，毕业之后在巴黎和牛津等处讲授神学。邓·司各脱的主要著作是《牛津评注》，这是他在牛津讲授《箴言书》的讲稿；司各脱在巴黎大学讲授《箴言书》的课堂记录稿被称作《巴黎记录》。邓斯·司各脱是法兰西斯会的博士，他的称号是“精细博士”。他的著作比其他经院哲学家的著作更加复杂难懂。马克思就此对不学无术的德国官僚说：“看一看邓斯·司各脱的二十卷大开本的巨大篇幅”，“光是它们那惊人的外观就像哥德式建筑一样，足以打动你们的心弦”。[①]

司各脱在承认本体的形式是本质的基础上，重视了 haecceitas 这一概念。对这个词，人们曾译为“个性”，而后来许多人主张译为“此性”。司各脱针对以往一些理论不能说明一个本体的此性为什么是这一个而不是那一个，认为“此性不是质料、形式，也不是它们的复合，因为这些都是属性，此性是质料、形式或它们复合物的终极实在。”[②] 他强调，为了说明本体的个别性，必须在本体的形式和质料以外，把此性作为本体的要素。从词源上看，“此性”（haecceitas）这个词来自拉丁文的 hace，这是“决定一事物是这个而不是那个的此性”；与“此性”相对

① 马克思：《第六届莱茵省会议的辩论〈第三篇论文〉》，《马克思恩格斯全集》第 1 卷，人民出版社 1956 年版，第 142 页。

② 司各脱：《牛津评注》，第 2 卷 3 部 6 题。

的概念是“属性”（quidditaas），它来自“什么”（quid），属性规定事物是什么，它是可以用定义表达的共相。司各脱创造“此性”这一概念是为了解释“每一个别事物都是特殊的‘这一个’”① 这一问题。托马斯根据亚里士多德的思想，把质料当作规定个别化的原则。司各脱反驳托马斯说，质料属于量的范畴，量是本体的属性，因此在本性上后于本体，不能反过来把量的范畴作为规定本体个别性的原则。司各脱使用经院哲学的术语说到，个性与共相的区分是“形式上的区分”。这里“形式上”的意思可理解为“原则上”，司各脱认为，在原则上可以把一事物的本质解释为两种样式：一是概念不可表述的终极本质，即个性；而是可用概念把握的本质，即共相。在现实中，个性和共相不可分割地存在于感性事物之中，本体的共相由质料和形式构成。司各脱论证说，质料与形式的区分是“实在的区分”，即两者是共存于本体的两种实在的因素，而不仅仅是存在于思想之中的两种原则。质料与形式不是皆然有别的两部分，两者有基体与性质的关系：质料是形式附着的物体，形式是物体的性质。按照这样的想法，人的形式——灵魂也要附着于质料。司各脱认为，上帝无限存在，在理智和意志两方面都是无限的。司各脱称“辩证法”为关于“存在”的专门学说。他讲，上帝理智的无限性在于它包含着无限多的理念。在无限多的理念之中，有些理念有与之相对应的事物，有些理念则没有。理念与事物相对应或不对应的关系是偶然的，为上帝的自由意志所决定。如，有的物质能够思维，这是上帝意志决定的奇迹。马克思说：“他求助于上帝的万能，即迫使神学本身来宣讲唯物主义。”②

① 司各脱：《牛津评注》，第2卷3部6题11条。

② 马克思、恩格斯：《神圣家族》第1卷，人民出版社2009年版，第331页。

于此，很有特点的是，司各脱在论证上帝存在时，发展了阿奎那的几个论证。他强调，上帝无中生有地（ex nihilo）创造了世界，一切受造物都是有限的、偶然的。特殊事物除了分有共同的本性之外，也有每一殊相固有的个体形式（haecceitas）。这种学说既区别于亚里士多德，也不同于阿奎那，因为他们相信，在一个质料和形式的合成物中，质料是个体化的原则。在实质并不相同但又不能彼此分离的各种实体中，存在着形式上的差异。

司各脱的学说在发展中形成了那时很有影响的司各脱主义。这是由司各脱及其追随者尤其是在圣方洛会徒中间发展起来的经院哲学和神学。司各脱主义和托马斯主义成为经院学派中的两个主要倾向。司各脱主义接受亚里士多德的形而上学观点，即形而上学是研究作为“是”的“是”，以及各种相关的超验概念，而不是如阿奎那所主张的那样研究物质事物的本质。他认为，形而上学的目的是要论证作为无限的和“第一存在”的上帝。司各脱主义反对奥古斯丁主义的神之光照理论，主张存在是理智的第一对象。它也诉诸理智直觉来解释我们对上帝的体验。在伦理学中，D. 司各脱企图调和神圣意志与理性道德法则，主张人的自由在于我们有能力从欲望过渡到公正。

司各脱主义在 1633 年曾被天主教会接受为官方学说，并从 16 至 18 世纪在周围世界的大学中被广泛讲授。其他著名的司各脱主义者有 F. 麦依农、J. 德·巴索里斯、阿库依那的彼得和在 1639 年编纂了司各脱全集第一个版本的 L. 瓦丁。司各脱主义被认为提出了中世纪晚期哲学中最成熟的形而上学，得到了海德格尔和皮尔士的称赞。

（三）威廉·奥康（William de Ockham，约 1285—1349 年）是欧洲 14 世纪经院哲学唯名论的重要代表。他出生于英国萨里郡，1306 年加入法兰西斯会。1310 年左右进入牛津大学神学院，1320年完成获取神学博士的全部学业，因博士候选人太多，未能及时取得学位，后因“异端”指控，终身未得“博士”称号。他的称号是“尊敬的初始者”，表示他是新唯名论的创始人。奥康在法兰西斯会的学校教书时，牛津大学校长从他的讲稿中找出56个有异端思想嫌疑的命题，向教廷告发。奥康在被召至阿维农教廷接受审讯期间，逃至意大利的比萨，受到当时巴伐利亚皇帝路德维希的庇护。路德维希是教皇的政敌。相传奥康对路德维希说：“你用剑保护我，我用笔保护你”。人们用这句话形象地表达奥康在王权和教权的斗争中所起的作用。教皇约翰二十二世革除奥康等人的教籍；奥康撰文反击，维护王权的权威，反对教皇的绝对权力，主张用宗教会议代替红衣主教选举教皇的制度，攻击约翰二十二世及其继承人本笃十二世、克莱门特六世，与教廷结怨甚深。

奥康继承了司各脱关于个体是实在的唯名论思想，批评唯实论者把共相看作独立本体的观点。在历史上，早期唯名论的基本命题是“共相是词”。13世纪发展起来的词项逻辑对词的意义作了“指称”与“指代”的区分。奥康认识到这一区分对于克服老唯名论缺陷的作用，他在唯名论的“旧瓶”里注入词项逻辑的“新酒”，通过词项的意义确定事物的性质和概念内容，发展出新的唯名论的理论。

奥康认为，符号的意义在于代表符号之外的东西，符号有指称和指代两种不同的逻辑功能。“指称”代表心灵以外的事物，“指代”在命题中代表其他符号。有指称功能的符号必有指代功能，具有指称和指代双重功能的符号是关于个别事物的名称。例如，“苏格拉底”这个词指称一个人，在命题“苏格拉底在跑”中指代一个人，两者都是观念以外的个体。但是，有指代功能的符号未必有指称功能。例如，“苏格拉底”在命题“‘苏格拉底’是名词”中指代一个名词，在“苏格拉底是人”

中指代种概念，两者没有指称个别事物的功能。

奥康以词项逻辑说明共相与殊项的区别。在他看来，殊相是专名，是对个别事物的指称或对其他专名的指代；而共相是通名，是对一般观念或思想的指代。共相与殊相的区别不在于它们所指称的实在是普遍还是个别，而在于词项有不同的逻辑功能。殊相直接指称个别事物，共相则是对众多个别事物名称的指代和思想观念的指代；殊相的指称与心灵以外的个别事物相对应，而共相如不指代殊相，则无与之对应的实在。这样，奥康既坚持了只有殊相存在、共相只是词的这样一种唯名论的基本原则，又回答了老唯名论者无法回答的共相为什么能够代表众多殊相的问题。

奥康认为，以前的哲学家，无论唯名论者还是唯实论者，都犯了一个共同错误，即混淆了词本身的指称功能与词项在命题中的指代功能。他说，科学由命题组成，世界则由事物组成，事物总是个别的存在，指称事物的名称是殊相。然而，科学由命题组成，在科学命题中，殊相为共相所指代。就是说，科学通过普遍概念和一般判断来把握个别事物，科学研究对象是共相及其组成的普遍命题，而不是个别事物。而具有指代逻辑功能的符号所指代的共相，归根到底是关于个别事物的自然符号。奥康论述了，共相是后于个别事物并作为概念存在于人心中的东西。个别事物是感官的第一个对象，就知识的起源来说，个别事物才是首先被认识的东西。人类的全部知识都是从对个别事物的感性知觉开始，思维的头脑从中抽象出共同性或相似性，由此而形成概念。奥康把表示共相的概念叫作“自然符号”，以区别于表述殊相及个别的概念语词。他强调，语词是一种约定俗成的“约定符号”；语词虽然因不同的语言而不同，但不同语言的语所表述概念及其逻辑的涵义是相同的。奥康说：“当科学被说成是以共相为对象时，人们应当这样理解：

它是以能够指代事物的共相为对象的。"① 这里所说的事物指个别事物，共相"只是人心中的一种思想对象"，共相通过指代殊相而表示个别事物的实在。因此，认为"一切科学的研究对象都是普遍的"与认为"实际存在的只是个别事物"，这两个观点是相容的。

基于唯实论者把科学研究对象的普遍性、谓词表述对象的普遍性和定义对象的普遍性，作为支持唯实论的三个主要理由，奥康解释了一般命题中谓词的普遍意义。他针对唯实论者由在全称命题"所有S是P"中P是表述指称一类事物的主词，肯定P必定指称一个所有S的共同本质，否则不能解释P的表述功能；回应说，谓词P并不指称主词S所指称的东西的任何一部分，如内在本质、形式、质料等，谓词正确表述主词的功能只是它的指代功能。在"人是动物"这一命题中，"人"是对每一个人的名称的指代，"动物"又是对"人"的指代。奥康强调，由区分"指代"与"指称"来说明个体的实在和谓词的指代功能，足以解释为什么一个谓词可以普遍地表述个别事物，不需要设立一个与谓词相对应的普遍实在。

奥康进一步强调，唯实论者用普遍本质解释定义的真实性也不能成立。唯实论者的理由是：定义（即"属加种差"式定义）的对象是类；另一方面，亚里士多德所说，定义的首要对象是本体，因此，类是本体。奥康反驳说，定义对象不是本体或实在的类，而是普遍词项。奥康把定义形式"X是Df"和命题形式"S是P"相比，Df是词组而P是词项，但两者都有指代作用。定义是对所有被定义的对象的名称（不管它们是殊相还是共相）的指代，它是指代的指代，因此比谓词有更高的概

① 奥康：《箴言书注》，第1卷2部4题。

括作用，但归根到底，定义指代被指称的个体名称，因此适用于一类事物。

在反对唯实论的论战中，奥康提出了其著名的“奥康剃刀”之说。因为奥康主张用词项逻辑的指代理论解释唯实论所说的共相的普遍意义，认为不必设定共相所对应的实在。所以奥康说：“切勿浪费较多东西去做用较少的东西同样可以做好的事情。”[①] 这句话后来被人转述为“如无必要，切勿增加实质”，这就是“奥康剃刀”的由来。“奥康剃刀”锋芒所向，直指唯实论所设立的普遍本体和共相实在。奥康这里针对的是，一些正统经院哲学家依据唯实论的观点，提出了无数的“本体形式”、“本质”、“隐秘的质”之类的东西，把它们加于事物的一切现象之上，认为这就是对事物的“科学的”解释。而奥康则认为所有这类东西都是无用的赘物，妨碍人们正确地认识事物，因而必须统统抛弃，要用这把“剃刀”把它们剃掉。“奥康剃刀”通常被称作“思维经济”原则。根据这个原则，逻辑和经验意外的假设是多余的，一切既无逻辑自明性、又缺乏经验证据的命题和概念都必须从知识中剔出去。

奥康以指代理论解释了词项的意义，而词项本身没有真假；词项组成的命题才有真假之分。奥康指出，可以通过两条途径判断一个命题的真假：一是通过词项之间的关系就可以知道它们组成的命题的真假，如“苏格拉底是人”；另一条途径是需要通过词项与事实之间的对应关系才能知道它们组成的命题的真假，比如“苏格拉底在跑”。第一类命题属于抽象认识，第二类命题属于直观认识。抽象认识和直观认识都是简单的，知识则是复合的认识。复合知识有两种：证据知识由直观认识组合而

① 奥康：《箴言书注》（记录本），第 2 卷 15 题。

成，自明知识由抽象认识组合而成。证据知识是由一些直观证据组成的复合经验。例如，“苏格拉底是哲学家”由许多直观证据组成，如“他与某人讨论什么是美德”、“他说过知识是美德”、“他教柏拉图哲学”等。自明知识是由抽象概念构成的推理，命题的主词、谓词和三段式中词之间的必然联系，保证逻辑推理的自明性。不难看出，在奥康说来，直观认识是偶然命题，它们组成的证据知识是偶然知识；而抽象认识是必然命题，它们组成的自明知识是必然知识。奥康关于经验证据与逻辑推理、简单认识与符合认识、偶然知识与必然知识的区分，是近代英国经验论的重要来源。

奥康的唯名论在哲学史上产生了重要影响。中世纪传统的世界图式以唯实论为基础，各类事物按照内在本质的完满性程度高低构成一个等级系统，上帝处在顶级顶端，人可以自下而上地推溯上帝的存在和属性，或在事物不完满的本质中，看出上帝的完满本质。奥康的唯名论改变了这一图式，按照他的理论，自然界和社会中真实存在的只有个体，个体之间的关系是外在的、偶然的关系。上帝以下的一切事物都是平等的个体，不但个体之间的关系是直接的、偶然的。上帝与每一个体之间的关系也是直接的、偶然的。从这一原则出发，他提出一系列神学、伦理学和政治学观点。

奥康强调，上帝的属性，如能全能、至善、创造、无限、永恒等，不能为哲学所证明。他说：“我们不能知道上帝的统一性、无限的力量、神圣的善和完满性，它们并不指称上帝，而是我们在命题中用来指代上帝的符号。”[1] 也就是说，这只是对“上帝”这一名称的指代；关于上帝的概念只是说明“上帝”名

① 奥康：《箴言书注》，第1卷3部2题。

称的意思，而不表示任何关于上帝的知识。

奥康承认，表示上帝存在和属性的神学命题虽然不是知识的对象，却是信仰的对象。神学以信仰为依据，知识是直观知识和自明知识。两者不可混淆：神学不要求证明和证据，知识不以权威意见为直观证据和自明原则。神学依据的“信仰的真理”来自《圣经》。《圣经》中描写的上帝按自己的意志创造世界、决定人的命运。上帝意志是信仰的最高原则。奥康的神学中的意志主义比司各脱的意志主义更为彻底，司各脱尚且承认神圣意志以神圣理念为选择对象，奥康认为上帝意志不通过理智中的理念原型直接创造世界，理念与理念、理念与个别事物之间没有必然联系。上帝的意志以偶然的方式知道世界上发生的一切。他说：“人不可能说明上帝认识未来偶然事件的方式，但必须坚持他以偶然方式知道这些事件。”[①] 就是说，人的理性不可能知道上帝的预知和先定的命运。

奥康把可以说是意志主义的哲学见解运用于伦理学领域，得出了人的道德活动被上帝意志直接地、偶然地决定的结论。他否定有发自人的内在本性的普遍道德规范。在整个中世纪，“灵魂本性”或“自然律”在伦理学中的地位犹如“内在本质”、“共相存在”在唯实论和认识论中的地位。奥康认为，关于人的灵魂本性的谈论都是信仰，而不是知识。我们感知不到作为共同形式、共同本质的灵魂，可以感知到的只是自己的理智活动、意志活动和欲望活动。三者都是个人的部分，它们相互配合，但一个部分不能统摄或取代另一个部分。意志既不服从理智的判断，也不受欲望的支配。意志是完全自由的。他对“自由”的定义是：“不管我受到什么力量作用，我任意地、偶然地造成

① 引自 F. Copleston，A History of Philosophy，New York：Image Books，vol. III，pt I，p. 104.

一些可以造成、也可以不造成的后果。”[1] 奥康认为人的意志的终极目标是上帝，只有上帝的意志绝对自由，“除了上帝之外，没有其他对象可以满足意志”[2]。

奥康开创的唯名论思潮在14世纪下半叶，逐渐成为经院哲学的主流。这股思潮以“现代路线”（via moderna）相标榜，以区别于以托马斯主义和司各脱主义为代表的唯实论的“老路线”（via antiqua）。与12世纪唯名论与唯实论的争论相比，14世纪的两条哲学路线之争有着更为广泛和深刻的内容，两者的分歧不再局限于共相性质问题，它们代表了两种不同的思维方式和风格。“老路线”代表了经院哲学教条主义的、思辨的、论辩的传统，“现代路线”则以批判的、经验的态度和探索精神为主要特征。

奥康主义一开始受到压制。1339年9月25日巴黎大学通过不准把奥康著作“教条化”的条例，次年12月29日又禁止在驳论中使用“有害的、敏感的”唯名论命题。15世纪时法国国王取得对巴黎大学的支配权后，支持托马斯主义者对奥康主义的压制。1474年3月1日法王路易十一签署政令，禁止讲授唯名论，收缴私藏的唯名论著作。但这些行政禁令都未能阻止奥康主义的传播。对唯名论的禁令于1481年撤销。

奥康主义宣扬上帝面前人人平等和上帝意志绝对自由的神学，蕴含着宗教改革的能量，其原因如恩格斯所说：“当时任何社会运动和政治运动都不能不采取神学的形式；对于完全受宗教影响的群众的感情来说，要掀起巨大的风暴，就必须让群众

① 奥康：《自由论辩集》，第1集16题。

② 奥康：《箴言书注》，第1卷1部4题。

的切身利益披上宗教的外衣出现。”① 如果说唯名论思潮的发展从内部瓦解了经院哲学，那么神秘主义等异端和宗教改革的诉求与农民和市民反封建、反教权的群众运动相结合，从外部动摇了中世纪的意识形态。从15世纪中叶开始，哲学步入从中世纪形态向近代形态过渡的时期。

二、“本体”之争与向近代哲学迈进

尚在经院哲学后期，就已响起了向旧时代挑战的号角。这是经院哲学开始走向衰落的征兆，也是精神转折即将来临的预兆。

从哲学的学术史上说，这前后有三个情况值得重视：一是在注重本体论研究的过程中，经过 ousiology，后来出现了 ontology 这个概念。我们知道，在亚里士多德那里，或者说在后人所定名为《形而上学》的著作之中，亚里士多德对其所称的“第一哲学”，正如他强调的，是讨论 to on 的哲学，他注重探讨这样的问题：什么是 οὐσία（ousia)，即什么是“本体”。这里被人们译为“本体”的 οὐσία（ousia）系 to on 的现在分词，相当于英语中的 being。由《形而上学》对 ousia 所作的分析，有人将之名为 ousiology。如果把 ousia 译为“本体”，则 ousiology 便成了本体论。中世纪的波埃修在参与“三位一体”问题讨论时，为区分“实质”（hypostasis）与“本体”（ousia)，主张以 subsistantia 代替 hypostasis（实质)，以 subsistantia 代替 ousia（本体)。

这些词中的 sub-，从其词源上说，最初往往与表示位置有关，带有“在下边”或“在……内中”的意思，另外由这个词

① 恩格斯：《德国农民战争》，《马克思恩格斯全集》第7卷，人民出版社，第401页。

根又演化出某些带有与"支撑"意义相关的词。subsistantia 在某些拉汉辞典中往往被解释为"自立体";而 subsistantia,往往有如下有关的解释:支柱、支撑,生存、存在,食料、财富,体质、原质、元素,本质、实质、本体(实体),……等等。就此意义,这几个词显然是与亚里士多德用以表示基质的 hypokeimeron 接近;而且拉丁文中的 substratum(基体者)也常译为基质;这与基本含义在于"置于下"而又常被译为"主体"的 subject 也属同一词根,甚至同义。

前已说到中世纪拉丁神学家在讨论"三位一体"时,曾倾向于用拉丁文 substantia 代替希腊文的 ousia(本体,还常译为"存有"),以拉丁文 persona(常译为"位格")代替希腊文的 hypostasis。这固然有利于解决以往在说明"圣父、圣子、圣灵"时遇到的问题,而对希腊文表述,及与此相关的若干概念的意义,未能在拉丁文中找到相应表达,对"本质"与"本体"概念有说不清楚的困难。所以后来的波埃修主张以 substantia 表示"本体",而把 essentia 归结为本质,从而使与希腊文 einai 相当的 esse 相当于存在,用 id guod est 表示"是这个"。这就要对 substantia 与 subsistantia 作出区分。波埃修又让 subsistantia 代替 hypostasis,体现了其带本质的意义又与 essentia(本质)不同的意义,用以指"实质",表示"种"和"属",及在这其中性质的实在性。这就把位格的概念确立了起来,即将其留给了与 hypostasis 不同的 persona。如果说 hypostasis 表示"实质",那么 persona 则成为表示作为"位格"的"存在者"。

于是形成了如此情况:ousia 被译为拉丁文拼写的 substance。大概是由于 ousia 本身是 to on 的现在分词,所以经过 ousiology 人们明确用 ontology 来表示作为"存在论"的"本体论"。也就是说,ontology 这个概念出现比较晚。这个词实际上直到 17 世纪才开始为人们所使用。据有人考证,目前所知最早使用 ontology 这个概念的著作，是在 16 至 17 世纪初一位并不著名的作者雅各布（Jacob Lorhard，1561－1609 年）于 1606 年出版的 ogdas Scholastica 一书中。而大部分人公认本体论（ontology）一词，是由 17 世纪德国经院哲学家郭克兰纽（R. Goclenius，1547－1628）在《哲学词典》[1] 之中最早使用的。[2] 可见，作为一个专门术语首次使用“ontologia”的是郭克兰纽。他在用拉丁文编写的《哲学辞典》（1613 年）中，把它作为“存在之哲学”（Philosophia de ente）的同义词使用。稍后，这个词又出现在德国哲学家卡洛维（A. Calovius，1612－1686）用拉西文撰写的《神的形而上学》（Metaphysica divina，1636 年）一书中，将其当作“形而上学”（metaphysica）一词的同义词。在 1642 年于荷兰卢汶出版的洛布科维茨（J. Caramuel Lobkowitz）用拉丁文写的《理性与现实的哲学》（Rationalis et realis philosophia）一书中，又出现了和“ontologia”同义的“ontosophia”一词。“sophia”一词源自希腊语，是“智慧”的意思，在这里和“logia”带有大略的同意，为“学问、学科”。后来，德国哲学家克劳贝格（Johann Clauberg，1622－1665 年），在他用拉丁文撰写的《存在之形而上学或存在论》（Metaphysica de Ente sive Ontosophia，阿姆斯特丹 1664 年）一书中，采取了此种用法。而真正使“ontologia”一词成为重要哲学术语的是后来 18 世纪出现的德国著名哲学家沃尔夫（Christian Wolff，1679－1754 年）及其学派。沃尔夫把哲学分为理论哲学和实践哲学两大部分；理论哲学再分为逻辑学和形而上学，形而上学则包括 ontologia、宇宙论、理性心理学和自然神学；他

---

① Lexicon Philosopicum，1613，第 16 页。

② 见［德］R. 艾斯勒：《哲学概念词典》，柏林，1929 年第 2 卷，第 344 页。参见《形而上学读本》第 4 页。

把 ontologia 当作哲学中一门基本的、相对独立的学科。

可见 ontology 实际上突显着由“是”或“存在”（on to）而形成的理论。而经过中世纪，后来又把它与 substance（本体）作为同样的概念来对待，这显示了关于“是”与“存在”的进一步形而上学提升。当然，这一学问在进一步发展中又遇到了困难。

三、重视人之个体与文艺复兴

后期经院哲学中开始显露出重视人之个体的苗头。这预示着“个体”要挣脱传统的束缚而获得“解放”，这预示着人文主义运动的来临。这个运动使得欧洲在思想领域许多方面重新与其古典源头密切接触。这又为信仰及表现于科学和哲学领域内新的巨大力量得以释放并产生影响，创造了条件。因此，这个过渡时期所显露出来的大部分特征，就像生长着的萌芽，摆在了人们面前，并且发展成此后整个欧洲思想的特征：个人的自由人格愈益受到尊重；对古代经典展开自由讨论而不必再顾忌那些神学教条和压在身上的责任；非宗教色彩的思想走向世俗性；出现了对理性对经验（Ratio und Empirie）进行研究及以此为基础的科学。

14—16 世纪西欧各国出现了重要的文化运动，这被人们称为“文艺复兴”。文艺复兴是西方文明史上的一个重要时期，被看作中世纪与近代的分界。“文艺复兴”一词被认为最早是由意大利画家、艺术史家、建筑学家乔治奥·瓦萨里（Giorgio Vasari，1511—1574）提出的。英语多将其译作：the Renaissance of the Arts。但是在当代的英汉词典中，Arts 也具有人文学科的意义。现代英语世界的 humanism（人文主义）出自 1808 年尼特哈默尔（F. J. Niethammer），相关使用的德语是 humanismus，而 humanismus 又源自对 15 世纪末出现的拉丁词

humanista 的翻译，指当时的人文学者。因此以现代英语表达这一时期的文化特征应是“the Renaissance of the Studia Humanitatis”（即“人文学科的复兴”）。这就从字源上凸显出文艺复兴与“人文”的关联。实际上，“人文主义”一词并不出现于文艺复兴时期，这是直到19世纪初，才由一个德国教育家在一次关于古代经典在中等教育中的地位辩论中说出的，而把这个词用于“文艺复兴”则是1859年的事了。[①] 当时强调“人文主义”的直接意图在于，意大利和欧洲各国新兴资产阶级中先进的知识分子，借助“复兴古典文化”的名义，对古代希腊、罗马的著述、文物进行了广泛的整理和研究。于是一时出现古典文化的“再生”、“复兴”局面，所以后来才称之为“文艺复兴”。但从实质上看，“文艺复兴”并非古代奴隶制文化的复活，而是新兴的资产阶级利用古典文学艺术作品中的现实主义成分，利用自然科学和哲学中的唯物主义因素，去反对封建的神学体系和经院哲学。于是“文艺复兴”这一专有名词，在历史上被长期沿用下来。“文艺复兴”时期的“人文主义”与教会神学的世俗文化相区别，矛头直指“神学”。人文主义“把人们从中世纪经院哲学的沉闷气氛中解放出来，把人们从对神的关注拉回到世俗生活、对人自身的关注，客观上加深了人对自身的认识，肯定了作为个体的人的价值”[②]。作为一种社会思潮或思想运动的“人文主义”在文艺复兴时期无疑是号召人回归现实，关注真实生活，关注人的感性世界。[③]

① 参见，叶秀山、王树人主编：《西方哲学史》学术版第3卷，凤凰出版社、江苏人民出版社2005年版，第687页。

② 叶秀山、王树人主编：《西方哲学史》学术版第3卷，凤凰出版社、江苏人民出版社2005年版，第690页。

③ 参见，谢维营等著：《本体论批判》，人民出版社2009年版，第173～175页。

"文艺复兴"历来有广义和狭义之分。狭义的观点认为，文艺复兴基本上是一场意在恢复古代哲学和艺术价值的运动；广义的观点则认为，这是一个从个人到社会都产生了新的理想和观念的时期，一个发现和飞跃的时期。19世纪瑞典思想家布克哈特讲，文艺复兴"发现了人和发现了世界"。"前者使人从神学束缚下解放出来，探索人的生存、人的价值和人性，为以研究人的主体性为基础的人文科学的发展开辟道路；后者使人'回归'自然，研究自然，为自然科学的发展开辟道路。"① 丹尼斯·哈伊则概括说，"文艺复兴揭开了现代世界的序幕"，"完全和充分的人性得到发展和阐述"。② 文艺复兴运动的基本思想是人文主义，人文主义最显著的特征是主张以人为中心，以"人性"、"人道"、"人权"反对教会主张的"神性"、"神道"和"神权"，强调人生的价值和意义、人的尊严，标志着人类自我意识的觉醒。在内容上，表现为文学、艺术、宗教、哲学、科学、政治等各个领域的伟大成就。

① 杨寿堪等：《20世纪西方哲学——科学与人本主义》，北京师范大学出版社2003年版，第279页。

② [英]丹尼斯·哈伊：《意大利文艺复兴的历史背景》，李玉成译，三联书店1988年版，第256页。

第三章　近代哲学：关于“经验与理性”“思与在（是）”“本体”与“物质”

第一节　“在极不相同的 Substence 中探索自然统一性”的“实验哲学”

经过文艺复兴时期，近代哲学产生两个系列的开端：先是作为近代实验哲学鼻祖的培根；再是作为近代理性哲学肇始的笛卡尔。

马克思、恩格斯曾说：“英国唯物主义和整个实验科学的真正始祖是培根”。[①] 培根前后即 16 世纪末至 17 世纪初，是英国新旧交替的历史时期，其间出现过资产阶级革命，新兴的自然科学初见端倪。这些都为新哲学的产生提供了社会条件。但是，新哲学在中世纪的英国中就有其思想渊源。中世纪英国经院哲学的主要代表人物罗吉尔·培根、威廉·奥康等曾主张重视经验和科学。经院哲学在英国最先衰落，继之而起的新哲学从英国经院哲学中吸收唯名论和重视经验的传统，而抛弃经院哲学的思维方式。这一哲学从诞生之时起就持唯物主义经验论的立场。后来，英国的弗兰西斯·培根继承了这一哲学传统，适应日益生长的近代科学发展的要求，系统提出了他的“实验哲学”

① 马克思、恩格斯：《神圣家族》，《马克思恩格斯全集》第 2 卷，人民出版社 1957 年版，第 163 页。

理论。

弗兰西斯·培根（Francis Bacon，1561－1626）出身于当时的新贵族，毕业于剑桥大学。毕业后从政，历任国会议员、国王顾问、大法官等要职。1621 年被指控犯有受贿罪并下台。他的主要著作是《伟大的复兴》，包括《论学术的进展》和《新工具》两册。培根还是一位政论家，政论文章收入《政治和伦理论文集》。培根作为近代自然科学的鸣锣开道者，最早表达了近代科学观，阐述了科学的目的、性质、发展科学的正确途径，他首先总结了科学实验的方法——归纳法。培根对经院哲学科学观和传统逻辑思维方式的批判，为自然科学的发展扫清了道路。

培根认为，他的工作的目的就是要在经验能力与理性能力之间建立“真正合法的婚姻”。他认为这两种能力要密切结合，要使思维把握住自然的“形式”，而“熟习形式的人也就能够在极不相同的 Substence 中抓住自然的统一性”。[①] 此中，培根所讲的 Substence 强调的是人们面对的“极不相同的” Substence，这里的 Substence 已开始重于在其哲学中越来越在认识论意义上来讲。由此我们对 Substence 主张不再译为“本体”，而开始译为“实体”。

培根认为，形而上学的主要对象是研究物体统一的形式。培根沿用了以往哲学中的“形式”这一概念，认为“形式”是“支配和构成简单性质的那些绝对现实的规律的规定性”。他一方面反对神学家们把“形式”看成是脱离物质而独立存在的本体，认为“形式”是物质固有的，是和物质不能分离的。另一方面又认为“对于形式的肯定的知识”“不是人所能做到的”。

① 培根：《新工具》，中译文见北京大学哲学系外国哲学史教研室编译：《十六——十八世纪西欧各国哲学》，商务印书馆 1975 年版，第 152 页。

对于“形式”从哪里找根据，培根对此归结到了上帝。他认为，上帝是形式的给予者和创造者，他说，“对于形式的给予者和创造者上帝来说，或者也可以对于天使和具有提高智慧的东西来说，他们一开始思考的时候，就直接具有对于形式的肯定的知识”。[①] 这样，培根在批判经院哲学的神学理论同时，并没有一概否定神学。在他看来，人的知识有两个来源，除了来自对自然界的感觉经验，还有来自“神的启示”。这形成了培根的“二重真理说”。

培根批判经院哲学所接受的亚里士多德学说，针对亚里士多德的“四因说”。培根认为物质是“一切原因的原因”，一且事物的本原，物质的存在形式是运动着的物体的总和。他说：“在自然中真正存在的东西，除物体按照一定的规律进行纯粹个体的活动以外，没有任何别的”。[②] 培根赞许德谟克里特的原子论，但不同意他所说的原子不可分和“虚空”。培根认为原子只是“实际存在的真正分子”；没有完全没有物质的虚空，看似虚空的空间中有稀薄的物体。培根说，物质是空间里的永恒存在，“物质的绝对量或总数保持不变，无增无减”；无论什么力量，“都不能把物质的哪怕是极小的任何部分化为无，它永远存在那里，永远占有某些空间”。[③] 培根把“动力因”归结为物质自身运动的原因，认为物质和运动不可分，“物体无论是整体还是部分没有真正的静止，只有表面的静止”。[④] 培根列举了 19 种运动形态，认为位移只是其中的一种，强调了物质运动的多样性。

---

① 培根：《新工具》，中译文见北京大学哲学系列外国哲学史教研室编译：《十六——十八世纪西欧各国哲学》，商务印书馆 1975 年版，第 55～56 页。

② 培根：《新工具》，中译文见北京大学哲学系外国哲学史教研室编译：《十六——十八世纪西欧各国哲学》，商务印书馆 1975 年版，第 46 页。

③ 培根：《新工具》，商务印书馆 2005 年版，第 249 页。

④ 培根：《新工具》，商务印书馆 2005 年版，第 271 页。

他还专门指出，有的物体出于自身有机力可以同化为其他物体，有的物体出于自身"反感性"可以回避或排斥其他物体。培根把"形式因"归结为物质的内在结构和运动规律，他认为形式不是抽象的本质或柏拉图式的理念，而是把简单性质组合在一起的结构，物体由于特定的形式而表现出不同的规定性和运动规律。"因此，热的形式或光的形式同人的规律或光的规律乃是同一个东西"。形式和事物是不可分的，"一物的形式就是此物本身"。[①] 由于形式的多样性，事物不但有广延、形状、位移等量的规定性，而且也有可感、自发性、生长等质的规定性。

培根指认"规律及其所包含的部分"，是事物形式的组合。"形式"，是事物的简单性质，科学如能发现一种性质的形式，就能"在一个物体上产生和加上一种或几种新的性质"，从而得到有利于人的事物，排除不利于人的事物，这样就获得支配自然的力量。培根举例说，黄金包括黄色、重量、不透明性、坚韧性等简单性质，如果知道黄金形式的构成法则，就能在实验中用廉价自然材料合成黄金。[②] 科学技术的功用就是对自然结构和规律的趋利避害利用。

马克思、恩格斯说："唯物主义在它的第一个创始人培根那里，还在朴素的形式下包含着全面发展的萌芽。物质带着诗意的感性光芒对人的全身心发出微笑。"[③]

培根的认识论强调的是反映论。他说："知识是存在的表象"，"存在的真理同知识的真理是同一个东西，两者的差异不

---

① 培根：《新工具》，中译文见北京大学哲学系外国哲学史教研室编译：《十六——十八世纪西欧各国哲学》，商务印书馆1975年版，第56，54页。

② 培根：《新工具》，中译文见《西方哲学原著选读》上卷，商务印书馆1982年版，第345～349页。

③ 马克思、恩格斯：《神圣家族》，《马克思恩格斯全集》第2卷，人民出版社1957年版，第163页。

过如同实在的光线同反射的光线的差异罢了”。[①] 人对外部存在的反映有感觉和理智两个阶段。感觉是认识的起点，“感官的表象越丰富和越精确，一切事物就能够越容易地知道和越顺利地把握”。同时培根还说：“感觉本身是不可靠和易发生错误的”。如果没有理智的指导，感觉本身是迟钝、无力的，有时甚至产生出有欺骗性的表象，被伪科学利用。培根强调，实验是联系感觉和理智的中心环节。实验对感觉进行选择和处理，排除感觉自身的缺陷，因此能够接触到自然和事物本身。这才能“严肃地直接从感觉出发，通过循序渐进和很好建立起来的实验进程，努力为人的理智开辟和建筑一条道路”。[②]

培根认为，用以衡量知识的标准是实用性。依此培根提出，古希腊和中世纪知识，包括哲学和神学，可以满足言谈、辩论和思辨等方面的需要，但不能满足人类生活和福利的用途。培根明确地指出，科学的目的是在认识自然的基础上支配自然，“达到人生的福利和效用”。在此意义上，他提出“知识就是力量”。培根讲：“人的知识和人的力量合二为一，因为只要不知道原因，就不能产生结果。要命令自然就必须服从自然。在思考中作为原因的，就是在行动中当作法则的。”[③]

培根的重要著作之所以名为《新工具》，主要是因为他针对亚里士多德的《工具篇》而论，他对旧科学的批判主要集中于对经院哲学进行批判。对亚里士多德而言，一切科学都是“证明科学”，都是按照演绎逻辑所展开的公理体系。培根说，古希

---

① 培根：《新工具》，商务印书馆 2005 年版，第 93 页。

② 培根：《新工具》，中译文见北京大学哲学系外国哲学史教研室编译：《西方哲学原著选读》上卷，商务印书馆 1982 年版，第 358～359 页。

③ 培根：《新工具》，中译文见北京大学哲学系外国哲学史教研室编译：《西方哲学原著选读》上卷，商务印书馆 1982 年版，第 345 页。

腊的哲学，“具有着儿童特性：它能够谈论，但是不能生育；因为它充满着争辩，却没有实效”。“不仅过去说过的话现在还在说了又说，而且过去提出的问题现在还是问题”。经院哲学缪种流传，造成了历史的和现实人类知识中的种种弊端。在这样的传统下，人们的思想固步自封，创始人的学说被凝固、僵化，没有发展，研究者为迎合世俗需求和判断，牺牲个人兴趣，离开自己的道路。由此在科学界出现：权威压制、沽名钓誉、缺乏试验、方法笨拙、极不精细，等等。①

培根把科学发展的障碍比喻为“假相”，他把这样的假相归结为四个：一是“种族假相”，这是指人性的缺陷，大致相当于古希腊人所说的“人是万物的尺度”和现代人所说的“人类中心”论。按培根的说法，人的感性和理性都以人为尺度衡量外物，缺乏科学所需要的中立态度和客观性，因而导致主观和客观相混淆的错误。二是“洞穴假相”，这是个体差别造成的缺陷。培根指出，每一个人都有自己所处的“洞穴”，因个人立场、观察角度、思维方式、固有成见等不同而产生的主观狭隘，就是这样的洞穴。三是“市场假相”。这是指语言交往中产生的误解。培根认为，有的语言有其名而无其实，有的语言虽然表示实在，但定义不精确，含义模糊，使用不当，这都会产生混乱；语言的混乱又会产生思想混乱，使人是非不分，真假难辨。这相当于现代分析哲学所要消除的“语义的混淆”。四是“剧场假相”，这是指各种哲学体系以及流行理论造成的错误。培根把历史上的哲学和思想比作舞台上演出的一出出戏剧。培根把历史上的理论体系归结为三类：第一类是“诡辩派”。其片面地固守亚里士多德逻辑体系，满足于从较少事实取出较多的事实，

① 培根：《伟大的复兴》序，中译文见北京大学哲学系外国哲学史教研室编译：《西方哲学原著选读》上卷，商务印书馆1982年版，第340～345页。

以偏概全，从个别推导一般，强迫让一切事实符合个别原理。第二类是“经验派”。其建立在少数的、狭隘的和不可靠的经验之上，似乎具有经验证据，但这些证据不可置信，具有很大的迷惑性和危险性。第三类是“经院派”，其从信仰和幻想出发，把自然科学和神学糅合在一起，建构荒诞的自然哲学体系。培根要求把科学与信仰分开，他强调：“把只属于信仰的东西归之于信仰，乃是很适宜的”。①

培根认为，发展“新科学”的关键要有新的科学方法。培根提倡实验方法，其实质是归纳法。培根把归纳法与亚里士多德主张的演绎法对立起来。培根指出，这样的演绎法，所依靠的第一原则没有充分的证据，只是建立在少量的、不可靠感觉的基础之上；演绎过程只在思想内进行，原则一旦被确认为演绎的前提，就不再受经验的检验；演绎的步骤越多，所达到的结论离实在也就越远，所包含的错误不但得不到纠正，而且经过演绎的扩大，产生出更多、更大的谬误。与之相反，归纳法不依赖最初的前提，也没有终极的结论。培根说，要谨慎地使用理性，“毋宁给它挂上重的东西”。“挂重物”比喻理性服从经验证据。培根强调，归纳法的步骤应围绕着“中间原理”而展开。“中间原理则是真正的、坚固的、活的公理，事物和人的幸福都以之为根据”。②

培根还具体地说明了归纳法的程序，他要求归纳法开始于收集材料，收集的材料要充足、完全，然后再整理材料。他总结了材料分类的“三表法”，即，所有正面的例证构成“具有

---

① 培根：《新工具》，中译文见北京大学哲学系外国哲学史教研室编译：《西方哲学原著选读》上卷，商务印书馆 1982 年版，第 357 页。

② 培根：《新工具》，中译文见北京大学哲学系外国哲学史教研室编译：《西方哲学原著选读》上卷，商务印书馆 1982 年版，第 360 页。

表"，所有反面的例证构成"缺乏表"，不同程度的例证构成"程度表"（又称"比较表"）。培根强调归纳法是正面和反面的事例的权衡。根据正面例证，才能推导出有用而可行的法则。培根要求不只关注正面例证的积累，而且"要用适当的拒绝和排斥的办法来分析自然"。[①] 就是说，要重视运用反面的例证来修正，甚至推翻已有的结论。

培根提出"真正的归纳"，以达到最大程度的可靠性。而培根触及到归纳法从一开始就面临的难题：归纳法的结论没有必然性。培根设想的归纳法并没有克服"简单枚举"的缺陷。后来，休谟重提归纳法可靠性的问题，引起近代现代哲学家的广泛讨论。

第二节　在"Cogito，ergo sum"的解析中重建"形而上学"

近代哲学的开始哲学，除了有作为实验哲学鼻祖的培根之外，还出现了作为近代理性哲学肇始的笛卡尔。黑格尔说："勒内·笛卡尔事实上是近代哲学的真正创始人，因为近代哲学是以思维为原则的。独立的思维在这里与进行哲学论证的神学分开了。把它放到另外的一边去了。思维是一个新的基础。"[②] 笛卡尔"以思维为原则"的新哲学代表近代理性哲学的开始。笛卡尔哲学同样十分注重与新兴的科学结盟。笛卡尔与培根一样

① 培根：《新工具》，中译文见北京大学哲学系外国哲学史教研室编译：《西方哲学原著选读》上卷，商务印书馆 1982 年版，第 361 页。

② 黑格尔：《哲学史讲演录》（第 4 卷），贺麟、王太庆译，商务印书馆 1981 年版，第 63 页。

尖锐地批判经院哲学；而如果说培根提倡实验方法，那么笛卡尔则强调了数学方法的普遍性。

勒内·笛卡尔（Rene Descartes，1596—1650），出生在一个法国贵族家庭，信奉天主教，从小在耶稣会办的学校受教育，后在大学学习医学和科学，同时对数学和科学保持着长期的兴趣。毕业后曾一度参加雇佣军，退役后到各地旅行。1628 年后移居荷兰，潜心研究和写作，他的主要著作都是在荷兰完成的。笛卡尔晚年应瑞典女王之邀到宫廷讲学，次年在瑞典逝世。笛卡尔不但是哲学家，还是著名的数学家和科学家，而且是解析几何的创始人。他的主要著作有《指导心智的规则》（1628 年）、《方法谈》（1637 年）、《第一哲学沉思集》（1641 年）、《哲学原理》（1644 年）等。

笛卡尔试图在“独立思维”与“进行哲学论证的神学”分开之中重建“形而上学”，在此基础上特别关注了形而上学的基本原理。其代表作的拉丁文名为《第一哲学沉思集》，而法文译本则叫作《形而上学的沉思》。笛卡尔把全部哲学的出发点归结为：“Cogito，ergo sum”，这是拉丁文表述，译成英文即“I think，so I am”。在通行的中文译本中，往往译成为“我思，故我在。”在我看来，译为“我思，故我是在”更为准确些。依笛卡尔本人的阐述，“我思，故我是（在）”是指怀疑一切的人是在，最终无可怀疑。笛卡尔说：“这个在想这件事的‘我’必然应当是某种东西，并且发觉到‘我思想，所以我存在’这条真理是这样确实，这样可靠，连怀疑派的最狂妄的假定都不能使它发生动摇，于是我就立刻断定，我可以毫无怀疑地接受这条真理，把它当作我所研求的哲学的第一条原理"。①

关于"我思，故我是（在）"这句话是承着其关于"这个在想这件事的'我'必然应当是某种东西"这一见解而来的。如前所说，在西方哲学中，同一个"is"（am），既可用于指谓"有什么"（thatness），又可用于指谓"是什么"（whatness），还可用于指谓"存在"。当以"我思，故我在（是）"去理解笛卡尔的原理时，显然是从"存在"（exist）的方面去理解"I am"中的"am"的。就笛卡尔来讲，"存在"是指有广延、不可入性，指占据一定空间的东西。如果"我"是指自己的肉体，那么，这样的"我"是存在。笛卡尔在开始进行哲学思考时，是连人自身肉体也一起去怀疑的，因为作为"第一原理"，不应假定任何未经证明过的东西。在笛卡尔那里，由"这个在想这件事的'我'必然应当是某种东西"，强调，关于"我"的身体的"存在"，是在对"上帝存在"作出证明之后才加以证明的。而"我思，故我在（是）"，处于上帝存在的证明之前，其中的"我"是一个"思维着的东西"（a thing that thinks），或者说得更明确一些："我把领会得很清楚我是一个在思维而没有广延的东西"(I think of myself as a thinking and unextended thing)。②

关于上帝存在的证明，笛卡尔讲，"用上帝这个名称，我是指一个无限的、永恒的、常住不变的、不依于别的东西的，至上明智的、无所不能的，以及我自己和其他一切东西（假如真有东西存在的话）由之而被创造和产生的实体说的。""这个观念也是非常清楚、非常明白的，因为凡是我的精神清楚明白地

① 笛卡尔：《方法谈》，培根：《新工具》，中译文见北京大学哲学系外国哲学史教研室编译：《十六——十八世纪西欧各国哲学》，商务印书馆1975年版，第147～148页。

② 笛卡尔《第一哲学沉思集》，庞景仁译，商务印书馆2012年版，第48页。

领会为实在和真实的，并且凡含有什么完满性的东西，都完全包含在这个观念里面里边了。”[①] 上帝是“完满的”，这是指“上帝”“无限的本性”。

我们已经讨论过，在某种意义上讲，中世纪本体论是在基督教神学里成熟起来的。在本体论哲学里，“是（在）”就是作为绝对前提的概念，在神学中，“是（在）”成为上帝的代名词。在神学中，以“是”（“在”）指称上帝时，就说，上帝“存在”的“是”是一个最完满的观念。在这里，“是”（在）成为本体论哲学体系的出发点。既然一切其他的概念、结论都是从中演绎出来的，它就应当是最普遍、最一般的概念。

讲全部本体论哲学是以“是（在）”为出发点，问题就在于“是（在）”这个概念是否正确有效，以及人类对这个概念是否能够清楚明白地把握。当笛卡尔从“我思”推出“我是（在）”时，就是试图在自己“思”的过程中去把握、体会“是（在）”。

从“我思，故我是（在）”所把握的“是（在）”，还只是“我”的“是（在）”，而不是上帝的“是（在）”。而作为“我”，据笛卡尔说，人会意识到自己在一定意义上讲，是有限的，因而是不完满的。但是，为什么“我”能知道自己是不完满的呢？据笛卡尔说，只是因为在“我”的心里已经有了一个完满的观念。没有对于“完满”的理解，也不可能有关于“不完满”的观念。这个“完满”的观念，也就是关于上帝的观念。从本体论的角度说，笛卡尔强调的就是从作为“我”的“是（在）”出发，去把握作为无限的上帝的“是（在）”的过程。

以上的讨论也许足以说明，只有把握了自柏拉图到经院哲学的西方本体论哲学的背景，才能理解为什么笛卡尔的哲学要

① 笛卡尔《第一哲学沉思集》，庞景仁译，商务印书馆 2012 年版，第 49、50 页。

从怀疑一切开始，在这个怀疑的过程中把"是（在）"树立起来，并且从有限的不完满的"是（在）"推及无限的、完满的"是（在）"即"存在"。这都是为了给整个依演绎为方法的本体论哲学体系寻找一个可靠的出发点或大前提。用笛卡尔自己的话说就是："阿基米德只要求一个固定的靠得住的点，好把地球从它原来的位置上挪到另外一个地方去。同样，如果我有幸找到一件虽小却确切无疑的事，那么我就有权抱远大的希望了。"①

笛卡尔对于"实体"（"本体"）定义说："对于实体，我们理解为无非是那样存在着的一个东西，以致它不需要任何其他东西就能存在。"② 所以笛卡尔说，严格而言，只有一个实体存在，即上帝。不过，虽然上帝是唯一非被造的实体，但我们仍可以承认各种被造的实体，这些被造的本体需要上帝的同意才能存在，而上帝并不依赖于任何其他的任何被造物，像偶性或样式之类。虽然作为被造东西性质、样式或偶性的是存在的承担者。

笛卡尔同时又认为，"实体"是个多义词，在与"实体"定义相近的意义上，"心灵"和"物质"是实体；因为除了上帝之外，它们也不需要其他任何东西而存在。因为心灵的本质属性是思维，物质的本质属性是广延；这样，实体有两类。一是思维的东西（res cogitans），即心灵；另一是广延的东西（re extensa），即物质。一切其他样式都可以归结为这两类存在。对于思维实体，心灵是其主要属性，因为没有心灵的思维实体是不可理解的。对于物质实体，广延是其主要属性，因为没有广延的物质实体是不可理解的。心灵和广延分别是构成思维实体和物质实体之基本的属性。而凡是有两个主要属性之处，就有两

① 笛卡尔：《第一哲学沉思集》，庞景仁译，商务印书馆2012年版，第24页。

② 笛卡尔：《哲学原理》第一部分，第51页。

个本体。但任何存在都不可能在以上两种属性中只具有一种属性，不可能有这样的“本体”。这形成了笛卡尔的二元论。

在笛卡尔哲学业中特别重视论述“天赋观念”。他把“天赋观念”与外来的、虚构的观念相区分。这是按照观念的不同来源而作出的区分。上述三种观念可合并为两种：思想自己制造的观念和由外部原因造成的观念。笛卡尔讲，“我的确……看到在我心内的某些思想既不是从外部对象来的，也不是由我的意志所决定的，而完全是从我心中的思维能力来的；所以我将‘天赋的’一词用于作为这些思想之形式的观念或概念上，以便将它们同其他我称之为‘外来的’或‘构成的’观念和概念区分开来”。[①] 笛卡尔强调“天赋观念”有三个标志：来自上帝、明白清楚、与实在相符合。笛卡尔对于“天赋观念”与上帝、与存在的关系，这样说：“上帝一方面把这些规律建立在自然之中，一方面又把它们的概念印入我们的心灵之中，所以我们对此充分反省之后，便决不会怀疑这些规律之为世界上所存在、所发生的一切事物所遵守”。[②]

笛卡尔由其哲学的第一原理引申论述了，从推论中得出的知识如何成为可靠的。笛卡尔概括了如下四点：“第一条是：绝不把任何我没有明确地认识其为真正的东西当作真的加以接受，也就是说，小心避免仓猝的判断和偏见，只把那些十分清楚明白地呈现在我的心智之前，使我根本无法怀疑的东西放进我的判断之中。第二条是：把我所考察的每一个难题，都尽可能地分成细小的部分，直到可以而且适于加以圆满解决的程度为止。

① 笛卡尔：《哲学著作集》第 1 卷，英文版，科庭汉姆等译，1985 年，第 303 页。

② 笛卡尔：《方法谈》，中译文见北京大学哲学系外国哲学史教研室编译：《十六——十八世纪西欧各国哲学》，商务印书馆 1975 年版，第 152 页。

第三条是：按照次序引导我的思想，以便从最简单、最容易认识的对象开始，一点一点逐步上升到对复杂的对象的认识，即便是那些彼此之间并没有自然的先后次序的对象，我也给它们设定一个次序。最后一条是：把一切情形尽量完全地列举出来，尽量普遍地加以审视，使我确信毫无遗漏。"①

"我思故我是（在）"作为笛卡尔哲学的出发点，这个命题的意义在于确定了自我是一个思想实体。笛卡尔进一步的工作是使这个确定的命题成为出发点，以可以推导出其他的确定的知识。这样，"方法谈"成为笛卡尔哲学的切入点。他要为本体的存在找到一种认识论的根据。这就使他面临着与经验论哲学家同样的问题：用什么来保证心灵中关于本体的观念具有实在性呢？笛卡尔强调，从自我本体出发的推导不是仅仅在思想范围里的演绎，它需要从自我的思想领域过渡到思想以外的实在领域。笛卡尔生活在新旧知识交替的时代，他十分注重从方法论的角度直接摧毁旧经院哲学体系的基础，为新兴的自然科学提供方法论基础。笛卡尔把所有科学门类都统一于哲学。他把哲学比作一棵大树，树根是形而上学，树干是物理学（自然科学），树枝是医学、力学、伦理学等应用科学。他说："我们不是从树根树干，而是从枝梢采集果实的，因此，哲学的主要功用乃在于其各部分的分别功用，而这种功用，是我们最后才能学到的。"② 哲学如何能够统一各门科学呢？笛卡尔的回答是，科学的统一性不在研究对象，而在于方法，哲学首先要研究科学方法。

① 笛卡尔：《方法谈》，中译文见北京大学哲学系外国哲学史教研室编译：《十六——十八世纪西欧各国哲学》，商务印书馆 1975 年版，第 144 页。

② J. Veitch, ed. , The meditations and Selections from the Principles of Rene Descartes. La Salle: Open Court, 1948, pp. 119, 120.

笛卡尔认为，数学方法是普遍使用的一般的方法，但数学家们却没有对数学方法进行反思，对它进行反思是哲学家的任务。他说，古代的几何和当代的代数有狭隘和晦涩混乱的局限，“应当寻求另外一种包含这两门科学的好处而没有它们的缺点的方法”。[①] 笛卡尔称科学的方法为“普遍数学”（mathesis universalis）。笛卡尔强调，“普遍数学”把数学最一般的特征运用到其他学科。数学的一般特征有二：“度量”和“顺序”。这两个特征在运用于更大的范围时，需要哲学的反思，以获得更普遍的意义。数学的“度量”只是量与量之间的比较。笛卡尔认为，就知识对象而言，数学与其之外的领域比较，对象不是同质的，没有一个统一的衡量尺度；而哲学则通过概念意义的比较，把握知识对象在性质上和程度上的相似和差异。笛卡尔又认为，科学研究的顺序有两种：再就是从简单到复杂的综合，再就是从复杂到简单的分析。在数学中，这两种方法是可逆的。但在第一哲学对因果关系的研究中，终极原因是无限的上帝，被造的事物是有限的，处于不同系列。因此，形而上学需要找到一个确定无疑的简单出发点，由此构建出关于原因和结果的知识。这就是说，形而上学的方法首先是分析，寻找确定的第一原则，然后再运用综合，从第一原则推导出确定的结论。

总之，笛卡尔建立了近代理性哲学的重要体系，而他在二元论中动摇。一方面，他论证上帝是最高本体、强调天赋观念、主张心灵独立存在；另一方面，他承认物质本体的独立存在，他提倡用数学的方法研究自然，把“上帝的意志”、“灵魂”、“心灵”等假设从自然科学中驱逐出去。他得出“人是动物”、“动物是机器”的结论，有利于对人体作生理和医学研究。马克

---

① 笛卡尔：《方法谈》，中译文见北京大学哲学系外国哲学史教研室编译：《西方哲学原著选读》上卷，商务印书馆 1982 年版，第 364 页。

思、恩格斯肯定"笛卡尔派的唯物主义",认为"它在机械的自然科学方面获得了卓越的成就"。马克思、恩格斯讲:"笛卡尔的唯物主义成为真正的自然科学的财产"。① 在马克思看来,这是18世纪法国唯物主义的来源之一。

笛卡尔之后,其学说一方面遭到一些哲学家的批判,另一方面也形成了很有影响的笛卡尔主义。

笛卡尔在发表《第一哲学沉思》时,在书后附有六组驳难,其中四组来自神学家,其余分别来自霍布斯和伽桑迪。值得注意的是,马克思、恩格斯说,"唯物主义通过伽桑迪(他恢复了伊壁鸠鲁的唯物主义)来反对笛卡尔"。②

皮埃尔·伽桑迪(Pierre Gassendi,1592－1655)在哲学上以恢复伊壁鸠鲁的原子论和感觉论为已任。他批判笛卡尔的"心灵本体"。他说,自我的本质根本不是纯粹的心灵,心灵和灵魂不是独立的存在,而是由精细原子构成的,同人的身体不可分离,随着身体的成长而成长,随着身体的衰亡而衰亡。

伽桑迪说:"我们的全部知识实际上都来源于感官",伽桑迪认为感觉不会犯错,"错误或虚假在判断里,或是在心灵里";心灵对感觉"没有给予以应有的周密细致对待",因而作出错误判断。伽桑迪反对笛卡尔的"天赋观念"论。他认为天赋观念实际上是从关于个别事物的感觉中抽象出来的。比如,"上帝"的观念不是天赋的,"我们习惯于用以加到上帝身上的所有高尚的完满性似乎都是从我们平常用以称赞我们自己的一些东西抽出来的,比如持续、能力、知识、善、幸福等等。我们把这些

① 马克思、恩格斯:《神圣家族》,《马克思恩格斯全集》第2卷,人民出版社1957年版,第161、166页。

② 马克思、恩格斯:《神圣家族》,《马克思恩格斯全集》第2卷,人民出版社1957年版,第161页。

都尽可能地加以扩大以后，说上帝是永恒的、全能的、全知的、至善的和完全幸福的”。[①] 伽桑迪并不否定上帝的存在，但认为人的有限理智不能认识上帝存在，上帝是信仰的对象，而不是知识对象。

虽然有来自各方面的批评，笛卡尔的学说在荷兰和法国赢得了一批追随者，形成了笛卡尔主义，在仍被经院哲学统治的大学里争得一小块地盘。法国笛卡尔主义代表是马勒伯朗士（Nicolas Malebranche，1638－1715）。马勒伯朗士突出了理性和感性、理智与意志和欲望的对立，他把上帝作为哲学的第一原则，以此来解决心身关系问题。他说，身心的协调一致是一种“机缘”。在身体活动的每一时机，心灵也发生对应活动，反之亦然。但两者并无因果关系，也不相互影响。就像始终保持同步运行的两个钟一样，身心之间的一致性只是一种机缘。这种同步的机缘对于人的理智而言是偶因，但偶因不是无缘无故的，它包含在上帝的心灵之中。身心机缘的真正原因是上帝的安排，上帝好比是两个时钟的设计师、启动者一样，事先把两种不能相互作用和影响的本体的活动安排得同步发生，使之协调一致。他旨在用神学一元论取代笛卡尔的二元论。他说：“心灵与神的关系是自然的，必然的，绝对不可少的。”[②] 后来，贝克莱也依据类似的原则反对二元论。

---

① 伽桑迪：《对笛卡乐〈沉思〉的诘难》，中译文见北京大学哲学系外国哲学史教研室编译：《十六——十八世纪西欧各国哲学》第2卷，商务印书馆1975年版，第220～221页，第209页。

② 马勒伯朗士：《真理的探求》第一卷序，中译文见《西方哲学原著选读》上卷，商务印书馆1982年版，第472页。

第三节 唯理论经验论的争论及18世纪法国哲学

一、唯理论与经验论的争论

以上可见，到近代哲学，对于本体论问题的探索已不同于古希腊和中世纪哲学，这在于此时已不是直接地进行这种探索，而是通过研究认识论及认识的对象问题间接地涉及这一问题。从哲学的深化层次上讲，"是"作为系词处于语言逻辑关系中，以"是"为中心，把概念的逻辑关系展现出来，这必定要涉及认识论问题。因而，近代哲学对本体论问题的探讨主要是在认识论的框架中进行的。

围绕于此，经验论和唯理论之间展开了许多争论，但都遇到重大困难。经验论说一切知识都来源于经验，但根据经验论的原则建立知识却无法保证其普遍有效性，无法保证其必然性。唯理论说理性的自明公理能保证必然性，但它是怎么来的，为什么能有自明性的性质，为什么这些自明公理在实际应用中会是正确无误的，这又是难以回答的问题。结果，在说明逻辑必然性何以可能的问题方面，经验论唯理论都一筹莫展。而且这一点，成了他们哲学的共同失足之处。这期间，在培根、洛克、霍布斯等人的哲学与往之被认为是巴洛克时期三个伟大思想体系的笛卡尔、斯宾诺莎、莱布尼兹的哲学之间，展开了一系列讨论。

如前所说，培根作为近代经验论哲学的开山祖，把人的知识诉诸经验归纳，并提出了归纳逻辑，但回答不了逻辑形式如何产生。培根关注了以往哲学特别是经院哲学中"形式"这一概念，认为"形式"是"支配和构成简单性质的那些绝对现实的规律的规定性”。他一方面反对神学家们把“形式”看成是脱离物质而独立存在的实体，认为“形式”是物质固有的，是和物质不能分离的。另一方面又认为“对于形式的肯定的知识”“不是人所能做到的”。对关于“形式”的知识从哪里找根据，培根对此归结到了上帝。他认为，上帝是形式的给予者和创造者，他说，“对于形式的给予者和创造者上帝来说，或者也可以对于天使和具有提高智慧的东西来说，他们一开始思考的时候，就直接具有对于形式的肯定的知识”。[①] 这样，培根在批判经院哲学的神学理论同时，并没有一概否定神学。在他看来，人的知识有两个来源，除了来自对自然界的感觉经验，还有来自“神的启示”。这形成了培根的“二重真理说”。

笛卡尔作为近代唯理论的创始人，坚持演绎主义，为说明自明公理是怎么来的，提出了他的“天赋观念”说。笛卡尔认为，那些自明公理或者说那些得到普遍承认和无可怀疑的观念，是天赋的。那为什么会有天赋观念？笛卡尔认为是上帝把天赋观念印入人的心灵（理性）之中。笛卡尔认为，我们之所以能认识和我们不相干的物，是因为上帝在心和物上都打上了印记。心和物虽不是一回事，但上帝是用同一个印章打上印记的。心灵是一个有花纹的大理石，它和物之间能吻合。笛卡尔坚持的是心物平行说，认为心和物是两个相互独立的实体（Substance）；同时它又在心和物之外找到一个更高的东西，即上帝。是上帝使它们能得到统一。笛卡尔讲的上帝固然已有自然化的倾向，但毕竟是与心、物都不同的东西。它到底是什么东西，笛卡尔是不能说清楚的。

后来的霍布斯（Thomas Hobbes，1588—1679）站在经验

---

① 培根：《新工具》，中译文见北京大学哲学系外国哲学史教研室编译：《十六——十八世纪西欧各国教学》，商务印书馆1975年版，第55～56页。

论立场上对笛卡尔的“天赋观念”进行了批评。他认为，人的各种认识和观念只能是后天的，不可能是天赋的。至于自明公理（霍布斯主要指几何公理），霍布斯认为它们同样不是天赋的，而是来自经验。这种观点显然是与培根有共同之处的。但是，霍布斯也看出了培根哲学的不足。霍布斯认为，在培根那里，感觉是对外物的反映，和外物一致，这似乎是不成问题的。可是，伽利略根据他对数学与力学的研究提出了一个新的问题：按照他的力学观点，物体只具有大小、形状等机械属性，并不具有我们感觉所感觉的声、香味等感觉属性。这就是说，感觉这种认识形式，同客观事物所具有的属性之间是有差别的。霍布斯同意伽利略的这个观点。霍布斯一方面肯定感觉是外物的影响，肯定感觉向我们报导了感觉对象的种种性质；另一方面，霍布斯又指出，当我们通过感觉获得了关于物体的种种性质的知识时，不要以为这些性质存在于物体里，而应当把它了解为我们认识事物的性质的方式。由此他强调，主观的认识同客观事物性质的原型完全一样。“一切感觉不是别的，只是原始的幻影”[①]，而科学只是给这些幻影冠以名称。

由于霍布斯坚持这样的感觉论，所以否认“一般”或“共相”的实在性。在霍布斯看来，客观上存在的是个别事物，概念只是一类个别事物的名称。他说：世界上并没有共性，只有名称。因为名称所指的事物，每一个都是个别的和单个的。[②] 这显然仍没跳出中世纪唯名论的观点。

霍布斯与培根不同的地方在于，他十分重视推理的作用，尤其重视演绎的作用。他说“知识的开端乃是感觉和想象中的影象；这种影象的存在，我们凭本能就知道得很清楚。但是认

① 霍布斯：《利维坦》，《人人丛书》，1928年英文版，第12页。
② 霍布斯：《维利坦》，《人人丛书》，1928年英文版，第13页。

识它们为什么存在，或者根据什么原因而产生，却是推理的工作。”然而霍布斯对于推理的理解又是简单化了的。霍布斯承认有自明的命题，但否认普通命题能推出科学。在霍布斯看来，推理只能是对感觉材料的组合与分解，是对名称的加减计算活动。他说：“推理就在于组合、分开或分解。所以我们用来发现事物的原因的方法，除了组合法或分解法，或者部分组合法与分解法以外，没有什么别的方法。”① 霍布斯又说，“我所谓‘推理‘是指计算。计算或者是要把加到一起的许多东西聚成总数，或者是求知从一件事物中取出另一件事物还剩下什么。所以推理是与加和减相同的。”② 这种见解，如前所述，对于逻辑往形式演算发展起到了开拓作用，但霍布斯的机械的感觉论则是十分肤浅的。

总之，霍布斯是既继承培根经验论又容纳一些唯理论而兼收并蓄的哲学家。他的“思维就是计算”的思想对后来的逻辑形式化发展有很大的启示，但他对于“一般”的看法，在认识论方面基本没有超出中世纪以来唯名论的水平。

与霍布斯大体同时代的斯宾诺莎（Benedictus Spinoza，1632—1677）是作为唯理论者出现的。斯宾诺莎对实体（substance）提出的标准定义是：“在自身内”，并“通过自身被认识”的东西。斯宾诺莎这样写道：“我把实体理解为在自身内，通过自身被认识的东西。”③ 这个定义的前面部分与亚里士多德关于本体是主体的定义相似，断定的意思是，本体概念的形成

① 霍布斯：《论物体》，中译文见北京大学哲学外国哲学史教研室编译：《十六——十八世纪西欧各国哲学》，商务印书馆 1975 年版，第 66 页。

② 霍布斯：《论物体》，中译文见北京大学哲学系外国哲学史教研室编译：《十六——十八世纪西欧各国哲学》，商务印书馆 1975 年版，第 66 页。

③ 斯宾诺莎：《伦理学》，第一部分，定义 3。

不需要对任何它物的思考。否则，本体的知识就不得不依赖于有关它物的知识，这个它物又会是另一个本体（实体)。与笛卡尔不同，斯宾诺莎不把被造的东西称作实体。在他看来，实体是自因，是它自己的原因。广延和思想是构成实体本质的属性。但是两个属性并不构成两个存在物或两个不同的实体。一个实体可以表现出不止一种属性。不可能有具有同样性质的两个不同的实体。实体是必然的、无限的、永恒的、独一无二的、包括一切的。斯宾诺莎将实体称作上帝或自然。因而斯宾诺莎的本体与完全自足、包括一切的实在等同。这一实体概念使斯宾诺莎成为泛神论者，也使他能够对笛卡尔的二元论发出挑战，尽管人们对斯宾诺莎所说的实体和属性的关系仍然有很多争论。

斯宾诺莎崇尚演绎，他在反对他的论敌时，基本上是沿着笛卡尔的思路，认为"天赋"是科学真理性的来源。但是，他对"天赋"的含义的理解与笛卡尔不同。如前所述，笛卡尔的"天赋观念"理论是把上帝作为最高的东西，这里包含着比较浓厚的宗教神学的色彩。而斯宾诺莎所理解的"天赋"的理性，却是物质实体自身所具有的属性之一。

在斯宾诺莎看来，把上帝放在心物之外是不能说明心物一致的，必须把它们说成是一回事，这就形成了他有名的"一体二面论"。也就是说，如果说笛卡尔讲的上帝还在心物外面，那么在斯宾诺莎那里心和物却都是上帝的属性（他把上帝看成就是自然)。斯宾诺莎认为，这是对一个东西从两面去看。从这方面看，看到的是这一面（即精神现象)；从另一面看，看到的是另一面（即物质现象)。底子是一个，这就使两个实体成了一个实体。

与斯宾诺莎同龄的英国哲学家洛克（John Locke，1632—1704）在建立自己的哲学时，把批判"天赋观念"作为自己的主要任务。他在批判天赋观念论时，全面展开了对经验论的论证。

洛克所继承并由其提出的实体概念大体是出自亚里士多德的《范畴》中的基质（substratum）概念。洛克是这样引出实体（substance）概念的：我们所知觉到的性质和属性使我们设定有一个基质，而且我们无法想象这些属性和性质独自存在。于是，由于思想的必然，我们必定推出一个作为这些性质之基础的实体。对此，洛克在他的《人类理智论》有这样一段话：“因为不能想家这些简单观念如何能够独立存在，因而习惯于假定一个基质，作为它们的寄托，作为它们产生的原因，我们也就称这个基质称它为实体。”① 他进一步论述说，我们发现某些简单观念在性质上总是恒常一贯地结合在一起，我们倾向于相信在它们后面有基质存在。只要有任何可感的性质存在，实体就不可能被消除。不过，这样一个实体的实在本质是不清楚的。我们的观念不超出感觉和反省，达不到足够深远的程度以提供关于实体本性的知识。我们所具有的实体观念是复杂观念；它们无非是各种性质的简单观念的集合，是我们内心活动的产物。总之，实体没有实证的内容，只是假定它支撑着各种性质。我们对这个假定本身毫无所知。

可见，洛克依据经验论原则，不同意像唯理论者那样来说明实体。因为在他看来，实体是超经验的东西，超经验的东西不能成为认识的对象，因此不能成为哲学的出发点，他的哲学出发点是著名的“白板说”。既然没有什么天赋观念，人的心灵只是一块“白板”，那人心中数不清的观念究竟是从哪里来的

① 洛克：《人类理智论》，第 2 卷第 23 章第 1 节，中译文见北京大学哲学系外国哲学史教研室编译：《十六——十八世纪西欧各国哲学》，商务印务馆 1975 年版，第 384 页。

呢？洛克说“我用一句话来答复这个问题：是从经验得来”。[1]说明观念的来源，是认识论问题，重要的在于外物是认识的对象，从对象得到的是心中的观念，然而观念（在洛克那里实际说的就是概念）和事物又有着明显的区别。霍布斯曾揭示过观念中有些内容是与外物相应的。有些内容又似乎没有相应外物。洛克企图进一步澄清这一问题。于是他把性质区分了两类：一是存在于物中的体积、广袤、形相等，这叫第一性的质；二是虽由外物引起却不是事物本身所具有的颜色、声音、滋味等，这叫第二性的质。

洛克认为，我们的知识或观念，一般地说，是导源于经验，而进一步具体地说是有两个来源，即“感觉”与“反省”。我们大部分观念是来源于对外界事物的“感觉”，从感觉“我们就获得了我们对于黄、白、热、冷、软、硬、苦、甜以及我们称之为可感性质的观念”。除此之外，观念还有另一个来源，这就是心灵对自身内部活动的“反省”。从“反省”就得到“知觉、思维、怀疑、信仰、推理、认识、意愿、以及我们自己心灵的各种活动的”观念。正是由此产生了洛克的逻辑学说。在洛克看来，一切观念都是从外部的感觉和内部的反省推导出来的，这样洛克把主要的规律归结为一些所谓的联想规律。在观念结合成为复合的观念和判断时，是依据这些规律来进行的。照洛克看来，符号是表达关于事物的概念的，心灵的真理在于观念的结合和分离，只有当观念与其“原型”一致时，这种真理才是实在的。这样又常依赖直观（或直觉）的认识，即对于两个观念的必然一致性或不一致性的觉知。这种觉知是通过直接比较，

---

① 洛克：《人类理智论》，第2卷第1章第2节，中译文见北京大学哲学系外国哲学史教研室编译：《十六——十八世纪西欧各国哲学》，商务印书馆1975年版，第366页。

或是通过一个或几个其他观念作为中介。数学就是最后一种方法的最好典范。由此，洛克怀疑推理（三段论）是否是“理智的最适宜的工具”，认为或许要再去找一个新的真正推广认识的辅助工具，而当时所用的逻辑学并不是这样的辅助工具。因此洛克又认为纯逻辑（主要指通常说的形式逻辑）的研究是多余的，差不多像数清画上笔画的数目对于画家一样。

洛克提出关于“第一性的质”和“第二性的质”的学说，和知识从“感觉”从“反省”中来的学说，显然是面对前人的困难试图进一步解决认识可能性的问题。洛克在解释两个质时，明确指出，“物体的第一性质的观念是和第一性的质相似的，它的原型是确实存在于物体里面的，第二性的质在我们心中产生的观念则根本不与第二性的质相似。并没有什么与我们的观念相似的东西存在于物体本身中。这些性质，在我们用它们来称呼的物体里面，只不过是一种在我们心中产生这些感觉的能力”。[①] 这样，当洛克把第二性的质的观念看作在物体本身中无原型时，就已把属于感知范围内认识的所谓第二性的质，即色、声、味等与实务分隔开了；而在他把关于第一性的质的观念看作在物中有原型时，具有把观念和对象同一起来的倾向。但这样对于一般概念，那就更难以说得清楚了。正是由此他认定这是不可知的。但洛克认为认识既来自感觉，也来自反省的观点，显示了他在其经验论观点十分浓厚的体系中，仍把注意力指向着主体意识。贝克莱就是由此加以发展建立起他的哲学的。洛克对本体概念的评说为贝克莱和休谟否定物质本体的存在铺平了道路，并成为经验论发展中至关重要的一步。

① 洛克：《人类理智论》，第2卷第8章第15节，中译文见北京大学哲学系外国哲学史教研室编译：《十六——十八世纪西欧各国哲学》，商务印书馆1975年版，第375页。

比洛克晚十几岁而大体同代的德国哲学家莱布尼兹(Gottfried Wilhelm von leiniz, 1646—1716),则基于笛卡尔哲学和洛克哲学的困难,提出了他那著名的"单子论"。莱布尼兹在其著作《单子论》(Monadologie)之中,集中论述了他的"单子论"学说。有些研究者认为,1714年莱布尼兹访问维也纳时,萨瓦的欧根亲王请他把自己的主要哲学观点作一总结纲要式的陈述。莱布尼兹为此写了这篇著作。《莱布尼兹哲学著作集》的编者C. I. 格尔哈特认为,莱布尼兹为欧根亲王写的另一篇性质相近的作品是《自然与神恩的原则》。当代学者法国的A. 罗比耐等经考证认为,《单子论》系为N. 雷蒙写的。《单子论》原文为法文,本无标题。1720年克勒曾发表了本篇的德译文,1721年迪唐又据德译转译为拉丁文,直至1840年J. E. 爱尔特曼在莱布尼兹手稿中发现原文,收入所编《莱布尼兹哲学全集》中,并加上了标题。原文问世后,篇名被沿用。嗣后有各种文字的多种译本,中译文收入商务印书馆出版的《十六——十八世纪西欧各国哲学》1975第2版。该文是莱布尼兹把自己在许多哲学著作中所阐述的主要观点高度浓缩的作品,篇幅虽短而内容丰富。全文共90节,大体可分为两部分:1～48节主要论述一切实体的本性,包括实体应是构成复合物的最后单位,本身没有部分,是单纯的东西,即精神性的单子;实体本身应具有内在的能动原则等等,49至90节主要论述实体间的关系,包括"前定和谐"及这个世界是"一切可能的世界中最好的世界"的学说等等。莱布尼兹的"单子论"有向宗教神学妥协的倾向,但也包含一些合理的辩证法因素,如万物自己运动的思想等。

在莱布尼兹之前,亚里士多德学说传统意义上讲的"本体",可以认为是属性的最终主体。莱布尼兹从这一观点出发,声称,一给定主体的一切属性,包括它过去和将来的每一个状态,都包含在那个主体的概念中。于是他进而问,使一个实体

(substance) 具有属性的东西是什么，也就是说，对于能够真实用来给那个本体作断言的一切属性，它们的根据和理由是什么。莱布尼兹在回答这个问题时，在某种意义上回到了前笛卡尔的观点。在亚里士多德的学说那里，有“本体形式”（substance form）这一概念，对此中世纪经院学家作了充分发展。这被用来说明一物何以为该类本体的内在原则。这些学说强调，一物的实体形式是该物的行为目标和说明原则。在近代哲学早期，“实体形式”一词被滥用了。所以，后来一些哲学家将这个词抛弃，代之用大小、形状和运动来说明自然现象。不过，许多哲学家如阿尔宾诺认为这种机械论哲学是不充分的，因为它不能说明一物的内在活动和有机统一。因此莱布尼兹复兴了“实体形式”的概念，将此说明为一个变化的原则，一个统一的原则；认为这是真正的统一体或实在的东西；指认一个有形实体是由不确定的、被动的物质和对它的性质其原因和说明作用的确定的形式构成的。莱布尼兹强调，这个确定的形式就是它的实体形式，它相当于人类的灵魂。莱布尼兹对这个词的使用与经院哲学家的不同在于，他主张，这个形式是为自然提供有机能动性的普遍说明原则，它不用于说明个别的自然现象。在莱布尼兹看来，一个形式就是一个能动性或隐德来希，因而本体形式也就被称作“原始的力”和“第一隐德来希”。莱布尼兹有这样的说明：“为了发现这些真正的存在物，我被迫求助于形式的原子，因为一个物质的东西不可能既是物质的，同时又是完全不可分、即具有真正统一性的。因此，有必要也可以为当今名声不佳的实体形式恢复名誉。”①

莱布尼兹之所以要为“实体形式”恢复名誉，并求助于

① 莱布尼兹：《哲学文集》，英文版，阿瑞和加伯编译，1989 年版，第 139 页。

"形式的原子"，直到形成其"单子论"，期间经过了这样的理论演进：莱布尼兹少年时代在经受了经院哲学所宣扬的亚里士多德学说的熏陶之后，不久由于阅读了近代一些科学家和哲学家的作品又一度接受了原子与虚空的观点，但他经过一番考虑，发现原子论观点包含着内在的矛盾：这种物质的原子既然具有广延性，就总是可以无穷分割而不能有不可分的最后单元；这种被虚空隔离开的原子无法构成连续的整体，与宇宙的连续性原则相违背；这样，仅以广延为本质属性的物质原子无法说明事物的运动变化和质的多样性。为克服这些矛盾，莱布尼兹主张，构成万物最后单元的实体不应具有广延或量的规定性，而应具有各自不同的质，并应具有"力"作为推动自身变化发展的。所以，他起初称之为"实体的形式"或"实体的原子"等等。莱布尼兹论证说，因为实体是自存的存在，所以它自身内具有活动；它具有一个"实体形式"，这个形式与组织协调一切功能和活动的灵魂相似；实体的本质在于它原始的活动力。莱布尼兹就此写道："既然情况可以如此，于是我们可以说，一单个本体或完整存在物的性质是：它具有一个十分完整的概念，以致足以使我们理解它，并从它之中推出该概念所归属的那个主体的全部属性。"①

这样，莱布尼兹由其最初论证的"实体的形式"或"实体的原子"等等，最后将其所论的"实体"称之为"单子"。

莱布尼兹提出的"单子论"，在西方近代哲学史关于"本体"讨论中，掀开新的一页。如果说，在笛卡尔那里论证了"心""物"两个"实体"，在斯宾诺莎那里归结为"一体两面"的一个"实体"，在洛克那里由"基质"引申出"本体"；那么，

① 莱布尼兹：《形而上学论》，第8节。

到莱布尼兹那里则提出了作为“单子”的无数多个“实体”。

关于莱布尼兹由“单子论”而论的“实体”的特点，他强调：单子因无广延，真正不可分，也没有“部分”，是真正“单纯”的实体。单子既无部分，就不能由各部分的组合或分离而自然地产生或消灭，其生、灭只能出于上帝奇迹式的“创造”和“毁灭”；单子既无部分，因而无物能进出其部分，故每一单子都“没有可供事物出入的窗子”，是各自独立的。

莱布尼兹强调：既然作为主体的实体包含了它的一切属性，那么，单子的变化就不是由于外因的影响，而是由于它自己内因的显露。虽然各单子之间有前定和谐，给人一种它的相互作用的印象，但实际上每个单子都是完全自足和完善的。

莱布尼兹进而还强调：因为世界上没有两个单子在质上完全相同，所以没有完全相同的两个事物。单子有高低等级之分，由具有模糊的“微知觉”的单子构成的无机物，到动物的具有感觉的“灵魂”，再到具有清楚的自我意识或理性的“心灵”，以至比人的心灵更高的“天使”之类，最后达到全知、全能、全善，创造了高于其他一切单子的最高的单子，即上帝。每两个相邻等级的单子之间，有无数中介的单子，从而构成一个连续的系列。单子与单子之间，彼此独立，但单子所构成的事物却又彼此相互作用、相互影响，从而构成一个和谐的整体。莱布尼兹认为这是由于上帝在创造每一单子时就已预先确定其本性，使它在以后的全部发展过程中自然地与其他单子的发展过程相一致，这就是所谓的“前定和谐”。

莱布尼兹基于其“单子论”及其“前定和谐”论，详细论证了，认识的基础在于理性直觉，认识的完善形式是纯演绎的，归纳不能得出真理性的判断。莱布尼兹指出，“感觉永远只能给我们提供一些例子……然而印证一个一般真理的全部例子，不管数目怎样多，也不足以建立这个真理的普遍必然性，因为不能得出结论说，过去发生的事物，将来也会永远同样发生”。[①]“对于一个普遍的真理，不论我们有关于它的多少特殊经验，如果不是靠理性认识了它的必然性，靠归纳是永远也得不到对它的确实保证的”。[②]

莱布尼兹在笛卡尔的天赋观念遭到洛克的批判后，对天赋观念作了更进一步改造，重新说明自明公理。笛卡尔认为“天赋观念”本身是完全清楚明白的，就是真理。莱布尼兹则认为“天赋观念”是“潜在”的，本身并不清楚明白，而是需要通过外部事物的感觉经验的刺激，才会清楚明白起来。他认为，科学的任务是探求普遍的必然的原则和概念，即知识。而这些知识作为倾向性、禀赋、习性或自然潜力在能力而天赋在我们心中。莱布尼兹认为，在能够确立人类科学的要素之前，必须有整个科学赖以支持的某些基点，这些基点是可以确认无疑的。莱布尼兹在此讲了他不同意笛卡尔关于自明的“清楚明白”的真理标准的原因。这是因为在人们能够运用这一标准之前，必有一基于“前定和谐”“单子”的精确标准，以确定什么是“清楚明白”的，否则，证明自身只能变成虚假的掩蔽体，而成为一种新的谬误的根源。因此，为要确保真理就必须不满足于自明，应回溯到之所以自明的原因，而这一点则存在于证明的形式或推论之中。直觉或者主观经验都不能提供任何确实的真理标准，而必须到关于真理自身的普遍性的性质中去探求，必须在逻辑的原则中去探求，而这一点则包含在关于真与假的定义之中。莱布尼兹认为真与假的区分乃基于不矛盾原则，或者作为对它的肯定补充的同一原则。他认为，同一的判断为真，而矛盾的判断为假。

① 莱布尼兹：《人类理智新论》，商务印书馆 1982 年版，第 3～4 页。
② 莱布尼兹：《人类理智新论》商务印书馆 1982 年版，第 49 页。

莱布尼兹曾首先提出关于同一理论的“莱布尼兹定律”，即“当且仅当X与Y的每一性质都相同时，则X＝Y”。依据这一定律，如果在某一叙述范围内，一个等值的公式，如X＝Y，已被假定或证明为真，则在这个叙述的范围内，等值表达式可以相互代换。同时，依据这一定律还可推出自返定律、对称定律和传递定律等。关于同一理论的逻辑定律，对于确立逻辑演算具有极其重要的意义。正是基于此，莱布尼兹提出了希望建立一种“普遍符号语言”的逻辑即“思维演算”的思想，并展开了一种成为现代数理逻辑先驱的系统。

可见，莱布尼兹对于自明公理，提出了一种和前人都不同的见解。也就是说，在莱布尼兹讲来，单子是一个统一体，它不是物理的，而是一个不可分的形而上学的点。如果说有很多单子，那么就有个中心的单子，即灵魂。而且，每一个单子都有一个心灵，每一现象都是单子表现出来的。单子一个个地存在，同时它们又有相通的地方，即它们各自独立地表现全宇宙。当你进行科学研究的时候，是以你的方式表现全宇宙，我也能以我的方式表现全宇宙。我、你的表现是个别的，而表现全宇宙是一般的、统一的。为什么我表现的宇宙和你表现的宇宙是一样的呢？是因为有“前定和谐”，也就是说自然是用一个模子造的。数学中统一的符号演算正是表现这种和谐，这是思维的和谐，这是灵魂的和谐。

总之，莱布尼兹是立足于作为单子的一系列本体来说明自明公理问题的。他的哲学比起前人有出色的地方，但基本上仍是立足于“天赋观念”来解决问题。那“天赋观念”到底是怎么来的，如何依此解决逻辑的必然性和经验世界的关系问题，最终仍不能真正得到令人信服的说明。正是由此，后来的哲学把问题推向了极端。

至莱布尼兹，实体问题从笛卡尔的两个实体到斯宾诺莎一个实体到莱布尼兹许多实体，似乎再也不好前进了。正是在这种情况下，一些哲学家提出了对“实体”是否还有必要去说的问题。这导致后来有人干脆取消了实体。

这就进入了贝克莱（George Berkely，1685－1753）的哲学。贝克莱干脆取消“实体”，他利用了洛克关于“第一性的质”“第二性的质”的学说，将其推向极端，提出了“存在（esse）就是被感知（percipi）”的哲学命题。他的理由是：既然存在的实体都可以被归结为属性，而属性不过是被感知到的“第一性的质”和“第二性的质”，所以，说一个事物存在不过是说它具有如此这般的性质。这就从根本上否认了实体。

休谟（David Hume，1711－1776）正是在经验论和唯理论两强相争，各露破绽的情况下，把逻辑必然性和经验世界的联系问题推向了似乎“山重水复疑无路”的境地。从而在怀疑论中根本上否定了一切实体概念的实在性。

休谟认为，人类的知识有两种。

一种是观念关系的知识。它们具有“解证的确定性……只凭思想的作用就可以把它们发现出来，而不必依据于在宇宙中任何地方存在的任何东西”。但这类知识的适用范围“只在于数和量……如果想把这种较完备的知识扩充到这些界限之外，那只是诡辩和幻想”。[①] 这是休谟对于演绎的抽象空洞性的进一步揭露。

另一种知识是实际事情的知识。“关于实际存在的一切论证都是建立在因果关系上的，而我们对于这类关系所有的知识又是从经验来的；而我们一切经验上的结论又都是‘将来是和过去相契’的这一个假设进行的”。休谟认为，这个归纳假设本身

① 休谟：《人类理解研究》，关文运译，商务印书馆1981年版，第26页。

是不成立的。首先，“各种事实的反面总是可能的”，“不可能有理证性的论证来证明：我们所没有经验过的例子类似于我们所经验过的例子”。[①] 其次，经验的证明只会导致循环论证，即用有待证明的归纳来证明归纳本身，这“又会引起同样性质的新问题，以至于无限的地步”。所以归纳以及以归纳为根据的这类知识“不是凭着其他的原则，而只是凭着作用于想象上的习惯”建立起来的，是非理性的。这就是休谟提出的“归纳问题”，它揭示了归纳证明不了必然性。又正是由此休谟提出了他的彻底怀疑论的结论。

总之，在休谟看来，上面两种情况：前者能保证普遍的必然性，但它却只涉及数和量，与现实无缘；后者涉及实际事物，但永远是个别，没有普遍必然性。于是逻辑学、数学被束之高阁，而一切经验科学的合理性又荡然无存。

也就是说，正是在这一哲学研究的过程中，休谟对本体论哲学提出了怀疑和责难。休谟以不可知论的形式，实际上否定了追寻本体（实体）问题的可能。他从彻底经验主义出发，断定感性知觉之外一概不可知，在知觉以外的任何东西，无论是物质本体也好，精神本体也好，究竟是否存在，这个问题是无法回答的，从而将本体的问题归结为我们的经验无能为力的“超验”问题，认为对这样的问题既不能肯定，也不能否定，只能存疑。

休谟哲学固然是一朵没结果实的花，对逻辑学也没作出很大的发展。但他的确把经验论和唯理论推到了各自的极端，使二者的困难暴露无遗。这把哲学，特别是认识论问题，推上了一条绝路，逼着后来的哲学家千方百计地面对这一严峻的困难

---

① 休谟：《人性论》，郑之骧等译，商务印书馆 1983 年版，第 107、109、123 页。

寻求哲学、认识论、逻辑的生路，等待着"柳暗花明又一村"。

二、18世纪法国哲学

18世纪法国出现了一批被归为唯物主义的哲学家，他们的学说成为启蒙运动的主要组成部分，成为哲学史发展的重要阶段。恩格斯曾把哲学史的18世纪称为"一个以法国为主角的世纪"[①]。法国唯物主义者在哲学史上鲜明张扬唯物主义和无神论学说。马克思、恩格斯指出："法国唯物主义有两个派别：一派起源于笛卡尔，一派起源于洛克。"[②] 法国唯物主义者围绕物质与意识的关系问题，肯定物质第一性，主张运动是物质的属性，摒弃了神是世界第一推动者的自然神论；在认识论上，他们坚持唯物主义的反映论，并力求克服洛克经验论的不彻底性。他们依据英国自然科学和笛卡尔物理学的成就，建立机械唯物主义的体系，用鲜明的无神论思想公开彻底地反对宗教神学，在社会政治思想上反对封建专制。

18世纪法国哲学突出在于启蒙主义者哲学及百科全书派哲学。法国启蒙主义者的代表，主要有皮埃尔·培尔（1647—1706)、让·梅叶（1664—1729)、孟德斯鸠（1688—1755)、伏尔泰（1674—1788)，以及卢梭等等。启蒙主义者在哲学上许多人主张自然神论，在法国启蒙运动中成为先驱或重要促进者。18世纪法国唯物主义者的中心通常被认为是"百科全书派"。这里所讲的"百科全书"特指《百科全书或科学、艺术和工艺理性辞典》。该书由狄德罗和达朗贝尔于1751年开始编辑，1757

① 恩格斯：《〈社会主义从空想到科学的发展〉1892年英文版序言》，《马克思恩格斯文集》第3卷，人民出版社2009年版，第504页。

② 马克思、恩格斯：《神圣家族》，《马克思恩格斯全集》第2卷，人民出版社1957年版，第160页。

年出版前7卷，至1771年共出版35卷。在长达20多年的编撰过程中，编辑者们聚集成一个哲学家群体，其中包括狄德罗、孔狄亚克、霍尔巴赫等人。再就是，拉美特利和爱尔维修。他们虽然没有直接参与百科全书的编写，但是由于他们的哲学倾向和思想特征与百科全书派的唯物主义和无神论思想特征相吻合；所以哲学史上往往把他们列入百科全书派。还有梅叶，他虽然在生前游离在百科全书派之外，但因其著有《遗书》而被后人归于与百科全书派一起的法国唯物主义学派阵营。另外，尽管伏尔泰、孟德斯鸠和卢梭也参与《百科全书》的编写工作，但由于他们在哲学上持自然神论，一般不被列入“百科全书派”的阵营。

（一）培尔、梅叶、伏尔泰。

1. 作为法国启蒙运动直接先驱的皮埃尔·培尔（Pierre Bayle，1647—1706）生于邻近法国的一个西班牙村庄，出身于新教牧师家庭；早年就读于加尔文教耶稣会学校，上学期间曾一度信奉天主教，后因不满天主教会而改信新教，受到天主教、新教与封建政府的排挤，后被迫离开法国。1680年，他移居荷兰的鹿特丹，在那里发表了后来备受关注的《历史的和批判的词典》，批判旧观念、宣扬新思想和新知识。

培尔由怀疑论。他并不否认神的启示，而他指出，神的启示与理性是不相同的。法国哲学具有怀疑论的传统。早在16世纪，蒙田就运用怀疑论提倡宗教宽容，笛卡尔也以怀疑主义证明传统知识不可靠。培尔在当时思想专制的条件下，把怀疑论的精神实质归结为理性批判和探索的精神。他强调，表面看来哲学是神学的奴仆，实际上神学才是哲学的奴仆。

在哲学上，培尔反对斯宾诺莎关于神即自然的学说及其“实体”“样式”的学说。他指出，宇宙不可能是唯一实体，而是复合存在，包含了各种组成部分，它们各有广延，都是实体，不是“样式”或“分殊”。实体与“样式”不可分，有多少样式就有多少实体。他还指出，自然和自然中的万物的关系是整体与部分的关系，“样式”等形而上学术语只会搞乱人的理性。培尔也不同意莱布尼兹“神正论”和“前定和谐”学说，他批评以此为代表的形而上学。他宣称：“消除一切奇迹思想的最稳妥的办法是把被创造的实体看成主动的，看成自然结果的直接原因。”[①] 马克思、恩格斯指出，培尔的哲学批判“使17世纪的形而上学和一切形而上学在理论上威信扫地”，“为在法国接受唯物主义和合乎健全理智的哲学作了准备”。[②]（《马克思恩格斯全集》第2卷，人民出版社1957年版译为“作了基础”第162页。）

2. 让·梅叶（Jean Meslier，1664—1729）出生于一个纺织工人家庭，从宗教学校毕业后在天主教会担任教职。梅叶在晚年写成了一步表达自己哲学和社会政治观点的著作手稿，并把手稿标明为《遗书》。《遗书》手抄本的全书直到梅叶去世后的1864年才在荷兰出版。所以，梅叶的思想在18世纪初期的法国没能产生很大的实际影响，而在其后来出版的《遗书》中所表现的成就，使之在18世纪法国哲学中占有了重要地位。其在哲学史上的贡献是不可忽视的。

梅叶对天主教神学进行了尖锐批判。而他与启蒙思想家主张自然神论不同，明确提出无神论的观点。梅叶在批判天主教神学的过程中，指出没有神这样的“实体”，“神根本不存在”。他论证了物质是宇宙万物的本源。他指出，“物质是本身存在

① 培尔：《历史的和批判的词典》，中译文见北京大学哲学系外国哲学史教研室编译：《西方哲学原著选读》下卷，商务印书馆1982年版，第12页。

② 马克思、恩格斯：《神圣家族》，《马克思恩格斯文集》第1卷，人民出版社2009年版，第329～330页。

的，它本身就是运动着的，实际上它是万物的始因”，强调“物质是始因，是永恒而独立的存在物”①，“物质的存在物是存在于万物之中的，万物是由物质的存在物而来的，而万物最后是可以归结为物质，也就是物质的存在物的”。② 为了解释物质的永恒性，梅叶提出“物质自动”的观念，认为“一切物质都有运动能力”，这样，物质不可能是被创造的，也没有最后的创造者上帝。

梅叶基于这样的物质观，主张“实体（本体）或物质只能由自身获得运动”，“实体不能是创造出来的”。所以，应该“遵守理智的最明显的指示，这种理智是清楚地向我们指明实体的存在的”。他论证说，“因为，至少拿我们自己的存在来看，就可以很清楚地看出，我们自己是作为实体存在着的，如果没有这个实体，就根本没有我们，我们也就不能有对实体的想法了。而且，我们完全无疑地知道，我们是存在的，在思想着的，我们对这一点无论如何不能怀疑，因此，实体的存在是显然无疑的，因为如果没有实体，当然就不能有我们，如果没有我们，我们也就不能思想了。这一点是再清楚不过的了。”

梅叶紧接着指出，“既然这样，就不能不承认实体的存在，而且也必须承认实体是永远存在的，因而从来不曾被创造，因为，如果它不是永远存在的，那就可以肯定地说……第一，它永远不能打下自己存在的基础，因为它既然不存在，就无论如何也不能创造自己或给自己以存在。第二，它的存在永远不能从其他任何原因或其他创造它的实体获得本原。因为，既然假定实体不是永远存在的，就不会有其他任何实体或任何原因来创造它”。

① 梅叶：《遗书》（第 2 卷），商务印书馆 1960 年版，第 199 页。
② 梅叶：《遗书》（第 2 卷），商务印书馆 1960 年版，第 209 页。

梅叶进而又讲，“但是，因为实体是存在的……它是永远存在的……这个存在物正是万物的始因和基原。……显然，如果没有实体，那么任何东西都不会有了。由此可以清楚地得出结论：实体根本是在万物中构成万物的基原、构成万物的主要本质和基础的东西。因此，实体是万物的始原和基原。因为实体的存在，正如刚才所指出的，并不是无源的，而且是永恒的；因为万物只是实体的各种变态”。

由这样的见解，梅叶论证了“如果有全能和全善的神存在，就不会有可怜的、不幸的和不完善的存在物”；他反驳了“笛卡尔主义者关于神存在的证明”。梅叶指出，“笛卡尔主义者把无限存在和实际上并不存在的无限完善的实体混为一谈，他们错了”。因为“他们说，必须把神的存在说成是显然已包含在关于这个实体的观念本身之内的东西。……而且，真实的和必然的存在显然包含在神的观念中，即包含在无限完善的实体的观念中。这就意味着神或无限完善的实体存在着。……这只是自欺。要知道，显而易见，从这个论断不能得出神或无限完善的实体存在的结论来。因为这个无限完善的实体不仅是想象的，而且是被假定为的确是真实的。真的，如果不假设某种确是真实的实体，那么仅从对于他的观念而得出他是存在的这一结论来，那是令人发笑的。但这里的问题不只是在于被设想为无限完善的实体的确是一种实在的东西这个假设。……而上述论断并不能证明想象的无限完善的实体真正是一种实在的实体”。当“在物质的观念中或广延的观念中就看到、想象到并显然认识到一般实体、无定限实体和无限实体的真实存在和必然存在”。“断言对于这个实体的简单而自然的观念包罗着现有的一切和可能有的一切，他是对的；因为现有的一切和可能有的一切实在只是物质或广延的各种不同的变形”。“说这个实体的观念包含着必然的存在的观念，并且这个实体有着自己自主的存在，这也是对的；因为真正的实体而不具有存在是不可能的”。而“由此得出实体无限完善的实体存在的结论就不对了，因为显明的和自然的物质观念或广延观念和幻想的无限完善的实体的观念之间并无任何必然联系，广延是真正无限的，而所谓无限完善的实体则哪儿也没有”。

梅叶又说，“设想一般的实体、无定限的实体和无限完善的实体是同样的一个东西，这又是他们自己欺骗自己。其实很显然，物质或广延决不是无限完善的实体，虽然它们是无定限的和无限界的实体。可见，他们的错误也就在于：他们根据存在着只就自己的广延说是无限的实体，推出存在着无限完善的实体的结论。这同时指明了那位坎伯雷大主教关于这点的论断的缺点和站不住脚的地方。下面是他关于这点所说的话。他说：‘我发现本身存在着的存在应当具有最优良的品质。’‘依靠自身有着存在的东西是永恒的和不变的，因为它在自身深处含有自己存在的原因和必然性。’‘它自身有着它可能有的一切，它所有的永远不可能少于现在所有的，有着这样的存在，就意味着作为最高级的存在而存在着，因而也就是作为最高级的真理和优良品质而存在着。’”“他发现有着自主的存在的实体，应当具有最高级的杰出品质。他在这儿显然弄错了，因为很显然，任何物质、任何广延虽然依靠自己有着它们现有的一切，然而并不拥有最高级的杰出品质。”①

3. 伏尔泰（Francois－Marie Voltaire，1694－1778）原名弗朗索瓦·马利·阿鲁埃，出生于法国巴黎的一个富有家庭，早年在耶稣会创办的大路易学校学习。1717 年，他因写诗讽刺摄政王及针砭时弊而被关进巴士底狱，在狱中写出剧本《俄狄

① 梅叶：《遗书》，中译文见北京大学外国哲学系外国哲学史教研室编译：《十八世纪法国哲学》，商务印书馆 1979 年版，第 711、718～720 页。

浦斯王》，并首次使用伏尔泰的笔名。他出狱后曾当过法国驻荷兰大使馆秘书。1726 年被驱逐出境，流亡到英国。在英国，他考察了英国的政治制度和社会风俗，研究了牛顿的物理学和洛克等人的哲学思想。1788 年法国国王路易十五死后，他回到巴黎，并当选为法兰西学院院长。他在哲学上汲取了洛克的经验论和科学精神，具有强烈的批判精神，对法国的封建专制和宗教迷信进行了无情揭露，并在自然神的名义下倡导开明和自由的启蒙精神。他的主要哲学著作有《形而上学论》（1734）、《牛顿哲学原理》（1738）《风俗论》（1756）和《哲学辞典》（1764）等。

伏尔泰在哲学上主张自然神论，哲学基础受牛顿力学的影响。他提出宇宙是一架“绝妙的机器”，认为物质世界是客观存在。他说：“物质是延展的，有体积的、坚实的、有引力的、可分的、可动的。”[①] “可分性也只是一连串的运动。因为没有运动，什么也不可分，什么也分离不开，什么也安排不好。所以我们把运动视为物质最主要最本质的东西。”[②] 然而，伏尔泰在说明物质运动时，说：“运动并不是凭自身而存在的；因此必须求助于一个最初的推动者。”[③] 这表现了他的自然神论特征。

伏尔泰坚持洛克的经验论，反对以笛卡尔哲学为代表的唯理论。他讲，“形而上学式的概念，都从感觉而来”[④]。伏尔泰有

---

① 伏尔泰：《哲学辞典》（下册），王燕生译，商务印书馆 1991 年版，第 618 页。

② 伏尔泰：《哲学辞典》（下册），王燕生译，商务印书馆 1991 年版，第 621～622 页。

③ 伏尔泰：《形而上学论》，中译文见北京大学外国哲学系外国哲学史教研室编译：《十八世纪法国哲学》，商务印书馆 1963 年版，第 71 页。

④ 伏尔泰：《哲学辞典》（下册），王燕生译，商务印书馆 1991 年版，第 708 页。

部重要的著作，就称《形而上学》。

关于“形而上学”、“实体”（“本体”），伏尔泰有这样一段论述：“Trans naturam，超乎自然。可是超乎自然的难道是一种物件吗？所以我们把自然理解为物质，而形而上学的就是非物质的：例如；你那种既不长、又不宽、又不高、又不硬、又不光的推理；你那个不为你所认识、产生出你的推理的灵魂；各种总是被谈到、曾经长期被赋予一种精细到不再是形体的形体、最后被去光形体的任何影子、而不知还剩下何物的精灵；这些精灵的那种并无五官作梗的感觉方式；它们的那种不用头脑的思想方式；它们的那种不用言语也不用手势的传达思想的方式；最后是我们凭着创造物而认识的、而我们的傲慢却要求加以定义的神；我们感到权力无边的神；与我们隔着无限的鸿沟、而我们胆敢窥测其本性的神。这些都是形而上学的对象。人们还可以再加上各种数学原理，没有广袤的点，没有宽的线，没有高的面，无限可分的单位，等等。连贝尔都认为这些对象是理性的实体；但是这些其实只不过是从体积看、从面积看、从单纯的长或宽看、从这些单纯的长或宽的极限看的物件而已。所有的权度都是准确的和可疑证明的，形而上学在几何学里没有什么东西可瞧。就是这个缘故，人们可以身为形而上学而并非几何学家。形而上学是更讨人喜的；它常常是精神的传奇。在几何学里则相反，一定要计算、测量。这是一种连续不断的苦刑，许多人是宁愿从容不迫地梦想而不愿如此自苦的。”①

（二）狄德罗与拉美特利。

1. 德尼·狄德罗（Denis Diderot，1713—1784），《百科全书》的主编和组织者，被认为是“百科全书”派的精神领袖。

---

① 伏尔泰：《哲学辞典》，中译文中译文见北京大学外国哲学系外国哲学史教研室编译：《十八世纪法国哲学》，商务印书馆 1963 年版，第 101 页。

狄德罗出生在法国朗格尔市，父亲是制造刀具的手工业者。他早年在耶稣会创办的学校上学，1728年赴巴黎求学，系统修习了修辞学、伦理学、数学和物理学等学科，特别是接触到了培根和洛克等人的唯物主义经验论哲学。他19岁时获得巴黎大学文科硕士学位。1750年，他开始同数学家达朗贝尔一起主持编纂百科全书，并邀请一大批著名学者作为撰稿人。狄德罗在主编《百科全书》的27年间，虽然遇到过种种困难，但他始终没有退缩，最后完成了这部35卷的巨著。狄德罗的主要哲学著作有《论解释自然》（1754）、《达朗贝尔与狄德罗的谈话》（1769）、《达朗贝尔的梦》（1769），《关于物质和运动的哲学原理》（1770）等。

狄德罗认为，世界中的实体，只是物质实体，宗教神学所谓的作为超自然的精神实体的上帝是不存在的，是神学家们捏造出来的“不可理解的字”。如果对上帝进行了仔细分析，就会发现宗教神学关于上帝的种种说法本身就包含着逻辑上无法解释的矛盾：实体，存在于某个地方，而又不与空间上的任何一点相合；实体，是没有体积的，又占有体积，而且在这个体积的每一个部分里都是完整的；其在本质上与物质不同，而又与物质联合为一体；其跟在物质后面推动物质，而自身又不动；其影响物质，而又不受物质的一切变更的影响。面对这样一个充满矛盾的上帝观念，人们很容易得出结论：上帝是没有的，上帝创造世界是一种妄想。狄德罗还从唯物主义经验论出发，提出凡是自然界中存在的东西，都是可以通过感觉来认识。“如果想要我相信神的话，一定得让我摸得到他。”[①] 狄德罗由此批判天主教的教义，揭露“三位一体”、“神迹”等教条的荒谬性。

① 狄德罗：《供明眼人参考的谈盲人的信》，中译文见北京大学外国哲学系外国哲学史教研室编译：《十八世纪法国哲学》，商务印书馆1979年版，第308页。

狄德罗在《哲学思想录增补》中写道：“‘三位一体’中的三位，要么是三种偶性，要么是三种实体。非此即彼。如果这是三种偶性，我们就是无神论者或自然神论者。如果这是三种实体，我们就是异教徒。”“柏拉图曾经从三个方面来考察神，即善、智、力。要在这里头看不到基督教的‘三位一体’，是非闭上眼不可的。将近三千年前这位雅典哲学家就已经把我们叫作‘圣言’的叫作‘λoγòς’了。”①

在狄德罗看来，宗教迷信是理性的敌人，是愚昧无知的产物，是使人类相互仇恨和残杀的罪恶根源。他还看到了宗教与专制制度之间的联系，认为宗教是专制制度的帮凶，要求人们无条件地顺从封建专制的统治。天国的上帝和人间的皇帝是拴在人们脖子上的两股绳子，如果不解开其中一股，也就无法解开另一股。要推翻王权，首先必须打倒神权。

2. 狄德罗的思想与拉美特利学说有密切联系。茹利安·奥弗雷·拉美特利（Julien Offroy de la Mettrie，1709－1751），他生于布列斯塔尼省圣马洛一个富商家庭。他初学神学，后因厌恶而转学医学。1733 年获博士学位后，随即到莱顿拜名医H·波尔哈维为师，深爱机械主义医学思想的影响。1745 年，拉美特利在海牙出版了他第一步部阐述自己唯物主义无神论思想的哲学著作《心灵的自然史》，遭到教会和封建当局的迫害，被迫逃到荷兰。1747 年，拉美特利因在荷兰匿名发表他最著名而影响最大的著作《人是机器》，后因此而遭到当地反动势力的攻击，只得离开荷兰流亡到普鲁士。拉美特利的其他哲学著作还有《人是植物》（1748）《伊壁鸠鲁体系》（1750）、《论幸福》（1750）等。

---

① 狄德罗：《哲学思想录增补》，中译文见北京大学外国哲学系外国哲学史教研室编译：《十八世纪法国哲学》，商务印书馆 1979 年版，第 351 页。

拉美特利明确地讲：“我把哲学家们论述人类心灵的体系归结为两类，第一类，也是最古老的一类，是唯物论的体系；第二类是唯灵论的体系。”① 他把后者比作“脆弱的芦苇”，把前者比作“牢固坚实的橡树”，认为唯物主义是唯一的、不可战胜的真理。

拉美特利继承了笛卡尔哲学中的一些观点，并试图克服笛卡尔哲学中的二元论。他认为，物质是整个宇宙中的唯一实体，世界万物不过是它的各种变化而已。物质是凭自身存在的，它既不是被创造的，也不能被消灭；虽然万物的形式变化无穷，有生有灭，但物质本身不灭。他反对笛卡尔关于物质的唯一属性是广延的说法，认为这种观点无法说明物质的运动问题，必然会得出上帝是物质运动的唯一原因的错误结论。他认为，物质有两种基本属性，即广延和运动力。“物质本身就包含着这种使它活动的推动力，这种推动力乃是一切运动规律的直接原因。”②

拉美特利从机械唯物主义观点出发，对身心关系问题进行了阐述。他认为，人体也是一种由物质构成的机器。人并不是用什么更贵重的料子捏出来的；自然只用了一种同样的面粉团子，它只是以不同的方式变化了这面粉团子的酵料而已。人体也与自然物体服从同样的运动规律。在这个意义上，人与动物没有本质的区别，除了人拥有语言外，人体的组织结构与动物完全相同，只不过人比最完善的动物多几个齿轮，多几根弹簧，制作得更加合理精密罢了。于是，拉美特利在笛卡尔关于“动

① 拉美特利：《人是机器》，顾寿观译，王太庆校，商务印书馆1959年版，第13页。

② 拉美特里：《心灵的自然史》，中译文见北京大学外国哲学系外国哲学史教研室编译：《十八世纪法国哲学》，商务印书馆1979年版，第203页。

物是机器”观点的基础上，提出了“人是机器”的思想，把人体看作一架自己会发动自己的“聪明的机器”。不仅人的身体受机械运动的支配，而且人的认识过程也可以通过机械运动得到解释。心灵并不是一种与身体完全不同的精神本体，而是身体这种有机物质的一种特性。心灵的各种机能直到意识，都受身体器官的状况的影响。

拉美特利从人的生理特征出发，说明了作为思维器官的大脑之物质性。他说：“正像提琴的一根弦或钢琴的一个键受到震动而发出的声响一样，声浪所打击的脑弦也被激动起来，发出或重新发出那些感到它们的活动。”拉美特利认为，人的认识起源于感觉，感觉是人的感官对外部事物的反映。当外界的事物刺激我们的感官时，感官的组织神经受到震动，便形成了感觉；感觉经过神经系统把受到变动的动物精神的运动传送到大脑，便形成了观念，然后，凭借记忆把这些观念记录下来，对它们进行比较，便产生了判断和推理。这样，他把人的一切思维活动都归结为感性活动。思想“只是感觉的一种功能，而理性的心灵也只是用来对观念进行思索和推理的感性心灵罢了”[①]。

拉美特利把笛卡尔所说的“心灵”从人这架机器中完全驱逐出去。他说：“心灵的一切作用既然这样依赖大脑和整个身体的组织，那就很显然，这些作用不是别的，就是这个组织本身：这是一架多么聪明的机器！……比最完善的动物再多几个齿轮，再多几条弹簧，脑子和心脏的距离成比例地更接近一些，因此，（心脏）所接受的血液更充足一些，于是，那个理性就产生了”。即使人的良知，也可以用身体的机械作用来说明。虽然拉美特利承认，他现在还不知道如何说明丑恶之心产生的实际过程，

① 拉美特利：《人是机器》，顾寿观译，王太庆校，商务印书馆1959年版，第64页。

但他深信：“组织足以说明一切”，“心灵只是一个毫无意义的空洞名词”。①

拉美特利坚持无神论立场，对宗教神学进行了猛烈的批判。他认为，神学和经院哲学都荒谬至极、不值一驳。宗教神学硬说世界上存在一个上帝，这是有悖自然的。因为整个宇宙中，只有一个实体即物体。他认为，宗教神学的本质是蒙昧主义，目的在于扼杀人的理性。他把宗教迷信称为毒害人民的“神圣毒药”，要求人们用“哲学的火炬”点燃人的理性之光，驱散神学的迷雾。拉美特利还对宗教神学的反道德的本性进行了批判，认为宗教所宣扬的是一种禁欲主义的道德观，是违反人性的，它不仅不能增进人类道德，反而是一切不幸、不安宁和战争的祸根。相反，无神论者最了解道德的自然法则，最懂得“己所不欲，勿施于人”的道理，因而美德最容易在无神论者的心中扎下最深的种子。他宣称，如果不是无神论的宇宙，就不会是快乐的宇宙。他自豪地说：“任凭是全宇宙的重量，也动摇不了一个真正的无神论者，更不必说粉碎他了。”②

3. 狄德罗针对拉美特利所说的自然界只有一种“面粉团子”的观点，提出了“物质异质性”的观点。他说：“自然界的一切事物绝不可能由一种完全相同的物质产生出来的，正如决不可能单单用一种完全同样的颜色表现出一切事物一样”；自然界的丰富多彩需要“不同的异质的物质”，仅用物质的广延和机械运动解释不了纷纭的现象。狄德罗猜测：“自古以来就有一些属于动物性的元素散布和搅浑在物质大块中；这些元素在某个

① 狄德罗：《人是机器》，中译文见北京大学哲学系外国哲学史教研室编译：《西方哲学原著选读》下卷，商务印书馆 1982 年版，第 122～123 页。

② 拉美特利：《人是机器》，顾寿观译，王太庆校，商务印书馆 1959 年版，第 50 页。

时候互相结合起来，因为这是可能发生的；由这些元素形成的胚胎经过无数的组织和发展；它相继地具有了运动、感觉、观念、思想、反省、意识、感情、欲望、记号、手势、声音、音节分明的声音、语言、法律、科学和艺术；这些发展阶段的每一个都经过几百年”。[①] 狄德罗所说的“动物性的元素”相当于现在所说的有机分子。他把有机物的发展看作由低级到高级的进化过程，这与机械唯物主义把高级的意识活动还原为低级的机械活动的说法是不同的。

狄德罗不同意机械论用外力的推动来解释物质的运动，认为物质自身能够运动。他把物质内部的能动性称为感受性，认为感受性是物质的基本性质。他说，甚至连石头也有感受性、它与人的感受性只有迟钝与活跃的区别；当人用大理石做雕像时，这是“用肉造大理石”，但相反的“用大理石造肉”的过程也是可能的：“把大理石块捣成极细极细的粉末，把这种粉末搅和到粪土或腐殖土中”，等若干年后，大理石粉末完全变成粪土，从中生长出植物，由植物再生成出动物。这就是“从大理石到粪土，从粪土到植物界，从植物界到动物界、到肌肉的过渡”。[②] 狄德罗的物质进化观不符合现代科学知识，但当时却具有一定的哲学意义，它解释了机械论所不能解释的自然界的连续性，它说明，有机和无机、感觉和思维之间并无截然界限，物质形态之间有过渡、发展和进化关系。狄德罗认为，物质世界是普遍联系的，各种事物和现象不可能是孤立的，一切都处于相互联系的整体之中：“如果现象不是彼此联系着，就根本没

① 狄德罗：《论解释自然》，中译文见《西方哲学原著选读》下卷，商务印书馆1982年版，第133、135页。

② 狄德罗：《供明眼人参考的谈盲人的信》，中译文见北京大学哲学系外国哲学史教研室编译：《西方哲学原著选读》下卷，商务印书馆1982年版，第140页。

有哲学。”[1]

狄德罗设定一切物质都有感受性，以此解释机械唯物论解释不了的一个问题：无感觉的物质何以能产生有感觉的物质？按照狄德罗的解释，感受性指事物对外界作用的接受和反应能力。感觉、记忆和自我意识是有机体的由低到高的能力。人的精神活动的能力是最高级的感受性，这是可以相互影响、相互作用的感受，狄德罗称之为交感。他把人的感官比作乐器，把交感比作声音的震荡。他说：“我们就是赋有感受性和记忆的乐器，我们的感官就是键盘，我们周围的自然弹它，它自己也常常弹自己”。按照交感的学说和乐器的比喻，他这样解释人的注意力：“我把我们器官的纤维比作一些有感觉的、振动的弦子。有感觉的、振动的弦子在我们弹它以后还震荡、回响很久。就是这种震荡和必然的回响，在保持对象的继续呈现，同时理智正在注意适合这个对象的性质。”他这样解释记忆：“首先有一个印象，它的原因在乐器的内部或外部，然后有一个感觉从这个印象产生，并且持续一段时间，因为我们无法想象感觉是一个不可分的瞬间产生和消灭的；然后又有另一个印象随之而来，它的原因同样在动物的内部或外部；然后又有第二个感觉和一些语音出现，用一些自然的声音和约定的声音表达他们。”[2]

狄德罗认为，人的精神活动是“自然弹我们的感官”或我们的感官“自己弹自己”而产生交感；并且“人与人的感官之间也可以发生交感，这样就产生了人类思想的共同性。”狄德罗解释说：“如果一个动物是一件有感觉的乐器，和另一件乐器完全相像，赋有同样的构造，绷着同样的弦，以同样的方式由快

---

① 狄德罗：《狄德罗哲学选集》，商务印书馆1997年版，第106页。

② 狄德罗：《论解释自然》，见《西方哲学原著选读》下卷，商务印书馆1982年版，第144～145页。

乐、痛苦、饥饿、口渴、疝痛、爱慕、恐怖弹奏着，那么，不管在南北极，还是在赤道上，它是不可能发出不同声音来的。……我们应当从需要中、从接近中去找约定声音的来源。”狄德罗批判说，巴克莱认为一个人只能感觉到他自己的观念，这好像是“在一个发疯的时刻，有感觉的钢琴曾以为自己是世界上存在的唯一的钢琴，宇宙的全部和谐都发生在它身上”[①]。

狄德罗对感受作用的解释，并不完全与机械推动作用相矛盾；在他看来，两者都是物质的运动所必需的力。狄德罗的运动观不仅受机械力学影响，而且也注意到化学和生物学的成果。他坚持物质和运动的不可分性，运动可分移动和激动两种。力不仅是物质的移动所需的外部推动力，而且也是分子内部的力，内部的力比外力更重要。狄德罗说：“作用于分子的力是会消耗的，分子内部的力是不会消耗的。这种力是不变的、永恒的。”狄德罗已经具有力的总量守恒的观念，他说，激动和移动成反比，“激动的总和越大，移动的总和就越小；反过来，移动的总和越大，激动的总和就越小”。[②] 机械论只能解释物体的移动，但解释不了分子内部的激动。事物的感受性和人的感觉和思想的交感，都属于激动，而不是移动，需要用另外的理论加以解释。狄德罗虽然没有使用“生机论”这一名称，但从内容上看，他的思想继承了传统自然哲学的生机论思想。

在写于 1769 年而在 1830 年发表的《达朗贝尔和狄德罗的谈话》中记有，狄德罗说：“你怎么知道应受性本质上与物质不相容？你并不知道任何东西的本质，既不知道物质的本质，也

---

① 狄德罗：《论解释自然》，中译文见北京大学哲学系外国哲学史教研室编译：《西方哲学原著选读》下卷，商务印书馆 1982 年版，第 148 页。

② 狄德罗：《关于物质和运动的哲学原理》，中译文见北京大学哲学系外国哲学史教研室编译：《西方哲学原著选读》下卷，商务印书馆 1982 年版，第 129 页。

不知道感受性的本质！你难道对于运动的本性，运动在一个物体中的存在，运动从一个物体到另一个物体的传递懂得更清楚?”达朗贝尔则说：“我虽然没有想到感受性的本质，也没有想到物质的本性，可是我知道感受性是一种单纯的、单一的、不可分的性质，是与可分的主体或基质不相容的。”于是，狄德罗讲，这是“形而上学、神学的呓语！怎么？难道你不知道物质所具有的一切性质、一切可以感觉的形式都是本质上不可分的？并没有多一些的不可入性，也没有少一些的不可入性。一个圆的物体的一半是有的，但是‘圆’的一半是没有的；具有或多或少的运动的东西是有的，但是较多的和较少的‘运动’是没有的；一个脑袋，一只耳朵，一个手指是没有一半，没有三分之一，没有四分之一的，一个思想也没有一半，三分之一，四分之一。如果宇宙中没有一个分子和另一个分子相像，一个分子中没有一个点和另一个点相像，你就应当承认连原子也有一种不可分的性质，一个不可分的形式；你就应当承认分割与形式的本质不相容，因为分割破坏了形式的本质。如果你是一个物理学家，当你看到一个结果产生时，你就应当承认结果的产生，虽然你并不能说明原因与结果的联系。如果你是一个逻辑学家，你就不应当放弃一个存在的、可以说明一切的原因，提出另一个不可理解的、与结果的联系更难理解的、造成无数困难而解决不了任何困难的原因”①。

狄德罗认为感觉经验是一切认识的来源。然而，他反对把人的认识仅仅停留和局限于感觉经验的范围内，因为感觉是模糊而短暂的，借助于感觉本身，无法把握事物的本质和规律。他认为，人们不仅要做自然的观察者，而且还要做自然的解释

① 狄德罗：《达朗贝尔和狄德罗的谈话》，中译文见北京大学外国哲学系外国哲学史教研室编译：《十八世纪法国哲学》，商务印书馆 1979 年版，第 371 页。

者，为此，他要求将感性认识和理性认一识结合起来，要求将思考的人和行动的人结合起来。他曾经把哲学分为实验的哲学和理性的哲学：实验哲学“绑着眼睛”，永远不停地摸索，最后得到一些贵重的东西，但不知道从它的工作中将会获得什么；理性哲学将这些贵重的材料聚集起来，把它们做成一个火炬，照亮人们的精神世界。只有把二者有机地结合起来，才能克服二者的局限性，达到对事物本质和规律的准确认识。人的认识过程，就是这样一个“从感觉回到思考，又从思考回到感觉”的不断反复的过程。

狄德罗还提出将观察、思考和实验相结合的认识方法。他说：“有三种主要的方法：对自然的观察、思考和实验。观察搜集事实；思考把它们组合起来；实验则来证实组合的结果。对自然的观察应该是专注的，思考应该是深刻的，实验则应该是精确的。”① 在此狄德罗强调，搜集事实是认识的第一步，但是在搜集事实的过程中，如果漫不经心，就会上当受骗；如果明察秋毫，深思熟虑，就会接近真理。思考是对感性材料的加工过程，只有对材料进行重新联系、组合和整理，才能告诉我们事物为什么是这样的。实验不仅可以获得感性材料，更重要的是可以对认识的结果进行检验，人们的认识和观念要靠实验来给它们以更坚实可靠性。可见，可见，狄德罗在一定程度上看到了实践在认识过程中的作用。

狄德罗的思想经历了一个由自然神论向无神论转变的过程。在1746年发表的《哲学思想录》中，他还是一个自然神论者，认为自然的作品证明自然中有一个“最高实体的心智”。到1749年，他转向无神论，其标志是该年发表的《供明眼人参考的谈

① 狄德罗：《狄德罗哲学选集》，商务印书馆1997年版，第62页。

盲人的信》。在这部著作中，他明确宣布，作为世界终极原因的上帝是不存在的，如果以上帝为终极原因，不但没有解开自然界给我们提出的一个难解的结，反而又附加上一个更难解的结。在唯物主义自然观的基础上，他对宗教神学进行了尖锐的批判，提出了他的无神论学说。

（三）孔狄亚克、霍尔巴赫、爱尔维修。

1. 孔狄亚克也是直接参与了“百科全书”编写的法国唯物主义哲学家。埃迪亚纳·孔狄亚克（Etienne Condilac，1715—1780）出生于一个贵族家庭，曾任天主教神甫和修道院院长。1767年任法兰西科学院院士。主要著作有《人类知识起源论》（1746）、《体系论》（1749）和《感觉论》（1754）等。

孔狄亚克继承了洛克的唯物主义经验论路线，坚持认为人的观念起源于经验，然而，他不同意洛克关于观念有两个独立来源，即感觉和反省的观点，力图把经验主义贯彻到底。在他看来，感觉是一切知识的来源，反省就是利用这些原料，通过各种配合来寻求他们所包含的各种关系，观念不过是“变相的感觉”①，“反省在原则上只不过是感觉本身，另一方面是因为它与其说是观念的来源，不如一说是观念借以从感觉导出的途径”。在批判天赋观念论、单子论的过程中，孔狄亚克呈现出明显的感觉主义倾向，一反认识论中的视觉主义，提出了触觉中心主义，认为除了触觉，我们无法认识世界的形体。“只能以广袤来认识广袤，以形体来认识形体。”

马克思、恩格斯高度评价孔狄亚克的哲学对18世纪法国唯物主义产生的积极的作用：“曾经直接受教于洛克和在法国解释

① 孔狄亚克：《〈感觉论〉的理论节要》，中译文见北京大学外国哲学系外国哲学史教研室编译：《十八世纪法国哲学》，商务印书馆1979年版，第133、132、138页。

洛克的孔狄亚克立即用洛克的感觉论去反对17世纪的形而上学。他证明法国人完全有权把这种形而上学当作幻想和神学的不成功的结果而予以抛弃。他公开驳斥了笛卡尔、斯宾诺莎、莱布尼兹和马勒伯朗士等人的体系。”①

2. 直接参与《百科全书》编写的还有比狄德罗小10岁的霍尔巴赫。保尔·霍尔巴赫（Paul Holbach，1723—1789）出生于德国小镇埃德森姆，幼年时移居法国。曾求学于荷兰的莱顿大学。1749年，霍尔巴赫结识了正在主持编纂《百科全书》的狄德罗，进而成为百科全书的热情支持者和积极参与者。霍尔巴赫是法国唯物主义哲学的集大成者和系统化者。主要著作有《被揭穿了的基督教》（1761）、《袖珍神学》（1767）、《神圣的瘟疫》（1768）、《自然的体系》（1770）、《健全的思想》（1772）、《自然政治论》（1773）、《社会的体系》（1773）等。

霍尔巴赫提出其“自然体系”理论的出发点是对自然的理解。霍尔巴赫讲“自然，从它最广泛的意义来讲，就是由不同的物质、不同的配合以及我们在宇宙中所看到的不同的运动的集合而产生的一个大的整体。自然，狭义地讲，或是在每一个存在物内部加以观察的自然，乃是由于本质，就是说，由于有别于其他存在物的一些特征、配合、运动或活动方式所产生的整体。”②

霍尔巴赫给物质下了这样一个定义：“物质一般地就是以任何一种方式刺激我们感官的东西；我们归之于各种不同物质的那些特性，是以物质在我们内部所造成的不同的印象或变化为

① 马克思、恩格斯：《神圣家族》，《马克思恩格斯全集》第2卷，人民出版社1957年版，第163页。

② 霍尔巴赫：《自然的体系》上卷，商务印书馆1964年版，第17页。

基础的。"[1] 霍尔巴赫认为，自然不仅是物质的，而且是运动的。在承认运动的普遍性的同时，霍尔巴赫认为运动是有规律的。他认为，整个宇宙不过是由一系列原因和结果串起来的"无穷链条"。自然现象之间的这种因果性，就是它的必然性或规律性，二者在本质上是相同的。

在机械唯物主义自然观的基础上，霍尔巴赫说，人完全受自然因果律支配，"人是自然的产物，存在于自然之中，服从自然的法则，不能越出自然，哪怕是通过思维，也不能离开自然一步"。霍尔巴赫把人的一切活动都还原为自然因果作用。人的生命活动完全受生理规则支配，人没有意志自由，因为他不能脱离自然规则。霍尔巴赫说："没有一颗原子不起重要的、必然的作用，每个观察不到的分子摆在适宜的环境里全都产生着奇妙的结果。……自然用来推动精神世界的杠杆，乃是一些真实的原子……一个狂信者胆囊里过多的苦汁，一个征服者心脏里过热的血液，一个君主胃里的一种消化不良，一个女人心理中出现的幻想，都是一些充分的原因，足以酿成战争，把千百万人送上屠场，夷城池为平地，化都邑为劫灰，使国家长期陷于悲惨境地，饥饿不断，瘟疫流行，地球上一连数百年经济遍野，民不聊生"。[2] 霍尔巴赫认为"偶然是一个毫无意义的字眼"。霍尔巴赫的《自然的体系》是机械决定论的一个典型代表。歌德曾对此进行过激烈的批评，说这一体系是灰色的，剥夺了自然和生命中最可宝贵的东西。[3]

---

① 霍尔巴赫：《自然的体系》上卷，商务印书馆 1964 年版，第 35 页。

② 霍尔巴赫：《自然的体系》，中译文见北京大学哲学系外国哲学史教研室编译：《西方哲学原著选读》下卷，商务印书馆 1982 年版，第 225 页。

③ 引自 F. Copleston, A History of Philosophy, Vol. vi, pt. 1, Image Books, New York, p. 65.

霍尔巴赫以自然观为基础对宗教进行了批判。他指出，“宗教的谬误乃是一切谬误中最有害的谬误”，人类的一切苦难都是宗教的谬误造成的。[①] 霍尔巴赫认为，上帝的存在是一切宗教的基础，只要搬掉这块基石，整个宗教神学体系就会轰然倒塌。霍尔巴赫指出，从逻辑的角度看，上帝存在的观念中包含着“完全不能容忍”的矛盾。上帝的存在不过是神学家们的虚构和假设，是一个“纯粹的抽象名词”。人们崇拜上帝简直就是崇拜乌有的东西。霍尔巴赫抨击了宗教迷信的社会危害。他指出，宗教远没有促进道德，反而动摇和消灭了道德；一些神学臆说和宗教分歧，常常成为人们相互争执、相互轻视、相互仇恨、相互迫害的根源。在政治上，宗教力量和封建专制君主相互勾结，相互利用，成为套在人们脖子上的双重枷锁。在思想上，宗教迷信禁锢人们的理性，阻碍人们探求真理，是科学进步的障碍。在个人生活上，宗教从来没有兑现它所许诺给人的幸福，相反，它在本质上是敌视人的快乐和幸福生活的。总之，宗教迷信是一切社会罪恶的总根源，是“神圣的瘟疫”。

霍尔巴赫从人性论出发建构他的政治和伦理思想。他说，“如果从人的本性出发，就能从中推导出政治体系，它是一套彼此密切联系的真理，一系列比人类知识其他领域中的原则更可靠的原则。”[②] 同样，道德体系的建构也不能脱离人性，而要以对人性的认识为基础，衡量一种道德体系的优劣，也必须以“这种体系在怎样的程度上符合人性”为标准。他对人性的理解同爱尔维修很相似，认为人的本性是极力保存自己、爱护自己、渴望幸福生活并且满怀热情地去采取实现这种目的的手段。

① 霍尔巴赫：《自然的体系》，中译文见北京大学系外国哲学史教研室编译：《西方哲学原著选读》下卷，商务印书馆 1982 年版，第 233 页。

② 霍尔巴赫：《自然政治论》，商务印书馆 1994 年版，“著者序”第 1 页。

霍尔巴赫提出“人天生是社会动物”的思想。他认为，人始终生存于社会之中，由于生活的需要，由于习惯和经验的影响，社会对他变得越来越必不可少。人与社会之间的这种关系，决定了相互之间的义务。对于社会来说，有义务保障公民的物质福利，有义务帮助公民享用他有权享用的一切，但以社会利益所能容许为限度。个人对社会的义务是遵守自然法。这种自然法是源于人的本性的，来自对生命的留恋和保存生命的意愿。这里面第一法则是“人人要相互帮助，都要享受生活乐趣，都要互相受惠”。每一个公民都要同社会缔结契约，以保证双方履行自己的义务。然而，人们往往以他从社会中得到好处的多少，一来权衡利害、评价得失，当他认为利大于害时，他就会违背契约。为了更好地保障所有人的利益和幸福，便出现了人为法和政府。

霍尔巴赫既肯定个人利益的合理性，又强调社会利益和他人利益与个人利益的一致性，要求人们将个人利益的满足融入到他人利益和社会利益的满足之中。霍尔巴赫认为，“人爱其他社会成员其实就是爱自己；帮助别人也就是帮助自己；在为别人作出牺牲时，他作出牺牲也是为了自己的幸福。总而言之，懂得本身的利益，合理地爱护自己：这是社会道德的基础，这是人为同类所做一切的真正动机。”①

与其他机械唯物主义者一样，霍尔巴赫也是环境决定论者。他说，人善恶是外部环境造成的，并说：“我们的行为好或坏，永远取决于那些由我们造成的或别人给予我们的观念的真或假。”②

---

① 霍尔巴赫：《自然政治论》，商务印书馆1994年版，第9页。

② 霍尔巴赫：《社会体系》，中译文见北京大学哲学系外国哲学史教研室编译：《西方哲学原著选读》下卷，商务印书馆1982年版，第229页。

爱尔维修是虽没直接参与“百科全书”编写，但是由于其哲学倾向和思想特征与百科全书派的唯物主义和无神论思想特征一致，而被列入百科全书派的哲学家。

3. 克劳德·阿德里安·爱尔维修（Claude Adrien Helvetius，1715—1771）出生于巴黎一个宫廷医生家庭，早年在大路易学校读书。23岁时，王后赐予他法国总统包税官的职务，俸禄优厚，从此开始了他的宦官生涯。因为职务的关系，他经常到法国各地，了解法国的社会现状，同时还有机会结识出没于沙龙的启蒙思想家。1751年，爱尔维修辞去官职潜心研究哲学，经常在家中组织学术沙龙，与狄德罗、霍尔巴赫、达朗贝尔等人聚会。1758年，他的第一部哲学著作《论精神》问世，书中的唯物主义和无神论思想遭到了教会的反对，被列为禁书而下令销毁。1769年，他又写了《论人的理智能力和教育》，全面论述了社会伦理思想。

爱尔维修基本接受洛克的经验论学说，但与洛克的关于“经验”关于“反省”的理论不同，他抹煞了思维与感觉的区别，把理智的一切能力都归结为感官的能力，把全部认识活动都归结为肉体的感觉活动。他认为，人身上有两种认识能力：一种是接受外界对象在我们身上所造成的印象的“肉体感受性”；一种是保存外界对象在我们身上所造成的各种印象的“记忆”。我们的一切观念，都是由这两种能力产生的，或者说得更确切一点，仅仅是感受性产生的。因为，记忆无非是一种延续的、然而减弱的感觉。爱尔维修认为，人体好比一部机器，人的一切行动都是由肉体感受性所发动的和决定的，感受性是人的行为的唯一动力，人的一切活动都可以通过它得到说明。在此基础上，他建立起了以利益为核心的功利主义伦理学。他强调，肉体感受性不仅可以说明认识的起源，而且可以用来说明一切道德伦理和政治法律问题。归结于此，才能有真正的科学。

爱尔维修论证道：肉体的感受性表现为感受快乐和痛苦，趋乐避苦是肉体感受性的根本特征，是人的本性。这种肉体感受性就是“自爱”。自爱是所有人的共同本性。人们过去、现在和未来都是爱自己胜于爱别人的。出于自爱的本性，人们总是把利益作为热切追求的对象。利益是推动人们的唯一动力，是一切行为的导向。“如果说自然界是服从运动的规律的，那么精神界就是不折不扣地服从利益的规律的。”① 利益有三种：个人利益、小团体利益和公共利益。爱尔维修虽然强调个人利益的重要性，但并不意味着他是绝对的极端利己主义者。他认为，如果不对个人利益的追求加以限制，就会处处燃起贪图巨富的欲火，生活穷奢极欲，不能使人们获得真正的幸福。他反对小团体利益，认为小团体利益由于有亲属和宗派的纽带相联系，所以在政治上往往表现为不公不义，任人唯亲，是使国家分崩离析、人民生灵涂炭的罪恶根源，是永远与公共利益相对立的，应该予以铲除。他呼吁人们将个人利益和公共利益结合起来。把人引导到公共幸福上来。公共利益是人类一切美德的原则，也是一切法律的基础。当一个人的一切行动都以公共利益为目标的时候，才是正义的合理的。为了解决个人利益与公共利益的矛盾，爱尔维修提出了“人是环境的产物”的论断。人同周围的环境发生关系的过程，就是受教育的过程。爱尔维修所说的社会环境指影响、熏陶人的外部条件的总和，他在社会环境的诸因素中，一是强调政治，说政治在社会环境中起决定作用，民族性格由政治制度决定；二是强调法律，说法律造成一切；三又强调教育，说教育的力量最有力，能够改变不合

① 爱尔维修：《论精神》，中译文见北京大学外国哲学系外国哲学史教研室编译：《十八世纪法国哲学》，商务印书馆 1979 年版，第 460 页。

理的政治。马克思指出：“有一种唯物主义学说，认为人是环境和教育的产物，因为认为改变了的人是另一种环境和改变了的教育的产物，这种学说忘记了环境正是由人来改变的，而教育者本人一定是教育的，因此这种学说必然会把社会分成两部分，其中一部分高出于社会之上。”① 俄国的马克思主义者普列汉诺夫也指出，马克思以前的唯物主义没有跳出环境与思想的循环决定论，即在自然领域认为环境决定思想，在社会领域认为思想决定环境；马克思找到了第三个因素，即生产力的因素，作为决定环境和思想的最终的决定性力量。② 在从环境决定论到一元论的唯物历史观的发展过程中，爱尔维修无疑占有重要位置。③

① 马克思：《关于费尔巴哈的提纲》，《马克思恩格斯选集》第 1 卷，人民出版社 1973 年版，第 17 页。

② 普列汉诺夫：《论一元论历史观之发展》，三联书店 1965 年版，第 7～12 页。

③ 以上参用，编写组：《西方哲学史》，高等教育出版社，人民出版社 2011 年版，第十二章第一节第二节有关内容。

第四章 德国古典哲学：substenz 与 noumena，Sein、Wesen、Begriff

第一节 康德哲学中的 substenz 与 noumena

伊曼努尔·康德（Immanuel Kant，1724－1804），生于东普鲁士的格尼斯堡，父亲是一个马鞍匠。康德的家庭信奉路德宗的虔信派（Puritans）。康德从小在教会办的学校受教育，1740 年进入格尼斯堡大学神学院，1745 年毕业后当了 9 年的家庭教师。从 1755 年开始，康德一直在格尼斯堡大学任教，当了多年的编外讲师，1770 年才晋升为教授。康德一生没有离开格尼斯堡，每天生活极有规律。他每天下午都要在一条街道（后来被命名为"康德小道"）上散步，他准时到这种程度，以至当地居民按照他出来的时间校正手表。他那刻板和平静的表面生活与他的丰富多彩而又充满着革命思想的内心世界形成了强烈的反差。

人们常说，康德的生平就是他的著作。康德的著作以 1780 年为界，分前批判时期和批判时期，批判时期的著作又分理论哲学和实践哲学的著作。理论哲学的著作有《纯粹理性批判》（第一版或 A 版［1781 年］，第二版或 B 版［1787 年］）和它的简写本《未来形而上学导论》（1783 年）；实践哲学的著作有

《道德形而上学基础》（1785 年）、《实践理性批判》（1788 年）、《单纯理性界限内的宗教》（1793 年）和《道德形而上学》（1797 年）等。他的《判断力批判》是一部内容特殊的著作，其中关于审美判断和目的性判断的论述可以解释为联系理论理性与实践理性的媒介，也可解释为对前两部批判的补充。

一、作为康德哲学主要内容的《纯粹理性批判》

康德面对哲学史提出的问题，试图解决，出现了对后世非常有影响力的康德哲学。康德在《纯粹理性批判》中表现出对传统本体论和形而上学的批判态度，但他同时又为“形而上学”留有余地，并把他的批判看作是为一种未来的能够作为科学出现的形而上学奠定基础。康德把自己的哲学叫作“批判哲学”，他主张，批判哲学的纲领是“理性批判”，批判的结果不是否定人类理性，而是确定理性的权威。康德哲学的重要课题在于提出研究“先天综合判断如何可能”，研究“具有普遍必然性的科学真理是如何可能的”，即研究它们成立的条件是什么。

（一）康德由对于他之前出现的唯理论和经验论加以考察，把判断分为两类：一是分析判断；二是综合判断。在康德看来，分析判断中宾词的内容本来就包含在主词之中，只要将主词中已经包含的东西分解出来就得以成立，所以这类判断是完全可靠的，具有普遍性和必然性。而后天经验不可能有普遍性和必然性。所以分析判断只能是一种先天的判断，先天即“在经验之先”，也就是说，这种判断是不依赖经验的，并不从经验获得认识的新内容，并不扩大知识范围。唯理论强调从自明公理出发来推演知识，实际只是强调了一种先天的分析判断，这虽能达到普遍性必然性的认识，但对逻辑扩充知识并无大的意义。而综合判断，宾词内容比主词丰富，要获得新知识就要通过感觉经验的归纳，所以综合判断在此意义上说是后天形成的，往往叫后天综合判断。然而，感觉经验总是有限的，知识具有适用于大多数情况的有效性，而不具有适用一切情形的有效性，所以这种判断不具严格的普遍性和必然性。经验论强调从经验出发得出知识，实际上只是强调一种后天综合判断，虽然能增加新知识，还达不到普遍必然性的知识。

那么，认识何以达到既带有普遍必然性，又增加新知识呢？康德认为应当研究先天综合判断。康德认为，真正的科学真理，就是由一种既非经验分析判断又非经验综合判断的先天综合判断来构成的。康德强调，在理性的一切理论科学中都包含着先天综合判断作为原则。形而上学至少就其目的而言是由纯粹先天综合命题所构成的。所以由纯粹理性而言，“总课题引申出的最后的问题正当地说就将是：形而上学作为科学是如何可能的”。①

康德强调，“我所理解的纯粹理性批判，不是对某些书或体系的批判，而是对一般理性能力的批判，是就纯粹理性可以独立于任何经验追求的知识来说的，因而是对一般形而上学的可能性和不可能性进行裁决，对它的根源、范围和界限加以规定”。②

进而康德分析说，这里面，首先是纯粹理性的要素论，这里面包括涉及时间和空间的先验感性论、包括先验分析论、包括先验辩证论；其次是纯粹理性的方法论，这里面包括纯粹理性的训练、法规、建筑术和历史。对此展开论述成为《纯粹理性批判》的主要内容。

（二）就要素论而言，细致讲，康德强调，“当作引子或预先提醒的只是：人类知识有两大主干，它们也许来自某些共同

① 康德：《纯粹理性批判》导言，B22。
② 康德：《纯粹理性批判》导言，第一版序，AXII。

的、但不为我们所知的根基，这就是感性和知性；通过前者，对象被给予我们；而通过后者，对象则被我们所思维。”① 围绕于此，康德区分了以往一些汉译文献往往均认为是指“现象”的两个词，即 erscheinyng（appearance）和 phaenomena（phaenomenon）。

erscheinyng（英文 appearances）和 phaenomena（源自希腊文 phainomenon），都可译为中文的“现象”。而在对康德著作的中文翻译中，译者为了作出区别，形成了种种不同的译名。例如，蓝公武把 erscheinyng 译为“现象”，把 phaenomena 译为“事象”②；韦卓民把 erscheinyng 译为“出现”，把 phaenomena 译为“现象”③；李秋零把 erscheinyng 译为“显象”，把 phaenomena 译为“现象”④；邓晓芒则把 erscheinyng 译为“现象”，把 phaenomena 译为“现相”⑤。本人在现在的书中，多采用邓晓芒的译法。又由于许多书的译名的不一致，所以本书往往原原本本地写出康德原著使用的原词，其间的区别，研究者可以通过原文论述加以体会。

关于 erscheinyng（英文 appearance），康德指认其是我们以感性的时空形式和我们的知性范畴来经验的对象。康德讲，“一切 erscheinyng（英文 appearances）都在时间中，而只有在作为基体”（substratum，邓晓芒译为“基底”），作为内直观的永恒（邓晓芒译为“持存”），在其“形式的时间中，并存或相继才能

① 康德：《纯粹理性批判》，A15，B29。

② 见康德：《纯粹理性批判》，蓝公武译本，生活·读书·新知三联书店 1957 年版。

③ 见康德：《纯粹理性批判》，韦卓民译本，华中师范大学出版社 2004 年版。

④ 见康德：《纯粹理性批判》，李秋零译本，中国人民大学出版社 2004 年版。

⑤ 见康德：《康德的三大批判合集》（上），邓晓芒译本，人民出版社 2009 年版。

被表象（be represented）出来"。[①] 康德讲，"经验直观的未规定的对象泛称为 erscheinyng"。[②] 感觉世界面对的作为"一切可能经验的总和"的自然界，亦即现象界。

在康德讲来，"前后相继或同时并存只有作为时间规定才能被表象"[③]，而"时间不能被单独地知觉到，所以在知觉的对象中，即在诸现象中必定可以遇到这个基底（或译为"基体"——引者注），它表象出一般时间，并且在它身上，一切变更或并存都可以通过诸 erscheinyng 在领会中与它的关系中而被感知觉到。但一切基体（基底）（substratum）的东西，即一切属于物之实存（existence）的东西的基体（substratum，或译为基底），就是实体（substanz）"。[④]"因此 erscheinyng 的一切时间关系唯有通过与之发生关系才能得到规定的那种持存的东西，就是 erscheinyng（域）中的实体（substanz）即 erscheinyng 的那种作为一切变更的基底（substratum）而一直保持着同一的实在（real）的东西。""实体（substanz）在存有中不会变更"。"实体（substanz）在 erscheinyng 的一切变化中持存着"。[⑤]

康德在讲到 substanz 时，还说，"我们之所以能给一个 erscheinyng（德文）（英文 appearance）赋予 substanz 之名，只是因为我们预设了它在一切时间中的存在，这一点是就连通过持存性这个词也没很好地表达出来的，因为这个词更多地针对着时间"。[⑥]（英译本对这段话写为："We can therefore give an appearance the title 'substance' just for the reason that we pre-

① 康德：《纯粹理性批判》，A182，B224。

② 康德：《纯粹理性批判》，A20，B24。

③ 康德：《纯粹理性批判》，A182，B225。

④ 康德：《纯粹理性批判》，A182，B225。

⑤ 康德：《纯粹理性批判》，A182，B225。

⑥ 康德：《纯粹理性批判》，A185，B229。

suppose its existance thought all time, and that this is not adequately expressed by the word permanence, a term which applies chiefly to future time.”对此有汉译本这样翻译：“我们可以称一个表象为‘实体’，因为我们假定它们始终存在，用持久性这个词并不是以充分表达，而是包含着到未来的一个时期。”）

关于 phaenomena，康德强调，“erscheinyng（德文）如果作为对象依照范畴的统一而被思考，就叫作 phaenomena。但是如果我假定某些物仅仅是知性的对象，它们至少可以作为那样一种直观的对象而被给予，虽然这些直观是外感性的；当作为理智直悟的对象（被给予），那样的物就被叫作本体（Noumena）。”可见在康德看来，作为实体（substanz）的 erscheinyng 要成为 phaenomena，那就得在范畴统一起来的感性的东西之上，而本体（Noumena）则是由理智直悟的东西（Intelligiblia［拉丁文］直悟的东西）。

对于 phaenomena（源自希腊文 phainomenon），康德之所以讲，当 erscheinyng 作为对象按照范畴的同一性被思维而言，就成为 phaenomena，是因为这构成“理智世界”（拉丁文 mundus intelligibilis）。在康德学中的理智世界（拉丁文 mundus intelligibilis）相对于感性世界（mundus sensibilis）。理智世界是一个被设想为本质上是理性的、可以通过纯粹理性去认识的世界。康德说，“理智世界无非就是世界的一般的普遍概念，其中已经抽象掉其直观及论证的一切条件”。[①] 它指向本体或物自体之全部总和。当理智世界指向物自体（自在之物），这个世界尽管是可思维的，但我们对它并没有肯定的知识，我们甚至不能证明这样一个世界是否存在，但它是一个道德世界，一个目的王国。

① 康德：《纯粹理性批判》，A433，B462。

可以设想存在一个由有理性者自己立法又自己遵守的理性王国。这是道德法可应用的领域，它的主要对象是自由。如果说之前的时间和空间是感性世界的形式，那么自由则是理智世界的形式。

总起来比较，康德哲学体系中的erscheinyng是相应于先验感性论的概念，phaenomena则是相应于先验分析论的概念。substanz相对于知性而言，noumena相对于理性而言。康德解释道：如果说事物需要通过我们的认识形式才能为我们所认识，那么事物就可被分成两个方面：一是事物受到我们的认识形式限制的"物自身""如其所显"；一是在我们的认识形式之外的"物自体"。这里康德称前者为erscheinyng（英文appearance），称后者为phaenomena（希腊文：phanomenon）。

在康德那里，物自身（thing［物］-in［在］-itself［其自身］），作为对象（object）自身（itself），与erscheinyng（英文：appearances）相对应，那就是作为substanz的实体；物自体（thing［物］-in［在］- themselves［其自己］）作为事物（thing）自己（self），与phaenomena（希腊文：phainomenon）相对应，那就是作为noumena的本体。

在康德哲学体系中，erscheinyng和phaenomena，分别对应于往往都可译为"实体"或"本体"的substanz和noumena。而在康德哲学体系中，这两个词所表达的，被强调为两个不同的概念范畴。所以许多译著把前者译为"实体"将后者译为"本体"，以示区别。

应当重视的是，康德专门以noumenan（本体）区别于substanz（实体），是为了指出有某种超越于感性、直观或经验的东西。以此表明可能知识的界限，他由纯粹理性把此设定为一切科学探究的起点。在康德看来，这样的设定作为人类自由的条件尤为必要。而且，如果把客观性归于它，那么会从一个没有内容的逻辑形式进展到一个必然地自在存在的对象，一个实证知识的对象。在康德看来，这是一种辩证的谬误，是不可避免地导致传统形而上学错误的根源。当然，在康德那里，“本体”（noumenon）有时可与“物自体”（或译为“自在之物”）交替使用，尽管它们分别有不同的侧重点。

康德强调：“为了不使感性直观扩展到物自体上去，进而限定感性知识的客观有效性，本体概念是必须的，这种感性知识所不能达到的其余东西，叫作本体（Noumena）。”[①] 然而，在《纯粹理性批判》中讲到了两种情况：“消极意义的本体”和“积极意义的本体”。康德指出，“如果我们把本体理解为这样一个物，由于我们抽掉了我们对它的直观方式，它不是我们感性直观的客体；那么，这样的本体就是消极的本体；但如果我们把它理解为一个非感性的直观的客体，那么我们就假定了一种特殊的直观方式，即理智的直观方式，但它并不是我们所具有，我们甚至不能看出它的可能性，而这将是积极的含义上的本体”。[②]

在康德体系中，如果说先验分析论的主要目的是解决关于自然的知识（即自然科学）如何可能的问题，这里论述了构成这种知识的种种条件（包括感性的、想象力的和知性的），在一定意义上讲就已经完成了这一任务，然而这里有许多问题。所以康德强调这之后要进入先验辩证论。在这之间，康德对前面所讲的作出了总结和概括，提出先验分析论的目的是要说明：知性以其各种先验形式并借助于感性直观虽然能够提供关于现相［phaenomena（拉丁文，德文为 phänomen)］的知识，但仍不能提供关于本体（Noumena）的知识。这就确定了一个界限。

---

① 康德：《纯粹理性批判》，A308，B309。

② 康德：《纯粹理性批判》，B307。

质言之，康德确定这个界限，是为了给其哲学体系向先验辩证论过渡打下基础，并且给信仰腾出位置。在这之后，康德涉及了，对于作为shubstanz的实体与作为Noumena的本体，由于理性不可避免地要超越现象去认识超验的本体，因此产生的作为自然倾向的形而上学只不过是一些先验的幻相。所以要有“一个限制那种扩展的批判，虽然就此而言是消极的，但由于它同时借此排除了那限制甚至威胁要完全取消理性的实践运用的障碍物，事实上就具有积极的非常重要的用途”。[①] 这里的问题“是由理性自身的本性向自己提出来的”；“这些问题超越了人类理性的一切能力”。[②] 于此康德在书中才涉及到了作为substanz的实体与作为Noumena的本体的区别。

（三）由本书前面的论述，可以看到，关于“本体”的概念，在西方哲学史上走过了自身的过程：即在历史上由作为ousia的本体，到substanc的本体，再到明确区分作为substanz（实体）与noumena（本体）两个层面意义上的本体，经历了其不同哲学形态的演进。

一是作为ousia意义上的“本体”。古希腊，在柏拉图《斐多篇》中，后来被亚里士多德哲学指认为作为本体的ousia，这个概念往往指认为用作“本质”。[③] 在柏拉图《斐多篇》中的意思相当于“定义”，[④]显然“定义”相关于“本质”。而对于亚里士多德哲学中的ousia，人们曾根据其意义往往译为“存有”，而由本体论的意义译为“本体”。当然，在亚里士多德体系中，区分了第一ousia、第二ousia，即第一本体、第二本体。第一

① 《纯粹理性批判》BXXV P17。

② 《纯粹理性批判》AVI P1。

③ 柏拉图：《斐多篇》，65d。

④ 柏拉图：《斐多篇》，245e。

ousia 是带终极性的，指“这一个”又指“形式”；第二 ousia 即“种、属”往往作为谓项说明主体。在亚里士多德讲来，“第一 ousia”可用以指谓一个事物真正“是”的本质。这是作为以“to ti en einai”特别强调的，指事物中最持久的东西。由此出发，亚里士多德在“to ti en einai”这一术语的使用中，以过去式强调着“恒久不变”的涵义。在这种“恒定性”意义上，往往也被理解成“本质”。亚里士多德在此问题上往往显得说不清楚，正如亚里士多德所强调的“第一哲学”是讨论 to on 的哲学。而作为 to on 现在分词的 ousia，一直成为亚里士多德哲学解析的主要内容。由亚里士多德对 ousia 出的分析，有人便将其哲学名为 ousiology。如果把 ousia 译为“本体”则 ousiology 便成为“本体论”。所以出现了用 ousiology 这个词表示本体论的情况。

二是作为 substanc 意义上的本体。在中世纪，拉丁神学家在讨论“三位一体”时，曾倾向于把希腊文的 ousia 用拉丁文的 substantia。根据当时的情况，以中文理解的翻译而进行区别，曾把前者译为“存有”或“存在”，把后者译作“本体”或“实体”。与此相联系，中世纪的一些哲学家还主张以拉丁文的 Persona 代替希腊文的 hypostasis；由当时讨论“三位一体”的解释，以中文来理解，前者因为带有“存有者”或“存在者”的意思，故把此用于表示相当于“三位一体”中的“位格”，以区别于可当作“本质”讲的 hypostasis。从哲学史的演进上说，这固然有利于避开以往在说明“圣父、圣子、圣灵”时，以希腊文表述，对“本质”与“本体”概念说不清楚的困难；但因为与此相关的若干概念的意义不能在拉丁文中找到相应表述，阻碍了拉丁学者关于形而上及神学体系的建构。所以后来的波埃修主张把 essentia 归结为本质，使与希腊文 einai 相当的 esse 表示存在，用 id guod est 表示“是这个”。这就要对 substantia 与

subsistantia作出区分，让subsistantia代替hypostasis，体现了它带"本质"含义又有与essentia（本质）不同的意义，在中文翻译中人们往往用以指认"实质"，并且表示"种"和"属"这类性质的实在性。这就把"位格"的概念确立了起来，即将其留给了与hypostasis不同的persona。从而保持了既不用原表示本质的hypostasis表示本质，又用persona来表示作为"位格"的"存在者"。同时，波埃修还主张，以带有subs（在……下面）意义的substantia表述"本体"。所以他以substance去译ousia，开了以substance表示"本体"的先河。

三是在substanc与noumena的区别与联系中，论述到本体。到近代，例如到培根、洛克、笛卡尔等人那里，对于Substanc逐步从之前主要由本体论的"本体"意义角度去研究，进入到更突出强调其在认识论中的"实体"意义。而到康德，则通过对apparance与phaenomena的区分，对作为本体的substanc和noumena作出了区别，形成了关于现象界和物自体（自在之物）在其哲学体系中的界定和论证，强调在Substanc意义上理解实体，在Noumena意义上理解本体。由此构成了他的哲学体系。

"Noumena"一词作为来自noumenon的古希腊词，人们往往认为，最早见于柏拉图的著作中。《理想国》第六卷等当中曾几次出现这个词。这个词源自希腊文noein（思维），其本意就是"被思想的事物"或"理智事物"。在古希腊文字中，noumena是noumenon的复数形式。学者们的基本见解是：noumenon在柏拉图的理论中是作为可理解对象或终极实在的事物来表述的，以相对于现象，即"显现的或可感的事物"。当然，在现有的中文译著中对其翻译并不统一。郭斌和、张竹明合译的《理想国》将这个词译为"可理知事物"或"可知世界"，以与

"可见世界"相对[1]；苗力田主编的《古希腊哲学》将这个词译为"理智的对象"或"可知世界"，以与"视觉对象""可见世界"相对[2]；北京大学哲学系外国哲学史教研室编译的《西方哲学原著选读》上卷，将这个词译为"可知的东西"，以与"可见的东西"相对[3]。对于如此等等的中文译名，有关学者认为，尽管意思相差不多，但是把"noumenon"译为"可（理）知事物"比译作"可（理）知世界"要更为妥当，因为上述各书另把"noeitos topos"译为"可（理）知世界"，当然有时也译为"理念世界"。[4]。在希腊语英语对照"洛布古典丛书"版中把这个词译为"the intelligible religion"。而"noumenon"与"noeitos topos"这两个词的意思显然是有所不同的，汉语当中分别译作"可（理）知事物"和"可（理）知世界"才能把两者区分开。从意思上来说，前者是指柏拉图所说的一个一个"形相（也常译为"理念"），后者则是指一般的形相（也常译为"理念"），即其作为普遍、作为一个整体。

康德关于"现象界"和"自在之物"的理论架构，其实源于柏拉图的两个世界论，但是在观点上和具体的表述中大有不同，可以说康德是从外部世界转向人的自身。柏拉图称为"可见世界"（horatos topos）或者"可感世界"（doxasta）的东西，在康德这里称为"现象（界）"（Phaenomen，这个词是古希腊

① 见柏拉图：《理想国》，郭斌和、张竹明译，商务印书馆1986年版，第266、268页。

② 见苗力田主编：《古希腊哲学》，中国人民大学出版社1989年版，第314、316页。

③ 见北京大学哲学系外国哲学史教研室编译：《西方哲学原著选读》上卷，商务印书馆1981年版，第91页。

④ 见苗力田主编：《古希腊哲学》，中国人民大学出版社1989年版，第316页。

词"phainomeinon"的转写)；而柏拉图的"noumenon"一词康德则借用过来指谓他所说的"自在之物"(Ding an sich，汉语中还往往译为"物自体")，将此与"现象"相对而言。但是，康德所说的"自在之物"具有两重性即两种含义。一方面康德称它是"理智（存在）物"、"思想（存在）物"。例如他说："作为我们的感官对象而存在于我们之外的物是已有的，只是这些物自身可能是什么样子，我们一点也不知道，我们只知道它们的现象，也就是当它们作用于我们感官时在我们之内所产生的表象。"[①] 另一方面，康德下面这样一段话则同时讲了这两个方面："理智由于承认了现象，从而也就承认了自在之物本身的存在，并且因此我们就可以说，把这样的东西表现为现象的基础，也就是说，它不过是理智存在体（Verstandeswesen)"。[②] 显然这里既指向"思想存在物"又指向"物自体"。

所以人们注意到，柏拉图所用的"noumenon"一词基本上是单义的，主要指"可（理）知事物"，而康德所用的"Noumena"一词则是双义的，也可以说，由中文看，其词义是含混的。从哲学术语的翻译史来看，单义词比较容易找到或者创造出恰当的译名并且易于得到认可和统一的理解，多义词及含混的词语则很难找到或者创造出恰当的译名并且易于产生不同的理解和争议。通俗地说，双关语或多关语（一语双关或一语多关）难以翻译，往往必须加以另外的说明和解释，而意思单一、明确的话语则基本上没有这种困难。康德的"Noumena"因此才曾出现过许多不同的汉文译名。

① 康德：《任何一种能够作为科学出现的未来形而上学导论》，庞景仁译，商务印书馆 1978 年版，第 50 页。

② 康德：《任何一种能够作为科学出现的未来形而上学导论》，庞景仁译，商务印书馆 1978 年版，第 86 页。

在井上哲次郎等编的《哲学词汇》(1881 年) 中，“Noumenon”译为“质体”，“Ding an sich”则译为“实体”。在日本的佛学哲学家井上圆了所著的《真理金针》一书 (1887 年) 中，已经多次出现“本体”和“现象”这两个汉文词。三宅雄二郎所著《哲学涓滴》(1889 年) 第四部分“批判法的哲学”以《纯粹道理批判》为书名介绍了康德的《纯粹理性批判》，其中所用的汉文译名是“实体”和“现象”，而另外把“Substanz”一词译为“本体”。[①] 清野勉撰述的《韩图纯理批判解说》(1986 年版，即《康德〈纯粹理性批判〉解说》) 一书中把““Noumena”译为“本体”。[②] 在［德］卫礼贤等编《德英华文科学字典》(1911 年) 中，“Noumenon”译为“实体、物之自然”，“Ding an sich”译为“实体、真性、真如、本相”，这些译名显然带有着佛教色彩。值得注意的是，可能成为后患的是，有的词书和著作中，竟然主张将 Noumenon 译为“实在”。例如，在井上哲次郎等编《英独佛和哲学字汇》(1912 年) 中，“Noumenon”译作“实在、实体、本体”，“Ding an sich”译作“物如、物其自身、自存物”。当然，在上世纪初，Noumennon 就多译为“本体”。例如在樊炳清编《哲学辞典》(1926 年) 中，就把“Noumenon”译为“本体”，“Ding an sich”译为“物自身”，“Phaenomen”译为“现象”。此后，不论在日本还是在中国，大都把康德的“Noumena”一词译为“本体”并且沿用至今。

尽管如此，近年来仍有学者提出不同的意见，例如建议把它改译为“意会体”[③]。显然这是由于：一方面，对中国古代文献中原有的“本体”一词的词义解释本来就不太统一；另一方

---

① 见《日本哲学全书》(第 6 卷)，“西洋哲学篇”，第 150、170 页。

② 见《日本哲学全书》(第 6 卷)，“西洋哲学篇”，第 233 页。

③ 见谢遐龄：《马克思本体论的几个界限问题》，《学术月刊》1991 年第 2 期。

面，康德所用的"Noumena"一词由中文看也是多义的，这也与他的学说本来带很大缺陷有很大关系。当然，用汉文"本体"一词作译名当然不能说令人完全满意，然而，联系翻译家们在对西方哲学史文献加以翻译时，已用"本体"这个词作为译名，而且大体上得以自洽；另外，也很难找到更恰当的汉文译名了，因此在许多与此有关的中文译著作中往往辅之许多的释性说明或附上外语原文。重要的是，"意会体"这个译名并没有涵盖康德的"Noumena"一词的二重性质，这只考虑到其"思想存在物"的意思，而忽略了其"物自体"的意思。

（四）康德在对 substanz 与 noumenon 作出规定之后，于先验辩证论中，通过总结自古希腊一直把"是"与"存在"混在一起的情况进行澄清，区分了"是"（Sein）与"存在"（Dasein）。这样，康德明确把"存在"从"是"的意义中分离出来。他在批判上帝存在的本体论证明时，提出了"'是'（Sein）不是一实在的谓词"的著名论断。康德说："'是'（Sein）显然不是什么实在的谓词，即不是有关可以加在一物的概念之上的某种东西的一个概念。它只不过是对一物或某些规定本身的肯定。用在逻辑上，它只是一个判断的系词。"① 在此，康德书中的"是"用的是德文的 Sein。Sein 这个词可与希腊文的 το ου 或者英文的 Being 互译。而 το ου 或 Being 包含有"是"、"存在"、"有"等等意思，在汉语里面没有直接的此一词多义对应词，只能一词多译。只有注明了才不会妨碍对其准确指谓的理解。重要的是，康德在这里提出的这个问题是一个非常经典的问题："是"，不是本身包含有一个所指对象的所谓"实在的谓词"。所以康德强调，"是"（Sein）这个词，不是对某物的一种规定性，

① 康德：《纯粹理性批判》，A599，B627。

不是“有关可以加在一物的概念之上的某种东西的一个概念”。就是说，“是”（Sein）这个词不是可以加在一个东西的概念之上，表达某种另外的东西，表达那个某物。康德说：“它只不过是对一物或某些规定性本身的肯定”，是逻辑判断的“系词”。

这样，康德强调，对上帝 Dasein 的证明不等于对上帝 Sein 的证明。因为 Sein 不是一个实在的谓词。在康德那里，为区别 Dasein（“存在”）与 Sein（“是”），连带着辨析了 Existenz（实存）、Realität（实在），以及 etwas、Ding 等概念。他说，“实在性这个词”“是不同于在谓词的概念里‘实存’这个词的”。[①] 所谓“实在的谓词”是在时间空间中、在经验中、在直观中，可以出现的，那才是 Dasein。在这个地方用 etwas 或者 Ding，都是在这个意义上来讲的。而以此证明，在现象中、在现象世界里，是否我们能够证明上帝的存在，康德认为是不可能的。

也就是说，如果在现实中有一个对象 Dasein，它是有条件的。因为现实中的一切事物都需要有条件。比如说时间、空间条件。在时空中显出来才能够 Da，Da 就是此时此地的意思。在 Da 中才能够 sein。从这个角度，从 Dasein 这个立场上面反过来去思考，如果这些条件并没有去考虑，就意味着对何为 Dasein 这问题没有考虑。

显然就某对象来讲 Sein 和它的 Dasein，是两回事。康德由德文中的 Sein 与 Dasein 论证了不区别“是”与“存在”就会出问题。因为存在于现实之中，它是 Dasein。但当你这样想的时候是把这个 Dasein 设想为“在”，即在某个概念的范围之中。既然你的概念，本来是在概念里面来设想，但是你把它设想为它在你的概念之外。当你把上帝设想在你的概念之外的时候，你

① 康德：《纯粹理性批判》，A597，B625。

还是在你的概念里面设想。所以，这个设想严格说起来，你没超出你的概念。如果你认为你已经超出了你的概念了，那就是你自相矛盾了。一般的对上帝存在的本体论证明没有意识到这一点。他们认为，既然这个概念是完善的，那么肯定要把全在全能的东西都包括在内，这才是完善的。而这里并没有进一步想，当你这样设想的时候，你还是在你的概念之内在设想。康德说，"人们由此相信可以有把握地推论：由于存有必然应归于这个概念的客体，也就是在我把此物设定为给予的（实存着的）这一条件之下，则它的存有也会被必然地（根据同一律）设定下来"。[①] 当人们推论 Dasein 是归于这个概念的客体，如果它不是归于这个概念的客体，不归于这个概念所指的对象，那么这个概念自然就是自相矛盾了。因为你在设定这个概念的时候，已经把 Dasein 包括进来了。而你这个概念是由你自己制定的，制造出来的。这是人们思想出一个关于某物的先天概念。也就是说，此物成为被给予的，是在实存（Existieren）着在一个条件之下，有这个条件，这个客体才能成为被给予的，是实存着的。由于 Dasein 相当于 Existieren，它的意义是实存、生存。这里的名词化的表达方式可以是 Existenz，可以是 Dasein。一个是拉丁词，一个是德文词。这两个词是非常相近的，几乎可以说是同义词。当把它设定为 Dasein，便设定为已经给予了的。就是说，一旦你制造出来"上帝"这样一个概念，把他设定为全在或者全能的，这个对上帝 Dasein 的证明，不管是否被证明，早已预先设定了。所以这个证明实际上不是一种证明，只是从你已经认定的那个"上帝"的概念里面再把它说出来而已。你

① 康德：《纯粹理性批判》，A594，B622。

要说这是一个论证，那就只能是循环论证。[1]

康德非常强调，“是”（sein）“在逻辑上，它只是判断的联系词。‘上帝是全能的’这个命题包含有两个概念，它们拥有‘上帝’和‘全能’；小词‘是’（ist）并未增加新的谓词，只是起着把谓词置放在与主次的关系之中的作用。”[2] 因此，从上帝的“是”推导出上帝“存在”的“本体论证明”是错误的。也就是说，康德明确指出了，“是”动词及其动名词形式都没有单独的表述功能，“A 是”并未给 A 增加一个谓词。“是”只有与谓词在一起才能表述一个主词，它的功能表现于在“S 是 P”的判断中，起着把 S 与 P 联系起来的作用；“是”动词的联系作用并不表示“存在”。例如，当我说“A 是 B”时，我只是说对象 A 具有概念 B 的规定性，或者说，有某种可能性，被思想所把握的可能性。说“三十块金币有可能是我的一笔财富”不等于“在我口袋里存在三十块金币”。康德强调说，“是”的逻辑联系作用在于使一个表示对象的主词“处于我的概念的关系之中”。两者的内容是同一或同样的，没有给仅仅表达可能性的概念增加任何东西。“概念和对象两者所包含的必然完全等同，因此不可能因为我将概念的对象思考为绝对被给予的（通过‘它存在’这种表达方式），而有更多的东西添加到这个仅仅表达可能性的概念上去。”[3] 于此，康德澄清了，本体论证明分析的是上帝所“是”（sein），得出的结论充其量是“上帝是一个是者（Gott ist）”而不应是“上帝存在”。“是”及其分词形式只是一个系

① 参阅，邓晓芒：《纯粹理性批判句读》，人民出版社 2010 年版，第 1047 页、第 1051～1052 页。

② 康德：《纯粹理性批判》，A598，B626；A599，B627。

③ 康德：《纯粹理性批判》，A599，B627。

词，不能表示存在。[①]

总之，康德指出，对上帝"存在"的本体论证明，得不出"上帝存在"的结论。因为"是"（sein）只是一个系词，它不能表示"存在"（Dasein）。这种对"是"与"存在"的区分，向西方两千年来把两者混淆起来的形而上学传统进行了冲击。康德的批判在哲学史上有着石破天惊的意义，他割断了从巴门尼德开始的哲学上讲的"是"与"存在"之间总纠缠着的根深蒂固的联系。人们认为，康德对上帝存在证明的批判，有振聋发聩的威力；德国诗人海涅甚至说，罗伯斯庇尔砍了路易十六的头，康德砍了上帝的头。

二、为道德形而上学奠定基础的《实践理性批判》

康德在《纯粹理性批判》中论述了关于 Noumena（本体）的消极意义和积极意义，揭示了思辨理性的消极方面，同时也预示了一个新的领域：实践理性的领域。我们可以看到，康德在《实践理性批判》中所讨论的基本问题，在他的《纯粹理性批判》中已经提出来了。如前所说，在《纯粹理性批判》中，特别强调了 Noumena 的消极意义，而《实践理性批判》对 Noumena 则重在从积极方面加以阐述。

在《纯粹理性批判》中，康德主要的是严格划定科学的范围。他论证了理论理性即思辨理性的消极意义，而实际上在某种意义上是在保护其积极意义。这样，康德在讨论科学认识时，就为这些形而上学问题留下了余地。具体到康德文献中的内容，也就是，康德否定了意志自由、灵魂不朽、上帝存在在科学上的意义，而保留了它们在道德、宗教上的意义。

---

① 编写组：《西方哲学史》，高等教育出版社、人民出版社 2011 年版，第 344 页。

为了防止理性的“僭妄”，康德提出了四个“二律背反”，以保护科学的正当方向。康德认为，在现象之外、现象之上的东西，只是理性的一种必然的假设，“本体界”是道德领域，是伦理学（道德哲学）研究的范围。支配现象界的是自然律，支配本体界的是道德律。

可见，就康德哲学来说，之所以不仅重视现象界，又重视本体界，这是实践理性的必然要求，这成为思辨理性即理论理性的必然结果。这样，康德为了使他的体系完整，非得进一步诉诸这个“本体”不可。

康德认为，人们所认知的自然律是替自然现象立法，这只是科学的、知识的、经验的对象，而对于讲“本体”而言，面对的是伦理的、道德的、宗教的对象。这就是康德称之为“实践理性”的对象。既然“本体界”和“现象界”分别是两个领域，那么在他这里，理性不但为理智立法因而产生知识，而且也为意志立法，产生道德。这样，哲学有了两个组成部分，一个以自然律为对象的知识论，一个以道德律为对象的伦理学。

正如康德在《实践理性批判》里说的，“超出经验对象之外，因而是对于作为本体之事物，思辨理性本应是被剥夺了认识的一切积极意义的。——可是这个理性也有大的贡献，就是，它把‘本体’概念，也即是把思维本体的可能性，甚至必然性，确实巩固起来，并且（……）不顾一切驳难，挽救了自由（从消极方面看）的假设，把这样假设为与纯粹理论理性的那些原理和界限完全可以相容的自由拯救了出来”。[1] 这就是说，在讲思辨理性时，即在《纯粹理性批判》中，康德论证了“理念”不是什么，而在《实践理性批判》中，则阐述了“理念”是什

① 康德：《实践理性批判》，据费利克斯·迈纳出版社，汉堡1974年德文版，p. 51。参见商务印书馆1960年版中文译本，第43页。

么。"理念"不仅是科学知识的对象，更是道德伦理的对象。科学不能证明理念的存在，道德实践却必定要证明理念的存在。

康德哲学，从思辨理性的消极方面论述了本体的特征，又从实践理性的积极方面最后确定本体的权威，使道德哲学（伦理学）摆脱了一般经验科学（道德箴言）的束缚，登上了哲学的王位。于是就康德来说，其哲学体系金字塔的底基是思辨理性（科学），而塔尖则是实践理性（道德）。康德哲学承认广大的经验对象作为科学认识的基础，它为一切科学的权力辩护；而当他虔诚地对待道德领域，其"立锥之地"，是作为道德律、绝对命令的"理念"。

在实践理性与思辨理性的关系上，在道德律与自然律的关系上，康德提出一个著名的论断：实践理性具有优先地位。康德多次指出，纯粹理性本身就是实践的①，实践理性是理性最根本的表现，它驰骋于无限的理念世界。康德自己说，"实践理性批判不以直观作为那些法则的基础，而只以它们在理知世界中存有的概念，即'自由'概念，作为它们的基础"。②

这样，当以本体为对象的实践理性与以现象为对象的思辨理性发生关系时，就必定占优先地位。所谓占优先地位，康德自己说得很清楚，就是占首要的、决定的地位。这就是说，在实践理性与思辨理性发生关系时，实践理性是主导的、决定的。这一点，就康德的思想来说，是不言而喻的。在康德看来，实践理性摆脱了感性世界的一切限制，人作为理性的存在，其行动是自由的，受自由意志支配，所以说，实践理性的优先地位是由理性自身的本性决定了的；理性要防止僵化，科学要防止

① 参见柯亨：《康德伦理学基础》，柏林1877年版德文本，第192页。

② 康德：《实践理性批判》，据费利克斯·迈纳出版社，汉堡1974年德文版，p. 55。参见商务印书馆1960年版中文译本，第46页。

独断，就要肯定道德的存在，因此要防止理论理性自身的僭越，防止混淆科学与道德的界限。这就必定要肯定实践理性的优先地位。在康德看来，不能否认思辨理性对于实践理性的隶属关系："我们不能颠倒秩序，而要求纯粹实践理性隶属于思辨理性之下，因为一切要最终归属于实践范围，而且甚至思辨理性的要务也只是受制约的，并且只有在实践运用中才能圆满完成。"①

康德在作出理论理性和实践理性的区分时强调，理论理性如果脱离经验，则对知识毫无用途；而实践理性如果完全摆脱感性经验，也将对实践毫无用途。他的第一批判之所以题为"纯粹理性批判"，其意义实际上是对纯粹的理论理性的批判，第二批判之所以题为"实践理性批判"，实际上是针对离开实践理性的批判。第一批判将理论理性限制于知识范围；第二批判则为实践理性开拓领域。他宣称，限制知识的范围，是为了给信仰留下地盘。信仰的地盘属于道德形而上学，这是实践理性所开辟的新领域。

康德的实践哲学经历了一个发展的过程。在其著作《道德形而上学的基础》中，他试图用"先验演绎"的形式论证道德何以可能的问题。他的回答是，作为理性存在者的自由，使得道德成为可能。但他又立即面临着人的自由何以可能的问题。他的回答是，人的自主自觉的道德行为，使得人成为自由的主体。所以，在《实践理性批判》一书中，康德没固守"先验演绎"，他直面自由的概念。他说："自由概念的实在性"是"实践理性的一条无可争辩的法则"，"构成了纯粹理性的、甚至思

① 康德：《实践理性批判》，据费利克斯·迈纳出版社，汉堡 1974 年德文版，p. 140。参见商务印书馆 1960 年版，第 124 页。

辨理性体系的整个建筑的拱顶石"。[①]

就康德所论，自由的无条件性的一个方面是无外在的目的，否则的话，自由便成了追求目的的手段，这样也不成其为自由了。所以，自由有肯定和否定双重含义。康德赋予自由的否定含义是：因摆脱了经验的约束而自由；他赋予自由的肯定含义是：为了自身而自由。自由就是以自身为目的的活动。而所谓善良意志，就是以善良自身为目的的意志。善良意志以自身为目的，服从规则与自由不是矛盾的。所以，以自身为目的而制定的规则，这是"自律"。善良意志自己立法，自己守法，这就是道德自律。

善良意志的自律被康德称为绝对命令（categorical imparative）。绝对命令相对于假言命令而言，以直言句式表达，它没有条件句，径直命令"应该如此作"，或"不应该如此做"。绝对命令是无条件的，或者说，是以自身为目的的合理要求。康德说，一切以自身为目的的合理要求，都有这样的普遍形式："这样行动：你的意志的准则始终能够同时被看作普遍立法的原则"。[②]

绝对命令是道德律，但它规定了一切道德规则所必需的普遍形式，并没有表达出哪些规则是道德的，哪些是不道德的。毋宁说，绝对命令提供的是区分道德与不道德的标准。

因而，康德从绝对命令的一般形式，又引申出绝对命令的一般内容。他指出，绝对命令有两条推论：一是"始终把人当作目的，而不能把人当作工具"；二是"每一个理性存在者的意

① 康德：《实践理性批判》，据费利克斯·迈纳出版社，汉堡1974年德文版，p. 3。参见商务印书馆1999年版中文译本，第1～2页。

② 康德：《实践理性批判》，据费利克斯·迈纳出版社，汉堡1974年德文版，p. 36。参见商务印书馆1999年版中文译本，第31页。

志都是颁布普遍规律的意志”。“理性的本性是作为目的本身而存在的”[①] 这样，康德把绝对命令的一般内容把自由、平等和博爱的口号提高到道德形而上学的高度，这成为启蒙时代人道主义的重要哲学概括。

康德认为，道德的最高理想是至善，至善是德福一致。为了让至善成为指导人们行为的道德理想，仅仅靠绝对命令是不够的，还需要辅以道德公设，即实践公设。道德律与道德公设属于两个不同层次：前者是基础，是主干，后者是应用，是辅助。道德律依靠纯粹理性建立；道德公设也有理性依据，但同时要兼顾感性因素。康德强调，道德公设即实践公设，这里有三条，每一条都有充足的理由相信它。也就是说，在康德讲来，实践理性有三条公设：第一条公设是意志自由。第二条公设是灵魂不朽。第三条公设是上帝存在。康德的第三条道德公设在《判断力批判》中被发挥为“上帝存在的道德证明”。

三、指向合目的界的《判断力批判》

康德的《纯粹理性批判》《实践理性批判》再加上《判断力批判》通常被称为“三大批判”，构成一个理论体系。如果说第一批批判主要论证在理性中何以认知自然界，第二批判主要论证纯粹理性自我立法、自我遵守的道德界，那么第三批判则主要论证判断力朝向的合目的界。康德在《判断力批判》导言中论述了，判断力是“一个处于知性和理性之间的中间环节”，判断力包括“三种不能再从一个共同根据推导出来的机能：认识能力、愉快和不愉快的情感和欲求能力”。“一般判断力是把特

---

① 康德：《道德形而上学的基础》第二节，参见北京大学哲学系外国哲学史教研室编译：《西方哲学原著选读》下卷，商务印书馆 1982 年版，第 318 页。

殊思考为包含在普遍之下的能力”。[①] 知性使用范畴思考感性直观，用自然法则决定经验，属于“决定的判断力”。《判断力批判》考察的是另一种判断力，康德称之为“反思判断力”。反思判断力不是从范畴、法则出发来决定特殊事物，而是从特殊的情感和事实出发寻求普遍目的。

因而反思判断力综合了知、情、意的因素，在必然和自由、自然界和道德界之间建构起沟通的桥梁。康德把反思判断力分为“审美判断力”和“目的论判断力”，前者是美学，后者是目的论。“手段”与“目的”的适应，自然物始终要适应自然物之外的最后目的即神。在此，康德关于外在目的论的论述实际上是对关于上帝存在目的论证明的批判。

康德主张的内在目的论是在自然内部说明自然物之间的有机联系。他指出，自然是这样的有机系统：或者各个部分只有在与整体相联系的情况下才能存在；或者各部分相互作用，互为因果，交替为手段和目的的关系，由于目的论原理而成为有机整体；或者自行运动、生产、组织和发展。康德阐述的自然有机系统的这三个特征与传统自然哲学的物活论相符合，而不符合当时新兴的机械论科学传统。

康德于是讨论了机械论和目的论的二律背反。康德的解决方案是强调人是最终目的。他认为，最后的目的不是别的，正是人自己。他说，人类是地球上一切其他自然物都与之相关的“那个自然最后目的”。[②] 他指出，自然的机械不管安排的如何巧

---

① 康德：《判断力批判》，据费利克斯·迈纳出版社，汉堡 1924 年版，p12. p13. p15。参见商务印书馆 1960 年版中文译，第 31 页。参见人民出版社 2009 年版，邓晓芒译本，第 227～228、229 页。

② 康德：《判断力批判》，邓晓芒中文译本，人民出版社 2002 年版，第 287 页。

妙，无论符合什么样的生命目的，如果没有人类，自然就毫无意义。大自然满足人类的合目的性是幸福，人类适应自然的合目的性是文化；而人的目的在于人的理性自身，即自由实现道德自律的能力。康德说："在这个仅仅作为道德主体的人之中，在道德律能够使用的个体的人之中，我们才能发现关于目的的无条件的立法。因此，正是这种立法，才能找到在目的上无条件的立法，因而只有这种立法才能使人有能力成为终结目的，全部自然界都在目的论上从属于这个终结目的。"[①] 在康德的论述中，第一批判揭示的自由与必然的矛盾、第二批判揭示的理性存在者与经验世界中的存在者的矛盾、第三批判揭示的人与自然的矛盾。康德指出，当人自由地实现了道德自律和至善，这些矛盾才算是解决了。

康德在《纯粹理性批判》的结论中说："有两样东西，人们愈经常愈持久地思索，它们就愈使心灵充满始终新鲜不断增长的敬畏和景仰，它们是在我之上的星空和居我心中的道德律。"[②] 人们指出康德的这两个对象正分别是康德哲学特别是实践哲学的主题。他思考的主题可谓是"致广大而尽精微"，但始终离不开人。康德坦言，他关心的问题只是"人是什么?"这个问题可以分成三个：人能知道什么？人应当做什么？人可以希望什么?[③] 他的三大批判就是对这三个问题的分别解答。康德通过理论哲学和实践哲学，分别说明人的知性如何为自然界立法和人的自由如何为道德立法；他最后通过审美判断和合目的判断，

① 康德：《判断力批判》，邓晓芒中文译本，人民出版社 2002 年版，第 294 页。

② 康德：《实践理性批判》，据费利克斯·迈纳出版社，汉堡 1924 年版，p186。参见商务印书馆 1999 年版，第 177 页。

③ 康德：《逻辑学讲义》，A23. 许景行译，商务印书馆 1991 年版，第 15 页。

说明人的艺术创造和人的合目的性是自然法则和道德自律的最终依据。

而且康德不只是抽象地论证人的合目的性，他在《永久和平论》等一系列文献中具体说明了人类由野蛮步入文明、朝向世界大同目的的自然历史过程。

康德相信人类历史具有不以人的意识为转移的合目的性。他说："个别的人，甚至于整个民族，很少想得到：当每个人都根据自己的心意并且往往是彼此相互冲突地追求着自己的目标时，他们却不知不觉的朝着他们自己所不认识的自然目标作为一个引导而在前进着。是为了推进他而努力着；而且这个自然的目标即使是为他们所认识，也对他们是无足轻重的。"① 康德相信在纷然的历史表象背后，在人们彼此目的的冲突中，有一个自然目标的导引。

康德还痛心地指出，由于人类对自身的目的处于不自觉和蒙昧的状态，战争给人类带来灾难，战争带来资源和财富的巨大浪费，战争带来巨大的恐怖感，战争摧毁人类文明。他说，"我们必须承认：文明民族所承当的最大灾难就是被卷入战争。这种灾难不仅过去、现在和将来都存在着，甚至不断增长着。国家的全部力量、它那文化的全部成果，本来是可以用之于促进一个更高的文化的，却都转移到战争这上面。"②

康德认为，人与人生活于相互间的和平状态并不是自然状态，必须被理性地建立起来的。③ 为了实现人类永久和平的目

① 康德：《历史理性批判文集》，商务印书馆1990年版，第2页。

② 康德：《人类历史起源的臆测》，《历史理性批判文集》，商务印书馆1990年版，第75页。

③ 康德：《永久和平轮》，《历史理性批判文集》，商务印书馆1990年版，第104页。

的，康德强调历史和自然相一致的理性指导原则。他说："把普遍的世界历史按照一场以人类物种的完美的公民结合状态为其宗旨的大自然计划加以处理的这种哲学尝试，必须看作是可能的，并且甚至还是这一自然目标所需要的。"康德还认为，合目的安排有赖于合理的社会制度。他明确地说："大自然迫使人类去加以解决的最大问题，就是建立起一个普遍法制的公民社会。"①

第二节　费希特的哲学、谢林的哲学

康德生前，他的哲学已经广泛传播。康德之后，他的哲学更为各界人士所熟知。据说，这时连贵夫人和小姐都把《纯粹理性批判》陈列在闺房中，引以为时髦。1787 年，耶拿大学设立了专门讲授康德学说的"批判哲学教席"，第一任教授为莱茵荷尔德（K. L. Reinhold，1756－1823 年），他在把康德哲学普及化的同时，企图把康德的思想进一步系统化，使之获得严格的体系形式。比如，他通过对"表象"这一概念的分析，得出"关于意识的第一原则"，然后从这一原则推演出直观与知性等一系列康德式区分。与此同时，德国的经验论者、怀疑论者和"普及哲学家"也纷纷批判康德的理论体系。康德称他的学说为先验唯心论，这种学说具有调和唯理论和经验论的特点，因此同时也称之为经验实在论。德国古典哲学中，费希特和谢林的哲学，成为康德哲学与黑格尔哲学之间承前启后中间环节。

① 康德：《世界公民观点之下的普遍历史观念》，《历史理性批判文集》，商务印书馆 1990 年版，第 18 页、第 8 页。

一、费希特的哲学

约翰·戈特利布·费希特(Johann Gottlieb Fichte，1762—1814年)1762年5月19日生于上劳西茨区比肖福斯魏尔达城附近的拉梅诺，出身于贫苦的手工业者家庭。他和康德一样，由教会资助受教育，在大学读神学，后当家庭教师。1790年，他第一次读到康德的著作，大受鼓舞。1793年，他匿名发表《试论一切天启的批判》，这部书充满了康德的术语，惟妙惟肖地阐发了康德的理性宗教观，被人误认为是康德本人的著作。后来人们知道了真实的作者，费希特的声名鹊起。1793年，歌德聘请他到耶拿大学任哲学教授。1794年费希特接替莱茵荷尔德任耶拿大学的"批判哲学讲席"教授，但他讲授的却是他自己的"知识学"。他的讲稿分别被整理为《全部知识学基础》(1794～1795年)、《知识学理论特点之概要》(1795年)、《根据知识学原则的自然权利的基础》(1796～1797)和《根据知识学原则的伦理学体系》(1798年)。1798年，费希特发表了一篇关于"信仰的基础"的文章《论我们信仰一个神圣的世界主宰的根据》，指出不能从道德和形而上学原则论证上帝存在。他的论敌指责他是无神论者，政府当局解除他的教授职务。费希特在耶拿刊行了一种杂志，因杂志上所发表的另一个人的文章被认为有无神论嫌疑。费希特本来是可以保持沉默的。由于政府要追究，费希特写了一封包含着一些威胁语句的信。歌德说，政府是不能让人威胁的。1799年之后，费希特移居柏林，发表一些通俗的哲学论著，其中最著名的是《人的使命》。1805年又被聘为爱尔朗根大学教授。1806年，法国和普鲁士之间爆发战争，拿破仑军队占领柏林，费希特逃到格尼斯堡大学避难，直到和约签定才返回柏林，以英雄的姿态发表《告德意志民族》的讲演。这一讲演标志着德意志民族主义的兴起，也为费希特带来声誉。1810 年，柏林大学成立，他担任哲学系主任，并一度任校长。晚年发表《知识学纲要》（1810）。费希特 51 岁那一年，妻子因上战场护理伤兵而患伤寒后，传染给费希特而夫妻双双身亡。费希特逝世于 1814 年 1 月 27 日。

在哲学史上，哲学家们往往认为，费希特哲学有两个方面必须区别开：一是他的真正的思辨哲学，这是经过严格一贯的论证的，他这一方面的哲学是很少人知道的；一是他的通俗哲学，他在柏林对各色听众的讲演，以及他的著作《到幸福生活之路》，都是属于这个方面的。后一方面的著作有不少感动人的有教导性的东西，而许多自称为费希特派的人常常只知道他的哲学中通俗的这一面。这些著作对某些有教养的富于宗教情绪的人是深入感人的讲演。虽说它们的内容有很大的价值，但在哲学史里却不予以重视。他的哲学中注重思辨的内容，主要写在他早期的哲学著作里。[①]

黑格尔曾评论说，康德哲学中缺乏思想性和一贯性的地方使得他的整个系统缺乏思辨的统一性，这一缺点为费希特所克服了。由此黑格尔认为，费希特掌握的是绝对的形式，换言之，绝对形式就是绝对的自为存在，绝对的否定性，它不是个别性，而是个别性的概念，因而也就是现实性的概念。费希特的哲学是形式在自身内的发展（是理性在自身内得到综合，是概念和现实性的综合），特别是康德哲学的一贯的发挥。它没有超出康德哲学的基本内容，他特别称他的哲学为知识学。他的初期著作完全是康德派的。费希特最初也只不过把自己的哲学看成康德哲学的一个贯通的和系统的完成。黑格尔指出，他把“自我”当作绝对原则，因而必须表明宇宙的一切内容都是自我的产物，

① 参见，黑格尔：《哲学史讲演录》第 4 卷，贺麟、王太庆译，商务印书馆 1978 年版，第 309 页。

而自我同时即是它自身的直接确定性。不过他同样只是对这个原则加以片面性的发挥：自我自始至终是主观的，受一个对立物牵制着的。而自我的实现只是以有限性的方式向前迈进，只是对先行的东西的回顾。①

暂不论黑格尔的看法是否正确，而我们可以明确看到的是：如果说，康德明确区分了“先验”与“超”验；认为，先验因素不是与经验分离，而是在经验内决定经验的先决条件；超验的物体不是知识的对象，只是不可知的本体。那么，费希特抛弃了康德的“物自体”概念，认为“物自体”即意识之外的客体“是一种虚构，完全没有实在性”。② 费希特强调，哲学的第一原则必须是确定的、能动的主体。费希特说，哲学要回答的根本课题是意识与对象的关系；在此问题上，只有两种可能的答案：一是从意识到对象，一是从对象到意识。费希特把康德的物自体改造为唯一独立存在的实体和能动的主体的统一体，设定一个“绝对自我”来统一自我和非我，在主体能动性的基础上克服主体和客体的矛盾，从而由“先验自我”的认识论进一步阐发了关于“绝对自我”的本体论。费希特同意康德所说，把自我意识即“自我”的能动活动当作建立客体即“非我”的前提，但不同意康德所说，自我本身需要非我提供感性直观的材料。费希特认为“自我”创造着它的活动经验，一切经验材料都不是现成的，都要由它的活动产生出来。“我思”就是“我行”，而“我行”必然会带来一切经验后果，导致“非我”对“自我”的限制。

① 参见，黑格尔：《哲学史讲演录》第4卷，贺麟、王太庆中文译本，商务印书馆1978年版，第309～310页。

② 费希特：《知识学引论》第1篇4—5，北京大学哲学系外国哲学史教研室编译：《西方哲学原著选读》下卷，商务印书馆1982年版，第324页。

费希特说，“自我，当它被看作是绝对地被规定起来的、包括一切实在性的整个领域时，它就是实体。当它被设定于这个领域的一个并非无条件地规定的范围（这个范围是怎么规定的，目前还没有探讨）里的时候，它是偶然的，或者说，它是实体中的一个偶体。把这个特殊范围从整个领域中分割出来的那个界限，是使偶体所以成为偶体的界限。界限是实体与偶体之间的区别根据。界限存在于整个领域之中；因此，偶体存在于实体之中并属于实体；而界限排除某种东西于整个领域之外；因此，偶体不是实体。”“实体被认为是普遍的一切相互关系：偶体则是一种特定的东西，和另一交替物互相交替着。”

费希特又说，“没有实体，偶体是不可思维的；因为要想认识某个东西是一个特定的实在，我们就必须使它与一般实在发生关系。”另一方面，“不和偶体发生关系的实体是不可思维的，因为正是通过在绝对的领域内设定可能的范围，自我才成为实体；通过可能的偶体，才产生实在；因为否则一切实在性就该绝对地是一个东西了。——自我的实在就是自我的行动方式：就一切可能的行动方式（存在方式）都被设定于它之中而言，自我就是实体。”

而总起来，费希特强调，“本来只有一个唯一的实体，即自我：一切可能的偶体，亦即一切可能的实在都是在这个唯一实体中设定起来的。——唯一实体的从某一标志来看彼此相同的众多偶体怎么可能被结合起来理解以及它们本身怎么可以被思维为许多实体（这些实体的偶体则是通过上述标志之间的与相同性并存的差异性而规定起来的）”[①]。

关于“自我”与“实体”“偶体”的关系，费希特作了进一

① 费希特：《全部知识学的基础》，王玖兴中文译本，商务印书馆 1995 年版，第 63 页。

步的解析。他说，"自我的这样一种活动，即自我通过它而将自己本身作为实体跟偶体区别开来的那种活动"①。"借助于实体性概念，通过自我的活动（自我的偶态），一个受动（一个否定性）在同一个自我中被设定和规定起来。"②"借助于绝对全部的活动，在实体性的交替里，活动应当被设定为是受了限制的，就是说，绝对全部的活动中通过限制而被排除的那一部分活动被设定为没有被有限制的活动的设定所设定的，被设定为有限制的活动中所缺少的：因而这种交替的单纯形式的特性乃是设定中的一个不设定。在绝对全部的活动中，缺少的东西被设定起来了。它不是在有限制的活动中被设定起来的，它被设定为是在交替中被设定的，这是绝对地从设定出发，而且是从对绝对全部活动的设定出发，而且是根据前面建立的实体性概念出发的。""因此，设定这种交替本身的那个行动，其实质特性必定同样是一个通过一个设定的不设定，而且是通过一个绝对设定的不设定。"③

到这里，费希特提醒人们注意的是："关系的端项，孤立地来看，都是偶体，它们的全部就是实体"，而"在实体里根本不能设想有什么固定的东西，有的只不过是纯粹的关系。——如果一个实体被设想为是有规定的——这是已经一再论述的令人讨厌的问题——或者说，如果某个有规定的东西被设想为实体，则交替当然必须从任何一个端项出发，而只要交替被规定了，这个端项也就因此而是固定了的。但是，它不是绝对地固定了

① 费希特：《全部知识学的基础》，王玖兴中文译本，商务印书馆1995年版，第63页。

② 费希特：《全部知识学的基础》，王玖兴中文译本，商务印书馆1995年版，第77页。

③ 费希特：《全部知识学的基础》，王玖兴中文译本，商务印书馆1995年版，第83～84页。

的，因为我同样可以从同它对立的端项出发，而且这样一来，恰恰原来被确定和固定为本质的那个端项就成了偶然性的了。这是从前面的例子中可以看明白的。综合地统一起来的诸偶体提供着实体，而在实体中除了包含这些偶体而外再也没有任何东西：实体经过分析，提供着偶体，而在对实体进行彻底分析之后除了偶体之外就再也剩不下任何别的东西了。不能设想偶体会有一个连续的基础，有一个负荷者。”①

基于对“自我”的“设定”，费希特由本体涉及到“非我”的规定。他定到，“有规定的可规定性就是我们曾经寻找的那个全部，这样一个全部我们称之为一个实体。——如果实体不是首先从绝对地被设定起来的东西那里，不是从仅仅设定自身的那个自我那里推演出来的，换言之，如果不是有某种东西（在这里就是指一个设定起来的非我，或一个客体）从自我那里被排除出来，那么，作为这样一种实体的实体就是不可能的。——但是，实体既然本身只不过应当是单纯的可规定性，却毕竟又应当是一个有规定的、固定的、确定了的可规定性，那么，如果它不曾重新由无条件被设定的东西即自身设定所规定的话，那么它仍然还没有受到规定，它就不是实体（不是无所不包的东西）。自我由于自己排除了非我而设定自身为正在设定自身的，或者说，它由于自己排除了自身而设定自身为正在设定非我的。——设定自身在这里出现了两次，但意义非常不同。前一次所指的是一种无条件的设定，后一次所指的是一种有条件的，因为排除了非我而产生的可规定的设定”②。

① 费希特：《全部知识学的基础》，王玖兴中文译本，商务印书馆 1995 年版，第 123～124 页。

② 费希特：《全部知识学的基础》，王玖兴中文译本，商务印书馆 1995 年版，第 120 页。

费希特特别证论了“自我”“非我”的“实在性”问题。他强调，“每一事物都是它所是的那种东西，每一事物都有当它被设定起来时被设定的那实在性。”①“一切实在性的来源都是自我，因为自我是直截了当地绝对地被设定起来的东西。但是，自我是（存在着的），因为它设定自身；因为它是（存在着的）。因此，设定自身与存在乃是一个东西。但设定自身的概念与活动的概念一般地说又是同一回事。于是，一切实在性是活动的；一切活动的东西是实在性。活动是积极的，绝对的（只与相对的对立的）实在性。”“实在性是被直截了当地设定于自我之中的。……非我被设定为一个定量：但每个定量都是某种东西，因而也是实在性。可是非我应当是否定性——从而等于说也是一种实在的否定性（一种负量）。”“在自我中是否定性的那个东西，就是在非我中的实在性，反之，在非我中是否定性的那个东西，就是在自我中的实在性。”关于“我们现在把自我中的东西称为实在性还是称为否定性”，“这里谈的仅仅是相对的实在”。“自我应当被规定，就是说，实在性，或者如刚才这个概念被规定的那样，活动，应当在自我中被扬弃掉。因而在自我中活动的对立面就设定起来了。但活动的对立面中做受动。受动是积极的绝对的否定性，因此和单纯的相对的否定性相对立。”“如果说，当自我处于受动状态时，绝对全部的实在性是在自我中被保存下来的”。那么，根据上文就必然地由于相互规定的法则，一个同等分量的活动就一定被转让到非我中去。”“这样一来，上面的矛盾就消除了。非我作为非我，自身没有实在性；但是，只要自我是受动的，由于相互规定的法则的缘故，非我就有实在性。对于自我来说，非我，就我们至今所见的而

① 费希特：《全部知识学的基础》，王玖兴中文译本，商务印务馆 1994 年版，第 85 页。

言，只在自我是受动的这一情况下才有实在性；而且在自我的受动性这一条件之外，非我根本没有实在性——这个命题从结论的角度来看是非常重要的。”①

类似于康德，费希特提出知识作为考察的对象。费希特宣称哲学的任务是研究关于知识的学说，他将此称为“知识学”(Wissenschaftslehre)。费希特的一生孜孜不倦地建立他的“知识学”（Wissenschaftslebre）体系，其中有三个部分：理论哲学、实践哲学和关于公设的哲学。费希特讲，理论哲学的对象是自然界整体，包括原理和应用两个分支；实践哲学的对象是伦理道德，也有原理和应用两个分支；关于公设的哲学研究理论与实践的关系，包括以自然权利学说为特点的政治哲学、以理性宗教为导向的宗教哲学，以及以未来为目标的奋斗哲学(Strebungsphilosophie)。费希特说，知识学不是科学，而是“科学的科学”，“知识的知识”。知识学与传统哲学不同，它关心的不是事实，而是事实的根据；不是知识的实际内容，而是知识的合法性。可见费希特在此所规定的知识学任务正是康德的先验哲学的目标。但是，康德在实际上是局限于认识领域去解决主体和客体关系问题，并把现象和本体、认识领域和实践、道德领域割裂开。费希特则把认识主体和实践主体合为一体，将主体的能动性直接延伸到了自在之物的本体。

于是，费希特由“自我”与“非我”把“知识学”的基本原理规定为三条，它们构成一个“正、反、合”的命题系统。这三条原理表述如下。

正题：自我设定自身。这是一切哲学的核心和实质，是一条绝对无条件的原理。费希特借此强调自我的绝对自由、“自

① 费希特：《全部知识学的基础》，王玖兴中文译本，商务印书馆 1995 年版，第 52～54 页。

因”，即它的第一性和不可证明性，因为所谓“自我”，就是自己把自己产生出来、实现出来的活动，它不依赖于任何别的东西，它既是行动者又是行动的产物，是作为事实的行动。这种观点在康德那里已有暗示了，康德的“实践的自由”就是一种行动的“事实”，具有实践意义上的“实在性”，不过还没有与自我意识融为一体，不具有知识学上的实在性，费希特则把这两者合一。

反题：自我设定非我与自己对立。这条原理在形式上是无条件的，因为对“非我”的设定既由自我作出，它与“自我”的设定一样，是一个自发行动，“自我”设定什么是不受任何限制的，也要设定自身唯一的限制和条件，即设定一个与“自我”不同的“非我”。正因为如此，“非我”在质料上是有条件的；我们只有先知道了“自我”是什么，才能知道什么是“非我”。这种观点是对康德的“先验自我意识”能动地建立起对象意识这一原理的扩充，但不仅是一条认识原理，而且是实践原理。

合题：自我设定自我和非我的对立统一。对于这两者的统一，康德强调，其在形式上是有条件的，要以前两个命题为条件，是对前两个已有命题的“综合”；其在质料上则是无条件的，它表达了“绝对自我”的原则；总之，正是因为自我才在自身中安排了自我和非我的相互对立和限制。但这种限制不是单纯的否定，而是“扬弃”（Aufheben），既取消同时又保留；分割开来看是相互取消，合起来看则一起被保留，在绝对自我中得以统一。自我和非我的统一采取两种形式。其一，自我设定非我为对自己的限制者，自我本身则是被限制者、被动者，非我作为对象而决定自我，这是理论理性。其二，自我设定自己为对非我的限制者和克服者，这时自我是主动者，非我成为被动者，这就是实践理性。这两种情况归根结底都由自我设定，经过这一过程，自我成为绝对的自我，不再是“唯我论”的自我。费希特由此走向普遍自我、一切人的自我。这个绝对自我实际上是思辨化了的上帝。

费希特如同康德一样，相信逻辑形式与自我的能力相对应。而康德只是探讨了判断形式和推理形式与知性和理性的对应，并没有考虑更一般的逻辑规律与什么形式相对应的问题。费希特力图把自己的三条原理立足于形式逻辑的规律。他认为第一条原理“自我设定自我”相当于形式逻辑的“同一律”即 A＝A，第二条原理“自我设定非我”相当于形式逻辑的“矛盾律”即“－A≠A”，第三条原理“自我设定非我和自我的对立”则相当于形式逻辑的“充足理由律”。

费希特按照逻辑规律顺次推演出三条知识学原理，他要把康德的先验逻辑彻底化。他说：“批判哲学的本质，就在于它建立了一个绝对无条件的和不能由任何更高的东西规定的绝对自我；而如果这种哲学从这条原理出发，始终如一地进行推论，那它就成为知识学了。”[①] 虽然费希特的抽象思辨和形式推理没有他本人所说的那样大的哲学意义，但从方法论的角度看，费希特第一次把辩证法的形式表达为正题、反题与合题。康德指出了理性的二律背反，但他在否定意义上阐述正题与反题的对立。费希特则把自我和非我的对立与统一提高到第一原则的高度，这成为辩证法思想的一大发展。进而，费希特论述了他讲的实践哲学。他说，“自我，正因为它是一种自我，也具有一种对自己本身的因果性，即设定自己的因果性，或者说能反思的因果性。冲动应该规定努力者的力量本身，而这种力量既然应该像反思那样在努力者本身之中表现自己，那么，从冲动的规定作用中就必然推论出一种向外的表现。如果不是这样的话，

① 费希特：《全部知识学的基础》，王玖兴中文译本，商务印书馆 1986 年版，第 37 页。

那就不存在什么冲动了。假如没有冲动，那就与我们的假设相矛盾了。因此，从冲动中就必然推论出自我对自己本身的反思行为来。"

于是费希特归纳了五个命题："1. 努力和反思，这一对本来存在于自我中的并由我们在前面提出来的双生子，因此就被最紧密地联合起来了。""2. 自我不会不是有限的，不会不是受了限制的，现在人们对此看得更明确了。没有限制，就没有超验意义的冲动；没有冲动，就没有向先验过渡的反思；没有反思就没有先验意义的冲动、限制，也没有限制者，等等。""3. 现在也看得相当清楚的一点是：什么叫作理念的活动，什么叫作实在的活动，它们是怎么区别开来的，它们的界限在哪里。""自我的原始努力，如果作为冲动，作为单纯建立于自我本身中的冲动来看，就既是理念的，又是实在的。""没有理念性，就没有实在性，反之，没有实在性，就没有理念性。4. 理念性的活动将马上表明自己是从事于表象活动的。5. 从这里也就最确定地推论出来了理论对实践的从属关系。结果是：一切理论性的规律都以实践性的规律为根据，而且由于只能有一个实践性规律，所以一切理论性规律都以同一个实践规律为根据。因此，最完满的、具有全部本质的体系也是建立在实践规律上的。"①

费希特第一次读到的康德著作是《实践理性批判》，他说他深深为康德的"绝对自由"和"义务"的思想所打动。他在创立知识学体系时始终强调"实践领先"，而且在其著作中使用了"实践知识学"这一概念；他还论证说，"如果在自我中没有实践能力，那么，理智就不可能存在。""实践能力为了要进入意

① 费希特：《全部知识学的基础》，王玖兴中文译本，商务印书馆1986年版，第218～220页。

识，首先必须通过理智。”[①] 费希特所说的实践主要指道德实践和政治实践。他的道德和政治学说始终离不开自由和义务这两个主题。可以说自由和义务是他的第一原则的实践内容。如果说，他是用抽象的、晦涩的语言说明那三条第一原则的话，那么，这些原则在实践领域的表现则洋溢着时代的精神，充满着行动的活力。费希特说：“不仅要认识，而且要按照认识行动”，“你在这里生存，是为了行动；你的行动，也只有你的行动，才决定你的价值”。[②] 再后，费希特由关于公设的哲学展开于政治哲学、宗教哲学以及奋斗哲学的一系列理论见解。

他指出，“知识学”第一原理“自我设定自身”的意义不仅是设定了一个认知的自发活动，更重要的是自我意识的自由。自我设定了自身的自由，只有自由的自我才是绝对的自我。自由、绝对自我和纯粹活动对于费希特来说都是一回事，只是表达不同而已。他说：“行动！行动！——这就是我们的生存目的。”[③] 他用绝对唯心论的语言表达了后来的存在主义思想：存在就是行动，存在先于本质，存在是绝对自由。

他又指出，当“自我设定非我”时，被设定的也是自我与他人的社会关系和自我的社会义务。费希特说，自我不但要意识到自身的能力，而且要自觉地约束自己。他说，权利和正义的一般规则是：“限制你的自由，使之符合那些与你相接触的人的自由观。”只有意识到他人自由的人才是真正自由的，把别人看作奴才的人其实自己就是奴才。费希特正确地把康德所说的

① 费希特：《全部知识学的基础》，王玖兴中文译本，商务印书馆 1986 年版，第 201 页。

② 费希特：《论学者的使命　论人的使命》，商务印书馆 2003 年版，第 148 页。

③ 费希特：《论学者的使命》，梁志学、沈真中文译本，商务印书馆 1980 年版，第 52 页。

绝对命令解释为义务论。义务论的特点是无条件地“应该”或“不应该”做什么。费希特通过对各种应该做的事的分析，说明了人不仅对自己的良心负有义务，对他人、社会和国家也都有义务。

在费希特那里，自我和非我的矛盾同时是关于自由的正题和反题。正题：自我必须设定自由是绝对的，即无条件、无根由、纯粹的自由；反题：自我必须限制自由，在自然规律和他人自由的条件下，实现有限的自由。正题与反题的矛盾最终在合题中达到统一，自我与非我的统一同时也是绝对自由与相对自由的统一。

费希特强调不受限制的自由是人所希望的目的，而不是人所能够实际达到的目标。他说：“人的本身就是目的，他应当自己决定自己，决不应当让某种以及的东西来决定自己；他自己应当是他所是的东西，是因为他希望成为这样的东西，而且应当希求这种东西。”① 就是说，自我的本质是自己决定自己的自由，这一本质在现实中表现为人的希望。

人的行动是追求自由的奋斗，它表现为奋斗的无限过程。费希特说：“无限完善是人的使命。人的生存目的，就在于道德的日益自我完善，就在于把自己周围的一切弄得更合乎道德，从而使人本身日益幸福。”② 奋斗就是每个人不断克服自我的局限性，并与他人克服局限性的奋斗相配合，朝向绝对自由的目标前进。绝对自由永远也不能实现，奋斗是一个无休止的过程，但在此过程中的每一个进步都包含着绝对自由的成分。绝对寓

① 费希特：《论学者的使命　论人的使命》，商务印书馆2003年版，第8～9页。

② 费希特：《论学者的使使　论人的使命》，商务印书馆2003年版，第20～21页。

于相对，无限寓于有限，目标寓于过程，未来开始于现在。重要的不在于能否达到终结目标，重要的是行动，没有行动，也就没有一切。在此意义上，费希特的奋斗哲学是未来哲学、希望哲学。

费希特所说的自我，不是一个孤立的人。他肯定："人注定是过社会生活的；他应该过社会生活；如果他与世隔绝、离群索居，他就不是一个完整的、完善的人，而且会自相矛盾。"① 自我奋斗不是孤军奋战，作为自我化身的"理性人"在社会中为了他们共同的目的而共同行动，其结果是历史的进步和个人的发展。

费希特像同时代的启蒙学者一样，持乐观主义的历史进步观。他在 1805 年所做的《当前时代的基本特点》讲演中，根据人类"理性发展史"的五个阶段，把人的"实践生活"或人类文化的过程分为五个时代。第一个时代是"理性无条件受本能支配的时代"，此时民智初开，道德上天真无邪；第二个时代是"理性的本能变成外在的强制的权威的时代"，人发现并崇拜人的理性，但用独断的理性抑制理性，产生了奴性，这是"走向罪恶的时代"；第三个时代是"解放的时代"，人重新开始思考个性，计较个人得失，但一切唯利是图，"对于一切真理绝对漠不关心，完全无拘束，这是罪恶完成的时代"；第四个时代是"理性科学的时代"，人认识自己的价值和使命，"对真理有了较高的爱好，这是走向善的状态"；最后是"理性艺术时代"，人像创造艺术作品一样自由地享受自己的"至乐生活"，达到"至善完成"。此时，大家共同地形成一个"伦理世界秩序"，掌握整个世界的命运，人们服从自己的思想，绝对自由地做想做的

① 费希特：《论学者的使命 论人的使命》，商务印书馆 2003 年版，第 18 页。

一切。[1] 这五个时代大致相当于古代希腊罗马、中世纪、文艺复兴、近代和德国古典时代。费希特按照人的理性和历史发展解释社会进步，把他所处的时代看作理性历史发展的最高阶段。

费希特哲学中体现出这样的思想：自我与非我的辩证关系意味着自我需要克服非我的对立面才能完善自身，人必须在改变外界事物的过程中才能发展。费希特说：“人必须设法改变事物的形态，使事物的本身同他的自我的纯粹形式相一致，……然而这样改变事物的形态，即事物应当按我们关于它们的必然概念而存在，单靠纯粹意志是不可能的，而且需要有一定的技能，而这种技能是通过锻炼获得和提高的。”费希特认为文化既是终结目的，又是最高手段。人只有通过文化，才能发展自身的能力，而人的发展也就是改造外界事物技能的发展，即文化的发展。他说：“为了改变我们之外的事物的形态，按照我们的概念变更它们；依我看，获得这种技能就叫文化，获得一定程度的这种技能同样也叫文化。文化只有程度不同，但是文化程度可以表现为无止境的。如果人被看作是有理性的感性生物，文化就是达到人的终极目的、达到完全自相一致的最终和最高的手段。”[2]

在文化发展的诸因素中，费希特强调教育，只有知识和教育，才能保证使人的全部天资得到同等的发展。他说：“所有理性生物应当得到同等的发展。社会的最终目的是一切社会成员完全平等。”为了完成社会平等的目的，学者担负着特殊的使命。学者就是人类的教师，学者要用自己的知识服务社会，教育民众，传授知识，并提高全社会的道德水准。他把学者担负

① 转引自贺麟：《〈精神现象学〉译者导言：关于黑格尔精神现象学》，载《精神现象学》上卷，商务印书馆1979年版，第18～19页。

② 费希特：《论学者的使命 论人的使命》，商务印书馆2003年版，第10页。

的职责规定为："优先地、充分地发展他本身的社会才能、敏感性和传授技能。"学者要教育民众，首先要充分地认识和实现自己的理性能力，同时还要有传授知识的技巧，通过教育把学生的理性能力最大限度地发挥出来。他特别强调学者的道德操守，"学者应当成为他的时代道德最好的人"。[①]

二、谢林的哲学

约瑟夫·谢林（Joseph Schelling，1775－1854 年），1775 年 1 月 27 日生于符腾堡邦的思多夫，其家是一个牧师家庭。15 岁时进入图宾根大学神学院学习，与黑格尔和诗人荷尔德林是同学和朋友。谢林曾在来比锡大学和耶拿大学学习，在耶拿同费希特有了较为密切的联系。谢林 1793 年 18 岁时，出版了第一部著作《神话哲学》。毕业之后，当了三年的家庭教师，发表《自然哲学的观念》（1797）、《论世界灵魂》（1798）等著作。1798 年，谢林到耶拿大学任哲学教授。在耶拿期间，他学习艺术史，又受当地浪漫主义思潮的影响，把艺术哲学作为哲学的最高形式。耶拿时期是他的创造性思想的高峰期，发表有《先验唯心论体系》《我的哲学体系的说明》《布鲁诺》（1802）等著作。1803 年之后，谢林离开耶拿，在德国多所大学任教，著有《论人类自由的性质》。1807 年他曾担任慕尼黑艺术科学院的秘书。1841 年之后，他定居在柏林，任普鲁士宫廷私人顾问和柏林大学哲学教授。谢林晚年才思枯竭，沦为替普鲁士—哈布斯堡王朝的"祭坛与王冠"张目的官方哲学家。他在柏林大学的课堂上极力抵消黑格尔及青年黑格尔派的影响，恩格斯、巴枯宁、祈克果等人都听过他讲课，深感失望。

---

① 费希特：《论学者的使命　论人的使命》，商务印书馆 2003 年版，第 26～27、42、45 页。

谢林的哲学是从康德哲学以及费希特哲学出发的。黑格尔说：“那最有意义的、或者从哲学看来唯一有意义的超出费希特哲学的工作，最后由谢林完成了。谢林的哲学是与费希特相联系的较高的纯正的形式。”谢林的哲学，从总体上讲有“先验哲学”和“自然哲学”。

“谢林是在公众面前发挥出他的哲学的。他的哲学著作的序列同时就是他的哲学形成的历史，并且表达了他逐渐从他所据以开始的费希特原则和康德的内容中超拔出来的过程。这些著作的序列并不包含他的哲学（体系）各个部门依次发挥出来的次序，而是包含着他的哲学形成的诸阶段的次序。如果要我寻找一本最后的著作，在其中他的哲学得到最确定的发挥，这样的著作是举不出来的。”①

谢林重提斯宾诺莎的“本体”和“简单的绝对本质”。在笛卡尔和斯宾诺莎那里，思维和广延是作为两个方面出现的：如果说，笛卡尔在上帝里把它们联合起来，但是却以一种不可理解的方式去作的；那么，斯宾诺莎自然也在上帝里把它们联合起来，但是他把上帝理解为没有运动的实体，自然和人作为这个实体的发展，只是停留在实体这个名词里。关于此，后来是在康德哲学里得到发展。在费希特哲学里被单独地当作主观性的支付宝 一切规定按他说都是从主观性里发展出来的。在谢林那里，“本体”成为哲学研究的对象。它既不是笛卡尔、斯宾诺莎意义上的“联合”也不像费希特那样成为整个的主观，而是具有无限形式的全体。

谢林尽管早年受费希特的自我学说影响，但很快与费希特分道扬镳。他认为费希特的自我不可能作为哲学的出发点，因

① 黑格尔：《哲学史讲演录》（第4卷），贺麟、王太庆中文译本，商务印书馆1978年版，第340～341页。

为它最终将导致唯我论。他认为费希特虽然用“无意识的自我”和“普遍的自我”来逃避唯我论，但无意识的自我还不是自我，而普遍的自我既然要受到非我的限制，要克服非我才能达到，那它就不可能是绝对的。自我（包括“普遍的自我”）和非我都是相对的，因此都不能作为最高原理。谢林要求首先确定那个超越主体（自我）和客体（非我）之上的绝对同一的东西，从这里出发推演出主体和客体及其相互关系。

谢林认为应像斯宾诺莎、康德和歌德那样重视自然。他受歌德的浪漫主义的自然观的影响，并直接从斯宾诺莎关于自然的概念得到启发。但他改造了斯宾诺莎“实体”即自然的学说。斯宾诺莎区分了“能动的自然”和“被动的自然”。谢林认为，自然整体是能动的“宇宙精神”，开始于主客体绝对无差别的“绝对同一”。“绝对同一”实际上是沉睡着的宇宙精神，当它从沉睡中慢慢苏醒，就有了区别和规定，这就形成了自然界。在最低的层次，自然表现为运动着的物体，在较高的层次，表现为光、磁、电、化学等现象，在最高层次，表现为有机体整体，即自然本身。谢林把他对自然科学的这种理论总结称为“思辨物理学”。①

谢林的自然哲学体现了斯宾诺莎哲学的泛神论特点，即认为整个自然界充满着宇宙精神。不同的是，他还在这种泛神论中加入了目的论的因素。他认为，自然界是绝对精神由其无意识的欲望活动而从自身中分化出来的，它最初是一种不成熟的、未苏醒的理智，但已具有了内在的目的性。这种目的性不是康德所谓“反思性的判断力”对自然界所作的主观反思或类比，而是自然界本身所固有的客观倾向，他认为，即使是最粗糙的

① 谢林：《先验唯心论体系》，见北京大学哲学系外国哲学史教研室编译：《西方哲学原著选读》下卷，商务印书馆 1982 年版，第 350 页。

机械作用中，自然界已经隐含目的性在内，经过电学、磁学、化学作用到有机作用，自然界越来越明确地表现出机械性和目的性的统一；又经过从矿物、植物、动物到人的发展，自然界在人身上达到了自我意识，自然必然性最终成为自由的理智。

谢林由"同一—差别、对立、矛盾—同一"这个一般公式，揭示自然哲学直接开始于"绝对无差别的同一"，如同一律的A＝A，这是"理性的最高规律"；又揭示了自然过程中出现的差别是绝对同一自身发展出有限事物时在"因次"（Potenz，又译作"幂次"，意为几何学的等级）上的"量"的差别；还揭示了自然过程中的"二元对立"和"两极性；进而揭示了经过正题和反题的矛盾，形式新的"同一"。

谢林认为，整个自然界基于此构成一个相互联系和过渡的整体，形成从低级向高级不断发展，在其中，较高级、较复杂的事物是较低级事物的"合题"，从合题中又产生出新的差别和两极性及正题反题，然后再归结为更高的合题。总起来说，谢林认为，自然界和人类历史的都是由"绝对"所分化发展和出来的一些阶段，在每一个阶段上，具体的事物无不包含有主观性和客观性的因素，只是"比例"不同而已。在自然界中是客观性为主，但也开始体现了萌芽中的主观性，随着自然界的层次越高，这种主观性的因素也就越来越强；而发展到人和人的自我意识时，这种比例就形成了一个转折点，宇宙精神从客观性占优势转入了主观性占优势，直到最后主观性完全吞并了客观性于自身，又回复到了主客完全同一的状态。

谢林认为，自然哲学和先验哲学殊途同归。谢林说："使客观的东西为先，从而引出主观的东西，这是自然哲学的任务。因此，假如有一种先验哲学，则留给它的只能是相反的方向，那就是，将主观东西作为在先和绝对的，作为出发点，从而引申出客观的东西。”[①] 自然哲学把自然界的发展过程一步步上升为理智的规律（认识论），先验哲学则要把理智的规律一步步落实为绝对的客观性（实践论），两者从不同的角度揭示了主体和客体本来就是同一的。谢林强调，自己的先验哲学要研究自我意识从自身中创造出客观性来的历史。这一过程分为三个阶段，即认识、实践和艺术。

在谢林关于认识论的论述中，阐述了自我意识在认识阶段，从感觉开始，渐次上升到感性直观、反思、意志。谢林说，这一过程是意识的历史，意识的历史发展阶段与自然的发展阶段相对应，并在自然界的法则中看出自我意识本身的法则，先验自我发挥自己的统觉作用来为自然界立法，不再认为自然界独立于意识而存在。

谢林在实践哲学中阐发自我意识和人类历史发展一致性的思想。他把人类历史解释为自由从萌生到发展最后与必然相同一的过程。在开始阶段，人的自由与必然相分裂，这种自由只是“任意性”。任意性只是在它发生的那一瞬间显得自由，但马上就为命运所捉弄、所支配，历史表现为一种盲目的毁灭力量，这就是从远古时代直到希腊时代的情况。从罗马帝国到谢林所处的时代，人的自由受自然必然性的强制，这种强制不再是盲目的，但却是受自然规律（血缘、地域、环境、种族和个人气质等）支配的，人的自由是偶然的、相对的，无规律可循。君主意志集中体现着人所向往的自由，但这种自由本身对他人而言却是扼杀自由的专制暴政。最后，从谢林开始的未来时代，人类在相互关系的无穷偶然性中开始意识到了背后起支配作用的必然性，并使这种必然性上升到了自由的必然性，这时人自

① 谢林：《先验唯心论体系》，见北京大学哲学系外国哲学史教研室编译：《西方哲学原著选读》下卷，商务印书馆 1982 年版，第 353 页。

觉地使自己的自由受理性建立的“第二自然”的制约。这就是理性自律的法制时代，也是自由与必然协调得最完美的时代，在这里开始实现了自由的理想，即自由的就是必然的，而必然的也就是自由的。

谢林认为，要真正达到主客体浑然一体的“无差别的同一性”，还得依靠“精神的艺术感”。在艺术创造中，人不但现实地创造出一个客观对象来，而且人还忘情于对象之中，达到一种物我两忘、情景交融、主客不分的境界，有意识和无意识、直观者与被直观者、有限与无限、自由与必然在这里完全合一。谢林把艺术哲学称为自己全部哲学的“拱顶石”。[①] 谢林的艺术哲学是他的先验哲学的顶点，他具体的艺术观主要表达在《论造型艺术与自然的关系》的讲演（1807 年）及《艺术哲学》（初次讲演作于 1802～1803 年）中。在这些讲演中，谢林表现出对于艺术发展的历史意识。在他看来，古希腊艺术更强调必然性，近代艺术则着重发挥了个体性和自由的理念。但是，他并不赞同当时席勒等人所倡导的古代“素朴的诗”和近代“感伤的诗”的区分，认为古希腊也有感伤的抒情诗，近代也有素朴的莎士比亚。真正的区别在于，古希腊在雕塑、绘画方面重讲述，在诗歌方面重雕塑感，因而更注重造型艺术和语言艺术的宁静的统一，而近代诗歌和绘画中则充满着自由理念的无限制的骚动，这种不同正是绝对中的两极的体现。谢林还从抽象的艺术精神的“幂次”（或“因次”）的观点来划分各艺术门类的等级，他把一切艺术按照绝对者的现实形式和理念本质这两极而划分为造型艺术和语言艺术（诗歌）。在造型艺术中他又分为三个幂次：音乐、绘画和雕塑，它们分别体现了无机性、有机性和现

① 谢林：《先验唯心论体系》，商务印书馆 1979 年版，第 15 页。

实的理念三个幂次。在语言艺术中则分为抒情诗、叙事诗和戏剧诗，分别体现自由占主导、必然命运占主导和自由与必然的同一不分三个幂次。其中，抒情诗对应音乐，叙事诗对应绘画，戏剧诗对应雕塑，但都在更高层次上表现了绝对。这种艺术分类的方法对黑格尔的辩证美学有一定影响。

谢林说："以有限的形式表现出来的无限就是美。"[①] 谢林的艺术哲学并不研究艺术创造的特殊规律，而只是研究"以艺术形象出现的宇宙"，它是上帝的作品。"宇宙在上帝那儿被构成为绝对的艺术作品，并且是处于永恒的美之中的。"[②] 上帝（绝对）以自然界的丰富多彩来启示人将自己的主观融于客观地去创造，像上帝那样达到主客观无差别的境界，这种人神合一的艺术世界观对当时的德国浪漫主义运动起到推波助澜的作用。

谢林晚期哲学越来越倾向于神秘主义。与康德和费希特的理性宗教观和宗教道德化的主张不同，谢林主张真正的哲学本身就是"在清晰的认识和直观明了的知识中把握'非哲学'以为只有在信仰中才能把握的那些东西"。谢林认为哲学和信仰的同一是"世俗时代"（Weltalter）的产物。最早的世俗时代就是神话时代，各民族的神话不过是同一个"绝对"的自身分化，它们表面上五花八门，但都有一个"外显的"层次和一个"内传的"神秘的层次，"神话和神秘学必然是同时产生的"，但"神秘学包含着神话的真理"。随着历史中时间的推移，神秘学逐渐脱掉了残留的世俗外衣，而显露出它"天启"的本质，这种本质在基督教中表达出来。基督教是天启宗教，但它并不是高高在上、与世俗生活相脱离或者在历史中突然出现的，必须

① 谢林：《先验唯心论体系》，商务印书馆 1979 年版，第 270 页。

② 谢林：《艺术哲学》，"导言和艺术构成之一般"，见《外国美学》（第 2 辑），商务印书馆 1986 年版，第 402 页。

"把基督教放在一个伟大的历史关联中来表述";甚至"从永恒以来就存在着一种基督教","基督教和世界一样古老","它和世界一起产生"。[①] 在谢林看来,基督教不是一个待定的宗教派别,而是宗教本身,所有的宗教包括神话或自然宗教,本质上都属于启示宗教;天启宗教启示出来的不仅仅是基督教的上帝,而且是绝对本身。谢林的哲学开始于"无差别的绝对同一",结束于神秘的"绝对本身"。

第三节 黑格尔哲学的 Sein、Wesen、Begriff

一、黑格尔哲学体系的提出

威廉·费利德里希·黑格尔《Wilhelm Friedrich Hegel,1770—1831 年》出生于一个公务员家庭。他 1788 年进入图宾根神学院学习,1793 年毕业后先后在伯尔尼和法兰克福当了七年的家庭教师;1800 年到耶拿创办谢林主持的《批判哲学杂志》;次年成为耶拿大学编外讲师,四年之后成为副教授。1807 年他的第一部著作《精神现象学》出版。1808 年至 1816 年,他在纽伦堡当了八年的中学校长;在此期间完成了《逻辑学》(简称"大逻辑")。1816 年他被聘为海德堡大学教授,1817 年出版了完成哲学体系的《哲学全书》(其中的逻辑学部分简称"小逻辑");1818 年开始担任柏林大学教授;1821 年出版《法哲学原理》。1829 年,黑格尔被任命名为柏林大学校长和政府代表,1831 年死于霍乱。他在柏林大学的一些讲稿如《历史哲学》《哲学史讲演录》《美学讲演录》《宗教哲学讲

① 转引自,先刚:《永恒与时间——谢林哲学研究》,商务印书馆 2008 年版,第 361、372~373、374~375 页。

演录》，在他去世后被整理出版。

黑格尔在1804—1805年耶拿体系草稿《逻辑，形而上学，自然哲学》之中，写有："形而上学的自在是认识的诸形式"。黑格尔在这里区分了"客观性的形而上学"和"主观性的形而上学"：前者包括"灵魂"、"世界"、"最高的本质"；后者包括"理论的自我或意识"、"实践的自我"、"绝对精神"。1810—1811年，黑格尔在中年级逻辑课程中把形而上学看成就是客观逻辑，他说，"思想有三个方面：1. 范畴；2. 反思规定；3. 概念。关于前两者的学说'构成'客观的逻辑或形而上学；关于概念的学说'构成'本来意义的或主观的逻辑"。在《哲学全书纲要》里则有这样的话："形而上学是研究思想所把握住的事物的科学，而思想是能够表达事物的本质性的"。"形而上学无非就是普遍的思维规定的范围"。可见，在《哲学全书纲要》中，黑格尔认为形而上学和他的逻辑学都是讲"客观的思想"和"客观的""思维形式"的学问，这些"思维形式"或"思维规定"也就是事物的本质，"因此逻辑学便与形而上学合流了"。①而黑格尔的《历史哲学讲演录》中又有："哲学中将指明的是理念继续前进到无限的对立"。"把握这种对立的绝对联系，乃是形而上学的深刻任务"。

黑格尔的1812年为《逻辑学》写的第1版序言中专门强调了形而上学的必要性。他说："近二十五年来，哲学思想方式在我们之间所遭受的全部变化，和这时期中精神的自觉所达到的较高的观点，至今还对逻辑的形态很少有什么影响。在这段时期以前，那种被叫作形而上学的东西，可以说已经连根拔掉，从科学的行列里消失了。什么地方还在发出，或可以听到从前

① 黑格尔：《小逻辑》，贺麟译，商务印书馆1980年版，第79页。

的本体论、理性心理学、宇宙论或者甚至从前的自然神学的声音呢?"黑格尔对形而上学的消失表示不满，认为，"当一个民族失去了它的形而上学，当从事于探讨自己的纯粹本质的精神，已经在民族中不再真实在在时，这……是很可怪的"。"一个有文化的民族竟没有形而上学——就象一座庙，其他各方面都装饰得富丽堂皇，却没有至圣的神那样"。"形而上学的崩溃"这种"很奇特的景象"，是康德哲学"和常识携手协作"所"导致"的结果。[①] 黑格尔明确断言："每一有教养的意识都有自己的形而上学，有这种本能式的思维，这种存在于我们之内的绝对力量"。基于此，黑格尔讲了他所说的"我们时代流行的一种形而上学"。

黑格尔一方强调形而上学的必要性，一方面对他所认为的"旧形而上学"进行了强烈的批评。在黑格尔那里，"旧形而上学"主要指康德以前笛卡儿、斯宾诺莎、洛克、莱布尼茨等人的哲学。他有这样的提法，"形而上学时期，主要的代表人物是笛卡儿、斯宾诺莎、洛克、莱布尼茨等人，——还有法国唯物论者们"。他说到，"真正的近代哲学""是从笛卡儿开始的"，"这是形而上学的观点"。"斯宾诺莎、洛克和莱布尼茨"，"他们完成了形而上学"。"怀疑论是反对形而上学本身的"，这里的怀疑论指休谟哲学。他又讲，"至于法国唯物论者则是重新回到了形而上学"。[②] 对此不应认为是整个哲学史上的"形而上学"。

黑格尔认为在其《逻辑学》《小逻辑》《哲学史讲演录》等著作中对于旧形而上学的基本内容进行了概括，他认为旧形而

① 黑格尔：《逻辑学》（上卷），杨一之译，商务印书馆1966年版，第1～2页。

② 黑格尔：《哲学史讲演录》（第4卷），贺麟、王太庆译，商务印书馆1978年版，第61页、第12页。

上学包括四个部分：第一部分是本体论，第二部分是理性心理学或灵魂学，第三部分是宇宙论，第四部分是自然的或理性的神学。[①] 对此，黑格尔评论说，“近代哲学的问题是各种对立”，如“神的理念与存在的对立”、“善与恶的对立”、“人的自由与必然性的对立”、“灵魂与肉体的交感”，而形而上学的观点对于这些对立则采取了“形而上学的联合”：它用“知性”“试图找出这种联合”，“用自己的纯粹思想范畴进行探索”。而这里“通过思维首先产生出来的哲学的形式是形而上学的形式，即思维着的知性的形式”。[②] 简言之，旧形而上学的基本观点是知性思维的观点，它“用单纯的知性观点去对待理性的对象”。因此，旧形而上学关于思想对客观性的态度实际上是采取一种“素朴的态度”。“它还没有意识到思想在自身中以及对于自身的对立，它包含一种信仰，相信通过后思（Nachdenken）即可认识真理，即可使客体真实地呈现于意识之前”，从而“认为思维的规定即是事物的基本规定”；而思维在此种意义上的旧形而上学看来既然不能有矛盾，则事物本身在它看来也不能有矛盾。但无论如何，旧形而上学“意识到，只有思想才是存在着的事物的本质”，这在黑格尔看来仍不失为“它的好处”。[③]

基于旧形而上学的上述基本观点，它所采用的方法是“知性思维”的方法，这是抽象、割裂、主观、片面的方法。在此意义上，黑格尔说：“精神的经验的思考方式只停留于对精神的现象的认识而不认识它的概念；形而上学的思考方式（di-

---

① 黑格尔：《小逻辑》，贺麟译，商务书馆 1980 年版，第 102、103、104、106 页。

② 黑格尔：《哲学史讲演录》（第 4 卷），贺麟、王太庆译，商务书馆 1978 年版，第 10～12 页、第 61、63 页、第 95 页。

③ 黑格尔：《小逻辑》贺麟译，商务印书馆 1980 年版，第 92、95、109 页。

emetaphysischeBetrachtungsweise）则只管概念而不管它的现象”。这就是说，被黑格尔指认为旧形而上学的那种“形而上学”的思想方法（“思考方式”）把精神的概念与精神的现象割裂开来了。黑格尔则认为两方面应该结合起来，不能偏废任何一方面，所以“精神的哲学既不能是经验的，也不能是形而上学的”。

黑格尔对这种旧形而上学的方法归结有三大特点：a.“认为抽象的孤立的思想概念即本身自足，可以用来表达真理而有效准。这种形而上学大都以为只须用一些名词概念（谓词），便可得到关于绝对的知识，它既没有考察知性概念的真正内容和价值，也没有考察能用名词（谓词），去说明绝对的形式是否妥当”。“旧形而上学的方法（Verfahren）”说明“这种形而上学并未能超出单纯知性思维。它只直接采取抽象的思维规定，并认为仅只运用它们便能有效地成为真理的东西的谓词”。“旧形而上学的思维是有限的思维，因为它活动于有限思维规定之内，并把这种界限看成某种固定的东西，而不对它再加以否定”。“但理性的对象却不是这些有限的谓词所能规定，因而企图用有限的名言去规定理性的对象，就是旧形而上学的缺陷”。b. 旧形而上学的对象是“掺杂有特殊的主观的性格”的“大全”。他说，这本应“属于理性的理念，属于具体共象的思维范围的对象。但形而上学家把这些对象从表象中接受过来，当作给与的现成的题材，应用知性的规定去处理它们”。“表象”成了评判谓词是否恰当的“标准”，这就会“掺杂有特殊的主观的性格”，对于所要说明的对象“可以各有异常分歧的意义”；而且，“判断的形式，不适宜于表达具体的和玄思的真理（真理是具体的）”。因为判断的形式总是片面的，就其只是片面的而言，它就是不真的。总之，“这种形而上学并不是自由的和客观的思想，因为它不让客体自由地从自己本身来规定其自身，而把客体假定为现成的”。c. 旧形而上学是“独断论”，“因为按照有限规定的本性，这种形而上学的思想必须于两个相反的论断之中，……肯定其一必真，而另一必错”。所以旧形而上学所坚持的乃是一种“严格的非此必彼”。黑格尔指出：“殊不知，具体的玄思的真理恰好不是这样，恰好没有这种片面的固执，因此也非片面的规定所能穷尽”。

概括言之，“旧形而上学的方法”（dasVerfahren），“其主要特点，在于以抽象的有限的知性规定去把握理性的对象，并将抽象的同一性认作最高原则。……这种形而上学未能达到具体的同一性，而只是固执着抽象的同一性”。①

黑格尔专门对旧形而上学与经验主义作了比较。在黑格尔讲来，经验主义是在反对旧形而上学的基础之上产生的。旧形而上学以为单凭抽象的孤立的思想规定即可把握真理，它缺乏知觉中的东西作为“具体的内容”和“坚实的据点”。为了补救这种缺点，“经验主义力求从经验中，从外在和内心的当前经验中去把握真理，以代替能从思想本身去寻求真理”。

黑格尔指出，经验主义比起旧形而上学来，有其优点，它告诫人们，“不要驰骛于空洞的抽象概念之中，而要注目当前，欣赏现在，把握住自然和人类的现实状况”。但经验主义“以知觉为把握当前实事的形式”，这就是它的缺点，因为知觉中的东西总是个别的、飘忽即逝的。为了形成经验，在被知觉的个别东西中去寻求普遍的东西，经验主义者便应用分析法把个别东西的种种特性一层一层地分析出来，有如剥葱一样，但这样单纯分析的结果“却将对象具体的内容转变成了抽象的了”，亦即失去对象原来的真实面目。总之，经验主义以有限为研究的对

① 黑格尔：《小逻辑》，贺麟译，商务印书馆 1980 年版，第 95、98、99～100、101、109 页。

象，旧形而上学以无限为研究对象，就此而论，两者有根本区别，但两者都坚持一种“现成的内容”为出发点，然后用单纯分析的方法把这种内容分析成为抽象的、孤立的概念，就此而论，经验主义和旧形而上学两者“所用的方法（methode）可以说是一样的”。①

黑格尔特别对于论康德批判哲学对旧形而上学的批判，进行了论述。

康德认为旧形而上学对抽象的、有限的知性概念不预先加以考察便遽尔把它们应用于无限之物，乃是独断论。康德主张考察知识的能力包括考察“知性概念”的价值和限度，这一点在黑格尔看来“无疑地是一步很重要的进展”。但康德考察认识能力于认识活动之前，“其可笑实无异于某学究的聪明办法，在没有学会游泳以前，切勿冒险下水”。黑格尔认为，康德对“知性概念”或范畴的考察还有一个缺点，即康德没有从这些范畴的本身去考察它们，他不问这些范畴本身的内容，不问它们彼此间的相互联系，而只问它们究系“主观的或者是客观的”。康德所谓“客观”虽有一定价值，但康德所谓思想范畴的客观性，在某种意义下“乃是主观的”。黑格尔针对康德对旧形而上关于“灵魂”、“世界”、“上帝”理论的批判作了批判。康德认为，旧形而上学所谓“灵魂是一实体”等四个命题。乃是“用思维规定或相应的范畴去代替”“经验的规定”而“产生”的。黑格尔又说：“康德的批判所表明的只不过是重述……休谟的观点，即认为思维的范畴总是具有普遍性与必然性的，是不能在感觉到之内遇见的，并认为经验的事实，无论就内容或形式而言，都是与思想的范畴不同的”。康德断言“实体性”、“单纯性”、“不变性”

① 黑格尔：《小逻辑》，贺麟译，商务印书馆 1980 年版、第 110、112、113、115 页。

等谓词不能应用于灵魂，这里，“无疑地康德是很对的”，“康德在攻击旧形而上学时，把这些抽象的谓词从灵魂或精神中扫除净尽，可以看作一个大的成就”。但黑格尔认为康德“所陈述的理由，却是错的”。康德以为这些抽象谓词之所以不能应用于灵魂，是由于“理性超出了指定的范围”，把直观范围中所没有提供的“实体性”、“单纯性”等思想范畴加到了灵魂的头上。而在黑格尔看来，“真正的原因，乃在于这些抽象的知性范畴本身太拙劣，不能表达灵魂的性质，而灵魂的内容远较那只是简单性、不变性等等所指谓的更为丰富”。在康德看来，“自在之物”不可能有矛盾，而“理性”在试图认识“世界”时必然陷入“二律背反”，这就说明“自在之物”是不可认识的。黑格尔指出：旧形而上学看不到思想、认识中有矛盾，康德能够承认思想、认识中发生矛盾的必然性，这对于“破除知性形而上学的僵硬独断，指引到思维的辩证运动的方向而论，必须看成是哲学知识上一个很重要的推进”。“事实上，以前的形而上学的整个方式连同它的方法（Me-thode），却是由康德和耶柯比一古脑儿抛掉的。”康德认为旧形而上学的“宇宙论证明”和“自然神学的证明”都是从经验中有限的、有条件的东西推论到非经验中、无限的、无条件的东西，而这在康德看来是非法的。黑格尔认为，康德批评旧形而上学的这两个证明的出发点是休谟的观点，即感觉经验中根本没有普遍性、必然性。① 关于康德对旧形而上学的“本体论证明”的驳斥，在黑格尔看来，是由于康德不懂得上帝既然是无限之物，就不能以一百元钱的有限之物的例事来驳斥。黑格尔认为无限与有限，思维与

① 黑格尔：《小逻辑》，贺麟译，商务印书馆 1980 年版，第 50、119、129、131～133 页。

存在是统一的。[1]

以上可见，黑格尔在哲学上面对的严峻挑战是，康德对人的理性能力的怀疑；黑格尔企图通过确立一种新的理性哲学，来挽救在康德怀疑和休谟诘难下而面临危机的传统形而上学本体论。于是，黑格尔按照"实体即主体"的原则，把旧有的本体论、认识论、逻辑学结合起来，集以往本体论哲学之大成，建立无所不包的庞大的百科全书式的哲学体系。

黑格尔受斯宾诺莎影响，主张只存在有一个实体（Substance）；他认为，那是绝对。与斯宾诺莎相对比，黑格尔的绝对作为实体也是主体（is also subject）。对笛卡尔来说，个人主体是思维实体，而对于莱布尼茨来说，单子作为实体具有自我意识。黑格尔发展了这些思想，并极力主张，实体作为主体是设定自身的运动，并且是发展为它的对立面并被更高的统一运动所进一步联结的过程。通过这样的运动，实体产生和分化它的属性，那就是它的现象（作为 appararce 的现象）。实体和属性（attributes）是相互包含的，因为实体只有通过在其属性中显露自身才作为实体。因此，实体是各个偶性的全体，它在诸偶性中启示自身而作为它们的绝对否定性（这就是说，作为绝对的力量），同时作为全部内容的丰富性。实体的发展就是主体对自身的反思并达到自身，主体使自身成为它所成为的东西。

黑体尔自己讲，他的哲学这样运演："可以分为三部分：1. 逻辑学，研究理念自在自为的科学。2. 自然哲学，研究理念的异在或外在化的科学。3. 精神哲学，研究理念由它的异在而返回到它自身的科学。"[2] 在这个体系中，逻辑学居于核心的地

① 以上参见，张世英主编：《黑格尔辞典》，吉林人民出版社 1991 年版，第 303～308 页。

② 黑格尔：《小逻辑》，贺麟译，商务印书馆 1980 年版，第 60 页。

位，整个哲学体系不过是逻辑学的展开和回归；逻辑学作为绝对理念的体系，可展开为统摄自然界和精神的绝对理性。关于这一点，马克思揭示说："由于黑格尔的《哲学全书》从逻辑学，从纯粹的思辨的思想开始，而以绝对知识，以自我意识的、自我理解的、哲学的或绝对的、亦即超人的抽象精神结束，所以整整一部《哲学全书》不过是哲学精神的展开了的本质，是哲学精神的自我对象化；而哲学精神不过是在自己的自我异化内部理性地亦即抽象地来理解自身的、异化了的世界精神。"[①]可见，逻辑学在黑格尔哲学具有贯穿和统领一切的地位，是个关键性的枢纽，而黑格尔的逻辑学不同于传统的由亚里士多德开创的形式逻辑，它是"研究纯粹理念的科学"，构成其内容的，是逻辑范畴推演的纯粹原理。关于逻辑学与本体论的关系，黑格尔在谈到亚里士多德哲学时说明道："亚里士多德所最注意的，就是规定这个存在是什么，——就是认识本体（ousia）。在这个本体论或用我们的话来说这个逻辑学里面，他详细地研究了和区分了四个原则……"。[②] 在这里，黑格尔承认他所说的逻辑学就是本体论，但黑格尔并不这样称谓，而是取"逻辑学"的名称以代之。在黑格尔那里，逻辑学要取代传统本体论的地位。黑格尔说："这样一来，不如说客观逻辑代替了昔日形而上学的地位，因为形而上学曾经是关于世界的科学大厦，而那又是只有由思想才会建造起来。——如果我们考察这门科学最后形成的形态，那么，首先直接就是被客观逻辑所代替的本体论，——形而上学的这一部分，应该研究一般的 Ens；——Ens

① 马克思：《1844 年经济学——哲学手稿》，刘丕坤译，人民出版社 1979 年版，第 133 页。

② 黑格尔：《哲学史讲演录》第 2 卷，贺麟、王太庆译，商务印书馆 1983 年版，第 288 页。

本身既包括 Sein，也包括 Wesen，德文幸而还留下了不同的名词来表示两者的区别。其次，客观逻辑却也包括其余的形而上学，因为后者曾试图以纯思维形式来把握特殊的，首先是由表象取来的本体，如：灵魂、世界、上帝等，而且思维规定曾经构成考察方法的本质的东西。"①

黑格尔的逻辑学与旧的本体论有同有异。其同在于：它仍然保持了本体论在其开端处，具有类似柏拉图哲学中范畴推演的建构方式和纯粹原理的品格；正因如此，在黑格尔那里，自然哲学和精神哲学都不过是逻辑学纯粹原理的应用领域。其异在于：针对康德对本体论的批判，黑格尔改进了理性工具，在逻辑学的建构中，不再是使用传统的形式逻辑的方法，而是发展出一套纯粹概念经过肯定—否定—否定之否定的过程，自我运动最后又回到自身的"辩证法"，并借助它完成了哲学史上形而上学体系的一次辉煌建筑。黑格尔说："否定的东西也同样是肯定的；或说，自相矛盾的东西并不消解为零，消解为抽象的无，而是基本上仅仅消解为它的特殊内容的否定"；"引导概念自己向前的，就是前述的否定的东西，它是概念自身所具有的；而这个否定的东西构成了真正辩证的东西。"②

黑格尔构造的由概念自身运动造成的纯粹逻辑演绎的体系，是纯粹理性的体系，是纯粹思维的王国。康德在《纯粹理性批判》中曾经对传统本体论和形而上学持批判态度，但他同时又为"形而上学"寻找出路，甚至把他自己的批判看作是为一种未来的能够作为科学出现的形而上学奠定基础。他把概述自己

---

① 黑格尔：《逻辑学》上卷，杨一之中文译本，商务印书馆 1966 年版，第 47～48 页。

② 参见黑格尔：《逻辑学》上卷，杨一之中文译本，商务印书馆 1966 年版，第 36、38 页。

学说的著作，就起名为《未来形而上学导论》。对黑格尔来说，重建“形而上学”是历史任务。他曾经在积极的意义上重新肯定形而上学的重要性：“假如一个民族觉得它的国家法学、它的情思、它的风习和道德已变为无用时，是一件很可怪的事；那么，当一个民族失去了它的形而上学，当从事于探讨自己的纯粹本质的精神，已经在民族中不再真实存在时，这至少也同样是很可怪的。”“一个有文化的民族竟没有形而上学——就像一座庙，其他各方面都装饰得富丽堂皇，却没有至圣的神那样。”[①]“至圣的神”是一个比喻的说法，对黑格尔来说，真正能够重建起形而上学的哲学居于为其他科学提供基础并支配其他科学的王者之位。黑格尔对形而上学的这种理解，集中表达了他对哲学的理解。

学界曾有一种误识，既然近代哲学的重心是认识论，本体论哲学就不再有作用了。哲学史表明，近代哲学重心的转移以及休谟和康德对本体论的质疑并没有改变作为“形而上学本体论”的传统哲学的基本性质。因为重心的转移并不意味着前提的改变。实际上，从古代到近代，形而上学一直是西方传统哲学的理论支柱。即便是在康德那里，他在批判“本体论”的同时又假定“物自体”的存在，在批判当时的“形而上学”之后又试图建立“一种能够作为科学出现的未来形而上学”。可以说，近代哲学研究的重心转移，而并没有丢掉“形而上学本体论”，而只是改变了探讨实体问题的追问方式：它不只问实体是什么，而更问如何认识实体；它不用实体说明一切，而用人的

① 黑格尔：《逻辑学》上卷，杨一之中文译本，商务印书馆 1966 年版，第 1、2 页。

理性解释世界。①

作为构成庞大哲学体系的集大成者，黑格尔哲学成为现代西方哲学的攻击对象。正如美国哲学家怀特海（Alfred North Whitphead，1861—1947）所说：“几乎20世纪的每一种重要的哲学运动都是以攻击那位思想庞杂而声名赫赫的19世纪的德国教授（指黑格尔）的观点开始的”。而他同时又指出，黑格尔“不仅影响了马克思主义、存在主义与工具主义的创始人，而且在这一时期或另一时期还支配了那些更加具有技术哲学运动的逻辑实证主义、实在主义与分析哲学的奠基人。”②

有学者就此指出：黑格尔批判地继承了康德的思想。如果我们联系康德对Sein意义所作的分析，那么，或许能够更清楚地认识到，黑格尔逻辑学的开始范畴Sein，被置于“质”（Qualitat）的范畴之中，即Sein指的是一种质的规定性。“质”与“物”的关系犹如“有”与“在”的关系，说某一东西“有”某种规定性，而不能说一种规定性“在”；说某一事物“在”，而不能说事物“有”。再说，“有”某种规定性正体现了“是”动词和谓词一起表述主词的功能，因而才有黑格尔所说的这样一句话：“Sein（‘存在’或‘有’）的各个规定或范畴都可用‘是’去指谓。”③ 当黑格尔说：“Sein是绝对的一个谓词”④ 时，他的意思似乎与康德所说“Sein不是一个真实的谓词”相反，其实不过是用他特有的辩证法的语言表达了与康德相同的意思。因为绝对意义上的Sein，即孤零零的“纯有”，只有“纯粹规定

① 以上参见杨学功：《“本体论”源流考（近代·现代部分）》，载《智识论坛》。

② 怀特：《分析的时代》，商务印书馆1981年版，第7页。

③ 黑格尔：《小逻辑》，贺麟译，商务印作馆1980年版，第187页。

④ 黑格尔：《小逻辑》，贺麟译，商务印书馆1980年版，第189页。

性的思想"，因而等于"无"。只是发展到 Dasain（往往译为"定在"、"限有"，还有人主张最好译为"实有"）时，"有"才有质的规定性，即康德所说的谓词概念的思想内容。[①]

二、黑格尔哲学体系的特点

对黑格尔哲学总括起来，从本书关心的角度来看，其体系起码张扬并自身体现了这样几个特点：

（一）主张"真理是全体"的哲学观。

黑格尔强调，哲学的真理是科学，而"哲学如果没有体系，就不能成为科学"。[②] 但是，历史上的哲学家们建立了一个个哲学体系，每一个哲学体系都声称发现了最高真理，但又为后来的体系所取代。黑格尔形象地指出，如果哲学史只是纷争意见的堆砌，那么全部的哲学史就成了死人的王国，那里充满着已经被推翻了的哲学体系的骨骸，每一个杀死另一个。

黑格尔反对两种貌似对立的真理观：一种是独断论，认为自己已经发现了终结的真理；另一种是怀疑论和折中主义，认为哲学无真理，有的只是纷争的意见或意见的总和。这两种立场有一个共同点，那就是持守柏拉图关于真理与意见的区分，只是一个以真理的名义排斥意见，而另一个以意见的多样性为由否认真理。针对独断论的真理观，黑格尔利用哲学史上的事实说明，哲学理论就是"关于上帝、自然和精神的意见"。[③] 针对怀疑论的真理观，他指出："哲学不包含意见，所谓哲学的意

① 参考，《"是"、"在"、"有"的形而上学之辨》，原载《学人》第四辑。

② 黑格尔：《小逻辑》，贺麟译，商务印书馆 1980 年版，第 56 页。

③ 黑格尔：《哲学史讲演录》第 1 卷，贺麟、王太庆译，商务印书馆 1959 年版，第 16 页。

见是没有的”。[1]哲学理论既是意见，又是真理，这两点并不矛盾。因为每一个哲学体系都只是真理的一个环节，所有的哲学体系构成了真理全体。真理只有一个，但这一个真理是全体，而不是任何一个部分。哲学真理是历史发展的全过程。这是一个由低到高的发展过程，历史上后起的体系要比以前的体系更加高级，它克服了以前体系的缺点而保留其优点；当它被更新近的哲学体系推翻时，又以同样的方式保留了自身的优点，因而成为真理的一个环节。在黑格尔之前，康德以这样的方式把经验论和唯理论转变为自己体系的环节，费希特和谢林力图克服康德体系的缺点，把它作为自己体系的一个构成要素或环节。黑格尔继续进行这一综合过程，把历史上所有的哲学体系作为自己体系的一个个环节，他特别注意吸收康德、费希特和谢林的成果，建立了集大成的哲学体系。

黑格尔认为，哲学史上任何体系都要寻求一个绝对正确的前提作为出发点，以保证自己体系的真理性。黑格尔在只是就研究哲学的主体的方便而言的，《小逻辑》导言中说：“哲学上的起点 至于哲学本身却无所谓起点。”[2] 这不是说点，哲学可以从任何一点开始，而是说为了研究方便的目的而设定的起必须贯穿于始终；起点不应仅仅是起点，它也是终点。黑格尔说：“哲学是独立自为的，因而自己创造自己的对象，自己提供自己的对象。而且哲学开端所采取的直接的观点。必须在哲学体系的发挥过程里，转变成为终点。亦即称谓最后的结论。当哲学达到这个终点时，也就是个哲学重新达到其起点而回归到它自身之时。这样一来，哲学就俨然是一个自己返回到自己的圆圈，

① 黑格尔：《哲学史讲演录》第1卷，贺麟、王太庆译，商务印书馆1959年版，第17页。

② 黑格尔：《小逻辑》，贺麟译，商务印书馆1980年版，第59页。

因而哲学便没有与别的科学同样意义的起点。黑格尔形象地把哲学体系关于真理的逻辑论证过程比喻为圆圈。当起点经过这样的过程而达到终点时，它不只是简单地返回自身，而是极大地丰富了自身的内容。如果说，传统的形式逻辑的证明是直线式的推理，那么，黑格尔的逻辑证明过程就是圆圈。从一点出发形成一个圆圈不但要返回自身，而且把无数的点包含在自身之中。

（二）主张逻辑、辩证法、认识论相统一。

黑格尔往往把自己的体系就成为逻辑学。黑格尔自认为他的逻辑学满足了哲学体系所需要的绝对正确性。哲学体系的正确性体现于从起点到终点发展的全过程。这是逻辑范畴由贫乏到丰富。由低级到高级、由片面到全面的发展过程。哲学体系是通过范畴的于东而被建构出来的。当哲学体系达到了它的最终结论，它也就最终证明了自身的真理。

《精神现象学》以及其整个哲学书所描绘的意识发展的全部过程，可以说就是主客统一或自我实现的过程。黑格尔在《精神现象学》的末章《绝对知识》中概括说：自我意识外在化其自身，"在这种外在化中，自我意识把自己建立为对象，或者……把对象建立为自身。另一方面，在这种过程中，也还有另外一个因素，即自我意识同时又扬弃这种外在化和对象性，并使它们返回到其自身，从而使自己在其对方中和在自己中一样。这就是意识的运动"。[①] 在这个意识的运动过程中，黑格尔认为起初，主体只认识到物，认识到物的本质即在于自我，即是说认识到物与我的统一。以后，主体进而认识到自己不仅不与物隔离，而且不与人隔离，不仅物我统一的，而且人我也是统一 的。再

① 黑格尔：《精神现象学》下卷，贺麟、王玖兴译，商务印书馆1979年版，第258页。

后，主体又进而认识到，自己不仅不与物和个人相隔离，而且不与整个社会相隔离，不仅我与物和个人是统一的，而且我与整个相统一，认识到这个无限的体即是主体自身，主体以此体位自己不可分离的内容；这样的主题是一个无所不包的“大全”，黑格尔称它为“绝对”；“绝对”之外再没有任何别的东西，所以自我以“绝对”为认识对象，实即以自我自身为对象；专辑我认识了“绝对”，也就是最终认识了自己。这所描绘 的是主体认识“绝对”的过程，也就无异于说它是主体自我认识的过程；说它是主客统一的过程，也就无异说它是主体自我实现的过程，或自我寻求自由的过程。

黑格尔认为，辩证法是科学认识的灵魂，辩证法以知识为对象。辩证法是贯穿在所有知识领域的原则、规律和过程。不管是自然界，还是人类社会，不管是个人意识，还是人类精神都有自己的历史，都是发展的过程。

（三）主张“实体即主体”的本体论。

辩证法的原意是对话，中世纪的哲学家把辩证法理解为类似形式逻辑的证明的方法。黑格尔认为，辩证法不仅是方法，而且是本体论；不只是自我认识的活动，它更重要的是事物本身的客观运动，主观辩证法是客观辩证法的反应。从亚里士多德开始，哲学家们用实体这一范畴概括客观存在的本质。黑格尔把传统上用以表示客观存在的实体概念与用以表示主观意识的主体概念结合在一起。得出了“实体就是主体”的论断。黑格尔会明白宣称：“说实体在本质上即是主体，这乃是绝对即精神这句话所要表达的观念……唯有精神的东西才是现实的；精神的东西是本质……问题的关键在于：不仅把真实的东西或者真理理解和表述为实体，而且同样理解和表述为主体。”① 黑格尔用“实体就是主体”命题。把绝对精神确立为辩证运动的实体。正如马克思所理解的那样，绝对精神是斯宾诺莎所说的实体与费希特所说的自我意识的统一。针对传统的僵硬的、凝固的实体观，黑格尔明确地肯定实体是运动变化的主体。他从费希特关于自我的学说得到启发，认为实体不是现成的；被给予的存在，也不是永恒不变的本质；实体是辩证运动的主体，它的特征在于能动性：它自己设定自身，并在克服矛盾中、在对立面统一的辩证发展过程中，实现自身，完善自身。

黑格尔认为，主体离开了对象，就是片面的、空虚的、不真实的，因而不能达到自我实现与获得自由的目的；主体所囊括的对象，其范围越深广，它就越真实具体，越能实现自己，越能获得自由；直至主体囊括了无限的实体而成为一无所不包的全体时，它本身才就是“绝对”，就是最真实的东西，因而也就最终获得了自由与实现了自己。

黑格尔在《精神现象学》的《序言》中曾经只出过：“实体作为主体是纯粹的简单否定性，唯其如此，它是单一的东西的分裂为二的过程或树立对立面的双重化过程，而这时过程则又是这种莫不想干的区别及其对立的否定。所以唯有这种正在重建其自身的同一性或在他物中的自身反应，才是绝对的真理，而原始的或直接的统一性，就其本身而言，则不是绝对的真理。”② “精神就是这种自己变成他物、或变成它自己的对象和扬

① 黑格尔：《精神现象学》上卷，贺麟、王玖兴译，商务印书馆 1979 年版，第 10 页。

② 黑格尔：《精神现象学》上卷，贺麟、王玖兴译，商务印书馆 1979 年版，第 11 页。

弃这个他物的运动”[①]。

黑格尔强调只有经历这样发展的全过程，实体把所有环节都包含于自身，它才是全面的、绝对的。黑格尔哲学体系展开了一个长期的矛盾发展过程。这是主体在自己的全面发展史上长途跋涉的结果。在这个过程中主体始终是主动的，主体凭着自己的主动性把自己外在化为对象，而与之对立，复凭着自己的主动性克服这种对立，使对象回复到主体自身，成为主体自己所有。

黑格尔认为，他之前的传统哲学在理论与实践、科学与道德、自然与社会、真理与历史之间设置了不少隔阂，康德关于理论哲学与实践哲学的区分是这一传统的延续。与之相反，谢林作出意识历史与自然历史之间存在着对应关系的猜测，试图把这两个被分割开的领域结合在一起。黑格尔继承发展了谢林的作法，把本体论与逻辑认识论、自然哲学、道德哲学、艺术哲学、历史哲学和宗教哲学等各门学科一起结合成一以贯之的体系。

三、黑格尔哲学体系的构成

按照《哲学全书》的构成，黑格尔的哲学体系由三大部分组成。一是“逻辑学”，这是关于“理念之自在自为”的学问；二是“自然哲学”，这是关于“理念之外化”的学问；三是“精神哲学”，这是关于“理念由外在而回复到自身”的学问。

（一）关于黑格尔的“逻辑学”。

1. 存在论（Die Lehre Vom Sein）。

黑格尔讲，他的逻辑学是关于一切存在的本体论，所以逻

① 黑格尔：《精神现象学》上卷，贺麟、王玖兴译，商务印书馆 1979 年版，第 23 页。

辑学的第一个范畴就是“存在”（Sein）或“纯存在”，由此展开逻辑学的第一部分“存在论”。

作为存在论作为开端“存在”，亦常被译为“有”，黑格尔在其哲学体系中是作为最普遍，同时又是最简单、最直接的范畴而出现的。这个范畴没有任何规定性，由此“有”等于“无”（Nichts）。黑格尔指出，“有是纯粹的无规定性和空”，而“有，这个无规定的直接的东西，实际上就是无，比无恰恰不多也不少”。黑格尔强调，既可以说“有”是“存在着一个无”，也可以说“无”是什么都没有的纯存在。“无与纯有是同一的东西”。[①]

变易是有了自己具体内容的第一个“具体概念”，引申出有特定规定性的“定在”（Dasein 在中文译著中也常被可译为“实有”）。这是最一般的“某物”。通过“某物”和“他物”、“有限”和“无限”、“一”和“多”等相互关联、规定的范畴，以此为中介，便形成关于特定事物存在范畴的过渡。

在此形成“质、量、度”三大范畴的过渡。黑格尔说，“自身孤立起来，作为有的规定性，就是质（Die Qua liat）”。这是一个完全单纯的直接的东西。“质”于存在（Sein）、定在（Dasein），自为存在（Fürsichsein）的过渡中，即“质的规定在‘一’里充分达到其自在自为的特定存在，因而过渡到扬弃了规定性［或质］，亦即过渡到作为量的存在”。（1）“量”（Die Quantität），展开为纯量（Reine Quantität）、定量（Quantum）、程度（Grad）。也就是说“量”具有排他的规定性，具有这种排他性的量就是定量，或有一定限度的量。（2）“限度与定量本身的全体是同一的。限度自身作为多重的，是外延的量

① 黑格尔：《逻辑学》上卷，杨一之译，商务印书馆 1966 年版，第 69～70 页。

(或广量),但限度自身作为简单的规定性,是内涵之量(或深量)或程度"。[1] (3) 这就"过渡到尺度"(Das Mab)。"在尺度中潜在地已经包含本质"。至此,黑格尔进一步引入了"本质"(wesen)。他说:"在存在的范围里,各范畴之间的联系只是潜在的,反之,在本质里,各范畴之间的联系便明显地设定起来了。一般说来,这就是存在的形式与本质的形式的区别。在存在里,一切都是直接的,反之,在本质里,一切都是相对的"。[2]

2. 本质论(Die Lehre vom Wesen)。

存在论范畴的运动方式是"过渡"。本质论范畴的运动方式是"反思"(reflexion)。反思的范畴总是一对对出现,如"同一和差异"、"原因和结果"、"形式和内容"、"全体和部分"、"绝对和相对"、"必然与偶然"等等。对子中的一方反映另一方,相互对待并互相否定,结果双方被扬弃(Aufheben),既取消同时又保留。本质论的范畴总是在扬弃中从这一对转化为另一对。"本质论"展开的三个层面是"本质"、"现象"和"现实"。"本质"最初只在内部反映自身,分为"同一""差异""矛盾"三个环节。"同一"(Identität),不是"无差别的"同一,而是变化的杂多中保持同一不变的东西,同一中有差异。差异(Der Unterschied)是杂多的排列和杂多诸方面的同异比较。而矛盾扬弃了差异,矛盾使杂多处于相互否定的运动。黑格尔说,矛盾是"自身运动和生命的内在脉搏"。矛盾是实存(Die Existenz)的根据(Grund)。矛盾的否定原则是实存的充足理由。没有矛盾,就没有实存的一切。矛盾在实存内产生"物"(Das Ding)及"属性"、"质料"和"形式"的关系。"物或事物就是根据与实存这两个范畴由对立发展而建立起来的统一的全体。"

① 黑格尔:《小逻辑》,贺麟译,商务印书馆 1980 年版,第 225 页。

② 黑格尔:《小逻辑》,贺麟译,商务印书馆 1980 年版,第 240 页。

这“由‘是’（Sein）的关系进而为‘有’（Haben）的关系”。“物”“是由质料（Materien）构成的”“‘物’的外在联系就是形式（form）。——这形式是有差别的反思范畴”。[①] 扬弃这些内在矛盾，本质表现为“现象”。“现象”（Erscheinung）是本质（Wesen）的表现。“本质必定要表现出来。本质的映现（Scheinen）于自身内是扬弃自身而成为一种直接性的过程。此种直接性，就其为自身反映而言为持存、为质料，就其为反映他物，自己扬弃其持而言为形式。显现或映现是本质之所以是本质而不是存在特性。发展了的映现就是现象”。[②] “现象界”（Die Welt der Erscheinung）把本质的内在矛盾表现为“内容和形式”（Inhalt and Form）以及“关系”（Das Verhaltnis）如“部分和整体”、“力和力的表现”、“内和外”的相互转化的范畴，这使现象界具有了“规律”，规律无非是现象界的“本质的关系”。

“现实”（Die Wiklichkeit）是内在本质和外在现象的统一，因而它具有内在的“可能性”、外在的“偶然性”和这两者结合起来的“必然性”，三个环节。在这里，可能性不能理解为形式逻辑的抽象可能性（只要不矛盾，任何事情都是可能的），而是现实的可能性，即要考察各种偶然的具体条件，可能性是在大量偶然性中为自己开辟道路而体现为必然在性。在这种意义上，“偶然的东西是必然的”。从现象的总体上看，这种把一切偶然性都归结为必然的“绝对必然性”就是“自由”。就现实的必然性讲，有实体关系（Das Substantialitäts-Verhältnis）、因果关系（Das Kausalitäts-Verhältnis）、相互作用（Die Wechsel-

---

① 黑格尔：《小逻辑》，贺麟译，商务印书馆1980年版，第268～264页、第271～272页。

② 黑格尔：《小逻辑》，贺麟译，商务印书馆1980年版，第275页。

wirkung)。这都是从必然性向自由的过渡：实体作为“自因”是各个偶性的全体，在各个偶性中，作为它们的绝对否定性，同时作为全部内容的否定性。这体现了绝对必然性的力量；因果性则把这种力量体现为外部效果；相互作用最终将这种否定的力量提升为唯一独立的必然关系，它是一切因果性的绝对原因，是绝对实体，是自由。在相互作用中，实体性和因果性这些必然关系都被当作全体中的不同环节而体现了一种“积极的自由”，它使那种作为偶然性的“消极自由”得到了充实和必然的实现。“因此必然性的真理就是自由，而实体的真理就是概念”。[1] 这样，就由现实性推演到逻辑学的“概念论”。

3. 概念论（Die Lehte vom Begriff）。

概念是“存在与本质的真理”[2]，即通过本质而返回到了存在。概念是本质的存在、真正的存在。从存在到概念的进展是存在本身的自我深入，是在概念中发现了自己的真正本质，即自由。黑格尔所理解的“概念”，不是僵硬的形式、现成的框架；概念是“自由的原则，是独立存在着的实体性的力量。概念又是一个全体，这全体中的每一个环节都是构成概念的一个整体，而且被设定和概念有不可分离的统一性。”[3] 回头来看，存在论和本质论的进展都由概念在背后推动，它们都是概念形成的“前史”，概念表现为对历史形成的东西的能动“抓取”(begreifen，为“概念”，即 begriff 一词的词根）或“综合”。因而概论论范畴的运动方式不是“存在论”从一个范畴到另一个范畴的“过渡”，也不是“本质论”两个范畴的互相“反思”，而是“三个一组”层面的上升“发展”。“概念论”分为“主观

---

① 黑格尔：《小逻辑》，贺麟译，商务印书馆 1980 年版，第 322 页。
② 黑格尔：《小逻辑》，贺麟译，商务印书馆 1980 年版，第 324 页。
③ 黑格尔：《小逻辑》，贺麟译，商务印书馆 1980 年版，第 327 页。

概念”、“客体”和“理念”三个层面。

黑格尔写道：“关于概念的学说可分为三部分：（一）论主观的或形式的概念。（二）论被认作直接性的概念或客观性。（三）论理念，主体和客观、概念和客观性的统一，绝对真理。”①

黑格尔讲，“概念的运动好像是只可以认作一种游戏：概念的运动所建立的对方，其实并非对方，（而是在它自己本身内）。这个道理在基督教教义中是这样表述的；上帝不仅创造了一个世界，作为一种与他相对立的他物，而且又永恒地曾经产生了一个儿子，而上帝，作为精神，在他的儿子里即是在他自己本身里。”②

（1）主观概念（Der Subjektive Begriff）。

①概念本身（Der Begriff als Solcher）。

黑格尔写道：“概念本身包含下面三个环节：一、普遍性，这是指它在它的规定性里和它自身有自由的等同性。二、特殊性，亦即规定性，在特殊性中，普遍性纯粹不变的继续和它自身相等同。三、个体性，这是指普通与特殊两种规定性返回到自身内。这种自身否定的统一性是自在自为的特定东西，并且同时是自身同一体或普遍的东西。”③

“概念是完全具体的东西”④。“普遍性、特殊性、个体性，抽象地看来，也就相同于同、异、和根据”⑤。“对概念加以内在的区别和规定，就是判断。因为下判断，就是规定概念”。⑥

---

① 黑格尔：《小逻辑》，贺麟译，商务印书馆1980年版，第330页。

② 黑格尔：《小逻辑》，贺麟译，商务印书馆1980年版，第329～330页。

③ 黑格尔：《小逻辑》，贺麟译，商务印书馆1980年版，第331页。

④ 黑格尔：《小逻辑》，贺麟译，商务印书馆1980年版，第334页。

⑤ 黑格尔：《小逻辑》，贺麟译，商务印书馆1980年版，第334页。

⑥ 黑格尔：《小逻辑》，贺麟译，商务印书馆1980年版，第337页。

②判断（Das Urteil）。

黑格尔指出，判断是同一个概念的"自我划分"。判断的德文词 Urteil，即"原始部分"之意；判断中被分别的主词和宾词具有内在的同一性。黑格尔写道："判断是概念在它的特殊性中。判断是对概念的各环节予以区别，由区别而予以联系。在判断里，概念的各环节被设定为独立的环节，它们同时和自身同一而不和别的环节同一。"[①]

黑格尔还论述道：判断中"那联系字，'是'字，是从概念的本性里产生出来的，因为概念具有在它的外在化里与它自己同一的本性。个体性和普遍性作为概念的环节，是不可能彼此孤立的两种规定性。前面所讨论到的反思的规定性，在它们的相互关系中也彼此有互相联系，但它们的关系只是'有'的关系，不是'是'的关系，这就是说，不是一种明白建立起来的同一性或普遍性。所以判断才是概念的真正的特殊性，因为判断是概念的区别或规定性的表述，但这种区别仍然能保持其普遍性。"[②]"判断常被认为概念的联结，甚或认为是不同种类的概念的联结"。[③] 他论述道："由于概念的自身活动而引起的分化作用，把自己区别为它的各环节，这就是判断。因此判断的意义，就必须理解为概念的特殊化"。[④]

关于判断的分类，黑格尔在《小逻辑》中这样解析："（一）最初是一个体事物，而以特殊定在返回到它的普遍性为谓词。换言之，即以普遍性与特殊性是否一致为谓词，如善、真、正当等等。这就是确然判断。""确然判断在它最初的直接主词里，

① 黑格尔：《小逻辑》，贺麟译，商务印书馆 1980 年版，第 337 页。
② 黑格尔：《小逻辑》，贺麟译，商务印书馆 1980 年版，第 338 页。
③ 黑格尔：《小逻辑》，贺麟译，商务印书馆 1980 年版，第 338 页。
④ 黑格尔：《小逻辑》，贺麟译，商务印书馆 1980 年版，第 339 页。

还没有包含谓词所须表达的特殊与普遍的联系。因此确然判断只是一主观的特殊性，因而为一个具有同样理由，或者毋宁说同样没有理由的另一相反的论断所反对。因此它就立即只是（二）一种或然判断。但是当客观的特殊性被确立在主词之内，主词的特殊性成为它的定在本身的性质时，这样（三）主词便表达了客观的特殊性与它的本身性质、亦即与它的“类”之间的联系，因而亦即表达出构成谓词的内容的概念了”。“这就是必然判断。”通过判断的这几种形式，越来越显出主词和宾词在客观上的必然联系，表现出认识的内容不断深化的进程。判断运动的目的，就是恢复，或不如说，建立概念的这种同一。

“当概念同时被区分为主词与谓词两个方面，则它就被建立为二者的统一，并使二者的联系得到中介，——这就是推论。”①

③推论（Der Schluss）。

推论是概念和判断的统一。通常是“三段式”或“三段论”。

在黑格尔看来，三段论推理在更高层次上，使“主观概念”成为了客观概念、客观思想，最后推进到向客体演进。推理运动一方面说明主观概念本身具有凭自身的自由本性能动地使自己客观化的力量，而无须借助于外在的帮助来获得自己的客观对象；另一方面也说明一切客观对象其实都是由主观概念建立和形成起来的，其本质无非是“客观概念”。所以要理解客体，同样要从它们蕴涵的概念入手才能把握其本质。

（2）客体（Das Objekt）。

推论有：质的推论（Qualitativer Schluss）、反思的推论（Reflexinos Schluss）、必然的推论（Schluss der Notwen-

① 黑格尔：《小逻辑》，贺麟译，商务印书馆 1980 年版，第 354 页、第 355 页。

digkeit)。

黑格尔指出:“客体是直接的存在，由于在它里面差别是已当作用被扬弃了的，所以客体对差别来说，是漠不相关的。此外客体本身又是一全体，同时因为这种同一性仅是它的各环节之潜在的同一，所以对于客体的直接的统一说来，它同样是漠不相干的。它于是便分裂为许多有差别的事物，其中每一事物本身又是一全体。因此客体就是杂多事物的完全独立性、与有差别的杂多事物同样地完全无独立性之间的绝对矛盾。”①

“客体”，其“客观性”由于内部的概念本性的推动而展示为三个阶段，即“机械性”、“化学性”、“目的性”。其中事物从外在的单一的量的关系（机械性）进展到对立面的统一关系（化学性）再进到自行发展的能动关系（目的性)，越来越显示出了概念的自由本性。黑格尔在对“目的性”的分析中认为，目的性已经突出了客体中的主观因素，因为目的一开始是主观的。主观目的最初与客观性处于外在的对立中，但目的知道它必须寻求自己的手段才能实现出来。于是它首先利用它所能掌握的第一个外部对象作为手段（如自己的手)，并利用这个手段再去掌握另外的手段（如工具)，这样间接地与外部对象打交道。黑格尔把这一过程称为一个“推论”，把目的称为推论的“概念”，而把工具或手段称为这个推论的“中项”。目的并不直接与对象发生关系，而是让工具去和对象互相消耗，以达到自己的目的，体现某种“理性的狡猾”。工具似乎只是被利用、被消耗着，但从本质上看，工具比它所达到的目的更高贵，“工具保存下来，而直接的享受则会消逝并忘却。人以他的工具而具有支配外在自然界的威力，尽管就他的目的来说，他倒是要服

① 黑格尔:《小逻辑》，贺麟译，商务印书馆1980年版，第376页。

从自然界的”。[1] 这里包含有历史发展目标和规律的思想萌芽。

（3）理念（Die Idee）。

有目的实现的、主观和客观相统一的概念就是“理念”，这就是“真理”。黑格尔认为真理当是“客观性与概念相符合”[2]。真理有三个主要特点：真理的形态是全体；真理的内容是具体的，抽象的东西不能被视为真理；真理具有“自己运动”的冲力，在不断发展运动的历史过程中一步步把自己实现出来，静止僵化的东西不能被视为真理。“理念”的三个环节是“生命”、“认识”和“绝对理念”。

生命从目的性而来，它是第一个符合概念的客体，是灵魂与肉体的直接统一；但在死亡中灵与肉显出分裂，死亡所涉及的不是灵魂，而是肉体，灵魂则超越个体的死亡而使生命成为了普遍的“类”。

生命的理念通过类而上升到了认识的理念。认识的前提是主体和客体、人和自然的二分，认识要达到二者的统一。它最初是被动的分析现有的客体，然后是能动地综合分析的结果，但最终却发现这一切只不过是认识主体把自己分化为客体又回复到自身的过程，认识客体不过是认识主体自身的手段。

于是主体就上升为实践主体或“意志”的理念，它是倒过来的认识，即不仅是用认识主体去吞并认识客体，而且是使这种吞并了客体的主体成为真正的绝对的客体，主体的实践（以及前此一切阶段）就被理解成了作为绝对客体的绝对主体自我认识的过程。这个自我认识的绝对主体——客体就是“绝对理念”。黑格尔说，绝对理念就是绝对客体，“在这客体里，一切

① 姜丕之：《黑格尔〈大逻辑〉选释》，福建人民出版社 1983 年版，第 427 页。

② 黑格尔：《小逻辑》，贺麟译，商务印书馆 1980 年版，第 399 页。

规定都汇集在一起了。因此这种统一乃是绝对和全部的真理"。[①]这就实现了"存在和思维"的同一。存在在辩证运动中完成了自身，实现了自身。

（二）关于黑格尔的"自然哲学"。

精神达到了绝对理念，标志着它穷尽了自身的所有范畴。精神只有在范畴的领域之外，才能继续发展。就是说，绝对精神必然要出入自身。黑格尔说："自然界是自我异化的精神。"[②]"异化"（alienation）是黑格尔辩证法的一个重要概念，其意思不仅指转变为异己的东西，扬弃自身；更重要的是指必然性在与自身不同的领域发展。自然界是绝对精神必定要经历的领域，不经过自然界的发展过程，绝对精神便没有外在的丰富多彩的形态，就不能最终成为真正自己的精神。也正是因为自然界始终贯穿着精神的运动，它才不是偶然性和杂乱无章的事物的堆砌。自然界是一个活生生的系统，按照正反合的形式，经历了由低级到高级的辩证发展。黑格尔的自然哲学分"力学"（机械论），"物理学"（物理论），和"有机物理学"（有机论）三部分。

黑格尔在他的《自然哲学》第一篇"力学"里考察了，空间和时间、物质和运动、绝对力学而涉及天体运动。关于"力学"即机械论的内容，是黑格尔致力于用能动性的眼光在当时流行的机械论自然观中看出某种主体性的学说。他对自然科学中唯物主义和原子论是不以为然的，而是更偏向于莱布尼茨的单子论。尽管他不否认机械力学把一切运动归结于外部传递而来，但在牛顿的万有引力学说中他发现，万有引力作为一种中心性的力不再是外在于客体的，而是普遍渗透于一切客体中的

① 黑格尔：《小逻辑》，贺麟译，商务印书馆1980年版，第421页。

② 黑格尔：《自然哲学》，梁志学、薛华、钱广华、沈真译，商务印书馆1980年版，第21页。

内在固有的本质，“因此，客体所具有的向中心的趋向，是客体的绝对的、不通过传递而建立起来的普遍性”。[①] 黑格尔在一系列著作中强调这是宇宙总体的根本法则。他说，“这个总体构成了自己的机械性。在这种机械性中，相区别的客体以客观普遍性，即以渗透的、在特殊化中保持自身同一的重心为它们的基本规定”。[②] 这样，外在的秩序就成了客体自身内在的规律，成了“自己运动的原则”，他把这种原则称为“概念”本身的“灵魂鼓荡的规定性”。[③] 不过，这种原则在机械性阶段还“沉没在它的躯体中”[④]，在“化学性”那里，这种原则才在对立两极的化合与分解中客观地呈现出来。化学的客体，与他物的关系不再是传递而来的，而是每个客体的本性，它“自行规定地开始了过程”[⑤]，化学过程不是由于外来的夺力，而是由于客体本身的紧张度和“亲和力”。这里面已经暗含着目的性和生命的概念了，只不过化学过程不能由自身保持和延续下去，化学反应一结束，过程就中断了。

黑格尔在他的《自然哲学》第二篇“物理学”中考察的，是表现为必然性纽带的隐蔽概念，是在差别和对立中相互反应的个体性。他按照他的“三段式”，把个体性划分为普遍个体性、特殊个体性和总体个体性。

黑格尔认为“普遍个体性”包括三个环节，即自由物理物体、四种元素和气象过程。他考察了太阳系、元素系统和气象系统的物理性状。黑格尔讲自由物理物体构成了一个合乎逻辑

① 黑格尔：《逻辑学》下卷，杨一之译，商务印书馆 1976 年版，第 408 页。
② 黑格尔：《逻辑学》下卷，杨一之译，商务印书馆 1976 年版，第 410 页。
③ 黑格尔：《逻辑学》下卷，杨一之译，商务印书馆 1976 年版，第 412 页。
④ 黑格尔：《逻辑学》下卷，杨一之译，商务印书馆 1976 年版，第 412 页。
⑤ 黑格尔：《逻辑学》下卷，杨一之译，商务印书馆 1976 年版，第 415 页。

推论的天体物理系统。黑格尔重申了恩培多克勒的四元素说，进而认为元素系统是从天空下降到地上的太阳系。黑格尔研究了地球上的元素系统，即气象系统，认为这类物理过程具有各种元素相互转化的特性。

黑格尔认为“特殊个体性”包括四个环节，即比重、内聚性、声音和热。他把比重规定为有重物质各部分的单纯量的关系，把内聚性规定为有重物质各部分的协和关系，把声音规定为物体在其自身的内部振动，把热规定为物体的内聚性的否定。

黑格尔认为“总体个体性”包括三个环节。第一个是包含普遍东西中的个体性，即磁；第二个是规定自身为差别的个体性，它最初是颜色，最后是电；第三个是从这个差别回到自身的个体性，即化学过程。黑格尔认为：“化学过程是无机自然界所能达到的顶峰；无机自然界在化学过程里自己毁灭了自己，证明唯有无限的形式才是自己的真理。这样，化学过程就通过形态的衰落而成为向有机界这个更高的领域的过渡”。[①]

黑格尔在他的《自然哲学》第三篇“有机物理学”里考察，达到其实在性的概念，是凌驾于形式差别之上的个体性，而这种概念或者个体性作为充实的、自我性的、主管的总体就是生命。

在此黑格尔对生存与死亡的辩证关系进行了揭示，指出“生命的活动就在与加速生命的死亡”。同时黑格尔强调，有机生命的过程是一个“不断自我振作和自我保持的无限过程”。[②]在有机论顶点，出现人和人的精神。自然界意识到了自身，意

① 黑格尔：《自然哲学》，梁志学、薛华、钱广华、沈真译，商务印书馆1980年版，第374页。

② 黑格尔：《自然哲学》，梁志学、薛华、钱广华、沈真译，商务印书馆1980年版，第373页、第372页。

识到自己实际上不过是精神这样一种本质，因而就否定自己而向精深哲学过度。“精神是从自然界发展出来的。自然界的目标就是自己毁灭自己，并打破自己的直接的东西与感性的东西的外壳，象芬尼克斯那样焚毁自己，以便作为精神从这种得到更新的外在性中涌现出来”。[①] 精神是自然界的“真理”。这样，黑格尔在《自然哲学》的结尾处讲，“精神本身首先出自直接的东西，但后来就抽象地理解自己，想从自身铸造出自然，从而解放自己；这种精神活动就是哲学。”于是他宣布：理念突破了自然的个别性与理念的普遍性的不符合状态从自然过渡到了“精神”。

（三）关于黑格尔的“精神哲学”。

黑格尔在其《精神现象学》中将“精神哲学”分为三大部分；第一，主观精神，包括心灵、意识、心灵三个环节；第二，客观精神，包括法、道德、伦理三个环节；第三，绝对精神，包括艺术、天启宗教、哲学三个环节。

黑格尔认为，当精神扬弃了自然，也就是说，当进入人类精神领域，也就返回了自身。与逻辑学的范畴相比，扬弃了外在形式的精神的特点是自由。所谓自由即“能够在否定中肯定地抱住自己的并成为自身同一”[②] 就是说精神在自然的对立中取得自由，这是主管精神；其次，精神通过创造而自由，这是客观精神；最后，主管精神与客观精神在统一中实现自由，这是“绝对精神。”

黑格尔的《精神现象学》体现着这种精神。

① 黑格尔：《自然哲学》，梁志学、薛华、钱广华、沈真译，商务印书馆 1980 年版，第 617 页。

② 黑格尔：《精神现象学》上卷，贺麟、王玖兴译，商务印书馆 1979 年版，第 439 页。

1. 黑格尔先从“意识”论起。

由黑格尔关于“意识”的层次来讲，他认为有三个层次。

(1)“感性确定性”。

“感性确定性”是意识发展的最初级乘此，这是一种最直接的感觉，在这层次中，主体对于客体（对象）只是一种“意谓”即是说，主体只是“意谓”到事情存在着或有这么一回事至于这事物如何存在，它是什么，主体则毫无所知。黑格尔认为，“感性确定性”表面上“显得好像是最丰富的知识……又好像是最真实的知识；因为它对于对象还没有省略掉任何东西，而让对象整个地、完备地呈现在它面前。而事实上，这种确定性所提供的是非常贫乏的。它对于它所知道的仅仅说出了这么多；它存在着”①。在“感性确定性”中，主体所感的只是最单独的、最个别的东西，亦即黑格尔所说的“第一个”。黑格尔认为此中，主体只意识到存在着“这一个”，而对于“这一个”是什么，尚未依附于语言，因为我们说出来的却是普通的东西也就是说，语言“属于本身是共相或者有普遍性的范围”，所以“要我们把我们所意谓的一个感性的存在用语言说出来时完全不可能的”那感性的“这一个”是用语言所不能达到的这里“语言具有这样的神圣性质，即它能够直接地把意谓颠倒过来，使它转变成某种别的东西‘即共相’因而是意谓根本不能用语言来表达。”②

黑格尔由此表明，凡能够用语言表达的，就不是直接感性的意谓了，于是走向意识扬弃感性，在知觉中寻求确定性。所

① 黑格尔：《精神现象学》上卷，贺麟、王玖兴译，商务印书馆1979年版，第63页。

② 黑格尔：《精神现象学》上卷，贺麟、王玖兴译，商务印书馆1979年版，第73页。

以，意识要由“感性确定性”转到“知觉”。黑格尔说：“直接的确定性还没有认识到它自己的真理，因为它的真理是共相；而要认识的是这一个。反之，知觉便把对它存在着的东西认作是普遍性的东西。由于一般讲来普遍性是知觉的原则，所以知觉中的直接互相区别的各环节也是以普遍性为原则：我是一个共相，对象也是一个共相。于是普遍性的原则对我们说来就出现了”。①

(2)“知觉”。

黑格尔认为，意识不停留在不可言说的“感性确定性”，必须对“感性确定性”中“这一个”进一步明确它是什么，即进一步对它有所言说。这样，意识就进入到“知觉”。

在“知觉”中，主体不仅意识到有原始直接性的“这一个”，而且意识到“这一个”是什么，意识到客体的性质。黑格尔说，在“知觉”中，“对象就被表明为它自身是具有许多特质的事物……只有知觉才包含着否定性、差别性、多样性为其本质”。②“以事物作为它的对象的意识，就被规定为知觉的意识”。因此，黑格尔在“知觉”部分主要讨论了关于事物及其属性的问题。黑格尔说：“在知觉里……感觉成分仍然存在着，但是已经不像在直接确定性那里，作为被意谓的个别东西，而是作为共相或者作为特质而存在着”。③

黑格尔认为，“知觉”中的对象，有两个方面：从一方面说，“事物是无差别的被动的共性、是诸多特质之机械的集合

① 黑格尔：《精神现象学》上卷，贺麟、王玖兴译，商务印书馆1979年版，第74页。

② 黑格尔：《精神现象学》上卷，贺麟、王玖兴译，商务印书馆1979年版，第75页。

③ 黑格尔：《精神现象学》上卷，贺麟、王玖兴译，商务印书馆1979年版，第75页”。

(仅仅用‘又’来联系)，或者亦可说是物（或物质成分）之集合在一起”。而另一方面，我们又不能把事物单纯地看成为这种机械的集合体，因为“事物性（Dingheit）是通过单一才被规定为事物（Ding）的”。[①]

“意识以交替的方式，时而把它自身时而又把事物认作这两方面：时而认作纯粹的，不包含众多的单一体，时而又认作一个消融为诸多独立的质料或特质的集合体。”这两个方面，单一体与集合体，或者说，统一性与多样性，实际上是统一起来的。黑格尔说，由于它的单一性，它才是“自为的”；由于它具有许多特质，它才与别的事物发生关系，才是“为他的”。黑格尔指出，事物“是自为的”，但又是“为他的”。“它是自为的，只因它为他物，它为他物，只因它是自为的。”[②]

(3)“知性”。

黑格尔说：“为他存在一自为存在既然两者本质上都是在一个统一体中，那么现在那无条件的、绝对的共性就出现了，在这里意识才真正地进入知性的领域。”[③]

黑格尔认为，在“知觉”中，对象虽然是共相，“但是这个共相由于是从感性的东西出来的，本质上受到感性的东西的制约”。[④]“知性”中，意识所寻求的是事物的全体、根据与本质，

① 黑格尔：《精神现象学》上卷，贺麟、王玖兴译，商务印书馆 1979 年版，第 77 页。

② 黑格尔：《精神现象学》上卷，贺麟、王玖兴译，商务印书馆 1979 年版，第 84 页。

③ 黑格尔：《精神现象学》上卷，贺麟、王玖兴译，商务印书馆 1979 年版，第 85 页。

④ 黑格尔：《精神现象学》上卷，贺麟、王玖兴译，商务印书馆 1979 年版，第 85 页。

这 在黑格尔看来则是“无条件的、绝对的共性”[①]。

由于“知性”要把握共相，所以，黑格尔认为知性的一个重要特征就是“力”；“力”在这里系指具有能动性的一种力量。“力”的表现指向现象。然而，力不是外在的作用，而是内在的作用；不是有限的、相对的运动，而是无限的、绝对的运动。黑格尔说：“这个单纯的无限性或绝对概念可以叫作生命的单纯本质、世界的灵魂、普遍的血脉，它弥漫于一切事物中。”[②] 黑格尔在这里借用古代物活论的语言颠倒机械论世界观，认为要进入“第二个超感官的世界”即生命世界。

在黑格尔看来，“知性”指向把握事物的本质，但不能直接把握它。黑格尔说：“事物内在核心对于意识还是一个纯粹的彼岸，因为意识在内在核心里还不能找到它自己；它内在‘核心’是空的，因为它仅仅是现象的否定，就肯定方面说，它只是一单纯的共相。”[③] 黑格尔说：“现在事物的真实本质就这样被认作不是意识的直接对象，而意识对于它的内在核心有一间接的关系，并且意识作为知性通过力的交互作用的媒介，深入观认到事物的真实背景。”[④] 黑格尔指出，这样，同“知性”发生直接关系的，便只是现象，而本质则尚在“彼岸”，尚不能为“知性”所理解。

这就要求，意识发展到“自我意识”。黑格尔说：“一般讲

① 黑格尔：《精神现象学》上卷，贺麟、王玖兴译，商务印书馆 1979 年版，第 85 页。

② 黑格尔：《精神现象学》上卷，贺麟、王玖兴译，商务印书馆 1979 年版，第 110 页。

③ 黑格尔：《精神现象学》上卷，贺麟、王玖兴译，商务印书馆 1979 年版，第 97 页。

④ 黑格尔：《精神现象学》上卷，贺麟、王玖兴译，商务印书馆 1979 年版，第 96 页。

来，这样的对于一个他物、一个对象的意识无疑地本身必然地是自我意识、是意识返回到自身、是在它的对方中意识到它自身。这种从前一种意识的形态的必然进展，（前一种意识形态以自身以外的一个事物、一个他物为它的真实内容，）正表明了不仅对于事物的意识只有对于一个自我意识才是可能的，而且表明了只有自我意识才是前一个意识形态的真理。"①

2. 黑格尔又论"自我意识"。

黑格尔认为，意识以与自身相异的"物"为对象，进而必须进到"自我意识"。在"自我意识"中，意识是以自身为对象。如果说在前一意识的对象对于意识而言，是一种外在的东西，那么在现在这一层次，意识以意识自身为对象。如果就知识的"形态"来讲，前者是"对于一个他物的知识"②，后者是"对于自己本身的知识"③。

黑格尔写道："对自我意识是否定的东西的那个对象，就它那一方面说来，在它本身或者对于我们而言同样是返回到它自身，正如就另一方面说来，意识是返回到它自身一样。通过这种返回到自身，对象就成为生命。"④

在黑格尔看来，自我意识是生命的一般，生命是一种无限的、内在的差别，不断分裂的单纯否定本质。黑格尔认为，"自

① 黑格尔：《精神现象学》上卷，贺麟、王玖兴译，商务印书馆1979年版，第113页。

② 黑格尔：《精神现象学》上卷，贺麟、王玖兴译，商务印书馆1979年版，第116页。

③ 黑格尔：《精神现象学》上卷，贺麟、王玖兴译，商务印书馆1979年版，第116页。

④ 黑格尔：《精神现象学》上卷，贺麟、王玖兴译，商务印书馆1979年版，第117页。

我意识的概念首先在这样三个环节里得到完成”[①]，生命分析为三：欲望、生命本身、类意识。第一，“纯粹无差别自我是它的最初的直接的对象”；自我意识到自己是一种欲望，我在本能的欲望中追求自身满足，这是初步的自我意识。第二，当我把欲望本身当目的来追求时，我也就意识到我所追求的不是这个欲望的对象，而是由欲望构成的生命本身；欲望整体是生命，我意识到自己是生命，这是更高的自我意识。第三，意识到自己是生命，也就意识到自己有可能丧失生命，即死亡；生命意识必然导致对永生、不死的追求，这对于个体来说是做不到的，只有通过“类”才能达到；自我意识提升为类意识，即意识到自己是人类一员。这样的自我意识是无限的，超出了自己的肉体欲望和生命，而与其他无数类的个体相等同。黑格尔说：“我就是我们，而我们就是我。意识在自我意识里，亦即在精神的概念里，才第一次找到它的转折点，到了这个阶段，它才从感性的此岸世界之五色缤纷的假象里并且从超感官世界的彼岸世界之空洞的黑夜里走出来，进入到现在的世界的精神的光天化日。”[②]

这里首先有个“自我意识的独立与依赖”问题。

黑格尔论述说，这里有“双重的自我意识”，[③] 因为“自我意识有另一个自我意识和它对立；它走到它自身之外。还有双重的意义，第一，它丧失了它自身，因为它发现它自身是另外一个东西；第二，它因而扬弃了那另外的东西，因为它也看见

① 黑格尔：《精神现象学》上卷，贺麟、王玖兴译，商务印书馆 1979 年版，第 121 页。

② 黑格尔：《精神现象学》上卷，贺麟、王玖兴译，商务印书馆 1979 年版，第 121～122 页

③ 黑格尔：《精神现象学》上卷，贺麟、王玖兴译，商务印书馆 1979 年版，第 123 页。

对方没有真实的存在，反而在对方中看见它自己本身”。

黑格尔又论述说，这里有“对立的自我意识的斗争”[①]。因为“自我意识最初是单纯的自为存在，通过排斥一切对方于自身之外而自己与自己相等同；它的本质和绝对的对象对它说来是自我；并且在这种直接性里或在它的这种自为的存在里，它是一个个别的存在。对方在它看来是非本质的、带有否定的性格作为标志的对象。但是对方也是一个自我意识；这里出现了一个个人与一个个人相对立的局面”。

黑格尔指出，“就它是对方的行动言，每一方都想要消灭对方、致对方于死命。”[②]“通过生死的斗争来证明自身存在的过程既扬弃了由此所获得的真理，同样也因而又扬弃了对它自身一般的确信；因为正如生命是意识之自然的肯定，有独立性而没有绝对的否定性，同样死亡就是意识之自然的否定，有否定性而没有独立性，因而这种独立性就没有得到承认所应的意义。”[③]

黑格尔认为：“生命与纯粹的自我意识对它都有同等的重要。在直接的自我意识里那单纯的自我是绝对的对象，不过这种对象就我们说来或者就它本身说来是绝对的中介，并且以实体性的独立存在为它的主要环节。”[④] 这里，“其一是独立的意识，它的本质是自为存在，另一为依赖的意识，它的本质是为

① 黑格尔：《精神现象学》上卷，贺麟、王玖兴译，商务印书馆1979年版，第125页。

② 黑格尔：《精神现象学》上卷，贺麟、王玖兴译，商务印书馆1979年版，第126页。

③ 黑格尔：《精神现象学》上卷，贺麟、王玖兴译，商务印书馆1979年版，第126页。

④ 黑格尔：《精神现象学》上卷，贺麟、王玖兴译，商务印书馆1979年版，第127页。

对方而生活或为对方而存在。前者是主人，后者是奴隶”。①

这样，黑格尔论述了“主人与奴隶”。在“主奴关系”中，一是“统治”：在主人与奴隶中，主人不复仅是自为存在的概念，而是自为存在着的意识，这个意识是通过另一个意识而自己与自己相结合，亦即通过这样一个意识，其本质即在于隶属于一个独立的存在，或者说，它的本质即属于一般的物。主人与这两个环节都有关联，一方面与一个物相关系，这物是欲望的对象，另一方面又与意识相关联，而这个意识的本质却是物或物性。②

二是“恐惧”：“首先就奴隶来说，主人是本质。因此独立的自为存在着的意识是他的真理，不过这个真理对奴隶说来还不是本身固有的。但是事实上奴隶却包含有这种纯粹否定性和自为存在的真理在自身内，因为他曾经在自身内经验到这个本质。因为这种奴隶的意识并不是在这一或那一瞬间害怕这个或那个灾难，而是对于他的整个存在怀着恐惧，因为他曾经感受过死的恐惧、对绝对主人的恐惧。死的恐惧在他的经验中曾经浸透进他的内在灵魂，曾经震撼过他整个躯体，并且一切固定规章命令都使得他发抖。”③

三是“培养或陶冶”：“一般的绝对权力之感以及特殊地表现在服务中的绝对权力之感只是潜在的消融，虽说对于主［或主人］的恐惧是智慧的开始，但在这种恐惧中意识自身还没有

① 黑格尔：《精神现象学》上卷，贺麟、王玖兴译，商务印书馆 1979 年版，第 127 页。

② 黑格尔：《精神现象学》上卷，贺麟、王玖兴译，商务印书馆 1979 年版，第 127～128 页。

③ 黑格尔：《精神现象学》上卷，贺麟、王玖兴译，商务印书馆 1979 年版，第 129～130 页。

意识到它的自为存在。"[1]"劳动是受到限制或节制的欲望，亦即延迟了的满足的消逝，换句话说，劳动陶冶事物。对于对象的否定关系成为对象的形式并且成为对象的形式并且成为一种有持久性的东西，这正因为对象对于那劳动者来说是有独立性的。这个否定的中介过程或陶冶的行动同时就是意识的个别性或意识的纯粹自为存在，这种意识现在在劳动中外在化自己，进入到持久的状态。因此那劳动着的意识便达到了以独立存在为自己本身的直观。"[2]

黑格尔进而说："但是对于事物的陶冶不仅具有肯定的意义，使服役的意识通过这种过程成为事实上存在着的纯粹的自为存在，而且对于它的前一个环节，恐惧，也有着否定的意义。"[3]

这里其次有个"自我意识的自由"的问题。

黑格尔讲，主奴关系辩证发展的结果是主奴关系的解体：主人不再是主人，奴隶不再是奴隶。但是，这只发生于意识之中，现实中的奴役仍然存在。失去了奴隶意识的奴隶只能在意识中寻求自由。黑格尔论述说："自我意识的这种自由，就其出现在人类精神的历史上作为一个自觉的现象而言，大家都知道，叫作斯多葛主义。"[4] 斯多葛派认为，只要意识到自由，实际上也就是自由；重要的是自由的观念，存在的现实并不重要。所

① 黑格尔：《精神现象学》上卷，贺麟、王玖兴译，商务印书馆 1979 年版，第 130 页。

② 黑格尔：《精神现象学》上卷，贺麟、王玖兴译，商务印书馆 1979 年版，第 130 页。

③ 黑格尔：《精神现象学》上卷，贺麟、王玖兴译，商务印书馆 1979 年版，第 131 页。

④ 黑格尔：《精神现象学》上卷，贺麟、王玖兴译，商务印书馆 1979 年版，第 133 页。

以黑格尔说："单纯思想中的自由是只以纯粹思想为它的真理，而纯粹思想是没有生活的充实内容的，因而也只是自由的概念，并不是活生生的自由本身。"[①]但是，观念毕竟不等同于现实。意识到两者差异的人以否定现实存在的方式来维护自由意识，这是"怀疑主义"一派的观点。怀疑派"通过这样的互相反对争辩，借此获得处于矛盾争辩状态中的乐趣"。[②] 怀疑派虽然否认了伦理原则，但是仍然要按照伦理原则来办事，"它口头上宣称所看见、所听见的东西不存在，然而它自己本身却看见了、听见了"。[③] 当同一个思想主体内部发生分裂，就产生了苦恼意识。于是黑格尔继而论述了"苦恼的意识"[④] 问题。

黑格尔讲："苦恼的意识就是那意识到自身是二元化的、分裂的、仅仅是矛盾着的东西"。[⑤]"这个苦恼的自身分裂为二的意识，因为它的本质的这种矛盾是包含在一个意识里"。[⑥]"它自己兼有两方面，而两者的统一也是它自己的本质；不过就它自己本身说来，它还没实现它的这种本质，它还没有实现这两方面的统一。"[⑦]

---

① 黑格尔：《精神现象学》上卷，贺麟、王玖兴译，商务印书馆 1979 年版，第 135 页。

② 黑格尔：《精神现象学》上卷，贺麟、王玖兴译，商务印书馆 1979 年版，第 139 页。

③ 黑格尔：《精神现象学》上卷，贺麟、王玖兴译，商务印书馆 1979 年版，第 139 页。

④ 黑格尔：《精神现象学》上卷，贺麟、王玖兴译，商务印书馆 1979 年版，第 140 页。

⑤ 黑格尔：《精神现象学》上卷，贺麟、王玖兴译，商务印书馆 1979 年版，第 140 页。

⑥ 黑格尔：《精神现象学》上卷，贺麟、王玖兴译，商务印书馆 1979 年版，第 140 页。

⑦ 黑格尔：《精神现象学》上卷，贺麟、王玖兴译，商务印书馆 1979 年版，第 140 页。

苦恼意识，一是“变化的意识”。“它最初只是两方面之潜在的直接的统一”。“两方面都是彼此外在的生疏的存在”。“既然就它说来两方面都是同等重要并且是矛盾着的，那么它就只是一矛盾着的运动，在这个运动里对立面在它的对立面里是不能得到安息的，而只有作为对立面在它的对立面里重新创造自己”。“正因为如此，那进入意识的不变的东西同时就为个别性所感染，而且只是以充满着个别性的形态而出现。在不变的意识里个别性不惟没有被取消，而它只是在那里继续不断地出现。”①

二是“不变的形态”。“由于这样，在意识前面，个别性与不变的本质相结合就有了三种不同的方式：第一，意识本身又走出来与那不变的本质相对立，并且退回到斗争开始的情况，这种斗争始终是整个关系的主要原则。第二，意识又发现那不变的本质以个别性的形式出现在它里面，于是个别性就成为不变的本质的形态，从而整个存在的方式或形态都转变为不变的了。第三，意识发现它自身是不变的本质中之个别东西。那第一个不变的本质对意识说来只是异己的本质，它对于个别性采取裁判的态度。”②“事实上由于不变的意识表现为具体形态，彼岸这一环节不惟仍然保持着，却毋宁反而还更固定了。”然而，“由于这个存在着单一体的本性，由于这个单一体既披上了现实性的外衣，那末它必然要在时间中消逝，要在空间中变得很遥远，并且永远保持遥远的距离。”③

---

① 黑格尔：《精神现象学》上卷，贺麟、王玖兴译，商务印书馆1979年版，第140～141页。

② 黑格尔：《精神现象学》上卷，贺麟、王玖兴译，商务印书馆1979年版，第141～142页。

③ 黑格尔：《精神现象学》上卷，贺麟、王玖兴译，商务印书馆1979年版，第143页。

三是“现实与自我意识的统一”。黑格尔写道：“最初把表现成形态的不变意识当作一个异己的现实东西的那种外在关系，它必须把它提高到绝对的合而为一。”“那非本质的意识努力以求达到统一的运动，按照它与那表现为形态的彼岸的三重关系，本身也具有三个环节：第一，作为纯粹的意识，第二，作为个别的存在，这存在以欲望和劳动的形式与现实性处于反对的地位，第三，作为对它自己的自为存在的意识。”以上三种形态表现出以下特征：“首先就它被认作纯粹的意识而言，那表现为形态的不变意识，由于它是纯粹意识的对象，似乎是被建立像它自在自为的本身那样。但是它自在自为的本身是什么样子，象已经提到过那样，这是还没有实现出来的。”“它的现实不变的本质之坟墓并没有现实性”，“那消逝了的个别性，既然是消逝了的，就不是真正的个别性，那末它就会放弃把不变的个别性当成现实的东西去寻求，或者它就会不再坚持那已经消逝了的不变的个别性了。只有这样它才能够找到真正的个别性或具有普遍性的个别性”。①

其次是“个别的本质与现实性，虔敬的意识的活动”。②“意识在它的行动里”，“一方面它采取能动的此岸的态度，有一个被动的现实性与它相对立，两者有着相互关系，但是［另一方面］两者又都回到不变的本质，并坚持其自身。因此从两方面都只是脱出了一个表面的部分彼此互相反对，而每一方的表面部分于矛盾运动的过程里，表向与对方的表面部分相对立。现实性的这一面被能动的那一面所扬弃，但是现实性这一面之所

① 黑格尔：《精神现象学》上卷，贺麟、王玖兴译，商务印书馆1979年版，第144页、第146页。

② 黑格尔：《精神现象学》上卷，贺麟、王玖兴译，商务印书馆1979年版，第146页。

以能够被扬弃，只有因为它自己的不变的本质把它扬弃了，它的不变的本质自己排斥自己，并把那排斥掉的东西授予那能动的一面。这能动的力量看来就是现实性赖以解体的威力；由于这样，这种表现在能动性方面的威力是意识—这意识以自在存在或不变的本质为外在的他物—自己的彼岸。"[①]

再就是"自我意识达到了理性"。[②] 黑格尔说："苦恼意识是痛苦，这痛苦可以用这样一句冷酷的话来表达，即上帝已经死了。"[③] 中世纪早期，人们在"虔敬默祷的默想"中内在地体验上帝；中世纪晚期，人们通过此岸世界的劳动得到来自彼岸世界恩赐的享受，过渡到"现实与自我意识的统一"。[④] 苦恼意识的第三阶段，在宗教改革运动中，"自我意识达到了理性"[⑤]，达到"自在自为的信仰"。

黑格尔论证说："就苦恼意识自身来说，行动和它的实际行动仍然是贫乏而无意义的，它的享受仍然是一种痛苦，并且对这些情况加以扬弃，就其积极意义来说，仍然是达不到的彼岸。但是在这个对象里，在它看来，作为这种个别意识的它的行动和存在，是自在的存在和行动，于是对它说来就出现了理性这一观念，出现了意识确信在它的个别性里它就是绝对自在的存

① 黑格尔：《精神现象学》上卷，贺麟、王玖兴译，商务印书馆1979年版，第147～148页。

② 黑格尔：《精神现象学》上卷，贺麟、王玖兴译，商务印书馆1979年版，第149页。

③ 黑格尔：《精神现象学》下卷，贺麟、王玖兴译，商务印书馆1979年版，第231页。

④ 黑格尔：《精神现象学》上卷，贺麟、王玖兴译，商务印书馆1979年版，第143页。

⑤ 黑格尔：《精神现象学》上卷，贺麟、王玖兴译，商务印书馆1979年版，第149页。

在，或者它就是一切实在这一观念。”①

3．黑格尔论到了“理性”。

在黑格尔前面所讲的“自我意识”之中，“自我”由于只想自己的独立自由，对他物始终采取否定的态度，所以他反而达不到自由与自我实现的目的。当进入“理性”，情况就不同了：“自我意识既然就是理性，那末它一向对于他物［或对方］的否定态度就转化而为一种肯定态度……它现在确知它自己即是实在，或者说，它确知一切实在不是别的，正就是它自己；它的思维自身直接就是实在”。② 在黑格尔看来，理性是意识和自我意识的统一，经历了观察理性、行动理性和立法理性。

关于“观察理性”。黑格尔按照从外到内的顺序，依次考察了理性对自然的观察、对自我意识自身的观察，以及对自我意识与身体关系的观察。第一类观察包括物理学、化学和生物学等；第二类观察包括逻辑学和心理学；第三类观察包括手相学、面相学和骨相学。观察理性有解释自然现象的优点，同时有其局限。因此要过渡到行动理性。

关于“行动理性”。黑格尔指出，行动理性意识到自己的普遍性，把自己实现在客观的伦理世界，这是“自我意识的正向运动：伦理世界”。当行动理性从这个伦理世界返回自我意识，把外在的伦理法则内化为自己内在的法则，这是“自我意识的反向运动：道德世界”。这是一正一反的过程在现实世界中体现为快乐与命运、个体和社会、意识和现实的矛盾。事情本身不是个人出于诚意所造成的东西，而是他的作品在社会关系中的

---

① 黑格尔：《精神现象学》上卷，贺麟、王玖兴译，商务印书馆 1979 年版，第 153 页。

② 黑格尔：《精神现象学》上卷，贺麟、王玖兴译，商务印书馆 1979 年版，第 154～155 页。

影响和效果；个人的“诚实的意识”可能转化为自欺和伪善，不足以成为评价标准。于是行动理性就需要“立法理性”，又建立一种用以评价人的行动的普遍的客观原则。

关于“立法理性”。黑格尔认为立法理性的根据是一切人所构成的那个伦理实体，它对于立法的理性来说“是直接被承认了的；人们不能去追问它们的起源和论据，也不能去寻找一种别的起源和论据”。[①] 因此没有真正普遍适用的立法，每一种貌似公正的立法都代表一定的伦理实体的利益，离开这个伦理实体都可能遭一推翻。这样，立未能的理性就仅仅成为了一种在特定伦理的前提下对法律进行形式逻辑上前后一贯性的审核，即“审核法律的理性”[②]。但正因为这种审核总有一个未经审核的前提，它只是一种空洞的形式。黑格尔举例说，私有制本身不是立法建立起来的，而是立法的根据，审核只涉及私有制基础上的法律是否合乎逻辑，而不能审核私有制本身。所以，必须从头来考察一下伦理本体是怎么形成的。

黑格尔以上见解，后来展开于他在1821年出版的《法哲学原理》之中。黑格尔《法哲学原理》的导论标题上就写着“意志、自由和法的概念”。可见，正如很多人讲的，黑格尔《法哲学原理》，在很大程度上从意志自由来论述“法”。他强调：“法的理念是自由”。[③] 黑格尔提出：自由意志借外物（特别是财产）以实现其自身，就是抽象法；自由意志在内心中实现，就是道德；自由意志既通过外物，又通过内心，得到充分的现实性，

① 黑格尔：《精神现象学》上卷，贺麟、王玖兴译，商务印书馆1979年版，第280页。

② 黑格尔：《精神现象学》下卷，贺麟、王玖兴译，商务印书馆1979年版，第156页。

③ 黑格尔：《法哲学原理》“导论”，范扬、张企泰中文译本，商务印书馆1979年版，第1～2页。

就是伦理。在黑格尔由此构成的体系中认为，在抽象法阶段，只有抽象的形式的自由，即客观的自由；在道德阶段，就有了主观的自由；而伦理阶段则是前两个环节的真理和统一，这才使意志自由得到充分的具体体现。

关于抽象法，黑格尔以人与人的自由意志相互关系来分析法权关系。抽象法有“所有权”、“契约”和“法和不法”三个环节。自由意志首先体现在所有权上，所有权与个人的人格有内在的联系。人格是主观的，它要表现在外。所有权体现于凭自由意志占有、使用和转让一个自然物对象。到了转让，就进入契约。契约是不同意志的统一，双方同意，契约生效。黑格尔认为这种意志的统一只是偶然的、临时的，它只是一种“共同意志”，而不是一种“普遍意志”。所以才进入“法和不法”。黑格尔强调，“不法”恰好是法的一种现实性的表现，有不法，才有法的威力和效力，不法使民法延伸到刑法。黑格尔指出，法是自由的直接定在，一个人如果超越法，他的自由也就不存在。

关于“道德”，在黑格尔看来，道德也是一种法，即主观意志的法，是一种“应当”。道德是内心觉得应当怎么做。道德分为三个层次：故意、意图和良心。在《法哲学原理》中，黑格尔写为：“故意和责任”、“意图和福利”、“善和良心”。故意带来责任。一个人的行为只有是故意的，才能负完全责任，如果是完全无意做出来的，则可以不负责任。所以故意与人的自由意志直接相关。故意还涉及人的认识，也就是说，这种自由意志的前提是必须知情，能够预见到这样做的后果。但是在现实中，由于事物的因果链条是无限的，一个人要完全估计到行为的全部后果是不可能的，所以故意的行为应当对之负责的只是最近的后果或者直接后果，至于间接的后果，由于隔得太远了，就不应对之负责。意图和故意看起来似乎没有什么区别，实际上是不同层次的。如果我对自己的行为的后果已经预见到了，但我还是要做这件事，我愿意为它负责，那么这就不仅仅是“故意”了，而且有自己的“意图”。意图是故意的原则，一切意图都可以归结为广义的福利。康德“为善而善”的义务论，在黑格尔看来不可行。一个人做道德的事情总是有某种“福利”的意图，即使不为物质的福利，也为精神的满足。黑格尔主张，即使只是为了满足自己幸福的要求或感觉的行为，也可以是真正的道德。道德应该是善良动机和良好效果的统一。至善是道德的最终目的，也是世界的最终目的。有道德的人可以一点一滴地接近至善。

黑格尔认为，良心是善的动机。一个人的善的动机一旦在后果中体现出来，他就意识到自己意志正是为了追求绝对的“自在自为的善”，于是有了良心。良心是从个人善良动机出发而意识到的普遍的善良意志，它不受特殊目的的束缚和干扰而存于内心。黑格尔说“两心是自己同自己相处的这种最深奥的内部孤独”。[①] 黑格尔讲到，这种主观内在的良心只是形式的良心，只是自我感觉良好的。如果一个人只求对得起自己的良心，无论做什么都问心无愧，那就可能成为伪善。黑格尔对标榜良心和优美灵魂的泛道德主义和浪漫主义倾向不以为然，他更欣赏“讽刺”精神，认为这才是伪善的解毒剂。

黑格尔讲到，康德的“道德的世界观”与只是一种功利主义和外在要求的“启蒙运动”相比，是更高的一个阶段；可是康德的道德观割裂了义务与实在。黑格尔主张二者应该是统一的。这样，意识的发展就要由康德的“纯粹义务”的观念过渡到“良心”的观念。在“良心”的阶段，个人凭“良心”行动，

① 黑格尔：《法哲学原理》，范扬、张企泰译，商务印书馆 1961 年版，第 139 页。

他无须以彼岸的“纯粹”义务为衡量是非的标准。黑格尔说，“良心的至上的权威高出任何特殊的法则和义务的每一内容，它把它所喜欢的任何内容放入它的认识和意志之中。它是道德的天才创造。它把它的直接认识的内在声音，看作是一种神圣的声音……它本身也是对上帝的崇拜，因为它的行动就是对于它自己固有的神性和默想。”[①] 黑格尔又认为，“良心”还只是一种主观的东西，没有把道德与现实结合起来，脱离现实的社会整体，这只能叫作“美的灵魂”。

关于“伦理”(Sittlichkeit) 黑格尔把它与道德 (Moralität) 作出区分。他们认为，“道德”建立在对外在权利的内心意识上，是对自己的客观行为的主观评价，并不是康德所说的完全与外部行为无关的抽象意志的“自律”；而“伦理”是按照人们的道德意识而确立的保障人的外部社会制度。黑格尔说：“主观的善和客观的、自在自为地存在的善统一起来就是伦理”。[②] 在黑格尔看来，自由由处于一种抽象化的共同体自由，达到整体上是普遍的、合理的和实现的；作为个别人服从国家与法律，实际上是个别同整体的一种融化。只有这样，个人才能复归自身要质，即获得真实的自由。黑格尔在论证中认为，伦理作为自由的外部权利和内心的统一体，这涉及到“伦理实体”。具体说，伦理实体是保障社会成员同享伦理生活方式的法律制度，具有道德的内涵和法的外在形式，这体现于家庭、市民社会和国家三个层次。对此黑格尔在其后来出版的《法哲学原理》中更进一步展开了论述。

---

① 黑格尔：《精神现象学》下卷，贺麟、王玖兴译，商务印书馆 1979 年版，第 164 页。

② 黑格尔：《法哲学原理》，范扬、张企泰译，商务印书馆 1961 年版，第 162 页。

关于家庭，黑格尔认为，家庭虽然产生于自然关系（男女两性），形成了固定的家庭模式，但却是靠超越自然的“爱”来维系的，与人的“良心”有关。关于“市民社会”[①]，黑格尔指出，市民社会中人丧失了家庭之爱，但增加了一种社会道德，即诚信和“天职”或职业道德。市民社会中的独立个人与他人打交道，形成了普遍的社会制度，如劳动、需求、交换的制度。经济活动的社会性产生的司法、警察和同业公会组织，它们首先自下而上形成。关于“国家”黑格尔称之为“地上的神”，人必须成为国家的成员，个人只有在国家中才获得真正的自由。国家是个人的最高义务和目的，需要个人为之作出牺牲，对国家的道德就是爱国和英勇。

黑格尔承认现代国家与市民社会相分离，国家存在的前提有这样的二律背反：一方面，市民社会以特殊利益为原则，国家以普遍利益为原则；另一方面，国家通过君主的“经验单一性”表现出来，而市民社会通过人民的“经验普遍性”表现出来。二律背反在现实中造成了君主与人民的对立，需要中介把这两个极端联系起来。君主立宪制就是这样的中介，包括政府的行政权、人民代表的等级会议和君主的立法权三个部分。其中，群主立法权是整体，而政府和等级会议是部分；这两个部分以有轻重主次之分，人民代表并“不知道自己需要什么”[②]，而“国家的高级官吏”[③] 却对国家的需要“具有比较深刻和比较

① 黑格尔：《法哲学原理》，范扬，张企泰译，商务印书馆 1961 年版，第 174 页。

② 黑格尔：《法哲学原理》，范扬、张企泰译，商务印书馆 1961 年版，第 27 页。

③ 黑格尔：《法哲学原理》，范扬、张企泰译，商务印书馆 1961 年版，第 319 页。

广泛的了解，而且处理国家事务也比较精明干练”。[①] 因此，政府官吏的行政权要扩大，形成一套复杂的机构，而等级会议则应简略、缩小成一个结构图。即使如此，政府和等级会议仍然会有矛盾，两者用各自特殊本质的火焰相互交织，这就需要君主的最后决断。君主的立法权和决断权才是“君主立宪制顶峰和起点”。[②]

4. 黑格尔对“精神”进行了充分论述。

黑格尔说：“理性已意识到它的自身的它的世界，它的世界即是它的自身时，理性就成精神。”[③] 按黑格尔后来的用语，意识、自我意识和理性属于主观精神，当主观精神外在为社会组织和历史进程，就变成了客观精神。黑格尔在《精神现象学》中阐述的“精神”阶段实际上指客观精神。精神阶段的发展过程是历史进程。黑格尔把历史称为“在时间里外在化了的精神”。[④]

如果说，黑格尔在前一层即“理性”层次中，递进地依次分析了“观察理性”“行动理性”“立法理性”；那么，黑格尔至此强调，停滞于“立法理性”，还不能使个体性与普遍性、主体与客体真正统一起来；因为立法总是带有主观性、偶然性与纯粹形式的性质。这种情况的意识，只是表现为个体意识。而在“精神”层面，意识则进一步表现为普遍意识，表现为社会。社

① 黑格尔：《法哲学原理》，范扬、张企泰译，商务印书馆 1961 年版，第 319 页。

② 黑格尔：《法哲学原理》，范扬、张企泰译，商务印书馆 1961 年版，第 287 页。

③ 黑格尔：《精神现象学》下卷，贺麟、王玖兴译，商务印书馆 1979 年版，第 1 页。

④ 黑格尔：《精神现象学》下卷，贺麟、王玖兴译，商务印书馆 1979 年版，第 274 页。

会是个体性与普遍性的统一；其中，普遍性是个体性的真理与根据。所以至此论“精神”时所谈的，不是像之前论“意识”“自我意识”“理性”那样只是谈个人意识本身，而是进入实际的社会历史。他强调，个体性只有在社会中才能真正实现自己，才能找到自己真正普遍的内容。于是，主体与客体，个体性与普遍性在这里得到了进一步统一。

对此，黑格尔由以下三个层面进行了论述：一是“真正的精神，伦理”①；二是“自我异化的精神，教化”②；三是“自我确定的精神，道德”③。

(1)“真正的精神，伦理”④。

这是一个尚未发生自我异化的社会。在此，个人意识集体意识、我与我们打成一片。黑格尔说：“它是自为的精神，因为它是靠着反映在个体之中来维持它自身的；—并且它又是自在的精神或本体，因为它保持诸个体于它自身之内。作为现实的实体，它是一个民族；作为现实的意识，它是民族中的诸公民。”⑤

由于个人意识与集体意识是打成一片的，所以黑格尔认为，在此，世界处于一种和谐是打成一片的，所以黑格说：“伦理的领域就这样地保持为一个无瑕疵的、完全没有内部纷争的世界。

① 黑格尔：《精神现象学》下卷，贺麟、王玖兴译，商务印书馆1979年版，第5页。

② 黑格尔：《精神现象学》下卷，贺麟、王玖兴译，商务印书馆1979年版，第38页。

③ 黑格尔：《精神现象学》下卷，贺麟、王玖兴译，商务印书馆1979年版，第124页。

④ 黑格尔：《精神现象学》下卷，贺麟、王玖兴译，商务印书馆1979年版，第5页。

⑤ 黑格尔：《精神现象学》下卷，贺麟、王玖兴译，商务印书馆1979年版，第7页。

所以，它的过程是由它的一种力量到别一种力量的平静的过渡，每一种力量保存着和产生着别一种力量”。[①] 黑格尔古希腊的共和国为例。黑格尔竭力把古希腊社会描写成一种充满了崇高精神的社会，一种不发生异化的、和谐无纷争的“伦理世界”。[②] 黑格尔又认为在这个阶段里，社会也并不时根本没有矛盾。黑格在此分析了矛盾双方从“伦理意识”[③]来看都是正确的。双方都是受“伦理意识”的支配而行动的。由自“伦理意识”的行动，叫作“伦理的行动”。对于“伦理的行动”，在黑格尔看来，是无须理性立法与逻辑证明的；“伦理意识”是一种热情，它像自然的天性一样使人毫不犹豫地忠于国家或家庭。黑格尔认为，在家庭与国家的矛盾中，个人在“伦理的行动”中出现的是一种自主的行动，而这种行动的结果会使伦理的领域解体，而过渡到法治状况。黑格尔说，本来在“伦理的领域”中，个人意识与集体意识是打成一片的，个人本身并没有真实的、独立的意义。但是由于行动“破坏着伦理世界的安定组织和平稳运动”，[④] 于是，当初是互相补充、彼此确认的诸组成部分就变成了消灭自身与对方的东西。这样，“伦理的领域”便遭到破坏与否定，普遍的伦理精神便为孤立的个人所代替，这才有了“法治状况”。

黑格尔指出，“法治状况”是社会自我异化的开始。在“法

① 黑格尔：《精神现象学》下卷，贺麟、王玖兴译，商务印书馆 1979 年版，第 19 页。

② 黑格尔：《精神现象学》下卷，贺麟、王玖兴译，商务印书馆 1979 年版，第 6 页。

③ 黑格尔：《精神现象学》上卷，贺麟、王玖兴译，商务印书馆 1979 年版，第 287 页。

④ 黑格尔：《精神现象学》下卷，贺麟、王玖兴译，商务印书馆 1979 年版，第 20 页。

治状况”中，人与人之间失去了精神的、内在的伦理联系，“伦理的领域”开始分裂为法权的主体或原子式的个人。黑格尔批评“法治状况”说：“法权的意识甚至在其实在的运用中经验到自己的实在性的丧失，经验到它完全缺乏固有的实体性；并且，把一个个人描述成为‘人’（‘Person’），这就是表示一种轻视。”黑格尔认为，在“法治状况”原子式的个人自然缺乏伦理的联系，那就只好借法律与武力而聚集起来。在这样聚集起来的帝国中，作为统治者的君主实际上是脱离人群的。黑格尔“法治状况”时主要以罗马帝国。进一步这种矛盾的结果，使“真正的精神，伦理”，过渡到“自我异化的精神，教化”。在此，形成社会的彻底“自我异化”。

（2）“自我异化的精神，教化”[①]。

处于“真正精神，伦理”时，精神在自身之内，故人们都有崇高的精神与个性，都根据伦理的意识与热情而行动。而进入“自我异化的精神，教化”，就不同了。黑格尔说：“此时，‘精神的世界’分裂成为两个，一个是现实世界，或自我异化的世界，另一个是精神在纯粹意识的以太中自为地构成的世界，这个世界把自己提升到前一个阶段之上。”[②] 现实世界成为“精神”的“自我异化”。所以黑格尔又说：“这个世界的具体存在，也像自我意识的现实性一样，领带于这样一个过程，即自我意识脱去自己的个性（Persönlichkeit），从而创造出它的世界，并且把这个被创造出的世界当作是异己的，而它现在必须去占有

① 黑格尔：《精神现象学》下卷，贺麟、王玖兴译，商务印书馆1979年版，第38页。

② 黑格尔：《精神现象学》下卷，贺麟、王玖兴译，商务印书馆1979年版，第41页。

这个世界。”[①]

黑格尔认为，把社会现实看成是“精神”“自我异化”的结果，这对于个人来说，就是“教化”。黑格尔的原话是：“对于单个的个人而言，作为他的教化而出现的东西，乃是实体本身的重要环节，这也就是从实体的转维的普遍性到实在性的直接直接过渡；或者说，教化就是这个本体的唯一的灵魂，通过它，自在的东西才成为被人承认的东西，才成为确定的具体存在(Dasein)。因此，一个个体性教化自己的过程，事实上就是个体性之直接发展为普遍的客观的本质，即是说，发展为现实世界。”[②] 因此，个体的教化及其自身的实在性，就是使实体本身实现出来的过程。黑格尔这里所说的“实体”指向社会现实。

黑格尔指认，“自我异化精神”来源于“法治状况”，所以他对此进行的分析是从与法权有关的“国家权力”与“财富”开始的。黑格尔认为国家权力与财富是人类“自我异化”的最初形式，是人类活动的结果；它们对个体精神（个人）来说，是一种“异己的”力量。黑格尔认为，个人对国家权力与财富可采取两种不同的、相互对立的态度：一种是肯定的态度，即“对待国家权力与财富如同对待某种与自己相调和的东西态度”；一种是否定的态度，即“对待这些实在的东西如同对待某种与自己不设和的东西”。黑格尔把前一种态度称为“高贵的意

① 黑格尔：《精神现象学》下卷，贺麟、王玖兴译，商务印书馆1979年版，第42页。

② 黑格尔：《精神现象学》下卷，贺麟、王玖兴译，商务印书馆1979年版，第43页。

识"[1]，把后一种态度称为"卑贱的意识"[2]。前者，"忠实地服务于国家权力，尊崇国家权力"[3]，"视财富如同某种与自己有本质关系的东西"[4]；后者"视国家权力如同锁链"[5]，"仇恨统治者；虽然服从他，但对他怀恨于心，并且经常准备反抗。在财富中，它也仅只看到某种不协调的东西"。[6] 黑格尔认为，"高贵"与"卑贱"，"善"与"恶"，是相对的，是可以互相转化。这样，黑格尔就进到了对"分裂的意识"的描述。黑格尔认为，"分裂的意识"[7] 是一种"颠倒的意识"[8]，善恶贵贱，可以互相颠倒。黑格尔这样讲：这"是实在和思想之绝对的和普遍的颠倒和异化，它是纯粹的教化。在这个领域中可以看到，权力与财富的现实本质既没有真理性；它们的确定的概念，善与恶，以及对善与恶的意识即高贵的意识与的卑贱的意识，也没有真理性；所有这些环节毋宁都是互相颠倒、互相转变的，并且，它们之

① 黑格尔：《精神现象学》下卷，贺麟、王玖兴译，商务印书馆 1979 年版，第 47 页。

② 黑格尔：《精神现象学》下卷，贺麟、王玖兴译，商务印书馆 1979 年版，第 47 页。

③ 黑格尔：《精神现象学》下卷，贺麟、王玖兴译，商务印书馆 1979 年版，第 51 页。

④ 黑格尔：《精神现象学》下卷，贺麟、王玖兴译，商务印书馆 1979 年版，第 51 页。

⑤ 黑格尔：《精神现象学》（下卷），贺麟、王玖兴译，商务印书馆 1979 年版，第 51 页。

⑥ 黑格尔：《精神现象学》下卷，贺麟、王玖兴译，商务印书馆 1979 年版，第 51 页。

⑦ 黑格尔：《精神现象学》上卷，贺麟、王玖兴译，商务印书馆 1979 年版，第 143 页。

⑧ 黑格尔：《精神现象学》下卷，贺麟、王玖兴译，商务印书馆 1979 年版，第 66 页。

中的每一个环节都是它自身的对方。”①

黑格尔认为，与“分裂意识”相对立的是“诚实的意识”。“诚实的意识”把现成的一切看成固定不变的东西，它完全看不见矛盾。黑格尔斥责说“它是未开化的、无思想的状态，它不知道它同样在走向反面。”② 马克思在 1869 年 4 月 15 日给恩格斯的信中曾摘引黑格尔《精神现象学》中关于“分裂的意识”和狄德罗的小说的一些分析。在收录这封信的《马克思恩格斯通信集》中译文里把“分裂的意识”译为“迷惘的意识”，“诚实的意识”译为“公正的意识”。③

黑格尔认为，“分裂的意识”必定要过渡到启蒙运动。启蒙运动有两种形式：一种形式是，“精神静悄悄地活动于它的实体的单纯内部”，对现实逐步地加以批判，“犹如一阵香雾在柔顺的空气中静悄悄地扩展”；另一种形式是公开反对自已对立的势力如宗教、迷信、欺骗、专制等，在这里“启蒙运动”是以“大声喧嚷、与对方展开激烈斗争的形式而出现的”。④

(3)“自我确定的精神，道德”⑤。

这是“精神”发展的最后阶段。在此，“精神”从异化的状态回复到自身，实体变成主体，每个人的所作所为与社会全体的所作所为是一致的；在前面那种“自我异化的精神，教化”，

① 黑格尔：《精神现象学》下卷，贺麟、王玖兴译，商务印书馆 1979 年版，第 44 页。

② 黑格尔：《精神现象学》下卷，贺麟、王玖兴译，商务印书馆 1979 年版，第 45 页。

③ 见《马克思恩格斯通信集》第 4 卷，三联书店 1958 年版，第 212 页、第 214 页。

④ 黑格尔：《精神现象学》下卷，贺麟、王玖兴译，商务印书馆 1979 年版，第 59～60 页。

⑤ 黑格尔：《精神现象学》下卷，贺麟、王玖兴译，商务印书馆 1979 年版，第 124 页。

中的格格不入及不协调情况，由于“精神”把自己实现为一种自我决定着的自由意志，而得到克服。黑格尔说：“绝对的自由离开它的自我毁灭的现实领域，而过渡到自我意识着的精神的另领域，在这个领域里，自由在这个非实现性中被认作是真理。在关于这种真理的思想中，精神得到了复元和愉快（就精神是思想而且保持为思想而言），并且知道这种包含在自我意识中的存在［即思想］是完善的和独立的本质。经验的这一新形态，就是道德的精神。”

黑格尔把“精神”发展的过程归结为历史进程，他把历史称为“在时间里外化了的精神”①。

黑格尔说：“哲学为观照历史而带来的唯一思想即‘理性’这一单纯概念；即理性是世界的主宰；即世界历史因而显示出一种合理的历程。这种信念和洞察在历史学本身的范围内是一个假说。在哲学领域中，它却不是什么假说。在哲学里由思辨认识证明：理性—这里不考究宇宙对神的关系，仅只这个名词就算够了—既是无限力量也是实体；它自身是一切自然生命和精神生命的无限素材与无限形式—即推动该内容的东西。理性是宇宙实体。”②

黑格尔认为，世界历史是“自由意识的发展”③，它在每一时代只选择一个民族来实现自己的目的，世界历史的核心依次从自由意识的水平较低的国家转移到水平较高的国家。历史最初是从东方开始，即从中国、印度、波斯、埃及这些国家开始，

① 黑格尔：《精神现象学》下卷，贺麟、王玖兴译，商务印书馆1979年版，第274页。

② 黑格尔：《历史哲学》，王造时译，商务印书馆1963年版，“绪论”。

③ 黑格尔：《哲学史讲演录》第1卷，贺麟、王太庆译，商务印书馆1959年版，第346页。

这些国家“只知道一个人是自由的”[①]。然后是希腊罗马，这些国家知道了“少数人是自由的”[②]，即奴隶主和自由民是自由的，奴隶并无自由；这一阶段有了公民意识和民主政体的尝试。在日耳曼国家（即从中世纪到近代的基督教国家）开始意识到“人人是自由的”[③]，每个人的灵魂在上帝面前都是平等的，但由于政教分离，这种灵魂的自由只在人们的宗教生活中被意识到。只有到了世俗化的新教和王权相结合的普鲁士君主立宪国家，人们在世俗生活中全面实现“人人自由”的原则，世界历史才开始实现了自己的最终目的。在黑格尔的观点中显然美化着普鲁士王国，这曲折地表达了德国资产阶级对理想王国的诉求。

黑格尔由整个世界历史来论证普鲁士并由此论证哲学和宗教在他的哲学中达到了发展的顶点。黑格尔强调，只有那些合乎理性精神和自由精神的发展方向的民族，才能在世界历史上占据优势地位。世界历史的精神依次从自由意识水平较低的民族转移到水平较高的民族，从东方开始，在西方终结。“东方从古到今知道只有‘一个’是自由的；希腊和罗马世界知道‘有些’是自由的；日耳曼世界知道‘全体’是自由的。”[④] 他说，日耳曼世界经过理智王国和尘世王国的“绝对对立”和“残酷斗争”，最终达到了两个王国的调和；它在宗教中找到作为“本质理想”的感情和表象，“而在哲学科学中它找到对这种真理的那种自由的而被理解的认识，它认识到这种真理在它相互补充的各种表现中，即在国家、在自然界和在理想世界中，原是同

① 黑格尔：《历史哲学》，王造时译，商务印书馆 1963 年版，第 56 页。

② 黑格尔：《历史哲学》，王造时译，商务印书馆 1963 年版，第 56 页。

③ 黑格尔：《历史哲学》，王造时译，商务印书馆 1963 年版，第 56 页。

④ ［德］黑格尔：《历史哲学》，王造时译，商务印书馆 1963 年版，第 149 页。

一物"。[①] 在黑格尔生前发表的最后一部著作中，这句话的弦外之音是世界历史在普鲁士王国达到发展的顶点，而宗教和哲学则在黑格尔体系达到发展的顶点。

黑格尔在《精神想象学》中，对应于"历史"是"外在化了的精神"[②] 来讲伦理、教化和道德三阶段，指认伦理阶段大致相当于古代社会；教化阶段相当于中世纪和近代社会的精神，如中世纪的善恶观念、法权关系和财产关系，以及近代理性主义、启蒙运动、法国大革命等；最后，道德阶段与拿破仑时期和德国古典哲学相应。黑格尔总结康德、费希特、谢林和德国浪漫主义以及世界宗教，声称此时的精神达到了绝对知识。

5. 黑格尔最后论述了"宗教"与"绝对知识"。

黑格尔在论"精神"时，已阐述了这样的思想：意识已不是以个人为对象而是以社会为对象；虽然这样，但直到论"精神"，仍是强调意识的发展始终停留在有限的范围之内，他还没有得到绝对的完满的表现，主客统一亦未最终实现。黑格尔认为，只有论到"宗教"与"绝对知识"，意识才以无限的、无所不包的"绝对精神"、"绝对理念"为对象；也只有至此，意识本身才发展了无限的、无所不包的"绝对精神"、"绝对理念"。

"宗教"与"绝对知识"都是"绝对精神"、"绝对理念"，"绝对精神"、"绝对理念"涵盖之前讲到的"意识"、"自我意识"、"理性"、"精神"，而至此又扬弃了它们，使它们成为"大全"（"绝对理念"、"绝对精神"）的构成环节。

关于"宗教"，黑格尔认为包括三种形态或者说三个阶段，

---

① ［德］黑格尔：《法哲学原理》，范扬、张企泰译，商务印书馆 1961 年版，第 360 页。

② 黑格尔：《哲学史讲演录》第 1 卷，贺麟、王太庆译，商务印书馆 1959 年版，第 346 页。

这三个阶段大体上相当于个人意识发展的三个形态或阶段，即“意识”、“自我意识”、“理念”。

第一个形态或阶段是“自然宗教”。这相当于《精神现象学》里讲的“意识”阶段。在这个阶段里，“精神把自己作为一种在自然的或直接的形态中的对象来认识”。即是说“绝对精神”表现在与自我不同的自然物品里。“自然宗教”又分为三个小阶段：第一是视上帝为照耀万物的光明的阶段。例如拜火教。第二是以植物与动物等有生命的东西为宗教对象的阶段。例如印度的一些宗教。第三是视上帝为工匠的阶段。在这个阶段里，“精神表现为工匠，它的活动把它自己产生出来作为对象，但还不分抓住它自己的思想，它的这种活动是一种本能的工作，正如蜜蜂制造它们的蜂窝一样”。[①] 黑格尔认为，由崇拜无生命的光明到崇拜有生命的动植物，又到崇拜工匠的作品，这是“自然宗教”由低级到高级的发展过程。但黑格尔认为工匠的作品本身还不能说是具有精神性，只有在“宗教”发展的下一个大的阶段，即以人的艺术创作品表现“绝对精神”的阶段，作品（艺术品）才具有精神性。

第二个形态或阶段是“艺术宗教”。这相当于《精神现象学》中讲的“自我意识”阶段。在这里，“绝对”不是把自己的本质体现于自然品之中，而是表现于具有精神性的人的创造品即艺术品之中。精神在这个阶段里已经摆脱了上一阶段中如埃及宗教中那种人兽混杂的状态，而提高到适合于精神自己的形态即人的形态。在黑格尔看来，希腊宗教是这个阶段的代表，因为希腊的宗教把神人化了。在《历史哲学》的《希腊世界》部分中，黑格尔会谈到希腊精神不同于埃及的地方就在于：在

① 黑格尔：《精神现象学》下卷，贺麟、王玖兴译，商务印书馆 1979 年版，第 192 页。

埃及那里,"自然的东西"与"精神的东西"混杂在一起,"自然的东西"还没有隶属于"精神的东西";而在希腊,"精神的东西"则已经战胜了"自然的东西",后者不过是前者的外部表现。黑格尔把"艺术宗教"又分为三个小阶段:第一个小阶段的主要表现是"抽象的艺术品",[①] 这指的是庙堂中的神像,指的是宗教上的祭祀。希腊人把神描绘成理想中的人。由于祭祀尚未把握我具体生活,处在与实际相脱离、相对立之中,所以黑格尔称之为"抽象的艺术品"。第二个小阶段的主要表现是"生活的艺术品"。[②] 在这个阶段里,人的实际生活被艺术化了。例如奥林比亚竞技大会。这里,人们修饰他们的身体,表演出各种优美的姿态。作为"自然的东西"的身体变成了"精神的东西"的表现。第三个小阶段的主要表现是"精神的艺术品"。[③] 黑格尔认为,在"生活的艺术品"里,虽然精神与肉体是统一的,但这种统一的过程尚未达到完成。黑格尔强调,这种统一过程的顶点,不是神谕而是语言,不是单纯的狂热而是有思想性的东西。黑格尔认为希腊的史诗、悲剧与喜剧,就是"精神的艺术品"。

第三个形态或阶段是"天启宗教"。"天启宗教"指的就是基督教。在黑格尔看来,"天启宗教"相当于个人意识发展的"理性"阶段。与"理念"可以外化为现实世界一样,在"天启宗教"里,上帝也外化成了现实的人,这个人就是耶稣基督,他是上帝的"化身",他既具有神性,又具有人性。如果说在

① 黑格尔:《精神现象学》下卷,贺麟、王玖兴译,商务印书馆1979年版,第198页。

② 黑格尔:《精神现象学》下卷,贺麟、王玖兴译,商务印书馆1979年版,第208页。

③ 黑格尔:《精神现象学》下卷,贺麟、王玖兴译,商务印书馆1979年版,第213页。

“艺术宗教”的阶段，“绝对精神”还只是表现在人的创造品之中；那么，在“天启宗教”里，“绝对精神”则表现在一种更适合于精神的形式即人本身之中。黑格尔认为这正是“天启宗教”比“艺术宗教”更高更进步的地方。黑格尔之所以把基督教看成宗教发展的最高阶段，是由于他认为神性与人性的统一是精神发展的最高阶段，他认为这种统一正是在基督教里得到了充分体现。在黑格尔看来，按照基督教的圣父、圣子、圣灵“三位一体”说，上帝只有与人合一才能被看成是真的精神，才是真理。正如《圣经》所说：“当时机成熟时，上帝就派遣他的圣子。”黑格尔之所以如此重视基督教的“三位一体”说，是因为在他讲来，他的整个哲学体系的三部分（“逻辑学”、“自然哲学”、“精神哲学”）实质上也就是：基督教“纯思想”相当于圣父，“自然哲学”所讲的自然界相当于圣子，“精神哲学”所讲的精神相当于圣灵。可见，黑格尔把神人合一的基督教看成“宗教”发展的最高阶段，这与他把“精神哲学”看成“绝对精神”发展的最高阶段的思想是一致的。

然而，黑格尔又认为，“天启宗教的精神尚未超越它的意识本身，或者换句话说，他的现实的自我意识还不是它的意识的对象。整个精神自身以及在它自身里互相区别的环节都陷入表象中和陷入对象性的形式中，而表象的内容就是绝对精神。”[①] 所以黑格尔认为，意识发展的最高阶段，“这最后的精神形态，就是绝对知识……绝对知识乃是以精神的形式认识自己的精神，它是通过概念来进行理解的知识”。[②]

① 黑格尔：《精神现象学》下卷，贺麟、王玖兴译，商务印书馆 1979 年版，第 258 页。

② 黑格尔：《精神现象学》下卷，贺麟、王玖兴译，商务印书馆 1979 年版，第 265～266 页。

黑格尔说："在宗教中是内容或者是对一个他物的表象形式的东西，在这里（指'绝对知识'。——引者）则是自我的固有的活动。"① 概念使得内容成为自我的固有的活动，绝对知识"给予它的完全的、真正的内容以自我的形式，并从而实现它的概念，而且在这种实现中仍然保持在它的概念之内。"②"因为这个概念，如我们所看到的，就是把自我在自身之内的活动认作为一切本质性和一切具体存在的知识，就是把这个主体认作为本体的知识以及把本体认作为这种关于它的活动的知识的知识。"③ 实际上，"绝对知识"也就是黑格尔的"哲学知识"，因为哲学在他看来就是以概念把握"绝对"。

所以，《精神想象学》最后一章"绝对知识"形成向《逻辑学》的过渡。黑格尔说："绝对知识是在精神形态中认识着它自己的精神，换言之，是精神对精神自身的概念式的知识。"④ 意识的辩证运动处处体现为一些个别环节，只有在绝对知识中才达到了它们的统一的整体和各环节的结合，"正是这个结合结束了精神的诸形态的系列，因为在这个结合中精神达到了自我认识"。⑤ 绝对知识不过是把前此一切意识环节中早已出现的概念以概念本身的纯粹形式坚持下去而已。这样一来，精神现象学就为真正的"科学"即"逻辑学"提供了前提。实际上，《精神

① 黑格尔：《精神现象学》下卷，贺麟、王玖兴译，商务印书馆 1979 年版，第 265 页。

② 黑格尔：《精神现象学》下卷，贺麟、王玖兴译，商务印书馆 1979 年版，第 265～266 页。

③ 黑格尔：《精神现象学》下卷，贺麟、王玖兴译，商务印书馆 1979 年版，第 265 页。

④ 黑格尔：《精神现象学》下卷，贺麟、王玖兴译，商务印书馆 1979 年版，第 266 页。

⑤ 黑格尔：《精神现象学》下卷，贺麟、王玖兴译，商务印书馆 1979 年版，第 262 页。

现象学》也是按照《逻辑学》的构架展开自己的进程的，只不过逻辑学的范畴在意识的经验科学中还隐藏在每个环节的后面暗中起作用，而到了绝对知识这个最后阶段，精神终于意识到自身的逻辑本质，于是就解脱了它在意识的经验中的主客对立的现象形态，从而把握住了意识现象和精神形态的概念本质。这样，《逻辑学》中诸范畴体现于《精神现象学》之中，成为其整个哲学体系开始的出发地；而在《精神现象学》中所探讨的道德、伦理、宗教、美学和哲学史等诸环节，则在《哲学全书·精神哲学》和《美学》《法哲学原理》《历史哲学》以及《宗教哲学讲演录》《哲学史演讲录》等著作中得到进一步展开。

黑格尔在《精神现象学》末章《绝对知识》中，还这样谈到"精神现象学"和他哲学体系三部分之间的关系。他说："精神在知识（指"绝对知识"。—引者）这里结束了它的赋形过程，倘若此赋形过程已担负了意识的已克服的诸区别的话。精神已经获得了它的具体存在的纯因素，获得了概念……内容即是概念。这样，由于精神达到了概念，它便把具体存在和运动展开于它的生命的以太中，并且它便是科学。它的运动过程中的诸环节在科学这里，不再表现为确定的意识形态，而是（由于意识的区别回复到了自我）表现为确定的概念及其有机的、以自己为根据的运动过程。"[①] 如此，"精神现象学"可说是引导进入他的哲学体系本身之导言。

四、黑格尔之后的"黑格尔派"

黑格尔哲学在当时德国思想界产生了广泛影响。1831 年黑格尔逝世后，学生们筹备出版黑格尔全集，黑格尔的弟子甘斯

① 黑格尔：《精神现象学》下卷，贺麟、王玖兴译，商务印书馆 1979 年版，第 272 页。

说：“哲学现在已经达到圆满的境界，人们认为它的发展只是根据它的题材按以往已经这样明确表示过的方式进行有创见的工作而已。”① 而后来，出现了关于黑格尔哲学的种种分化，出现了老年黑格尔派和青年黑格尔派之中的种种争论。

在德国当时政治环境中，如何评价基督教的性质，是一个敏感问题。一般说来，老年黑格尔派继承黑格尔把宗教思辨化的立场，竭力掩饰黑格尔哲学与保守的正统神学之间的分歧。青年黑格尔派则是黑格尔哲学的革新者，把黑格尔的宗教哲学发展为宗教批评，引出无神论和革命的结论。青年黑格尔派以柏林大学为中心，代表人物有大卫·施特劳斯、布鲁诺·鲍威尔、埃德加·鲍威尔、切什考夫斯基、麦克斯·斯蒂纳、鲁腾堡、梅因、莫泽斯·赫斯、卢格、科本、卡尔·施密特和费尔巴哈等人，马克思、恩格斯年轻时也曾加入过这一学派参加过这一学派的活动。

1835 年，大卫·施特劳斯（1808－1874）发表《耶稣传》，促进了青年黑格尔运动的兴起。青年黑格尔派反对黑格尔体系的保守倾向，力图从中引出革命的和无神论的结论。在 30 年代，他们主要从事对宗教，特别是对福音书的批判性研究。施特劳斯认为，福音故事是像神话那样不自觉发生的，其中客观的精神实体起了决定性的作用。布鲁诺·鲍威尔（1809－1882）则认为，福音故事出自福音书作者的有意虚构，起决定作用的是自我意识，因而只有自我意识才能把人类从宗教异化中解放出来。

进入 19 世纪 40 年代后，曾经起过进步作用的青年黑格尔运动发生分化和解体。青年黑格尔派中最激进的分子如卢格开

① 转引自麦克莱伦：《青年黑格尔派与马克思》，夏威仪中文译本，商务印书馆 1982 年版，第 2 页。

始公开批判普鲁士国家制度；赫斯开始宣传“空想共产主义”。与此同时，以鲍威尔兄弟和梅因为首的一群人组成了“柏林自由人”小组，指责英法等国的社会主义工人运动；麦克斯·施蒂纳（1806—1856）则用至上的“唯一者”来鼓吹无政府主义；费尔巴哈由唯物主义批判宗教和黑格尔哲学。

后来，马克思、恩格斯曾这样概括青年黑格尔派的演变过程，指出：“他们当中的每一个人都抓住黑格尔体系的某一方面来反对他的整个体系，或反对别人所抓住的那些方面。起初他们还是抓住纯粹的、未加伪造的黑格尔的范畴，如‘实体’和‘自我意识’，但是后来却亵渎了这些范畴，用一些世俗的名称称呼它们，如‘类’、‘唯一者’、‘人’等等”。①

青年黑格尔派在欧洲 1848 年革命后逐渐解体。

第四节　费尔巴哈哲学中的“实体”与“上帝”“理性”“人”

费尔巴哈（Ludwig Andreas Feuerbach，1804—1872），1804 年 7 月 28 日生于巴伐利亚的兰茨胡特。费尔巴哈在上文科中学时，立志做神学家；但在 1823 年进海德堡大学神学系后，对神学失望。1824 年，费尔巴哈转入柏林大学哲学系，听过黑格尔讲授逻辑学、形而上学和宗教哲学等，深受影响。不久，对黑格尔哲学产生怀疑和不满；1826 年转学到爱尔兰根大学，获博士学位，留校任编外讲师。1830 年，他匿名发表《论死亡与不朽的思想》，此文中的泛神论思想和否定个人不死的观点遭

① 马克思、恩格斯：《德意志意识形态》，《马克思恩格斯全集》第 3 卷，人民出版社 1960 年版，第 21 页。

到宗教人士的强烈谴责；他的作者身份被披露后，被解除执教资格。1837年后逐渐从学术界隐退，在孤寂的环境里度过后半生，但他一直没有停止写作。1841年，他出版《基督教的本质》，从人本学的观点出发把宗教批判和无神论思想提高到一个新的高度，大大超过了施特劳斯和鲍威尔等人的争论水平，促进了青年黑格尔派的解体。此后，费尔巴哈致力于建立他的哲学体系，1842年写出《关于哲学改造的临时提纲》，次年出版的《未来哲学原理》，对自己所建立的人本学和自然主义作了纲领式的论述。1843年，费尔巴哈曾同马克思和卢格通信，表示支持筹办《德法年鉴》，但费尔巴哈不完全赞同他们通过革命改造德国的纲领，拒绝参加编辑部的工作。不久，他同卢格的关系因意见分歧而破裂。费尔巴哈专注于宗教问题，把宗教研究的范围扩大到基督教以前的自然宗教，写出《宗教的本质》(1846)和《从人本学观点论不死问题》(1846)等著作。1848年，德国爆发资产阶级革命。费尔巴哈热烈欢迎革命的到来，拥护资产阶级民主制。但是，他并不懂得正在发生的革命之意义，认为民主制的建立是将来的事，不愿投身到现实的斗争之中。在革命高潮里，费尔巴哈被激进的大学生、市民和工人看作倾向于自由思想的象征。1848年12月到1849年3月，他应邀到海德堡市政大厅发表演说，综合地讲述了他的哲学和宗教思想，讲演稿后于1851年以《宗教本质演讲录》为书名出版。1849年下半年后，费尔巴哈回到布鲁克堡。这期间他先后出版了他父亲的传记(1851)和《古典的犹太的和基督教的古代著作中的诸神系学》(1857)。1860年，费尔巴哈全家迁居纽伦堡，埋头从事研究和著述，出版了《从人本学观点论上帝、自由和不死》(1866)和关于伦理学的著作手稿等，阐发他的“新哲学”。

一、"从现实的存在开始"，"将神学溶解于人本学"

费尔巴哈早年在青年黑格尔派阵营，后成为批判黑格尔的积极参与者。他指出，谁不扬弃黑格尔哲学，谁就不能扬弃神学，走向新哲学。费尔巴哈对黑格尔唯心主义的批判，标志着他同黑格尔哲学的决裂和向以人为中心的唯物主义转变。

费尔巴哈的《黑格尔哲学批判》一书，对黑格尔哲学进行了批判。他写到："证明黑格尔的哲学实际上是一种一定的、特殊的哲学 。这个证明是并不困难的，尽管黑格尔哲学从严格的科学性、从普遍性、从无可争辩的思想丰富性来说，要超过以前的一切哲学。黑格尔哲学是在一个时代里产生的，在这个时代里，人类正如在任何其他的时代里一样，是处在一定的思维阶段。""每一种哲学，作为一种一定的时间上的现象，都是从一个前提开始的"。黑格尔哲学"从纯粹的存在开始；它不从任何特殊的开端开始，而从纯粹未规定的东西、从开端本身开始"。由此，费尔巴哈提出了他关于"新哲学"的主张。他认为，哲学的开端，应当"具有一种特殊的意义，具有本身是第一性的东西的意义，或者具有科学上是第一性的东西的意义"。"为什么我就不能在开始的时候抛弃开端的概念，为什么我就不能直接以现实的东西为依据呢？黑格尔是从存在开始，也就是说，是从存在的概念或抽象的存在开始。为什么我就不能从存在本身开始，亦即从现实的存在开始呢？"① 由对此问题的回答，费尔巴哈在《未来哲学原理》中，特别写到，"新哲学将我们所了解的存在不只是看作思维的实体，而且看作实际存在的实

① 费尔巴哈：《黑格尔哲学批判》，载《十八世纪末——十九世纪初德国哲学》，北京大学哲学系外国哲学教研室编绎，商务印书馆 1960 年版，第 459～460 页。

体——因而将存在看作存在的对象——存在于自身的对象。作为存在的对象的那个存在 ——只有这个存在才配称为存在——就是感性的存在，直观的存在，感觉的存在，爱的存在。因此存在是一个直观的秘密，感觉的秘密，爱的秘密。”①

费尔巴哈在《黑格尔哲学批判》之中，就黑格尔哲学论述了唯心主义的特征。这就是，把人类思想转化为独立的实体，从思想中抽引出整个具体的经验世界；认为抽象的、非感觉的、非物体的本原对具体的、感觉的、物体的本原而言，乃是第一性的东西；因而是本末倒置的。费尔巴哈认为，在黑格尔哲学中，物质的自然界并没有独立存在的地位，是绝对精神的外化。因而在黑格尔体系中与精神对立的物质不是真正的物质，只不过是绝对精神的异在或对象化，而且最终在人类精神的认识活动中被扬弃，结果就是对绝对精神凭其自身而成为现实。而实际上任何精神对物质的扬弃或物质之被克服从来就没有发生过。不过，黑格尔要从精神过渡到自然界恰恰间接地承认了具体的、感性的本原的真实性。黑格尔唯心主义的要害在于他所谓的绝对的精神实体，实际上是把意识与意识所反映的对象割裂开来，而且也把意识与人本身割裂开来，这样的既独立于自然也独立于人的意识是不可思议的。

针对黑格尔追随者视黑格尔哲学为“绝对的哲学”“哲学本身”因而是绝对真理的观点，费尔巴哈认为哲学在一个哲学家身上得到绝对的实现是根本不可能的。他引用歌德的话说：“只有全体的人才能认识自然，只有全体的人才能过人的生活”。任何有生命的个体都在一定时间和空间中生存，都受空间和时间的规律限制，因而他的哲学只能是时代的产物，而不可能是人

① 费尔巴哈：《黑格尔哲学批判》，载《十八世纪末——十九世纪初德国哲学》，北京大学哲学系外国哲学史教研室编译，商务印书馆1960年版，第563页。

类认识的终点。在阐述“作为类而存在的类”时，他讲到，“类在一个个体中得到完满无遗的体现，乃是一件绝对的奇迹，乃是现实界一切规律和原则的勉强取消——实际上也就是世界的毁灭”。[①] 那种认为黑格尔哲学是绝对真理的谬论，不过是企图创造出“类”在一个个体中得到完满现实的主观妄想。真理是时间的女儿，一切哲学都将会过时，黑格尔哲学也不例外。

费尔巴哈指出：“近代哲学是矛盾的，尤其是泛神论是矛盾的，因为泛神论是站在神学立场上对于神学的否定，也就是说泛神论是神学的否定，然而本身又是神学：这个矛盾特别成为黑格尔哲学的特征。”[②]

在费尔巴哈看来，“思辨哲学的本质不是别的东西，只是理性化了的，实在化了的，现实化了的上帝的本质。思辨哲学是真实的，彻底的，理性的神学”。因为“作为上帝的上帝，作为精神实体或抽象实体的上帝，亦即非人性的、非感性的，只能为理性或理智所接受和作为理智的对象的实体，不是别的东西，只是理性的本质自身。但是这个本质被普通神学或有神论凭着想象力设想成为一种与理性不同的独立实体了。因此就产生了一种内在的，神圣的必然性，就是那与理性不同的实体终于与理性等同起来，因而上帝的本质必须作为理性的本质而认识，而实现化而显现化。思辨哲学的重大的历史意义，就是建立在这个必然性上面”。所以，“用理性或理论去论证和溶解那对宗教是彼岸的、不是宗教的对象的上帝，是思辨哲学的任务”。[③]

---

① 《费尔巴哈哲学著作选集》上卷，荣震华、李金山等译，商务印书馆1984年版，第48页。

② 《费尔巴哈哲学著作选集》上卷，荣震华、李金山等译，商务印书馆1984年版，第147～148页。

③ 《费尔巴哈哲学著作选集》上卷，荣震华、李金山等译，商务印书馆1984年版，第123、122页。

费尔巴哈认为，有神论者将上帝设想为一个存在于理性之外和一般人类之外的具有人格的实体，"使人与自己异化"，这是自己作为主体去思想作为客体的上帝。这种具有人格的实体，从有神论者的观念来说，是一种精神的、非感性的实体。但是从其存在来说，亦即从真实性来说，则是一种感性的实体，因为一种客观的、在思维或观念之外的存在，它的基本特征就是感觉性。有神论者将上帝与自己分开，其意义正如将感性事物与实体本身分开，认为是存在于自身之外的东西一样。"思辨神学或思辨哲学则正好相反，它是从思想立场上出发去思想上帝的。因此对它来说，在它自身与上帝的中间，并无一种感性的观念在作梗，因为它可以毫无阻碍地将被思想的、客观的实体与能思想的、主观的实体，合一起来。"

在费尔巴哈看来，黑格尔哲学一方面是神学，另一方面又否定了神学，因为它用理性实体代替了人格神的实体，从而站在神学立场上否定了神学。他说："有神论将上帝设想成为一种纯粹非物质的实体。但是将上帝规定为非物质的实体，就等于将物质规定为一种虚无的事物、一种非实体，因为只有上帝才是实在的尺度，只有上帝才是存在，才是真理，才是实质。"而以斯宾诺莎和黑格尔为代表的泛神论则将物质当作上帝的属性或宾词；"谁将物质当作上帝的一种属性，谁就是宣布物质是一种神圣的实体"。然而，将物质放在上帝之中，就是将物质当作上帝看待。将物质当作上帝看待，也就等于说没有上帝，因此就等于取消了神学，承认唯物主义的真理性。但是在黑格尔的唯心主义看来，"只有非物质的实体，只有那个作为纯粹理智对象，作为纯粹理智实体的实体，才是真正的，绝对的实体——

上帝”。[①] 所以，黑格尔在否定神学的同时还是假定了神学本质的真理性，泛神论作为无神论对神学的否定又被否定了，因而神学通过哲学又被建立起来了。因此，“黑格尔辩证法的秘密，最后只归结到一点，就是：他用哲学否定了神学，然后又用神学否定了哲学”。[②] 于是，费尔巴哈在《未来哲学原理》一书中申明，他的“新哲学完全地、绝对地、无矛盾地溶化为人本学”，“溶化为完整的、现实的、人的本质之中”，“最后也必须溶化于生活之中”[③]。

费尔巴哈在批判黑格尔唯心主义和宗教的过程中阐发他的唯物主义学说，他称他的学说“是以自然界为出发点的，并且立足于自然界的真理之上，用为个真理去对抗神学和哲学”[④]。这样，在费尔巴哈学说中，由其“自然学”（Physiologie）达到其“人本学”（Anthropologie），这构成了费尔巴哈哲学的主要部分。他在《未来哲学原理》中强调，“近代哲学的任务，是将上帝现实化和人化，就是说：神学将转变为人本学，将神学溶解为人本学。”[⑤] 费尔巴哈曾对自己所倡导的哲学概括说：“新哲学将人连同作为人的基础的自然当作哲学唯一的、普遍的、最

① 《费尔巴哈哲学著作选集》上卷，荣震华、李金山等译，商务印书馆1984年版，第126、139、148页。

② 《费尔巴哈哲学著作选集》上卷，荣震华、李金山等译，商务印书馆1984年版，第149页。

③ 《费尔巴哈哲学著作选集》上卷，生活、读书、新知三联书店1962年版，第182页。

④ 《费尔巴哈哲学著作选集》上卷，荣震华、李金山等译，商务印书馆1984年版，第523页。

⑤ 《十八世纪末——十九世纪初德国哲学》，北京大学哲学系外国哲学史教研室编译，商务印书馆1960年版，第542～543页。

高的对象——因而也将人本学连同自然学当作普遍的科学"。[①]

二、"自然界这个无意识的实体","是第一性的实体"

费尔巴哈认为,"自然界这个无意识的实体,是非发生的永恒的实体,是第一性的实体",不过,自然虽然在时间上是第一性的,但在地位上则不是第一性的。人作为自然界发展一定阶段的产物,在时间上是第二性的,但在地位上却是第一性的。人不仅是哲学的对象,而且也是历史的、国家的、法律的、宗教的和艺术的本质。

于是,费尔巴哈在思维与存在的关系问题上指出,"思维与存在的真正关系只是这样的:存在是主体,思维是宾词。思维是从存在而来的,然而存在并不来自思维。存在是从自身、通过自身而来的——存在只能为存在所产生。存在的根据在它自身中,因为只有存在才是感性、理性、必然性、真理,简言之,存在是一切的一切。存在是存在的,因为非存在是非存在的,也就是说,是虚无的、无意义的。"[②] 由此,费尔巴哈才说,"自然界这个无意识的实体,是非发生的永恒的实体,是第一性的实体"[③]。他认为,"作为存在的存在的本质,就是自然的本质"。"所以自然是人的根据"[④]。费尔巴哈在其《未来哲学原理》之中又说:"思维与存在同一,这个同一哲学的中心点,不是别的,

---

① 《费尔巴哈哲学著作选集》上卷,荣震华、李金山等译,商务印书馆 1984 年版,第 184 页。

② 《费尔巴哈哲学著作选集》上卷,荣震华、李金山等译,商务印书馆 1984 年版,第 115 页。

③ 《费尔巴哈哲学著作选集》上卷,荣震华、李金山等译,商务印书馆 1984 年版,第 523 页。

④ 《费尔巴哈哲学著作选集》上卷,荣震华、李金山等译,商务印书馆 1984 年版,第 116 页。

只是一种上帝概念的必然结论和发挥，这种概念认为上帝的概念或本质中便包含了存在的实体。”①

费尔巴哈继承了斯宾诺莎泛神论中的唯物主义因素，他认为“斯宾诺莎哲学是神学的唯物主义”。不过，斯宾诺莎的泛神论是矛盾的：“尤其是泛神论是矛盾的，因为泛神论是站在神学立场上对神学的否定。”② 费尔巴哈所说的自然，乃是排除了上帝含义的斯宾诺莎的实体。他接受斯宾诺莎的“自因说”，强调自然以自己为原因，自然是自因。在费尔巴哈看来，“自然界是感性的实体”，只有感性的实体才是真正的、现实的实体。自然界是一切感性的力量、事物和本质之总和，是直接地、感性地表现出作为人的生存基础和对象的一切东西，因而也就是为人的感官所感知的东西。自然是统一的，又是多样的。作为实体，自然是统一的，作为感性之物，它丰富多彩，是具有多种多样的具体存在。近代哲学困扰于物质与精神作为两种独立的实体如何能够相互影响的难题而不能自拔，而在费尔巴哈看来，自然是感性的实体，人则是从属于自然的感性存在，所以这个“交互影响的秘密，只有感性才能打开，只有感性的实体才能互相影响”。③“在自然界里也没有什么神来统治，有的只是自然的力量、自然的法则、自然的元素和实体。”自然界“只是由于必然性，凭着自然性而进行的”。④

---

① 《十八世纪末——十九世纪初德国哲学》，北京大学哲学系外国哲学史教研室编译，商务印书馆 1960 年版，第 558 页。

② 《费尔巴哈哲学著作选集》上卷，荣震华、李金山等译，商务印书馆 1984 年版，第 151 页、147～148 页。

③ 《费尔巴哈哲学著作选集》上卷，荣震华、李金山等译，商务印书馆 1984 年版，第 166 页。

④ 《费尔巴哈哲学著作选集》上卷，荣震华、李金山等译，商务印书馆 1984 年版，第 641、484 页。

费尔巴哈人本学从“自然界是感性实体”这一立场出发，提出了一个重要命题：“人是感性实体”。他主张人作为最现实的、最真实的存在，是有血有肉的人。人既不是抽象的思辨的精神实体，也不是一架复杂的机器，而是有生命的感性实体。他讲，“人的存在只归功于感性。理性、精神只能创造著作，但不能创造人。假如理性、精神是世界的统治者，最多，恐怕只将存在一对人，因为理性能够用一对个体来满足自己的知识欲，或者毋宁说，因为一对只是为了配对，单为了繁殖，恐怕只会存在一种 in abstracto（抽象的——引者注）的人，无性别的、概念的人，而不是复数的人。复数便是感性。……正如人之继续生存，不归功于理性，而归功于感性一样，人在世界上之最初的出现，不归功于神，即不归功于抽象的本质，悟性或精神的本质，而只归功于感性的自然界”。①

费尔巴哈强调感性是人的本质，与 18 世纪法国唯物主义把人性等同于自然属性有所不同。他说：“只有存在与本质结合、直观与思维结合、被动与主动结合、法国感觉主义和唯物主义的反经院派的热情原则与德国形而上学的经院派的冷淡态度结合起来的地方，才有生活和真理。”②

费尔巴哈力图从人本学出发来说明人的感觉和思维能力。他强调，人作为具有认识能力的感性实体，感官或感觉就是人的第一个可以信赖的东西，是人打开世界同时又是自己向世界开放的窗户，既是最初的，又是最直接可靠的窗户，既是科学的导师和鼻祖，也是一切怀疑和争论的审判者。而人的感觉之

① 《费尔巴哈哲学著作选集》上卷，荣震华、李金山等译，商务印书馆 1984 年版，第 214 页。

② 《费尔巴哈哲学著作选集》上卷，荣震华、李金山等译，商务印书馆 1984 年版，第 111 页。

所以异于动物，乃是因为人的感官对象包含人和自然在内的一切现象，人的各种感官都得到了完全均衡的发展。除了感觉之外，人也具有理性和思维。不过不是理性在思维，而是人在思维。思维虽以感官为前提，但感觉所把握的是个别，而理性认识的是一般，是感觉的综合和统一。思维的功能是运用概念进行分析综合和判断推理，从现象中寻找一般性的规律。费尔巴哈注意到了理性和思维的能动性。人一方面可以自在自为地考察现实的对象，获得真知识，另一方面也赋予认识的客体以主体的因素，实际的自然本质变成了人化的自然本质。费尔巴哈说："如果旧哲学说：只有理性的是真实的和实在的东西，那么新哲学则说：只有人性的东西才是真实的实在的东西；因为只有人性的是有理性的东西；人乃是理性的尺度。"①

在费尔巴哈看来，如何解释肉体（物质）与灵魂（精神）的关系问题是"唯物主义同唯灵主义之间争论的阿基米德支点"。而"这场争论所涉及的只能是关于人的头脑问题。它既是这场争论的根源，又是这场争论的终极目的。只要我们阐明了这个绝妙的和最难理解的思维物质，亦即大脑物质，那么我们更能迅速地阐明其他特征和一般物质"。② 费尔巴哈针锋相对地表达了他的人本学观点："唯物主义、唯心主义、生理学、心理学都不是真理；只有人本学是真理，只有感性、直观的观点是真理。"③ 费尔巴哈所强调的"感性、直观的观点"指人是自然发展到高级阶段的产物。他说："自然不仅建立了肠胃工场，也

---

① 《费尔巴哈哲学著作选集》上卷，荣震华、李金山等译，商务印书馆 1984 年版，第 180～181 页。

② 《费尔巴哈哲学著作选集》上卷，荣震华、李金山等译，商务印书馆 1984 年版，第 479 页。

③ 《费尔巴哈哲学著作选集》上卷，荣震华、李金山等译，商务印书馆 1984 年版，第 205 页。

建立了头脑的庙堂”。①

费尔巴哈看到大脑活动具有生理活动和心理活动即认识活动的二重性。就其生理活动来说，它可以成为别人的对象，但永远不能成为自己观察的生理学和解剖学的对象；就其心理活动而言，它只是我的对象而不是别人的对象，思维的对象就是思维活动本身。所以，精神活动既不像消化食物的肠胃，也不像看东西的眼睛那样的能够成为人的感觉所直接把握到的活动，它是一种隐蔽的、非感性的甚至是“非对象性”的活动，是纯精神的、非物质的活动，是不能用力学观点和生理学观点来解释的活动。显然，费尔巴哈从人是感性实体的唯物主义立场出发，主张主观与客观、肉体与灵魂的统一。他说：“在我看来，感性不是别的，正是物质的东西和精神的东西的真实的、非臆造的、现实存在的统一；因此，在我看来，感性也就是现实”；②“对我来说来，即主观上说来，是纯精神的、非物质的、非感性的活动，那么，就其本身说来，即客观上说来，是物质的、感性的活动”。③ 所以费尔巴哈在其《关于哲学改造的临时提纲》中明确讲，“自然是与存在没有区别的实体。人是与存在有区别的实体。没有区别的实体是有区别的实体的根据——所以自然是人的根据。”④

费尔巴哈关于自然的见解继承和发展了18世纪法国唯物主

① 《费尔巴哈哲学著作选集》上卷，荣震华、李金山等译，商务印书馆1984年版，第84页。

② 《费尔巴哈哲学著作选集》上卷，荣震华、李金山等译，商务印书馆1984年版，第514页。

③ 《费尔巴哈哲学著作选集》上卷，荣震华、李金山等译，商务印书馆1984年版，第195页。

④ 《十八世纪末——十九世纪初德国哲学》，北京大学哲学系外国哲学史教研室编译，商务印书馆1960年版，第539页。

义，而他更强调德国唯物主义的宗教起源的思想。他说，“有人认为德国唯物主义是从《自然体系》中引申出来的，甚至是从拉美特利的麦蕈馅饼中引申出来的。再没有比这种看法更错误的了。德国唯物主义具有宗教的根源；它起源于宗教改革；它是上帝爱人的结果”。[①] 在这里，费尔巴哈试图把自己的唯物主义与庸俗唯物主义划清界限，在这个意义上他甚至反对把自己的哲学称为唯物主义，例如他说：“唯物主义、唯心主义、生理学、心理学都不是真理；只有人本学是真理”。[②] 费尔巴哈的人本学与18世纪法国唯物主义有显著的区别，这在于对人的主体地位的强调。他说：“我的学说或观点可以用两个词来概括，这就是自然界和人。”[③] 费尔巴哈在坚持自然界是我们之外客观存在的独立实体这一观点的基础上，同时认为，作为哲学的对象，自然乃是为人所意识到的自然，即对象化了的自然。他说：“我同意唯心主义必须从主体、从自我出发的观点”。[④] 费尔巴哈所同意的是，就自然本身而言，它是我们之外的独立实在，但就哲学的对象而言，它是人化了的自然，是包括人在内的自然。这样的自然既不是精神的体现（黑格尔），也不是与人无关的物的结合体（机械论）。[⑤]

费尔巴哈在强调人起源于自然界的同时，在一定程度上也

① 《费尔巴哈哲学著作选集》上卷，荣震华、李金山等译，商务印书馆1984年版，第469～470页。

② 《费尔巴哈哲学著作选集》上卷，荣震华、李金山等译，商务印书馆1984年版，第205页。

③ 《费尔巴哈哲学著作选集》上卷，荣震华、李金山等译，商务印书馆1984年版，第523页。

④ 《费尔巴哈哲学著作选集》上卷，荣震华、李金山等译，商务印书馆1984年版，第523页。

⑤ 参见《西方哲学史》，高等教育出版社、人民出版社2011年版，第431～432页。

看到了人的社会性和历史性。他认为，虽然生命源于自然界，自然是人类的母亲，不能把人从自然界中抽出来；“但直接从自然界产生的人，只是纯粹自然的本质，而不是人。人是人的作品，是文化、历史的产物”。[①] 他还说：“孤立的、个别的人，不管是作为道德实体或作为思维实体，都未具备人的本质。人的本质只是包括在团体之中，包含在人与人的统一之中，但是这个统一只是建立在‘自我’和‘你’的区别的实在性上面的。”[②] 费尔巴哈的人本学试图从人的活动中，由人在社会中的关系来理解人的本质。然而，他所理解的人与人的关系主要局限在“我”与“你”、男人与女人之间的关系上，正如马克思所批评的，费尔巴哈的“类”不过是“一种内在的、无声的、把许多个人自然地联系起来的普遍性”[③] 而已。在费尔巴哈的人本学中，人始终只是抽象的人。

三、“宗教是人的本质的异化”，把“对人的爱当作唯一的真正的宗教”

对宗教进行批判研究，是费尔巴哈毕生理论活动的重要内容。他继承法国战斗无神论的传统，否定人类具有天赋的宗教情感；但他不用欺骗和无知来解释宗教存在的原因，力求从人的生存条件、人本身去寻找宗教的根源和本质。他宣布，“宗教是人的本质的异化”，“神学的秘密就是人本学”，应把“对人的爱当作唯一的真正的宗教，来代替对神的爱”。费尔巴哈与 18

① 《费尔巴哈哲学著作选集》上卷，荣震华、李金山等译，商务印书馆 1984 年版，第 247 页。

② 《费尔巴哈哲学著作选集》上卷，荣震华、李金山等译，商务印书馆 1984 年版，第 185 页。

③ 马克思：《关于费尔巴哈的提纲》，《马克思恩格斯选集》，第 1 卷，人民出版社 1995 年版，第 56 页。

世纪法国无神论者相比，其高明之处在于，他以人的本质及其异化来进一步说明宗教的产生和本质。他指出，无论自然宗教的神还是基督教的上帝，不仅是想象、幻想的产物，而且是人按照自己的形象创造出来的。费尔巴哈在其《基督教的本质》中写道："宗教，最低限度基督教，乃是人对于自己所采取的态度，或者说得更确切一点：乃是人对于自己的本质所采取的态度，不过是以对待另外一个实体的态度来对待自己的本质。神圣的本质不是别的东西，就是人的本质，或者说得更好一点：就是人的本质除去了个别的、亦即现实的、肉体的人的限制，对象化了，亦即被看成和崇奉成另外一个与它不同的、独立的实体——因此一切关于神圣本质的规定都是关于人的本质的规定。""上帝的完善性就是我们灵魂的完善性，然而上帝是毫无限制地拥有这些完善性"。①

关于有神论中的"主体""客体"问题，费尔巴哈在《未来哲学原理》中，结合着对"实体"的解释，写道："在有神论中是客体的，在思辨哲学中就是主体。在有神论中只是被思想、被想象的理性实体。在思辨哲学中就是能思想的理性实体本身。""有神论者将上帝设想成为一个存在于理性之外、存在于一般人类之外的具有人格的实体；他是自己作为主体去思想作为客体的上帝。有神论者将上帝设想成为一种实体，这种实体从有神论者的观念说来，是一种精神的、非感性的实体；但是从存在说来，亦即真实地说来，则是一种感性的实体；因为一种客观的存在，一种在思维或观念以外的存在，它的基本特征就是感性。有神论者将上帝与自己分开，其意义正如将感性的事物和实体与自己分开，认为是存在于自己之外的东西一样。

① 《十八世纪末——十九世纪初德国哲学》，北京大学哲学系外国哲学史教研室编译，商务印书馆 1960 年版，第 495～496 页。

简言之，有神论者是从感性立场去思想上帝的。思辨神学或思辨哲学则正好相反，它是从思想立场出发去思想上帝的。因此对于它来说，在它自身与上帝中间，并无一种感性实体的观念在作梗，因为它可以毫无阻碍地将被思想的、客观的实体与能思想的、主观的实体合一起来。""上帝从人的客体转变成为人的主体，转变成为人的能思维的'自我'，从以往的发展看来，大约是这样产生的：就是上帝是人的对象，而且仅仅是人的对象，并不是动物的对象。而一个实体是什么，只有从它的对象中去认识，一个实体必须牵涉到的对象，不是别的东西，只是它自己的明显的本质。"①

由此费尔巴哈讲到人与自然的"依赖感"问题。他在《基督教的本质》一书中讲，"人没有对象就不存在"。②他在《未来哲学原理》一书中展开论述说，"对于自然的依赖感，结合着那种把自然看成一个任意作为的、有人格的实体的想法，便是献祭这一自然宗教的基本行为的基础。我特别在对自然的需求之中，感觉到对于自然的依赖。这个需求便是'我没有自然就不存在'的感觉和表示；但是与需求分不开的是享受，一种与需求相反的感觉，感觉到我自身存在，感觉到我的不同于自然的独立性。因此，需求是畏神的、谦卑的、虔诚的，而享受则是傲慢的、忘神的、不敬的、放肆的。享受的这种放肆性，或者至少是不敬性，对于人是一种实践上的必需，是人的存在以之为基础的必需，但是这种必需却又与人对自然的那种理论上的尊敬直接矛盾，亦即把自然当作一件人的意义下的有生命的、

① 《十八世纪末——十九世纪初德国哲学》，北京大学哲学系外国哲学史教研室编译，商务印书馆1960年版，第544页。

② 《十八世纪末——十九世纪初德国哲学》，北京大学哲学系外国哲学史教研室编译，商务印书馆1960年版，第485页。

为我的、有感觉的东西，一件和人一样毫不容忍、毫不迁就的东西。”①

费尔巴哈又由人的“依赖感”来论宗教产生的基础。他说，“人的依赖感是宗教的基础，而这种依赖感 的对象，这个为人所依赖、并且人也感觉到自己依赖的对象，本来无非就是自然。自然是宗教最初的、原始的对象，这一点是一切宗教、一切民族的历史充分证明了的”。② 按费尔巴哈所说，所谓依赖感，就是人们对自己无法控制的力量所产生的依赖心理，主要指恐惧感，也包括欢乐感、谢恩之情等。他认为，原始的自然宗教或多神教以自然力为依赖对象；精神宗教或基督教则以君主体现的政治、法律、道德等社会力量为依赖对象。他认为，在依赖感的背后存在着自我保存的利己主义，这是宗教暗藏的最后根据。

重要的是，费尔巴哈由人与动物的本质区别来分析宗教的根源。他论证说，动物没有宗教，人与动物的本质区别是意识，而“只有将自己的类、自己的本质性当作对象的那种生物，才具有最严格意义上的意识”。人有意识，使之不同于动物乃在于，人是同对无限者的意识不可分割的，“有限的意识不是意识，意识的本质特性，就是总括一切、无限。无限者的意识，不外是对意识之无限性的意识。或者说，在无限者的意识中，意识把自己的本质之无限性当作对象”。所以“人的异于动物的本质，不仅是宗教的基础，也是宗教的对象”。费尔巴哈这样论证：动物只有单一的生活，人却是具有双重的生活，既有内在

① 《十八世纪末——十九世纪初德国哲学》，北京大学哲学系外国哲学史教研室编译，商务印书馆 1960 年版，第 585 页。

② 《费尔巴哈哲学著作选集》上卷，荣震华、李金山等译，商务印书馆 1984 年版，第 436 页。

的生活，也有外在的生活。人的内在的生活是对他的类或本质发生关系的生活，思维作为类的职能使人不仅把自己的个体性当作对象，而且也把自己的类、自己的本质当作对象。宗教的秘密在于，人将自己对象化了，却没有认识到那对象就是他自己的本质；于是，“并非神按照他的形象造人，像《圣经》所说的那样，而是人按照他的形象造神”。①

可见，费尔巴哈十分强调宗教的本质是人的本质的对象化。他说，人同自己相分裂，人使他自己的本质对象化，然后，又使自己成为这个对象化了的、转化成为主体、人格的本质的对象。这就是宗教的秘密。在自然宗教和多神教里，自然提供造神的材料，幻想给予神以灵性。人崇拜诸神，就是崇拜对象化在自然中的人自己的特性。在基督教里，上帝的本质是人的“类”本质的对象化、异化。人把自己的思维力、意志力、心力和对未来的愿望、理想等直接地对象化、构成全知全能的永恒的上帝，作为统治自己的思想和行动的力量。费尔巴哈说，上帝的意识就是人的自我意识，上帝的价值同人的价值相等。不是上帝创造人，而人创造上帝。崇拜上帝就是崇拜人自身。

综合起来讲，费尔巴哈一方面注重论证，“宗教是人类精神之梦”。人类在意志、愿望和想象是无限的、自由的，而在能力、获得和实际中又是有限的、依赖的。在摆脱这一矛盾中，依想象力去幻想一种超人超自然的力量存在，作为自己生存和获得幸福的保证。这便是宗教的意图和目的。另一方面，费尔巴哈又论证了人的本质在宗教中对象化中而产生异化的后果，是人性的贫乏和丧失。上帝是神圣的至高无上的统治者，人却是没有价值的罪孽深重的奴隶。宗教成为解释一切邪恶和不幸

① 《费尔巴哈哲学著作选集》上卷，荣震华、李金山等译，商务印书馆1984年版，第691页。

的根据，造成科学文化的停滞。这种异化，突出表现于一系列矛盾冲突。这就是，在宗教中人与自己的本质是分裂的。当人把上帝放在自己的面前崇拜，其结果是：上帝是无限的存在者，而人是有限的存在者；上帝是完善的，而人是非完善的；上帝是永恒的，而人是暂时的；上帝是全能的，而人是无能的；上帝是神圣的，而人是罪恶的。于是上帝与人成为两个极端：上帝是完全的积极者，是一切实在性之总和；而人是完全的消极者，是一切虚无性之总和。当上帝从人的本质中分裂出来，变成独立的精神本质，变成支配人、奴役人、统治人的力量，人与作为自己创造物的上帝处于对立和矛盾之中。人越是肯定上帝，就越是否定自己；人越是肯定来生来世，就越是否定今生今世；人越是虔诚地信仰神，就越失去对自己的爱。

费尔巴哈的学术思想，走过了一个从神学到黑格尔哲学到人本学唯物主义的哲学历程，走过了一个从“上帝”到“理性”到“人”的思想历程。他说：“我的第一个思想是上帝，第二个是理性，第三个也是最后一个是人。神的主体是理性，而理性的主体是人。”① 他又由人的本质是人自己意识到的类，强调理性、意志和心。费尔巴哈说：“在人里面而又超乎个别的人之上的属神的三位一体，就是理性、爱和意志的统一。”②

由此，费尔巴哈提出要以“爱的哲学”来克服基督教及其造成的后果，取代以往有神论的宗教。他说，“爱乃是实践的无神论”。他强调，在爱的宗教里，只有人对人的爱，人就是人的上帝。费尔巴哈说，“我们必须拿对人的爱当作唯一的真正的宗

① 《费尔巴哈哲学著作选集》上卷，荣震华、李金山等译，商务印书馆 1984 年版，第 247 页。

② 《费尔巴哈哲学著作选集》上卷，荣震华、李金山等译，商务印书馆 1984 年版，第 27～28 页。

教，来代替对神的爱。”[①]“无神论不是别的，不过是感性与人道的宗教”。[②] 费尔巴哈讲，这个新的宗教乃是无神的宗教，之所以要保留宗教的名称，目的是把在宗教中被异化了的人的本体还原为人自己的本质。

费尔巴哈说，“上帝就是爱”这个命题是基督教之最高的命题；然而在基督教中，信仰与爱是矛盾的，“信仰却使上帝跟人分离开来，因而也就是使人跟人分离开来”。[③] 费尔巴哈要做的工作就是力求把属神的本质还原为属人的本质，把对上帝的爱还原为对人的爱。他说：“对人的爱，决不会是派生的爱；它必须成为起源的爱。只有这样，爱才成为一种真正的、神圣的、可靠的威力。如果人的本质就是人所认为的至高本质，那么，在实践上，最高的和首要的基则，也必须是人对人的爱。”[④]

费尔巴哈由他所阐述的“实体”建立了一个以人本主义为基础的幸福论伦理思想体系。他在《基督教的本质》一书中由“实体”展开论证说：“意识就是对自己的确证，对自己的肯定，对自己的爱，对自己的完善性的喜悦。意识是一个完善的实体的特殊标志；意识只在一个充实的、完善的实体之中。”“每一个实体都是满足于自己的。没有一个实体能够否定自己，亦即否定自己的本质性，没有一个实体本身是一个有限制的实体。毋宁说每一个实体在自身之内以及对于自身都是无限的，它的

① 《费尔巴哈哲学著作选集》上卷，荣震华、李金山等译，商务印书馆 1984 年版，第 786 页。

② 《费尔巴哈哲学著作选集》上卷，荣震华、李金山等译，商务印书馆 1984 年版，第 358 页。

③ 《费尔巴哈哲学著作选集》上卷，荣震华、李金山等译，商务印书馆 1984 年版，第 308、290 页。

④ 《费尔巴哈哲学著作选集》上卷，荣震华、李金山等译，商务印书馆 1984 年版，第 315 页。

上帝、它的最高本质都在它自身之内。一个实体的每一种限制，都只是对于另外一个在它以外和以上的实体而存在。”“使一个实体成为它之所以为它的，正是它的才干，它的能力，它的丰富，它的华丽。”“凡是实体所肯定的东西，理智、鉴赏力和判断力都不能否定；否则这个理智、判断力就不再属于这个特定的实体，而是某个别的实体的理智、判断力了。实体的尺度也就是理智的尺度。如果实体是有限制的，感情和理智就也是有限制的。但是对于一个有限制的实体说来，它的有限制的理智并不是限制”；“它感觉到它的理智，赞美它是一种庄严的、神圣的力量；而有限制的理智反过来又赞美它所依附的那个有限制的实体”；“它对于它的理智倒是感到十分幸福和满意”。①

费尔巴哈强调，由对人的爱实现生活的幸福。他认为人的本质就是感性欲望，而人的基本欲望就是追求幸福；意志只有在追求幸福的意义上才是自由的，它服从追求幸福的必然性；追求幸福的欲望就是“绝对命令”，是一切道德行为借以表现的自然基础。费尔巴哈把幸福看作是道德的目的、内容和原则。他指出，善是与人对于幸福的追求相适应的东西，恶是与这种追求相反的东西。

费尔巴认为人的第一个责任就是使自己幸福，就是自爱；真正的自爱是在对别人的爱中得到自己的满足。他主张善的、富有同情心的、合乎人性的利己主义，即合理利己主义。在费尔巴哈看来，这种合理利己主义道德同良心、义务是一致的，认为良心是自己的幸福和他人幸福之间的“中介物”，是“他人幸福的代理者”或“在我自身中的他我”，而纯洁的良心就是使自己幸福也使他人得到幸福。他还指出，在社会的交往中，本

① 《十八世纪末——十九世纪初德国哲学》，北京大学哲学系外国哲学史教研室编译，商务印书馆 1960 年版，第 488～490 页。

人的利己主义的满足也就是别人的利己主义的满足，正如性爱的幸福是相互的一样，生产者与消费者、买者与卖者之间的幸福也是相互的，正义同样是相互联系着的双方共同的幸福。他强调，人不仅应对自己尽义务，也应对他人，包括家庭、社会、民族和祖国尽义务，只有把对自己的义务看作是对他人的直接义务、无条件地以他人的幸福作为自己行动准则的人，才是善的和有道德的人。

第五章　非理性主义：唯意志论与生命哲学

在近代，理性主义哲学由经验论与唯理论争辩的影响，经过康德的分析、批判，后又在黑格尔的哲学体系中臻于巅峰状态。黑格尔把理性客观化，他以一种泛逻辑主义的形式把人类理性贯穿于一切领域，从而形成关于绝对精神的庞大哲学体系。近代理性哲学取得了辉煌的成就，而人类并未因此真正回到自身；相反，由于过于迷恋理性，把理性无限夸大，走向绝对、空洞，倒与宗教神学同流。应该说，理性主义的这一走向，违背了理性主义哲学家的初衷。他们本来想用人类理性来论证人类的自由解放，结果却陷入了自己编织的理性之网中而无法自拔。理性主义运动的这一结果本身就预示着要有新哲学产生。

其实，在近代及之前的哲学家那里，当其提出理性主义哲学时，总是与看到理性主义哲学之局限并与说明非理性主义相伴随。例如，卢梭、休谟至康德等人，在各自的著作中，对人类理性的批判、怀疑和限定俯拾即是。不过，在黑格尔之前，非理性主义因素的滋生并未构成对理性主义主导地位的冲击。直到黑格尔之后，由于叔本华、克尔凯郭尔、尼采等人，非理性主义哲学才得以成体系地进入哲学史。非理性主义的唯意志论，以及后来的生命哲学得到了很大发展。

第一节　叔本华的“生命意志”“本体”与克尔凯郭尔的“存在状态”“选择”

一、叔本华的哲学

叔本华（Schopenhauer，Authur，1788—1860）德国唯意志主义、生命意志论的主要代表。叔本华于1788年2月22日出生在但泽（今波兰格但斯克）一个银行家家庭，母亲是女作家。1809年至1811年在哥廷根大学学医，后改学哲学。1812年至1813年叔本华在柏林大学专攻哲学，特别研读过康德和柏拉图的著作。1813年他向耶鲁大学提交了论述认识客体先验形式的《充足理由律四重根》（Ueber die-vierfache Wurzel des Satzes Vom Zureichenden Grunde：eine-philoso phische Abhandlung）论文，于次年获得博士学位。1820年至1831年叔本华在柏林大学先任编外教师，后被聘为副教授。叔本华反对黑格尔的思辨哲学，曾同黑格尔争夺哲学听众，结果并没成功，愤而辞去柏林大学所任职务。他1831年离开柏林，定居美因河畔的法兰克福，专心致力于思考和写作，直到1860年9月去世。叔本华的主要著作是：《作为意志和表象的世界》（1818），《自然界中的意志》（Uber den Willen in der Natur，1836），《伦理学的两个根本问题》（Die beiden Grundprobleme der Ethik，1841），以及由残篇、短论组成的论文集《附录和补充》（Parerga und Paralipomena，1851年）。

叔本华用“意志”代替了康德哲学中的“物自体”，把此理解为“本体世界”。这与“现象世界”相对。他认为“现象世界”是常识和科学认识的对象，“本体世界”则是哲学的认识对象；现象世界是“表象”，本体世界的“意志”。在叔本华那里，所谓与作为“表象”的“现象世界”相对的，是作为“意志”的“本体世界”。这与康德哲学中的“自在之物”即“物自体”，实际上是同一个词。叔本华强调：“自在之物是什么呢？就是——意志。”[①] 他说：“本体也就是构成一切事物的本质，是存在一切事物中的那生命意志。”“真理是说意志是任何一现象的本体，但作为本体来说却又不在现象的那些形式中，从而也不具杂多性”。[②] 叔本华讲，只认识到世界是“我们的表象”是远远不够的，还必须把握世界的“本体”。“世界是我的表象”这固然是“对于任何一个生活着和认识着的生物都有效的真理”[③]。然而，“物体世界—它除了只是我们的表象以外，也就是在它自在的本身，在它最内在的本质上，又是我们在自己身上直接发现为意志的东西”[④]。在叔本华那里，世界是意志及其表象，表象上溯理智，但最终归结为意志，而作为宇宙本体的意志是一种无理性的、不衰竭的创造力，这个活力表现为人的本能、冲动、渴望、要求和奋进。也就是说，意志是一种“盲目的、不可遏止的冲动”，是永不满足的欲求。只要有事物和生命存在，就有这种欲求。欲求什么呢？欲求即“生存”和“繁殖后代”。求生存是对个人生命的肯定，繁殖后代是对个体的延续，但同时又是对个人生命的否定：“所以要把生殖和死亡看作是属于一

① ［德］叔本华：《作为意志和表象的世界》，石冲白译，商务印书馆 1982 年版，第 176 页。

② ［德］叔本华：《作为意志和表象的世界》，石冲白译，商务印书馆 1982 年版，第 510 页。

③ ［德］叔本华：《作为意志和表象的世界》，石冲白译，商务印书馆 1982 年版，第 25 页。

④ ［德］叔本华：《作为意志和表象的世界》，石冲白译，商务印书馆 1982 年版，第 158 页。

命的东西，看作是意志这一现象的本质上的东西。”[①]

叔本华讲的“意志”具有以下特征：首先，意志是无根据的，因此它是绝对自由的。这种“自由性”在某种程度上等同于盲目性。意志是一种非理性的盲目起作用的东西。其次，意志在“充足理由律”（也叫根据律，叔本华把康德哲学的时间、空间和因果性以及十二范畴都说成是属于“根据律”即“充足理由律”）之外，因而它是不可深究的，人们不能问为什么“有意志”，为什么有“这个意志”或“那个意志”。只能由其呈现（即意志的客体化）才知道有“意志”。再次，意志是没有目的和无止境的，“它是一个无尽的追求”[②]，人们无法为它划定界限。最后，意志是“一”，是完整的整体。表象服从“充足理由律”，并以时空为主要的形式，因而是“杂多”；意志则不然，它是存在于时间和空间之外的，因而无所谓“杂多”。叔本华还论证了意志的客体化。他吸取了柏拉图的学说，认为生存意志先产生各种理念，作为意志，客观化为每一固定的级别，因而成为万物的“原型”，然后各种理念再外化为时空中万物的具体表象。[③]

二、克尔凯敦尔的哲学

索伦·克尔凯郭尔（Sren Aabye Kierkegaard，1813—1855）是丹麦的作家、神学家和哲学家。他是神秘主义者、反理性主义者、虔诚的宗教徒。他被认作唯意志论的先驱，以至

① ［德］叔本华：《作为意志和表象的世界》，石冲白译，商务印书馆 1982 年版，第 244 页。

② ［德］叔本华：《作为意志和表象的世界》，石冲白译，商务印书馆 1982 年版，第 235 页。

③ 此概括参见谢维营等著：《本体论批判》，人民出版社 2009 年版，第 305 页。

成为存在主义者所公认的鼻祖。克尔凯郭尔出生在哥本哈根的一个充满基督教气氛的商人家庭。他在大学时期主攻神学，年青时一度有过谋求牧师职位的念头，但事实上并未担任此职。他一生未从事任何职业，只依靠遗产维持生活。1841 年他以《论反讽刺的概念》为题，完成了硕士论文。他早期研究过希腊哲学，苏格拉底、柏拉图、亚里士多德关于道德实践和追求人生意义的思想，对他产生一定影响。他是一个孤独的、内向的人，除去过柏林以外，一生未离开家乡。他虽然是一个基督教神学家，却激烈反对当时的丹麦教会。他以隐居作家的身份从事著作，一生在孤寂、忧郁中度过，写有大量的著作，其中有很多是文学作品，如寓言、对话、日记等等。他很注重用文学作品的形式来表达其哲学理念。克尔凯郭尔的主要著作有：《论反讽刺的概念》(1841 年)、《非此即彼》(1843 年)、《恐惧与战栗》(1843 年)、《恐惧概念》(1844 年)、《生活道路的诸阶段》(1845 年)，以及托约翰尼斯·克利马科斯之名发表的带自传性的残篇《论怀疑者》、《作为哲学片断的非科学的最后附言》即 1864 年属名约翰尼斯·克利玛库斯出版的 Concluding Unscientific Postscript to Philosoplical Fragments 等等；去世后出版了《克尔凯郭尔全集》(1910 年耶拿德文版)。鲁迅在中国较早提到克尔凯郭尔。当时鲁迅把他的名字译为契开迦尔。鲁迅在 1907 年撰写的《文化偏至论》一文中说："至丹麦哲人契开迦尔则愤发疾呼，谓惟发挥个性，为至高道德，而瞻顾他事，胥无益焉。"①

在克尔凯郭尔生活的时期，黑格尔虽已逝世，但仍有重要的影响，同时也出现了由不同立场对黑格尔进行批判的思潮。

① 鲁迅：《文化偏至论》，见《鲁迅全集》第 1 卷，人民文学出版社版 1956 年版，第 187 页。

克尔凯郭尔用个人的存在与黑格尔的绝对精神相对立，主张人是世界上的唯一存在。他的哲学特点就在于通过个人生活的主观体验来表现独特个性以及对上帝的信仰。他以非理性主义反对理性主义。

在克尔凯郭尔看来，只有人的存在才可以认为是“存在”。他回到苏格拉底那里，重新提出“认识你自己”的命题。他认为真实存在的东西只能是存在于个人内心中的东西，“人是万物的尺度”。他强调，每个人的存在都是独一无二的，对之不可能用任何哲学体系来说明。他说：“人们可以说我是个体的一刹那，但我不愿意是一个体系中的一章或一节。”[①] 他厌恶以阐述体系为业的教授。后来的萨特说：“他的确不是一个哲学家；这个称号，就连他自己也是不接受的。事实上，他是一个不愿意让自己禁闭在一个体系里的基督徒，他不断的肯定实际生活的不可还原性和特殊性，来反对黑格尔的‘主知主义’”。[②] 研究者认为，克尔凯郭尔之所以惯用日记、随笔等具体的、片段的形式来表达自己的思想，就是出于以上的考虑。

从这一立场出发，克尔凯郭尔既反对承认客观物质世界存在，也反对黑格尔所主张的有个一般的精神本体存在。他接受奥古斯丁的观点，认为人是活着的人，人的本性不是理性，是个人的活动，而人的活动是非理性的。他认为，人由本能的心情或情绪产生活动；人的实在和认识这两者不可通约；人的生存来源于个人的感性体验和欲望。他对个人的生存和情绪的各种表现形式进行了现象描述和细致分析，如个人所直接体验到的痛苦、烦恼、孤独、厌恶、忧郁、失望、需要、热情、情欲、模棱两可、双关、暧昧不清、悖谬、动摇等等的“存在”情态。

---

① 让·华尔：《存在主义简史》，商务印书馆 1964 年版，第 3 页。
② 萨特：《辩证理性批判》，商务印刷馆 1963 年版，第 9 页。

他认为，这些情态不能组成观念的体系，他只能是一种纯粹的主观性，而这种纯粹的主观性是最基本的实在，并最终与经验的上帝相联结。因此，他否认有建立理性的哲学体系的可能性。他宣称："真理是主观的。"

克尔凯郭尔强调自由。他认为，自由是无限的，一个人的未来，很大程度上取决于他的自由选择。他认为人的生存是孤独无靠的，独立进行奋斗和活动，独自在创造自己，从而每个人都是独一无二的。为了突出个人的单一性、孤独性，克尔凯郭尔要求别人在他死后的墓碑上刻上"那一位个人"。克尔凯郭尔认为，人究竟会变成什么人，是偶然的，并没有什么理由，也没有什么把握。人的存在，人的未来是不能预言的。克尔凯郭尔强调，当人意识到自己是一个有限的存在时就向往着永恒；他必须在短暂的时刻中不断地从不确定的状态中作出选择，这时，他的自由反而成为苦恼的来源；他将每时每刻都被恐惧感所包围，而这不可避免的恐惧感乃是鼓励人进行自我奋斗、自我完成的内在动力。由于克尔凯郭尔是一个虔诚的基督教徒，他设想自己必须在上帝面前进行选择，这是最严重的选择，而上帝又是超越的，与我们有无限的间隔，是常人的理性和习俗所不能了解的，如上帝令亚伯拉罕杀死自己的儿子以撒时就是这样。这种宗教选择就有一种个别感、孤寂感、苦恼感以至于绝望感。因此，他认为：病态是基督徒的自然状态。这种情态被认为恰恰就是克尔凯郭尔涉及的"存在"所指。

克尔凯郭尔特别重视伦理学，认为伦理学是一门本体论的学科，它使人们深入到"存在"本身中。在他看来，只有洞察了存在的秘密，才能理解道德行为的选择。他在《生活道路的诸阶段》《非此即彼》等文中叙述了他的思想。他把人生区分为美学阶段、伦理阶段、宗教阶段，人对这些阶段的选择体现自己的立场。在生活的美学阶段，人过着暂时的人间享乐生活，人通过美的感性知觉呈现出他现有的样子。这种生活是短暂的、浮浅的。当片刻的欢乐像昙花一样消逝后，仍然为持续的空虚所笼罩，这种生活远不能达到存在的真理。在生活的伦理阶段，以禁欲主义和个人的道德责任心为特征。人们趋善避恶，注重心灵的改善。就伦理阶段的特点来说，人们按理性的原则生活，以苏格拉底为楷模。在伦理阶段，人还不能彻底与感性生活决裂。虽然他鄙视那些声色犬马、纸醉金迷的堕落生活，却找不到人生的永远归宿，陷入困惑、彷徨之中。只有在生活的宗教阶段，人才能达到自己真正的存在。他认为处在这个阶段，人类的得救在于有宗教信仰。这是人生脱离苦海的唯一出路。这时人彻底摆脱了所有感性生活和道德原则的束缚，所面对的只是上帝。在对神的狂热信仰中，孤独的个人企求与上帝合成一体。而上帝并不是按人的规范所能理解的，因此，人就对理性有反感。处于宗教阶段的人变成非理性的人，变成笃信上帝的人。他必须完全为神而生活，以耶稣基督为榜样，一直到殉教而死。

克尔凯郭尔认为，在人生的各个阶段中，自始至终都伴随着对于不可避免的死亡的恐惧。"恐惧"是克尔凯郭尔哲学中的重要范畴。这是指与死相通并与上帝相接的存在情态。当人处于恐惧、痛苦、孤独、绝望的情景下，就会鲜明地体验到上帝的存在，并由此而达到自己的真正存在。克尔凯郭尔指出，对自身的认识，就是认识自身是罪人，自身是有缺陷的人，这就立刻认识到人是站在上帝面前的。

克尔凯郭尔认为，个人存在处于不断生成和变化之中，往往按照"或者—或者"的非此即彼方式进行，要么是这样，要么是那样，在意识中"是与否"突然颠倒。而这种非此即彼的变化的由来，则出于个人的决定，出于自由选择。

克尔凯郭尔由人的非理性行为来说"选择"，这出于主观意志，是个人内在的不可知的决定能力。克尔凯尔还强调“选择”是规定个人的本质。这是人自我决定的“意向”，只有通过“选择”才能达到“真实的存在”，否则，虽生犹死，并非存在。克尔凯郭尔有过这样一个比喻：“一个喝醉酒的农民，睡在马车上，让老马拉着他沿旧路行进。这个农民手里拿着缰绳，好像在执辔驾车，但事实上他并不是驾车的人。对于我们来说，许多人正如这个农民一样，他没有自我决定的主观意向，虽然他活着，但他并不存在。”克尔凯郭尔指出“选择”有高低之分。在低级阶段只是由于直接的诱惑，如人类日常生活中所做的种种选择；而在高级阶段则是发自人类自由的选择，即发自绝对主观性的选择，这才是真正的选择，例如，对宗教的选择就是发自内心的事。在克尔凯郭尔看来，宗教信仰不同于理性。用逻辑方法不能证明上帝的存在，上帝是个人处于孤独无依、绝望、面临死亡时的一种依托。克尔凯郭尔认为，所谓“选择”是通过在上帝面前“忏悔”而进行的。

克尔凯郭尔由“对存在状态的选择”讲到的“存在”、“主观性”、“孤独”、“超越者”、“死亡的恐惧”等范畴，为后来的唯意志论者所继承。这些思想表露出存在主义的特征。不过克尔凯郭尔在当时并没有产生重大的影响，他的同代人几乎不知道他；只是到了第一次世界大战以后，克尔凯郭尔这个幽灵才被召唤出来。①

① 参见葛力主编：《现代外国哲学》，山西人民出版社 1984 年版，第五章第一节。

第二节　尼采：形而上学与虚无主义，“强力意志是存在的最内在本质”

尼采（1844－1900）出生于普鲁士萨克森的一个传教士家庭，父亲是一个路德教派牧师。尼采的生平活动很简单；有人这样讲，他的为人就是他的思想、他的人生就是他的著作。尼采曾在波恩大学和莱比锡大学学习神学和古典语言学。在上大学时他读了叔本华的重要著作《作为意志和表象的世界》，深为所动。尼采才华出众，学业优异，在1896年尚未取得学位以前就被聘为瑞士巴塞尔大学的古典文献语言学额外教授。在巴塞尔大学教书时，他与著名歌剧作家瓦格纳（又译华格纳）非常友好。在那期间他写了《悲剧的诞生》（1827年）、《季节的沉思》（1873－1876年）等著作。1879年他因健康状况而退职。此后的十年他边养病、边创作，写下了《快乐的科学》（1882年写完前四卷，1886年增补第五卷）、《查拉图斯特拉如是说》（1883－1884）等书。1888年他经人介绍才知道有丹麦哲学家克尔凯郭尔其人。1889年其精神分裂症强烈发作，后一直未能完全恢复正常，1900年8月卒于魏玛。尼采死后，其妹伊丽莎白从他的遗著中编辑出版了《权力意志论》一书。很难说他晚年的精神病与他的哲学有什么必然的联系。曾被认为是法西斯主义鼻祖的《权力意志论》一书也由于他的妹妹的整理而多有讹传。

尼采的著作多以散文及诗的方式写成。他的论述跳跃性很大，往往缺乏连贯性和条理性，有时甚至难以确定某一句话究竟是他的反对者的意见还是他的意见。但是，从整个著作中可以看出其思想的大致线索。

前已说到，黑格尔之后，由于叔本华、克尔凯郭尔等人的阐发，非理性主义哲学得以成体系地进入哲学史。叔本华视生存意志具有决定意义，强调人的非理性；其思想的主要之点在于：意志是一种求生存的、盲目的冲动力，非理性的意志高于理性。克尔凯郭尔反对把人完全客观化、理性化，强调人的主观性、内在性，强调人应回到自由的、真实的本来状态。尼采的思想与叔本华和克尔凯郭尔的思想取向总体是一致的。而更令人瞩目的是，尼采在他的哲学中引进了许多新的因素，涉及面更广了，从而创造了一种使克尔凯郭尔哲学和叔本华哲学失色的新哲学。

一、关于“形而上学”与“虚无主义”

尼采强调，形而上学必导致“虚无主义”。他认为，在旷日持久的历史过程中，蕴藏于形而上学之中的虚无主义在实质上逐渐发生作用，终于导致最高价值的丧失；形而上学崩溃，虚无主义暴露于光天化日之下。这经历了从“无意识的形而上”到“形而上学的兴起”直至“形而上学瓦解”的过程。尼采眼中的欧洲哲学史几乎就是一部形而上学走向解体的历史，同时也是虚无主义走向成熟的历史，其间又分成若干阶段。

尼采强调，彻底的虚无主义是迄今为止形而上学价值体系由建立到瓦解的必然历史阶段，然而，要正视和得出这个结论，必须具备“真诚意识”。

二、关于“存在”与“生成”

（一）关于“存在”。

尼采讲，“在巴门尼德的哲学中，奏响着本体论的序曲。经验没有像他自己所想的那样，向他提供任何一个存在；可是，他能思考存在，由此他推论存在必定存在者。”“但是，亚里士多德业已令人信服地驳斥了类似的推论；他断言：存在决不是本质固有的质性。正因为如此，从'存在'的概念——它的本质无非就是存在本身——根本不能推导出存在的实质存有。'存在'与'不存在'的矛盾，如果没有实在的对象（即没有使这一矛盾得以抽象出来的感官观察），它就是完全空洞的逻辑定值。如果不回溯到观察，它就只是概念游戏，事实上没有任何东西被认识到。""谁只要试图寻找'存在者存在；不存在者不存在'这对命题、这个逻辑真理的内容，就会发现事实上没有与这对命题严格对应的唯一现实。"

于是，尼采说，"拥有存在的概念！仿佛它未曾在其词源中显示极其可怜的经验来源似的！因为，'esse'（存在）原本只是指'呼吸'。只要人使用其他万物，他就是传达了一个信念：他自己通过一个隐喻，亦即通过某种非逻辑的东西，呼吸和生活在其他事物上面，并且按照人的类比把它们的存在理解为一种呼吸。即使撇开这种转借手段不说，就人而言，命题'我呼吸，故存在着'也是完全不充分的。对之必须提出异议，正像对命题'我走，故我在（故他在）'（ambulo，ergo sum/ ergo est）必须提出异议一样。"①

因此，尼采断言："'存在'这个词，正和'不存在'这个词一样，仅仅标志一种联结万物的最一般关系。既然事物本身的存在是无法证实的，那么，事物彼此之间的关系，即彼物此物的'存在'和'不存在'，也同样不能使我们靠近真理的国度一步。"②

① 尼采：《希腊悲剧时代的哲学》，周国平译，商务印书馆 1994 年版，第 111～115 页。

② 尼采：《希腊悲剧时代的哲学》，周国平译，商务印书馆 1994 年版，第 113 页。

（二）关于“生成”。

尼采写到，“赫拉克利特（Heracltus）走进那个笼罩着阿纳克西曼德的‘生成’问题的神秘夜色里来了，并用神圣的闪电照亮了它。他喊道：‘我凝视着‘生成’（becoming），还没有人如此仔细地凝视过事物的这永恒波浪和节奏。我看到了什么？合规律性，永不失堕的准确性，始终如一的法则常规，审判着一切违背法则的行为的复仇女神，支配着整个世界的公义以及服务于它的有如魔法一般的常存自然力量。我看到的不是对被生成之物的惩罚，而是对生成的辩护。’”

尼采又写到：“赫拉克利特比阿那克西曼德更加响亮地宣告：‘除了生成，我别无所见。不要让你们自己受骗！如果你们相信在生成和消逝之海上看到了某块坚固的陆地，那么，它只是在你们仓促的目光中，而不是在事物的本质中。你们使用事物的名称，仿佛它们有一种执拗的持续性，然而，甚至你们第二次踏进的河流也不是第一次踏进的那同一条了。’”① 可见，“永恒的唯一的生成，一切现实之物的变动不居——它们只是不断地活动和生成，却并不存在，赫拉克利特所主张的这一切，真是一种令人昏眩的可怖思想，其效果酷似一个人经历地震时的感觉，丧失了对坚固地面的信赖。把这种效果转化为其反面，转化为崇高和惊喜，实在需要惊人的力量。赫拉克利特做到了这一点，其方法是考察一切生成和消逝的真正历程。他在两极性的形式中把握这个历程，即一种力量分化成为两种异质的、相反的、力求重归统一的活动。”②

① 尼采：《希腊悲剧时代的哲学》，周国平译，商务印书馆1994年版，第49～51页。

② 尼采：《希腊悲剧时代的哲学》，周国平译，商务印书馆1994年版，第54页。

于此，尼采说到了叔本华。他写道：“关于一切生成所固有的斗争，关于胜利的永恒交替，叔本华又作如此描述（《作为意志和表象的世界》第1卷第2册第27节）：持存的物质恒常地改变形式，其方式是循着因果性的引线，机械的、物理的、化学的、有机的现象都贪婪地挤向前台，互相掠夺物质，因为每种现象都想展现其理念。我们可以看到这种斗争遍布整个自然界，事实上，可以说整个自然界是依靠这种斗争才得以存在的。接下来的几页对这种斗争作了一些值得注意的印证。不过，描述的基调始终与赫拉克利特相距甚远，因为对于叔本华来说，斗争是意志自我碎裂为生命的证据，是这黑暗阴郁的冲动的自耗，乃是一种绝对可怕、决非幸运的现象。这种斗争的场所和对象是物质：自然力量试图互相掠夺物质，就像它们也试图互相掠夺空间和时间一样；而物质正是空间和时间通过因果关系实现的统一。”①

因此尼采强调，“生成和消逝，建设和破坏，对之不可作任何道德评定，它们永远同样无罪，在这世界上仅仅属于艺术家和孩子的游戏。”② “关于生成中的规律和必然中的游戏的学说——从今以后必将被永远地看到”。③

（三）关于“生成”与“存在”的关系。

基于以上见解，尼采表达了他关于“生成”与“存在”关系的看法。

尼采指认，“生成”与“存在”是不同的。他讲到，“生成

① 尼采：《希腊悲剧时代的哲学》，周国平译，商务印书馆1994年版，第56～57页。

② 尼采：《希腊悲剧时代的哲学》，周国平译，商务印书馆1994年版，第70页。

③ 尼采：《希腊悲剧时代的哲学》，周国平译，商务印书馆1994年版，第83页。

没有一个外观状态，存在着的世界也许只是一个外观”。[①]“语言表达手段不能用来表达‘生成’”。“在生成的自然中根本不存在‘统一’”[②]。他认为，不能把它归结为上帝、理念之类的总体意识或物质之类的终极基质。尼采强调，“生成没有一个目的状态，并不汇流于一个‘存在’”。[③]

那么，在尼采那里“生成”与“存在”如何统一呢？

1. 尼采由“生存价值”来论证“生成”与“存在”的统一。

(1) 关于“生命”。

尼采把“生命”称为“我们最熟悉的存在形式”。[④] 他讲，“‘存在’——除‘生命’外，我们没有别的关于‘存在’的观念。某种死亡的东西又怎么能‘存在’呢？”[⑤] 在尼采看来，“存在”本身只不过是“对‘生命’(呼吸)、‘生气勃勃地存在’、‘意愿、作用’、‘生成’概念的一个概括”。[⑥] 进而，尼采由“生命”论及“生存价值”。

(2) 关于“生存价值”。

尼采强调，有“两个最伟大的(德国人所发现的)哲学观点”：“第一，生成、发展的观点”；“第二，关于生存的价值的观点(但要首先克服德国悲观主义的可怜形式!)”；“两者被我以决定性方式归并了”。[⑦]

在尼采看来，全部问题在于如何既肯定“生成”又肯定

---

① 尼采：《强力意志》第 708 条。
② 尼采：《强力意志》第 715 条。
③ 尼采：《强力意志》第 708 条。
④ 尼采：《强力意志》第 689 条。
⑤ 尼采：《强力意志》第 582 条。
⑥ 尼采：《强力意志》第 581 条。
⑦ 尼采：《强力意志》第 1058 条。

“生存的价值”，或者说如何把“生成”与“存在”统一起来。“生存”原是“生成”的一部分，但是，肯定了“生成”未必就肯定了“生存的价值”，因为若仅就“生成”而言，内在着揭示“生存”的短暂性，从而使“生存的价值”成了问题。当然，倘若否定“生成”，也会招致否定作为“生成”之一部分的“生存”的价值。在两种情况下，“生成”对于“生存的价值”都构成了威胁。这两个哲学观点之间存在着某种冲突。尼采认为，“生存的价值”本是一切哲学学说的出发点。叔本华哲学以此为出发点，但结果却是用“生成”否定了“生存的价值”。这表明“生成”如果不与“存在”相统一，就会导致虚无。“存在”是为肯定“生存的价值”而必需的地平线。传统形而上学从“生存的价值”出发而肯定“存在”，但又走向另一极端，用“存在”否定“生成”，结果与叔本华殊途同归，也否定了“生存的价值”。由此可见，排斥“存在”的“生成”，或排斥“生成”的“存在”，都会导致“生存价值”的否定。要肯定生存的价值，关键在于以适当方式把“生成”和“存在”统一起来。

2. 尼采由“永恒轮回”来论证“生成”与“存在”的统一。

尼采认为，“永恒轮回”就是使“生成”和“存在”统一起来的最高方式。尼采讲：“万有轮回是一个生成世界的最大程度的接近——凝视的顶峰。”[①] 因为，“永恒轮回”在总体上“给生成打上存在性质的印记”。在永恒轮回中，生成着的世界在每个“生成的大年”中都重现，保持不变，因而最大限度地接近于存在着的世界。正是从“生成”与“存在”相统一的角度出发，尼采把他的“新的世界观”表述为：“世界存在着，它绝非生成

① 《强力意志》第617条。

之物，绝非消逝之物。或者毋宁说：它生成着，它消逝着，但它未尝开始生成，或未尝停止消逝，——它在二者之中得以保持……它靠自己生存：它的粪便就是它的食物。”① 总而言之，“永恒轮回”成为世界在生成中存在的方式。

同时，尼采又称“永恒轮回”观念为“虚无主义的最极端形式”。他写道：“让我们在其最可怕的形式中来思考这个观念：生存就其本来面目而言，并无意义和目的，但不可避免地轮回，无止境地化为虚无：‘永恒轮回’。这是虚无主义的最极端形式：虚无（‘无意义’）是永恒的！”② 尼采基于此强调，“永恒轮回”无可挽回地废除了生存的一切意义和目的。我们生活在一个巨大的循环中；这个循环，用尼采的诗意说法讲，“如果不是在循环的幸福中包含一个目的的话，它便无目的”。③ 可用“循环的幸福”的透视眼光来看有价值的一切。

所以尼采认为，永恒轮回肯定生存的价值，这在于它以某种方式担保了生命的永恒，使每一次死亡不再是万劫不复的寂灭。但是，在确认生命的“永恒轮回”的同时，也确认了死亡的永恒轮回。每一次降生，都无可避免地走向死亡，在轮回中绝不会使整个情况有所改观。这循环的轮子，从一面看是生的无限次重复，从另一面看是死的无限次重复。在此意义上，虚无是永恒的。

在尼采那里，“永恒轮回”的世界是一个绝对无意义、无目的的世界。在这个世界里，上帝彻底死了。世界赤裸裸的无意义、无目的的性质往往促成“最渴求死灭的悲观主义”，佛教的“断轮回”之说和叔本华的“杜绝生殖意志”之说便是典型。面

① 《强力意志》第1066条。

② 《尼采全集》第15卷，莱比锡1926年德文版，第182页。

③ 《强力意志》第1067条。

对这样一个世界，“精力充沛者的悲观主义：向一个巨大的循环、甚至向一个巨大的胜利问‘为了什么’。”[①] 他“不但学会了适应和接受已有现有的一切，而且愿意按照有现有的样子重获它们，以至于永恒”。[②] 在他看清了生命的无意义之后，他仍然不知餍足地呼喊道：“这就是生命？好吧？再来一次！”[③] 在尼采讲来，这才是对世界和人生的最大限度的肯定。

这样，“永恒轮回”又成了一个新的道德命令，这是对人生责任心的一个考验和督促。“只有相信他的一生可以永远重复的人，才得以保存下来。”[④]

由此，尼采力求说明，当“永恒轮回”完成和扬弃于“虚无主义”和“宿命论”，便成为“命运之爱”（Amor fati）。这一方面最大限度地肯定人生，另一方面最大限度地承担责任。这成为“生成”与“存在”两者的统一。在此意义上，尼采称自己的学说为“最高的宿命论”、[⑤] “宿命论的完成”。[⑥] 尼采写道：“命运之爱：从现在起这是我的爱！”[⑦] “必然性伤害不了我；命运之爱是我最内在的本性。”[⑧] “是的！我愿只爱必然的东西！是的！命运之爱是我最后的爱！”[⑨] 尼采论证到，如果说世界的生成和存在在永恒轮回中达到了最大限度的统一，那么，“命运”便是这种统一在个人生活中的表现。命运一方面指将要发生的

---

① 《强力意志》第26条。
② 《善恶的彼岸》第56条。
③ 《尼采全集》第6卷，莱比锡1926年德文版，第230页。
④ 《尼采全集》第12卷，莱比锡1926年德文版，第65页。
⑤ 《尼采全集》第14卷，莱比锡1926年德文版，第301页。
⑥ 《尼采全集》第13卷，莱比锡1926年德文版，第75页。
⑦ 《尼采全集》第5卷，莱比锡1926年德文版，第209页。
⑧ 《尼采全集》第8卷，莱比锡1926年德文版，第115页。
⑨ 《尼采全集》第12卷，莱比锡1926年德文版，第141页。

事，另一方面指已经发生的事。因此，“命运之爱”也就有两个方面。“在命运遭遇我们之前，我们应该引导它……但是如果它已经遭遇我们，我们就应该努力爱它”。[①] 尼采强调，“不是仅仅忍受必然性，更不是掩盖它——一切理想主义者都面对着必然性说谎一，而是爱它。”[②] 可见“命运之爱”首先是指对现实世界和人生的热情肯定。同时，在尼采看来，个人面对必然性并非消极被动的。他说，“我不教人顺从必然性——因为人先得承认它是必然的”[③]，个人的意志和行为是构成必然性的一个环节。“一个人的每个行为都对一切正在来临的事有无限大的影响。”[④] 关键在于，我就是命运的一部分，我也要对命运承担责任。一个人“不应该把他的生存的命运同一切曾有将有之事的命运相脱离”。[⑤] “对于省悟自己属于命运的人来说，命运是一个庄严的思想。”[⑥] 所以，“命运之爱”又是指对现实世界和人生的高度责任感。尼采仿佛是说：我们要怀着挚爱引导命运，然而，不管它终于成个什么样子，好歹仍要爱它。

3. 尼采讲的“强力意志”体现着“生成”与“存在’的统一。

尼采强调：“给生成打上存在性质的印记——这是最高的强力意志。”[⑦]

尼采从“生命”和“意志”的关联讲起。他说：“生命是一个个别情形，必须为一切现实存在辩护，而不仅仅是为生

① 《尼采全集》第12卷，莱比锡1926年德文版，第323页。
② 《尼采全集》第15卷，莱比锡1926年德文版，第48页。
③ 《尼采全集》第10卷，莱比锡1926年德文版，第403页。
④ 《尼采全集》第13卷，莱比锡1926年德文版，第74页。
⑤ 《尼采全集》第8卷，莱比锡1926年德文版，第100页。
⑥ 《尼采全集》第14卷，莱比锡1926年德文版，第99页。
⑦ 《强力意志》，第617条。

命，——辩护原则则是这样一种东西，生命由之得到说明”。他又说，“生命作为我们最熟悉的存在形式，只是求力之积聚的意志……生命作为个别情形（由之推及存在的总体性质的假说）追求大限度的强力感；追求无非是追求强力；最基础、最内在的东西始终是这个意志。”①

尼采由此反复强调“意志”的“强力”问题。他说，“生命只是某种东西的手段；它是强力增长形式的表现。”② 尼采一再说：“在生命中，除强力度之外，别无有价值的东西。”③“决定等级的，显示等级的，只是强力量，别无其他。”④“你所是的强力量决定了你的等级。”⑤“价值是人所能同化的最高强力量——人，不是人类!”⑥“价值客观上凭什么衡量？仅仅凭被鼓舞和组织起来的强力量。”⑦ 总之，强力量就是价值量，强力量决定了价值的等级。

尼采非常注重用强力意志解释与生命密切相关的价值评价。他说，“为了生存，必须评价。”⑧“当我们建立价值，生命本身通过我们评价”。⑨“‘价值’观点是关于保存条件和提高条件的观点，这一观点涉及到生命在生成内部的相对持存的综合构成。”而“价值’本质上就是属于这一统治中心的伸展或收缩的

---

① 《强力意志》，第689条。

② 《强力意志》，第706条。

③ 《尼采全集》第15卷，莱比锡1926年德文版，第184页。

④ 《尼采全集》第16卷，莱比锡1926年德文版，第277页。

⑤ 《尼采全集》第16卷，莱比锡1926年德文版，第278页。

⑥ 《强力意志》，第713条。

⑦ 《强力意志》，第674条。

⑧ 《尼采全集》第13卷，莱比锡1926年德文版，第74页。

⑨ 《偶像的黄昏》，第36页。

观点。”[①]“一切意志中都有估价。”[②] 尼采一再强调，估价或评价即解释。而“解释作为强力意志的一种形式而拥有其现实存在。”[③]“解释事实上是统治某物的手段。”[④]“有机界一切事件都是一种征服”，而征服就是“一种重新解释”。[⑤] 认识是“强力的工具”，[⑥]“求真理的意志”是“强力意志的一种形式”，[⑦] 它“在为强力意志服务中展现自身”。[⑧]“美’的判断是否成立和缘何成立，这是（一个人或一个民族的）力量的问题。”[⑨] 作为基本审美情绪的醉的本质是“力的提高和充溢之感”、“力的过剩”、“高度的力感”。[⑩] 在尼采那里，宗教和道德往往被看作弱者的强力意志的现象。不过，历史上常有这样的情况，“此民族称为善的，彼民族却认为可耻的而加以轻蔑”。[⑪] 可见道德作为手段也可以属于强者。道德是一种“统治关系”。[⑫] 道德评价的根源是强力意志。

尼采在整体上把强力意志分为两大类，即强盛的强力意志和衰退的强力意志。[⑬] 前者体现生命的上升路线，后者体现生命的下降路线。前者能自律，后者不能自律。当然，完全不能自

① 《强力意志》第 715 条。
② 《尼采全集》第 13 卷，莱比锡 1926 年德文版，第 172 页。
③ 《尼采全集》第 16 卷，莱比锡 1926 年德文版，第 61 页。
④ 《尼采全集》第 16 卷，莱比锡 1926 年德文版，第 118 页。
⑤ 《尼采全集》第 7 卷，莱比锡 1926 年德文版，第 369 页。
⑥ 《强力意志》第 480 条。
⑦ 《强力意志》第 583 条。
⑧ 《尼采全集》第 14 卷，莱比锡 1926 年德文版，第 322 页。
⑨ 《尼采美学文选》，第 383 页。
⑩ 《尼采美学文选》，第 319、349、359 页。
⑪ 参看《查拉图斯特拉如是说》：《一千零一个目标》。
⑫ 《尼采全集》第 7 卷，莱比锡 1926 年德文版，第 31 页。
⑬ 参看《尼采全集》第 15 卷，莱比锡 1926 年德文版，第 433 页。

律的意志就不成其为意志，也不成其为强力意志。衰退的强力意志实际上意味着强力和意志的双重衰退。不过，衰退有一个程度的问题，处于衰退中的强力意志未必完全失去其力量，相反会以怨恨的形式发挥其剩余的强力，向生命复仇。尼采关于意志的分类成为尼采评价各种精神文化现象的最重要、最常用的尺度，他据此区分了传统哲学家和新型哲学家，基督徒和自由思想家，消极虚无主义和积极虚无主义，奴隶道德和主人道德，颓废艺术家和酒神艺术家，并且重新估定了彼此的价值。

尼采指出，在意志问题上重要的是“把握一种确定的意志在多种形式中的配置”。尼采把意志看作各种情绪冲动组成的复合体，它们彼此之间形成一种“支配关系”。[①] 其中，强力意志是基本的情绪冲动形式。尼采写道：“我的理论是：——强力意志是基本的情绪冲动形式，其余一切情绪冲动只是它的配置”。[②] 也就是说，各种情绪冲动都是强力意志的派生形式，实质上都是强力意志，它们彼此之间的强度对比和冲突消长决定了“意志”的状况。

尼采又写道：“我的命题是：迄今为止心理学中的意志是一种不正当的普遍化，根本不存在这种意志，人们不去把握一种确定的意志在多种形式中的配置，而是抽掉了‘向何处’这一内容，从而抹煞了意志的特性：这种情形最突出地表现在叔本华身上，他所说的‘意志’是一个完全空洞的词眼。”[③] 可见，在尼采讲来，心理学和叔本华哲学中的“意志”概念，之所以要被否定，是因为它的“空洞”，“抽掉了‘向何处’这一内容”，不去把握“在多种形式中的配置”。而意志倘若缺乏确定

① 参看《善恶的彼岸》第19条。
② 《强力意志》第688条。
③ 《强力意志》第692条。

的指向，就不成其为意志了；不去把握意志在多样形式中的配置，那必定是“空洞”的。而心理学和叔本华哲学把这“空洞”的意志实体化，在前者中，它成了一切行为的原因，在后者中，它成了世界的“自在之物”。在尼采看来，根本不能用迄今为止的心理学来解释强力意志，相反倒要用强力意志来解释迄今为止的心理学，可以把它们看作“强力意志的形态学和发生学”，[①]从中观察强力意志如何隐秘地决定着心理现象，排除在解释中的种种偏见。

尼采在论证以上论题基础上，又论述了生命是“不断自我超越的东西”。他讲，生命作为不断“确定强力关系”的过程[②]，是“力量确定过程的持续形式”。[③]这样，当其不能满足于自身，必须为自己设置一个高于自身的目的。于是，生命成为一种“必须超越的东西”。因此，“依‘生存意志’的教条去寻找真理必然落空，这种意志是没有的！因为凡不存在者，便不能意欲；但已经生存者，又岂会意欲生存！只是凡有生命之处，便必有意志；但不是求生命的意志，而是求强力的意志！”既然强力意志所追求的不是生命本身，而是使生命得以超越自身的强力，这种对于自身力量强大的追求表现了生命永不枯竭的本性，所以尼采称强力意志为“永不枯竭的增殖着的生命意志”，并认为它是“生命的核心”。[④]

尼采哲学的特点，很大程度上在于论证了其所讲的“强力意志”见解。尼采的“强力意志”说与叔本华的“生命意志”

① 《善恶的彼岸》第23条。

② 《尼采全集》第13卷，莱比锡1926年德文版，第62页。

③ 《尼采全集》第16卷，莱比锡1926年德文版，第117页。

④ 《查拉图斯特拉如是说》：《自我超越》。《尼采全集》第6卷，莱比锡1926年德文版，第166～168页。

说之间有着直接的继承关系。尼采早期还曾沿用叔本华的“生命意志”的提法。但从尼采很早的著作中就可以看出，他与叔本华有着不同看法。在1880年的未发表手稿中和1881年发表的《曙光》中，尼采屡次谈到“求强力的欲望”、“强力的感觉”，可看作“强力意志”概念的雏型。[①] 在《快乐的科学》(1882）第349节中，尼采第一次明确提出“强力意志”概念，并以之解说“生命意志”的实质。尼采在《查拉图斯特拉如是说》（1883－1885）的“自我超越”一节中，则鲜明地提出了“强力意志”概念。

关于尼采《强力意志》中的“强力”，即Macht，此词又可译为“权力”。尼采对于政治含义上的权力往往持否定态度，一再斥责“权势的贪欲”、[②]“求权力（求‘帝国’）的意志”，[③] 一再说：“获取权力要付出昂贵的代价：权力使人愚蠢”，[④]“权力的爱好是人生的恶魔”，[⑤]“权力是无聊的”。[⑥] 尼采还把弱者道德在欧洲取胜的罪责归之于罗马皇帝“滥用权力”。[⑦] 尼采所肯定的强力，不是外在的权力，不是表面的统一、暴力的统治、数量的优势等等，而是内在的权力，是生命力的充溢、生命的自我超越、意志的自律。

在尼采的哲学理论之中，为了使“意志”不流于空洞，强调必须明确“意志”“向何处”，即向强力。他写的是der Wile zur Macht，直译是“向（求）强力的意志”，介词zu即表明了

① 参看《曙光》第112、113、146、189、356、360条。
② 《快乐的科学》。
③ 《看哪，这人》。《尼采全集校勘学习版》第6卷，第358页。
④ 《偶像的黄昏》，周国平译，光明日报出版1996年版，第57页。
⑤ 《快乐的科学》。
⑥ 《尼采全集》第14卷，莱比锡1926年德文版，第244页。
⑦ 《尼采全集》第14卷，莱比锡1926年德文版，第65页。

“趋向”、“追求”的含义。“有目标、目的、意图，质言之，意欲，恰是意欲变为强者，意欲生长——以及意欲为此所需的手段。”① 尼采注重说明：讲“向强力的意志”，似乎意志是主体，强力指向客体，这是意志之外的某个经验目标；其实强力不是从外面给意志设定的目标，而恰恰是意志的本质之所在。因为“意欲就是命令但命令是一种确定的情绪冲动（这种情绪冲动是一种突然的力量爆发）——清晰，全神贯注，胸有成竹，稳操胜券。”② 意志本身就是强力，一个意志行为就是强力的爆发。离开强力，无所谓意志。尼采讲，“不存在意志：存在意志的点(Wilens-Punktationen)，它们不断增或丧失其强力。”③

正是基于此，尼采在其著述中才特别论证了“强力意志”。尼采强调的是，“凡不存在者，便不能意欲；但已经存在者，又如何还能去意欲生存！只要哪里有生命，哪里也必有意志；但不是求生命的意欲，而是求强力的意志!”④ 也就是说，强力意志追求的不是如叔本华所说的生命本身，不是满足于生命的种种欲望，而是超越于求生之上的生命的目的。这里的“意志”意味着创造，这是表现、释放和增强生命力的根源，而这种“生命力“是一种蕴涵一切可能、突破一切阻碍、积极向上的生命力。这种对于力量之强大的渴求正表现了生命永不枯竭的本性。尼采的哲学主要在于，赋予生命意志以超越性和创造性，即成为真正的“强力意志”。⑤

正是从“强力意志”的要求出发，尼采提出了“重估一切

---

① 《强力意志》第675条。

② 《尼采全集》第13卷，莱比锡1926年德文版，第264页。

③ 《强力意志》第715条。

④ 《尼采选集》第2卷，慕尼黑1978年德文版，第623页。

⑤ 以上诸多译文及论述参用，周国平：《尼采与形而上学》第4章，湖南教育出版社1990年版，第191～192、196～199、203～205、231～235页。

价值”的口号。所谓“重估一切价值”，就是站在“强力意志”的立场上，批判一切传统文化、道德观念和价值标准，破除它们的权威。尼采说：“我是一个非道德论者，因此，我是一个破坏者”，“从根本上说，我说的非道德论者这个词有两个否定。一方面，我否定以往称之为最高尚的人，即好人、善人、慈悲人；另一方面，我否定那种作为自在的、流行的、普遍认可的道德——颓废的道德，更确切些说，基督教道德。”① 随着对基督教的批评，尼采高呼：上帝死了！尼采认为，上帝的故事只是一个纯粹的虚构，“上帝的观念迄今为止是存在的最大障碍”②，生命意志不允许上帝活着，上帝必须死亡。以前，上帝是人类的最高理想，它全知全能，赏善罚恶，为人类提供生活的目标和意义。现在上帝死了，一切随之翻转、倒塌和崩溃。以前所谓的高尚、善良、忍让、理性等等都成为应该批判的东西。上帝死了，随之而来的是“超人”。超人是人类未来的希望，超人完全按照强力意志行动，是完全摆脱了奴隶意志的真正的强者。超人具有巨大的创造力，他既是强力意志的化身，又是主人道德的标准，同时还是超越芸芸众生的“充实、平实、伟大而又完全的人”。“超人是世界的意义”，“超人将成为世界的意义”。③ 尼采固然也讲到，“超人”既然要摆脱传统习俗和道德标准的约束，就必须在恶劣环境中成长。但实际上，尼采的“超人”只是一种理想和神话。而尼采提出“超人”理论，毕竟反映着他对现实中的人极度不满而寄托于未来的希望。所以说尼采是矛盾的。他的人生和思想构成强烈的反差，他的思想本身充满矛盾。他关于“重估一切价值”的口号给人们以虚无主

① 尼采：《瞧！这个人》，刘崎译，台湾志文出版社1975年版，第99页。

② 尼采：《偶像的黄昏》，周国平译，光明日报出版社1996年版，第42页。

③ 尼采：《偶像的黄昏》，周国平译，光明日报出版社1996年版，第6页。

义的印象，但是他称自己的本意是“取向肯定，否定和批判仅仅是间接的不得已的”[①]，是一种“积极的虚无主义”。尼采的影响也是矛盾的，一方面他的理论为纳粹政权所鼓吹和利用，另一方面他的思想也被革命者、改革者所青睐，成为激励自身的精神力量。[②]

从尼采的整个世界观念中，还可以看出，其“永恒轮回”说与“强力意志”说处于并重的地位。如果说，尼采用“强力意志”解释“存在”“生成”的动因；那么，“永恒轮回”就是他用以解释“生成”“存在”的方式。与“强力意志”一样，“永恒轮回”不能用“生成”来加以解释，相反“生成”要从它获得具体的规定性。尼采解释讲，“循环绝不是生成者，它是元法则，一切生成均在循环之内”，即所有“存在”均在循环之内，不可以“把这一循环法则设想为被生成的”，“存在”并非一开始就存在着一种混沌，最后才从中渐渐形成循环法则。毋宁说，包括混沌在内的一切都是永恒轮回的，都处在循环法则的支配之下。[③]

尼采试图在“永恒轮回”与“强力意志”两个观念之间建立一种内在联系。这既表现于，在宇宙论上，两者都从力的某种非机械论、非目的论的性质中得到理论说明；也表现在，在价值论上，“永恒轮回”被解释为“最高的强力意志”的实现。而作为以上论证的本体论基础，尼采在一系列场合，把存在的本质归结为强力意志。例如，他写道：强力意志“贯穿于一切事件中”。[④]“一切推动力都是强力意志，此外并无物理的、动力

① 尼采：《偶像的黄昏》，周国平译，光明日报出版社 1996 年版，第 52 页。
② 赵敦华：《现代西方哲学新编》，北京大学出版社 2001 年版，第 20 页。
③ 《尼采全集》第 12 卷，莱比锡 1926 年德文版，第 61 页。
④ 《强力意志》第 552 条。

学的或心理的力。”① “强力意志是我们深入底蕴达到的最后事实。”② “从内部看世界，从其‘概念特征’来规定和描述世界——它正是‘强力意志’而非其他。”③“这个世界是强力意志——而非其他!”④ 总而言之，“强力意志是存在的最内在本质”。⑤

正如有哲学家所说，“在尼采哲学中，强力意志是一个本体论范畴。……他认为，人没有一成不变的既定本质，他可以自己改变自已，塑造自已，创造自己的本质。尼采把人看成是未定型的、未完成，有无限发展可能的一种存在。”⑥

三、关于“酒神”与“日神”

以上可见，尼采强调强力意志是生成与存在的统一，在论证过程中，他继承了叔本华关于生命意志是世界本体的观点，而非常显然的是，尼采又在进一步追问这生命意志的本体时，与叔本华哲学分道扬镳了。如果说叔本华讲生命意志是强调一种消极的“挣扎”；那么尼采讲生命意志则是强调一种积极的创造力量，所以他才强调了强力意志。

尼采在《悲剧的诞生》中解释希腊悲剧时，特别注意到了古希腊悲剧神话中的酒神精神和日神精神。尼采的《悲剧的诞生》揭示了原初的统一与个体化、意愿与表象以及生命与苦难如此等等的矛盾。尼采认为生命需要得到维护，换言之，需要

① 《强力意志》第688条。

② 《尼采全集》第16卷，莱比锡1926年德文版，第415页。

③ 《善恶的彼岸》第36条。《尼采全集校勘学习版》第5卷，第55页。

④ 《强力意志》第1067条。

⑤ 《强力意志》第693条。

⑥ 韩秋红、庞立生、王艳华：《西方哲学的现代转向》，吉林人民出版社2007年版，第47～48页。

从苦难与矛盾中拯救出来。这种矛盾在酒神狄奥尼索斯与日神阿波罗的对峙中表现出来。

日神——阿波罗，酒神——狄奥尼苏斯，都是希腊神话中的人物。叔本华认为人生是苦恼的，艺术把这一苦恼变成形象，在纯粹的观照中求得解脱。尼采则提出，阿波罗精神高踞奥林帕斯的神山上，俯瞰宇宙人生，将此当成一个梦境和意象去赏玩。希腊的雕塑和史诗，就是阿波罗型的艺术。狄奥尼苏斯精神则是酒神的酩酊大醉，因而在狂歌醉舞中忘记了人生的苦恼，感到生命的酣醉和欢悦，希腊的舞蹈和音乐，就是狄奥尼苏斯型的艺术。而希腊的悲剧，则诞生于两种精神的结合。一方面是动的，如音乐，这是苦闷从内心发出的呼号；另一方面又是静的，如雕刻，这是一种光辉的形象。就是在这二者的结合中，希腊悲剧在阿波罗的形象中拯救了狄奥尼苏斯的痛苦；一些悲剧英雄如俄狄浦斯、普罗米修斯等，也从痛苦中得到提高。真正的悲剧精神就是用最大的痛苦去换取最高贵的人生，“崇高来自于对恐怖的克服”。这样的悲剧，纯凭直觉，与理智无关。当苏格拉底的理性主义和“具有苏格拉底美学观点的诗人”欧里庇德出现，希腊的悲剧衰落了，让位给喜剧诗人阿里斯托芬。因此他认为科学与道德阻碍生活，艺术则发扬生活，肯定生活。

可见，在尼采理论中反映出，日神是个体化原则的神圣化身。于此构筑表象之表象（I’apparence de I’apparence）、美之表象、梦幻或是造型艺术，从而摆脱了苦难，“日神在永恒现象的灿烂光辉里克服了个体的苦难”①，彻底抹除了痛苦。酒神则反其道行之，回到原初的统一，砸碎个体并将之拖入毁灭的深渊，使之融入本原的存在；这使作为个体化苦痛的矛盾复生，又通

① 尼采：《悲剧的诞生》，第16条。

过让人们分享充溢于天地的唯一存在或普遍意愿，使矛盾在更高的快乐中得以解决。因此，酒神与日神的对立并非因为它们是互为矛盾的对立面，而是因为它们解决矛盾的方式恰好相反。日神在造型艺术的观照中间接地解决矛盾，酒神则在意志的艺术符号中，于痛苦的复生中，直接解决矛盾；阿波罗规范着光明理性，狄奥尼索斯在这之上镶绣纷繁的表象；但在阿波罗之下的狄奥尼苏斯不断发出低沉的怨声。因而两者的对立势必要得到解决，势必要“转换为统一体”。悲剧就是这样一种和解，它是由酒神主宰的与日神奇妙而危险的联盟。

尼采之所以强调，悲剧就是日神和酒神的对立和解，是因为日神是象征光明之神，其光辉使万物呈现美的外观；酒神则象征着情绪的放纵、亢奋和总释放，是一种痛苦与狂喜交织的癫狂状态。尼采由日神与酒神把艺术分成梦和醉两个世界。他说，作为“日神”，“壮丽的神的形象首先是在梦中向人类的心灵显现”。“在酒神的魔力下……超自然的奇迹也在人身上出现……人不再是艺术家，而成了艺术品；整个大自然的艺术能力，以太一的极乐满足为鹄的，在这里透过醉的颤栗显示出来了”。[①]

尼采强调日神和酒神的力量，并强调其中无须人间艺术家的中介，在自然界里以直接的方式获得满足：“一方面，作为梦的世界，这一世界的完成同个人的智力水平或艺术修养全然无关；另一方面，作为醉的现实，这一现实同样不重视个人的因素，甚至蓄意毁掉个人，用一种神秘的统一感解脱个人”。[②] 它们相互冲突，在某一时刻，他们和解了。“并且严格规定了从此必须遵守的界限，定期互致敬礼；鸿沟并未彻底消除”。[③]

① 尼采：《悲剧的诞生》，三联书店 1986 年版，第 6 页。

② 尼采：《悲剧的诞生》，三联书店 1986 年版，第 7 页。

③ 尼采：《悲剧的诞生》，三联书店 1986 年版，第 8 页。

尼采说："我的眼光始终注视着希腊的……日神和酒神，认识到他们是两个至深本质和至高目的皆不相同的艺术魔界的生动形象的代表。在我看来，日神是美化个体化原理的守护神，唯有通过它才能真正在外观中获得解脱；相反，在酒神神秘的欢呼下，个体化的魅力烟消云散，通向存在之母、万物核心的道路敞开了。"[①]"日神因素为我们剥夺了酒神普遍性，使我们迷恋个体，把我们的同情心束缚在个体上面，用个体来满足我们渴望伟大崇高形式的美感；它把人生形象一一展示给我们，激励我们去领悟其中蕴含的人生奥秘。日神因素以形象、概念、伦理教训、同情心的激发等巨大能量，把人从秘仪纵欲的自我毁灭中拔出，哄诱他避开酒神过程的普遍性而产生一种幻觉。"[②]然而"存在的一切必须准备着异常痛苦的衰亡，我们被迫正视个体生存的恐怖，但是终究用不着吓瘫，一种形而上的慰藉使我们暂时逃脱世态变迁的纷扰。我们在短促的瞬间真的成为原始生灵本身，感觉到它的不可遏止的生存欲望和生存快乐。现在我们觉得，既然无数竞相生存的生命形态如此过剩，世界意志如此过分多产，斗争、痛苦、现象的毁灭就是不可避免的。"[③]

在悲剧中，酒神是悲剧的本质。他是悲剧人物，"是受难的光荣的上帝"，他的苦难是唯一的悲剧主题，是沉浸于本原存在的欢乐之中的个体化苦难。合唱队是悲剧的观众，它富于酒神的气质，并将酒神视为自己的主人和统治者。另一方面，日神亦作出了贡献：在悲剧中，是他把悲剧因素发展成戏剧，把戏剧中的悲剧因素表达出来。"我们必须将希腊悲剧理解为在日神的形象世界中反复宣泄的酒神歌队……在连续的宣泄中，悲剧

① 尼采：《悲剧的诞生》，三联书店 1986 年版，第 67 页。
② 尼采：《悲剧的诞生》，三联书店 1986 年版，第 93 页。
③ 尼采：《悲剧的诞生》，三联书店 1986 年版，第 71 页。

这个根源放射出戏剧梦幻一般的图景……所以，戏剧是酒神洞见与酒神作用的酒神式体现”[①]，是酒神以日神的形式、在日神的世界中经历的客体化历程。

总之，尼采的一系列论述，强调了充满酒神精神的积极创造的生命意志，意在进一步阐明他所谓的“强力意志”。这与叔本华所讲的“生命意志”的区别在于：是为了强大而积极创造和争取还是为了生存而消极挣扎。如前所说，尼采在他的第一部著作中就把古希腊的酒神狄奥尼苏斯搬上他的哲学舞台，从此就一直没有退场，只是变换面具，直到最后，尼采甚至还把他的哲学称为“酒神哲学”。[②] 尼采的“酒神”虽然来自古希腊艺术，但他认为大自然本身就包含这一角色。在尼采那里，如果说，是把大自然创造生命的现象称为“日神冲动”，那么，把大自然否定生命而使之复归宇宙本体的现象则被称为“酒神冲动”。尼采强调，艺术源于“酒神冲动”，所以能使人陶醉。悲剧之本质是一种酒神艺术，它通过个体生命的毁灭而给人以一种与宇宙本体结合为一体的神秘陶醉，这样一种形而上的慰藉就是悲剧快感的实质。尼采认为，悲剧并不一定悲观，悲剧快感的实质在于：不管现象如何变化，事物基础之中的生命仍是坚不可摧和充满欢乐的。[③] 尼采以艺术谈人生，借艺术悲剧解读人生悲剧，这成为尼采哲学的突出特点。

---

① 《悲剧的诞生》，第8、10条。

② 《尼采选集》第2卷，慕尼黑1978年德文版，第439页。

③ 《尼采全集》第1卷，莱比锡1926年德文版，第55页。

第三节　柏格森："生命哲学"，"延绵是唯一的实在"

一、关于"生命哲学"

叔本华、尼采的唯意志论，在论证中体现出一种非常明显的生命哲学特征。西方哲学史上的"生命哲学"即 Lebensphilosophie，有时也写为 Philosophy of Life。对此，在中文翻译中，亦往往译为"生的哲学"、"生活哲学"、"人生哲学"等等。在西方哲学史上，人们往往关注到，从古希腊哲学，例如在斯多葛主义和伊壁鸠鲁主义那里，就有值得重视的关于生命哲学的论述内容。到近代后，人们在追溯生命哲学的思想渊源时，常常又对约翰·沃尔弗冈·歌德（Johann Wolfgang von Goethe，1749—1832）及一系列浪漫主义哲学家，称为生命哲学直接的思想先驱。

关于试图用生命的发生和发展来解释宇宙，甚至解释知识或经验基础的学说或思潮，19 世纪末 20 世纪初流行于德、法等国。这被认为是在叔本华的生存意志论和尼采的强力意志论、达尔文的生物进化论和斯宾塞的生命进化学说，以及法国 M. J. 居约（1854—1888）的生命道德学说的影响下形成的。

近代出现的生命哲学，开始是对 19 世纪中期黑格尔主义和自然主义的一种反抗。生命哲学家不满意黑格尔所主张的绝对理性，不满意自然主义所依据的因果决定论，认为这些思想是对个性、人格和自由的否定。他们要从"生命"出发去讲宇宙人生，用意志、情感和生命"活动"去充实关于人的哲学。他们声明自己并不反对自然科学和理性，只说这些经验或知识不完全，必须提高意志、情感的地位，才能穷尽“生命”的本质。但他们夸大生命现象的意义，把生命解释为某种神秘的心理体验。生命哲学对现象学的创始人胡塞尔和主张“信仰意志”的美国哲学家詹姆斯等人均有过重要影响，尤其是存在主义者如德国的雅斯贝尔斯、海德格尔和法国的萨特等人都继承和发展了生命哲学的观点，他们抛弃了“意志”而改用“存在”表明生命的概念。

19世纪末20世纪初的德国哲学家狄尔泰，W.（Wilhelm Dilthey，1833—1911），被认为是最早用“生命哲学”一词来表示其哲学的哲学家。狄尔泰的哲学思想是新康德主义的发展，他把康德的分析方法，从知识论扩展到精神科学，从理性转向精神，从道德推广到历史与文化。他和新康德主义者一样，严格区分了自然科学与精神科学，认为哲学的重点是在精神科学，以生命或生活作为哲学的出发点。他推崇经验论，但他注重的是经验生活、人的内省经验或内在经验，而不是关于自然现象的经验。他也反对超经验主义和康德的“物自体”。他认为，对人的生命（不论对自己或对他人）的认识是再现，也是再体验，因而加入了认识者本人的创造的想象，所以人在认识现象或物质时所应用的理性或理智，并不能穷尽生命的意义或本质。在他看来，对生命或精神的理解都是活生生的、具体的，它有过程，有历史，但不重复。生命总在变化，人性也总在变化，人只有置身于自己的生命之流中，又能与他人的生命融合在一起，作同情的了解，才能说得上有真正的“理解”。因为生命不是本体，而是活力，是一种不可遏止的、永恒的冲动；这种冲动只有通过每一个自我内在的体验才能理解。狄尔泰主张只能用精神科学的方法，即他所提出的所谓“释义学”去领会。人们根据此种方法表达出来的就是知觉、思想、情感，进而表现为语言、艺术、宗教、社会制度等等。

狄尔泰并不否认环境对人的生命所起的作用，但他把社会环境看成是精神生活的总和，看作是精神的客观化，认为社会生活（或精神生活）与物质生活，精神与物质，在性质上尽管不同，但在现实中却密不可分。狄尔泰的哲学不仅仅是对个人生命（或精神）的说明，而是更强调人类的生命。他指出，人类生命的特点必定表现在时代精神上，在历史过程中，人的一切表现都是历史过程的一部分。他把历史过程归结为人类生命的过程，同时又把生命解释为某种神秘的心理体验。

德国哲学家齐美尔（Simmel，Georg，1858－1918）也是生命哲学的代表人物之一。齐美尔的哲学，在认识论方面接近新康德主义，认为认识的先天形式是在无法计算的心理和生物的因素影响下实现的，因而经常变化。齐美尔哲学中的生命哲学汲取了尼采主义的因素：一方面认为“生命”形成过程是非理性的，是不断地“超越自己”，同时又提出 Mebr Leben（向更大的“生命”运动的“生命”）和 Mehr als leben（向高级状态过渡的“生命”），前者是“生命”在一定的形成阶段表现的形式，如无机界与有机界、家庭、社会等等；后者是“生命”在精神阶段上所达到的“高级”实现，即文化，其中包括宗教、艺术和科学等。

由主张精神生活哲学来阐发生命哲学的 R. C. 奥伊肯（Rudolf Christooh Eucken，1864－1926）提出，“精神生活”（生命）是感官经验以外的“实在”，是动态性的创造力，自然界和真理的根源。凡处于时空中的一切，都由此而得到意义和价值。“精神生活”不可界说，却是人类经验的一部分。

英国哲学家席勒（Fredinand Canning Scott Schiller，1864－1937）也是较早使用到“生命哲学”这一名词的哲学家。他当时在与黑格尔理性主义相抗衡中转向重视生命体验。另外新康德主义者如威廉·文德尔班（Wilhelm Windlband，1848－

1915)、H. 李凯尔特等人，严格区分了自然科学与价值论（或文化哲学、精神科学），也对生命哲学的发展给予了有力的推动。德国 H. A. E 杜里舒（1867—1941）的生机主义，则试图从生命的进化或生物学的立场，为生命哲学建立自然科学的基础。再就是英美哲学家怀特海（A. N. Whitehead，1861—1947）以近代物理学及数学上的成就，论证自然界是活生生的、有生命的，处于创造进化的过程中。他由此创立了其重过程而轻实体的活动过程哲学或有机体哲学。

二、关于"延绵"

人们在谈论西方哲学史上的"生命哲学"时，往往更多地把"生命哲学"与法国哲学家柏格森的名字联系在一起，以至讲，柏格森学说是最典型的生命哲学；如果没有柏格森，生命哲学就不可能产生如此之大的影响。因此柏格森的名字被认为是生命哲学的象征。

柏格森（Henri Bergson，1859—1941）1859 年 10 月 18 日生于巴黎，父母都是犹太人。1878—1881 年就学于巴黎高等师范学校，1898 年获文学博士学位，并在该校任教。他于 1900—1921 年任法兰西学院哲学教授，1914 年当选为法国科学院院士。在 1928 年，他因 1907 年出版了《创造进化论》而获 1927 年度诺贝尔文学奖。他于 1941 年 1 月 4 日死于德军占领下的巴黎。柏格森的主要哲学著作有：《论意识的直接材料》（1889）英译本为《时间与自由意志》（1913）、《物质与记忆》（1896）、《笑的研究》（1900）、《形而上学导言》（1903）、《创造进化论》（1907）、《道德和宗教的两个来源》（1932）等。

学界一般认为，柏格森的哲学，从形成到终结，大体经历了三个阶段：第一阶段，从 1889 年他的第一部著作《论意识的直接材料》（即《时间与自由意志》）发表到 1896 年，他提出了非理性主义的直觉主义，直觉理论成了他的生命哲学认识论的核心；第二阶段，从 1896 年《物质与记忆》问世到 1907 年《创造进化论》出版，他建构了独特的“本体论”、“实在论”——把“生命之流”，即“生命的冲动”看作是世界的真实的实在和本源，由此而阐释他的“绵延”和“运动”的概念；第三阶段，1932 年《道德和宗教的两个来源》发表后，柏格森侧重于具有宗教神秘主义的社会观和道德观的研究。

正是在获得 1928 年诺贝尔文学奖的《创造进化论》一书中，柏格森提出了“生命冲动”的学说。瑞典皇家科学院在颁奖词中高度评价了柏格森的哲学在批判西方传统理性主义和机械决定论、解放人类思想方面的巨大意义，认为《创造进化论》“是一篇震撼而新的雄伟诗篇，一个含蕴不竭之力与驰骋天际之灵感的宇宙论”，“他亲身穿过理性主义的华盖，开辟了一条通路。由此通路，柏格森打开了大门，解放了具有无比效力的创造推进力……向理想主义敞开了广阔无边的领域”。

柏格森继承了狄尔泰和齐美尔的思想，并进行了重大改造。他的哲学的立足点是基于解析时间，他认为他的生命哲学与传统哲学的区别就是要以时间并澄清空间概念作为哲学的对象。他把时间区分为“科学的时间”与“真正的时间”。前者是科学使用的可由钟表度量的时间，也叫作“空间化的时间”；后者是要通过直觉体验的时间，这被柏格森归结于“绵延”（durée）。柏格森指出，作为“科学的时间观”把时间看作是由一个个同质而独立的前后相继的瞬间组成的线，各部分处于均匀的、互相分离的状态，其特点是同质性、可计量性、可分割性。例如，人们把一天分为 24 小时，每小时 60 分钟，每分钟再分为 60 秒。柏格森认为，这是在科学中用空间的语言来谈论时间，或者说将时间空间化。科学的时间是抽象的幻觉。这种时间观念自有其必要性，但这种时间观却无法使我们体会到真正的时间，如果从生命本事来理解时间，那么时间的根本特征是“绵延”。不过，柏格森并没有对“绵延”写出简要明确的定义，他认为要给“绵延”下定义是不可能的。人们可以通过柏格森本人的论述把握到“绵延”的大致含义。首先，“绵延”是不可度量的、连续不断的、不可分割的时间。“绵延”就像一段音乐，我们只能从总体上感受它，如果把它分为一个又一个的音符，音乐就不存在了。“绵延”也是如此，它是一个不可分割的有机整体。其次，“绵延”是生生不息的变化流。“绵延”就像一条无底、无岸的河流，它不靠任何其他的力量而流向一个不确定的方向，无尽的变化是其根本特征。再次，“绵延”是一种创造。柏格森说：“绵延意味着创新，意味着新形势的创造，意味着不断精心构成崭新的东西。”① 最后，“绵延”是无法预知的。预见就是将已经在过去观察到的东西投射到未来中，但是“绵延”是从未被观测到的东西，因而是无法预见的。

人们通常认为，柏格森的用语“绵延”，意指生命具有一种超时空的、永恒的、运动着的无限延续的特征，是一股无底、无岸的“流”，由于有它，世间才有生命创造一切的、不断“创化”的过程。柏格森说：“纯粹绵延是，当我们的自己让自己生存的时候，即当自我制止把它的现状和以前各状态分离开的时候，我们的意识状态所采取的形式。”纯粹绵延把过去和现在做成一个有机整体，其中存在着相互渗透，存在着无区别的继起。“在我们的自我之内，有不带相互外在性的继起；在自我之外，即在纯粹空间内，有不带继起的相互外在性”。柏格森强调，“纯粹绵延排斥一切并列，互相外在以及伸张之类的观念”。“用概念，抽象的、一般的或者简单的观念表达绵延更是不可能

① ［法］柏格森：《创造进化论》，肖津译，华夏出版社 2000 年版，第 16 页。

的”。哲学界有人曾这样解释说，柏格森把万物的本质界说为“绵延”（有时称之为“真正的”或“具体时间”），他认为时间是生命或精神的根本特征，“凡是有什么东西生存的地方，就存在把时间记下来的记录器，暴露在某处”，它是脱离物质、脱离自然现象和社会现象而发展的，是心理之内在的下意识的基础，绵延的各个方面就是记忆、本能、意识、自由、精神；而物质和理智则是正在消失的绵延的两种相互联系的表现，是某种类似生命的残余物。

在柏格森讲来：人类可发展出一种特有的力量，即关于实在的直觉，这是理解力进化的产物。这种能力或本能是其“直接掌握”的能力，而直觉是自觉且自山的。作为人来说，开发直觉需要努力。除非下工夫，否则只能由表面、知性的观点去看事物，而无法掌握内在本质。此一内在本质只有直觉才能洞悉。

柏格森对“绵延”给予了特别的重视。柏格森在其著作《时间与自由意志》的第二章“意识状态的众多性，关于绵延的观念”中，从“数目是什么”说起，论证了“构成一个数目的各单位”是“同一的”并且是“彼此有别的”，指出“若不同时有了关于空间的直觉，则我们不能构成关于数目的观念或影象。”[①] 他讲到，例如人从童年时起，先看到一排球体，后这些球体被想成一系列的点，直至这“影像”自身也消失了，只剩下抽象的数目。这时“我们所保留的只是一个符号，这符号对于记算是必要的，它又是人们表达数目的惯有方式”。“我们习惯于在时间内计数而不在空间内一计数”，这是因为“我们在绵延中，仅仅在绵延中，构成了这个数日”。柏格森指出：“毫无

① 柏格森：《时间与自由意志》，吴士栋译，商务印书馆1958年版，第50、52页。

疑问，我们所这样数出的是绵延中的瞬间，而不是空间的点。但是这里的问题正是：我们是否不会利用空间的点来数出绵延中的瞬间。我们确实在时间内（而且只在时间内）觉到一种有下列情况的陆续出现：它不是旁的而只是一种陆续出进，它不是一种相加的过程，即不是一种最后使得我们得到二个总和的陆续出现。因为虽然我们要顾到不同项目的陆续出现才能达到一个总和，可是每个这样的项目必得在我们过到下一项目时停留下来，并且（好比说）等待我们把它加到其他项目上去。如果它不是旁的而只是绵延中的瞬间，则它怎能等待呢？如果我们不把它放在空间，则它在什么地方等待呢？我们不知不觉地把我们所数的侮·瞬间放在空间的一个点上；只有在这种条件下，抽象单位才能构成一个总和。事后将指出，我们无疑地可以离开空间而觉出时间的先后各瞬间。但是我们若把以前各瞬间加到现在这一瞬间上去，如同我们把各单位相加起来时所做的那样，则我们所涉及的就不是这些瞬间自身（因为它们已经消失永不复返），而是这些瞬间当它们经过空间时所好像留在那里的持久余迹。”

柏格森特别用心地解析到：由于每一个数目自身是一个“单位”，当人们“在数目构成之后将空间的连续性赋予数目”，这就使“数目”成为被人们设定的“一种在空间的并列排置”。柏格森认为，如果说作为对象的物，“它们可以在空间被数出来”；那么意识到的东西，“除非被象征地放在空间里”，否则便不可能“被数出来”。[①] 这样，“纯一的时间作为一种媒介”，意识状态才在其中构成无连接性的系列。

由此而言，柏格森论述说，这必定形成一系列悖论，正如

① 柏格森：《时间与自由意志》，吴士栋译，商务印书馆1958年版，第55～57页。

古希腊哲学家作为例子所陈述的“阿基里斯永远追不上乌龟”的数学系列那样。[①] 这里的原因在于：如此的“时间不过是空间而已”；而“纯绵延是另外一种东西”。由此，柏格森强调“让我们注意：当我们谈论时间的时候，我们一般地想着一个纯一的媒介；而在这媒介里，我们的意识被并排置列，如同在空间一样，以便构成一个无连续性的众多体”。而“照这样解释的时间”“是一个记号、一种象征，又绝对跟真正绵延不相同”。因为，关于“真正的绵延”“跟空间”的关系，“一方面，如果时间（照思索意识把它表示出来的样子讲）是一种媒介，而我们的意识状态在这媒介里构成一个无连续性的系列以使之可被计算；在另一方面，如果我们关于数的概念终于把一切可直接被计算的东西散布在空间，那么，在这种情况下，我们可以认为这是没有问题的：即倘若我们把时间解释为一种媒介并在其，扫区别东西和计算东西，则时间不是旁的而只是空间而已”。于是“有这个事实：我们不得不借用种种有关空间的影像，以使我们能描述意识对于时间，甚至对于陆续出现，有着怎样的感觉，从此可推论，纯绵延一定是另外一种什么东西”。这说明，如果人们对子无连续性众多性进行这番分析，便会使人们注意到，“除非我们对于空间观念与时间观念在其相互关系上直接加以研究，我们就不能阐明这些问题”。所以“空间是不是绝对实在的东西，这个问题我们不拟过分强调，也许同样值得我们来问：空间是不是在空间之内”。而其中“重大的困难好像在这里：我们要搞清楚到底广度是这些物理性质的一个方面—性质的性质，还是这些性质在本质上不占空间，空间是后来添加的，并且是自足的，没有各性质也可存在。照前种假设，空间就变

① 柏格森：《时间与自由意志》，吴士栋译，商务印书馆1958年版，第75～76页。

为一种抽象，或说得较准确些，就变为一种抽取；空间代表某些所谓表象性感觉所具有的共同因素。照后种假设，空间就变成一种实在的东西；它虽然跟感觉不属于同一类，却跟它们是同样结实的”。①

因此，柏格森讲，“人们一般地同意把时间当作没有止境的媒介，跟空间有所不同，但跟空间一样具有纯一性。人们从而假定纯一的东西具有两种形式，在一种形式一下，内容是同时存在的；在另种形式下，内容是陆续出现的。诚然，当我们把时间当作意识可在其中开展的纯一媒介时，我们认为时间已被全盘托出；这等于说，我们从绵延里把时间抽取出来”。“这样做就已经是不知不觉地重新依靠空间而真正地放弃了时间”。于是“我们可以认为：由于空间观念越过界限而擅自冲进纯意识的范围内，时间，作为一种纯一媒介来看，乃是一个冒牌的概念”。可是，无论怎样，我们若不事先问明二者之一是否不能还原为其中之另一，则我们终于不能承认纯一的东西具有两种形式，时间与空间。“外在性是占空间物件所以. 异于他物的特征，而意识状态在本质上是不外于彼此的；只因时间被当作一种纯一媒介，而意识状态被散布于时间之中，意识状态才变成外于彼此的。人们认为纯一的东西具有两种形式，时间与空间；如果其中之一来自其中之另一，则我们可以‘先天式’地忆度，空间观念是基本的张本。但是那些企图把二者之一还原为其中另一的哲学家们，由于他们为时间观念之明显的简单性所迷误，就认为他们能把绵延变为广度”。这样“我们可以看出：时间既被人们设想为一种没有止境的纯一媒介，那它就不是旁的，而

① 柏格森：《时间与自由意志》，吴士栋译，商务印书馆1958年版，第61～62页。

只是空间的鬼影在思索意识上作祟”。[①]

由此，柏格森又讲到，“我们可把空间里的位置关系界说为时间上可逆过来的陆续关系。但是这样的定义已使我们陷入循环论证的泥坑，至少牵涉到一种很肤浅的时间观念”。所以，我们“就要指出，对于时间确有两种可能的概念，一种是纯粹的，没有杂物在内，一种偷偷地引入了空间的观念。当我们的自我让自己活下去的时候，当自我不肯把现有状态跟以往状态隔开的时候，我们意识状态的陆续出现就具有纯绵延的形式”。[②]

总之，“我们把时间投入空间，用有关广度的字眼来表示绵延；因而陆续出现变成一根连续不断线条或链环的样子，其各部分彼此接触而不互相渗透”。“这样构成的这个影象意味着：我们对于先与后，已经不是陆续加以知觉，而是同时加以知觉；又意味着：我们如果设想陆续出现一方面仅仅是陆续出现，一方面却又是在同一瞬间的全部出现，则我们就自相矛盾”。“当我们谈论绵延中陆续出现的次序以及这次序的可逆性时，我们所涉及的陆续出现或者是纯陆续出现，如方才已界说的那样，没有任何广度掺杂在内；或者是在空间发展着的陆续出现，它的发展方式使我们对于彼此有别而又并排置列的各因素可以一下子顾到好几个”。“所以关于绵延中一个可逆系列的观念，甚至仅仅关于时间内某种先后次序的观念，自身之内就涵有关于空间的表象，因而不能用来界说这种表象”。因此，“有些人把纯绵延当作一种类似空间的、但性质比空间单纯些的东西”，这是错误的。[③]

---

① 柏格森：《时间与自由意志》，吴士栋译，商务印书馆 1958 年版，第 66 页。

② 柏格森：《时间与自由意志》，吴士栋译，商务印书馆 1958 年版，第 67 页。

③ 柏格森：《时间与自由意志》，吴士栋译，商务印书馆 1958 年版，第 68～69 页。

这样，柏格森作为结论特别指出，"纯绵延是完全性质式的。除非被象征地表示于空间，它是不可测量的"。"诚然，我们对于绵延的各先后瞬间加以计算；诚然，由于时间跟数目发生某种关系，时间起初好像是具有大小而可测量的东西。正如空间一样。但是这儿有一个重要的区别值得我们注意"。他以时钟的摆为例，解析说，"因为空间来把前一次摇摆的余迹保存下来"，"我若这样做，则我就使自己永远停留在现在，而对于设想绵延或设想绵延陆续出现的企图就不得不加以放弃"。因为"严格讲，纯绵延并不是一种数量；一旦我们企图测量它，则我们就不知不觉地使用空间来代替它"。[①]

因而，柏格森指出，"从这番分析可以知道，只有空间是纯一的；可以知道，空间的各物构成一个无连续性的众多体；可以知道，每一个无连续性的众多体都是经过一种在空间的开展过程而构成的。从此又可知道：如果我们照意识对于这些字眼所了解的意义来使用它们，则空间没有绵延，甚至没有陆续出现。至于所谓在外界的先后状态，它们每个单独地存在着；只是对于我们的意识而言，它们的众多性才是真实的；我们的意识能首先保持它们，然后把它们在彼此关系上加以外在化，从而把它们并排置列起来。意识所以能保持它们，乃是由于外界的这些不同状态引起了种种意识状态，而这些意识状态互相渗透，不知不觉地把自己组成一个整体，并通过这个联系过程把过去跟现在联在一起。意识所以能把它们在彼此关系上加以外在化，乃是由意识想到它们的根本区别（当后一状态出现时，前一状态已经不再存在），就把它们看成一个无连续性的众多体；而这等于在它们每个原来分别存在于其中的空间里，把它

① 柏格森：《时间与自由意志》，吴士栋译，商务印书馆1958年版，第70～72页。

们排成行列。意识为了这个目的所使用的空间恰恰是所谓的纯一时间”。[①]

后来，柏格森又特别论证了，我们的自我特别寄托在这个活生生的绵延之上。“当我们的种种行动发自我们的全人格时，当这些行动表现全人格时，当它们和全人格有那种在艺术家与其作品之间不时见得到的难于名状的类似时，我们是自由的”。自由在于自我与绵延的同一，自我及其人格的真正表达也在于延绵。在《材料与记忆》中，柏格森还强调大脑的机能与人的思维是两个东西，它们之间无论如何不可能发生关系，因为这两个东西不是空间上并列的，但它们通过记忆相联系。过去在两种判然有别的形式下残留下来：第一，以运动机制的形式；第二，以独立回忆的形式，对运动机制的记忆并不包含对过去事件的真正记忆，只有对过去事件独特性的回忆、直接的感触才是真正的记忆。过去由物质来行动，而心灵通过想象来保存它。物质是没有记忆的大机器，心灵具有记忆的力，其特性是像滚雪球那样积累往事，在绵延的每一瞬间，把作为实在创造的某种新东西同往事组织在一起。通过记忆，物质参与绵延的创造。

所以，柏格森在《创造进化论》中，把绵延描述成生命之流。生命的冲动被论证成为万物变化运动的动力，永远朝着新的创造。他指出生命冲动有两个方向：向上的喷发，产生一切生命形态，代表着生命的勃勃生机，它创造了植物、动物，以人为其最高发展；向下的坠落，是生命的停滞，产生一切无生命的物质，是生命动力的缺如。向上的运动存在于真正的时间之中，而向下的运动则把物质遗弃到空间世界中。

---

① 柏格森：《时间与自由意志》，吴士栋译，商务印书馆1958年版，第81～82页。

与“绵延”相联系，柏格森还提出了“生命冲动”（élan vital）的概念，叔本华曾经提出“意志”是一种盲目的“冲动”，柏格森把它改造为“生命冲动”并赋予它以本体的崇高地位。他认为，生命冲动是世界上一切事物生生不息、推陈出新的最深刻根源。生命进化的原动力就是生命的冲动，生命创造性地进化着，进化就是不停顿地创造。他称自己的理论为“创造进化论”，以示和传统的“机械进化论”的根本区别。他还认为，宇宙的进化并不是线性行进的，而是发散式的爆炸式的，其中充满了偶然性和不可预测性。柏格森建立在“生命冲动”基础上的“创造进化论”否定了形形色色的目的论和机械论，强调人生的意义在于创造和超越，具有振聋发聩的作用。

在认识论上，柏格森认为生命冲动和绵延都不是理性认识对象，靠逻辑和理性思维是不可能理解它们的，要把握它们，必须依靠“直觉”。柏格森把人类对客体的认识方法分为两种：一种是理智的方法，另一种是直觉的方法。理智的方法只能认识空间中的事物，把事物从整体到部分、从运动到静止去加以分析，其特征是抽象性和固定性。由于理智的方法总是通过把对象分割成一个独立静止的片段来揭示它们之间的因果关系，因而它只适用于把握科学的对象，解决日常生活中的问题，要靠它来认识以绵延为特征的生命是根本不可能的。用理智认识生命，就像是用渔网去捞川流不息的河流，必然把生命最本质的“绵延”放过去了。那么直觉是生命呢？“直觉引导我们正是要达到生命的真正内部……它是已经脱离了利害关系的、有自我意识的，能够反省它的对象并无限扩展对象的能力。”[①] 只有直觉才能把握生命，把握绵延。柏格森极力反对“预成论”而

① 柏格森：《创造进化论》，肖津译，华夏出版社2000年版，第176页。

主张“生成论”。以“绵延”的观点来理解世界，世界就处于永恒的生成之中；以“绵延”的思想来考察生命，生命就在于不断变化和生成之中。柏格森认为，不管是世界还生命的“生成”，都是没有止境的。这对西方传统的“预成”论哲学是一种超越。从柏拉图到黑格尔，西方的传统哲学总是把世界看作是按照理性的秩序构成的，它们总是为某种终极目的而存在和发展。柏格森打破了这一传统，因而使他在当时拥有极大的声誉。

柏格森在他晚年所写的《论道德与宗教的两个来源》一书中，又将他的生命哲学推广到社会领域。他提出封闭社会和开放社会两种类型的划分。生命冲动受到物质的阻碍，产生了停滞的生命形态。人类本来处在进化的最高级，但在人类社会的进化中，也出现了停滞的生命的形态，这就是封闭社会；相反，生命冲动仍在不断奋进，仍在冲破种种阻力，顽强进化，这就形成了开放社会。封闭社会里产生了封闭的道德，这种道德是被动的人格的体现，是与蚂蚁一样的习惯性行为，而开放社会甲的开放的道德，继续保持生命冲动的活力。

有学者在其所著的《时间的观念》一书中，在作了以上一些引述后，指出，“柏格森的直觉主义的生命哲学与叔本华的唯意志主义哲学和尼采的强力哲学一脉相承，他们的共同之处是高扬人的自由意志和创造性，高扬人的能动性和主体性，力图消除人与外在世界的分裂。柏格森的创造之处在十，他从实证科学人手、从宇宙论人手构思他对人生的关怀，正是因为这样，柏格森对现代自然科学有着重要的影响”。[①]

① 吴国盛：《时间的观念》，中国社会科学出版社 1998 年版，第 235 页。

第六章 现象学与存在主义

第一节 胡塞尔的现象学

德国哲学家埃德蒙德·胡塞尔（Edmund Husserl，1859—1938），可以说在现象学（Phenomenology/Phanomenologie）的产生和发展中，是带有里程碑性的开拓者和成就者。

Phanomenologie 由古希腊词 phenomenon 和 logos 组成。这个词字面意思由中文表达，大约是"关于显现的理论"。学界认为，关于现象学的观念可追溯到亚里士多德关于"从赫拉克利特的'流变'中拯救现象"之说。而这个词的真正使用，最早出现于18世纪作为沃尔夫追随者的J. H. 朗姆伯特（Johann Heinrich Lambert）的《新工具论》(1764)，该书第四部分标题为"现象学或关于假象的学说"。他将现象学看作是关于现象及假象各种形式的理论，以此分析真理与现象之区分如何成为可能，这意味着通过对显露诸形式的研究，进而为经验科学奠定理论基础。"Phaenomenology"这个词与当时流行的诸如"dianoiology"和"alethiology"等，有类比关系而意指一种与"幻相理论"(theory of illusion) 相对照的避免幻相的学说；康德在给朗伯特的信里提到："一门非常特殊的、尽管是纯粹否定性的科学 Phaenomenologia generalis，必须先行于形而上学，感性原则的有效性与限度，在其中得到规定。"①

康德使用"Phaenomenologie"这一概念，学者们考证，重要的有两次：一是以此指谓为形而上学做准备的理论；二是后来称自然哲学中关于运动与静止的变现方式、探讨运动相对性和绝对性的理论为现象学。总起来说，康德在用这个词时，体现着现象学的任务是确定感觉知性的原则，这些原则只适用于显现的世界，不可用于物体。费希特则把现象学理解为关于现象与假象的理论。再就是黑格尔在早期将其大作命名为《Phäenomenolgie des Geistes》(《精神现象学》)。他使这个词标志的概念获得了突出的地位。黑格尔把精神通向纯知识、绝对精神的全过程之不同阶段，即把关于绝对精神不同表现形态的表述叫作精神现象学。对黑格尔来说，"现象"是在知识的发展中、在精神显示自身的展现中的各个阶段，并且是自身发展着的绝对理念的表达。

另外，19 世纪的新教神学把宗教现象学设定为关于宗教各种显现方式的学说。在 20 世纪以前的一些现代哲学的论著中，"现象学"这一概念更多地用来指称与心理描述有关的理论领域，如：维塔米通（Wittamiton）用它指称关于心理活动的描述，认为这种"现象学"是本体论、形而上学和方法论之补充。哈特曼写了《道德意识现象学》一书，企图对经验范围内的道德意识作出尽可能详细刻划。布伦塔诺（Brentano）则把现象学理解为对于对象的分类工作；现象学（Phenomenology）这一概念曾在布伦塔诺关于形而上学的演讲之中出现过。斯图穆浦夫（Stumpf）则用它指称对感性现象的深入分析。皮尔士又将现象

① Johann Heinrich Lambert, Neues Organonoder Gedanken Über die Erforschung und Bezeichnung des Wahren und dessen Unterscheidung vom Irrthun und Schein. 2Bände（Leipzig，1764）

学理解为对人的精神所留下的印象进行分析，而不论这些印象是否与实际相联系。进入20世纪后，现象学成为欧美一种哲学运动的名称。这成为当代哲学界通常意义上所讲的现象学。

1900年胡塞尔写了《逻辑研究》一书，提出了他所认为的现象学方法。这在当时德国哲学界引起很大反响。许多人著文评论此书。一些青年来到胡塞尔执教的哥廷根大学学习现象学。他们除了听胡塞尔的课程之外，每周还定期举行哲学聚会，烟酒相伴，即兴谈学，形成著名的哥廷根学派。胡塞尔本人基本没直接参加这种课外活动，他戏称此为“‘小人书’现象学”。另外，在慕尼黑大学，心理学家李普的学生很早也组成了一个哲学小组，形成了慕尼黑小组。胡塞尔的《逻辑研究》发表后，这个小组的学生们开始以研究讨论该书为活动内容，并渐渐由追随李普的心理主义转而信奉现象学，并与李普展开辩论。胡塞尔也曾亲自去讲过学，该小组渐渐演化成现象学运动中的慕尼黑学派。哥廷根和慕尼黑这两个学术团体的成员接受了《逻辑研究》中提出的现象学方法，接受了“回到事情本身去”的现象学纲领。他们各自到具体学科中去“对事情本身”进行研究并力求作出无偏见的描述。1913年胡塞尔发表了他的重要著作《纯粹现象学和现象学哲学观念》（第一卷），提出了超验现象学理论，认为通过先验还原获得的纯意识是一切认识活动的最后基础。然而，这一理论并没有被他的学生所接受；加之1914年大战爆发，许多学生必须赴前线作战，胡塞尔于1916年受聘于弗赖堡大学，哥廷根学派就此瓦解。而慕尼黑学派仍在活动，但已与胡塞尔的哲学活动很少直接联系。出现于这两个学派中较为重要的哲学家有，莱那赫（Reinach)、康拉德—马梯乌斯（Gonrad—Martius)、盖格尔（Geiger)。他们致力于客观主义描写现象学的建立。后来形成以普芳德尔（Pfander）和魏格尔（Wetzger）为代表的现象学描写心理学；和以舍勒和希尔德布兰德（Hildebrand）为代表的现象学伦理客观主义。

胡塞尔到弗赖堡之后，在他身边又聚集了一批新的学生，其中有用现象学方法去研究自然科学问题的贝克尔（Becker），研究本体论问题的波兰学生因加尔登（Ingarden），犹太女学生施泰因（Stein），以及胡塞尔的助手芬克（Fink）和朗格里布（Langrebe）。还有，在马堡大学，胡塞尔的追随者海德格尔和伽达默尔（Gardamer）发展了现象学的解释学；在美因兹，冯克（Funke）用现象学方法建立了新的先验哲学。第二次世界大战前后，特别是1935年胡塞尔在巴黎和布拉格进行哲学演讲之后，引起欧美其他各国对现象学的兴趣，这期间涌现出不少重要的现象学家。其中最著名的有以法国的萨特和梅劳—庞蒂为代表的哲学家，他们发展了现象学存在主义；另外美国的法伯（Farber）、斯皮格伯格（Spieglberg）、顾尔维迟（Gurwitch）提出了他们的现象学；美国实用主义哲学家C. S. 皮尔士在他的早期著作中，也提出了一种现象学，这被他称作“phaneros-opy”（有人译为“显象学”），把此当作对于那构成了这世界的主要现象类型进行分类的范畴系统。现代欧美哲学的许多重要流派在不同程度上受到现象学的影响。例如，在受到胡塞尔现象学方法影响的理论学派中，有一个例子是社会批判理论，即法兰克福学派的理论。另外，布洛赫所谓新马克思主义的研究方法也来自现象学。再就是，法国的德里达则把现象学与结构主义方法相结合，发展出了新的结构主义哲学。

现象学的影响不只在于哲学，不仅影响到心理学，而且还影响到教育学。费舍尔和里特（Litt）从现象学原则出发研究教育学的理论基础。朗格维尔德（Langevild）和伯尔诺（Boll-now）用现象学方法来建立教育理论。芬克（Fink）斯特拉塞尔（Strasser）则用它研究教育方法与实践。这些思想均在西方教育学界有一定影响。

1913年至1930年胡塞尔亲自编辑出版了《现象学和现象学研究年鉴》；1940年生活在美国的现象学家创办了《哲学与现象学研究》，这是当今重要的哲学杂志之一。1939年成立了胡塞尔文库，后转移到荷兰的洛温，那里保存他的手稿5万页之多，1950年开始出版《胡塞尔全集》，共出版15卷，其他各卷仍继续编辑。在德国、美国、法国，现象学家共同合作编辑出版了《现象学研究丛刊》，发表了一系列重要的关于现象学历史和现象学体系的研究著作。

一、关于“现象学考察的三个阶段”

胡塞尔提出现象学，缘起于有关“形而上学成为可能的条件”的分析。

胡塞尔在1907年4月26日至5月2日于哥廷根举办讲座的讲稿《现象学的观念》即《现象学的主要部分和理性批判》导言之中，专门说到，“认识批判是使形而上学成为可能的条件”[①]，他设问：“关于认识的科学如何才能够建立呢？什么样的方法才能够达到目的呢？”[②] 于是他叙述了现象学考察的三个阶段。

（一）“现象学考察的第一阶段”。

胡塞尔在《现象学的观念》中讲道：（1）最初人们考虑，这样一门科学究竟是否可能。如果它对一切认识都提出疑问，甚至对任何被选来作为起点的认识本身都提出疑问，那么它如何能够开始？（2）与此密切相关的必然是最初的认识论的反思：

① 胡塞尔：《现象学的观念》，倪梁康中文译本，上海译文出版社1986年版，第3页。

② 胡塞尔：《现象学的观念》，倪梁康中文译本，上海译文出版社1986年版，第4页。

在这些情况中构成确定无疑性，针对这些情况，在另一些称为认识的情况中却构成可疑性的东西是什么？（3）起初人们有这样的意图并且认为这是自明的，即：把内在解释为实在的内在。这里，“实在的”（reell）是与“意向的”（intentional）相对的概念。意识具有实在内容和意向内容。这里的意识的实在内容包括意识活动，也包括感觉材料；意识的意向内容则包括意识对象和其被给予方式。可是在心理学上把它解释为实体的内在：在认识体验中（就好像认识体验是一种实体的真实一样），或者在自我意识中（体验隶属于它）也存在着认识客体。但在更进一步的考察中，实在的内在和在明证性中构造着的自身被给予性（Selbstgegebenheit）意义上的内在就相互区分开来。（4）因为起初未做这类区分。明晰性的第一阶段就是：实在的内在之物，在这里同样可说成相应的自身被给予之物，是无可置疑的，我可以利用它。超越之物（非实在的内在之物）我不能够利用，因而我必须进行“现象学的还原”，必须排除一切超越的假设。

胡塞尔强调，“现象学的还原就是说：对于没有内在地给予我的东西，都必须以一种标志，即：它们的存在，它们的有效性不能作为存在和有效性本身，至多只能作为有效性现象”。[①]

胡塞尔由“现象学的还原”，提出要把存在的判断“加上括号”，即放在括号中存而不论，使之“悬置”（ἐποχ ý，epoché）起来，以“回到事情本身”（Zu den Ssche selbest）。在德文口语中，“Zur Sache”有“谈正事”之意。这里的意旨可认为是，回到谈论事情本身的构成，而把“没有内在地给予我的东西”，对其有效性“悬置”起来。

（二）“现象学考察的第二阶段”。

---

① 胡塞尔：《现象学的观念》，倪梁康中文译本，上海译文出版社 1986 年版，第 8～11 页。

胡塞尔指出，“为了能够更加明白现象学研究的本质和它的问题的本质，我们需要进入考察的更高层次中去。”[①] 胡塞尔论述说：（1）首先，笛卡尔的思维就需要现象学的还原。体验着的自我、客体、世界时间中的人、诸事物中的一事物等等不是绝对的被给予性，因而也不是对他的体验的体验。这个问题并不是：我这个人如何能够在我的体验中切中我之外的自在存在等等；取代这个问题（这是一个从一开始就多义的、并且由于它负载着超越因而模糊又复杂的问题）位置的，现在是一个纯粹的基本问题：纯粹的认识现象如何能够切中一些对于它并非内在认可的东西，认识的绝对自身被给予性如何能够切中非自身被给予性，并且应如何理解这种切中？（2）当我们拥有被直观到的现象时，似乎我们也就拥有了现象学，一门关于这些现象的科学。我们迈出的这一步是与笛卡尔对明白清楚地感知的考察相联系的。思维的“存在”通过它的绝对自身被给予性而得到了保证，通过它在纯粹的明证性中的被给予性得到了保证。（3）这样，我们现在是否就有了一切，是否就有了划定了全部范围的现象学，是否就可以明晰地自知，我们拥有认识批判所需要的一切呢？而且，是否我们就明白了那些必须解决的问题呢？于是现象学的还原这个概念便获得了更接近、更深入的规定和更明白的意义：不是排除实在的超越之物（完全在“心理学—经验论”意义上），而是排除作为一种仅仅是附加存在的一般超越之物，即：所有那些不是在真正意义上的明证的被给予性，不是纯粹直观的绝对被给予性的东西。但我们曾说过的一切依然留存着：从假说、事实、公理中科学地演绎出、归纳出的有效性。真实性等等仍然留存着，只允许作为“现象”，并

① 胡塞尔：《现象学的观念》，倪梁康中文译本，上海译文出版社 1986 年版，第 11 页。

且，任何对某种“知识”，某种“认识”的回溯当然也同样如此：研究只能限制在纯粹的直观中，但并不因此就坚守着实在的内在之物：它是一种在纯粹明证性领域中的研究，并且是本质研究，我们也曾说：它的地盘是在绝对自身被给予性之中的先天。

基于以上论述，胡塞尔强调，“因而这样就描述了这个地盘；它是一个绝对认识的地盘，对它来说，自我、世界、上帝和数学的杂多性以及那些科学的客观性被搁置着，它们并不独立于这些绝对的认识，无论人们是否与那些怀疑论者有关，它们仍起着它们应有的效用。这一切因而都保留下来。但这一切的根本都在于把握绝对被给予性的意义，把握排除了任何有意义的怀疑的被给予的绝对明晰性的意义，一言蔽之，把握绝对直观的、自明的明证性的意义。”①

（三）“现象学考察的第三阶段”。

胡塞尔指出，为了使我们能够进一步明白现象学和现象学问题的意义，这里又需要进行更深一个层次的考虑。这里的问题在于，自身被给予性能够伸展得有多远呢？它是否被封闭在思维的被给予性中以及对它进行总体把握的本质直观（Ideation）中呢？胡塞尔指出，它伸展得有多远，现象学的领域，即绝对明晰性的领域、真正意义上的内在领域也就“伸展”得有多远。

胡塞尔论述说，在最初的和最简单的情况中，在认识的最低形式中，纯粹的分析和本质考察就已面临着极巨大的困难；一般地谈及这种相互关系是容易的，但澄清一个认识客体如何在认识中构成自身的方式则非常困难。现在必须有步骤地探究

① 胡塞尔：《现象学的观念》，倪梁康中文译本，上海译文出版社 1986 年版，第 14 页。

在所有变形中的被给予性，本真的和非本真的，素朴的和综合的，可以说是一举构成的和按其本质只是有步骤地建立的，绝地有效的和在无限上升的认识过程中把被给予性和丰富的有效性占为己有的东西。

这样，胡塞尔强调，在这条道路上我们最终将理解，作为超越的、本体的客体如何在认识行为中被切中（自然如何被认识），它首先被意指为何物，并且这种意指的意义如何在持续的认识联系中（只要这种联系具有相应的、同样属于经验客体的构成形式）有步骤地得到充实。这才能理解，经验客体如何持续地构成自身并且这种构成方式使如何被规定给它的，这规定即：按其本质，它就是要求这种有步骤的构造。

进而胡塞尔讲，显然在这条道路上还有方法上的各种形式，它们对所有科学来说都是规定性的，并且对所有科学的被给予性来说都是构成性的，因而是对科学理论的明晰并因此隐含着对所有科学的明晰。当然只是隐含，即是说，在完成了这个巨大的明晰性工作之后，认识批判将有能力对个别科学进行批判，因而也有能力判定它的形而上学价值。① 这就要说到根据显现和显现物之间本质的相互关系，胡塞尔指出"现象"一词有双重意义。

在胡塞尔那里，Φαιύσμενον（现象）实际上就叫作显现物(Erscheinendes)，此但却首先被用来表示显现本身，表示主观现象。胡塞尔说，"显现和显现物竟是如此地相互对置着，并且是在纯粹的被给予性中。"这样，"显现"和"显现物"，可用"意识活动"（Noesis）和"意识对象"（Noema）来替代。他指出，在反思中，思维、现象本身成为对象。这就是被给予性的

① 胡塞尔：《现象学的观念》，倪梁康中文译本，上海译文出版社 1986 年版，第 16～18 页。

问题，就是在认识中任何一种对象的构成问题。总之，“我们在一般意识那里发现，它是一个由自身被给予性构成的意识。”①

胡塞尔后期现象学所关注的中心课题是先验意识的构成作用及主体在其特殊视界内经验到的“生活世界”。他主张，从个人生活世界向人类共同世界的过渡，是通过所谓“主体间关系体”来完成的。

胡塞尔与西方哲学史一以贯之的是，他一定要说明他的哲学关于本质的看法。胡塞尔强调，各种事实科学（经验科学）在形相的本体论中具有本质的理论基础。胡塞尔之所以这样说，是因为，如果说所有形相科学都不依赖于事实科学的话，那末，在另一方面，关于事实科学本身，便处于对立的地位。充分发展的事实科学要同形相的认识无关，并且直到结局也不依赖于形式的形相科学和质料的形相科学，是不可能的。遵循着现象学还原，形相的直观是所有一切个别先验方法的根本形式。“当我们根据形相的方法，通过对一种先验现象学的观念重新作出富有意义的解释，从而转回去解决现象学的问题时，我们自己从此当然就只与一门纯粹的形相现象学打交道。”②

这里，译成“形相”的词，是柏拉图曾使用过的希腊词ίδεα（idea）。在希腊语中，ίδεα（idea）原意可理解为一物的样子；ίδεα（idea）与动词ίδε ίν（idein，看）同根；而ίδε ίν（idein）又是动词 είδείν（eidein，看）的一个变格。从 eidein 可得出 idea 的同义词，即 είδos（eidos）。

在柏拉图那里，对于 είδos（eidos）与ίδεα（idea）往往是不

① 胡塞尔：《现象学的观念》，倪梁康中文译本，上海译文出版社 1986 年版，第 15 页。

② 胡塞尔：《笛卡尔沉思——一个现象学的导论》，《胡塞尔文集》第 1 卷，《笛卡尔沉思与巴黎讲演》，张宪译，人民出版社 2008 年版，第 110 页。

加区分地加以使用的。他以此表示那超感性的、不变的、永恒的、普遍的、绝对的对象；这是“在上的”实在；这是知识的源泉，被认为是可感事物得出其存在性的模型。柏拉图认为，这些在上的实在是事物的本质或内在结构。

柏拉图指认将“形相”（idea）一词从“外部相貌或形状”转变成“内在结构”是通过一个隐喻。如果你用眼睛看，你看到的是外在的形状；但如果你以灵魂的眼睛“看”（即，想），你所得到的是本质或共同特征。要注意到的是，形相与现代英文中的观念一词相同，过去中文将其译作“理念”。柏拉图的形相是客观的，而在现代哲学中，Idea（观念）乃是心灵中的主观的东西。为了避免混乱，现代许多学者宁愿把柏拉图这方面的思想叫作“Theory of Forms（形相论）”，而不是“Theory of Ideas”。

而关于eidos，柏拉图曾有这样的话：“你记得我不是要你向我表明许多虔诚行为中的一二个，而是由于它一切虔诚行为变得虔诚的eidos（形式本质）自身。因为我想你说过，由于一个Idea（形相），不虔诚行为变得不虔诚，而虔诚行为变得虔诚。”①

在希腊语中，εἰδος（eidos）是中性的ἰδεα（idea）是阴性的，其出于ἰδεἰν（idein）；而动词原形为εἰδεο（eideo）（此是现在时主动语态不定式）。作为由本义是“看”的ἰδεἰν（idein）而产生的名词，ἰδεα（idea）、εἰδος（eidos）在中文翻译中都带有“所见”的含义。而其中又有区别。大概是为表示区别，中文译著常把ἰδεα（idea）译为“形相”；把εἰδος（eidos）译为“形式”，有时也译为“本质”。

胡塞尔在《纯粹现象学通论》中写道：“由于有必要保持康

① 柏拉图：《尤息弗罗》，6d。

德的极重要的 Idea（李幼蒸在《纯粹现象学通论》译本中译为‘观念’——引者注）这一概念，与（形式的或实质的）本质（wesens）的一般概念之间的明确区分，使我决定改变术语。因此我使用在术语系统中未被使用过的一个外来词‘Eidos’（艾多斯）和德文词‘wesen’（本质），后者具有不甚严重但偶尔还会引起麻烦的歧义性。”[①] 这里所讲的“歧义性”“麻烦”，显然主要在于 Eidos 也带有“本质”的含义。据 1928 年由路德维希·兰德格里伯为胡塞尔《纯粹理性通论》编制的“主题索引”的解释，这样写道：“Wesen＝Eidos，unterschieden von Idea.”显然，“本质＝艾多斯，与现象不同。”[②] 所以在翻译成中文的胡塞尔著作中，对 Eidos，往往就以其音译写为“艾多斯”。

在胡塞尔看来，“艾多斯是一种新客体。正如个别的或经验的直观的所与物是一种个别的对象，本质直观的所与物是一种纯粹本质。”胡塞尔强调，“现象学在此应被确立为一门本质科学——一门‘先天的’或也可以说是艾多斯（Eidos）的科学”。[③] 由以上见解，胡塞尔《纯粹现象学通论》作为第一编“本质和本质认识”的第一章，从“事实和本质”说起，这里，首先说了“自然认识和经验”，再讲到“事实和本质的不可分离性”等等，界定了“事实科学和本质科学”，论证了“本质科学和事实科学间设立的区别和从属关系”[④]。

---

① 胡塞尔：《纯粹现象学通论》，[荷] 舒曼编，李幼蒸中文译本，商务印书馆 1995 年版，第 47 页。这里的译文引用有所改动。

② 胡塞尔：《纯粹现象学通论》，[荷] 舒曼编，李幼蒸中文译本，商务印书馆 1995 年版，第 435～436 页。

③ 胡塞尔：《纯粹现象学通论》，[荷] 舒曼编，李幼蒸中文译本，商务印书馆 1995 年版，第 46 页。

④ 胡塞尔：《纯粹现象学通论》，[荷] 舒曼编，李幼蒸中文译本，商务印书馆 1995 年版，第 497 页。

对于“事实科学和本质科学”，胡塞尔特别写道：“在个别对象和本质间存在的（本身为本质的）关系，奠定了在事实科学和本质科学之间相互对应关系的根据，按照这种关系，每一个别对象都有一种作为其本质的本质组成属于它，正如反过来说，作为其事实的个别化的诸可能的个别物对应着每一本质。存在有纯粹本质科学，如纯逻辑、纯数学、纯时间学、空间学、运动学等等。在每一思想阶段上它们都摆脱了各种事实设定；或者仍然是同样的意思：在它们之中无作为经验的经验、即作为现实、作为一种把握着或设定着事实存在意识的经验，可承担奠定基础的功能。”①

在胡塞尔讲来，这里的区别是带根本性的。实质性本质的考察直接导致“区域”和区域本质学的问题，因此导致现象学。本质科学的纲要如下：（1）形式的本质科学（或形式的“普遍科学”）包括，（a）形式逻辑，（b）构成形式本体论的学科（一般客体法则，如算数，纯粹分析，集合论）。（2）实质的本质科学。“区域的”本质学处理每一区域的最高属（如事物区域，意识区域），它是对这组本质科学的基本说明。在现象学还原时这些区别取得其意义，“排除”作用与一切本质科学无关。胡塞尔由其现象学形成了他对本体论的解析，这主要体现于以下方面：

二、关于“区域本体论”与“形式本体论”

（一）关于“区域本体论”。

胡塞尔讲，我们也可这样说：任何事实科学（经验科学）都在本质本体论中有其本质的理论基础。因为（如果这个假定正确）十分明显，以一种纯粹的、无条件有效的方式与该区域

① 胡塞尔：《纯粹现象学通论》，［荷］舒曼编，李幼蒸中文译本，商务印书馆1995年版，第57～58页。

内一切可能对象相关的大量知识，不可能失去对于经验事实研究的意义，因为这些知识一部分属于一般对象的空形式，一部分属于区域艾多斯，后者似乎展现了该区域内一切对象的一种必然的实质的形式。

这样，举例说，一般物质自然的本质科学（自然本体论）就对应着一切自然科学学科，因为可被纯粹把握的艾多斯，即一般自然的"本质"，连同其包含于本质中的无限多的本质事态，都对应着事实性的自然。如果我们形成一种充分合理化的自然地经验科学的观念，即在其理论化的道路上如此发展的一门科学的观念，它所包含的每一特殊命题都溯至其最一般的和最根本的基础，那么显然，该观念的实现本质上依赖于相应本质科学的建立；因此它不只依赖于以同一方式与一切一般科学相关的形式科学的建立，而且特别依赖于那些实质本体论学科的建立，后者以合理的纯粹性，即完全以本质的方式，说明着自然的本质，并因此也说明自然对象本身的一切本质种类。当然，以上所谈也适合于任何其他区域。

我们能够充分相信这一前提实际被满足的广泛程度。因而按此，属于一个区域范围内的任何经验科学都将必然既与形式的又与区域的本体论学科相关。①

（二）关于"形式本体论"。

胡塞尔写道："一般而言，因为正像任何其他科学那样，一门经验科学是指向对象的，它必须受属于一般对象的本质的法则的普遍限制。因此它与一组形式本体论学科发生了关系，这些学科除狭义的形式逻辑外，还包括形式的'普遍科学'学科(因此也有算数、纯粹分析、集合论)。"胡塞尔又说，"虽然每

① 胡塞尔：《纯粹现象学通论》，［荷］舒曼编，李幼蒸中文译本，商务印书馆1995年版，第60页。

一种本质科学原则上都独立于每一种事实科学，但是另一方面，事实科学的情况却正相反，不存在任何这样一种充分发展了的科学。因为首先毫无疑问，一种经验科学，不论它在哪里提出间接的判断根据，它必须按照由形式逻辑处理的形式原则来进行。"①

（三）关于"区域本体论"与"形式本体论"的关系。

在胡塞尔讲来，要有一种区域本质学讨论一种本质理论的要求，这种理论是作为本质科学的现象学，这是前提。这就涉及本质等级结构问题，支配经验对象的实质性本质从属于作为一种区域本体论科学对象的最高属，自然本体论研究普遍地属于自然区域客体的属性。

而形式本体论提出这样的问题：一个对象，一个属性，一个关系等等是什么。每一区域本体论运用的区域概念本身属于形式本体论，对区域概念的一切考察都属于形式本体论范围。既然一般客体的纯形式属于形式本体论，因此一切事实科学都包含着有关区域的形式本体论、形式逻辑和实质本体论。这里的头两类学科构成了形式科学。

因此胡塞尔指出，区域本体论与形式本体论的基本关系是，后者自上而下地支配某一区域的诸本体论。而区域本体论和形式本体论的关系产生了一种特殊的困难：区域概念——不是某一区域而是一般区域的形式——属于作为一般客体规定的形式本体论。在此意义上，这成为个适合于一切区域的空形式。因此要提醒谨慎，当我们说形式的区域时可以是指一般区域的空形式，说实质的区域时是指某一区域。在实质性本质的等级结构中区域概念从根本上说不是广泛的。这样，它与区域的关系

① 胡塞尔：《纯粹现象学通论》，［荷］舒曼编，李幼蒸中文译本，商务印书馆1995年版，第59页。

不再是属对种的关系，而是形式对质料的关系。同样，区域的形式观念的基本规定（或范畴）是分析的，正如一切形式级次上的命题一样，虽然这种区域的规定是综合的，就如同实质性级次上的一切命题一样。

所以胡塞尔说，“一种本体论在最广的逻辑意义上属于个别存在的每一可分离的区域领域。例如，自然本体论属于物理自然，有生命物的本体论属于生命世界。所有这些学科，不论是已经成熟的还是刚刚设定的，都要经受还原。与物质本体论相对的是‘形式的’本体论（它与有关思维意义的形式科学结合在一起），‘一般对象’的准区域也属于后者。”[①] 因此，“范畴是这样一个词，它在“一个区域的范畴”这个词组中正好指所谈的那个区域，即指物质自然区域；然而另一方面，它使某种一定的实质区域与一般区域的形式相关联，或者同样地，与作为一般对象的形式本质，与属于此本质的“形式范畴”相关联。”[②]

而真正意义上的“形式本体论同时包含着一切可能的一般本体论的各种形式（包含着一切‘真正的’、‘实质的’本体论），并为实质本体论规定一种它们共同具有的形式组合——其中也包含着我们现在为了区别区域和范畴必须加以研究的那些组合”[③]。

基于此，胡塞尔概括总结说，当从形式本体论（永远作为包括普遍科学在内的整个范围的纯粹逻辑）开始，如我们所知，这种本体论是关于一般对象的本质科学。按照这门科学的意义，

① 胡塞尔：《纯粹现象学通论》，［荷］舒曼编，李幼蒸中文译本，商务印书馆1995年版，第154页。

② 胡塞尔：《纯粹现象学通论》，［荷］舒曼编，李幼蒸中文译本，商务印书馆1995年版，第62页。

③ 胡塞尔：《纯粹现象学通论》，［荷］舒曼编，李幼蒸中文译本，商务印书馆1995年版，第62～63页。

任何东西都是对象，因此我们才能确立分布于普遍科学内众多学科中的各种各样无限多的真理。但这些真理的全体都被归结为少量直接的或“基本的”真理，后者在纯粹逻辑学科中起着“公理”的作用。现在我们把出现在那些公理中的纯粹逻辑的基本概念定义为逻辑范畴或作为一般对象的逻辑区域范畴：借助这些概念，一般对象的逻辑本质在全部公理中被确定，或者说，这些概念表达了对象本身的、任何一种东西（只要它一般地能够是某种东西）的无条件必然的和构成的规定性。因为按我们在绝对精确地界定的意义上的纯粹逻辑，规定着与“综合性”对立的“分析性”概念。① “这个概念本身在哲学上就是重要的(甚至是具有根本重要性的)，我们也可把这些范畴称作分析的。”②

这样，“以区域本质为基础的一系列综合真理构成了区域本体论的内容”。由于“形式本体论在外表上与区域的（真正‘质料的’、‘综合的’）本体论位于同一系列中。它的区域概念‘对象’确定着形式公理的系统，并通过它们确定着全部形式的（‘分析的’）范畴。实际上，在形式本体论与区域本体论之间可证明存在有平行关系，尽管我们强调了其中的一切本质区别”③。

于是胡塞尔总结说：“我们的全部考察都是纯逻辑性的，它既未进入任何‘实质的’领域，或同样的，也未进入任何确定的区域，它以普遍方式谈到的只是区域和范畴；而且这种普遍性，按照我们使它们互为依据的诸定义的意义，是纯逻辑的普

① 参见胡塞尔：《逻辑研究》第三卷，第三研究，§11。

② 胡塞尔：《纯粹现象学通论》，[荷] 舒曼编，李幼蒸中文译本，商务印书馆1995年版，第63页。

③ 胡塞尔：《纯粹现象学通论》，[荷] 舒曼编，李幼蒸中文译本，商务印书馆1995年版，第72页。

遍性。我们的目的在于，根据纯逻辑去概述一个纲领，这个纲领作为从纯逻辑中产生的一切可能知识或知识对象的基本结构的部分，按此纲领，个别项必须可以在‘先天综合原理’下按照概念和法则来确定，或按此纲领，一切经验科学都必定基于与它们相关的区域本体论之上。”“诸科学的彻底‘分类’的问题主要是划分区域的问题；这又反过来要求先进行那种我在此仅只简略描述的纯逻辑研究。另一方面，当然也需要一门我们对其还一无所知的现象学。”①

胡塞尔基于以上概念的界定，展开了一系列哲学范畴，形成了他的纯粹现象学的理论体系。

三、关于“构成性”

（一）关于“构成性”（Kostitution）、“构成的过程”（Prozeβ d. Konstitution）及“先验构成”。

研究者认为，胡塞尔所使用的“构成”（Kostitution）一词，是从新康德主义者，特别是从那托普那里借取来的。按照那托普的“构成”概念，意识的统一性通过法则的统一性构成了客体的统一性；同时，科学活动被说成是处处构成着法则中的客体。进而言之，经验客体的构成是通过将一些主体范畴或先验法则应用于直接给予的感性材料来完成的。胡塞尔力图削弱新康德主义的主观主义色彩，代之以一种主客相互作用论。因此他既用了 erzeugen（生产）、Gebilde（构造物）这类偏于主体一侧的词，又用了 sich bekunden（显示［于主体］）这类偏于客体的词，以强调主客体的相关性。

胡塞尔《逻辑研究》中的“构成性”分析主要为意向性结

① 胡塞尔：《纯粹现象学通论》，［荷］舒曼编，李幼蒸中文译本，商务印书馆 1995 年版，第 72～73 页。

构的分析，如范畴形式构成，意义构成和意指对象构成等。在《观念1》中，构成概念大致出现在先验还原、时间性、感性材料的活跃化、“意向作用—意向对象”相关关系、理性明证分析等部分。

在胡塞尔讲来，“构成是一种积累性过程，它是主体自发性的表现。”胡塞尔强调，“必须不仅把这一点作为普遍的论题加以确立，而且应将其贯彻到一切单个的形态上。关于其最深刻的现象学意义从未被把握住的‘空间表象根源’的问题，被归结为对一切意向对象的（或意向作用的）现象的现象学本质分析，在此现象中空间是直观地呈现的，而且被作为诸显现的、空间物描述性呈现诸方式的统一体而被‘构成’的。”①

这就涉及到“物质的先验构成的层次”。胡塞尔说，“每一层级和层级中每一层次具有如下特征，它们构成了一种固有的统一体，后者本身又是物的完全构成的必要中介组成项（Mittelglied)。”他强调要“按其分离的和相互联系的方式在‘意向作用—意向对象’的构成中加以研究。”因为“在此层级中的最高层上是‘实体—因果物’，它本来在特定意义上被称作现实，然而永远以构成方式与一个进行经验的主体及其观念的知觉复合体相联系。”“一个较高级次的构成性统一体”，“它的构成作用与一个开放的，处于‘相互理解’关系中的诸主体的多元体(Mehrheit）相关联”。②

对这里，细说应注意到，胡塞尔有这样一些概念确定：“主体间世界是主体间经验的相关项，即以‘移情作用’为中介的

① 胡塞尔：《纯粹现象学通论》，［荷］舒曼编，李幼蒸中文译本，商务印书馆1995年版，第362页。

② 胡塞尔：《纯粹现象学通论》，［荷］舒曼编，李幼蒸中文译本，商务印书馆1995年版，第363页。

经验”，这些“新因素和它如何在‘客观的’经验中起构成作用并赋与那些被分离的诸复合体以统一性的问题”。“物是一种物质物（res materialis），它是一实质的统一物，而且因此它也是一个诸因果关系的统一体，具有无限多种多样的可能性。在这些特殊实在的诸特性中我们也遇到了观念。因此物观念的一切组成成分本身是观念，每一成分都隐含着‘无限多’可能性的‘等等’”。[①]“对于一门‘真正现实’的现象学来说，‘空虚假象’的现象学也是必不可少的”，“如假象、虚幻”，“它们在经验现实的可能构成的关联体中也起着或能起着本身的作用”。还有，“‘广延物’（res extensa）以及‘时间物’中的统一体”，“‘物质体’和‘实体—因果物’一词所表示的统一体”。“所有这些统一体都在‘复合体’中的经验直观的层级上被构成”。[②]

（二）关于“意义的构成”，以及“层次扩展”、“边缘域”、“分类”。

对于“意义的构成”（Konstitution d. Bedeutung），胡塞尔强调，“意义与事物呈现于意识的方式不同，构成显示意义出现的方式，意义即在意义行为中被构成。当意义被构成后，对对象的意指关系也就建立起来，因此构成也就显示对象被建立的方式。”

胡塞尔对于“意义”论述道，“意义按两个步骤构成：(1) 被动的生成作用，或前述谓结构作为意识生活的一部分出现。(2) 积极地生成作用（判断），或范畴的、述谓的结构产生了观念的对象，它脱离该意识生活并超越其时间性位相。胡塞尔说

① 胡塞尔：《纯粹现象学通论》，［荷］舒曼编，李幼蒸中文译本，商务印书馆1995年版，第359～360页。

② 胡塞尔：《纯粹现象学通论》，［荷］舒曼编，李幼蒸中文译本，商务印书馆1995年版，第362～365页。

这两个构成步骤的相互交替作用导致意义的生成性展开。在第一步骤中有对物理记号的感性认识，而在第二步骤中出现对判断表达的理性认识。语义学关心语词记号的意义分析，现象学则关心意义构成的意向经验分析。”①

意义论是现象学的核心。早在19世纪90年代初胡塞尔已独立于弗雷格有了有关“表象”、“意义”和“指称”（对象）之间区别的认识。两人同为实证论证这一派的意义论者，但胡塞尔在“意义”与“事态”关系中专注于前者，并特别侧重于意义充实行为（直观把握，Erfassung）。同一倾向使他远离同时期马堡学派的认识论方向。

《纯粹现象学通论》在专门论述现象学关于构成的问题时，全书的最后几章论述了“层次扩展”、“边缘域”以及“分类”的问题。

1. “层次扩展”。

这是关于先验构成其他区域扩展的问题。胡塞尔写道：“不同区域的相互关联性涉及到很困难的问题。它们决定着在意识构成的组织中出现的各关联体。”“所有这些客体都必须按其在呈现时所属的基本种类并放在其层级结构中加以描述，并应成为它们提出和解决构成问题。”②

胡塞尔强调，“以上诸研究由在原初经验意识范围内的物构成的不同层级和层次在本质上所确定”。“每一层级和层级中每一层次具有如下特征，它们构成了一种固有的统一体，后者本

① 胡塞尔：《纯粹现象学通论》，［荷］舒曼编，李幼蒸中文译本，商务印书馆1995年版，第567页。

② 胡塞尔：《纯粹现象学通论》，［荷］舒曼编，李幼蒸中文译本，商务印书馆1995年版，第365～366页。

身又是物的完全构成的必要中介组成项（Mittelglied）。”[①]

胡塞尔具体分析道：“在此层级中的最高层上的是实体一因果物，它本来在特定意义上被称作现实，然而永远以构成方式与一个进行经验的主体及其观念的知觉复合体相联系。”“接着，一个次高的层级是主体间同一物，即一个较高级次的构成性统一体。它的构成作用与一个开放的，处于“相互理解”关系中的诸主体的多元体（Mehrheit）相关联。”“此外，一切研究必须照事物的本质所要求的完全性和全面性来完成。”[②]

拓展于此，胡塞尔强调，“不同区域的相互关联性涉及到很困难的问题。它们决定着在意识构成的组织中出现的各关联体。”“一般看来，存在有很多类型的对象，它们都拒绝一切心理主义的和自然主义的错误解释。这些对象包括一切种类的价值客体和实践客体，一切具体的文化结构，它们作为确定的现实决定着我们的实际生活，如国家、法律、习俗、教会等等。所有这些客体都必须按其在呈现时所属的基本种类并放在其层级结构中加以描述，并应为它们提出和解决构成问题。”

2.“边缘域”（Horizont）。

在胡塞尔看来，“边缘域是构成作用的条件而不是被构成物，呈现于意识的不是边缘域本身而是物、空间、人、时间等。边缘域不只意味着可能出现的“更多的”对象范围，同时还意味着某种原初性的认知特性。随着构成性研究的深化，边缘域概念也被丰富了。胡塞尔在《经验与判断》中提出了内、外边缘域概念。内边缘域是指，在对象的每一简单知觉内部都有对

① 胡塞尔：《纯粹现象学通论》，[荷] 舒曼编，李幼蒸中文译本，商务印书馆1995年版，第363页。

② 胡塞尔：《纯粹现象学通论》，[荷] 舒曼编，李幼蒸中文译本，商务印书馆1995年版，第364页。

同一对象进一步的预期，这种预期是知觉结构所固有的。外边缘域是说，知觉的预期涉及其他对象，即某对象与其他对象同时处于共同的边缘域中。因此每一事物既有内边缘域又有外边缘域，后者是对无限多可能对象的预期的意识。主体的构成作用是通过对象显现于内、外边缘域中来实现的。”①

3. 分类。

于此，胡塞尔讲到了三层意思：

第一，“首先，存在有与可能的原初呈现的意识复合体有关的对象构成问题”。“人们可以汇集，‘形成’各种不同的层级序列集合体（集合，诸集合组成的集合），人们可以从‘整体’中‘抽出’或‘突出’‘部分’、属性和相对于其主词的谓词；人们可以使对象‘相关于’对象，任意地‘使’其一为指示词项，使其他为所指示的对象，如此等等。”“人们可以进行自由想象，使原初所与物与准所与物发生关系，或完全在变样的形式中实行综合，将被意识者变为一‘假定’，‘形成‘假设，从中‘得出结论’；或者进行比较和区分，使在它们之内被给与的相等性和差别性重新受到综合运作的支配，并与一切观念化作用、本质设定或本质假定相结合，如此以至无穷。”

第二，“此外，作为这些运作程序之基础的是那样一些较高和较低层级的客观化行为，后者部分上是直观的，部分上是非直观的，或是完全含混的。”

第三，“逻辑综合当然是以具有简单质料（意义）的最低层设定为基础的，但是在这样一种方式上，综合的层级的本质法则性，特别是理性法则——在一种相当广泛的、明确界定的‘形式的’范围内—是独立于综合组成项的特殊质料的。正因如

① 胡塞尔：《纯粹现象学通论》，［荷］舒曼编，李幼蒸中文译本，商务印书馆 1995 年版，第 568 页。

此，一种普遍的和形式的逻辑得以成立”。“结果与构成有关的研究也被区别为两类，一类与基本的形式概念相联系并只把它们本身当作理性问题或现实问题和真理问题的导引；另一类，如前所述，与区域的基本概念，而且首先是与区域本身的概念相联系，而且尤其是与在这样一个区域中某一个体如何达到所与性有关。”“显然，以上所论可扩展至一切行为的和对象的领域，因此也扩展至诸对象，具有其先天特殊设定和质料的情绪行为必定决定着诸对象的构成，而且是在一种再次与形式和物质特殊性有关的方式上，相应的构成性现象学的重大的，几乎不可怀疑的，远远未被完成的任务，正在于对其加以阐明。”①“在此可被真实地论述的一切，只能根据在现象学态度中和根据直观被把握的诸构成性群组的本质关联体加以论述”。②

总而言之，“以上所述从实质对象范围扩展至形式对象范围，并扩展至适应于后者的本体论学科，因此扩展至一切原则和以原则为基础的一般科学，只要我们适当地扩大构成观念的话。于是构成研究的范围就自然地被护大了，以至于可最终包括整个现象学。”③

（三）关于“时间的构成作用”。

胡塞尔讲，“本质内容的每一性质以及首先是每一构成的‘形式’都是一个观念，而且这一点适用于从区域的普遍性直到最低的特殊性。”在详细的说明中，胡塞尔提出了一个“时间物”的概念。他说：”物作为时间物（res temporalis），以时间

① 胡塞尔：《纯粹现象学通论》，[荷] 舒曼编，李幼蒸中文译本，商务印书馆1995年版，第367～369页。

② 胡塞尔：《纯粹现象学通论》，[荷] 舒曼编，李幼蒸中文译本，商务印书馆1995年版，第366页。

③ 胡塞尔：《纯粹现象学通论》，[荷] 舒曼编，李幼蒸中文译本，商务印书馆1995年版，第367页。

的必然'形式'呈现在其观念的本质中。"

由此胡塞尔特别对"时间性（Temporalität）作了分析。他讲到了：1. 客观时间与主观时间（objektive u. subjektive Zeit）、2. 内时间结构（Struktur d. innere Zeit）、3. 形式与内容（Form u. Inhalt），最后归结于时间构成作用（Konstitution d. Zeit）。解析构成作用是胡塞尔后期现象学的最重要任务之一，其中时间构成问题尤为重要。所谓构成是一种积累性的客体形成过程，就内在客体而言，构成是由主体行为的实行完成的，就外在客体而言，构成通过持存与客观化来完成，持存发生于内在时间中，客观化通过把握而成立，但继续与诸时相相关联，形成为客观时间流。这样，时间不仅是客体的形式和意向结构本身，同时也是客体在时间样态中形成的动因，是主体生产性作用。时间构成作用是主体从现在时相开始的，自我的注意射线通过记忆从现在回溯到过去，并通过预期前触到未来，而生动的现在是绝对性的出发点，它与一切存在物相通。由于时间作用是客体统一性和同一性的根据，所以时间构成称为主体构成性的基本方面。[①]

于是，胡塞尔说，"直观的'观念化（作用）'（Ideation）（它作为'观念'看［'Idee' erschauung］在此特别适于这个名称）使我们了解了作为必然绵延的，作为必然无限地可在其绵延中伸展的物。在'纯粹直观'中（因为这个观念化作用是经由现象学对康德的纯粹直观概念加以阐明的结果）我把握了时间性的和它所包含的一切本质因素的'观念'。"[②] 这里讲到"把

① 见胡塞尔：《纯粹现象学通论》，［荷］舒曼编，李幼蒸中文译本，商务印书馆1995年版，第576页。

② 胡塞尔：《纯粹现象学通论》，［荷］舒曼编，李幼蒸中文译本，商务印书馆1995年版，第363～364页。

握”(Erfassung)。在哲学史上,德国哲学家赫尔巴特(J. Herbart)最早提出“表象把握”的概念,洛兹(Lotze)后来加以发展,在布伦塔诺哲学中成为基本范畴,并影响到胡塞尔。胡塞尔在“把握”概念中做了细微的区别:被内在构成的把握和属于此内在构成的把握;完全的、持续的把握可使感觉内容活跃化。他并且提出了“原把握”概念。这种“原把握”不再是一种行为,而并入到时间流诸位相之内。

总起来讲,《纯粹现象学和现象学哲学的观念》第一卷之中,还是偏于结构研究和静态构成,这里提供了一幅全面的主体性图画,意向性中的一切结构成分和意向对象的意义层次均充分显示于现象学反思分析中;那么到此书的第二卷这篇胡塞尔生前未发表的文稿中,则专门研究了各类构成问题。这里的主要问题有:客体诸区域及其先验构成,主体间性,现象学与诸科学、心理学和本体论的关系。胡塞尔因觉得当时尚未处理好的主体间性问题有陷入唯我论的危险,故未将该书稿发表。其后十多年中胡塞尔一直专注于这个问题,并在“第五沉思”中获得暂时让他满意的解决。[①]

四、“形式本体论”、“形式价值学”与“实践学”

胡塞尔在讲此问题之前,由“最一般性的问题”,从“意向性”问题说起。他说,“我们到此为止对理性现象学问题的考察所达到的普遍性高度,不可能使本质的问题分支系统和它们与形式本体论及区域本体论的联系显示出来。”[②]“当我们考察进一

① 参见胡塞尔:《纯粹现象学通论》,[荷]舒曼编,李幼蒸中文译本,商务印书馆1995年版,第567～568页。

② 胡塞尔:《纯粹现象学通论》,[荷]舒曼编,李幼蒸中文译本,商务印书馆1995年版,第350页。

步的结构区分时，普遍的理性现象学就分化了"。[①] 所以胡塞尔在《纯粹现象学》书中的最后一篇即第四篇"理性与现实"的最后一章中写了"问题的分化。形式逻辑学，价值学和实践学"一节。

胡塞尔在《纯粹现象学通论》最后的第四篇最后一章的论述中，讲道："显然，以上所论可扩展至一切行为的和对象的领域，因此也扩展至诸对象，具有其先天特殊设定和质料的情绪行为必定决定着诸对象的构成，而且是在一种再次与形式和物质特殊性有关的方式上，相应的构成性现象学的重大的，几乎不可怀疑的，远远未被完成的任务，正在于对其加以阐明。""结果，构成性现象学与先天本体论以及最终与一切本质科学的内在关系也就明显可见了（在此不包括现象学本身）。形式的和实质的本质理论的层级序列以一定方式规定了构成性现象学的层级序列，确定了它们的普遍性层级和在本体论的和实质性本质的基本概念和原则中的'导引'"。这才能实现"意向作用的和意向对象的意识层次构成性问题的全面解决"。[②]

所以，胡塞尔还在《纯粹现象学通论》的最后结尾处提醒说，"我们应当明确注意，在构成性现象学和相应的形式的和实质的本体论之间的这些相互关系，绝不意味着前者是以后者为基础的。当现象学家把一个本体论概念或原则认作构成性本质关联体的标志时，当他把它们当作直观证明的导引，而后者仅在自身内就有其正当性时，他并未从本体论上进行判断。这一普遍性的论断在以后再进行的更基本的说明中将向我们证明，

① 胡塞尔：《纯粹现象学通论》，[荷] 舒曼编，李幼蒸中文译本，商务印书馆1995年版，第350页。

② 胡塞尔：《纯粹现象学通论》，[荷] 舒曼编，李幼蒸中文译本，商务印书馆1995年版，第369～370页。

由于这个问题本身的重要性，这一论断当然是十分必要的。”①

这回应着《纯粹现象学通论》在最后一章关于“问题的分化。形式逻辑学，价值学和实践学”所说。胡塞尔强调，“首先必须回到先前论述的有关命题和特别是综合命题的纯形式理论，这些综合命题与述谓的信念综合，以及与属于信念样态的、以及属于情绪行为和意志行为的综合形式有关。”“然而，一旦我们提出这些问题，而且尤其是相对于一般命题提出，只要我们认为它们只是纯形式地被规定的，我们就处于形式逻辑中和上述平行的形式学科中，后者按其本质建立在作为其较低层级的相应形式理论上面。被包含在综合形式中的东西”。②

现象学可包括哪些借助在“某种方式上具有普遍性的另一组综合”意义上即在“包括有汇集的（聚集的）、析取的（关于‘这个或那个’的）、说明的、使相关的等综合，普遍来讲，一个完整的综合系列，它们按照在本身中构成的综合对象的纯形式，规定着‘形式一本体论’的形式；而且另一方面，在意向对象构成的结构方面，它们被反映在形式逻辑的（彻底意向对象方向的命题逻辑的）命题学意义形式中”，这里，“与形式本体论和与逻辑的关系已经表明，问题涉及一组本质上封闭的综合，它在各种可被组合的诸体验种类方面具有一个绝对普遍性的可能应用领域，这些体验本身因此也应当是一些具有任意复杂性的意向作用统一体。”③

胡塞尔由此指出，“现象学特别能使我们理解，先天的逻辑

① 胡塞尔：《纯粹现象学通论》，[荷] 舒曼编，李幼蒸中文译本，商务印书馆1995年版，第370页。

② 胡塞尔：《纯粹现象学通论》，[荷] 舒曼编，李幼蒸中文译本，商务印书馆1995年版，第351～352页。

③ 胡塞尔：《纯粹现象学通论》，[荷] 舒曼编，李幼蒸中文译本，商务印书馆1995年版，第292页。

真理与命题的直觉充实化的可能性（由此可达到对相应事态的综合直观）和命题的纯粹综合形式（纯逻辑的形式）之间的本质关联有关，而且同时，每一可能性都是可能的正当性的条件。”“信念的理性确定性的可能性之先天条件，从意向对象侧说就是可能的真理之先天条件，特别被包含在述谓的（分析的）综合的纯形式中。信念的理性确定性的客观展现是通过狭义的形式逻辑产生的：即形式的命题逻辑学（Apophantik）（关于‘判断’的形式逻辑），它因此以关于这些‘判断’形式的理论为其基础。”“同样的道理适用于属于情绪领域和意志领域的综合以及它们 的意向对象相关项，因此也适用于它们的综合的‘命题’类型，有关后者的系统的形式理论必定再次作为形式正当性理论结构的基础。……在这种情况下，由于（例如）也在情绪行为中实行的‘客观化作用’，一切价值学的和实践的理性以我们所理解的方式转换为信念的理性，而且在意向对象侧转换为真理，在对象侧则转换为现实：这样我们就谈到真的或现实的目标、手段、优选性等等。”①

应特别注意到的是，胡塞尔为实现其哲学的完满，他由“综合行为理论”讲到了“实践”。“现象学可包括那些借助”“综合行为理论来考察的学科。在这里看到两组引人注目的综合行为：首先是按照形式本体论的形式来运用的综合，即汇集、析取、关联、阐明等等综合；接着是‘根基的’行为：在其中运用着价值设定的感情的和意志的行为，它们因此呈现为价值行为”。②

① 胡塞尔：《纯粹现象学通论》，［荷］舒曼编，李幼蒸中文译本，商务印书馆1995年版，第352～353页。

② 胡塞尔：《纯粹现象学通论》，［荷］舒曼编，李幼蒸中文译本，商务印书馆1995年版，第557页。

这样，此“一种方向的转变将我们从这些学科引向相应的本体论。”这就要说到“形式本体论的理性理论问题”。这“关联域已由于可在每一行为内部实行的普遍可能的目光转向而在现象学中被给与了，因此该目光注视的诸对象组成彼此按种种本质法则结合起来。”因而“每一种形式逻辑的法则都应等价地转换为一种形式本体论的法则。”“此外，形式本体论远远超出了形式命题逻辑真理的这类简单转换的范围。从我们先前谈过的那种‘名词化’过程中产生了若干重要的学科。”这样，“在我们的考察中，‘形式本体论’的概念被扩大了。价值，实践对象被列入形式化名称‘对象’、‘一般物’之中。因此从普遍分析性本体论的角度看，它们是从质料上规定的对象；与这类质料性对象相联系的、关千价值和实践对象的‘形式的’本体论，是质料性学科。另一方面，以设定属（信念或信念样态，评价，意愿）和作为种从属于设定属的综合及综合构成之间的平行关系为基础的类比是有其效力的”。这“适用于有关价值（在相当广义上的）、善的形式本体论，后者作为理论上的理想而与前两种研究相关联——简单说，这种本体论与作为情绪和意志意识的相关项的整个存在范围相关联”。①

总之，“在追求这种理性理论目标时，人们必然达到有关对形式逻辑和与其平行的学科在理性理论层次上阐明的问题，我称这些学科为形式价值学和实践学”。②

① 胡塞尔：《纯粹现象学通论》，［荷］舒曼编，李幼蒸中文译本，商务印书馆1995年版，第350～355页。

② 胡塞尔：《纯粹现象学通论》，［荷］舒曼编，李幼蒸中文译本，商务印书馆1995年版，第351页。

第二节　海德格尔关于 Dasen 的哲学

由于胡塞尔的工作，后来在哲学界形成了一个“现象学运动”。在这个运动中，生长出一系列新的哲学流派，存在主义当属其中最有影响的。海德格尔（Martin Heidgger，1889－1976）作为胡塞尔学说的追随者，在回复《从现象学到思想》的作者理查森时，曾说：“如果您在刚才所描述的胡塞尔的哲学立场的意义上来理解大作《从现象学到思想》标题中的‘现象学’的话，那么，就我所提出的‘存在问题’乃是完全不同于那一立场的东西而言，这个标题是恰当的。如果‘思想’一词是从它既包含形而上学的思想（对诸存在者存在的思想）又涵盖存在问题或对存在本身（存在之开显状态）的思想的双重意义中取出来的，那么这个标题是完全合理的。但假如我们把‘现象学’理解为让思想的最本己的实事显示其自身［之过程］，那么这标题就应该读作‘一条经由现象学到存在之思想的道路’。这‘存在之思想’里的属格的‘存在’说的是，存在本身（das Seyn）同时作为那正在被思想的东西、作为那需要一种与之相匹配的思想的东西而显示其自身。”①

一、关于 Sein（存在）、Seiend（存在者）、Dasein（此在或缘在）

海德格尔站于“存在之思想（Seinsdenken）”的立场指责胡塞尔既忽略了存在本身的问题也忽略了意向性的存在问题。海

① Richardson，W.，Heidgger：From Phenomenology to Thought，Fordham University Press，2003，xiv－xvi. 海德格尔序。

德格尔认为，不能停留于意识现象，而应该指向关于存在的现象（phenomenon of being）。海德格尔的最主要著作《存在与时间》，其导论的标题就是“概述存在（sein）意义的问题”。海德格尔在此标题下的第一节开头便说，“我们的时代虽把重新肯定‘形而上学’当作自己的进步，但这里所提出的问题如今已久已被遗忘了。人们认为自己已无需努力来重新展开 γιγαντομκχία περί τής ούσιας［巨人们关于存在问题的争论］。然而，这里提出的问题绝不是什么随随便便的问题。”[①]

关于 sein 的讨论，海德格尔强调了三条：

第一，存在是最普遍的概念。海德格尔引用了亚里士多德《形而上学》中的话。[②] 之后他以阿奎那的话强调，“无论一个人于存在者处把握到的是什么，这种把握总已经包含了对存在的某种领悟。”[③] 但“存在”的普遍性不是种的普遍性。如果 Seiend（存在者）在概念上是依照种和属来区分和联系的话，那么，“存在”却并不是对存在者的最高领域的界定：ο ϋτε τοöν νγέσς［存在不是种］[④]。存在的“普遍性”超乎一切种的普遍性。按照中世纪存在论的术语，“存在”是一种“transcendens［超越者］”。亚里士多德已经把这个超越的“普遍（者）”的统一性视为类比的同一性，以此相对于适应于事实的最高的种的概念的多样性。不管亚里士多德多么依附于柏拉图对存在论问题的提法，凭借这一揭示，他还是把存在问题置于全新的基础之上了。诚然，连他也不曾澄明这些范畴之间的联系的晦暗处。

① 海德格尔：《存在与时间》，陈嘉映、王庆节中文译本，三联书店 1987 年版，第 3 页。

② 亚里士多德：《形而上学》B4 1001a21。

③ 圣托马斯·阿奎那：《神学大全》11qu 94a2。

④ 亚里士多德：《形而上学》B3 998b22。

中世纪的存在论主要依循托马斯主义和司各脱主义的方向对这一问题进行了各 是种各样的讨论，但是他们没能从根本上弄清这个问题。黑格尔最终把“存在”规定为“无规定性的直接性”并且以这一规定来奠定他的《逻辑学》中所有更进一步的范畴阐述，在这一点上，他与古代存在论保留着相同的眼界，知识亚里士多德提出的与适用于事实的“范畴”的多样性相对于的存在同一性问题，倒被他丢掉了。因此人们要是说：“存在”是最普遍的概念，那可并不就等于说：它是最清楚的概念，再也用不着更进一步的讨论了。“存在”这个概念毋宁说是最晦暗的概念了。

第二，“存在”这个概念是不可定义的。这是从它的最高普遍性推论出来的。[①] 存在既不能用定义方法从更高的概念导出，又不能由较低的概念来描述。“Seiend”和“Sein”（存在）相对，意为存在着的具体东西。与将“Sein”译为“存在”相应，我们把“Seiende”译为“存在者”。

第三，存在［是］是自明的概念。在一切认识中、一切陈述中，在对存在者的一切关联行止中，在对自己本身的一切关联中，都用得着“存在［是］”。海德格尔说，“我们向来已生活在一种存在之领悟中，而同时，存在的意义却隐藏在晦暗中，这就证明了重提存在的意义问题是完全必要的。”“‘自明的东西’而且只有‘自明的东西’……应当成为并且应当始终是分析工作的突出课题即‘哲学家的事业’”。[②]

围绕于此，在海德格尔那里，涉及到三个主要的词，即（1）关于 sein，通常译为“在”。“sein（在）”是不定式，这个

① 参见巴斯卡《沉思录》，布鲁施维克辑，巴黎，1912 年，第 169 页。

② 海德格尔：《存在与时间》，陈嘉映、王庆节中文译本，三联书店 1987 年版，第 6 页。

不定式可有这样的德文变形 du bist（你在），er isr（他在），wir waren（我们曾在），ihr seid gewesen（你们在过了）。“在”（das Sein）是从动词（sein）变成的名词。因此人们说，“在”这个词作为一个动名词，定出这个语法形式之后，“在”这个词的语言标志就标示出来了。当然，在此费心叙述出来的完全是一些熟知而不言自明的事。（2）关于 Seiend，通常译为“在者”。在海德格尔哲学体系中，将“存在”与“存在者”作了区分。海德格尔讲“存在”用的是德文中的“sein”这个词，讲“存在者”用的是德文中的“Seiend”这个词。国内翻译家考虑到“sein”这个词在德文中的基本意义如果翻译成中文，可由三个词来表达，即“是”“在”“存在”，很难找到一个词集中与之相应，所以往往取“存在”为主要译名，另在一些地方有时也酌情译之为“是”或“在”；而“Seiend”德文原意偏重于存在着具体的东西，因此与把 Sein 译为“存在”相应，对之多译为“存在者”。德语中“seiend”是“sein”的现在分词形式。海德格尔用它来翻译的是希腊词“öν”在希腊文中，“öν”经常在两重含义上混用，有时指“Sein”，即存在者的存长；有时指“Seiende”，即存在着的存在者。在海德格尔看来，作为柏拉图哲学的术语，它也同时具有这两重含义。因此，《存在与时间》三联版中文译本的译者陈嘉映等主张，当海德格尔在这个意义上使用“Seiend”时，译做“存在者”。还常常狭义地，即在“存在者”的意义上使用“Seiend”，那里译为“存在者的”或“具有存在者方式的”。另外，在德语中，借助于冠词 das 往往可把一个语词不定式转化成名词，故“在”和“在者”，通常分别对应于 das Sein 和 das Seiend。（3）关于 Dasein，中文常对此专门译为“此在”，也有人译为“亲在”、“缘在”。Dasein 这个词在德语中，由两个基本词 Da（此）和 Sein（存在）拼合而成。这是从沃尔夫以来在德国哲学中常使用的词，用以指称个别具体事物的具体存在或具体的存在物，以区别于一般的、抽象的存在（在）。如在黑格尔的体系中 Dasein（以往译作定在、限有）是变易的结果，是有（在）和无皆被扬弃于其中的统一，因而是有规定性的、质的存在。海德格尔赋予 Dasein 的含义与以往的含义大为不同在于，是特指“存在着的人”这样的存在者，故翻译者把它译为“此在”取“存在在此”“存在亲身在此”之意。海德格尔声明，决不能把用来称呼人的“存在”这个词与传统哲学用来表示人的一些词，如意识、精神、理性、自我、人格等等同样看待。相反，他正是要避开这些词，才选用了“此在”。这是因为“意识”、“精神”等词都在不同程度上意味着主客体的对立。而“此在”既指被意识反思着的客体，又指进行着这种反思的主体；既指自我的意向性活动，又指意向所指向的那个对象；既指人，又指人的本质处境。

再要说明的是，“Dasein”作为哲学术语在德文哲学文献中最初是用来翻译拉丁词“existentia”（存在）的。在沃尔夫（Ch. Wolff，1679～1754）之前的德国哲学家一般用拉丁文写作。沃尔夫为了使哲学通俗化，把德文句型“——sein da”加以名词化，用它来表达存在。因此“Dasein”成为一个德文通俗表达存在的词，是德文化的外来词“Existenz”也表达存在。在一般情况下，Existenz 和 Dasein 的含义是一致的，它们都可以用来翻译拉丁词“existentia”。但随着哲学的发展，有些哲学家把“sein”区分为“Dasein”（单纯的存有）和“Sosein”（如此存有）。“如此存有”是指带有特征、特性的存有。而“Dasein”是指略去特征、特性，单纯从存有的角度来看的存有。单纯的存有中包含着“如此存有”的可能性，但没有“如此存有”的现实性。因此可能性是单纯的存有的本质。有些哲学家（特别是存在主义哲学家）认为人的存在是唯一包含有可能性的存在，因此他们用“Dasein”表达人的存在。陈嘉映等翻译成中文的

《存在与时间》中往往根据上下文有时译成“人生存在”有时把它翻译为“存在”。

二、现象与逻各斯，现象学的先行概念，由存在者及此在引出的诸多范畴

基于以上论述海德格尔进一步写道：“我们已把这部探索的专题对象（存在者的存在，或一般存在的意义）粗略的描述了一番；随着这番描述，探索的方法似乎也已经先行描绘出来了。把存在从存在者中展露出来，解脱存在本身，这是存在论的任务。”① 他又说，“现象学这个词有两个组成部分：现象和逻各斯，二者都可以上溯到希腊术语：φαινόμενον［显现者］与λογos［逻各斯］。从外形上看，现象学这个名称就像神学、生物学、社会学这些名称可以翻译为神的科学、生命的科学、社会的科学一样，因此现象学似乎就是现象的科学。我们应得把这个名称的两个组成部分，即‘现象’与‘逻各斯’所意指的东西描述出来，把它们合成的名字的意义确定下来；由此我们便可提出现象学的先行概念。”②

（一）关于“现象的概念”。

海德格尔叙述道：“现象”这个术语可以追溯到希腊词φαί νόμενον；而φαινόμενον则由动词φαίνεσθαι派生而来；φαίνεσθαι意味着：显示自身（显现）。因此，φαινόμενον等于说：显示着自身的东西，显现者，公开者。φαίνεσθαι本身是φαίνω中动态，φαίνω的意思是：大白于世，置于光明中。φαίνω的词根是

① 海德格尔：《存在与时间》，陈嘉映、王庆节中文译本，三联书店1987年版，第34页。

② 海德格尔：《存在与时间》，陈嘉映、王庆节中文译本，三联书店1987年版，第35～36页。

φα一。φῶs的词根也是φα一。它的意思是：光、明，即某某能公开于其中的东西，某某能在其中就其本身显而易见的东西。因此，“现象”一词的意义就可以确定为：就其自身显示自身者，公开者。于是φαινόμενα即“诸现象”就是：大白于世间或能够带入光明中的东西的总和；希腊人有时干脆把这种东西同τάὄντα（存在者）视为一事。按照通达存在者的种种方式，存在者又可以以种种不同的方式从其自身显现。甚至它可能作为它就其本身所不是的东西显现。存在者在这种显现中“看上去就象……一样”。这种显现称为显似。所以，φαινόενον即现象这个词在希腊文中也就有下面的含义：看上去象是的东西，“貌似的东西”，“假象”。φαινόμενον αγαθόν意指某种看上去象是不错的东西，但“实际上”它却不象它所表现的那样。称为φαινόμενον的东西有着两重含义，即作为自现者的“现象”与作为假象的“现象”，而要进一步领悟现象概念，全在于看到这两种含义如何按现象概念的结构相互联系。唯当某种东西就其意义来说根本就是假装显现，也就是说，假装是现象，它才可能作为它所不是的东西显现，它才可能“仅仅看上去象……”。所以海德格尔说，“在作为‘假象的’φαινόμενον的含义中已经共同包含有作为公开者的现象的的源始含义。公开者这种含义对假象这种含义具有奠基作用，我们在术语的用法上用‘现象’这个名称来指φαινόμενον正面的和源始的含义，使之有别于假象这种现象，假象是现象的褫夺性变式。不过首先这两个术语表达出的东西同人们用‘现像’乃至‘纯粹现像’所称谓的东西是风马牛不相及的。”[1]“Erscheinung”和“Phänomen”在德语的一般

① 海德格尔：《存在与时间》，陈嘉映、王庆节中文译本，三联书店1987年版，第37页。

用法中这两个词是同义词。但海德格尔从语源学角度进行考察，强调指出它们之间的区别。在对《存在与时间》的翻译中，译者仍用“现象”一词来译“Phänomen”而用“现像”一词来译“Erscheinung”。“现像”意在表明“Erscheinung”通过自身显现呈报出一个不自身显现的他物，即仅是“像”而非“象”；表明它极易和“Phänomen”在意义上混淆起来的性质。同这两个概念一并出现的还有“Schein”，译为“假象”。与上述三个概念对应的三个动词分别译为“显现”（sich zeigen）；“现像为”或“现像出来”（erscheinen）；“显似”（scheinen）。

海德格尔强调，“虽然‘现像’不是并且决不会是一种现象意义上的显现，但现像只有根据某某东西的显现才是可能的。然而这种使现像也一起成为可能的显现却不是现像本身。现像通过某种显现着的东西呈报出来。”①

海德格尔进一步说明道：“‘现像’这个词本身又可能有双重含义：一会儿作为不显现而是呈报意义上的现像，一会儿又是呈报者本身——它在其显现中指点出某种不显现的东西。最后，人们还可能把现像用来称现象的真切意义，即称作显现。既然人们把这三种不同的情况都标识为‘现像’，于是乎混乱就不可避免了。”“对于‘通过某种呈现者呈报出来’这一含义下的‘现像’来说，现象是起组建作用的；但现象又可能以褫夺方式演变为假象。只要是这样，现像也就可以变为纯粹假象。”②

总之，“现象——就其自身显示自身——意味着与某种东西的特具一格的照面方式。而现像则相反，它意指着存在者本身

① 海德格尔：《存在与时间》，陈嘉映、王庆节中文译本，三联书店 1987 年版，第 37 页。

② 海德格尔：《存在与时间》，陈嘉映、王庆节中文译本，三联书店 1987 年版，第 38～39 页。

之中的某种存在着的指引关联；而只有当指引者（有所呈报者）就其本身显现着，只有当指引者是‘现象’，它才能够完全具有它所可能的功能，现像和假象以各各不同的方式奠基于现象。”“在现像中，那种向来已经先行于且同行于通俗领会的现象的东西已经显现出来，这种显现虽然不是以专题方式，但它是能够通过专题方式加以显现的，而这种如此这般就其本身显示自身的东西（‘直观形式’）就是现象学的现象。因为，康德说空间是秩序的先天所在，而他若声称这是有真凭实据的先天命题，那么，空间与时间显然必须能够这般显现，它们必须能够成为现象。”①

（二）关于“逻各斯的概念”。

海德格尔叙述道：“在柏拉图与亚里士多德那里，λόγos 这个概念具有多重含义；而且，这些含义相互抗争，没有一个基本含义在积极地主导它们。事实上这只是假象。只要我们的阐释不能就其本来内涵适当把握 λόγos 的含义，这种假象就会持续下去。”“λόγos 的基本含义是言谈”，而“这个词的含义的后来历史，特别是后世哲学的形形色色随心所欲的阐释，不断掩蔽着言谈的本真含义。这含义其实是够显而易见的”。当“λόγos 被‘翻译’”，“被解释为：理性、判断、概念、定义、根据、关系。但‘言谈’怎么竟能变出这么多样式，竟使 λόγos 得以意味着上列种种，而且还是在科学的语言用法范围之内？即使把 λόγos 的意义领会为陈述，而陈述却又作为‘判断’时，这种貌似正当的翻译仍然可能使 λόγos 的基本含义交臂失之；我们若在当今的任何一种‘判断理论’的意义上来理解判断，那情况就尤其不妙。如果人们把判断领会为一种‘联结’或一种选取角

① 海德格尔：《存在与时间》，陈嘉映、王庆节中文译本，三联书店 1987 年版，第 39～40 页。

度（认可、反对），那么，λόγos 说的就不是判断，无论如何它本来并不等于说判断。”①

进而，海德格尔对于“言谈”与“逻各斯”的关系及其间的种种问题进行了说明。“在具体的言谈过程中，言谈（让人看）具有说的性质——发声为词。λόγos 就是 φωνή［发声］，而且是 φωνή μετα φαντασίαs——向来已有所视的发声。”“λόγos 作为言谈，毋宁说恰恰等于 δηλοῦν：把言谈时“话题”所及的东西公开出来。亚里士多德把言谈的功能更精细地解说为ἀποφαίνεσθαι②［合乎语法的言谈］。”③

可见，“λόγos 是让人看某种东西（φαίνεσθαι），让人看言谈所谈及的东西，而这个看是对言谈者（中间人）来说的，也是对相互交谈的人们来说的。言谈‘让人’ἀπὸ……［从］某某东西方面‘来看’，让人从话题所及的东西本身方面来看。”“λόγos 之为ἀπόφανσιs，其功能在于把某种东西展示出来让人看；只因为如此，λόγos 才具有 σύνθεσιs［综合］的结构形式。”再就是，“唯因 λόγos 是让人来看，所以它才可能是真的或假的。在这里，问题也完全系于不要沾染‘符合’那种意义上的虚构的真理概念。这种观念根本不是ἀλήθεια［无蔽］这一概念中的本来观念。λόγos 的‘真在’亦即ἀλήθειν 说的是：在 λέγειν 这种 αποφαίνεσθαι 中，把话题所及的存在者从其掩蔽状态拿出来，让人把它当作无蔽的（ἀλήθεs）东西来看，也就是说，揭示话题

① 海德格尔：《存在与时间》，陈嘉映、王庆节中文译本，三联书店 1987 年版，第 40 页。

② 参见《解释篇》第一章至第六章。又，《形而上学》卷 Z4，与《尼各马可伦理学》卷 Z。

③ 海德格尔：《存在与时间》，陈嘉映、王庆节中文译本，三联书店 1987 年版，第 41 页。

所及的存在者。同样，‘假在’即 φεύδεσθαι 说的是遮蔽这意义上的欺骗，（以让人来看的方式）把某种东西放到某种东西之前，从而却使这样东西作为它说不是的东西呈现出来。”“但正因为‘真理’具有这一意义而 λόγος 则是让人来看的一种确定样式，所以 λόγος 才不可被当作真理的本来‘处所’来谈”。[①]

（三）关于“现象学的先行概念”。

海德格尔写道：“如果我们就眼下的目的来看看待刚才我们解释‘现象’与‘逻各斯’之际所提出来的东西，那么，这两个名称所意指的东西之间的一种内在关联就跳入了眼帘。”“无论应当在这门科学里论述说明，‘现象学’这个词都只不过告诉我们如何展示和处理这种东西。现象‘的’科学等于说：以这样的方法来把捉它的对象——关于这些对象所要探讨的一切都必须以直接展示和直接指示的方式加以描述。‘描述的现象学’具有同样的意义，这个词其实是一种同语反复。”“描述性本身就是 λόγος 特有的意义。只有从被‘描写’的东西的‘实是’[Sachheit] 出发……才能够把描述性本身确立起来”。[②] 对此有学者评论说，在海德格尔关于现象的看法中，说不上对于意识的依赖。相反，“现象”在这里被解释成“自己显示的东西”，更确切的说是“在人身上自己显示的东西（das Sich—an—ihm—selbst—zeigende），或明显的东西（das Offenbare）”。“这种明显性并不排除下面这种可能，即海德格尔的现象有时藏在一种令人产生误解的外表后面。但是现象显然不是通过某些特殊的还原过程得出的净化物。现象更像是一种具有自身力量而

① 海德格尔：《存在与时间》，陈嘉映、王庆节中文译本，三联书店 1987 年版，第 41～42 页。

② 海德格尔：《存在与时间》，陈嘉映、王庆节中文译本，三联书店 1987 年版，第 43～44 页。

独自存在的实体，不依靠而且先行予我们的思想。”[①] 正如海德格尔所说，“凡是如存在者就其本身所显现的那样展示存在者，都可在形式上合理地称为现象学。”[②]

海德格尔就此论证到“遮蔽”并引申说，“现象可能有各式各样的掩蔽方式。”“无论把遮蔽把握为掩藏还是掩埋还是伪装，遮蔽本身总有具有两重可能。有偶然的遮蔽，也有必然的遮蔽；后者奠基于被揭示者的存在方式。”“在这一地基上，我们也就能确定‘现象的’［phänomenal］‘现象学的’［phänomenologisch］这个两术语的含义了。以现象的照面方式给予的和可用这种方式解说的，称之为‘现象的’；现象的结构这种说法便由此而来。而所有属于展示方式与解说方式的东西，所有造就了这种研究所要求的概念方式的东西，则都叫作‘现象学的’。”“因为现象学所领会的现象总只是构成存在的东西，而存在又向来是存在者的存在，所以，若意在显露存在，则先须以正确的方式提出存在者本身。”[③] 总之，“现象学这个词可以用希腊文描述为 λεγειν τα φαινσμενα。λεγενν 则等于说 αποφαίνεσθαι。于是，现象学是说 αποφαίνεσθαι τα φαινόμενα：让人从显现的东西本身那里，如它从其本身所显现的那样来看它。这就是取名为现象学的那门研究的形式上的意义。然而，这里表达出来的东西无非就是前面曾表述过的座右铭：‘走向事情本身！’”[④]

① 参见，赫伯特·施皮格伯格：《现象学运动》，王炳文、张金言中文译本，商务印书馆 1995 年版，第 534 页。

② 海德格尔：《存在与时间》，陈嘉映、王庆节中文译本，三联书店 1987 年版，第 44 页。

③ 海德格尔：《存在与时间》，陈嘉映、王庆节中文译本，三联书店 1987 年版，第 45～46 页。

④ 海德格尔：《存在与时间》，陈嘉映、王庆节中文译本，三联书店 1987 年版，第 43 页。

基于此，海德格尔十分重视胡塞尔关于“回到事情本身”的见解。他认为，“现象学”一词主要表示一种方法。这个词并不描述哲学研究对象的性质内容（das sachhallige Was），而是探讨这些对象的方法（das Wie）。在海德格尔看来，“现象学”这个标题表达出一种可以这样表述的格言：“转向事情本身!”对此有学者评论说：这与所有没有根据的（freischwebenden）构造、偶然的发现、盲目承认仅仅表面的得到证实的概念，以及常常被几代人炫耀（sich breitmachen）为“问题”的假问题不同。然而人们也许会回答说，这句格言的道理毕竟太明显（reichlich selbstverständlich）了，另外它也只表达出一切科学知识的原则。人们不理解为什么这种老生常谈竟然明确地被人放在一类研究的标题之下。这的确是一种关系重大的“老生常谈”（Selbstverständlichkeit），对此要作出进一步的研究，因为这对于阐明这部论著的方法很有作用。① 然而海德格尔对“事情本身”提出了与胡塞尔不同的看法。

海德格尔认为，胡塞尔把“事情本身”规定为意识或先验自我的意识，在这里，仍然是属于主体的。而在海德格尔看来，胡塞尔意义上所指认的与心相关的“事情本身”，就是“在”。海德格尔把“在”的意义规定为显现的过程。海德格尔强调，“以讲述方式报道‘存在者’是一回事，而在其‘存在’中把握‘存在者’是另一回事。对后一项任务来说，不仅往往缺乏词汇，而首先是缺乏‘语法’。”② 海德格尔通过考证，确认希腊哲学中“在”的基本意义是通过“去蔽”和“出场”等意思来规

---

① 参见，赫伯特·施皮格伯格：《现象学运动》，王炳文、张金言中文译本，商务印书馆 1995 年版，第 533 页。

② 海德格尔：《存在与时间》，陈嘉映、王庆节中文译本，三联书店 1987 年版，第 48 页。

定的。意识、思想因其具有使万物显现出来的作用，它就是“在”的过程。因此他说：“‘事物本身’是否要被规定为意向意识，抑或规定为先验的自我。如果作为让事物显示自身的过程的现象学确实要成为标准的哲学方法，并且如果从古代起，哲学的主要问题就始终是以各种不同的形式表现出来的诸‘在者’之在的问题了，那么归根结底，在势必还是思想这个东西本身。”[①]“对于意识活动的现象学来说表现为现象显现的东西，就是亚里士多德以及在希腊的思想和存在中更原始的当作‘去蔽’的，即在场的东西的去蔽状态，被揭示的状态，它的自身显示。”[②]海德格尔认为胡塞尔把“事情自身”当作仅仅是主体的意识活动的看法，“是根据笛卡尔、康德和费希特所建立的型式而将之阐述为一种特殊的哲学的立场的。而思想的历史性对这种立场依然感到完全陌生”。[③]可见，海德格尔把“事情自身”从胡塞尔的意识活动变成了“在”。这比胡塞尔进了一步。如果说，在胡塞尔那里，意识活动是主体或先验自我的属性；那么在海德格尔那里，当他把意识改换为“在”时，就从显现（在）的角度来看意识了。主体、自我都是“在”的显现过程中所显现出来的“在者”。

海德格尔在 1934 年版的《什么是形而上学?》一书的后记中写道：“在一切存在的事物当中，只有人体验到奇迹中的奇迹：这就是存在者是存在的（das Seindes ist）。”有学者为了显示海德格尔与胡塞尔在其基本目的上的根本分歧，提出最好的

---

① 海德格尔为理查逊《海德格尔：经由现象学到思想》一书写的序，见该书 1963 年英文版第 xiv 页。

② 海德格尔：《我通向现象学之路》，见 W. 考夫曼编《存在主义：从陀思妥耶夫斯基到萨特》，第 239 页。

③ 海德格尔为理查逊《海德格尔：经由现象学到思想》一书写的序，见该书 1963 年英文版第 xiv 页。

方法是把海德格尔这句话与胡塞尔所说的类似的一句话即"奇迹中奇迹是纯粹自我和自我意识"进行对比。在对比中让人们看出，海德格尔把基本奇迹放在了作为"存在"的事实上，而胡塞尔则把基本奇迹放在意识上。对此，研究者指出，这两个集中点有着足够的联系，因而可以说明两人之间的暂时合作。但是海德格尔与胡塞尔之间的根本分歧却使他们不得不分道扬镳。这种根本分歧还表现在海德格尔所坚持的以亚里士多德和以后以巴门尼德为中心的历史方向上，而相比之下胡塞尔却对他们表现出特别冷淡的态度，而把兴趣集中在海德格尔所竭力反对的笛卡尔身上。①

海德格尔由对在者及此在的诠释，引出了诸多范畴。他认为，此在的存在就是在世界中同形形色色的存在者打交道。海德格尔将此在的这种最基本的生存状态称之为"在—世界—之中"(In—der—Welt—sein)，或曰"在世"。而此在在世的本质是"烦"，紧接着有"畏""死"。

烦（Sorge）在德文中一般作"忧虑"、"担心"、"操心"解。海德格尔选用这个词，主要指人生在世过程中面对无限繁杂多样的可能性进行选择的一种基本样态。人的生存的最大特征即是他总要和自己存在的可能性或能在（sein onnen ）打交道。与外物打交道，便有"烦忙"；与他人打交道便有"烦神"。不论烦忙也好，烦神也罢，都是烦本身在日常在世中的表现方式。

按照海德格尔的逻辑，"烦"表明此在在世的"结构整体"，而这一"结构整体"是由"畏"（Angst）的现象显示出来的。只有"畏"这种根本的情绪体验才能照亮作为此在在世本质的

① 参见，赫伯特·施皮格伯格：《现象学运动》，王炳文、张金言中文译本，商务印书馆 1995 年版，第 488～489 页。

“烦”的整体性结构，才能解释我们为什么要像逃避瘟疫一般地逃到所烦忙、烦神的“人们”、“存在者”那里去。

既然此在天生地趋向于逃避，那么究竟是否还有可能进入本真的在世呢？由此海德格尔说到“死”（Tode）。海德格尔宣称，人要本真的生存，在活着的时候，就必须“存在到死中去”。“存在到死中去”并非“实现死”，而是说“存在到此在自身的一种特殊的可能性中去”。一方面，死，作为可能性，不给此在任何他本身可以赖以作为现实的东西而存在的东西。因此，在此在走向死之际，就不在有任何可供逃避的地方可去。另一方面，死总是自己死，任何其他人也不能代替，在这个意义上，死又是一种独特的存在可能性：在死中，关键就完全在于那向来本己的此在的存在。死启示着空，澄明着无。

海德格尔由“烦—畏—死”的实存结构揭示出“无”的体验。正因为是直面虚无，才知道一切皆属可能，并且也仅仅为已之可能；因而，才知道存在原来是超越的。“无”对在者来说是“无”，“无”对整个存在来说，就是超越性的存在本身。

三、时间性，语言是存在之家，本体论的解释学

在海德格尔那里，超越性的根据在于时间性。过去时态是“事实”，或被抛状态；现在时态是注定沉沦、依附于存在物；将来时态是经常影响我们的“设计”、“筹划”。在这个意义上，海德格尔存在主义讲的时间流不是由过去到将来，而是走着相反的方向：时间是从将来开始“绵延”。在本真状态中，此在恍然于死是最本己的可能性，如此谋划着“将来”而安然于过去已“曾是”的可能性并即体现为“现在”。如此统一“将来”“曾是”“现在”的时间性，海德格尔认为就是赖以领会“存在”的视野。因此，对以将来为核心的时间的时间化之出窍特性的本真领会，烛明了超越性的核心意义。存在的澄明只有在此在

在世的不断超越中才能得到，而时间性使在世和此在的超越成为可能。

在海德格尔的后期著作中主要探讨两大问题。一方面，他想确定整个哲学（形而上学）思维和世界观的起源，并确定其基本要素；另一方面，想找出“达到存在的真理”的途径。关于这两个大问题，海德格尔早在《存在与时间》中就已经拟定，不过研究方法此时有了变化：这时语言问题成了注意的中心。因为海德格尔认为，解决上述两个问题的方法是语言分析，他认为必须“倾听”语言本身在“说”什么。由于语言问题在他思想发展的中后期的明显地位，所以某种意义上，可以说，语言问题是他前后期思想转向的重要标志。

海德格尔认为，传统哲学在真理问题上的失误，关键在于其方法的失误。在传统哲学中，真理和方法是对立的；这种对立的根本，在于传统哲学对哲学运思的认知框架“理解活动”的理解太狭窄，而且忽视了语言在哲学中所起的作用。海德格尔指出，“人存在世界中实质是存在存在于语言中”，“语言是存在的家”。他讲，自古以来，西方语言本身的名称便叫作 γλωσα，lingua，langue，language，这意味着语言是舌、嘴的代名词，是一种“可以接触的物质的东西”。把语言视为“工具”，使语言从“存在之家”变为单纯的“对象”、一个与其他任何存在物同样的存在物。语言技术化了，成为传递信息的手段，于是它作为“言语”、“谈话”、“传统”便彻底死亡了。

在海德格尔看来，随着语言的死亡，把现代人及其文化同存在连接起来的最后一根线索消失了。这是形而上学迷误带来的最大危险。因此，使真正的语言和“听见”它的能力复活，被海德格尔看作是历史性的任务。由于语言首先继续活在在伟大诗人——不是一切伟大的诗人，而只是谛听“存在的声音”的诗人（如索福克勒斯、荷尔德林、里尔克、特拉克尔）——

的作品中，因此，听出语言通过它这些“存在的信使”说的东西，就意味着“获得了存在的真理的一线光明”。海德格尔正是在这个意义上，走上了对艺术作品的哲学考察及以“诗意的思”为其语言特征的坎坷路程。这构成当代哲学解释学的源头。其要义在于：真理不仅是论说，而且更是显示。

另外在海德格尔晚年的言论中，还特别表现出由对人——主体的存在问题的解答。他对技术进步作出了一种浪漫主义的批判。他把对没有与人疏远的自然界的怀念和苏格拉底以前的古希腊的理想化联系在一起。他讲，卢梭的主题在此以独特的形式复启了：如果说形而上学把存在物看作是与这种“技术”关系、实用关系相联系的话，那么“原初”的关系就是亲切的、带有深刻个性的世界的宗法关系。这个“宗法式的田园生活”的世界不适合推理的思维，却适合于个人的情感；它不能反映在概念的逻辑中，却能反映在诗意的象征里。

正如有的论著在引述了海德格尔以上种种思想后指出的，海德格尔深深体会到西方世界现代技术的发展在给人类带来丰裕和进步的同时，又对人的存在世界构成危害。而且，更为重要的是，海德格尔比前人更进一步地，把技术科学的勃兴与西方形而上学传统的迷误联系起来了，认为传统形而上学的迷误是技术统治世界的最终根源。他指出，这使人与世界的原初同一被破坏了：一方面，使人们把自己生活于其中的世界视为对立的世界，变成一味探索、利用、征服的世界；另一方面，人通过变为主体，也使人自己的本质发生了根本性转变，人不过成了众实体中的一种形态的实体。因此，海德格尔意欲摧毁这种形而上学体系，代之以追问生存的意义、人生的意义的哲学。[①]

晚年的海德格尔发表的文字不仅变得简短而且就其有限的范围来讲也更加全面。这些特征是有意不采用传统的哲学用语，然而却力图从旧字词的空壳中挤出其全部字面意义，有时甚至给旧字词注入新的生命。对其他一些名词与概念则作出新的解释甚至重新加以拼写，例如实在（existence，现在写成 Ek-sistenz），存在（Sein）常常写成（Seyn），还补充了一些词，例如 Ge-Stell 表示工业技术的产物，用 dingen 表示“事物”（Ding）的存在方式。

海德格尔不仅是当代存在主义哲学的创始人之一，而且是本体论解释学（Hermeneutics，或译为“诠释学”）的奠基人。20 世纪，解释学在以施莱尔马哈、狄尔泰解释学的基础上经历了一次历史性的转变：不是去问“我们怎样知道”，而是去问“只通过理解去存在的那种存在者的存在方式是什么?”也就是说，要阐明正在理解的存在者的状态和理解条件。其核心思想可用一句话来表达：理解是存在的基本方式。海德格尔的本体论解释学就是关于此在的解释，他以此在的可能性同现实环境的相互作用，来阐明解释学的本体论地位。

正是与海德格尔的现象学本体论所要求的这种新解释相关联，“解释学”这个名词才在海德格尔的现象学中出现。解释学并不是一个新名词。解释学起源于对圣经的解释，并且也曾应用于历史文献的诠释；海德格尔曾多次称赞过的狄尔泰使该词广为人知。但是在海德格尔那里对该词的用法已经不只涉及文献或符号性质的表述，而是主要涉及现实世界中的事实，即人的存在或此在（Dasein）。实际上海德格尔正是为说明对于这种

---

① 参阅蒋永福、周桂莲、岳长岭主编：见《西方哲学史》（下册），第十章第二节，中央党校出版社，1990 年。

类型的存在所作出的解释才使用了“解释学”这个词。这里所说的解释学间接地与一般本体论有关，因为它研究的是此在(Dasein)，从而为一般存在的解释奠定基础

“解释”人的存在这一事实，解释的目的，在于得出被解释者的意义。因此解释是以被解释者的有意义为前提的。这时海德格尔的基本说法之一就是，人的存在具有允许作出解释的意义。因为人本质上与对他“至关重要”的他自身的存在是相互关联的：“这种存在的本质就在于其‘走向’存在”（Zu-sein）。人的存在所“走向”的那种东西无疑是一种可能性，特别是真实或不真实的可能性。因此，在这种通往超出自身的可能性的方向上，人有能力得出一种解释，这种解释通过确定其“目的”（woraufhin，um－zu）来识别这些超出其本身的可能性。

海德格尔讲，“现象学描述的方法上的意义就是解释。此在现象学的 λόγοs 具有 ερμηνεύειν［诠释］的性质。通过诠释，存在的本真意义与此在本己存在的基本结构就向居于此在本身的存在之领悟宣告出来。此在的现象学就是诠释学［Hermeneutik］。这是就诠释学这个词的原始意义来说的，据此，诠释学标志着这项解释工作。但只要发现了存在的意义与此在基本结构的意义，也就为进一步对非此在式的存在者进行种种存在论研究提供了境遇。如果确实如此，诠释学就也是另一种意义上的诠释学——整理出一切存在论探索之所以可能的条件。最后，此在比一切其他存在者在存在论上都更为优先，因为它只是在生存的可能性中的存在者；与此相应，诠释学作为此在的存在之解释就具有特殊的第三重意义：它是生存的生存论状态的分析工作——从哲学上来领会这重意义是首要意义。这种意义下的诠释学作为历史学在存在者状态上之所可能的条件，在存在论上把此在的历史性构建起来；只要是这样，那么，只可在派生方式上称作‘诠释学’的那种东西，亦即历史学性质的精神

科学的方法论，就植根于这第三重意义下的诠释学”。“哲学是普遍的现象学存在论；它是从此在的诠释学出发的，而此在的诠释学作为生存的分析工作则把一切哲学发问的主导线索的端点固定在这种发问所从之出且向之归的地方上了。”[①]

海德格尔又说：“领会（即理解）作为筹划是这样一种此在的存在方式：在这种方式中此在是它的作为种种可能性的可能性”。[②] 海德格尔强调理解的前结构（即理解前已有的传统思想文化范畴）对理解的影响。理解的前结构包括“前有”（先行具有）、“前见”（先行看见）、“前悟”（先行把握）。它们形成了理解筹划的方向，朝着这个方向，把某某作为某种东西来理解。海德格尔以理解的前结构论述了“解释学循环”这个解释学的重要范畴。在旧解释学中，人们就意识到一种解释学的循环，主要在于整体和部分的循环：要说明本文的部分，必须理解本文的整体（对整体意义有一种预见），反之，要说明本文的整体，必须理解本文的各部分。从传统逻辑看，这是一种循环论证的错误，而且“前理解”（前提假定）被看成是带有贬义的偏见。海德格尔认为不存在这种错误，从存在本体论来看，人的一切理解活动都按照这种解释学循环进行。海德格尔认为，具有决定意义的，不是摆脱这一循环，而是以正确的方式进入这一循环。这样，解释学循环就已不是狭义的本文解释时所遇到的现象，而是关于此在的本体论特征之一。海德格尔所论的解释学循环的普遍化，标志着解释学走到了新的层次。

海德格尔为解释学转向本体论提供了一般的理论基础。后来他的学生伽达默尔（H. G. Gadamer，1900－）则系统地建

① 海德格尔：《存在与时间》，陈嘉映、王庆节中文译本，三联书店 1987 年版，第 47～48 页。

② 参见《哲学译丛》，1986 年第 3 期，第 13～14 页。

立了一种作为存在本体论的解释学。伽达默尔由德格尔的解释学思想出发，把解释学当作哲学本身来看待，把解释学现象看作是人类的世界经验。伽达默尔的解释学在六十年代问世之后，引起激烈论争。法兰克福学派的一些较年轻的成员，爱珀尔和哈贝马斯在同伽达默尔的论争中建立了他的批判的解释学。

现象学的解释学又称综合解释学，法国哲学家利科提出了他的文本理论的解释学，这是试图对当代各派解释学作出综合而提出的新解释学。利科（P. Ricour，1913—）曾被看作是法国研究现象学的权威。利科认为，本体论解释学忽视了解释学的方法论和认识论方面，因此他要综合方法论的解释学和本体论解释学，并企图调和本体论解释学和批判解释学的争论，但他的基本倾向仍属于本体论解释学。他把解释学的中心放在文本上，吸收了现象学、结构主义、日常语义学的一些观点，认为通过研究文本这种书面语言，就可以找到一条达到既理解意义又理解自我和历史的道路。

第三节　萨特关于 Sein 的哲学

海德格尔之后，法国哲学家萨特（Jean-Paul Sartre，1905—1980）又提出了他的存在主义哲学体系。

学界认为，《存在与虚无》是萨特表述其哲学立场的最富胆识的全面尝试。萨特自己说，这部著作是从 1930 年开始写的，历时共 13 年。该书副标题《现象学本体论纲要》表明，如果说，前一段时间萨特所从事的主要是现象学研究；那么，后来与此相比较，目标已经有所改变，萨特这时已准备着手研究“存在”，即自由意识的对应物，并使两者联系起来。而且，萨特认为现象学能够完成这一任务。

按照西蒙·德·波伏瓦的说法，直到 1939 年，之前萨特不曾认真研读过海德格尔的书。而萨特在写作《存在与虚无》时，他心中已念念不忘海德格尔的著作，尽管带有很大的批判性。另外，萨特还第一次指出了海德格尔与胡塞尔之间的根本区别。①

正如我在以往论著中指出的：如果说，海德格尔的《存在与时间》是吸收胡塞尔的现象学方法，将存在进行现象学的改造，即从“此在”的在世结构出发，将“存在”的过程性显现出来；因此它所谓的“存在”首先是指主体的存在，或者说得更准确一点，是由于“此在”主体才是有意义的“存在”；那么，萨特的《存在与虚无》则要将海德格尔用以承担“存在”的“此在”进行现象学的进一步处理，即从“反思前的我思”出发，将“此在”的“虚无”性引出来，并以此种方式来面对外部世界的存在。

进而，当比较一下萨特的《存在与虚无》与海德格尔的《存在与时间》这两本书的标题，可以看出萨特和海德格尔两人所持的本体论见解及立场的联系。其间似乎有很多相似之处，重要的是又有很多不同之点。第一，两个标题的头一个词“存在”，从表面上看，具有相同的意义，尽管萨特的存在（etre）通常并不像在海德格尔著作中那样，对存在（Sein）与存在者（Seiend，existants）作出区别；在萨特哲学中，通常存在（etre）往往代表意识之外的整个世界。第二，两个标题的第二个词“时间”和“虚无”，则让人看到更为深刻的不同。在海德格尔的著述中，时间被用来构成存在的主要性质，而不是与存在相对立的东西；在萨特的著作中，“虚无”决不是用来表示存

① 参见赫伯特·施皮格伯格：《现象学运动》，王炳文、张金言中文译本，商务印书馆 1995 年版，第 674 页。

在的一种性质，而是表示与存在恰好相反的东西。《存在与虚无》的第一段就明白表示了这种萨特要以“一种新的二元论”构成其关于本体论的根本问题。第三，人们共认萨特讲其“存在主义”哲学，是论“存在”。这“存在”即 Être（Being，Sein）。但应特别注意到，在萨特看来，传统哲学讲的“存在”有两层含义：1. 指实然的存在，如一棵树、一块石头，以至一个观念之所指等等；2. 指存在的总体，如“自在的存在”。萨特在《存在与虚无》导言中强调他写此书的目的就是旨在解决，他以往十年来感到棘手但又必须解决的关于自我存在与外部世界的关系问题。所以萨特又指出，他的《存在与虚无》主要意旨不是讨论 Être（Being）而是讨论 Existence（实存）；他讨论 Existence（实存）是通过把存在虚无化，即把虚无引入自为和超越，而显露自身的存在；在他那里，“存在”与“虚无”构成“实存”的存在方式。在此意义上讲，从克尔克戈尔、尼采、海德格尔以来，所追问的存在的意义，固然实质上都是实存的存在，而萨特存在主义所说的“实存”则是指人的独特的存在方式和状态。在萨特看来，对这种方式和状态不能像对一般的存在一样，只诉诸概念范畴去把握；而是自身通过情态（mood）及诸种当下直接的意识形式表现出来；这就是人类社会生活的主观经验，尤其是个体的独特的不可替代的体验；人就是存在于这些实然的意识状态中，这些实然的意识状态就是人的实存。这样，其存在主义指认，用实存这一概念，就避免了传统哲学由于主客分离所造成的找不到人及存在根基的迷误。

这形成了萨特追问存在形而上的更极端的特有方式。

一、关于“存在”

萨特在其著作《存在与虚无》的论证中，一开始就说：近代思想把存在物还原为一系列显露存在物的显象，这是一个很大的进步。但如果人们真是那样把存在物的外表理解为一层掩盖对象真正本性的表皮，那就无所谓外表了。另一方面，如果这种真正的本性果真是事物的秘密实在，而由于它是被考察对象的“内部”，我们能够预感或假定它，但是永远不能达到它，那么，这种本性则同样不再存在了。显露存在物的那些显象，既不是内部也不是外表，它们是同等的，都返回到另一些显象，无一例外。但是它也不表明它自己背后有什么东西：它只表明它自身和整个系列。显象返回到整个显象系列，而不是返回到某个把存在物的整个存在吸收到自身中的隐藏着的实在。并且显象本身也不是与这个存在不一致的显露。只要人们相信本体的实在性，就已表明了显象是纯粹否定的东西。萨特强调，显象并不掩盖本质，它揭示本质，它就是本质。存在物的本质不再是深藏在这个存在物内部的特性，而是支配着存在物的显象序列的显露法则。这就是系列的原则。作为系列原则的本质显然只是诸显象的联系，就是说，本质自身就是一种显象。这正说明何以有对本质的直观［例如胡塞尔的本质直观（Wesenschau)］。于是，现象的存在显露其自身，它就像显露它的存在一样显露它的本质。它无非是把这些显露紧密联系起来的系列而已。①

萨特进一步说：如果显现的本质就是一种不再与任何存在对立的“显现”，那自然就产生了关于这个显现的存在的问题。因此我们在探讨本体论时遇到的第一个存在，就是显现的存在。现象是自身显露的东西，而存在则以某种方式在所有事物中表现出来，因为我们能够谈论存在，并且对它有某种领会。因此应该有一种存在的现象，也可以写成存在的显现。存在将以某

① 萨特：《存在与虚无》，陈宣良等中文译本，三联书店1987年版，第123页。

种直接激发的方式（如厌烦、恶心等）向我们揭示出来，而且本体论将把存在的现象描述成它自身显露的那样，也就是说不需要任何中介。然而，我们对一切本体论事先应提出这样一个问题：这样达到的存在的现象与现象的存在是同一的吗？就是说，向为揭示和显现出来的存在，其本性与向我显现的存在物的存在是一样的吗？问题似乎不难解决：胡塞尔曾指出本质的还原如何始终是可能的，就是说如何始终能够超越具体的现象走向现象的本质。海德格尔也认为“人的实在”（realite humaine）是“本体状的—本体论的”（ontico-ontologique），就是说“人的实在”总能超越现象走向它的存在。但是从单个对象到本质的过渡是从同质物到同质物的过渡。[①]

由此萨特认为，这样，显现存在的尺度，事实上就是显现显现；因为我们一直把实在囿于现象，我们就可以说现象按它显砚的样子存在着。在此萨特以反问的方式加以肯定说：“为什么不把这看法推到极端，说显现的存在就是它的显现呢？”[②]

萨特指出，然而，使认识意识成为对它的对象的认识的充分必要条件是：它意识到自身这个一认识。这种意识的意识是什么呢？萨特讲，法国哲学家、散文家阿兰（Alain，1868～1951）由于不得不解释“知就是意识到在知”这种自明性，采用这样的话来表述它：“知，就是知人在知。”这样，我们就给反思或对意识的位置性意识下了定义，甚至早给对意识的认识下了定义。这将是一个完整的意识，它指向非它的某物，就是说指向被反思的意意识。因此，它将超越自身，并且，作为对世界的位置性意识，它将完完全全投入对其对象的追求之中。不过这个对象本身就是个意识。

① 萨特：《存在与虚无》，陈宣良等中文译本，三联书店 1987 年版，第 5 页。
② 萨特：《存在与虚无》，陈宣良等中文译本，三联书店 1987 年版，第 7 页。

这样，萨特别注意到了被我们称之为对象性难题的那类问题：“如果我们接受认识者——被认识者成对的法则，就必须要有第三项，以便使认识者反过来成为被认识者，而我们就将面临这样两难推理：要末我们在‘被认识者——被认识的认识者——认识者的被认识的认识者——……’的系列中的任意一项上停下来。那时，现象总体就一成为未知者，就是说，作们总是遇到一种非自我意识的反思和一个末项——要末我们必须肯定一种无限的后退（观念的观念的观念……）这是荒谬的。因此，这里在本体论上确立意识的必要性时又增加了一个新的必要性：必须在认识论上确立意识。这不是必须把二对法则引入意识吗？自我意识不是成对的。如果我们想避免无穷后退意识就必须是自我与自我之间一种直接的，而非认识的关系。”“此外，反思的意识将设定被反思的意识为自己的对象：在反思活动中，我对被反思的意识作出一些判断”。①“因此，反思一点也不比被反思的意识更优越：并非反思向自己揭示出被反思的意识。恰恰相反，正是非反思的意识使反思成为可能；有一个反思前的我思作为笛卡尔我思的条件。”“也许有人会说，这是在兜圈子。因为，难道不应该是我事实上在计数才使我能有对计数的意识吗？这是对的。然而，这不是兜圈一子，或者不如说，存在于‘圈子中’正是意识的本性。我们能够这样表达上述意思：一切有意识的存在都是作为存在着的意识存在的。我们现在懂得了为什么对意识的原初意识不是位置性的：因为它与它意识到的那个意识是同一个东西。它同时规定自己是对知觉的意识和知觉。为了符合语法要求，我们至此还不得不说‘对自我的非位置性意一识’。但是，由于‘对自我的’这种表

① 萨特：《存在与虚无》，陈宣良等中文译本，三联书店 1987 年版，第 10 页。

述仍然暗示着认识性观念，我们不能再用它了。”①

作为胡塞尔的学生，萨特也认为笛卡尔的“我思”还只是认识主体的一种自我意识，是反思的思维；而在现象学的“意向性”理论看来，人的意识和主观性是先于反思活动的。这种先于反思的意识没有内容，它总是引向外部、引向世界，具有超越自身而达到客体、并直接显现客体的意向性。这种先于反思的意识就是所谓“反思前的我思“，它是一切认识和思维活动的前提和基础。正因为这样，萨特才讲，“反思一点也不比被反思的意识更优越：并非反思揭示出被反思的意识。恰恰相反，正是非反思的意识使反思成为可能：有一个反思前的我思作为笛卡尔我思的条件。”②

通过对笛卡尔之“我思”的现象学还原，萨特认为，自己终于找到了“反思前的我思”这一切实可靠的哲学研究的出发点。但是，“反思前的我思”只是一种“意向性”的意识，它本身并没有内容，它的内容是从外在对象中借来的。因此，与其说它是“存在”，不如说它是“虚无”，或者退一步，只有从非存在是对存在的否定这一最广泛的意义上说，意识才是存在。萨特说，这一“虚无”既然是哲学研究的出发点，就可以从中引发出存在。于是，“有一种不是从反思的我思，而是从感知者反思前的存在获得的‘本体论证明’。这就是我们现在要一讨论的问题。”③

二、关于“虚无”

一些学者认为，在萨特看来，自由意识的“虚无”实际上

① 萨特：《存在与虚无》，陈宣良等中文译本，三联书店 1987 年版，第 11 页。
② 萨特：《存在与虚无》，陈宣良等中文译本，三联书店 1987 年版，第 11 页。
③ 萨特：《存在与虚无》，陈宣良等中文译本，三联书店 1987 年版，第 19 页。

是“存在”的最大挑战者。萨特在《存在与虚无》中，关于“存在”的专门细致讨论，只在“导论”中用了几页篇幅；而全书的四个部分都是重在用来讨论“虚无”。

《存在与虚无》整书的结构是，在“导言”“对存在的探索”之后，第一卷就是“虚无的问题”，由此展开第二卷论述“自为的存在”、第三卷论述“他人的存在”、第四卷论述“拥有、行为与存在”。质言之，萨特重在论述意识及其各种变形。

这里，第一卷由“考问”“否定的起源”说到“虚无的辩证法概念”、“虚无的现象学概念”。书中指明，意识本身证明是打开“虚无”之门的楔子；没有意识，“虚无”在存在领域中就不会占有一席之地。由于意识通过一种根本性的否定行为而与存在截然分开，于是萨特用一种特有的说法把这种否定的根源说成是“虚无。”

第二卷更充分地讨论这种打开“虚无”之门的结构，首先讲述意识的“直接结构”，例如意识的“事实性”，然后阐明意识的时间性及其“超越性”即意识超越自身而趋向存在。萨特在这一部分尽管在所强调的论点上与海德格尔有着细微差别，但算是最接近海德格尔了，不过萨特有意把这些特征归之于意识，而不是归之于人的存在（Da－Sein）。

第三卷，萨特由归结为“虚无”的“否定行为”所描述的“人的实在”，引申指出一种“完全不同的本体论结构”。萨特指出，“这种本体论结构是我的本体论结构，我所关心的正是我的主体，然而对这种‘为我’的关系向我揭示了一个没有‘为我存在’的、是我的存在的存在。”[①] 而“我的身体的本性把我推向他人的存在和我的为他的存在。对人的实在来说，我与我的

① 萨特：《存在与虚无》，陈宣良等中文译本，三联书店 1987 年版，第 297 页。

身体一起发现了与自为存在同样重要的另一种存在方式，而我将称之为为他的存在。如果我想以透彻的方式描述人与存在的关系，我现在就必须着手研究我的存在的这种新结构：为他。因为人的实在在其存在中应该以同一个涌现成为‘为他的自为’。”[①] 这样，萨特指出，“事实上，把他人的问题和实体实在性的问题混为一谈是完全错误的。”[②] 于是萨特开始比较详细地探讨一个新课题，相对来说这正是海德格尔所忽略的方面：一个人自己的意识与其他人的意识的关系。这里出现了一种新的存在，即为了他人（pour autrui）的存在，这特别显示在一个人对另一个人的注视（regard）当中。萨特对身体在一个人的自我的经验和在他人的经验中的作用问题作了探讨。最后，萨特把意识与意识之间的相互撞击与对立，解释为各种不可调和的自由之间的根本性冲突，但萨特对此在当时似乎并没有看到明确的建设性解决方案。

最后的第四卷，标题为“拥有、行为与存在”。萨特讲，“拥有、行为与存在是人的实在的基本范畴。它们把人所有的行为综合在它们名下。”[③] 看来，这是萨特根据意识固有的主动的和自由的本性所进行的讨论。萨特在这一部分中的见解与海德格尔不同，他所强调的是人的存在所具有的主动性特点。这里强调，绝对对自由和责任提供着基础，而人的存在则来自他的行为。这是以最初的选择为基础的，于是便要以根据现象学建立起来的一种新的存在主义心理分析的方法加以探讨。在这本

① 萨特：《存在与虚无》，陈宣良等中文译本，三联书店 1987 年版，第 296 页。

② 萨特：《存在与虚无》，陈宣良等中文译本，三联书店 1987 年版，第 302 页。

③ 萨特：《存在与虚无》，陈宣良等中文译本，三联书店 1987 年版，第 555 页。

书的结论中，萨特部分概括了根据前面所讲的“本体论”所显示出来的存在与意识之间的最终关系，并且讲出了这种关系指向“形而上学的”和“道德的前景”问题的推论。

三、“否定性”“时间性”“超越性”，“自由”

在《存在与虚无》中，萨特凡提到“存在”，指的必是“自在（en-soi）的存在”；凡提到“虚无”，指的则是作为意识的“自为（pour-soi）的存在”。前已涉及到，《存在与虚无》几十万字，仅有五页是论及存在（“自在”）的，其余则基本都是为虚无（“自为”）而设。

萨特用了大量篇幅，详尽地描述“自为”的能动性质，概括地说，主要是“自为”的“否定性”、“时间性”、“超越性”。

否定性。在萨特看来，自为是一种“缺乏”（Lack），一种“不在场”，即一种不完全的存在，一种“成问题”的存在。这种存在不是通过外力作用，而是依靠自己不断地否定自身，造就自身，使自己成为其所是。“人是虚无由之来到世界上的存在”。人是处于存在与虚无之间的存在，世上唯有人不像存在那样为了存在只需要是少而是为了存在必须不是（即不是某种东西）。这种悖论导致了对自由的否定定义：自由的本质就是否定性，就是虚无化的能力。

时间性。萨特讲，“时间性明显地是一种有组织的结构”。[①] 它具有一些本原的综合的构成元素，即“过去”、“现在”和“将来”，它们被看作是三个瞬间“向度”。萨特认为，这些时间元素只是一种整体的“时间性的直觉”，是一种现象学的描述。这种“时间性”的综合构成，就是“自为”；换言之，只有“自

① 萨特：《存在与虚无》，陈宣良等中文译本，三联书店 1987 年版，第 154 页。

为”才能实现这一综合的构成。而“自在”就没有这三个向度，因为它已经是自在的、已经是其所是了，它是凝固的、没有运动、没有时间的。萨特说，我们关于这三个时间性元素的现象学描述，使得我们从“现在”去接近作为一种整体构成的结构，这就是所谓“时间性的本体论”。也就是说，“自为”通过时间性的一系列过程实现自己。

超越性。在一般意义上，超越意味着趋向或超出某物或某个范围。在萨特那里，“超越”主要指“自为”的自我超越，或者说“自为”本身就是超越。“超越是意识的构成结构”。意识就是不断地超越个人目前存在的状况，更新自己。“超越性”与“否定性”、“时间性”是同一层次的概念。“自为”的内在否定性是超越的根据，“时间性”的三个向度则是它超越过程的系列。

由此，萨特又讲，“自为的存在”所具有的否定性、时间性、超越性本身就包涵着一个新的范畴，即自由。萨特的自由观是其“反思前的我思”的逻辑结果。萨特认为，自为的人是处于存在与非存在之间。他是存在的缺乏，他缺乏的是存在，他追求的也是存在。也就是说，因为意识就是空无，所以世界要怎么显现就怎么显现，或者说，由于人没有任何的束缚，所以他要怎么认识世界就怎么认识世界，要怎么行动就怎么行动。

萨特强调，当人来到这个世界上，他是以“无”的姿态来到这个世界上的，不知道他自己从何而来，为什么要来，因此他自己要干什么是无所谓什么规定的。所以萨特说，人天生就是自由，而正是这个自由才迫使他进行选择，自由就是选择；同样，选择也是自由，他要选择什么是他自己的事。因此，萨特有一句有名的话就是“存在先于本质”，任何人的本质都是由自己选择的。萨特认为，在自由这个问题上，目的与动机是次要的。最后的成功与否是无关紧要的；重要的是去进行选择，而选择是在处境中的选择，也就是说，正是因为有处境，才有选择；否则根本没有任何选择可言。自由的选择实际上就是对处境的虚无化，同样，没有选择处境也就没有任何意义。任何选择都有后果，后果就是责任，因此选择与责任是紧密相联的，选择本身就是责任。萨特说，“命定自由的人，把整个世界的重量担在自己的肩上；作为存在的形式，他对世界也对自己负责”。

萨特关于人是绝对自由的命题具有这样一些要点：第一，萨特在《存在与虚无》中论证的自由，本身就是人的存在，是“行动的首要条件”。萨特指出：“人并不是首先存在以便后来成为自由的，人的存在和他的‘是自由的’这两者之间没有区别。”“人被判决为是自由的”。第二，萨特所说的自由是一种选择的自由。根据萨特的意思，任何客观环境都不可能使人丧失不可剥夺的自由。自由在任何情况下都是存在的，并且表现为有可能作出选择：不是选择现实的可能性，而是选择自己对该特定情境的态度。环境可以束缚一个人的身体，但不能阻止人自由选择，人在处境中是绝对自由的。第三，萨特所讲的自为的存在，基本特点是，人是在“烦恼”、“焦虑”、“恶心”等存在的体验中领悟到自由。

到晚年，萨特有两部未完成著作，为人们所重视：一是《辩证理性批判》，二是《家庭白痴：古斯塔夫·福楼拜》；前一部著作研究一般理论，另一部著作研究一般理论在具体实例上的应用。而萨特的这两部著作并没完成，前者只有计划中的第一部分于 1960 年出版，后者计划出版四卷却只出版了三卷。

萨特的《家庭白痴：古斯塔夫·福楼拜》着重对福楼拜创作《包法利夫人》的过程进行解析，他认为有必要对“这本书中的爱玛·包法利进行现象学的研究”。萨特的研究分三部分：一是讲福楼拜的“构成”；二是研究他的“人格化过程”；三是以《艾尔本霍恩或最后的螺线》为标题（取自玛拉美的一首诗），讲述并解释福楼拜的主要精神症状，同时谈到人们所说的癫痫病发作，并把此“发作”解释为一种歇斯底里病例。萨特讲到了“客观的精神症状”，讲到了“福楼拜的精神症状与计划安排：第二帝国”；认为两者的主题都是精神症状，一个是社会的客观精神症状，另一个是福楼拜的主观的精神症状；萨特试图由此体现其现象学方法以及存在主义的心理分析。

萨特把《辩证理性批判》称作《任何未来人学的导论》，他讲：“我所提出的问题是：我们今天有没有构建一种结构的历史和人学的手段？”这一问题使萨特与克劳维·列维—斯特劳斯的研究相接近并与之处于争辩之中。萨特在《辩证理性批判》中主要关心的是弄清人们怎样构成了实际的集团关系，表述他对于“集体”（smsembles）实在性的看法。萨特的方法是由考查个人在各种不同的社会结构中并通过这些结构实际怎样生活入手。这里很重要的在于，萨特从他早年所设想的那种心理上的自由转而关心实际上的自由。

第七章　拒斥形而上学与回归形而上学，实证论、实在论

自19世纪初期，黑格尔作出德国古典哲学的综合之后，欧洲大陆又明显分化出影响整个哲学世界的若干哲学。马克思和恩格斯于19世纪40年代吸收黑格尔的辩证法和费尔巴哈的唯物论，建立了基于实践的唯物论和辩证法，后被称为辩证唯物主义。另外，与黑格尔的理性主义背道而驰的非理性主义思潮，也在欧洲发展着。这之前，在法国和英国，英国经过培根、洛克的经验论的传统，法国经历了18世纪中期的启蒙运动和后来疾风骤雨般的法国大革命。再就是18世纪下半叶法国的科学开始腾飞。在这种背景下，法国的实证主义问世；它既是法国哲学的继续，也是英国贝克莱和休谟的经验主义哲学在新的历史条件下的继续，同时形成了自己的哲学特征，成为后来发展起来的科学哲学的先驱。

有学者这样概括：“20世纪西方科学哲学就形而上学与反形而上学的演进特点而言，经历了一个‘拒斥形而上学→肯定形而上学→内化形而上学→回归形而上学’的发展过程。其具体表现是：逻辑经验主义拒斥形而上学；证伪主义肯定形而上学；历史主义内化形而上学；科学实在论回归形而上学。这一过程表明，形而上学在科学的发展中是不可或缺的，只要还有哲学，

就少不了形而上学；只要还有科学，就摆脱不了形而上学。”[①]由本书的概括简要说，这里经过了一个从对形而上学的拒斥，到认可形而上学，又向形而上学回归的过程。

第一节　对形而上学的拒斥，到拒斥的松动

一、早期实证主义及经验批判主义

通常认为，实证主义哲学在产生过程中，孔德、穆勒、斯宾塞是第一代，经验批判主义者马赫、阿芬那留斯等人是第二代。

实证主义哲学的这两代哲学家都把传统本体论哲学当作是永远无法给以证实的形而上学思辨哲学而逐出自己的视野之外。这里的形而上学是指“超经验的本体论”，即超越以经验为基础的实证科学范围，研究关于世界的本质及其规律的知识和学说。围绕于此，实证主义哲学家把他们所认为的形而上学当作无意义的抽象思辨来反对。这种倾向，在实证主义哲学产生之前就有了。

早期的实证论者主要是复活贝克莱休谟的哲学。贝克莱的哲学以洛克的感觉论作为出发点，可是他进而主张“存在就是被感知”。这种见解使贝克莱陷入唯我论。关于“实体”，贝克莱在1710年出版的《人类知识原理》中写道：“实体一词如果是取其通常的意义，即如果是指各种可感性质的合体而言（如广袤、凝固、重量等的合体），那么人们便不能诬我们把实体去掉。但是实体一词如果是指哲学的意义，如果是指支撑心外各

① 魏屹东：《西方科学哲学中的形而上学和反形而上学》，《文史哲》，2003年第4期。

种附性（或性质）的一种东西而言，则我切实承认，我们是把它去掉了，——如果根本不存在，甚至不存在于想象中的东西，也可以说是去掉了。”“观念的原因：……它不能是有形的或物质的实体，因此，我们只得说，观念的原因乃是一个无形的、自动的实体或精神。”①

休谟基本接受贝克莱的思想，不过休谟认为，贝克莱一方面断言事物不过是感觉的集合，感觉以外别无事物，另一方面，却又肯定了精神实体（自我、感觉者）的存在，而且精神主体是在感觉以外，这是自相矛盾的。休谟以这样的方式来克服贝克莱的矛盾，他认为：既然一切都是感觉，那么感觉以外的任何东西，无论物质的实体也好，精神的实体也好，究竟是否存在，这个问题在原则上是不可能解决的；因为要回答这样的问题，那就得越出感觉、知觉的范围之外。他抨击神学及经验哲学中的形而上学，认为这是不包含关于实在的经验事实的诡辩和空谈。于是，休谟说：世界上存在的只有心理的知觉、感觉；此外，是否有真实的事物存在，那是不可能知道的。休谟由此说：人的意识中只不过是一连串的心理知觉，科学的任务就是描述这一串知觉，其他任何东西都不能发现。

（一）作为第一代实证主义代表的孔德（Auguste Comte，1798—1857）学说继承了休谟的观点，把知识局限于对经验事实和现象的描述，把探究现象背后的本质和世界内在的必然联系当作形而上学问题来反对，他认为人的理性能力不能解决形而上学的问题。孔德认为，经验事实为人们提供最实在、精确、肯定和有用的东西，舍此，别无其他获取知识的途径和手段。孔德强调，人们观察到的只是现象，不存在现象之外或超现象

① 贝克莱：《人类知识原理》第37、26节，商务印书馆1958年版，第34、29页。

的东西，科学的任务就是描述现象与现象的连接。他还利用培根的经验主义说："从培根以来一切优秀的思想家都一再指出，除了以观察到的事实为依据的知识以外，没有任何真实的知识。这条基本准则如果恰当地应用到人类智力的成熟阶段上，显然是无可非议的。"①

"实证主义"这个名词来源于拉丁文，意思为"确实的""有用的"。孔德作为实证主义的创始人，说他用这个名词来命名他的哲学，目的就是想说明，他自己的哲学不是根据"抽象的推理"而是追求所谓"确实的"知识。孔德宣称自己是实证知识的拥护者，反对"抽象的推理"。他把一切关于事物本质和原因的学说都斥之为"形而上学"，为了证明他的实证哲学的科学性，他在《实证哲学教程》中说，"我们的每一种主要观点，每一个知识部门，都先后经过三个不同的理论阶段：神学阶段，又名虚构阶段；形而上学阶段，又名抽象阶段；科学阶段，又名实证阶段。"由此他说："人类的精神受本性的支配，在他的每一项探讨中，都相继地使用了三种性质基本上不同的、甚至根本相反的哲学方法：首先是神学方法，其次是形而上学方法，最后是实证方法。"②

孔德说，神学阶段是人类智力的必然出发点，"探索的目标主要是万物的内在本性"，追求的是"绝对知识"，用一个超自然的主体的任意干涉来说明宇宙间各种现象。形而上学阶段是一个过渡阶段，只不过是前一阶段的改头换面而已，在这个阶段，"人们把那些超自然的主体换成了一些抽象的力量，一些蕴

① 孔德：《实证哲学教程》，《西方现代资产阶级哲学论著选辑》，商务印书馆1964年版，第26页、第27页。

② 孔德：《实证哲学教程》，《西方现代资产阶级哲学论著选辑》，商务印书馆1964年版，第25、26页。

藏在世界万物之中的真正的实体（人格化的抽象物），认为它们能够凭自身产生人们观察到的一切现象，因此要说明这些现象，就只消为他们分别指定一个相应的实体。"实证阶段是人类精神发展的最后阶段，在这一阶段，"人类的精神承认不可能得到绝对的概念，于是不再有探索宇宙起源的目的，不再求知各种现象的内在原因，而只是把推理和观察密切结合起来，从而发现现象的实际规律，也就是发现它们的不变的先后关系和相似关系。因此对事实的解释被限制在现实的范围之内，只不过是把各种特殊现象与某些一般的事实联系起来，这些一般事实的数目随着科学的进步将会越来越少。"①

有哲学家这样评述：如果考察一下孔德的所有著作，就会发现，这里明显地带有法国精神所独有的特点。在孔德的眼里，哲学与科学在地位和任务方面是没有区别的。个别科学随着其不断地发展而变得越来越专业化，当科学进入纯粹科学的实证阶段，科学的细致划分就变得尤其必要和有用。在神学和形而上学阶段，还存在某种高于个别科学的一般性原则。在实证阶段，我们会发现，知识过于专业化则会产生有害的影响，我们对世界的认识会变得支离破碎，我们的世界观会缺乏一种统一的完整体系。克服这一弊端的途径并不是从这种科学的分工再倒退回从前的那种状态——科学的分工对于知识的进步是非常必要的——而是要进一步完善这种科学的分工方式，也就是把对一般原理的研究作为一种重要的知识领域。因此，（实证）哲学的任务就是将各个特殊领域内的每一个新发现都应用于一般理论的研究之中。在孔德讲来，若想合理地划分科学的门类，我们就必须按照科学研究的事实和现象进行自然分类。孔德形

① 孔德：《实证哲学教程》，《西方现代资产阶级哲学论著选辑》，商务印书馆1964年版，第26、27页。

成了这样的科学类别：数学、天文学、物理学、化学、生物学和社会学。社会学这个词是孔德首创的，它由拉丁语 societas 和希腊语 logos 两部分组成。在孔德看来，社会学是科学的阶梯结构中的顶峰。只有当排列在它前面的科学门类发展到相应的成熟阶段时，社会学才有可能得到发展。人们往往这样认为，可以说“社会学”是孔德的首创。因此，社会学也是他的研究重点，他的主要著作的第 4 卷至第 6 卷研究的内容就是社会学。孔德非常成功地创立了一门新的学科体系，这门学科通过他并在他之后产生了巨大的影响。在孔德的著作中已经孕育了构成后来社会学的观念、原理和方法的萌芽。孔德把社会学划分为社会静力学和社会动力学，社会静力学研究社会事实、社会存在的规律和社会秩序，社会动力学研究社会的演化和进步。① 孔德强调，人们观察到的只是现象，不存在现象之外或超现象的东西，科学的任务就是描述现象与现象的连接。

（二）穆勒（John Stuar Mill，1806－1873）也是第一代实证主义者，他主张把知识、真理限制在事实范围内；认为超出此界限，企图建立一种超经验的、寻求世界的“本质”的体系，只能是妄想，是根本不可能的。

穆勒否认客观物质世界本质的存在。他认为存在的仅是现象。而现象无非是由对象对我们的影响，即感觉决定的，一切都是由不同方式彼此发生的感觉构成的。他说：“总之，外部对象的一切特征，即我们可以将它们归结为质和量的特征，都以我们从这些对象所获得的感觉为基础，而且可以把它们规定为‘对象引起这些感觉的能力’”。穆勒认为感觉又可分为眼前的和可能的感觉。眼前的感觉是暂时的、间断的，可能的感觉才是

① ［德］汉斯·约阿西姆·施杜里希著：《世界哲学史》，吕叔君译，山东画报出版社 2006 年版，第 338～340 页。

连续的、恒久的。"物质就是感觉的恒久可能性"。[①]

穆勒试图上重新创建一套归纳逻辑体系，在建立这个体系过程中，穆勒提出过五种归纳法：（1）契合法；（2）差异法；（3）契差兼用法；（4）剩余法；（5）共变法。[②]

同被认作是第一代实证主义者的斯宾塞（Herbert Sencer，1820—1903）对此论证更详。在他看来，哲学与科学都是以现象为研究对象，即研究有限的、有条件的、相对的东西，超出现象范围，去追求所谓终极原因、抽象本质和绝对知识，是人的认识无法到达的，不是科学与哲学的本职。

（三）如果说第一代实证主义者对经验事实还只停留在一般的论证上，那么，到第二代实证主义即经验批判主义则是完全从经验出发，对"形而上学"进行了更彻底的否定。

作为第二代实证主义代表的马赫（Ernst Mach，1838—1916）在《感觉的分析》一书第一章导言"反形而上学"中指出，那种认为存在着客观独立的"物自体"、"实体"的想法，是一种非常奇怪的想法。"对于我们来说，世界并不是由一些神秘的实体构成的，并不是这些神秘的实体与另一种同样神秘的实体'我'的交互作用产生出唯一可达到的'感觉'。"[③] 他主张认识只限于现象，反对形而上学追求超经验的所谓"抽象本质"。这成为马赫主义反对本体论的主要之点。

基于此，马赫主义强调经验的重要性，把感觉经验看作认识的界限。它们认为，作为第一性的东西既不是物质也不是精神，而是感觉经验，无论物理的东西还是心理的东西都是这种

① 穆勒：《三段论逻辑和归纳逻辑体系》。

② 穆勒：《功用主义》，商务印书馆 1962 年版，第 7 页。

③ 马赫：《感觉的分析》。译文见《现代西方哲学论著选辑》上册，商务印书馆 1993 年版，第 9 页。译文有改动。

感觉经验的复合。从这一立场出发，马赫主义认为，科学理论不是对客观世界及其规律的正确反映，而是对感觉经验的描述。他们得出结论说：客观真理是不存在的。一切科学理论都只不过是作业假说，它们只有方便与否之分，没有正确与错误之别。在马赫看来，物质、运动、规律只是人们生活中有用的假设；因果律是人们心理的产物，世界因此表现为要素之间的函数关系；科学对此只能描述而不能解释，描述则应遵循“经济思维原则”，即用少量的思维对经验事实作最完善的陈述。

19世纪德国哲学家阿芬那留斯（Richard Heinrich Ludwig Avenarius，1843—1896），提出了与马赫主义相同的经验批判主义。他认为，唯物主义和唯心主义把自我与非我、主体与客体置于相互对立的地位，歪曲了自然世界的面目；而他的哲学旨在克服二元论，恢复统一的世界图景。他认为，自然界中并不存在物理的或心理的东西，只存在“第三种东西”，即“纯粹经验”，这是种非心非物的中性要素。所谓自我与环境只是这种纯粹经验的不同联系的表现，它们是不可分割的“原则同格”，自我是这个同格的“中心项”、环境的“对立项”。他断言认识不是主体对客体的反映，认为大脑不是思维的住所。他把反映论歪曲为把主体和客体割裂，再把思维“嵌入”大脑的“嵌入论”。阿芬那留斯认为，科学理论记述经验之间相似和先后的关系，这种记述应遵循“费力最小原则”，即用最简单的方法来记述经验的关系；本体原则是费力的记述形式，应予取消。阿芬那留斯在其《哲学是按照费力最小原则对世界的思维》一书中特别写道：“人们主张我们没有这个隐藏着的实体就不能理解我们之外的存在”，但是“根据费力最小原则，却必须逐渐地、日益可能地抛弃这种解释”。“所以我们在这里可以把实体表象看作被取消了的”。“我们承认：存在着的东西（das Seiende）就是赋有感觉的实体；实体消失了……而感觉依然存在。因此我们应当把存在的东西设想为感觉，在它的基础中没有感觉以外的任何东西（nichts Empfindungsloses）。"①

二、逻辑实证主义及分析哲学

在孔德等人的实证主义及马赫等人的经验批判主义之后，出现了作为逻辑实证论的逻辑经验主义。这是被称为维也纳学派的维也纳小组哲学家所倡导的一种哲学。

"维也纳小组"（Vienna Circle）出现于20世纪20年代，由维也纳大学的M. 石里克教授领导的在基本看法上一致的哲学家和科学家发起。此名称得自于1929年发表的运动宣言"科学的世界观：维也纳小组"。该小组的主要成员包括M. 石里克、R. 卡尔纳普、O. 纽拉特、F. 魏斯曼、H. 费格尔和K. 哥德尔。该小组的哲学既被称为"逻辑实证主义"，也叫作"逻辑经验主义"。

维也纳小组的某些成员，包括石里克在内，宁愿把他们的哲学叫作"逻辑经验主义"（Logical empiricism）。因为这一名称标明了他们与英国经验主义传统的亲缘关系，表明了他们重视经验科学的方法论，同时表明他们重视由对语言的逻辑分析而发展了经验主义传统。而这种逻辑分析寻求对基本命题的刻划，并按照证实原则，就像以往经验主义者所要求的那样，依经验对它们做检验。

于是"逻辑经验主义"形成这样的立场：他们把所有有意义的命题划分为两类：分析命题，它们必然为真，可以先天地知道；综合命题，它们是偶然的，可以从经验中或后天地知道。

---

① 阿芬那留斯：《哲学是按照费力最小原则对世界的思维》结论、109节、110节、115节、116节，参见《马克思主义哲学史教学资料选编》中册，第721～723页。

逻辑实证主义特别关注数学和逻辑，提出逻辑句法和语义学，以揭示世界的逻辑结构；另一方面，它坚持证实主义，即主张命题的意义在于其证实方法。逻辑经验主义强调，一个所谓的经验命题或事实命题，如果它不能在经验中得到证实，就是没有意义的。一切被证明为合理的信念最终可以还原为记录陈述，它们可能直接显示为真，而无需从其他陈述中推论。逻辑实证主义基于此宣称：传统形而上学问题不是错了，而是没有意义，因为这种命题既不能以先天分析表明为真，又不能在经验中得到证实。总之在这两条路之外别无他途径，所以它们没有真值，是无意义的。在20世纪上半叶，逻辑实证主义极大地促进了分析哲学的发展。

质言之，逻辑经验主义者注重从语言分析、逻辑分析和经验主义相结合的角度看待形而上学，认为形而上学问题是没有意义的问题。在逻辑经验主义看来，一个陈述或命题，只有它在被观察中直接或间接地被检验时，才能作出一个关于世界的判断。一个科学上的假说，只有被经验确证时，才能成为理论。而形而上学命题不能被证实。也就是说逻辑经验主义以其“经验证实”的意义标准判定形而上学命题的无意义。

作为逻辑经验主义的分析哲学，进一步发展了实证主义哲学的传统，更明确地喊出了“拒斥形而上学”的口号，要求把传统形而上学本体论看作是无法加以证实的虚假问题而加以排除。

（一）作为逻辑经验主义者、维也纳学派首领的石里克（Moritz Schlick，1882－1936）认为，哲学不是一种知识体系，也不是研究普遍真理的科学。科学是能证实的经验命题组成的知识体系，而哲学不是这样的体系。他讲，哲学只是“一种活动”，从这个角度看，哲学可定义为“意义的追求”、“揭示意义的活动”，“哲学就是那种确定或发现命题意义的活动”。[①] 作为“揭示意义的活动”，哲学的方法是语言的逻辑分析，通过语言的逻辑分析，可以揭示或澄清科学命题的意义。石里克认为，一个命题的意义就在于它的证实方法。他在《哲学的转变》一文中认为，“过去时代最严重的错误之一，是认为哲学命题的真正意义和最后内容可以用陈述来表达，即可以用知识来阐明，这就是‘形而上学’的错误。形而上学者的努力集中在这一荒谬的目标上，要用知识来表达纯粹性质的内容（事物的‘本质’），也就是要说那不可说的东西。性质是不能说的，只能显示在体验中，而认识与体验毫无关系。”[②] 在石里克看来，人们总是把形而上学理论说成是关于“真实存在”的学说，这实际上是把世界分为可直接感知的“现象世界”和自以为超越存在的“本质世界”或“超越的实在”。“现象世界”是可以直接认识的，而“本质世界”只是哲学家从现象中推出来的。由于把世界分为两个，这便引起了认识论上的对立。石里克强调，世界只有一个，那就是经验世界，也称“给与”的世界，这个世界背后并不存在什么“超越的实在”。他明确提出：“哲学家和自然科学家必须固守在给与的范围内，超出这个给与的范围，如同形而上学家所作的那样，是不可能的，或者无意义的。”[③]

石里克又讲，无论是古代柏拉图、亚里士多德，还是近代哲学的大师们，都把无法用经验证明的形而上学命题视为哲学追求的目的，或至少视为哲学的重要组成部分，这是极端错误

① 石里克：《哲学的转变》，转引自洪谦主编的中文译本：《逻辑经验主义》上卷，商务印书馆 1989 年版，第 9 页。

② 石里克：《哲学的转变》，转引自洪谦主编的中文译本：《逻辑经验主义》上卷，商务印书馆 1989 年版，第 9～10 页。

③ 《西方现代资产阶级哲学论著选辑》，商务印书馆 1998 年版，第 264 页。

的。他写道："有人说哲学给科学大厦提供基础和屋顶，这样的想法完全是正确的：错误只在于这个基础是由'哲学'命题（认识论的命题）构成的，而且这座大厦还加上了哲学命题（成为形而上学）的圆顶。"[①] 石里克指认，形而上学之所以出现这种问题，是由形而上学的问题本身造成的。石里克论证说，一切知识都是一种真实的传达、表达，而传达、表达是借助于语言、语句的方式来进行的。语句之有无意义，以它表达的事实之存在或不存在为标准。凡是具有意义的语句（正语句）表达的事实，一定是存在的；反之，凡是没有意义的语句（负语句）表达的事实，一定是不存在的。语句的真假要看它与事实是否一致。意义与事实无所谓真假，只有语句才有真假。而关于形而上学的语句，则是另外一种情况：对形而上学命题的真假是看它与形而上学的原则是否相符合，是否一致。然而，语句间的一致不能视为真理，否则，负的语句亦能变成正的语句了。形而上学的命题由于与经验事实没有关系，因此无法判定其真假。形而上学的问题是一堆答非所问、似是而非的问题。总之，形而上学的没落并不是因为解决它的问题是人的理性所不能胜任的，而是根本没有这样的问题。基于此，石里克对哲学和科学作出的区分是，科学是关于真的经验命题体系，而哲学发现的是命题意义的活动体系。在石里克看来，形而上学作为一种知识体系，由于逻辑和经验不能加以证明和证实，应予以抛弃；但从人类生活的意义上说，形而上又有存在的必要，形而上学是人类"生活的基本感情"。"形而上学的体系颇不能给我们以实际的知识，但确能给我们以生活上许多理想和精神上许多安慰，所以人称形而上学为概念的诗歌，这是对形而上学一种最

① 石里克：《哲学的转变》，转引自洪谦主编的中文译本：《逻辑经验主义》上卷，商务印书馆1989年版，第116页。

恰当的看法。其实形而上学在整个文化中的作用确如诗歌一样，就是它确能充实我们的理想生活和体验境界。"①

（二）卡尔纳普（Rudolf Carnap，1891—1970）也属于维也纳小组，他是基于传统的经验论思想而主张逻辑实证主义的哲学家。卡尔纳普发展了石里克的思想，继续对形而上学进行清算。

卡尔纳普认为，按照传统哲学的看法，哲学研究的对象可分为两个部分：一部分研究物自体、绝对的东西、客观理念、非存在、绝对典范、绝对义务、世界终极原因等等，这部分属于形而上学；另一部分研究人类、社会、语言、历史、经济、自然、时间、空间、因果律等，由于这些对象与专门科学有关，属于自然哲学、历史哲学、语言哲学等，人们称之为科学的哲学问题。卡尔纳普针对"形而上学"，尖锐指出：它的全部陈述都是无意义的，应在清除之列。首先，形而上学所使用的词是没有意义的。一个词是否有意义取决于两个条件：一是这个词可以在最简单句型（又称基本句型，如"X是一块石头"）里出现；二是要有明确的应用标准（经验标准）。形而上学的词不能满足这两个条件，因而是没有意义的。以形而上学常用的术语"本原"（principle，这里所说的本原是指存在的本原，不是指知识或公理的原则）为例，当然不同的形而上学家对本原有不同的回答，如水、气、火、理念等等。为了揭示"本原"一词的意义，必须问形而上学家，"X是Y的本原"的陈述，在什么条件下是真的，在什么条件下是假的。换句话说，"本原"这个词的应用标准是什么。形而上学家可能会如此回答："X是Y的本原"的意思是指"Y起于X"、"Y的存在依赖于X的存在"，等

① 《科学的世界概念：维也纳学派》，见《现代西方哲学论著选读》，北京大学出版社1992年版，第451页。

等。然而这种答复是模棱两可、模糊不清的。如果我们观察到X类的事物或过程往往有Y类的事物或过程随之而来，我们就认为事物与过程Y“起于”X。然而这样，它就属于物理学的经验命题了，不再属于形而上学的命题。形而上学所说的“本原”并不意味着时间上和因果上的连续，但形而上学家又没有规定出其他的意义标准，因此这个词的“形而上学”意义是不存在的。又如“开端”（principium）一词，形而上学使用这个词显然不是指原始意义上的“开端”，即不意味着“时间在先”，而是意味着“形而上学在先”，但它并没有提出形而上学的标准，其结果，“开端”这个词既剥夺了它的原始意义，又未获得新的意义，剩下的只是一个空壳。再如“神”（God）这个词，在形而上学那里是指超验的东西，这样，“神”这个词被剥夺了它与物质性的东西的联系，同时又未赋予新的意义，也就成为无意义的了。这个词满足不了逻辑的第一个要求，即规定它在基本句子里出现的形式：“X是神”；即使接受这种形式，也不能指出变项“X”的真值条件。同这些词一样，形而上学的其他词，如“理念”、“绝对”、“无限”、“物自体”、“绝对精神”、“本质”、“自我”、“非我”等等，也都是无意义的，是虚构或杜撰的。其次，形而上学的陈述是假陈述。它是无意义的词组合成的句子，貌似陈述，实则不是陈述；因为它不断言任何东西，既不表示真命题，又不表示假命题，所以是假陈述。

卡尔纳普在《世界的逻辑构造》中强调，形而上学由于“忽略了在不同的逻辑类型中概念的区别”常常违反逻辑。卡尔纳普区分了“经验的实在”和“形而上学的实在”，认为前者是科学问题，后者是伪问题。伪问题不能用逻辑构造术语来论述，所以与科学没有关系。显然，卡尔纳普对形而上学持排斥的态度。卡尔纳普在1932年发表的《通过语言的逻辑分析取消形而上学》一文更能体现他反形而上学的倾向。在这篇文章中，他把“意义标准”归于“可证实原则”，因为在他看来，一个句子是真是假要由经验加以确证，而一个句子有无意义，则要看是否违反语言的逻辑句法规则；不违反逻辑句法规则的句子，才有可能判定其真假，而违反逻辑句法规则的句子，是不能判定真假的。这样，逻辑句法规则就成为判定句子真假的前提条件。

可以看出，卡尔纳普反形而上学的理由是：其一，在逻辑句法结构正确的形而上学陈述中出现无意义的词，即不能指出它们经验特征的词，譬如在“X是个神”这个逻辑句法结构正确的句子中，“神”这个词，它可以什么都是，也可以什么也都不是；它虽然可以指与物质性东西相联系的东西如神像、狐狸精，似乎是可以用经验证实的，但它们是人设想和臆造东西的物质化，并非实际存在的东西。在形而上学里，“神”是脱离了物质性的东西，即超经验的东西，如牛顿的“上帝的第一推动力”，由于“上帝”是万能的，它可以施以推动力，也可以不施以推动力。其二，有意义的违反逻辑语法规则，譬如“我思故我在”，尽管在句法上是正确的，但在逻辑上却是虚假的、矛盾的，因为谁知道“我在”需要确证，他不断言任何东西，既不表现真命题，也不表现假命题，人们无法描述证实它的方法。

卡尔纳普还对形而上学的假陈述作了语言逻辑的分析。他认为，形而上学的假陈述，大都是基于“to be”的用法而引起的。由于“to be”的含义模棱两可，我们有时把它当作联系词放在谓词的前面，如“I am hungry”（我饥饿）；有时又把它当作动词用，如“I am”（我存在［是］），这个动词形式在没有谓词的地方充当谓词。自古以来，许多形而上学家把“to be”当作谓词来用，结果就造成了形而上学的假命题，如“上帝存在”（God is）等等。笛卡尔提出的著名命题“我思故我在”（Cogito，ergo sum）就是这种错误的典型。其错误首先表现在“我在”（I am）这个结论上。动词“to be”在这里只能是“存在”

的意思。“存在”在这里充当谓词，而没有与名称（主词、专有名词）连用。“a存在”是指“存在着如此这般的东西”。而表示存在的有意义陈述，要与谓词中指谓的东西相关，而不能只是主词的反复。例如，从“我是一个欧洲人”得到的结论不是“我存在”，而是“一个欧洲人存在”。从“我是思维着人”得出的结论也不是“我存在”，而是“思维着我的存在”。卡尔纳普认为，在形而上学中起着重要作用的词，诸如与“存在”（Being）相对应的“非存在”（Not－Being），都有上述问题。

（三）逻辑实证主义除了有石里克、卡尔纳普等人的维也纳小组以外，而且有一个以赖欣巴哈为首的“柏林小组”。

赖欣巴哈（Hans Reichenbach，1891－1953）进一步从知识论的角度分析形而上学的误区及其产生的根源。在他看来，对普遍性的追求是思辨哲学的一个主要特征：“思辨哲学努力想获致一种关于普遍的、关于支配宇宙的最普遍原则的知识”。[①]这一特征正是传统思辨哲学的错误的根源。他认为，求知是人类的共同本性。而知识是从许多个别的经验观察中加以概括获得的。在这种意义上，概括是知识的本质，是科学的起源；没有概括就没有知识，没有科学。而概括就是普遍性。英语中的“普遍性”（generality）和“概括”（generalization）是由同一个词根而来的。不仅如此，“概括”总是同“解释”（interpretation）联系在一起。因为概括就是解释我们观察到的各种事实，把它们归结到一种普遍原则、普遍规律里去，所以解释也就是概括。然而，人们在进行解释和概括时，并不一定都是依据观察的事实，也可以由假设某种不能观察到的事实来完成。由于人们对各种自然现象的成功解释，促使人们的思想产生一种要

① 赖欣巴哈：《科学哲学的兴起》，商务印书馆1991年版，第234页。

求更大普遍性的冲动。可是，即使有大量的观察事实也往往不能满足人们的这种欲望，于是人们便超越观察去寻求普遍性。这样，想象就代替了概括，用一种“朴素类比法”的解释来满足人们要求普遍性的冲动，“普遍性的寻求就被假解释所满足了”。[①] 思辨哲学就是由此产生的。企图用一种类比法来说明知识、作出假解释，是以往传统哲学——形而上学的“通病”。

关于什么是假解释，赖欣巴哈举例说，把世界看成上帝的创造物，就是一种拟人类比：上帝创造世界，就像人建造房子、田园一样，所以“创世说”的故事是一个假解释。又如，古希腊哲学家阿拉克西曼德认为世界是从“无限本体”演化而来的，他关于世界起源的幻想图景，也是以类比作解释。赖欣巴哈指认，形而上学的假解释所犯的逻辑错误，就在于把抽象物实体化，例如把“理性”的抽象名词当作某种永恒的实体。亚里士多德对形式和质料的理解就是一个典型的例证。他认为“形式”是一切存在物的最终原因，宇宙的天与地，人类的灵魂与肉体，男人与女人的关系，都可以用形式与质料的关系作类比来加以解释，这就是“把许多不同的现象都归集在一个标签之下的那种假解释”。[②] 亚里士多德的形而上学影响了两千年人类的思想，这就是思辨哲学之所以根深蒂固的原因所在。

赖欣巴哈进一步指出，追求知识的绝对确定性，是形而上学的又一个特征。在形而上学看来，感觉经验无法获得可靠的知识，知识只有通过理性才能获得。试图用逻辑证明来建立一种具有绝对确定性的知识，这是近代理想主义者所采用的方法。这方面应首推笛卡尔。为了寻求一种绝对确定的东西，他从怀疑着手，认为世界上的一切，哪怕是信以为真的东西都是值得

① 赖欣巴哈：《科学哲学的兴起》，商务印书馆 1991 年版，第 11 页。

② 赖欣巴哈：《科学哲学的兴起》，商务印书馆 1991 年版，第 15 页。

怀疑的，但有一件事实，即“我在怀疑”是不能怀疑的。我怀疑，即我思维；我思维，必定存在着思维的我；从而得出“我思故我在”这条绝对可靠、绝对确定的原理。赖欣巴哈认为，笛卡尔这种证明实际只是一种“逻辑魔术”。因为这一推论的完成，从“怀疑”到“我存在”，完全是一套逻辑戏法。从“怀疑”开始，他就把“怀疑”视为一个“自我”的行动，因此这个推论的前提（“我怀疑”）就包含了一个不能怀疑的事实（“自我”）。笛卡尔还用“自我”推论出“上帝”和“物质”两个东西的确定性。因为有“自我”，故必有“上帝”存在，否则每一个自我就不会有一个无限完满存在的观念；因为有“自我”，“物质”世界必定存在，否则上帝就是一个骗子。这种绝对确定性的证明同样是由一种“逻辑魔术”构成的。

逻辑证明在演绎中进行，其结论只能揭示其前提中已经蕴含的东西。也就是说，这是一种分析判断，结论不能陈述多于前提中所说的东西。而判断的前提是观察得到的经验真理，其结论也只是经验真理，并不比前提有更多的确定性。因为判断的结论的可靠性、确定性，要依赖判断的前提的可靠性、确定性。一旦判断的前提不可靠，其结论必定失效。与分析判断相反的是综合判断。综合判断能够给我们以新的知识，因为它的结论不是从前提中分析出来的，而是通过经验加上去的。但是因为一切由经验提供的综合判断都是可以怀疑的，所以综合判断同样不能给我们以绝对确定性的知识。总之，无论是分析判断还是综合判断，都不可能提供绝对确定性的知识。追求绝对确定性，是形而上学的不切实际的幻想。在赖欣巴哈看来，黑格尔哲学就是这种“普遍性和确定性的寻求的牺牲者”[1] 的典

① 赖欣巴哈：《科学哲学的兴起》，商务印书馆1991年版，第58页。

型。在赖欣巴哈看来，通过这些分析清洗（elimination），传统的“形而上学本体论”可谓信誉扫地。

（四）在逻辑实证主义思潮的发展中，还出现了一个以塔尔斯基为首的“利沃夫—华沙”学派。

塔尔斯基（Alfred Tarski，1902～1983）是美国籍波兰数学家，逻辑学家。塔尔斯基在逻辑领域中最重要的贡献在于形式语言的语义研究方面，他是数理逻辑模型论分支的开创者之一。30年代初期，塔尔斯基提出并应用了语义学方法。这种方法的本质在于研究表达式与它们所指称的对象之间的关系。他应用该方法的目的在于建立一给定语言的真语句的定义。塔尔斯基通过对语义悖论的研究，创立的语义学，这使他的模型论语义学大大推动了分析哲学的发展；他提出了对语言表达式和它们所指称的对象之间的关系作形式化处理的方法；由此又提出用语言层次理论克服语义悖论；为形式化语言的真理概念下了定义，这不仅为避免语义悖论提供了保证，而且发展了逻辑真理的理论；他还一般地表明，包括真理概念在内的各个语义学概念都必须运用语言层次理论加以定义。他在数理逻辑方面的贡献还包括形式系统的合理理论和系统描述等元数学方面的独创性工作，以及直觉主义的命题演算、循环代数和二元关系演算等方面的重要工作。在纯粹数学方面，尤其值得一提的是他对数合论代数方面的研究。

“真理语义论”（Semantic theory of truth）是由塔尔斯基所发展的一种理论。塔尔斯基发展这一理论，本意是用来解决语义悖论的。这一理论认为，在对象语言即描述世界且并不包含真谓词的语言内，不能提供适当的真定义，后者只能在元语言即谈论对象语言的语言内才能表述出来。根据这种理论，“‘p’是真的，当且仅当p”，这里“p”是该语言的名称，p则是该语句本身。例如，“雪花是白的”是真的，当且仅当雪是白的。一语句在一给定的语言内真，如果它的元素是如此结合的以至于陈述了实际的情形。这一理论有两部分：真定义的“实质充分性”条件，以及根据“满足”作出的真定义。塔尔斯基认为，这一复杂理论只适用于某些人工的形式语言，而不适用于自然语言。后来的戴维森在这一理论的基础上发展了关于意义的真值条件探索，他试图把一特定语言内的语句与其“真值条件”关联起来，这一理论在当代哲学中非常有影响。丹托对此指出：“塔尔斯基所谓的语义真理理论实质上这一观点，即‘S是真的’把真这一属性指派给由‘S’所命名的那个语句。”①

塔尔斯基就此还论证到“语义封闭的语言”（Semantically closed language）。这是指某语言不仅包括它希望保存的表达式，而且包括这些表达式的名称，以及与它的语句有关的像“真的”这样的语义词项的语言。根据塔尔斯基的看法，语义悖论的根源在于表达悖论的语句的自我指称。他认为，这种自我指称的可能性属于语义封闭的语言。这种语言有一个暗含假定：确定“真的”用法的所有语句都能在该语言本身内得到断定。为了避免这一缺陷，塔尔斯基作出了“对象语言”和“元语言”区分。塔尔斯基说，“我们已暗中假定，其中构造出悖论语言除了包含它的表达式之外，还包含这些表达式的名称，以及涉及该语言内的语句的像‘真的’之类的语义词项。具有这些要素的语言将称作‘语义封闭的’。”②

三、分析哲学中的逻辑原子论

（一）作为英国哲学家、数学逻辑学家及分析哲学主要创始

① 丹托：《分析的知识哲学》，1963年，第249页。

② Tarski：Logic，Semantics，and Metamathematics（1956）。（塔尔斯基：《逻辑、语义学与元数学》）。

人的罗素（Bertrand Arthur William Russell，1872—1970），出生于英国曼摩兹郡的特雷克；祖父J. 罗素勋爵是维多利亚时代的改良派政治家，曾两度出任首相，父亲是子爵。罗素于1890年考入剑桥大学三一学院学数学，后在该学院讲授逻辑和数学原理，1916年因反对英国参加第一次世界大战而被解职，1944年重新在三一学院任教。他是亚里士多德学会会员，1908年被选为皇家学会会员，1931年他继承为第三世罗素勋爵。罗素1949年获荣誉勋章，1950年获诺贝尔文学奖。50年代因积极参加世界和平运动反对核战争而获世界和平奖。罗素的哲学历程，经过了这样的几个阶段。

新黑格尔主义阶段。罗素在青少年时期，深受J. S. 穆勒思想的影响，甚至有人认为穆勒是罗素非宗教意义上的教父。他在剑桥大学当学生时，接受的是德国哲学家康德和黑格尔的哲学，后来他称自己在此阶段“一时走入唯心主义”。那时，他关于几何学的观点主要是康德派的，而关于数与量关系的论点则是黑格尔派的。凡是康德哲学和黑格尔哲学在观点上冲突的地方，他总是偏袒黑格尔。罗素于1898年末跟随G. E. 摩尔抛弃了黑格尔哲学的唯心主义、一元论和辩证法。摩尔强调事实是脱离经验而独立的，并且否定康德的先天直观和范畴。罗素赞同摩尔的观点。不同的是，他最关心的是否定黑格尔哲学中的一元论；最感兴趣的是“外在关系学说”。这样，罗素的哲学由此进入新实在论阶段。

新实在论阶段。罗素所写的《莱布尼茨的哲学》和《哲学的问题》是其这一阶段的代表性著作。前者提出了“外在关系学说”与新黑格尔主义的观点相对抗，后者是他受维特根斯坦影响前的这一阶段的哲学总结。《数学原理》也是他这个时期的重要著作。罗素认为布拉雷德“内在关系说”中的一元论假定，对于“先于”、“大于”这样的非对称关系不能成立。罗素的结论是：“关系”一般不等于两项所构成的整体任何性质，不能还原为主项或整体的性质，所以是外在的。罗素提出了多元论的观点，他认为，关系不可还原为主项及其性质，各个词项都处于外在关系中。罗素否定内在关系学说后，开始主张有一个非常充实的宇宙，相信点、瞬和粒子都是实际存在的实体，并相信有一个共同的世界。他的想法是：凡不能证明为伪的东西都是真的；凡常识认为实在的就是实在的。由此走向关于精神与物质、一般与个别的二元论。罗素指出，他与布拉德雷争论的要点，在于外在关系的实在性问题和分析方法的正当性问题。罗素的外在关系说使他摆脱黑格尔转向了实在论，同时又为他的分析方法提供了前提。他曾用分析方法反驳贝克莱，并依据对感觉材料的知觉分析，指出对象、性质与意识的区别不可还原。他又用分析方法驳斥唯名论，指出，把一般概念还原为名称有根本困难，这是因为这种还原依赖一个一般概念—相似，而相似又是一种不可还原的关系。他还有分析方法限制实在论的一个信念，即不能否证的东西就一定存在，从而在实在概念中排除了一些不必要的实体。

逻辑原子论阶段。罗素是与维特根斯坦一起创立逻辑原子论的。他还与怀特海合著的《数学原理》一书，以其阐述的分析方法和逻辑结构主义，作为建立逻辑原子论的条件。但是，只是在他受到维特根斯坦的影响之后，才真正确立了逻辑原子论思想和理论。他在这一阶段的代表作是：《我们对于外部世界的知识》和《逻辑原子主义哲学》。罗素的逻辑原子论又称绝对多元论，也包括心物二元论。1914 年他批评美国实用主义者詹姆斯否认感觉中的主客体关系性质，他在 1918 年作逻辑原子论讲演时对此仍抱怀疑。但此后不久，他就改信詹姆斯的中立一元论了。罗素指出，如果感觉基本上不具有关系型，就无须把心理上的和物理的东西看作是基本不同的。于是，生理学家认为是脑中物质的那种东西，在他那里被看作是由思想和感情而生成的，心和物的区别不过是排列上的不同。罗素宣称，构成我们经验世界的材料，既不是心，也不是物，而是介于二者之间、处于二者之上、又比二者更原始的东西，心和物都是复合的。罗素在《心的分析》和《物的分析》中认为，心和物都是感觉经验逻辑构成品，它们仅仅是给事素分组的便当方式。有了这样的认识，对于世界构造的描绘就大大简化了。他公开承认，把感觉看作是心理世界和物理世界的共同的东西，把它们定义为心与物的交汇点，这不过是回到19世纪末马赫的主张。

罗素认为复杂实体由简单实体构成，由此主张用更简单、更清新、更可靠的实体的关系去说明知识系统，使用“奥卡姆剃刀”削去不必要的实体，并且只要有可能，就用已知实体的构造替换对未知实体的推论。罗素的一个基本原则是：世界由事实构成；事实使一个命题为真或为假。这个原则的基础是：语言结构与世界结构一致；命题与事实相对应。他在不同事实中区分出原子事实，并相应地在不同的命题形式中区分出原子事实，并相应地在不同的命题形式中区分出原子命题。他认为，一个原子命题表达一个原子事实，原子命题通过逻辑连词联结成分子命题，原子命题的真假取决于它与原子事实的关系，分子命题则是原子命题的真值函项，一切知识都可以用原子命题和分子命题来表述。罗素甚至声称，如果认识了所有原子事实，并且知道除此以外别无其他原子事实的话，理论上就能推出一切真理。后来，他放弃了这个看法。罗素强调的是要找到逻辑分析的原子，而不是物理分析的原子。在此意义上罗素对于逻辑实证主义这样说，“‘逻辑实证主义’是一种方法的名称，而不是某种结果的名称。如果一个哲学家认为，没有哲学所专有的特殊的认知方式，事实问题只能由科学的经验方法决定，而不诉诸经验即可决定的问题，要么是数学问题，要么是语言问题，那么他就是逻辑实证主义者”[①]。

罗素在认识论上对探讨“经验上的证据”的困难问题有着很大的兴趣。他用“注意到”代替“认识”，把问题转到对意义的分析上。他自称尽可能根据行为主义的原则给“意义”下定义，他认为，我们用一个字以及我们所见有人用这个字以后所引起的行为，都由因果律支配；一个字与其意义的关系正像这样的因果律。他指出，关于物的字，其意义就是其所指。能了解一个代表物的字有六种方式：（1）在适当的情境中和适当的时候用这个字用得恰当；（2）当你听见这个字的时候你有适当的动作；（3）把这个字与另一个字相联结，那个字对于行为有适当的效果；（4）学这个字时把这个字和其所指的物相联系；（5）用这个字描写或创造一个想象的影像；（6）用这个字描写或追忆一个记忆中的影像。罗素明白这样定义和理解“意义”有很大限制。因为这样的定义和理解只能用于关于物的字，而不能用于象“比”这样的字；只能用于指示或感叹的字，不能照样地用于叙述、想象、欲求或命令的字。所以问题并未详尽解决。

罗素早期对真理的定义，依赖于把感觉看成表示关系的事件。后来他主张，主要是信仰具有真假性质，一个信仰是一个事实，每个信仰都有一种图形的性质。就肯定性句子说，一个事实与这个图形相似，那个信仰就是真的；就否定性句子说，没有这样一个事实，则那个信仰是真的。他认为凡不真的信仰就是假的。罗素声称，他始终以追求确定性为最高目的，热心寻找独立于人而存在的真理，提倡精确哲学。他把逻辑分析看作是哲学的本质，认为哲学上的进步主要由分析得来。他晚年

① 罗素：《逻辑和知识》，1956年，第367页。

承认自己没有达到目的。而人们认为，罗素是分析哲学家中有“形而上学”传统最多的一个。

罗素哲学中有个重要概念“形而上学实体”（Metaphysical entities），也叫“推论出的实体”。罗素用这个词来指称的是诸如空间和时间这样的东西，这些东西本来被规定为实在的最终组成部分，但不能被直接经验到，而是由推论而为人所知。正因为这样，罗素将它们称为未知实体或推论出来的实体。在罗素的逻辑原子论中，这些实体被认为可以被消除的，并由逻辑构造来取代，因此无需将其纳入世界的真正组成部分之中。相反，由逻辑构成组成的那类实体称为“已知实体”。罗素说，“所谓形而上学实体，我指的是这样的东西，它们被认为是世界的最终成分的一部分，但不是在经验中所予的东西。”[①]

（二）维特根斯坦（Ludwig Wittgenstein，1889－1951）是与罗素一起创立逻辑原子论的分析哲学家。维特根斯坦是罗素的学生，却比罗素去世要早大约 20 年。所以说，维特根斯坦的哲学活动基本同期。如果说罗素与维也纳小组活动的联系并不密切，那么维特根斯坦却参与了维也纳学派的大量活动，尽管他并不是维也纳小组的正式成员。重要的是在于罗素与维特根斯坦同为分析哲学的创始人，一起开创了逻辑原子论主义，并发展了数理逻辑。

维特根斯坦对于哲学的看法与石里克的看法又十分相似。维特根斯坦认为，“哲学不是一种理论而是一种活动，哲学研究的结果不是许多‘哲学命题’，而是使命题正确。”[②]

维特根斯坦在其哲学生涯中强烈地反对所谓形而上学的传统哲学，否认哲学是一种理论，把它说成是一种逻辑的澄清活

① 罗素：《罗素文集》，第八卷，第 238 页。

② 参见维特根斯坦：《逻辑哲学论》，商务印书馆 1985 年版，第 44 页。

动或语言的治疗活动。他认为，哲学家的任务是取消哲学。前期，他是逻辑原子主义者，代表作为《逻辑哲学论》。其中的主要问题是语言和实在的关系问题，核心理论是图式说。他认为命题的图式是实在的模型，语言的逻辑形式也就是实在的内在结构。

维特根斯坦他用这个理论回答语句为何能表述实在世界中的事实，并回答关于命题的性质问题。在维特根斯坦看来，图式反映命题与事实、语言与实在之间的关系，同时也反映命题的本质。他所说的图式，指实在的模型，或者指它所表达的事实。构成图式的是能以一定方式相结合的成分，这些成分在图式中与对象相对应并代替对象。图式本身之所以有可能被创造出来，依赖于它与被描绘的东西所具有的共同点或二者间的某种共同性。他认为，图式能正确地或错误地描绘实在，因而它也必定与实在具有共同的表现形式。各种不同图式不管有什么样的形式，其中任何一种图式一般地描绘实在所必须的并与实在共同的东西，就是逻辑形式，即实在的形式。维特根斯坦指出，如果表现形式也就是逻辑形式，那么，图式就成为逻辑图式。每种图式都是一种逻辑图式。他认为，图式与实在联系，它通过表示原子事实存在或不存在的可能性描绘实在。但图式所表示的知识它的意见，其真假在于它的意思与实在是否符合，维特根斯坦强调的意思是，如果说事实的逻辑图式就是思想，那么思考原子事实就意味着创造它的图式，真实思想的总和就是世界的图式。

维特根斯坦声称：确实有不可说的东西，它只是自己显示出来。他认为，传统哲学问题的提出是基于误解我们的语言的逻辑，所以他要为语言划一界限：凡可说的都是清楚地说出；凡不可说的，就应当沉默。维特根斯坦的前期思想对逻辑实证主义产生重大影响。后期，他放弃了逻辑原子主义，以日常语言的分析代替人工语言的逻辑分析。他还引进了“生活形式”的概念。强调词和语句的日常用法。他提出语言游戏说，认为词的意义存在于它的用法之中，而不存在于它所代表的事物之中。据此，他认为，哲学问题的产生都是由于误解我们的语言用法。“形而上学”的根源是一种精神病症的语言。于是他提出，在哲学中要使词从它们的形而上学用法回到它们的日常用法中去，从而使哲学那样的“虚伪问题”消失。他后期哲学的代表作是《哲学研究》，它为牛津日常语言哲学的产生奠定了基础。

第二节　对形而上学的认可，从认可到肯定

一、认可形而上学的作用

（一）逻辑经验主义者提出，自然科学命题是有意义的，形而上学命题是无意义的，因此应该拒绝形而上学。而英国哲学家波普尔（Karl Popper，1902—1994）则与逻辑经验主义完全拒斥形而上学的态度不同。他认为，科学家在科学探索中必有形而上学的观点作为方法论指导，如果没有任何思辨的，甚至有时是十分朦胧的形而上学的信仰，科学发展是不可能的。那种把形而上学说或是毫无意义的废话的观点是短视和浅薄的。

波普尔指出，自从弗·培根以来，大多数人认为，科学的特征在于它的“观察基础”，即归纳方法，而形而上学的特征在于“思辨方法”，用培根的话来说，就是以“心灵的预期”（mental anticipations）来代替观察事实。然而这种看法与科学发展的实际不相符合。“现在物理学，特别是爱因斯坦的相对论，高度思辨、高度抽象的，远远离开了可称其为‘观察基础’

的东西。一切想表明这种理论也多少是‘以观察为基础’的企图，都是没有说服力的。”①

在波普尔看来，这里的关键在于科学与形而上学的分界及其分解标准问题。波普尔认为，用有没有意义来分界，会使界限不是太窄就是太宽，这种分界标准是没有科学根据的。而实证主义关于“意义”（meaning）或“意思”（essence），这样的概念不适用于分界，因为形而上学尽管不是科学，却不一定没有意义。

波普尔哲学的特点在于，他不同意以往一些逻辑经验主义者所主张的拒斥形而上学的观点，同时也把形而上学划到非科学的一边。他认为，形而上学尚算不上科学认识，而形而上学对于科学认识是有意义的，其在一定条件下可以转化为科学理论；他在强调科学理论由形而上学理论成长、转化而来时，指认形而上学是科学的幼年。与此相关，波普尔论证了关于科学与形而上学的划界标准，并将此贯穿于他关于科学知识增长的见解之中，形成他的证伪主义理论。

关于“证伪”波普尔指出，“经验方法的特征就在于它的千方百计地让被检验的系统面临证伪危险的方式”，而不在于使其得到证实。由证伪才能使理论走向成为科学的。波普尔认为，这种证伪方法是规范方法，科学家在其研究或发现过程中应当遵守这些规范。

波普尔把“科学知识的增长”当作认识论的中心问题，提出一种体现证伪主义的以“猜测—反驳”为核心的增长模式。这是一种不断“尝试和清除错误”的“试错法”（trial and error）模式。波普尔把这一模式概括为：“P_1—TT—EE—

① 波普尔：《科学知识进化论》，三联书店 1987 年版，第 100 页。

P_2……”。其中 P_1 是问题，TT 表示提出各种各样的理论，EE 表示对各种理论进行严格检验、比较、筛选，从中找出最适宜的理论，P_2 表示面临的新问题。这里，他把“问题”当作科学研究的出发点，把尝试性假说当作研究的基本环节，断定获得知识的过程是“猜测与反驳”。

波普尔认为科学发展起始于“问题”。科学家首先面临某一个问题，接着针对这个问题提出某种试探性的解决方法，即提出一个理论，随即不遗余力地批判和检验此理论。如果检验的结果表明这个理论是错误的，那么这个理论就被消除。如果理论经受了检验，这个理论就是适宜的理论。波普尔认为，科学就是按这个公式发展的。他指出，这种方法成功的条件有两个：一是数量足够多、样式足够多的理论；二是作出足够严格的检验。他把这些条件概括为“大胆尝试，严格检验”。波普尔讲到，他的试错法类似于生物适应外界刺激作出尝试性变异的本能，并断言低级生物的试错法是爱因斯坦的试错法的前夕，两者之间只有一部之差。但这一步却是原则的一步，因为前者是生物无意识的、本能的，后者是有意识的、理性的；前者是非批判的，后者是批判的；前者被淘汰的是躯体本身，后者被淘汰的是错误理论，而且从中可能产生出新理论。

波普尔认为，马赫主义、操作主义和实证主义把科学理论限制于描述现象表面、感觉经验或我们能够操作的东西，从而获得一种确定性；波普尔主张放弃这种对真理确实性的肤浅追求，因为这会牺牲掉科学真理的深刻性。波普尔论述了深刻性与确定性的理想互相冲突，指出，我们越深入到事物表面的底层，我们的理论就具有越大的猜测性，因而越是可证伪的。

波普尔认为，虽然形而上学并没有科学根据和认识论上的依据，但它是科学研究所必需的假设。正是这种看待形而上学的立场，使得波普尔在后期把批评理性主义或证伪主义的研究重心从认识论和方法论扩展到本体论，这样提出了“突现进化论”和“三个世界”理论。学界有人指出，波普尔要论证的可以说，正是关于一种关于形而上学的本体论。

在本体论上，波普尔提出了“三个世界”的见解。他把物质的对象与状态称为第一世界；把意识状态称为第二世界；并创造了“世界 3”的概念，用以指谓知识的世界，其中包括哲学、神学、科学、历史、文学、技术的知识本身，以及科学理论体系。他认为“世界 3”的对象是实在的，本质上是人类心智的产物。波普卡指出，是人类创造了“世界 3”的对象，并强调其有相当大的自主性和对于人类的无法计量的影响。科学理论观念的逻辑推断和我们接受它们的逻辑过程都发生在“世界 3”中。这样，科学知识增长的问题就被还原为“世界 3”发展按什么规则的问题；科学哲学成了“没有认识主体的哲学”。它是进化的，但又保持作为规范学说所特有的不受科学内容变化影响的独立性和永恒性。

波普尔在社会历史观上用“不能用理性预言科学知识的未来增长”来论证“不可能存在作为历史预测基础的历史发展的科学理论”。他认为，在自然和历史中引入目的的是我们人类，事实不能为我们作出决定；他提出“事实与决定”的批判的二元论，反对历史决定主义，主张一点一滴进行改造的“社会工程”。

（二）另一位持有证伪主义的哲学家沃金斯（John Watkins）对形而上学在科学中的作用作了更充分的论证。他在探讨科学中的形而上学成分时，认为科学上的重大进展都包含着本体论的根本变化。他由审视逻辑经验主义的分析命题和综合命题入手，指出这二者之间就存在着一个无人问津的命题，即形而上学命题。沃金斯把这种形而上学命题叫作“全和某”（all and some）陈述，也形象地称为“闹鬼的宇宙”（haunted－universe）学说，这种陈述或学说的特点是可以确证但不可反驳，在科学中起着重要的调节作用。譬如，"某家宅闹鬼"这一陈述，一方面，由于这一现象难以见到，去找"鬼"的人很难说看到了什么奇异现象，因而无所谓反驳；另一方面，此人可能产生毛骨悚然的感觉，并由此形成一种错觉如听到怪异的声音或看到一个移动的影子，就确证了这一陈述，尽管没有证实。沃金斯认为这类"鬼宅"学说有以下几个特点：(1)"鬼宅"被特殊看待，具有一种秘密的"存在"；(2)这种秘密的"存在"是一种信念，它可为毛骨悚然的感觉确证，虽然不是定论，也不可反驳；(3)依靠这种信念支持来说明"鬼宅"所发生的种种现象，因此，这种信念是一种起调节作用的方法论原则；(4)这种信念会影响持相同信念人的实践观点，如建议别人不要一个人进"鬼宅"。可以看出，这种"全和某"的陈述既不可证实，也不可证伪。

沃金斯提出这种"全和某"的形而上学陈述如何在科学中起作用的问题。沃金斯把陈述分为四类：(1)局限存在陈述，即把某种容易鉴定的物体定位于某个容易探查的区域内，它既可证伪又可证实；(2)全称存在陈述，不可证伪但可证实；(4)"全和某"陈述，既不可证伪也不可证实。(1)和(2)属于科学陈述，(3)和(4)属于形而上学陈述。形而上学陈述可以通过某种途径变成科学陈述。譬如，可以通过限定(3)适用的范围把(3)变成(1)；通过规定(4)变项之间的关系，使这种关系成为可检验的，从而把(4)变成(2)。所以，(3)是(1)的弱的推出，(4)是(2)的弱的推出。尽管(4)和(3)都是形而上学陈述，它们都不可证伪，但可以通过一定的方法把它们转化成科学的、有意义的陈述。沃金斯认为决定论、机械论、先验的守恒说、自然有序性、场观点都是"全和某"学说，它们对科学的作用是非常重要的。譬如，法拉第就认为他的场论就是反机械论的一种科学之外的思辨，为新理论的建立开辟了新的可能性。

关于形而上学的学说如何对科学理论的形成起调节作用呢？沃金斯认为，形而上学学说实际上给出方法论规定。它们似乎告诉科学家在那里有某种东西，从而诱引他们去寻找这种东西。它们是战斗命令，不是战场素描。决定论是鼓励人们不要放弃寻找自然规律的方法论规定；机械论等于要科学家不要去设想有什么超距作用的神秘力。沃金斯反对逻辑经验主义把所有非经验的哲学命题都归结为语言问题的观点，因为如果形而上学问题仅仅是语言混乱的产物，一个形而上学胚胎演化为一个成熟的科学理论就难以解释了。形而上学是科学假说的先驱，许多科学理论来源于形而上学。其所表达的是看待世界和揭示探索世界的方法，并不与科学理论相抗衡，而是揭示未来的科学理论的轮廓。当一个科学外的形而上学陈述与一个科学理论在逻辑上不一致时，就会激起人们对后者进行理性批判，导致科学内部的变化。例如莱布尼茨对连续性原理的批判，产生了微分学；笛卡尔对运动规则和牛顿微粒说的批判，产生了波动说；马赫对牛顿力学中绝对时间和绝对空间的批判，产生了相对论，等等。

沃金斯认为科学内部也存在形而上学。因为许多科学理论就是建立在有待检验的假定的基础上的，由于这些假定本身还无法检验，它们是靠信念支持的，这些假定、信念就是形而上学。譬如，牛顿力学中的绝对时间和空间、超距作用、刚体和质点的存在等；牛顿也认为所有物体的最小粒子具有广延性、刚性、运动性和惯性，物体的这些特性与古代原子论相似。这些形而上学的假定构成牛顿力学的哲学基础。它们在科学理论中起持续作用。如果缺少了这些形而上学的成分，牛顿力学是不可设想的。[1]

二、把本体论当作形而上学的信条承诺

美国著名哲学家蒯因(Willard van Orman Quine,1908—)更注重从本体论上批评维也纳学派的观点。维也纳学派认为,关于本体的问题,即"形而上学"问题,是不能证实的,因而是没有意义的假问题,应当从哲学中清除。蒯因不同意这种看法。在他看来,本体论问题可以简单地表述"存在什么"(What is there)的问题。而对于"存在什么"的表述问题又分为两种:一个是何物实际存在的问题,本体论的事实问题;另一个是语言使用中何物存在的问题,即"本体论的承诺"(ontologcal commitment)。"这里所考虑的不是本体论的事实,而是对论说的本体论许诺。一般地说,何物存在不依赖人们对语言的使用,但是人们说何物存在,则依赖其对语言的使用。"[2] 也就是说,使用语言我们就承诺了外在对象的存在。这是蒯因所提出的"本体论承诺"要表达的实质。例如,当我们说"柏伽索斯有双翼"时,我们就会相信存在一个柏伽索斯。某个人的本体论是由他视为存在的一些对象构成的,就是说,他把它们看作是组成世界的内容。各种理论正是根据它们认为存在于世界上的对象而千差万别的。本体论是对"何物存在?"这个问题的回答。决定哪一种回答是正确的,也就是决定可以接受什么样的本体论承诺。

蒯因认为,名字、名词和谓词的使用都不足以使我们承担本体论的承诺的责任,只有语言构架中的"约束变项"或"量

① 魏屹东:《西方科学哲学中形而上学与反形而上学》,《文史哲》,2003年第4期。

② 蒯因:《从逻辑观点的看》,上海译文出版社1987年版,第95页。

化变项”，才有本体论的承诺问题。“我们关于本体论许诺的准则：一本体为一理论所预设当且仅当为使该理论中所肯定的陈述是真的，他必须属于约束变元的值。”① 可见，按蒯因的见解，提出“本体论承诺”的标准是，如果一个理论是真的，那么它就承诺了必定存在某些对象，也就是说，一个理论承诺了某种实体的存在，当且仅当在使这个理论为真的量化的约束变项值中，这些本体是可数的。蒯因讲，“如果我们需要的是一种标准，它能引导我们评价我们这个或那个理论的本体论承诺，并通过修正我们的理论而改变这些承诺，那么这里的标准就非常适合我们的目的”。② 蒯因提出的此标准是对罗素限定摹状词理论的发展，其主要意义在于，它表明，当单个词出现在真的陈述中时，它并不自动地保证它指称了某个实在的或存在的东西。

在蒯因看来，任何科学理论都是对“存在什么”的一种表述。因此，“我们之接受一个本体论，在原则上同接受一个科学理论……是相似的。……一旦我们择定了要容纳最广义的科学的全面的概念结构，我们的本体论就是决定了”。③ 蒯因在这里强调了，承认某种理论，实际上就是承诺某种约定，即承认理论对某些存在物存在的预设。所以蒯因才将此称作“本体论承诺”。蒯因在《经验论的两个教条》一文中证明，即使是以“拒斥形而上学”相标榜的经验论者，实际上也不可避免地抱持着非经验的教条，即“形而上学的信条”。

因此在蒯因的理论之中，还讲到“本体论的相对性”（ontologlcal relativity）。这里是讲，不存在这样的绝对事实，根据这一事实我们可以决定一个理论的本体论承诺。对“何物存在”

① 蒯因：《从逻辑观点的看》，上海译文出版社 1987 年版，第 99 页。

② 蒯因：《从逻辑的观点看》，上海译文出版社 1987 年版，第 105 页。

③ 蒯因：《从逻辑的观点看》，上海译文出版社 1987 年版，第 16 页。

或“人们实际上谈论的对象是什么”这种问题，不存在决定性的答案，一种理论的本体论地位只有相对于对某种背景理论或语言的解释或翻译才有意义；而背景理论本身也是相对于把它进一步翻译为另一种理论，绝对地谈论本体论问题是无意义的。例如如果要回答“F是什么?”就得说“一个F是一个G”。但我们于是就会问“G是什么?”我们总是需要对能够再次提出或回答的问题作出进一步的说明。而只有当我们最终接受了某种背景理论作为价值取向时，这种无穷后退才会停止。因而，对一种理论的完整解释，不过是使用我们基本上无法理解的和不确定的翻译手册，把这种理论全部翻译为另一种理论。“于是，某些先前熟悉的词汇中的意译，就成了我们唯一依靠；这就是本体论的相对性。”① 这种相对性论题背离了包括卡尔纳普和维特根斯坦等许多分析哲学家所持的一种基本假定，因为他们认为，我们从一开始就可以绝对地谈论结构、意义或语言表达式的内容。而本体论的相对性表明，不仅实在本身是不确定的，而且我们的语言在谈论实在时的概念意义同样是不完整的、不确定的。这个论题推翻了卡尔纳普对涉及语言结构的“外部问题”和涉及事实的“内部问题”的区分。因为外部问题本身也是相对的，有关事实的。

蒯因之后，牛津学派的重要代表斯特劳森（Peter Frederick Strawson，1919—）认为，历史上的哲学家，亚里士多德和康德代表“描述的形而上学”；笛卡尔、莱布尼茨、贝克莱代表“修正的形而上学”；休谟则游离于二者之间，有些方面是修正的，有些方面是描述的。斯特劳森主张肯定“描述的形而上学”(Descriptive Metaphysics)，并以之反驳和取代“修正的形而上

① 蒯因：《本体论的相对性及其他论文》，1969年，第54页。

学”。在他看来，“描述的形而上学是对我们关于世界的思想的实际结构描述，而修正的形而上学则与生产一个更好的结构有关”。① 斯特劳森认为，所谓“修正的形而上学”，是指历史上盛行的那种力图展示终极性第一原则的形而上学。它们不满足于语言结构中呈现的现实世界，而力图通过理性思维或直观去寻找那超越于日常话语方式、日常思维方式的事物，并认为这样的事物才是真正根本的。它们用这样的事物来构成和提供种种世界图景，如普罗提诺的“太一”，莱布尼茨的没有窗户的“单子”，黑格尔的“绝对精神”等等。所谓“描述的形而上学”目的仅在于描述我们的概念构架，或概念图式（Conceptual Scheme)，它不直接去谈论“世界上有什么事物存在”，而是在讨论“我们认为这个世界有什么”。通过考察我们谈论世界的方式来揭示呈现于我们理智中的世界。由于我们对世界的理解只能通过我们的语言来进行，因此我们也只能在语言结构所规定的范围内去讨论现实。总之，描述性的形而上学要讨论的不是宇宙、上帝、灵魂，而是我们讨论它们的概念，以及这些概念间的联系，目的在于提供一种具有可识别性和前后逻辑自洽的概念体系和思维结构。斯特劳森把自己放入“描述的形而上学”阵营，但他并不像逻辑实证主义者那样，对“修正的形而上学”横加排斥，相反，他认为，“修正的形而上学的成果永远饶有兴味的。……它们中最好的，是内在地值得尊敬并具有持久的哲学效用的”。② 斯特劳森所做的工作，在实证论思潮竭力否定、拒斥形而上学的历史情况下，对推动形而上学的“复兴”起了

① P. F. Strawson，Individuals—An Essar in Descriptive Metaphysics，University Paperbacks，1971 (repriinted)，P. 9.

② P. F. Strawson，Individuals—An Essar in Descriptive Metaphysics，University Paperbacks，1971 (repriinted)，P. 9.

重要作用。

三、使形而上学内化于科学

以库恩为代表，提出了关于科学哲学的历史主义。历史主义不仅肯定形而上学，而且主张把形而上学内化到科学活动之中，十分重视形而上学作为科学信念在科学探索中的作用。它们根据科学史的研究成果，得出与逻辑经验主义相反的结论：不是观察术语决定理论术语的意义，而是科学理论在一定程度上受形而上学的世界观和本体论支配。魏屹东先生在他的论文中这样概括：图尔密的“自然秩序理想”、库恩的“范式”、拉卡托斯的“研究纲领”、劳丹的“研究传统”、瓦托夫斯基的“模型”都是内化了某种形而上学本体论和方法论的信念和原则，为科学研究的某些领域的具体理论研究和实验提供可以做和怎样做的指导方针。也就是说，科学总是以某种世界观和方法论的信念作为背景而发展的。形而上学不但不是科学的异己力量，相反作为科学背景信念，它内化于科学理论之中，成为科学在建构具体理论中具有启发指导作用的重要因素。

图尔密（S. E. Toumin）在《大英百科全书》的“科学哲学”条目中明明白白地肯定了形而上学在科学哲学中的地位。他认为科学的中心目的是探求“理解”，是一种意图在于不仅使自然过程可预言而且可理解的探索，通过正确“理解”来合理地解释模式。这种“自然秩序理想”具有形而上学的特征，是一种形而上学的信念。在图尔密看来，理论中总是包含某种“自然秩序理想”。当科学家面对自然现象时，总是试图以某种“自然秩序理想进行解释，这样，“自然秩序理想”实际上就是一些标准，依据这些标准，科学家知道自然界的哪些事件是自然的、合理的、规则的，因而是无需解释的，哪些事件是不自然的、不规则的，因而是需要解释的。图尔密特别强调“自然秩序理想”作为解释模式和标准意义。在他看来，亚里士多德物理学的“自然秩序理想”是作用力和阻力平衡产生的稳定运动；牛顿的“自然秩序理想”是“牛顿第一定律”；哥白尼的“自然秩序理想”是稳定的圆周运动。这些“自然秩序理想”在科学理论中起标准和范式作用，是科学理论的核心。图尔密的“自然秩序理想”概念为库恩提出范式理论做了准备。

库恩（Thomas Samual Kuhn，1922－）的“范式”虽然是一个比较模糊的概念，但概括库恩对“范式”的种种描述，范式指特定的科学共同体从事某一科学活动所必须遵循的公认模型，其“硬核”部分是具有形而上学特征的世界观，方法论、信仰、和价值标准。他特别强调“范式”所提供的观念和精神工具的作用，因为“范式”作为科学共同体的共同信念，体现一种世界观和信仰，是推动科学活动的精神动力。科学史上许多“范式”作为科学共同体的共同信念，体现一种世界观和信仰，是推动科学活动的精神动力。科学史上许多“范式”，如哥白尼的日心说、牛顿的力学、道尔顿的原子论、拉瓦锡的氧化说、达尔文的进化论等无不表现一定的世界观和方法论。用库恩的话讲，就是包含着“形而上学模型”。在库恩看来，某一范式的胜利，首先是一种哲学世界观的胜利。哲学世界观是科学“范式”先驱。科学史上许多科学理论创立之前，人们很早就依据哲学思维作为一种潜在“范式”提了出来。譬如古希腊的原子论就是现代科学原子论的潜在“范式”，19实际由麦尔、焦耳、赫姆霍茨等提出能量守恒和转化定律之前，在他们的先驱那里。“一个关于奠基性的形而上学力不灭观念，看来先于科学研究而存在”。[①]

① 库恩：《必要的张力》，福建人民出版社1981年版，第93页。

拉卡托斯（Lakatos Imre，1922—1974）的"研究纲领"由"硬核"、"保护带"和启示法构成，其中的"硬核"指科学理论中最基本、核心的东西，主要是基础假定和基本原理。这些基础假定和基本原理包括形而上学的本体论和方法论。"硬核"是不容反驳的，就像形而上学问题不能证伪一样。"硬核"一旦被动摇，整个研究纲领就会动摇。比如，地心说是托勒密天文学的"硬核"，它被"日心说"取代后，该理论也就被证伪了。

劳丹的"研究传统"是一组有关某个研究领域的实体和过程的信念，一组认识论和方法论的准则，即关于怎样对这些领域进行研究，怎样检验理论，怎样收集资料等等的准则。一句话，研究传统是"有关该研究领域哪些可以做，哪些不可以做的一套本体论和方法论的信念"。[①] 劳丹认为，所有研究传统都表现出一些形而上学的信念，这些形而上学信念作为一个整体，使研究传统特殊化，并使之区别于其他研究传统。例如 19 世纪初，卡诺热机理论中的形而上学的信念是认为有"热素"的东西存在，"热素"像流体一样运动，这使得他把输入和输出蒸汽温度差比作水落差，从而得出热机理论。这与关于燃烧的燃烧素说假定存在"燃素"实体一样，是一种形而上学的信念。再如关于光运动本质的波动理论属于笛卡尔研究传统，该理论首先假定存在着一种"以太"的东西，它虽然看不见摸不着，但它是光传播所必不可少的介质，就像声音传播依靠空气一样。这些研究传统都依赖于有待证明的形而上学基本假定，而且不少假定后来被证明是错误的，假定的实体并不存在，上述例子中的"热素"、"燃素"、"以太"都不存在，但它们作为形而上学信念对科学研究起到了引导作用。

① 劳丹：《进步及其问题》，伦敦，英文版 1997，第 80 页。

另一位科学哲学的历史主义者瓦托夫斯基对形而上学在科学中的作用作了更为深刻的论述。瓦托夫斯基反对逻辑经验主义拒斥形而上学的态度，充分肯定形而上学对科学的意义和作用。他指出："是古典形式的和现代形式的形而上学思想的推动力都是企图把各种事物综合成一个整体，提供出一种统一的图景或框架，在其中我们经验中的各式各样的事物能够在某些普遍原理的基础上得到理解，或可以被解释为某种普遍本质或过程的各种表现。"他把形而上学定义为"表述和分析各种概念，对存在的原理及存在物的起源和结构进行批判性、系统性探究的事业"。[①] 在他看来，形而上学基础性的假定是：宇宙中的任何事物都具有为其他任一事物所共有的特征。因此，存在着理解事物的普遍原则，它构成哲学的首要的批判和反思的最基本的主题。形而上学承担了科学理论中的基本假定，是概念框架的设定者，观念的起源地。譬如早期的"无不能生有"、"无事不能有因"和"自然界的齐一性和简单性"等观念的真理性虽然在科学上很难加以检验，但都是对科学起调节、启发作用的观念。它们形成了科学家的基本世界观，构成科学家关于世界本性的信念。

瓦托夫斯基 1965 年在《对科学起启发作用的形而上学》一文中，把科学哲学家对待形而上学的态度分成四类：1. 形而上学术语没有任何启发价值，对科学也是无用的；2. 形而上学术语在科学领域内有启发价值，但这种价值在科学领域之外；3. 形而上学术语在科学领域有启发价值，但与有依据的科学术语有区别，它具有作出本体论主张的"过量内容"，一旦这种主张被赋予科学术语，则科学术语就变成了形而上学术语；4. 形

① 转引自舒炜光、邱仁宗：《当代西方科学哲学述评》，人民出版社 1987 年版，第 274 页。

而上学术语与科学术语在它们的含以上都是形而上学，它们都起启发作用，都具有本体论的主张。瓦托夫斯基认为，形而上学提供概念模型的最一般的图式，科学若是缺少了这些基本图式，就不会发展到今天的程度。

瓦托夫斯基还进一步把形而上学分为四类：1. 结构的形而上学，描述存在物的结构以及与其他事物联系的方式；2. 演化形而上学，描述存在物的起源、形成方式与原因；3. 本体论形而上学，描述存在物为何物存在；4. 描述形而上学，对某一共同体具有的信仰或意念的语言刻划。可以看出，瓦托夫斯基是从科学实在论的立场出发，强调形而上学在科学中的作用的。①

第三节　形而上学的回归，探寻实在论与形而上学本体论的统一

一、实证论与实在论，到科学实在论

实证主义哲学从产生到盛行，经过了一个过程；同时沿着历史上实在论而生长着的哲学也在发展着。这样，经过新实在论、批判实在论等等，后来还出现了科学实在论的哲学流派。在当代西方科学哲学思潮中形成的科学实在论哲学运动，一些哲学家，不仅肯定形而上学，吸纳形而上学，而且自认为其理论本身就是一种形而上学，一种科学的形而上学。

实在论与反实在论所讨论的"实在"问题，是一个古老的、也是一个持续发生和发展着的课题。这要涉及于，从古希腊的

---

① 魏屹东：《西方科学哲学中的形而上学与反形而上学》，《文史哲》2003年第4期。

实体论与非实体论的分野到中世纪的唯名论与唯实论之争；延伸于从近代英法的实在论与反实在论的对垒到德国古典哲学在“自在之物”和“绝对理念”问题上的分野；一直到从老的实证主义到新的实证主义、从老的实在论到新实在论以及批判实在论等等，其中一直有关于实在与反实在的论辩。当代有形形色色的实在论，包括本质实在论、知觉实在论到新自然主义实在论，从W·塞拉斯的物理实在论到本格、普特南、夏佩尔的实在论，这又影响到黑崎宏的日常实在论、罗蒂的协同实在论和大卫·格里芬和后现代科学观。如此等等，都反映出这一课题在哲学史上的生命力。

人们往往说，实在论是一个家族相似的观念，这里指承认种种对象和属性的客观实在的各种理论。这些对象和属性涉及到哲学本体、外在世界、数学对象、共相殊相、因果关系、心物等等。实在论的中心思想常被认为是，主张某些或全部的这些事物存在，独立于人们的心灵，且不论我们是否知道或相信他们存在。就通常而言，实在论与反实在论相对立；反实在论是另一个家族相似的观念，表达为例如唯名论、主观唯心主义和语义学意义上的反实在论；在不同领域中，实在论与反实在论的对立表现出不同的形式。哲学史表明，实在论相关于有关共相的本体论地位问题。这其中，对于实在这样一个经常使用而含义模糊的术语，有时它指“存在之所是”，与“现象”对立；有时它用作世界的同义词，或指一切存在的总体；有时它也用来指独立于人的意识和意志的客观存在。纳格尔（T. Nagel）说，“我们不能完全描绘或知道某些事物，因为它们处于语言、证明、证据或经验所能达到的理解范围之外。当我们被迫承认这种事物的存在时，实在论是最不可抗拒的。”①

在实在论的演变中，到20世纪出现了一种新的实在论哲学思潮。这是一种主张具体事物和脱离具体事物的共相都具有实在性的折衷主义哲学流派，故被称为新实在论（new—realism）。这主要流行于奥地利、英国和美国。属于此的主要代表人物可以为，有德国的F. 布伦塔诺（1838—1917）、A. 迈农，英国的G. E. 摩尔、早期B. 罗素、A. N. 怀特海、S. 亚历山大，美国的R. B. 佩里、W. P. 蒙塔古、E. B. 霍尔特（1873—1946）、W. T. 马尔文、E. G. 斯波尔、J. W. B. 皮特金，等等。

新实在论是在反对新黑格尔主义的论战中形成和发展起来的。早在19世纪末，欧洲大陆的布伦塔诺就反对被认识的对象信赖于认知者这种观点。布伦塔诺的学生迈农进一步发展了关于对象的实在性理论，认为对象不只限于现实存在的事物，而且也包括并非现实存在的东西。19世纪末英国还出现了J. C. 威尔逊（1849—1915）、T. 凯斯（1844—1925）等人的实在论观点。但正式提出新实在论哲学的是摩尔、罗素和怀特海以及他们的追随者。摩尔在1903年发表的《驳斥唯心主义》一文被认为是英国新实在论产生的标志。摩尔的实在论被称为常识实在论。罗素不仅赞同摩尔的常识实在论，而且还把柏拉图式的信念引进新实在论，认为理念或共相也和物理对象一样是独立的实在。怀特海的“有机体论”或“过程哲学”，是新实在论的变种。亚历山大则是新实在论哲学中“本体论”系统的创始人。美国的新实在论刚出现不久就被分析哲学所取代。

美国的新实在论哲学运动，也主要形成于20世纪初。

① 纳格尔：《出自无处的观点》，1986年，第108页。

1901—1902年，蒙塔古和培里先后著文，批驳美国绝对唯心主义者J. 罗伊斯对实在论的攻击，这是美国新实在论产生的第一个标志。1910年7月，佩里、蒙塔古、霍尔特、马尔文、斯波尔丁、皮特金等6位美国哲学家在《哲学、心理学和科学方法》的哲学杂志上，发表《六个实在论者的方案与初步纲领》亦称《第一篇宣言》，提出了他们关于实在论哲学的基本原则。1912年他们又联合发表《新实在论》一书，较为系统地阐述了他们关于新实在论的主张。随后这场运动就以"新实在论"命名。新实在论反对唯心论，特别是罗伊斯的唯心论。新实在论声称，唯心论错误地从已知事物被知的前提推出存在即被知的结论。新实在论反对自我中心论的困境，不再相信我们的存在位于我们所知事物的中心，而是认为这种地位影响着我们所知事物的性质。新实在论指认：实在的性质无法简单地从知识的性质中推论出来。作为科学研究对象的实体并不是由于它们已被认识而决定的，尽管它们出现在意识中并有认知关系。作为"直接实在论"的一种形式，新实在论强调直接熟知物理对象，认为所知的东西独立于认知关系。实在是一个素材，它独立于任何关于它的可能形成的观念。已知的对象实质上就是物理对象的某个部分或方面。这场运动后来被"批判的实在论"所取代，因为它没能满意地描述错误、幻象、怀疑、假设以及知识的进步。

在此之后的一段时间，新实在论的以上主要人物在协商讨论中，由于观点日益分歧，无法继续合作。从1914年起便发生分化。20年代前后，美国的新实在论逐渐被批判实在论所取代。

新实在论是在与新实证主义争论、交错中发展的。例如，新实证主义者往往把诸如什么是善，什么是恶，什么是正当行为，什么是错误行为等传统伦理学的问题，都划归于"形而上学"的领域，并加以"排斥"。他们用"证实原则"证明传统伦理学中的概念都是假概念，是不可分析的。无论是传统伦理学的命题所具有的规范形式，或是价值判断的形式，都不能记述客体的任何特征，更不能证明其真假，因而都没有理论意义，不是科学命题。新实证主义者把其与传统伦理学相对立的纯形式主义的道德哲学称为元伦理学，这种伦理学排除了任何规范成分，重视分析道德语言。新实证主义者把价值与事实、道德与认识、伦理学与科学完全隔裂开，认为任何道德概念、道德判断都不能用事实的经验来证明，也不能凭直觉去认识，因此也被称为伦理学中的非认识主义者。新实证主义伦理学产生并流行于20世纪20年代以后，1923年，英国哲学家C. K. 奥格登和I. A. 理查兹在《意义的意义》一书中，第一次明确地提出了新实证主义伦理学的原则。新实证主义伦理学包含许多不同派别，曾经主要有感情主义，后来语言分析学派盛行。

20世纪40—50年代，语言分析学派逐渐取代感情主义，成为新实证主义伦理学的主流。伦理学中的语言分析学派又称为语言伦理学，其代表人物有：P. 诺维尔—斯密特、S. 托尔明、P. M. 黑尔、H. 艾青、P. 爱德华兹等。语言分析学派与感情主义相同之处在于，也把分析道德语言看作是伦理学的基本任务，但它所关注的主要是道德语言的“日常”语句的用法。语言分析学者企图从分析日常道德语言入手，揭示道德语言本身的特点，以克服感情主义严重脱离日常语言的现象，解决道德意识与道德哲学分离的问题。该派的代表人物认为，道德判断不只表达情感，更重要的是表达所采取的决定。如诺维尔—斯密特指出道德判断的主要职能是表达自己偏重于行动方式或自己对某一客体的态度。因此，道德概念或判断不只是感情的符号，而且是应当做什么和不应当做什么的命令。所谓“命令”就是专门用来肯定行为方式的语言。在他们看来，道德判断虽然不具有真理意义，然而是可以证实的。语言分析学派不同于感情主义的一个重要特征，在于它不只分析某些单个道德判断的意义，还注重整个道德语言的逻辑。它论证道德合理性的途径是：只要道德判断在特定文化环境中符合公认的传统习俗和规范，就是可被证实的、合理的，并认为日常的个别的道德命令可以用一般的、具有普遍性质的原则来论证。但是，在语言分析学派那里，普遍性的原则只是提出道德要求的逻辑规则，并不包含任何实际的道德内容，而且所有通常被公认为合乎道德的东西，都被看作是道德的、合理的。可见，语言分析学派仍带有明显的相对主义和形式主义倾向，它并没能克服感情主义脱离生活的缺陷。20 世纪 60 年代末至 70 年代初，在讨论黑尔提出的关于道德合理的根据的问题时，P. 福特、G. 沃尔诺克、W. 弗兰肯纳等人转向对道德作内容上的分析，他们试图克服价值与事实分离的倾向，强调道德判断的根据应当到人们的实际需要和利益中去寻找。但他们又认为，道德判断和道德价值只反映个人的利益和欲望，并无客观根据。他们的观点在西方有时被称为“新自然主义”。新实证主义伦理学在道德语言的规范化方面有一定贡献。然而它又具有形式主义、非理性主义、相对主义和中立主义的倾向，因此，在其形成和演变过程中不断受到批判。

20 世纪 20 年代在美国继新实在论又出现“批判实在论”（critical realism）的哲学流派。这个运动的名称来自 1916 年塞拉斯单独出版的《批判的实在论》一书。批判实在论哲学运动的倡导者是：R. W. 塞拉斯、G. 桑塔雅娜、D. 德雷克（1898—1933）、A. O. 洛夫乔伊（1873—1962）、J. B. 普拉特（1875—1944）、A. K. 罗杰斯（1868—1933）、C. A. 斯特朗（1862—1940）。他们于 1921 年联合出版了题为《批判实在主义文集：关于知识问题的合作研究》一书，成为批判实在论这一学派的宣言。在此中，发表了他们对认识问题的共同观点。桑塔雅那、塞拉斯一般被认为是该学派的主要代表人物。

批判的实在论主张存在一个客观的和独立的物理世界作为知识对象，由此反对唯心主义。它也反对由新实在论者们提出的直接实在论的朴素表达，特别是关于直接知觉到客观事物本身的看法。批判的实在论之所以被称为“批判的”，因为它声称那直接呈现于意识之中的是心灵状态，不是物理事物本身。他们主张，心灵通过心智的中介而知道外部世界。批判的实在论者试图说明这些中介因素与它们所表象者的关系。他们相信自己的说明最合理地解释了诸如错误、幻觉和知觉变化等现象。然而，批判的实在论者对于中介因素的本性和它们所起的作用多有分歧意见。这里，可充当中介元素的待选者包括本质、观念和感觉材料。塞拉斯讲到，“批判的实在论接受物理的实在论。类似于常识的看法，它坚信有物理的事物；又相似于开明的常识观，它依据科学的结论来塑造自己关于物理世界的观念。它是对朴素实在论的批判，并且力图使其摆脱这样一个前提，即知识就是或能是对于物理事物本身的直观。”①

可见，批判实在论具有明显的批判主义特征，即认为人们不可能直接认识存在本身。批判实在论的出现，与新实在论者在说明人们认识上的谬误和错觉时遇到的困难有关。多数批判实在论者放弃了新实在论那种接近于朴素实在论的一元论的认识路线，改而采取二元论观点，强调认识的主体和被认识的客体二元地存在着。新实在论者十分主张“中性诸实有”是认识的出发点；批评实在论者宣称，认识的直接材料既非作为存在物的主体或客体，又不是内心状态，也不是外界的物质对象，作为材料直接呈现于意识的是“本质”。桑塔雅那认为，材料就是柏拉图哲学中所说的共相，是人们通过直觉所知的实在界的

① 塞拉斯，载《批判的实在论文集》，1920年，第189页。

证据。批判实在论者并没有完全否定新实在论。他们也承认客观世界不管人们是否知觉都是客观存在的。普拉特还赞扬信实在论者关于提供给我们思想的材料是由种种意义或性质组成的观点。德雷克 1931 年发表意见说，感觉材料只是假定的存在物，我们直接感受到的并不是外界事物，而是外界事物通过感觉器官所产生的结果，这些结果也就是我们所熟悉的事情。普拉特和洛夫乔伊等人提出了所谓“心物二元论”，认为感觉材料是一种心理状态，外界事物要靠它去感知。斯特朗巴把洛夫乔伊的观点叫作“现象主义”并加以批评，同时提出了自己的“实体主义”。他认为，感觉材料是由脑髓这种实体生成的，而且总是同感觉材料所指的外界事物有关，就物理方面而言，认识就是把获得的印象作为出现于外界的符号来运用，材料的产生是由于人们把自己的感觉状态移于外界。批判实在论者为解决新实在论在认识论问题上所遇到的“困难”，虽然作了种种尝试，但其自身也碰到各种无法克服的困难。从 20 世纪 30 年代后期起，批判实在论就逐渐在哲学界丧失影响。后来出现的科学实在论形成了很大影响。

科学实在论（Scientific realism），主张科学假定或理论实体，例如电子、夸克等具有独立于人心的真实存在，科学的共相是对事实的抽象。因此，它代表了存在一个独立于我们经验世界的常识观点。它认为任何科学理论都有本体论意义。正确的科学理论描述和说明外部世界的真实特征和客观结构。在一个理论如何描述自然与它的其他特征（包括它的说明力）之间，有着内在的联系。这与科学哲学中的许多其他观点，如“操作主义”或“工具主义”等相对立，这些观点一般主张理论实体仅仅是虚构。哈金在讲到科学实在论的特点时强调：“科学实在论认为由正确理论所描述的实体、状态和过程，的确真实地存在着。"① 十分重要的是，在当代西方科学哲学思潮中形成的科学在论哲学运动中，一些哲学家，不仅肯定形而上学，吸纳形而上学，而且自认为其理论本身就是一种形而上学，一种科学的形而上学。

二、科学实在论的主要代表

在当代科学实在论者当中，本格、普特南和夏佩尔是主要代表。

（一）加拿大籍理论物理学家、哲学家马里奥·本格(Mario Bunge)，在本体论上维护唯物主义。本格的实在论以坚持精确性而闻名。他认为，在科学与哲学本体论（或形而上学）之间应该有一条有效的纽带，那就是"精确性"；科学的哲学提倡科学的本体论，意味着它们是精确的。在本格看来，科学是局部的本体论，而本体论是总体的科学，科学的本体论与科学观相互渗透。他指出，"好的形而上学与深刻的科学之间没有鸿沟；每一种广泛的科学性理论都可以看作是形而上学的，而每一种带有科学成果并作了概括的本体论理论，或者在公理化科学理论背景上出现的，都可以称作科学。"② 本格以逻辑的方式把本体论精确化，把逻辑作为本体论的一部分，就像莱布尼茨把数学作为本体论的一部分一样。他认为形而上学是科学的延伸，形而上学的范畴和假定和科学的基本概念和原理应当是一致的。基于这种想法，他提出了科学的本体论系统的构想。本体论系统是一种"假说－演绎"系统，由公设、定义、定理、引论等构成，并分别组成不同的层次。本格的《科学的唯物主义》就是一部典型的科学的形而上学。在他看来，科学研究必

① 哈金：《表征与干预》，1983年版，第21页。

② 本格：《基础哲学论》第3卷，商务印书馆1999年版，第24页。

须有本体论原则，而本体论应当通过科学去看世界。在这里，本格回到了形而上学的本体论。

本格提倡本体论依据科学去描绘实在世界的进化。他认为，本体论的演绎表明实在的连续变化。因为如果有非实物（non－things），实在就不能连续的变化；反之，如果有不连续变化的实在，就能有实在的非事物。于是本格认为把本体论构建成为一个“假设—演绎”系统，这是由科学根据的。本体论研究的方法论原则之一就是：要检验本体论假设是否与科学成就相一致。

像对待语义学一样，本格对本体论也把它纳入精确哲学之中来处理。他的目标在于使之精确化。他指认把本体论与科学哲学分开来也是相对说的。因为语义学是关于科学的，而本体论作为形而上学乃是科学的延续并有部分交叠。所以也可以认为它们在一定意义上对于科学哲学是内在的。实际上科学中有语义学问题和本体论问题，也需要分清这两类不同的问题。在对现代物理学理论（尤其是量子力学）作哲学分析的时候，现实地面临处理这样的事情。科学哲学家关于量子力学的分歧意见，与作为语义学问题还是哲学本体论看待密切相关。本格认为那是理论的解释问题。在他看来，对物理理论作非本体论的（non－substantialist）解释，既不是唯一可能的解释，也不是最恰当的解释。从理论观点上说，一些科学哲学家研究科学解释而排除本体论问题。本格是不同意是这样做的。

本格面临着这样的问题，科学与形而上学的关系问题包括两个层次的问题。首先科学哲学在研究对象或内容上是兼容科学论和本体论，还是排除后者？其次如果她们二者都是必须的，那么应该使科学和本体论问题处于怎样的联系之中？对于前一个问题，本格明确反对实证主义的反形而上学倾向。因而他必须进一步处理后一个问题。在本格看来，科学和科学研究必须有本体论原则，本体论应当通过科学去看世界。此外他期望使本体论具有科学性。没有他所称科学的本体论，哲学就不可能成为科学的。可以说科学与形而上学的关系问题作为科学与哲学的关系问题的表现形式，在本格的研究中起着支配作用。提倡精确哲学，其实质就在于处理这一关系问题。就这一方面来说本格的科学实在论与标准科学哲学又是一致的。

（二）希拉里·普特南（Hilary Putnam，1926—）是美国当代一位很有影响的哲学家和逻辑学家。他被称为趋同实在论者，曾跟随著名的逻辑经验主义者赖欣巴哈学习科学哲学，后来又在著名的分析哲学家、逻辑学家奎因的门下学习逻辑学。普特南在美国洛杉矶加利福尼亚大学取得哲学博士学位。普特南曾先后在美国西北大学、普林斯顿大学任教，1961年担任麻省理工学院科学哲学教授，四年后到哈佛大学。从此他一直是哈佛大学的哲学教授。

普特南的著作丰富，范围广泛，在语言哲学、科学哲学和数理逻辑哲学领域均有建树。他的主要著作有：《数学、物质和方法》《精神、语言和实在》《实在论和理性》《意义和道德科学》、《理性、真理和历史》等。普特南在科学哲学领域中以趋同的科学实在论闻名遐迩，在语言哲学领域中以因果的指称理论著称于世。然而这两个不同哲学领域当中的理论却有着十分密切的关系。因果的指称理论作为一种意义理论为趋同的科学实在论提供了基础。

对于科学实在论，普特南把它区分为三种：（1）唯物主义的科学实在论；（2）形而上学的实在论；（3）趋同的科学实在论（scientific realism as convergence）。然而这里讲的唯物主义是在物理主义意义上讲的。他认为唯物主义的科学实在论主张：所有特性都是物理特性；"有意向的"或语义学的特性（如指谓）可还原为物理特性。普特南讲形而上学的科学实在论，主要是主张：世界是由不以意识为转移的客体的固定总和构成的，对“实际存在的世界的样子”只有一种正确的和充分的描述。假定甲哲学家说：实际上存在空间点这种东西；而乙哲学家又说：存在任意小的有限区域，而不存在点（除非是逻辑构造）。对于这两种说法，形而上学的科学实在论认为，一定有一个事件使其中一种说法为真：不是有“实在的”（非构造的）空间点，便是没有空间点。在他们看来，真理优于正确的可断定性(correct assertibility)。如果真理就是在我们实际使用的语言中的“正确的可断定性”，那么甲和乙两个哲学家的描述都是“真的”。持这样看法的哲学家就不是形而上学实在论者，而是趋同实在论者了。

普特南声称，他是趋同的科学实在论者。普特南的趋同实在论认为：成熟科学中的名词典型地有所指称；成熟科学中的理论定律典型地近似真理；前后相继的理论应当有共同的指称。人们评论说，这三个观点是典型的形而上学断言，因为：第一，有些名词有指称，有些名词没有指称，有些名词的指称难以确定或根本就不能确定，不能确定而认为存在指称就是一种形而上学断言。第二，理论定理所描述的现象不一定真实反映了客观实在对象的本质，认为能够反映或近似反映真理也是形而上学断言，而且还预设了真理的存在。第三，前后相继的理论不一定有共同的指称，如孟德尔遗传学中的“基因”一定与现代遗传学中的“基因”是同一个东西？断言前后相继的理论有共同指称缺乏根据，而缺乏根据的断言其实也是一种形而上学信念。可以看出，普特南把形而上学内化到自己的实在论之中。夏佩尔在这些问题上保持中立态度。他既反对经验绝对主义，又反对真理预设主义，相信客观世界存在，为在科学中保留真理概念辩护。他把科学实在论看作是科学的内在成分，是被科学内在化的一个信息群。他认为实在论观点是信念，不是预设。

这与形而上学作为信念是一致的。

（三）夏佩尔（Dudley Shapere，1928—）生于美国德克萨斯州哈林根城。1949年于哈佛大学获学士学位，1957年获哲学博士学位。现在是美国马里兰大学教授，兼任《科学哲学》杂志编委等职。著作有：《自然科学的哲学问题》（1965），《伽利略：一种哲学研究》（1974），《科学与哲学中的观察观念》（即将出版）以及许多论文。

夏佩尔是著名的科学实在论者，又是六十年代后期开始的西方科学哲学“新历史学派”的带头人，被认为代表着逻辑经验主义、历史主义之后的新阶段，目前在西方具有日益广泛的影响。

对夏佩尔的科学实在论可以素描如下：承认我们或许最终获得一个在所有方面都完全成功并有充足理由的看法，甚至也许获得我们确实知道已满足那些条件的信念；但是，所有这些绝没有保证；就连实在论本身也不是不可能抛弃的。夏佩尔要求科学与实在论有联系，科学与真理有联系。在对科学的信仰产生危机和科学自身的可能性受到怀疑的时候，强调这些要求不是没有意义。

夏佩尔认为科学实在论也是科学的内在成分，是被科学内在化的一个信念群。因此，他非常反对包括一些科学实在论者在内的人所主张的观点：实在论是覆盖在科学表层上的哲学外套。

夏佩尔的科学实在论的特点是：主张实在论观点是科学信念，不是预设。关于客观世界存在的信念有被抛弃的可能性，而科学实在论保留了科学获得知识，达到真理的可能性，却不能保证科学一定达到。因为根据一切都可修正或拒斥的原则，不能达到知识的可能性也应保留。所以夏佩尔断然肯定科学一定会达到真理，获得知识的实在论便会是预设主义的实在论。

夏佩尔注重利用现代心理学理论来为科学实在论辩护，认为科学实在论是科学的需要，只有它才能说明科学知识何以可能。

夏佩尔并不认为现有的实体论解释已获得完全成功。尽管反对逻辑经验主义、拥护对理论实体的实在论解释的哲学家越来越多了，但没说清本体论地位问题与科学家关切事情之间的联系。夏佩尔强调如果仅仅抽象地讲实在论被科学蕴含着，而不将其以某种方式反映在科学推理和实践中，那么是不能真正回击实证主义观点的。这种实在论科学观不会优于实证主义的科学观。夏佩尔强调，真正要为实在论辩护，就要对关于“理论实体”存在或不存在的断言在科学合理程序中起的作用进行论证。夏佩尔相信他可以达到这个目的。

第八章 马克思主义：存在、社会存在与社会实践

第一节 马克思论"社会存在"与"实践"

一、存在、人的存在、社会存在

(一)"存在"与"对象性存在"。

马克思（1818—1883）讲"存在"（Sein），注重由"对象性的关系"讲"存在"。马克思强调，没有"对象性的关系""存在就不是对象性的存在"。

马克思由"存在"（Sein），又讲到"存在物"（Wesen）。他写道："假定一种存在物本身既不是对象，又没有对象。这样的存在物首先将是一个唯一的存在物，在它之外没有任何东西存在着，它孤零零地独自存在着。""非对象性的存在物是非存在物［Unwesen］。""因为，只要有对象存在于我之外，只要我不是独自存在着，那么我就是和在我之外存在的对象不同的他物、另一个现实。因而，对这第三者的对象说来，我是和它不同的另一个现实，也就是说，我是它的对象。因此，一个存在物如果不是另一个存在物的对象，那么就要以不存在任何一个对象性的存在物为前提。只要我有一个对象，这个对象就以我作为它的对象。但是非对象性的存在物，是一种非现实的、非感性

的、只是思想上的即只是虚构出来的存在物，是抽象的东西。”[①]

马克思特别对“自然存在物”这个概念进行了澄清。他说，“一个存在物如果在自身之外没有自己的自然界，就不是自然存在物，就不能参加自然界的生活。一个存在物如果在自身之外没有对象，就不是对象性的存在物。一个存在物如果本身不是第三者的对象，就没有任何存在物作为自己的对象，也就是说，它没有对象性的关系，它的存在就不是对象性的存在。”[②]

马克思曾就“非对象性的存在物是非存在物（Unwesen）”[③]，指出这种“被抽象地孤立地理解的、被固定为与人分离的自然界，对人说来也是无”。[④]“作为自然界的自然界，也就是说，就它还在感性上不同于它自身所隐藏的神秘的意义而言，离开这些抽象概念并不同于这些抽象概念的自然界，就是无，即证明自己是虚无的无。它是无意义的……”。[⑤] 正是基于这种看法，在《德意志意识形态》中，马克思和恩格斯说：“先于人类历史而存在的那个自然界，不是费尔巴哈生活于其中的自然界；这是……今天在任何地方都不再存在的、因而对于费尔巴哈来说也是不存在的自然界”。[⑥]

---

① 马克思：《1844年经济学哲学手稿》，《马克思恩格斯全集》第42卷，人民出版社1979年版，第168～169页。

② 马克思：《1844年经济学哲学手稿》，《马克思恩格斯全集》第42卷，人民出版社1979年版，第168页。

③ 马克思：《1844年经济学哲学手稿》，《马克思恩格斯全集》第42卷，人民出版社1979年版，第106页。

④ 马克思：《1844年经济学哲学手稿》，《马克思恩格斯全集》第42卷，人民出版社1979年版，第178页。

⑤ 马克思：《1844年经济学哲学手稿》，《马克思恩格斯全集》第42卷，人民出版社1979年版，第179页。

⑥ 马克思、恩格斯：《德意志意识形态》，《马克思恩格斯选集》第1卷，人民出版社1995年版，第77页。

马克思由“自然存在物”，强调“人的自然存在物”，由此阐述了“类存在物”。马克思既指出了“人直接地是自然存在物”[①]，说“人类历史的第一个前提无疑是生命的个人的存在”[②]；又进而说，“人作为对象性的、感性的存在物，是一个受动的存在物；因为它感到自己是受动的，所以是一个有激情的存在物。激情、热情是人强烈追求自己的对象的本质力量。”他强调，“但是，人不仅仅是自然存在物，而且是人的自然存在物，也就是说，是为自身而存在着的存在物，因而是类存在物。他必须既在自己的存在中也在自己的知识中确证并表现自身。因此，正像人的对象不是直接呈现出来的自然对象一样，直接地客观地存在着的人的感觉，也不是人的感性、人的对象性。自然界，无论是客观的还是主观的，都不是直接地同人的存在物相适应的。”“正像一切自然物必定产生一样，人也有自己的产生活动即历史，但历史是在人的意识中反映出来的，因而它作为产生活动是一种有意识地扬弃自身的产生活动。历史是人的真正的自然史。”[③]

马克思由“类存在物”阐发了关于“人是社会存在物”的原理，他说：“人不仅同自己的生产条件发生关系，而且人双重的存在着：主观上他作为他自身而存在着，客观上又存在于自己生存的这些自然无机条件之中。”[④]“他在现实中既作为社会存

① 马克思：《1844年经济学哲学手稿》，《马克思恩格斯全集》第42卷，人民出版社1979年版，第167页。

② 马克思、恩格斯：《德意志意识形态》，《马克思恩格斯选集》第1卷，人民出版社1995年版，第67页。

③ 马克思：《1844年经济学哲学手稿》，《马克思恩格斯全集》第42卷，人民出版社1979年版，第169页。

④ 马克思：《政治经济学批判》，《马克思恩格斯全集》第46卷（上），人民出版社1979年版，第491页。

在的直观和现实享受而存在，又作为人的生命表现的总体而存在”，①“自然界的人的本质只有对社会的人来说才是存在的；因为只有在社会中，自然界对人说来才是人与人联系的纽带，才是他为别人的存在和别人为他的存在，才是人的现实的生活要素；只有在社会中，自然界才是人自己的人的存在的基础。只有在社会中，人的自然的存在对他说来才是他的人的存在，而自然界对他说来才成为人。”②“人是一个特殊的个体，并且正是他的特殊性使他成为一个个体，成为一个现实的、单个的社会存在物，同样地他也是总体、观念的总体、被思考和被感知的社会的主体的自为存在，正如他在现实中既作为社会存在的直观和现实享受而存在，又作为人的生命表现的总体而存在一样。”③ 所以说，“人们的存在就是他们的实际生活过程。”④ 这样，“我本身的存在就是社会的活动。”⑤

马克思强调“个人是社会存在物”，他又提醒人们注意，“应当避免重新把‘社会’当作抽象的东西同个人对立起来”。因为，从一方面看，“人的个人生活和类生活并不是各不相同的，尽管个人生活的存在方式必然是类生活的较为特殊的或者较为普遍的方式，而类生活必然是较为特殊的或者较为普遍的个人生活。”从另一方面看，“他的生命表现，即使不采取共同

① 马克思：《1844年经济学哲学手稿》，《马克思恩格斯全集》第42卷，人民出版社1979年版，第123页。

② 马克思：《1844年经济学哲学手稿》，《马克思恩格斯全集》第42卷，人民出版社1979年版，第122页。

③ 马克思：《1844年经济学哲学手稿》，《马克思恩格斯全集》第42卷，人民出版社1979年版，第123页。

④ 马克思、恩格斯：《德意志意识形态》，《马克思恩格斯选集》第1卷，人民出版社1995年版，第72页。

⑤ 马克思：《1844年经济学哲学手稿》，《马克思恩格斯全集》第42卷，人民出版社1979年版，第122页。

的、同其他人一起完成的生命表现这种直接形式，也是社会生活的表现和确证。”① 这样，“人的第一个对象——人——就是自然界、感性；而那些特殊的人的感性的本质力量，正如它们只有在自然对象中才能得到客观的实现一样，只有在关于在自然的本质的科学中才能获得它们的自我认识。”②

于此，马克思基于“类存在”“类存在物”“类生活”“类本质”“类意识”这样一些概念，专门讲到作为人的“意识”，即“类意识”在其中的决定作用。他说：“作为类意识，人确证自己的现实的社会生活，并且只是在思维中复现自己的现实存在；反之，类存在则在类意识中确证自己，并且在自己的普遍性中作为思维着的存在物自为地存在着。”③ “通过实践创造对象世界，即改造无机界，证明了人是有意识的类存在物，也就是这样一种存在物，它把类看作自己的本质，或者说把自身看作类存在物。诚然，动物也生产。它也为自己营造巢穴或住所，……但是动物只生产它自己或它的幼仔所直接需要的东西；动物的生产是片面的，而人的生产是全面的；动物只是在直接的肉体需要的支配下生产，而人甚至不受肉体需要的支配也进行生产，并且只有不受这种需要的支配时才进行真正的生产；动物只生产自身，而人再生产整个自然界；动物的产品直接同它的肉体相联系，而人则自由地对待自己的产品。动物只是按照它所属的那个种的尺度和需要来建造，而人却懂得按照任何一个种的尺度来进行生产，并且懂得怎样处处都把内在的尺度

① 马克思：《1844年经济学哲学手稿》，《马克思恩格斯全集》第42卷，人民出版社1979年版，第123页。

② 马克思：《1844年经济学哲学手稿》，《马克思恩格斯全集》第42卷，人民出版社1979年版，第129页。

③ 马克思：《1844年经济学哲学手稿》，《马克思恩格斯全集》第42卷，人民出版社1979年版，第123页。

运用到对象上去；因此，人也按照美的规律来建造。因此，正是在改造对象世界中，人才真正地证明自己是类存在物”。①

（二）“人的存在”与“社会存在”。

基于以上关于“存在”、“人的存在”的见解，马克思特别重视论证了：人是现实的人。其作为自然的对象性存在，其在社会中才使本质力量得到确证和表现。马克思说：“社会是人同自然界的完成了的本质的统一”②。因而，“思维和存在虽有区别，但同时彼此又处于统一中”③。由于人与世界是统一的，在马克思的理论中，“直接的感性自然界，对人说来直接地就是人的感性（这是同一说法）”④，“说一个东西是感性的即现实的，这是说，它是感觉的对象，是感性的对象，从而在自己之外有感性的对象，有自己的感性的对象”⑤。可见，马克思用“感性世界”来表示它并非独立于人的自在世界，而是与人的存在密切相关的生活世界，这就是“社会存在”。他这样说，“实物是为人的存在，是人的实物存在，同时也就是人为他人的定在，是他对他人的人的关系，是人对人的社会关系。”⑥

在《德意志意识形态》里，马克思、恩格斯批评费尔巴哈：

---

① 马克思：《1844年经济学哲学手稿》，《马克思恩格斯全集》第42卷，人民出版社1979年版，第96～97页。

② 马克思：《1844年经济学哲学手稿》，《马克思恩格斯全集》第42卷，人民出版社1979年版，第122页。

③ 马克思：《1844年经济学哲学手稿》，《马克思恩格斯全集》第42卷，人民出版社1979年版，第123页。

④ 马克思：《1844年经济学哲学手稿》，《马克思恩格斯全集》第42卷，人民出版社1979年版，第128～129页。

⑤ 马克思：《1844年经济学哲学手稿》，《马克思恩格斯全集》第42卷，人民出版社1979年版，第169页。

⑥ 马克思、恩格斯：《神圣家族》，《马克思恩格斯全集》第2卷，人民出版社1957年版，第52页。

"他从来没有把感性世界理解为构成这一世界的个人的全部活生生的感性的活动"[①]。马克思对活生生感性活动的这种异乎寻常的关注和强调，表示了他与费尔巴哈在感性世界的理解上的不同，重要的是要彰显其关于作为"感性世界"的社会存在物及其运动的思想。他说，"一切存在物，一切生活在地上和水中的东西，只是由于某种运动才才得以存在、生活。例如，历史的运动创造了社会关系，工业的运动给我们提供了工业产品，等等"。[②] 在马克思的这种哲学视野中，将感性世界的对象性存在延伸于感性活动中的对象性活动，再将对象性活动的观点延伸到人类社会历史领域，从而把他感性世界的思想和实践的、历史的观点联系起来，完成了其关于本体论和历史观的贯通。

马克思讲到了关于社会的世界历史及生成过程，"整个所谓世界历史不外是人通过人的劳动而诞生的过程，是自然界对人说来的生成过程"。[③] 这表达出马克思对社会历史的一种基本理解，即世界历史是人的感性活动和自然界的对象性生成的过程。因此，他批评费尔巴哈说："他没有看到，他周围的感性世界绝不是某种开天辟地以来就直接存在的、始终如一的东西，而是工业和社会状况的产物，是历史的产物，是世世代代活动的结果，其中每一代都立足于前一代所达到的基础上，继续发展前一代的工业和交往，并随着需要的改变而改变他的社会制度。"[④]

---

① 马克思、恩格斯：《德意志意识形态》，《马克思恩格斯选集》第 1 卷，人民出版社 1995 年版，第 78 页。

② 马克思：《哲学的贫困》，《马克思恩格斯选集》第 1 卷，人民出版社 1995 年版，第 139 页。

③ 马克思：《1844 年经济学哲学手稿》，《马克思恩格斯全集》第 42 卷，人民出版社 1979 年版，第 131 页。

④ 马克思、恩格斯：《德意志意识形态》，《马克思恩格斯选集》第 1 卷，人民出版社 1995 年版，第 76 页。

（三）人的社会存在与“人的解放”

马克思在解析“社会存在”时，关注了在社会存在的某种制度条件下“关于某种异己的存在物、关于凌驾于自然界和人之上的存在物的问题”。① 他说：“人是类存在物，不仅因为人在实践上和理论上都把类——自身的类以及其他物的类——当作自己的对象；而且因为——这只是同一件事情的另一种说法——人把自身当作现有的、有生命的类来对待，当作普遍的因而也是自由的存在物来对待。”② 而当“对象化表现为对象的丧失和被对象奴役”③，“这就是自我异化”，“是物的异化”。④ 由此马克思揭示了在资本主义制度中劳动者同自己的产品相异化、劳动者同自己劳动活动相异化、人同自己的类本质相异化、人同人相异化，等等。马克思指出，“对象化表现为对象的丧失和被对象奴役，占有表现为异化、外化”。⑤

在马克思《1844 年经济学哲学手稿》中往往把“外化”与“异化”并列使用。这里翻译成“外化”的德文词是“Entäuβerung”，用以表示外在化关系；翻译成“异化”的德文词是“Entfremdung”，用以表示异己性的关系。有时，马克思也曾赋予“Entäuβerung”另一意义，例如，用于表示交换活动，从一种状态向另一种状态转化，就是说，用于表示那些并

① 马克思：《1844 年经济学哲学手稿》，《马克思恩格斯全集》第 42 卷，人民出版社 1979 年版，第 131 页。

② 马克思：《1844 年经济学哲学手稿》，《马克思恩格斯全集》第 42 卷，人民出版社 1979 年版，第 95 页。

③ 马克思：《1844 年经济学哲学手稿》，《马克思恩格斯全集》第 42 卷，人民出版社 1979 年版，第 91 页。

④ 马克思：《1844 年经济学哲学手稿》，《马克思恩格斯全集》第 42 卷，人民出版社 1979 年版，第 95 页。

⑤ 马克思：《1844 年经济学哲学手稿》，《马克思恩格斯全集》第 42 卷，人民出版社 1979 年版，第 91 页。

不意味着敌对性和异己性的关系的经济现象和社会现象。与此相关，还有“物化”“对象化”。马克思曾讲到，“劳动的产品就是固定在某个对象中、物化为对象的劳动，这就是劳动的对象化。”① 而马克思更着重强调的是，“对象化表现为对象的丧失和被对象奴役，占有表现为异化、外化”；“对象化，即工人的生产，以及对象即工人的产品在对象化中的异化、丧失”。②

马克思基于对“对象化”“物化”“外化”“异化”等概念作出深刻解析，讲到了这样一段著名的话：“共产主义是私有财产即人的自我异化的积极的扬弃，因而是通过人并且为了人而对人的本质的真正占有；因此，它是人向自身、向社会的（即人的）人的复归，这种复归是完全的、自觉的而且保存了以往发展的全部财富的。这种共产主义，作为完成了的自然主义，等于人道主义，而作为完成了的人道主义，等于自然主义，它是人和自然界之间、人和人之间的矛盾的真正解决，是存在和本质、对象化和自我确证、自由和必然、个体和类之间的斗争的真正解决。它是历史之谜的解答，而且知道自己就是这种解答。”③

马克思阐释了真正的人的“存在”问题，并由此论证了人的“解放”问题。马克思说，“最后，地域性的个人为世界历史性的、经验上普遍的个人所代替”。④ “各个人的世界历史性的

① 马克思：《1844 年经济学哲学手稿》，《马克思恩格斯全集》第 42 卷，人民出版社 1979 年版，第 91 页。

② 马克思：《1844 年经济学哲学手稿》，《马克思恩格斯全集》第 42 卷，人民出版社 1979 年版，第 92 页。

③ 马克思：《1844 年经济学哲学手稿》，《马克思恩格斯全集》第 42 卷，人民出版社 1979 年版，第 120 页。

④ 马克思、恩格斯：《德意志意识形态》，《马克思恩格斯选集》第 1 卷，人民出版社 1995 年版，第 86 页。

存，也就是与世界历史直接联系的各个人的存在”。[①] 在他看来，“每一个单个人的解放的程度是与历史完全转变为世界历史的程度一致的。……各个人的全面的依存关系、他们的这种自然形式的世界历史性的共同活动的最初形成，由于这种共产主义革命而转化为对下述力量的控制和自觉的驾驭，这些力量本来是由人们的相互作用产生的，但是迄今为止对他们来说都作为完全异己的力量威慑和驾驭着他们。这种观点仍然可以被思辨地、唯心地、即幻想地解释为‘类的自我产生’（‘作为主体的社会’），从而把所有前后相继、彼此相联的个人想象为从事自我产生这种神秘活动的唯一的个人”。[②] 马克思说：“生产力的这种发展”，“随着这种发展，人们的世界历史性的而不是地域性的存在同时已经是经验的存在了”。[③] 马克思指出：“人和自然界的实在性，即人对人说来作为自然界的存在以及自然界对人说来作为人的存在，已经变成实践的、可以通过感觉直观的”。[④] 马克思指出：“社会主义的原则，整个说来，仍然只是涉及到真正人类实质的世界存在的这一方面，我们还应当同样地注意另一方面，即人的理论生活，因而应当把宗教、科学等等当作我们批判的对象。”[⑤] 马克思将真正的人的存在，称为人的第三阶段的存在。他说，“建立在个人全面发展和他们共同的社会生产能

① 马克思、恩格斯：《德意志意识形态》，《马克思恩格斯选集》第1卷，人民出版社1995年版，第87页。

② 马克思、恩格斯：《德意志意识形态》，《马克思恩格斯选集》第1卷，人民出版社1995年版，第89～90页。

③ 马克思、恩格斯：《德意志意识形态》，《马克思恩格斯选集》第1卷，人民出版社1995年版，第86页。

④ 马克思：《1844年经济学哲学手稿》，《马克思恩格斯全集》第42卷，人民出版社1979年版，第131页。

⑤ 马克思：《关于伊壁鸠鲁哲学的笔记》，《马克思恩格斯全集》第40卷，人民出版社1982年版，第93页。

力成为他们的社会财富这一基础上的自由个性，是第三个阶段。”①

他说，“在社会主义的人看来，整个所谓世界历史不外是人通过人的劳动而诞生的过程，是自然界对人来说的生成过程”，“他有直观的、无可辩驳的证明。因为人和自然界的实在性，即人对人来说作为自然界的存在以及自然界对人来说作为人的存在，已经成为实践的、可以通过感觉直观的，所以，关于某种异己的存在物、关于凌驾于自然界和人之上的存在物的问题，即包含着对自然界和人的非实在性的承认的问题，在实践上已经成为不可能的了”。② 人在与自然界的对象性关系中既是能动的又是受动的，旧唯物主义撇开了人的能动性单纯地强调客体制约，唯心主义只是抽象地发挥了人的能动力量，“彻底的自然主义或人道主义，既不同于唯心主义，也不同于唯物主义，同时又是把这二者结合起来的真理”。③

马克思强调，人的存在是社会性存在。人对自身的关系只有通过对他人的关系才成为对他来说是对象性的、现实的关系，社会性既是人的本质，也是人的现实力量，“社会是人同自然界的完成了的本质统一，是自然界的真正复活，是人的实现了的自然主义和自然界的实现了的人道主义”。④“主观主义和客观主义，唯灵主义和唯物主义，活动和受动，只是在社会状态中才

① 马克思：《政治经济学批判》，《马克思恩格斯全集》第46卷（上），人民出版社1979年版，第104页。

② 马克思：《1844年经济学哲学手稿》，《马克思恩格斯全集》第42卷，人民出版社1979年版，第131页。

③ 高清海：《找回失去的“哲学自我”》，北京师范大学出版社，2004年版，第105页。

④ 马克思：《1844年经济学哲学手稿》，《马克思恩格斯全集》第42卷，人民出版社1979年版，第122页。

失去他们彼此间的对立，并从而失去它们作为这样的对立面的存在”。①

马克思联系“世界历史”“世界精神”的概念讲到了“人的个体感性存在和类存在的矛盾”的解决。马克思说：“只有当现实的个人同时也是抽象的公民，并且作为个人，在自己的经验生活、自己的个人劳动、自己的个人关系之间，成为类存在物的时候，只有当人认识到自己的‘原有力量’并把这种力量组织成为社会力量因而不再把社会力量当作政治力量跟自己分开的时候，只有到了那个时候，人类解放才能完成。”“从异化劳动对私有财产的关系可以进一步得出这样的结论：社会从私有财产等等解放出来、从奴役制解放出来，是通过工人解放这种政治形式来表现的，别以为这里涉及的仅仅是工人的解放，而是因为工人的解放还包含着普遍的人的解放；其所以如此，是因为整个的人类奴役制就包含在工人对生产的关系中”。②“这个解放的头脑是哲学，它的心脏是无产阶级。哲学不消灭无产阶级，就不能成为现实；无产阶级不把哲学变成现实，就不可能消灭自身。”③“只有通过人的完全回复才能回复自己本身。”④

由此，马克思强调：“‘解放’是一种历史活动，不是思想活动，‘解放’是由历史的关系，是由工业状况、商业状况、农

① 马克思：《1844年经济学哲学手稿》，《马克思恩格斯全集》第42卷，人民出版社1979年版，第127页。

② 马克思：《1844年经济学哲学手稿》，《马克思恩格斯全集》第42卷，人民出版社1979年版，第51页。

③ 马克思：《黑格尔法哲学批判》“导言”，《马克思恩格斯选集》第1卷，人民出版社1995年版，第16页。

④ 马克思：《黑格尔法哲学批判》“导言”，《马克思恩格斯选集》第1卷，人民出版社1995年版，第15页。

业状况、交往状况促成的"。①

二、人的社会存在与实践、社会实践

（一）"人们的社会存在决定人们的意识"。

马克思认识到旧唯物主义的不彻底性、不完备性和片面性，因此确信必须"使关于社会的科学同唯物主义的基础协调起来，并在这个基础上加以改造"。"既然唯物主义总是用存在解释意识而不是相反，那么要把唯物主义应用于人类社会生活，就要用社会存在来解释社会意识。""不是人们的意识决定人们的存在，相反，是人们的社会存在决定人们的意识。"②"意识［das Bewuβtsein］在任何时候都只能是被意识到了的存在［das bewuβte Sein］。而人们的存在就是他们的现实生活过程。"③

（二）"实践"："人的感性活动"，"社会实践"。

马克思说，"感性……必须是一切科学的基础。科学只有从感性意识和感性需要这两种形式的感性出发，因而，只有从自然界出发，才是现实的科学。全部历史是为了使'人'成为感性意识的对象和使'人作为人'的需要成为［自然的、感性的］需要而作准备的发展史。历史本身是自然史的即自然界成为人这一过程的一个现实部分"。④"关于人的科学本身是人在实践上

① 马克思、恩格斯：《德意志意识形态》，《马克思恩格斯选集》第 1 卷，人民出版社 1995 年版，第 75 页。

② 列宁：《卡尔·马克思》，《马克思恩格斯选集》第 1 卷，人民出版社 1972 年版，第 10 页。

③ 马克思、恩格斯：《德意志意识形态》，《马克思恩格斯选集》第 1 卷，人民出版社 1995 年版，第 72 页。

④ 马克思：《1844 年经济学哲学手稿》，《马克思恩格斯全集》第 42 卷，人民出版社 1979 年版，第 128 页。

的自我实现的产物。”[1]

马克思强调，在实践中，人的诞生与自然界对人说来的生成是同一个过程。这就涉及到对象化存在的问题。马克思论述了，劳动实践使自然界人化，人化的自然是人的本质力量的展现。“只是由于人的本质的客观地展开的丰富性，主体的、人的感性的丰富性，如有音乐感的耳朵、能感受形式美的眼睛，总之，那些能成为人的享受的感觉，即确证自己是人的本质力量的感觉，才一部分发展起来，一部分产生出来。因为，不仅五官感觉，而且所谓精神感觉、实践感觉（意志、爱等等），一句话，人的感觉、感觉的人性，都只是由于它的对象的存在，由于人化的自然界，才产生出来的。”[2] 这也是对人的生产机制与规律的说明，人们认为这可认为是马克思的独特的人类学。

马克思讲实践决定了人的产生和发展，这里既讲人的肉体，更讲人的意识，意识才是最重要的把人与动物区分开来的东西。他说：自然界不但是自然科学的对象，而且是艺术的对象。作为面对对象的科学、艺术“是人的意识的一部分，是人的精神的无机界，是人必须事先进行加工以便享用和消化的精神食粮”。[3] 在他看来，“人以一种全面的方式，也就是说，作为一个完整的人，占有自己的全面的本质。人同世界的任何一种人的关系”包括“视觉、听觉、嗅觉、味觉、触觉、思维、直观、感觉、愿望、活动、爱”，“总之，他的个体的一切器官，正象在形式上直接是社会的器官的那些器官一样，通过自己的对象

① 马克思：《1844年经济学哲学手稿》，《马克思恩格斯全集》第42卷，人民出版社1979年版，第150页。

② 马克思：《1844年经济学哲学手稿》，《马克思恩格斯全集》第42卷，人民出版社1979年版，第126页。

③ 马克思：《1844年经济学哲学手稿》，《马克思恩格斯全集》第42卷，人民出版社1979年版，第95页。

性关系，即通过自己同对象的关系而占有对象”。① 关于人的生产与动物的生产的不同，他说：“动物的生产是片面的，而人的生产是全面的；动物只是在直接的肉体需要支配下生产，而人甚至不受肉体需要的支配也进行生产，并且只有不受这种需要的支配时才进行真正的生产”，“人”“按照美的规律来建造”②。马克思强调的是人实践中的精神需要，他重视的是使人的实践真正成为“自由自觉的活动”。

马克思认为，作为能动地改造世界的实践，是社会的产物，是历史的活动，本质上是社会历史的实践，具有社会性。实践是人类社会发展的普遍基础和动力。全部人类历史是由人们的实践活动构成的。马克思十分强调，实践是社会的活动。任何实践都是社会的人在一定社会关系中的活动，一定的社会条件和社会关系是实践的前提。离开了人的社会实践，孤立地考察单个人的个别活动，就不能真正理解实践。实践是历史的活动。它不是一成不变的，而是历史地变化着和发展着的，是人们时代连续的历史活动。在这种连续性的活动中，人们不断增强自己认识世界和改造世界的能力，从而使实践的内容和形式不断地得到发展。这使实践成为认识的基础。

（三）“全部社会生活在本质上是实践的”。

马克思在《关于费尔巴哈的提纲》中指出，“从前的一切唯物主义——包括费尔巴哈的唯物主义——的主要缺点是：对对象、现实、感性，只是从客体的或者直观的形式去理解，而不是把它们当作人的感性活动，当作实践去理解，不是从主体方

① 马克思：《1844 年经济学哲学手稿》，《马克思恩格斯全集》第 42 卷，人民出版社 1979 年版，第 123～124 页。

② 马克思：《1844 年经济学哲学手稿》，《马克思恩格斯全集》第 42 卷，人民出版社 1979 年版，第 96～97 页。

面去理解。因此，结果竟是这样，和唯物主义相反，唯心主义却发展了能动的方面，但只是抽象的发展了，因为唯心主义当然是不知道现实的、感性的活动本身的。费尔巴哈想要研究跟思想客体确实不同的感性客体，但是他们没有把人的活动本身理解为对象性的［gegenständliche］活动。”“人的思维是否具有客观的［gegenständliche］真理性，这不是一个理论的问题，而是一个实践的问题。人应该在实践中证明自己思维的真理性，即自己思维的现实性和力量，亦即自己思维的此岸性。关于离开实践的思维是否具有现实性的争论，是一个纯粹经院哲学的问题。”“环境的改变和人的活动或自我改变的一致，只能被看作是并合理地理解为革命的实践。”在后来 1888 年恩格斯发表的稿本中又成为这样写的：“环境的改变和人的活动的一致，只能被看作是并合理地理解为变革的实践。”“费尔巴哈不满意抽象的思维而诉诸感性的直观；但是他把感性不是看作实践的、人的感性的活动。”“全部社会生活在本质上是实践的。凡是把理论导致神秘主义方面的神秘的东西，都能在人的实践中以及对这个实践的理解中得到合理的解决。”“直观的唯物主义，即不是把感性理解为实践活动的唯物主义，至多也只能做到对‘市民社会’的单个人的直观。”“哲学家们只是用不同的方式解释世界，问题在于改变世界。”①

马克思、恩格斯在《德意志意识形态》中，又特别讲到：“尽管‘宗教’和‘政治’只是时代的现实动因的形式”，“这些特定的人关于自己的真正实践的‘想象’、‘观念’变成一种支

---

① 马克思：《关于费尔巴哈的提纲》，《马克思恩格斯选集》第 1 卷，人民出版社 1995 年版，第 54～61 页。

配和决定这些人的实践的唯一起决定作用的和积极的力量。"[1]"而对实践的唯物主义者即共产主义者来说，全部问题都在于使现存世界革命化，实际地反对并改变现存的事物。"[2]

三、本体论、实体与实践

（一）关于本体论，马克思早在其博士论文《德谟克利特的自然哲学与伊壁鸠鲁自然哲学的差别》之中，就曾指出，"只是现在，伊壁鸠鲁派、斯多葛派和怀疑体系为人理解的时代才算到来了。他们是自我意识哲学家。"[3] 马克思认为，原子不外是抽象的、个别的自我意识的自然形式，感性的自然是客观化了的、经验的、个别的"自我意识"。马克思在谈到关于神的存在的本体论证明时指出："对神的存在的证明不外是对人的本质的自我意识存在的证明，对自我意识存在的逻辑说明，例如，本体论的证明，当我们思索'存在'的时候，什么存在是直接的呢？自我意识。"[4] 这里围绕着"存在"和"自我意识"的问题，提到了"本体论"。

（二）马克思在 1843 年写的《黑格尔法哲学批判》之中，针对黑格尔的法哲学一针见血地揭示，在黑格尔那里，"不是事物本身的逻辑，而是逻辑本身的事物。不是用逻辑来论证国家，而是用国家来论证逻辑"。马克思提出，黑格尔的论证在于：

---

① 马克思、恩格斯：《德意志意识形态》，《马克思恩格斯选集》第 1 卷，人民出版社 1995 年版，第 93 页。

② 马克思、恩格斯：《德意志意识形态》，《马克思恩格斯选集》第 1 卷，人民出版社 1995 年版，第 75 页。

③ 马克思：《德谟克利特的自然哲学与伊壁鸠鲁自然哲学的差别》，《马克思恩格斯全集》第 40 卷，人民出版社 1982 年版，第 286 页。

④ 马克思：《德谟克利特的自然哲学与伊壁鸠鲁自然哲学的差别》，《马克思恩格斯全集》第 40 卷，人民出版社 1982 年版，第 285 页。

“（1）抽象的现实性或实体性；（2）实体性的关系转化为必然性的关系、实体性的现实性的关系；（3）实体性的现实性实际上就是概念，就是主观性。这些具体的规定同样可以用其他的具体规定来代替（对于其他任何领域都是一样，例如对于物理学）”。“由此可见，整个法哲学只不过是对逻辑学的补充。十分明显，这一补充只是对概念本身发展的 hors-d'œuvre［某种附加的东西］。”而这些规定的哲学意义就在于国家在其中具有逻辑意义。这里强调了，“实体必然‘在概念中把自己分为各种差别，这些差别由于这一实体性也就自我形成了现实的巩固的规定’。”

马克思说，如果把黑格尔的话“译成人的话就是这样”：“精神是国家的实体”。“包含着特殊利益的普遍利益，是这一精神的普遍目的和内容，是国家的现存实体”。这就要认识“自身和希求自身的精神”。所以马克思讲，“关于黑格尔对问题的解释应当指出：（a）变成主体的是：抽象的现实性、必然性（或实体性的差别）、实体性，因而是些抽象的逻辑范畴。……但是，（1）‘它’即‘抽象的现实性’或‘实体性’是国家的必然性。（2）……‘概念中的各种差别’‘由于这一实体性也就形成了现实的巩固的’规定，——各种权力。（3）‘实体性’不再被了解为国家的抽象规定，不再被了解为国家的‘实体性’；实体性本身被当成了主体，因为在结论中说：‘但是这种实体性就是精神，就是受过教养并且在认识自身和希求自身的精神。’（b）最后也没有讲‘有教养……的精神就是实体性’，反而说‘实体性就是有教养……的精神’。因而精神成了它自己谓语的谓语。（c）实体性被规定为（1）普遍的国家目的，接着被规定为（2）各种被划分的权力，在这以后，它又被规定为（3）有教养的、认识自身和希求自身的现实精神。……“既然黑格尔的出发点是被他当作主体、当作现实本质的‘理念’或‘实体’，现实的主体就只能是抽象谓语的最后谓语。‘国家的目的’和‘国家的各种权力’被说成实体的特定的‘存在方式’，因而它们就被神秘化了，并且脱离了自己的现实的存在，脱离了‘认识自身和希求自身的精神’，脱离了‘有教养的精神’。(d) 具体的内容即现实的规定成了形式上的东西，而完全抽象的形式的规定则成了具体的内容。……在这里，注意的中心不是法哲学，而是逻辑学”。而“对这些逻辑范畴的运用很值得我们进行专门研究”。

正是由这种分析，马克思把黑格尔体系中的原理倒置过来，取其合理内核，使之确立于“现实”，以把握“现实”的“实体性”。马克思写道：“国家的抽象的现实性、国家的实体性是一种必然性，因为单纯的国家目的和整体的单纯存在只有通过各种被划分的国家权力才能实现出来。”“实体性的关系是必然性的关系，也就是说，实体在现象上被划分为独立的、但本质上被规定的各种现实性领域或活动领域。”①

（三）后来，马克思在《1844年经济学哲学手稿》的《货币》一节中讲到：“如果人的感觉、激情等等不仅是在［狭隘］意义上的人类学的规定，而且是真正本体论的本质（自然）肯定；如果感觉、激情等等仅仅通过它们的对象对它们感性地存在这一事实而真正肯定自己，那么，不言而喻的是：(1) 它们的肯定方式决不是同样的，相反，不同的肯定方式构成它们的存在、它们的生命的特殊性；对象以怎样的方式对它们存在，这就是它们的享受的特有方式；(2) 如果感性的肯定是对采取独立形态的对象的直接扬弃（如吃、喝、对象的加工，等等），那么这也就是对象的肯定；(3) 只要人是人的，因而他的感觉等等也是人的，那么对象为他人所肯定，这同样是他自己的享

① 马克思：《黑格尔法哲学批判》，《马克思黑格尔全集》第1卷，人民出版社1956年版，第260～264页。

受；（4）只有通过发达的工业，也就是以私有财产为中介，人的激情的本体论本质才能在总体上、合乎人性地实现；因此，关于人的科学本身是人在实践上的自我实现的产物；（5）如果撇开私有财产的异化，那么私有财产的意义就在于本质的对象——既作为享受的对象，又作为活动的对象——对人的存在。”

（四）马克思、恩格斯写于1844年9月至11月，于1845年在法兰克福出版的《神圣家神》一书中，针对青年黑格尔派对当时畅销的长篇小说《巴黎的秘密》中“思辨的黑格尔结构的秘密”的理解，指出“施里加先生对‘巴黎的秘密’的论述就是对黑格尔思辨结构的各个细节方面的运用”，在第五章“思辨结构的秘密”一节中，围绕关于“实体”的理论作出剖析，他写道：“如果我从现实的苹果、梨、草莓、扁桃中得出‘果实’这个一般的观念，如果再进一步想象我从现实的果实中得到的‘果实’[《die Frucht》]这个抽象观念就是存在于我身外的一种本质，而且是梨、苹果等等的真正的本质，那末我就宣布（用思辨的话说）‘果实’是梨、苹果、扁桃等等的‘实体’”。“具有不同特点的现实的果实从此就只是虚幻的果实，而它们的真正的本质则是‘果实’这个‘实体’。”“思辨的思维从各种不同的现实的果实中得出一个抽象的‘果实’——‘一般果实’，所以为了要达到某种现实内容的假象，它就不得不用这种或那种方法从‘果实’、从实体返回到现实的千差万别的平常的果实，返回到梨、苹果、扁桃等等上去。”“如果说苹果、梨、扁桃、草莓实际上不外是‘一般实体’、‘一般果实’，那么，试问，这个‘一般果实’又怎么会忽而表现为苹果，忽而表现为梨，忽而又表现为扁桃呢？和我关于统一体、关于‘一般实体’、关于‘一般果实’的思辨观念显然相矛盾的多种多样的外观又是从何而来的呢？”“基督教认为只有一个上帝的化身，而思辨哲学却认为有多少事物就有多少化身，譬如在现在这个例子里，在思辨哲学看来，每一个单个的果实就都是实体的，即绝对果实的特殊化身。所以思辨哲学家最感兴趣的就是把现实的、普通的果实的存在制造出来，然后故弄玄虚地说：苹果、梨、扁桃、葡萄存在着”。“这种办法，用思辨的话来说，就是把实体了解为主体，了解为内部的过程，了解为绝对的人格。”[①] 马克思、恩格斯意在强调。由于这里把实体理解为人活动的主体，理解为自我发展和实现的过程，这就本末倒置了。

进而，在第六章第三节，写到“对法国唯物主义的批判的战斗”，马克思、恩格斯从布鲁诺·鲍威尔（Bruno Bauer，1809—1882）认为“18世纪，斯宾诺莎主义不仅在那以物质为实体的法国后嗣学说中占统治地位，而且也在予物质和精神名称的自然神论中占统治地位……”说起。马克思、恩格斯指出，“18世纪的法国启蒙运动，特别是法国唯物主义，不仅是反对现存政治制度的斗争，同时是反对现存宗教和神学的斗争，而且还是反对17世纪的形而上学和反对一切形而上学，特别是反对笛卡儿、马勒伯朗士、斯宾诺莎和莱布尼茨的形而上学的公开而鲜明的斗争。人们用哲学来对抗形而上学，这正像费尔巴哈在他向黑格尔做第一次坚决进攻时以清醒的哲学来对抗醉醺醺的思辨一样。被法国启蒙运动特别是18世纪的法国唯物主义所击败的17世纪的形而上学，在德国哲学中，特别是在19世纪的德国思辨哲学中，曾有过胜利的和富有内容的复辟。在黑格尔天才地把17世纪的形而上学同后来的一切形而上学及德国唯心主义结合起来并建立了一个形而上学的包罗万象的王国之后，对思辨的形而上学和一切形而上学的进攻，就像在18世纪那

① 马克思、恩格斯：《神圣家族》，《马克思恩格斯全集》第2卷，人民出版社1957年版，第71～75页。

样，又跟对神学的进攻再次配合起来。这种形而上学将永远屈服于现在为思辨本身的活动所完善化并和人道主义相吻合的唯物主义。费尔巴哈在理论方面体现了和人道主义相吻合的唯物主义，而法国和英国的社会主义和共产主义则在实践方面体现了这种唯物主义。”“法国唯物主义有两个派别：一个派起源于笛卡儿，一派起源于洛克。后一派主要是法国有教养的分子，它直接导向社会主义。前一派是机械唯物主义，它成为真正的法国自然科学的财产。”“因此，我们只指出如下的几点”：一是，“笛卡儿在其物理学中认为物质具有独立的创造力，并把机械运动看作是物质生命的表现。他把他的物理学和他的形而上学完全分开。在他的物理学的范围内，物质是唯一的实体，是存在和认识的唯一根据。法国的机械唯物主义附和笛卡儿的物理学而同他的形而上学相对立。他的学生的职业是反形而上学者，即物理学家。”“18 世纪末，卡巴尼斯在他的著作人的肉体和精神的关系中完成了笛卡儿的唯物主义。”二是，“在法国以笛卡儿为主要代表的 17 世纪的形而上学，从诞生之日起就遇上了唯物主义这一对抗者。唯物主义通过伽桑狄（他恢复了伊壁鸠鲁的唯物主义）来反对笛卡儿。法国和英国的唯物主义始终同德谟克利特和伊壁鸠鲁保持着紧密的联系。笛卡儿的形而上学所遇见的另一个反对者是英国的唯物主义者霍布斯。”“和它那反神学、反形而上学的唯物主义实践相适应的，必然是反神学、反形而上学的唯物主义理论。形而上学在实践上已经威信扫地。”三是，“17 世纪的形而上学（想想笛卡儿、莱布尼茨等人）还是有积极的、世俗的内容的。它在数学、物理学以及与它有密切联系的其他精密科学方面都有所发现。但是在 18 世纪初这种表面现象就已经消失了。实证科学脱离了形而上学，给自己划定了单独的活动范围。现在，正当实在的本质和尘世的事物开始把人们的全部注意力集中到自己身上的时候，形而上学的全部财富只剩下想象的本质和神灵的事物了。形而上学变得枯燥乏味了。”于是“在17世纪最后两个伟大的法国形而上学者马勒伯朗士和阿尔诺逝世的那一年，爱尔维修和孔狄亚克诞生了。”“使17世纪的形而上学和一切形而上学在理论上威信扫地的人是比埃尔·培尔。他的武器是用形而上学本身的符咒锻铸成的怀疑论。他本人起初是一个笛卡儿派的形而上学者。反对思辨神学的斗争之所以把费尔巴哈推向反对思辨哲学的斗争，正是因为他看出思辨是神学的最后支柱，从而不得不迫使神学家从虚幻的科学返回到粗野的、可恶的信仰；同样，对宗教的怀疑引起了培尔对作为这种信仰的支柱的形而上学的怀疑。因此，他批判了形而上学的整个历史发展过程。他为了编纂形而上学的灭亡史而成了形而上学的历史学家。他主要是驳斥了斯宾诺莎和莱布尼茨。”比埃尔·培尔“用怀疑论摧毁了形而上学，从而为在法国掌握唯物主义和健全理智的哲学打下了基础”。“用一位法国作家的话来说，比埃尔·培尔‘对17世纪说来，是最后一个形而上学者，而对18世纪说来，则是第一个哲学家’。”

马克思、恩格斯延伸追述道：“除了否定神学和17世纪的形而上学之外，还需要有肯定的、反形而上学的体系。人们感到需要一部能够把当时的生活实践归结为一个体系并从理论上加以论证的书。这时，洛克关于人类理性的起源的著作很凑巧地在英吉利海峡那边出现了，它像一位久盼的客人一样受到了热烈的欢迎。”“唯物主义在它的第一个创始人培根那里，还在朴素的形式下包含着全面发展的萌芽。物质带着诗意的感性光辉对人的全身心发出微笑。但是，用格言形式表述出来的学说本身却反而还充满了神学的不彻底性。”“唯物主义在以后的发展中变得片面了。霍布斯把培根的唯物主义系统化了。感性失去了它的鲜明的色彩而变成了几何学家的抽象的感性。物理运动成为机械运动或数学运动的牺牲品；几何学被宣布为主要的科学。唯物主义变得敌视人了。为了在自己领域内克服敌视人的、毫无血肉的精神，唯物主义只好抑制自己的情欲，当一个禁欲主义者。它变成理智的东西，同时以无情的彻底性来发展理智的一切结论。”“霍布斯根据培根的观点论断说，如果我们的感觉是我们的一切知识的泉源，那么观念、思想、意念等等，就不外乎是多少摆脱了感性形式的实体世界的幻影。”“无形体的实体也像无形体的物体一样，是一个矛盾。物体、存在、实体是同一种实在的观念。决不可以把思维同那思维着的物质分开。物质是一切变化的主体。假如‘无限的’这个词不表示我们的精神能够无限地添加某一数量，那么这个词就毫无意义。既然只有物质的东西才是可以觉察到的，才是可以认识的，那么对神的存在就丝毫不能有所知了。只有我自己的存在才是确实可信的。人的一切情欲都是正在结束或正在开始的机械运动。追求的对象就是我们谓之幸福的东西。人和自然都服从于同样的规律。强力和自由是同一的。”“霍布斯把培根的学说系统化了，但他没有更详尽地论证培根关于知识和观念起源于感性世界的基本原则。”“霍布斯消灭了培根唯物主义中的有神论的偏见，而科林斯、多德威尔、考尔德、哈特莱、普利斯特列等人则铲除了洛克感觉论的最后的神学藩篱。自然神论——至少对唯物主义者来说——不过是摆脱宗教的一种简便易行的方法罢了。”“我们已经提到过，洛克的著作的出现对于法国人是多么的凑巧。”洛克在他论人类理性的起源的著作中，论证了培根和霍布斯的原则。“洛克论证了 bon sens 的哲学，即健全理智的哲学，就是说，他间接地说明了，哲学要是不同于健全人的感觉和以这种感觉为依据的理智，是不可能存在的。”“曾经直接受教于洛克和在法国解释洛克的孔狄亚克立即用洛克的感觉论去反对 17 世纪的形而上学。他证明法国人完全有权把这种形而上学当作幻想和神学偏见的不成功的结果而予以抛弃。他公开驳斥了笛卡儿、斯宾诺莎、莱布尼茨和马勒伯朗士等人的体系。”“爱尔维修也是以洛克的学说为出发点的，他的唯物主义具有真正法国的性质。”“爱尔维修也随即把他的唯物主义运用到社会生活方面（爱尔维修“论人”）。感性的印象和自私的欲望、享乐和正确理解的个人利益，是整个道德的基础。人类智力的天然平等、理性的进步和工业的进步的一致、人的天性的善良和教育的万能，这就是他的体系中的几个主要因素。”“拉美特利的著作是笛卡儿唯物主义和英国唯物主义的结合。拉美特利利用了笛卡儿的物理学，甚至利用了它的每一个细节。他的《人是机器》一书是模仿笛卡儿的动物是机器写成的。在霍尔巴赫的“自然体系”中，论述物理学的那一部分也是法国唯物主义和英国唯物主义的结合，而论述道德的部分实质上则是以爱尔维修的道德论为依据。还和形而上学保持着最密切联系并为此受到黑格尔赞许的法国唯物主义者罗比耐（“自然论”），和莱布尼茨的学说有非常明显的关系。”“我们一方面说明了法国唯物主义的两重起源，即起源于笛卡儿的物理学和英国的唯物主义，另一方面又说明了法国唯物主义同17世纪的形而上学，即笛卡儿、斯宾诺莎、马勒伯朗士和莱布尼茨的形而上学的对立，所以我们就没有必要再来叙述沃尔涅、杜毕伊、狄德罗等人的以及重农学派的观点。德国人只是在他们自己开始同思辨的形而上学进行斗争以后，才觉察出这种对立的。”“笛卡儿的唯物主义成为真正的自然科学的财产，而法国唯物主义的另一派则直接成为社会主义和共产主义的财产。①

进一步，马克思、恩格斯在第六章第三节中，在前面论述

① 马克思、恩格斯：《神圣家庭》，《马克思恩格斯全集》第2卷，人民出版社1957年版，第159～166页。

之后，又以“绝对批判的思辨循环和自我意识的哲学”为标题，对于布鲁诺·鲍威尔一系列论述进行了分析批判，他引述分析了布鲁诺·鲍威尔这样一些话：“我们在‘文学总汇报’上读到：‘现代的批判已经和斯宾诺莎主义一刀两断。因此从它这方面来说，如果不加批判地在一个领域内假定有实体，即使是对个别的荒谬的论点而言，也是不彻底的。’”鲍威尔在其《基督教真相》中讲，“如果唯物主义的真理、自我意识的哲学已被发现……是斯宾诺莎的实体这个谜的解答和真正的 causa sui［自身原因］……那么又何必要精神呢？又何必要自我意识呢？”在其《复类福音作者批判》中鲍威尔又说，“施特劳斯仍然忠实于把实体视为绝对物的观点。具有这种普遍性形式、具有尚未达到现实的和理性的规定性的这种普遍性形式的宗教传说，不外就是抛弃了自己的逻辑单纯性并采取了公社力量的特定存在形式的实体。”鲍威尔讲，“批判继续驳斥施特劳斯说：‘这种观点之所以神秘，是因为每当他要解释和清楚地描述福音历史的起源过程时，它只能提供某种过程的假象。福音历史的来源和发端是传说的说法再度肯定了同一个东西——传说和福音历史；的确，这里也指出了它们相互之间的关系，但是这还向我们说明，福音历史的发展和解说起源于什么样的实体的内部过程。’”“鲍威尔先生继续说道：‘因此，批判必须反对它本身……并在实体本身的发展驱使我们去的那个地方寻求神秘的实体性的解答，而这种发展则导向理念的普遍性和规定性及理念的现实存在，导向无限的自我意识。’”“实体性关系的力量就在于它力图把我们导向概念、理念和自我意识。”

马克思、恩格斯把鲍威尔的论述与黑格尔进行了比较，书中引用了黑格尔关于“实体性的观点”的话：“‘实体的闭塞性必须消灭，而且实体必须提升为自我意识。’（‘现象学’第7页）”“黑格尔说：‘概念是实体的真理。’‘实体性关系的推移是由它本身所固有的内在必然性造成的，它恰恰说明概念是实体的真理。' '理念是对等的概念。' '达到自由存在的……概念……无非就是自我或纯粹的自我意识。'('逻辑学'，'黑格尔全集'第二版第五卷第6、9、229、13页)。

围绕于此，马克思、恩格斯指出："批判和斯宾诺莎主义断绝以后又采取了黑格尔唯心主义的观点；它从'实体'转向了另一个形而上学的怪物，即'主体'、'作为过程的实体'、'无限的自我意识'；'完善的'和'纯洁的'批判的最后结果就是以思辨的黑格尔的形式恢复基督教的创世说。"马克思、恩格斯又写道："鲍威尔先生不指出，贯串在施特劳斯关于'公社力量'和关于'传说'的理论中的观点在斯宾诺莎关于实体的观念中有其抽象的表现，有其逻辑形而上学的象形文字；鲍威尔先生不说明这一点，而是强迫'实体抛弃自己的逻辑单纯性并采取公社力量的特定存在形式'。他用黑格尔的魔术机来强迫'形而上学的范畴'(从现实中抽出的抽象观念)跳出使它们溶化于纯思想的'简单'因素中的逻辑框子，并采取自然存在或人类存在的'特定形式'，也就是说，强迫它们体现出来。""按照黑格尔的意见，应当把实体理解为内部过程。"马克思、恩格斯接着写道："同样，鲍威尔的自我意识也是提升为自我意识的实体，或作为实体的自我意识；于是，自我意识就从人的属性变成了独立的主体。这是一幅讽刺人脱离自然的形而上学的神学漫画。因此，这种自我意识的本质不是人，而是理念，因为理念的现实存在就是自我意识。自我意识是人化了的理念，因而它是无限的。人的一切属性就这样神秘地变成了想象的'无限的自我意识'的属性。正因为如此，鲍威尔先生才十分明确地谈到这种'无限的自我意识'，他说，一切事物都起源于无限的自我意识并在其中找到解释，即找到本身存在的根据。"马克思、恩格斯强调指出："施特劳斯和鲍威尔关于实体和自我意识的争论，是在黑格尔的思辨范围之内的争论。在黑格尔的体系中有三个因素：斯宾诺莎的实体，费希特的自我意识以及前两个因素在黑格尔那里的必然的矛盾的统一，即绝对精神。第一个因素是形而上学地改了装的、脱离人的自然。第二个因素是形而上学地改了装的、脱离自然的精神。第三个因素是形而上学也改了装的以上两个因素的统一，即现实的人和现实的人类。”可见鲍威尔理论的特点在于，他片面抓住了其中的自我意识要素，反对实体要素，把自我意识当作独立存在的、创造世界的主体，这种主体也就成了实体。马克思、恩格斯尖锐地说：“鲍威尔先生最先是一个神学家，但并不是一个普普通通的神学家，而是一个批判的神学家或神学的批判家。”①

（五）马克思将其哲学建筑于实质上是以人的实践为本体的本体论。他非常强调，“对实践的唯物主义者即共产主义者来说，全部问题都在于使现存世界革命化，实际地反对并改变现存的事物”。于此，马克思、恩格斯在《德意志意识形态》中的论证是这样的：“费尔巴哈对感性世界的‘理解’一方面仅仅局限于对这一世界的单纯的直观，另一方面仅仅局限于单纯的感觉。费尔巴哈设定的是‘一般人’，而不是‘现实的历史的人’”。“在前一种情况下，在对感性世界的直观中，他不可避免地碰到与他的意识和他的感觉相矛盾的东西，这些东西扰乱了他所假定的感性世界的一切部分的和谐，特别是人与自然界的和谐。为了排除这些东西，他不得不求助于某种二重性的直观，这种直观介于仅仅看到‘眼前’的东西的普通直观和看出事物的‘真正本质’的高级的哲学直观之间。他没有看到，他周围的感性世界决不是某种开天辟地以来就直接存在的、始终如一

① 马克思、恩格斯：《神圣家庭》，《马克思恩格斯全集》第 2 卷，人民出版社 1957 年版，第 174～177 页、第 178 页、第 181 页。

的东西，而是工业和社会状况的产物，是历史的产物，是世世代代活动的结果，其中每一代都立足于前一代所达到的基础上，继续发展前一代的工业和交往，并随着需要的改变而改变它的社会制度。甚至连最简单的'感性确定性'的对象也只是由于社会发展、由于工业和商业交往才提供给他的。大家知道，樱桃树和几乎所有的果树一样，只是在数世纪以前由于商业才移植到我们这个地区。由此可见，樱桃树只是由于一定的社会在一定时期的这种活动才为费尔巴哈的'感性确定性'所感知。"①

马克思、恩格斯进而讲，"只要这样按照事物的真实面目及其产生情况来理解事物，任何深奥的哲学问题……都可以十分简单地归结为某种经验的事实。人对自然的关系这一重要问题……'自然和历史的对立'，好像这是两种互不相干的'事物'，好像人们面前始终不会有历史的自然和自然的历史，就是一个例子，这是一个产生了关于'实体'和'自我意识'的一切'高深莫测的创造物'的问题。然而，如果懂得在工业中向来就有那个很著名的'人和自然的统一'，而且这种统一在每一个时代都随着工业或慢或快的发展而不断改变，就像人与自然的'斗争'促进其生产力在相应基础上的发展一样，那么上述问题也就自行消失了。工业和商业、生活必需品的生产和交换，一方面制约着分配，不同社会阶级的划分，同时它们在自己的运动形式上又受着后者的制约。这样一来，打个比方说，费尔巴哈在曼彻斯特只看见一些工厂和机器，而一百年以前在那里只能看见脚踏纺车和织布机；或者，他在罗马的坎帕尼亚只发现一些牧场和沼泽，而在奥古斯都时代在那里只能发现罗马资本家的葡萄园和别墅。费尔巴哈特别谈到自然科学的直观，提

① 马克思、恩格斯：《德意志意识形态》，《马克思恩格斯选集》第1卷，人民出版社1995年版，第75～76页。

到一些只有物理学家和化学家的眼睛才能识破的秘密，但是如果没有工业和商业，哪里会有自然科学呢？甚至这个‘纯粹的’自然科学也只是由于商业和工业，由于人们的感性活动才达到自己的目的和获得自己的材料的。这种活动、这种连续不断的感性劳动和创造、这种生产，正是整个现存的感性世界的基础，它哪怕只中断一年，费尔巴哈就会看到，不仅在自然界将发生巨大的变化，而且整个人类世界以及他自己的直观能力，甚至他本身的存在也会很快就没有了。当然，在这种情况下，外部自然界的优先地位仍然会保持着，而整个这一点当然不适用于原始的、通过自然发生的途径产生的人们。但是，这种区别只有在人被看作是某种与自然界不同的东西时才有意义。”① “每个个人和每一代所遇到的现成的东西：生产力、资金和社会交往形式的总和，是哲学家们想象为‘实体’和‘人的本质’的东西的现实基础，是他们神化了的并与之斗争的东西的现实基础，这种基础尽管遭到以‘自我意识’和‘唯一者’的身分出现的哲学家们的反抗，但它对人们的发展所起的作用和影响却丝毫也不因此而受到干扰。”②

（六）后来，马克思基于其关于“实践”的理论，在进行经济社会分析时，使用了“实体”的概念。他在《哲学的贫困》中批评蒲鲁东的理论时有一部分采用了“政治经济学的形而上学”这一提法列为标题。这里的“形而上学”是在以纯思辨的方法来阐述经验以外各种问题的意义上来使用的。马克思写到，“在黑格尔看来，形而上学，整个哲学，可以概括在方法里面。

① 马克思、恩格斯：《德意志意识形态》，《马克思恩格斯选集》第 1 卷，人民出版社 1995 年版，第 77 页。

② 马克思、恩格斯：《德意志意识形态》，《马克思恩格斯选集》第 1 卷，人民出版社 1995 年版，第 92～93 页。

所以我们必须设法弄清楚蒲鲁先生那套至少同《经济表》（魁奈所作——引者注）一样含糊不清的方法。”马克思指出：“经济学家们都把分工、信用、货币等资产阶级生产关系说成是固定的、不变的、永恒的范畴。”“蒲鲁东先生把这些关系看成原理、范畴和抽象的思想”，“用这种方法抽去每一个主体的一切有生命的或无生命的所谓偶性，人或物，我就有理由说，在最后的抽象中，作为实体的将是一些逻辑范畴。”而“这里谈的是抽象，而不是分析”，“形而上学者也就有理由说，世界上的事物是逻辑范畴这块底布上绣成的花卉：他们在进行这些抽象时，自以为在进行分析，他们越来越远离物体，而自以为越来越接近，以至于深入物体。哲学家和基督徒不同之处正是在于：基督徒只有一个逻各斯的化身，不管什么逻辑不逻辑；而哲学家则有无数化身。”固然，“正如我们通过抽象把一切事物变成逻辑范畴一样，我们只要抽去各种各样的运动的一切特征，就可得到抽象形态的运动，纯粹形式上的运动，运动的纯粹逻辑公式。”而“如果我们把逻辑范畴看作一切事物的实体，那么我们也就可以设想把运动的逻辑公式看作是一种绝对方法，它不仅说明每一个事物，而且本身就包含每个事物的运动。”“既然把任何一种事物都归结为逻辑范畴，任何一个运动、任何一种生产行为都归结为方法，那么由此自然得出一个结论，产品和生产、事物和运动的任何总和都可以归结为应用的形而上学。”“把这个方法运用到政治经济学的范畴上面，就会得出政治经济学的逻辑学和形而上学”。所以说，“经济范畴只不过是生产的社会关系的理论表现，即其抽象。真正的哲学家蒲鲁东先生把事物颠倒了，他认为现实关系只是一些原理或范畴的化身。”①

① 马克思：《哲学的贫困》，《马克思恩格斯选集》第1卷，人民出版社1995年版，第137～141页。

（七）值得重视的是，马克思、恩格斯用“实体”这一概念，与“人的本质”相联系，来表达关于社会的“现实基础”。正如他们所说的，“每个个人和每一代所遇到的现成的东西：生产力、资金和交往形式的总和，是哲学家们想象为‘实体’和‘人的本质’的东西的现实基础，是他们神化了的并与之斗争的东西的现实基础。”① 这里的“社会交往形式”，显然是马克思后来所讲的“生产关系”范畴的雏形。马克思此时已经将“人的本质”置于“生产力、资金和交往形式（生产关系）的总和”这个关于“基础”的理论系统之中。由这个基础，我们可以看到，生产力与生产关系之间的矛盾，成为历史冲突的主要根源，成为社会发展的内在动力。也正是建立在这个基础之上，关于生产力生产关系、经济基础上层建筑、社会存在社会意识的历史唯物主义原理才得以形成并得到展开说明。

第二节　恩格斯论“思维与存在”

一、“思维和存在的关系问题”是“全部哲学，特别是近代哲学的重大的基本问题”

基于马克思的理论，恩格斯（1820－1895）对思维与存在的关系提出了自己的看法。1876 年，恩格斯在《反杜林论》一书中这样讲，“黑格尔是唯心主义者，就是说，在他看来，他头脑中的思想不是现实的事物和过程的或多或少抽象的反映，相反，在他看来，事物及其发展只是在世界出现以前已经在某个地方存在着的‘观念’的实现了的反映。这样，一切都被头足

① 马克思、恩格斯：《德意志意识形态》，《马克思恩格斯选集》第 1 卷，人民出版社 1995 年版，第 92～93 页。

倒置了，世界的现实联系完全被颠倒了。”[①] 针对着杜林的“世界模式论”，指出“原则只有符合自然和历史的情况下才是正确的”。他在这部著作中，恩格斯指出：“杜林先生的相反的观点是唯心主义的，这把事物完全头足倒置了，从思想中，从世界形成之前就永远的存在于某个地方的模式、方案或范畴中，来构造现实世界，这完全像一个叫作黑格尔的人的做法。”[②]

1886 年恩格斯发表《路德维希·费尔巴哈和德国古典哲学的终结》。恩格斯在其中评论青年黑格尔派时又指出：“唯物主义把自然界看作唯一现实的东西，而在黑格尔的体系中自然只是绝对观念的‘外化’，可以说是这个观念的下降；无论如何，思维及其思想产物即观念在这里是本原的，而自然界是派生的，只是由于观念的下降才存在。”[③] 基于哲学史的认识，恩格斯在《路德维希·费尔巴哈和德国古典哲学的终结》一书中指出：“全部哲学，特别是近代哲学的重大的基本问题，是思维和存在的关系问题。”[④] 恩格斯在此特别对“思维对存在、精神对自然界的关系问题，全部哲学的最高问题”[⑤] 从各方面展开了论述。

对于“存在”，恩格斯认为，“存在是所有这些事物的共同点”，他是这样论述的：“当我们说到存在，并且仅仅说到存在的时候，统一性只能在于：我们所说的一切对象是存在的、实

---

① 恩格斯：《反杜林论》，《马克思恩格斯选集》第 3 卷，人民出版社 1995 年版，第 363 页。

② 恩格斯：《反杜林论》，《马克思恩格斯选集》第 3 卷，人民出版社 1995 年版，第 374。

③ 恩格斯：《路德维希·费尔巴哈和德国古典哲学的终结》，《马克思恩格斯选集》第 4 卷，人民出版社 1995 年版，第 221～222 页。

④ 恩格斯：《路德维希·费尔巴哈和德国古典哲学的终结》，《马克思恩格斯选集》第 4 卷，人民出版社 1995 年版，第 223 页。

⑤ 恩格斯：《路德维希·费尔巴哈和德国古典哲学的终结》，《马克思恩格斯选集》第 4 卷，人民出版社 1995 年版，第 224 页。

有的。它们被综合在这种存在的统一性中，而不在任何别的统一性中；说它们都是存在的这个一般性论断，不仅不能赋予它们其他共同的或非共同的特性，而且暂时排除了对所有这些特性的考虑。因为只要我们离开存在是所有这些事物的共同点这一简单的基本事实，哪怕离开一毫米，这些事物的差别就开始出现在我们眼前。至于这些差别是否在于一些是白的，另一些是黑的，一些是有生命的，另一些是无生命的，一些是所谓此岸的，另一些是所谓彼岸的，那我们是不能根据把单纯的存在同样地加给一切事物这一点来作出判断的。”①

对于“思维”，恩格斯指出：“如果完全自然主义地把‘意识’、‘思维’当作某种现成的东西，当作一开始就和存在、自然界相对立的东西，那么意识和自然，思维和存在，思维规律和自然规律如此密切的相适合，就非常奇怪了。可是，如果进一步问：究竟什么是思维和意识，它们是从哪里来的，那么就会发现，它们都是人脑的产物，而人本身是自然界的产物，是在自己所处的环境中并且和这个环境以其发展起来的；不言而喻，归根到底也是自然界产物的人脑的产物，并不同自然界的其他关系相矛盾，而是相适应的。”②

恩格斯在《路德维希·费尔巴哈和德国古典哲学的终结》中为论证自己的观点，总结全部哲学史，强调思维和存在关系问题是全部哲学的基本问题。这是问题的第一方面，即思维和存在的何为本原的问题。恩格斯又写道：“思维和存在的关系问题还有另一个方面：我们关于我们周围世界的思想对这个世界

① 恩格斯：《反杜林论》，《马克思恩格斯选集》第 3 卷，人民出版社 1995 年版，第 383 页。

② 恩格斯：《反杜林论》，《马克思恩格斯全集》第 3 卷，人民出版社 1995 年版，第 375 页。

本身的关系到是怎样的？我们的思维能不能认识现实世界？我们能不能在我们关于现实世界的表象和概念中正确地反映现实？用哲学的语言来说，这个问题叫作思维和存在的同一性问题，绝大多数哲学家对这个问题都做了肯定的回答。”①

恩格斯举出黑格尔哲学，讲到，在黑格尔那里，对这个问题的肯定回答是不言而喻的，因为我们在现实世界中所认识的，正是这个世界的思想内容，也就是那种使世界成为绝对观念的逐步实现的东西，这个绝对观念是从来就存在的，是不依赖于世界并且先于世界而在某处存在的；但是思维能够认识那一开始就已经是思想内容的内容，这是十分明显的。同样明显的是，在这里，要证明的东西已经默默地包含在前提里面了。但是，这决不妨碍黑格尔从他的思维和存在的同一性的论证中作出进一步的结论：他的哲学因为对他的思维来说是正确的，所以也就是唯一正确的；而思维和存在的同一性要得到证实。

恩格斯又说，有些哲学家否认认识世界的可能性，或者至少是否认彻底认识世界的可能性。“在近代哲学家中，休谟和康德就属于这一类”。“对驳斥这一观点具有决定性的东西，凡是从唯心主义观点出发所能说的，黑格尔都已经说了；费尔巴哈所增加的唯物主义的东西，与其说是深刻的，不如说是机智的。对这些以及其他一切哲学上的怪论的最令人信服的驳斥是实践，即实践和工业。既然我们自己能够制造出某一自然过程，按照它的条件把它生产出来，并使它为我们的目的服务，从而证明我们对这一过程的理解是正确的，那么康德的不可捉摸的‘自在之物’就完结了。动植物体内所产生的化学物质，在有机化学开始把它们一一制造出来以前，一直是这种‘自在之物’；一

① 恩格斯：《路德维希·费尔巴哈和德国古典哲学的终结》，《马克思恩格斯选集》第4卷，第225页。

旦把它们制造出来，‘自在之物’就变成为我之物了，例如茜草的色素——茜素，我们已经不再从地里的茜草根中取得，而是用便宜得多、简单得多的方法从煤焦油里提炼出来了。哥白尼的太阳系学说有 300 年之久一直是一种假说，这个假说尽管有 99%、99.9%、99.99%的可靠性，但毕竟是一种假说；而当勒维烈从这个太阳系学说所提供的数据中，不仅推算出必定存在一个尚未知道的行星，而且还推算出这个行星在太空中的位置的时候，当后来加勒确实发现了这个行星的时候，哥白尼的学说就被证实了。”①

可见，恩格斯强调把实践引入“认识现实世界”的问题，他明确提出，对不可知论的“最令人信服的驳斥是实践，即实验和工业”②。因为，如果在实践中获得了预期的成果，就说明指导实践的认识是正确的，也就说明了客观事物是可以认识的，从而也就驳倒了不可知论。恩格斯强调：“在从笛卡儿到黑格尔和从霍布斯到费尔巴哈这一长时期内，推动哲学家前进的，决不像他们所想象的那样，只是纯粹思想的力量。恰恰相反，真正推动他们前进的，主要是自然科学和工业的强大而日益迅猛的进步。”③ 这就是说，推动哲学思想发展的真正的力量，在于人类的实践。

恩格斯在这一时期写的《自然辩证法》中，专门有《关于现实世界中数学的无限的原型》一节，这个材料的副标题就是“思维和存在的一致。——数学中的无限”。恩格斯明确指出：

① 恩格斯：《路德维希·费尔巴哈和德国古典哲学的终结》，《马克思恩格斯选集》第 4 卷，人民出版社 1995 年版，第 226 页。

② 恩格斯：《路德维希·费尔巴哈和德国古典哲学的终结》，《马克思恩格斯选集》第 4 卷，人民出版社 1995 年版，第 225 页。

③ 恩格斯：《路德维希·费尔巴哈和德国古典哲学的终结》，《马克思恩格斯选集》第 4 卷，人民出版社 1995 年版，第 226 页。

"我们的主观的思维和客观的世界服从于同样的规律，因而两者在自己的结果中不能相互矛盾，而必须彼此一致，这个事实绝对地统治着我们的整个理论思维。它是我们的理论思维的不自觉的和无条件的前提。"在指出18世纪唯物主义仅限于证明思维起源于感觉经验以后，恩格斯指出，在唯心主义同时是辩证的黑格尔哲学那里，才研究了理论思维的这个前提，"尽管这种哲学的结果——思维和存在的统一采取了唯心主义的头足倒置的形式，却不能否认：这个哲学在许多情况下和在极不同的领域中，证明了思维过程同自然过程和历史过程是类似的，反之亦然，而且同样的规律对所有这些过程都是适用的"。[①] 在这里，恩格斯既批判了黑格尔思维存在统一论的唯心主义的头足倒置的形式，又肯定了其中所包含的思维过程同自然过程和历史过程服从同样的规律的合理思想。

在论述思维和存在的关系问题时，恩格斯还进一步讲，思维和存在是有区别的，但他们没有孤立地讲思维与存在之间的"区别"，而是把二者既区别开来又联系起来加以说明，从而与唯物主义及二元论划清界限。他坚持了马克思所说的："思维和存在虽有区别，但同时彼此又处于统一中。"[②]

二、"世界的真正的统一性在于它的物质性"

恩格斯论证了"思维和存在的关系问题"，进一步论述说："世界的统一性并不在于它的存在，尽管世界的存在是它的统一性的前提，因为世界必须先存在，然后才能是统一的。在我们

① 恩格斯：《反杜林论》，《马克思恩格斯选集》第3卷，人民出版社1995年，第364页。

② 马克思：《1844年经济学哲学手稿》，《马克思恩格斯全集》第42卷，人民出版社1995年版，第123页。

的视野的范围之外，存在甚至完全是一个悬而未决的问题。世界的真正的统一性在于它的物质性，而这种物质性不是由魔术师的三两句话所证明的，而是由哲学和自然科学的长期的和持续的发展所证明的。”①

恩格斯阐明世界的统一性并不在于它的存在性而在于它的物质性，批评杜林世界模式论是从“存在的唯一性”推论出“世界的统一性”，用思维的统一性推出世界的统一性，从包罗万象的存在是唯一的推论出“世界统一于存在的结论”。恩格斯指出在这里杜林有两个错误：一是把存在的唯一性变成它的统一性；二是用世界统一的概念来说明现实世界的统一。恩格斯强调，事实则恰恰相反，不是思维的统一性决定存在的同一性，而是世界的统一性决定思维的统一性。恩格斯指认，杜林错误的根源，在于他不理解“存在”的科学含义及其和世界统一性的辩证关系。于是，恩格斯阐述了“存在”的基本内容，论述了物质存在与世界统一性的关系，强调世界的统一性并不在于它的存在，而在于它的物质性，这是由哲学和自然科学的长期的持续的发展所证明的。

恩格斯依据当时的自然科学认识，论述了自然界是一个无限发展过程。他认为，在自然界的辩证图景中，物质的任何有限的存在方式，都同样是暂时的，除了永恒运动着的物质及其运动规律外，再没有什么永恒的东西。太阳系、地球、生命和人类，都是在自然界发展一定阶段上产生的，也都要遭遇到死亡的命运。不过，这并不意味着宇宙最终将归于死寂。这里的关键在于，对“运动不灭原理”不仅要从量上更要从质上去把握，看到各种运动形式相互转化能力的无限性。其实，承认天

① 恩格斯：《反杜林论》，《马克思恩格斯选集》第3卷，人民出版社1995年版，第383页。

体在无限时间内的永恒重复的先后相继，不过是无数天体在无限空间内同时并存的逻辑补充。因此恩格斯说：“物质在其一切变化中仍永远是物质，它的任何一个属性任何时候都不会丧失，因此，物质虽然必将以铁的必然性在地球上再次毁灭物质的最高的精华——思维着的精神，但在另外的地方和另一个时候又一定会以同样的铁的必然性把它重新产生出来。”①

由此恩格斯对思维至上性与非至上性的问题进行了解析，提出思维至上性是在一系列非至上的思维着的人中实现的。他指出，杜林的永恒真理观是以肯定思维的至上性、贬抑思维的非至上性为前提的。在这里，思维的至上性，是指思维所具有的对整个世界的完全正确把握的性质。而思维的非至上性，是指思维所具有的对世界的相对的、有限的正确把握的性质；杜林认为，个人的思维都是至上的、无限的。恩格斯则批判认为，思维的至上性只有在人类的层面上才是可能的，而每个人的思维总是非至上的、有限的。然而，思维的至上性和非至上性之间存在着密切的关系，可以说，思维既有至上性，又有非至上性。人类思维的至上性是在一系列非至上的思维着的人们中实现的，只有通过人类生活的无限延续才能完全实现。而它的个别实现和每次的现实，又是非至上的。杜林就是没有看到这一点，从而陷入了非此即彼的片面思维中。

基于此，恩格斯阐述了关于真理的问题，指明真理和谬误的对立只是在非常有限的领域内才具有绝对的意义。恩格斯针对杜林认为真正的真理是不变的绝对主义观点，恩格斯分析了真理和谬误之间的关系，进一步说明认识的辩证性质。他认为，在特定条件下，在认识论中，真理和谬误的对立“只是在非常

① 恩格斯：《自然辩证法》，《马克思恩格斯选集》第4卷，人民出版社1995年版，第279页。

有限的领域内才具有绝对的意义”[①]。一方面，真理和谬误的对立是绝对的，二者界限不能混淆。另一方面，一旦超过这个一定的范围，真理和谬误的对立就是相对的了。恩格斯批评说，“只要杜林稍微知道一点”“辩证法的初步知识”，[②] 他就会知道“只要我们在上面指出的狭窄的领域之外应用真理和谬误的对立，这种对立就变成相对的……对立的两极都向自己的对立面转化，真理变成谬误，谬误变成真理”[③]。恩格斯结合人们认识成果的实际情况，具体说明了真理以及人们对它的把握总是不断发展的，因而每个历史条件下人们获得的真理在本质上总是相对的，而人们把握绝对真理正是通过人们把握相对真理的无限延续来实现的。

三、辩证法“实质上可归结为”“三个规律”，“客观辩证法”与“主观辩证法”

恩格斯在其著作中，特别进行了他认为是非常重要的工作，即“阐明辩证法这门同形而上学相对立的关于联系的科学的一般性质。”

恩格斯强调指出：“辩证法的规律是从自然界的历史和人类社会的历史中抽象出来的。辩证法的规律无非是历史发展的这两个方面和思维本身的最一般的规律。它们实质上可归结为下面三个规律：量转化为质和质转化为量的规律；对立的相互渗透的规律；否定的否定的规律。”

---

① 恩格斯：《自然辩证法》，《马克思恩格斯选集》第 3 卷，人民出版社 1995 年版，第 431 页。

② 恩格斯：《自然辩证法》，《马克思恩格斯选集》第 3 卷，人民出版社 1995 年版，第 431 页。

③ 恩格斯：《自然辩证法》，《马克思恩格斯选集》第 4 卷，人民出版社 1995 年版，第 431 页。

恩格斯阐述道："所有这三个规律都曾经被黑格尔按照其唯心主义的方式当作纯粹的思维规律而加以阐明：第一个规律是在他的《逻辑学》的第一部分即存在论中；第二个规律占据了他的《逻辑学》的整个第二部分，这也是全书的最重要的部分，即本质论；最后，第三个规律表现为构筑整个体系的基本规律。错误在于：这些规律是作为思维规律强加于自然界和历史的，而不是从它们中推导出来的。由此就产生了整个牵强的并且常常是令人震惊的结构：世界，不管它愿意与否，必须适应于某种思想体系，而这种思想体系本身又只是人类思维的某一特定发展阶段的产物。如果我们把事情顺过来，那么一切都会变得很简单，在唯心主义哲学中显得极端神秘的辩证法规律就会立即变得简单而朗若白昼了。"所以要"说明辩证法规律是自然界的实在的发展规律，因而对于理论自然研究也是有效的"。①

恩格斯将辩证法分为"客观辩证法"和"主观辩证法"。他说："所谓的客观辩证法是在整个自然界中起支配作用的，而所谓的主观辩证法，即辩证的思维，不过是在自然界中到处发生作用的、对立中的运动的反映，这些对立通过自身的不断的斗争和最终的互相转化或向更高形式的转化，来制约自然界的生活。"②

由"客观辩证法"、"主观辩证法"，恩格斯举出诸多自然现象、社会现象作为例证。他讲到"两极性"，如"磁"的两极性、"电荷"的"正和负"等，讲到生物的"遗传""适应"，讲到思维的"抽象与具体"、"分析"和"综合"以及"归纳"，讲到社会领域中的一系列矛盾等等；还讲到种种"非此即彼"和

① 恩格斯：《自然辩证法》，《马克思恩格斯选集》第4卷，人民出版社1995年版，第311页。

② 恩格斯：《自然辩证法》，《马克思恩格斯选集》第4卷，人民出版社1995年版，第317页。

"相互渗透"的情况；讲到偶然性和必然性、本质和现象、因果性等范畴。总之恩格斯例举了"物质运动的基本形式和各门科学的联系"及"辩证内容"的大量事实，以此来证明"自然"的、"社会"的、"思维"的、"认识"的，作为"客观的"和"主观的"。

恩格斯在讲到"物质"时写道："注意。物质本身是纯粹的思想创造物和纯粹的抽象。当我们把各种有形地存在着的事物概括在物质这一概念下的时候，我们是把它们的质的差异撇开了。因此，物质本身和各种特定的、实存的物质不同，它不是感性地存在着的东西。如果自然科学企图寻找统一的物质本身，企图把质的差异归结为同一的最小粒子的结合所造成的纯粹量的差异，那么这样做就等于不要看樱桃、梨、苹果，而要看水果本身，不要看猫、狗、羊等等，而要看哺乳动物本身，要看气体本身、金属本身、石头本身、化合物本身、运动本身。"①

第三节　列宁论"存在""物质定义"与"认识论"

一、关于"存在"与"实体"，"物质定义"

"存在"，在列宁（1870—1924）那里是其哲学著作中的一个基本范畴。从列宁对存在范畴的揭示和论述中，我们可以了解和把握他的辩证唯物论哲学的基本特征。

列宁紧紧抓住"存在"概念上的哲学路线对立，讲到，"对

① 恩格斯：《自然辩证法》，《马克思恩格斯全集》第 20 卷，人民出版社 1971 年版，第 598 页。

于唯物主义者来说，'事实上存在的'是外部世界，而我们的感觉是外部世界的映像。对于唯心主义者来说，'事实上存在的'是感觉，而外部世界被宣称为'感觉的复合'"。列宁为了避免同唯心主义的"存在"概念混淆，往往用"客观真实的存在"即"客观实在"来说明或者代替"存在"。列宁认为施维格勒在《哲学史》中提到的"除了物质的存在，没有别的存在"的命题，是"起码的真理"。①

列宁从黑格尔的《逻辑学》《存在论》中抽出其关于存在自身演化的公式，即："存在（抽象）——定在（具体）——自为存在"②。他在加以澄清中阐释了这样的思想：存在既是对事物特性的一个高度抽象，在认识论中，相当于呈现在人们面前的事物。人们只知其存在，而不知其存在的特性和实质。而"定在"即规定的存在和"自为存在"则相当于人经过抽象思维，认识事物多方面的属性，揭示事物的本质。这个过程是从感性具体出发，经过抽象思维，才能达到对事物本质的抽象。这是人的主观认识对客观事物本质的揭示，是由主体到客体"反映"客观存在的过程。列宁写到："概念（认识）在存在中（在直接的现象中）揭露本质（因果、同一、差别等等规律）——整个人类认识（全部科学）的真正的一般进程确是如此。自然科学和政治经济学［以及历史］的进程也是如此。"③列宁就黑格尔《逻辑学》关于"方法是仅仅和自身相关的纯概念，因此，它是对自身的简单关系，这个关系就是存在。但是现在这也是充实

① 列宁：《唯物主义和经验批判主义》，《列宁选集》第2卷，人民出版社1972年版，第130页。

② 列宁：《哲学笔记》，《列宁全集》第55卷，人民出版社1990年版，第289～290页。

③ 列宁：《哲学笔记》，《列宁全集》第55卷，人民出版社1990年版，第289页。

的存在，是把握自身的概念，是作为具体的并且全然集约的总体的存在”，特别写道：“注意：辩证方法和‘充实的存在’，即充满内容的和具体的存在的联系”。①

列宁认真研读过黑格尔的《逻辑学》。列宁在其《哲学笔记》中，对黑格尔以“存在”范畴作为自己体系的起点做出过评价。列宁在发挥他关于“思维按其必然性的‘发展’”这一观点时指出：“必须从最简单的基本的东西出发（存在、无、变易[das werden]）（不要其他东西），引申出范畴……——在这里，在这些基本东西里，‘全部发展就在这个萌芽中’”。② 列宁在谈到马克思的政治经济学方法论时指出：“开始是最简单的、最普通的、最常见的、最直接的‘存在’：个别商品（政治经济学中的存在）。”③

同时列宁在其著作中也讲到“实体”这一概念。例如，他曾说：“一方面，应该从对物质的认识深入到对实体的认识（概念），以便探求现象的原因。另一方面，真正的认识原因，就是使认识从现象的外在性深入到实体。应该用两类例子来说明这一点：（1）自然科学史中的例子，（2）哲学史中的例子。更确切些说：这里应该谈的不是‘例子’——比较并不就是论证，——而是自然科学史和哲学史＋技术史的精华。”④

列宁在其著作《唯物主义和经验批判主义》中，提出了他

① 列宁：《哲学笔记》，《列宁全集》第 55 卷，人民出版社 1990 年版，第 201 页。

② 列宁：《哲学笔记》，《列宁全集》第 55 卷，人民出版社 1990 年版，第 79 页。

③ 列宁：《哲学笔记》，《列宁全集》第 55 卷，人民出版社 1990 年版，第 291 页。

④ 列宁：《哲学笔记》，《列宁全集》第 55 卷，人民出版社 1990 年版，第 133～134 页。

关于物质定义的看法。在这部著作的第三章标题为“什么是物质？什么是经验?”的第一节中，列宁专门写道：此“是以如下的定义表达的：物质是作用于我们的感官而引起感觉的东西；物质是我们通过感觉感知的客观实在，等等。”“对哲学上的一个派别说来，物质是第一性的，精神是第二性的；对另一个派别说来，则恰恰相反。”“下‘定义’是什么意思呢？这首先就是把某一个概念放在另一个更广泛的概念里。”“现在试问：在认识论所能使用的概念中，有没有比存在和思维、物质和感觉、物理的和心理的这些概念更广泛的概念呢？没有。这是些广泛已极的概念，其实（如果撇开术语上经常可能发生的变化）认识论直到现在还没有超出它们。只有欺诈或极端愚蠢才会要求给这两个广泛已极的概念‘系列’下这样一个‘定义’，这个定义不是‘简单地重复’二者之中哪一个是第一性的。”“是不是能下别的定义，能下什么更特别的定义呢？只要清楚地提出问题就可以了解，当马赫主义者要求唯物主义者给物质下的定义不再重复物质、自然界、存在、物理的东西是第一性的，而精神、意识、感觉、心理的东西是第二性的时候，他们是在说些什么样荒唐绝顶的话。”①

在《唯物主义和经验批判主义》中，列宁基于对“物质”概念的阐述，围绕当时自然科学的发展体现着“日益发展的人类科学在认识自然界上的这一切里程碑都具有暂时的、相对的、近似的性质”，还强调说，“空洞的教授哲学所描述的任何其他的‘不变性’、任何其他的‘实质’、任何‘绝对的实体’，在马克思、恩格斯看来，都是不存在的。物的‘实质’或‘实体’

① 列宁：《唯物主义和经验批判主义》，《列宁选集》第2卷，人民出版社1972年版，第145～147页。

也是相对的；它们只是表现人对客体的认识的深化”。[①] 针对阿芬那留斯所讲的，“我们承认：存在着的东西（das Seiende）就是赋有感觉的实体；实体消失了……而感觉依然存在。因此我们应当把存在着东西设想为感觉，在它的基础中没有感觉以外的任何东西（nichts Empfindungsloses）”；列宁归结指责说，“于是，感觉可以不要‘实体’而存在，也就是说，思想可以不要头脑而存在！”他还写道：“你们看，设想‘实体’不存在，设想什么外部世界都不存在，是‘更经济些’，‘更省力些’！”[②]

二、关于“唯物主义的逻辑、辩证法和认识论”是同一个东西

列宁在《哲学笔记》里的《黑格尔（逻辑学）的纲要》之中写道：“虽说马克思没有遗留下‘逻辑’（大写字母的），但他遗留下《资本论》的逻辑，应当充分地利用这种逻辑来解决这一问题。在《资本论》中，唯物主义的逻辑、辩证法和认识论（不必要三个词：它们是同一个东西）都应用于一门科学，这种唯物主义从黑格尔那里吸取了全部有价值的东西并发展了这些有价值的东西。”[③] “辩证法也就是（黑格尔和）马克思主义的认识论”。[④]

在列宁看来，西方实证主义哲学家抛弃了黑格尔的辩证法思想，以波格丹诺夫为代表的俄国马赫主义者则混淆黑格尔与

① 列宁：《唯物主义和经验批判主义》，《列宁选集》第 2 卷，人民出版社 1972 年版，第 268 页。

② 列宁：《唯物主义和经验批判主义》，《列宁选集》第 2 卷，人民出版社 1972 年版，第 43 页。

③ 列宁：《哲学笔记》，《列宁全集》第 55 卷，人民出版社 1990 年版，第 290 页。

④ 列宁：《哲学笔记》，《列宁全集》第 55 卷，人民出版社 1990 年版，第 308 页。

马克思的辩证法。针对这种情况，列宁认为既要拯救黑格尔辩证法思想，又必须唯物主义地看待辩证法。他强调，辩证法来自客观事物本事，而思想、逻辑中的辩证法只是事物本身辩证法的反映和升华。列宁认为，从事物本身出发，发现事物内在的矛盾，确立辩证法的原理与法则，是唯物主义的基本要求。他指出："逻辑和认识论应当从'全部自然生活和精神生活的发展'中引申出来"①；"逻辑不是关于思维的外在形式的学说，而是关于'一切物质的、自然的和精神的事物'的发展规律的学说，即关于世界的全部具体内容的以及对它的认识的发展规律的学说，即对世界的认识的历史的总计、总和、结论。"② 因此，以逻辑、思想、认识形式表现出来的辩证法，其根基也只能是自然和社会生活。把唯物主义作为辩证法的本体论根基，是列宁继承和改造黑格尔辩证法的首要前提。

列宁还提出了关于唯物辩证法体系的设想。在阐述辩证法的要素时，列宁首先概要地列举了三条基本原则："（1）来自概念自身的概念的规定（应当从事物的关系和事物的发展去考察事物本身）；（2）事物本身中的矛盾性（自己的他物），一切现象中的矛盾的力量和倾向；（3）分析和综合的结合。"③ 然后他又在此基础上对辩证法要素扩展为七条，最后细分为十六条。

列宁先强调"考察的客观性（不是实例，不是枝节之论，而是自在之物本身）"，后指出普遍联系原则和发展原则是唯物辩证法的总特征。在《辩证法的要素》中，第 2 条和第 8 条都

① 列宁：《哲学笔记》，《列宁全集》第 55 卷，人民出版社 1990 年版，第 73 页。

② 《列宁专题文集 论辩证唯物主义和历史唯物主义》，人民出版社 2009 年版，第 131 页。

③ 列宁：《哲学笔记》，《列宁全集》第 55 卷，人民出版社 1990 年版，第 190 页。

是关于普遍联系的思想。第 2 条“这个事物对其他事物的多种多样的关系的全部总和”[①]，说明一切事物与其他事物直接的、间接的联系，强调辩证法是从整体关联的角度看待事物，真理就是由现象、真实的一切方面的总和以及它们的（相互）关系构成的。第 8 条在分析多种多样的联系时，特别强调“一般的、普遍的”联系，在列宁看来，这是本质性的、规律性的联系的重要性。指出“每个事物（现象、过程等等）是和其他的每个事物联系着的。”[②] 关于辩证法的发展原则，则展现为第 3 条的论述，强调运动和发展是事物自身固有的，是“它自己的生命”。

在强调普遍联系和发展原则的基础上，列宁对唯物辩证法的三大规律进行了阐述。列宁认为，对立统一规律是唯物辩证法的实质和核心。列宁曾写到：“可以把辩证法简要地规定为关于对立面的统一的学说。这样就会抓住辩证法的核心，可是这需要说明和发挥。”[③] 关于对立统一规律的阐述，在“辩证法十六要素”中占了四条（第 4、5、6、9 条）。主要思想是：一切事物中都存在着矛盾；矛盾双方在一定条件下相互依存于一个统一体中；矛盾双方的斗争引起矛盾的展开或发展；这种发展最终必然会造成矛盾双方的互相转化，即“每个规定、质、特征、方面、特性向每个他者（向自己的对立面?）的过渡。”[④] 第

① 列宁：《哲学笔记》，《列宁全集》第 55 卷，人民出版社 1990 年版，第 190 页。

② 列宁：《哲学笔记》，《列宁全集》第 55 卷，人民出版社 1990 年版，第 191 页。

③ 列宁：《哲学笔记》，《列宁全集》第 55 卷，人民出版社 1990 年版，第 192 页。

④ 列宁：《哲学笔记》，《列宁全集》第 55 卷，人民出版社 1990 年版，第 191 页。

16 条是讲质量互变规律。列宁尤其重视量与质的相互转变，即旧质的消灭与新质的产生过程，他把事物的量变称为“渐进性”、“进化”，而把质变称为“飞跃”、“渐进过程的中断”、“革命”等。他强调：“辩证的过渡和非辩证的过渡的区别何在？在于飞跃。在于矛盾性。在于渐进过程的中断。在于存在和非存在的统一（同一）。”① 否定之否定规律是在第 13、14 条论述的。在列宁看来，辩证的否定不是单纯的、任意的否定，而是“作为联系环节、作为发展环节的否定，它保持着肯定的东西，即没有任何动摇，没有任何折中”。② 列宁强调，否定之否定是由内在矛盾推动的，要是由对立面的统一与斗争推动的，对立面的统一与斗争推动了事物从肯定发展到否定又从否定发展到否定之否定，这就表现为事物的某些特征与现象在高级阶段的重新出现，仿佛是向旧东西的回复。所以列宁在写完辩证法的十六条要素之后紧接着加方框着重强调：“可以把辩证法简要地规定为关于对立面的统一的学说。这样就会抓住辩证法的核心，可是这需要说明和发挥。”③

此外，列宁对辩证法的范畴进行了论述，第 7 条说明分析与综合的关系；第 11 条分析了现象与本质的关系。第 12 条分析了原因与结果的关系；第 15 条分析了内容与形式的关系等。列宁对他讲的“辩证法范畴”的论述，基本上围绕人对事物认识的无限深化过程展开，体现了他关于由客观辩证法向主观辩证法上升过程的见解。

① 列宁：《哲学笔记》，《列宁全集》第 55 卷，人民出版社 1990 年版，第 244 页。

② 列宁：《哲学笔记》，《列宁全集》第 55 卷，人民出版社 1990 年版，第 195 页。

③ 列宁：《哲学笔记》，《列宁全集》第 55 卷，人民出版社 1990 年版，第 192 页。

列宁强调，辩证法是认识史的精华。列宁在广泛阅读哲学和哲学史著作时，非常赞赏黑格尔把哲学史比作“圆圈”的思想，列宁写道：这是“一个非常深刻而确切的比喻！！每一种思想＝整个人类思想发展的大圆圈（螺旋）上的一个圆圈”。① 在《谈谈辩证法问题》中，列宁谈到了哲学上的一些主要“圆圈”：古代是“从德谟克利特到柏拉图以及赫拉克利特的辩证法”；文艺复兴时代是“笛卡尔到伽桑狄（斯宾诺莎？）”；近代是从霍尔巴赫经贝克莱、休谟、康德到黑格尔；从黑格尔经费尔巴哈到马克思。他认为，在考察哲学上的“圆圈”时，不一定要以人物的年代先后为顺序，而要从思想发展的逻辑出发。强调这些“圆圈”中“包含着无数的各式各样观察现实、接近现实的成分”，② 值得加以吸取。在列宁看来，辩证法体现于人类整个认识的历史之中，辩证法就是从这些领域中概括提炼出来的精华。

列宁极其重视划清辩证唯物主义认识论与非马克思主义认识论的界限。这充分体现于认识论作为其的《唯物主义与经验批判主义》之中。列宁在其中提出了他关于认识论的三点结论：一是“物是不依赖于我们的意识、我们的感觉而在我们之外存在着的”。二是“在现象和自在之物之间决没有而且也不可能有任何原则的差别。差别仅仅存在于已经认识的东西和尚未认识的东西之间”。三是在认识论上“应该辩证地思考”，“不要以为我们的认识是一成不变的，而要去分析怎样从不知到知，怎样从不完全的不确切的知识到比较完全比较确切的知识”。③ 列宁

① 列宁：《哲学笔记》，《列宁全集》第 55 卷，人民出版社 1990 年版，第 207 页。

② 列宁：《哲学笔记》，《列宁全集》第 55 卷，人民出版社 1990 年版，第 308 页。

③ 列宁：《唯物主义和经验批判主义》，《列宁选集》第 2 卷，人民出版社 1972 年版，第 100 页。

论述了唯物主义认识论与唯心主义认识论的对立；论述了可知论与不可知论的区别；论述了辩证唯物主义的能动的革命的反映论与机械唯物主义形而上学反映论的区别；强调“把实践标准作为唯物主义认识论的基础”,[①] 从而将关于“反映”的观点与关于“实践”的观点内在地统一起来。

三、关于“实践高于（理论的）认识”

列宁论述说：“生活、实践的观点，应该是认识论的首要的和基本的观点。这种观点必然会导致唯物主义，而把教授的经院哲学的无数臆说一脚踢开。当然，在这里不要忘记：实践标准实质上决不能完全地证实或驳倒人类的任何表象。这个标准也是这样的‘不确定’，以便不让人的知识变成‘绝对’，同时它又是这样的确定，以便同唯心主义和不可知论的一切变种进行无情的斗争。如果我们的实践所证实的是唯一的、最终的、客观的真理，那么，因此就得承认：坚持唯物主义观点的科学的道路是走向这种真理的唯一的道路。”[②] 这样，列宁指出，“认识向客体的运动从来只能辩证地进行：为了更准确地前进而后退——为了更好地跃进（认识?）而后退。相合线和相离线：彼此相交的圆圈。交错点＝人的和人类历史的实践。”在此处列宁紧接着写到：“实践＝同实在事物的无限多的方面中的一个方面相符合的标准。”[③] 列宁强调，“实践高于（理论的）认识，因为

---

① 列宁：《唯物主义和经验批判主义》，《列宁选集》第2卷，人民出版社1972年版，第139页。

② 列宁：《唯物主义和经验批判主义》，《列宁选集》第2卷，人民出版社1972年版，第142～143页。

③ 列宁：《哲学笔记》，《列宁全集》第55卷，人民出版社1990年版，第239页。

它不仅是具有普遍性的品格，而且还具有直接现实性的品格。”①

列宁特别探讨了思维范畴的实践起源。列宁非常重视黑格尔关于实践的思想。他认为，按照黑格尔的观点，认识过程要克服主观的和客观的片面性，需要经过两个环节：一是理论的观念，二是实践的观念。当逻辑的概念还处在抽象的阶段时，现实世界相应地表现为观念的异在，即同样抽象的“自在之物”，因而这时观念仍然是主观的。只有克服了这种主观的片面性，上升到“理论的观念”，才能达到普遍性。但是，这种普遍性的“理论的观念”仍然不具有现实性，需要上升到“实践的观念”才进一步克服了“理论的观念”的客观片面性，才能真正使概念成为自在自为的。列宁认为黑格尔把实践作为认识过程中达到主客观统一的真理性认识的环节，是非常有意义的。但他所说的“实践”仍然是停留在“观念”层面上，没有真正上升到“人的现实活动”的层面。列宁指出：“黑格尔力求——有时甚至极力和竭尽全力——把人的有目的的活动纳入逻辑的范畴，说这种活动是推理（Schluβ），说主体（人）在‘推理’的逻辑的‘式’中起着某一‘项’的作用等等，——这不只是牵强附会，不只是游戏。这里有非常深刻的、纯粹唯物主义的内容。要倒过来说：人的实践活动必须亿万次地使人的意识去重复不同的逻辑的式，以便这些式能够获得公理的意义。这点应注意。”②

① 列宁：《哲学笔记》，《列宁全集》第55卷，人民出版社1990年版，第188页。

② 列宁：《哲学笔记》，《列宁全集》第55卷，人民出版社1990年版，第160页。

第九章　西方马克思主义

第一节　西方马克思主义的早期代表

“西方马克思主义”（Western Marxism）这个概念，往往被认为是指现代西方国家中的一些理论家在反对第二国际和共产国际理论思潮中，所提出的一种马克思主义观；大部分学者认为，其中主要是反对列宁主义而又自称是马克思主义的思潮。向前追溯，最初其作为共产国际内部的一股相异思潮出现，在受到共产国际的批判后，于共产国际之外发展起来。较早时期，卢卡奇、柯尔施、葛兰西是重要代表。他们的著作涉及到马克思主义哲学中的本体论问题。

一、卢卡奇的“社会存在本体论”

乔治·卢卡奇（George Lukace，1885—1971）1885 年 4 月 13 日出生在布达佩斯一个犹太银行家的家庭，1906 年毕业于布达佩斯大学，并获得哲学博士学位。此后他三次赴德国学习，受德国生命哲学家齐美尔、社会学家韦伯以及新康德主义哲学家李凯尔特、文德尔班的影响。第一次世界大战期间他又受过无政府工团主义的影响，直到后来才接近马克思主义，并于 1918 年 12 月加入匈牙利共产党。卢卡奇在匈牙利共和国时期，担任过教育和文化事务方面的人民委员、前线第五师团的政治委员，后流亡德、奥等国。1920年至1921年他曾主办第三国际内极左派的宗派集团刊物《共产主义》，写过《论议会制问题》的文章，反对参加资产阶级议会。他曾受到过列宁的批评。1928年卢卡奇一度担任党的总书记。希特勒上台后，他侨居苏联，任苏联科学院哲学研究所研究员。1945年匈牙利解放后回国，当选为国会议员、科学院院士，并担任过大学的哲学和美学教授。1956年他参与"裴多菲俱乐部"活动。1971年6月5日在布达佩斯逝世。

卢卡奇一生著述，主要有：《历史与阶级意识》《理性的毁灭》《存在主义还是马克思主义》《关于社会存在的本体论》等。卢卡奇通常被认为是西方马克思主义的创始人。卢卡奇1923年发表的《历史与阶级意识》是其早期思想的代表作；晚期思想主要体现于其长篇著作《关于社会存在的本体论》（Ontologie des Gesellschaftlicen Seins）。由前期著作到后期著作表现出他的思想变化。

卢卡奇的学术特点是提出并阐发了"社会存在本体论"。他认为，要"用整体在本体论上的存在优先性去取代'物性的'存在观"。[①] 他说要"复活马克思主义本体论"。[②] 他要"写出马克思主义本体论的原则"。[③] 他讲，"社会存在本体论以一般本体论为前提"。[④] 他认为，"本体论是马克思主义的真正哲学基础"。

---

① 卢卡奇：《关于社会存在的本体论》上卷，白锡堃等译，重庆出版社1993年版，第134页。

② 卢卡奇：《关于社会存在的本体论》上卷，白锡堃等译，重庆出版社1993年版，第34页。

③ 卢卡奇：《卢卡奇自传》，杜章智等译，科学文献出版社1986年版，第48页。

④ 卢卡奇：《关于社会存在的本体论》上卷，白锡堃等译，重庆出版社1993年版，第327页。

对于卢卡奇的这方面的见解，吸取卢卡奇著作的译者及其他研究者的论述可概括以下几点：

（一）关于“存在”、“本体”、“社会存在的本体论”。

卢卡奇认为，虽然在马克思那里找不到刻意对“本体论”所进行的专门论述，但实际上，马克思的论述“在最终的意义上都是直接关于存在的论述，即它们都纯粹是本体论的”。①

卢卡奇在《历史与阶级意识》中曾着重阐明他所理解的“历史”和“阶级”概念。为基于历史而重建马克思主义哲学，卢卡奇重视围绕“历史的性质”展开他的论述，同时也对“自然的属性”作出规定：当他把自然视为一个社会范畴时，也就强调马克思主义辩证法的本质是一种历史辩证法。他认为，一旦辩证法被置于历史领域中，其内容只能是历史的“主体—客体”间的相互作用。而作为历史的主客体同一的无产阶级，就代表了历史的方向。无产阶级的阶级意识成为历史过程的真理。在卢卡奇基于“历史”来论述马克思的“本体论”时，自然辩证法是被排除于马克思的理论学说之外的。

卢卡奇在其《历史和阶级意识》一书中，批评恩格斯的自然辩证法理论。他认为，辩证法是产生于主体和客体的相互作用，是围绕着对历史的总体的认识而旋转，在客观自然界不存在这种相互作用，因而也谈不上辩证法的存在。他批评恩格斯抛弃了辩证法的实质，“即在历史过程中主体和客体的辩证关系”。“没有这个因素，辩证法就不再是革命的”。在卢卡奇看来，“最重要的是要意识到，这种方法在这里只限于历史和社会领域。来自恩格斯的关于辩证法定义的误解主要的是基于这样的事实，即恩格斯仿效黑格尔的错误引导，把这种方法也扩展

① 卢卡奇：《关于社会存在的本体论》上卷，白锡堃等译，重庆出版社 1993 年版，第 559 页。

到自然界。但是，辩证法的决定性的因素：主体和客体之间的相互作用……历史变化……等等，并不是来自我们关于自然界的知识”。[①] 卢卡奇对恩格斯的自然辩证法理论和方法的责难，在西方特别在西方马克思主义中间，引起广泛影响。

法国新托马斯主义者马里旦曾说过，马克思主义把辩证法放在物质里，就是回到老黑格尔泛神论那里去了。存在主义者萨特对自然辩证法的纯客观实在性也持否定态度。他说，自然辩证法也许存在，不过必须承认我们还没有最微小的初步证据。科拉科夫斯基则指出：“从恩格斯对方法和内容的统一的研究中，从他在达尔文的模式中把人类历史同自然历史联系起来的概念中，可以断定恩格斯是接近于那个时代的实证主义者。”[②] 莱文也说，“实际上，恩格斯赶走了哲学，他用实证科学代替了哲学。”[③] 马克思强调实践概念，是一个人类中心论者，这和恩格斯的宇宙中心论相去甚远。

卢卡奇强调，马克思的辩证法只能是一种历史辩证法，这里只分析批判当下的社会生活。在后来的著作中，卢卡奇区分了三类存在：即无机自然、有机自然和社会。他强调：社会存在不是独立于无机自然、有机自然之外的存在，它以前两者为基础，这两者既是人类存在的前提，也是人展开对世界认识的基础，否则人类就不可能认识自我。卢卡奇指出，社会存在本体论首先需要分析这三者之间的区别与联系，“根本的问题乃是在于，要把三大存在类型的归根到底的统一、它们在这种统一

① 卢卡奇：《历史和阶级意识》，中文译本，商务印书馆1972年版，第3页、第24页。

② 科拉科夫斯基：《马克思主义的主要流派》，第1卷，牛津1981年版，第377页。

③ 莱文：《一个可悲的骗局：马克思反对恩格斯》，第153页。

之中的结构差别以及它们在伟大的不可逆转的世界存在过程中的先后顺序当作从本体论上进行自我思考的核心来加以理解”。[①] 他强调，“社会存在本体论应以一般本体论为前提”，根本原因在于，“作为任何一种存在物的基础，一般本体论或更具体地说是无机自然本体论之所以是一般的，乃是因为没有哪一种存在物不是以无机界为其存在基础的。”[②]

卢卡奇的《关于社会存在的本体论》与其《历史与阶级意识》相比较，就其坚持马克思主义哲学首先是本体论，就其认为马克思主义的本体论必须是一种历史本体论来说，两部著作之间有着一种内在思路上的联系。但卢卡奇写《关于社会存在的本体论》时，面对半个多世纪的理论风云，他更加清理了自己的思想，从而对《历史与阶级意识》中的有关看法进行了修正和提升。

卢卡奇把他的著作定名为《关于社会存在的本体论》，这显示出特定的含义。美国学者帕金森说，他用“社会存在”这个概念表示“社会存在和自然存在一样，是一种客观存在，而不是一种精神结构的存在”。[③] 卢卡奇基于他的见解，分析了一系列哲学思潮。

一是实证主义思潮。卢卡奇认为，实证主义特别是新实证主义主张排斥“本体论的问题”，“使自己的哲学成为一种把自在存在的全部问题作为原则上不可回答的存在问题从它们的领域中清除出去”。“把一切世界图景，一切本体论都逐出认识领

① 卢卡奇：《关于社会存在的本体论》上卷，白锡堃等译，重庆出版社 1993 年版，第 25～26 页。

② 卢卡奇：《关于社会存在的本体论》上卷，白锡堃等译，重庆出版社 1993 年版，第 372 页。

③ 帕金森：《卢卡奇》，翁少军译，上海人民出版社 1999 年版，第 145 页。

域，同时创造了——所谓的——认识论领域”。[①]“实证主义和新实证主义在这方面继承了主观唯心主义的遗产”。[②]

再就是存在主义思潮。卢卡奇对于海德格尔的存在主义哲学，认为“他的本体论只是考虑人与人的社会关系。这样他设计了一种社会存在本体论，在这种本体论中自然的所有独立的本体论问题都作为不相干的问题消失了”。[③]

卢卡奇重视了实证主义与存在主义在本体论上的相通性，说他们的“矛盾只是一种表面的矛盾，相反他们所讨论的是一种相互补充”。因为新实证主义对实际生活的问题保持沉默时，海德格尔则以人的本体论来补充。卢卡奇认为海德格尔讲的不是“一种真实的、广泛的、普通的社会存在本体论。而只是高度发达的资本主义时代普遍被操作的社会状况进入本体论问题的升华”[④]。这样，卢卡奇强调：“海德格尔在本体论上所设置的认识目的是与卡尔纳普追求的吧社会秩序置于一种统一的新实证主义科学的思想是完全一致的。”[⑤]

卢卡奇的《关于社会存在的本体论》努力从历史和理论两个方面展开他的哲学构思和庞大体系。卢卡奇对马克思的哲学进行本体论的解释与说明，这构成了这部著作的主导内容。卢卡奇认为，马克思的《1844 年经济学哲学手稿》使他的社会存

① 卢卡奇：《关于社会存在的本体论》上卷，白锡堃等译，重庆出版社 1993 年版，第 352 页。

② 卢卡奇：《关于社会存在的本体论》上卷，白锡堃等译，重庆出版社 1993 年版，第 351 页。

③ 卢卡奇：《关于社会存在的本体论》上卷，白锡堃等译，重庆出版社 1993 年版，第 374 页。

④ 卢卡奇：《关于社会存在的本体论》上卷，白锡堃等译，重庆出版社 1993 年版，第 375 页。

⑤ 卢卡奇：《关于社会存在的本体论》上卷，白锡堃等译，重庆出版社 1993 年版，第 375 页。

在在本体论上得到了一种适当的表达。卢卡奇讲到，传统的哲学基本上是从两条线索来理解存在问题的：一种是经验主义的素朴本体论。这种本体论虽然意识到无机自然是人类社会的先在条件，但它以理解自然存在的方式来理解社会存在。一种是唯心主义的本体论。这种思想将社会存在看作是人类精神活动的现象。这两种本体论都忽视了社会存在本身。所以，要理解马克思关于社会存在的本体论，首先要理解马克思对传统哲学观念的扬弃。青年马克思思想发展过程中最重要的成就在于：将社会现实作为最终的标准。经过经济学的研究，马克思关于社会存在的论述达到了一个新的高度，社会存在的内容越来越具体化，社会存在诸形式和诸关系也越来越得到历史与现实的描述，这在《1844 年经济学哲学手稿》中已经初步得到了展现。卢卡奇写道：“手稿的这种开拓性的创见特别在于，这里在哲学史上第一次使经济范畴表现为人类生活的生产与再生产的范畴，从而使在唯物主义的基础上对社会存在进行本体论的阐述成为可能。”①

卢卡奇认为，马克思对社会存在本体论的最系统表述，体现在他的《政治经济学批判》一书中。在卢卡奇看来，马克思的“这个大纲总结了社会存在的本体论的最本质问题和由此产生的经济学认识——作为物质的这种存在水平的中心领域——的方法”。② 卢卡奇认为，马克思在《资本论》中把价值范畴置于中心地位，这就指示了“一个本体论的事实，而并不仅仅是某种作为纯粹理论的甚至逻辑的演绎的出发点的”“公理”。

① 卢卡奇：《关于社会存在的本体论》上卷，白锡堃等译，重庆出版社 1993 年版，第 641 页。

② 卢卡奇：《关于社会存在的本体论》上卷，白锡堃等译，重庆出版社 1993 年版，第 587 页。

（二）关于“社会存在的本体论”的基本范畴和理论体系。

卢卡奇认为，“要从本体论上阐明社会存在的诸多特殊范畴，阐明它们是如何从早先的存在形式中产生的，阐明它们是如何与这些形式相联系并以这些形式为基础的，阐明它们与这些存在形式的区别，那就非得从分析劳动开始不可。”[①]

卢卡奇论述道，“在作为社会的价值的范畴中立刻展示出社会存在的根本基础，即劳动。”[②] 卢卡奇讲，“在马克思那里，劳动到处都处于中心范畴，在劳动中所有其他规定都已经概括地表现出来”[③]；“正是，作为矛盾性表现出来的使用价值和交换价值的不可分离性通过它的似乎对立的但又不可分割的联系表明了这种社会存在的本体论性质”[④]。卢卡奇还说：“马克思确认，历史性是一切社会存在的根本范畴，而一切社会存在都是最重要部分。”对劳动的分析中，卢卡奇一方面揭示了自然与历史的关系，另一方面又说明了社会存在的特殊性——目的论设定。卢卡奇强调，《资本论》正是从劳动入手，通过对使用价值和交换价值的深入的分析，揭示了劳动的本体论意义。

卢卡奇认为，“劳动过程就是发现和实现新内容、新需要以及满足新需求的新途径而不断向前发展的。因此，它在社会上不仅越来越得到扩展和完善，而且同时还实现着一种不仅是技

① 卢卡奇：《关于社会存在的本体论》上卷，白锡堃等译，重庆出版社1993年版，第7页。

② 卢卡奇：《关于社会存在的本体论》上卷，白锡堃等译，重庆出版社1993年版，第587页。

③ 卢卡奇：《关于社会存在的本体论》上卷，白锡堃等译，重庆出版社1993年版，第563页。

④ 卢卡奇：《关于社会存在的本体论》上卷，白锡堃等译，重庆出版社1993年版，第587页。

术性的，而且也是社会性的分工。”① 再生产的首要特征就是分工，只要通过这些环节，“这个劳动再生产过程以及由劳动中产生的分工，在本体论上重新塑造着社会存在的结构。”②

卢卡奇指出，随着再生产中分工的出现，又产生了新的因素，城乡分工、脑体分工的出现进一步加速了这一过程。而所有这些社会分工发展交织在一起，形成了分工的最重要的形式，即阶级分化的形式，再生产不仅造成了社会的分工和分化，个体生命的再生产也有着重要意义。这种个体生命的再生产对于人的任何一种活动、任何一种实践来说都具有一种本体论的优先地位。再生产的重要意义就在于“社会存在只是在它的不断的再生产中才是存在着的；究其本质而言，它作为存在的客体乃是一个不断变化的客体；这个客体恰恰在于，在生产中永不停息的变迁，总是在以量和质的方面都不断提高的方式重新创造出社会存在的特定的本体特征。”③ 这样，再生产不仅是社会存在的不可缺少的前提，而且是再生产过程自身的一个推动者。卢卡奇认为“个人”和“社会自身”是社会存在充满活力并不断更新的再生产过程中自我设定和自我扬弃的两极。正是通过再生产，社会才能成为一个整体。劳动的目的设定在再生产过程中必然引起新的目的设定，直到形成综合性的整体。而劳动、分工等等持续不断的再生产，使这些关系媒介变得越来越错综复杂，越来越密集，越来越包含了的人的全部存在。卢卡奇认为“再生产的这种性质特别说明社会存在的特点，因为仅是这

① 卢卡奇：《关于社会存在的本体论》下卷，白锡堃等译，重庆出版社 1993 年版，第 16 页。

② 卢卡奇：《关于社会存在的本体论》下卷，白锡堃等译，重庆出版社 1993 年版，第 25 页。

③ 卢卡奇：《关于社会存在的本体论》下卷，白锡堃等译，重庆出版社 1993 年版，第 154 页。

种性质就表现出了社会存在的特殊连续性。”①

在卢卡奇看来，“异化”范畴也是《本体论》的基本范畴。他认为马克思针对黑格尔的抽象的异化观，确定了“对象性不是设定思维本身的产物，而是某种在本体论上属于第一性的东西，它具有每一存在所具有的原始的，无法使之与存在脱离的特征。”② 卢卡奇由此来说明异化的本体论性质。研究者认为，就马克思的理论而言，卢卡奇最重要的是解释了两个概念：一个是劳动，一个是总体性。前者是从社会存在本体论的基础范畴讲的，后者则成为卢卡奇重构这种本体论的重要方法论，正是这两点支撑起了卢卡奇所构想的社会存在的本体论的全部体系。③

卢卡奇特别重视了由实践来确立社会存在的本体论性质。“实践”也是《历史与阶级意识》的中心概念。如果从卢卡奇与第二国际中一些人所持有的自然主义的奋起来看，他此时重视实践概念主要是为了批评新康德主义。青年卢卡奇强调：“正确的意识就意味着对它自己对象的改变”④，“只有无产阶级的实践的阶级意识才拥有改变事物的能力。”⑤ 卢卡奇的这一结论是同其整个理论框架联系在一起的，在他看来，无产阶级是历史过程的主体与客体的同一。他说，“无产阶级的思想首先仅仅的实

① 卢卡奇：《关于社会存在的本体论》下卷，白锡堃等译，重庆出版社 1993 年版，第 159 页。

② 卢卡奇：《关于社会存在的本体论》下卷，白锡堃等译，重庆出版社 1993 年版，第 502 页。

③ 卢卡奇：《关于社会存在的本体论》上卷，白锡堃等译，重庆出版社 1993 年版，第 10 页。

④ 卢卡奇：《历史与阶级意识》，杜章智等译，重庆出版社 1989 年版，第 147 页。

⑤ 卢卡奇：《历史与阶级意识》，杜章智等译，重庆出版社 1989 年版，第 226 页。

践的理论，它只是逐渐地（的确经常是一阵阵的）把自己转变成推翻现实世界的实践理论。……只有这样才有可能清除地阐明无产阶级的阶级意识和他的社会历史地位之间的相互作用的内在辩证过程。只有这样，认为无产阶级是社会历史的同一的主客体的论断才能真正具体地实现。”晚年的卢卡奇又不满足于青年时期的实践观，认为自己早年关于实践的理论缺乏基础性论证，尚未明确意识到“在现实的实践中，在作为实践的最初形式和方式的劳动中，如缺少一个基础，过分地扩大了实践概念就同样会走到了他的反面：堕入唯心主义的思辨之中。”[①] 在《关于社会存在的本体论》中，卢卡奇进一步从劳动起源上确立实践的自然史基础。卢卡奇认为“人类劳动的本质却在于：首先，劳动是在于人的生存斗争中产生的；其次，所有的劳动发展阶段都是人自身活动的产物。”[②]

卢卡奇强调，劳动作为本体论的核心范畴，其重要的特点在于“物质存在领域中的某种目的论设定为某种新的对象性的产生是通过劳动而实现的。”[③] 卢卡奇认为，在马克思那里，劳动并不是一般意义上的目的论的诸多表现形式之一，而是唯一可以从本体论上证明目的论设定的要素，是物质现实的现实要素。劳动目的论的重要性最根本的在于：我们所知道的最高级的存在形式即社会存在，只是由于目的论在其内部发挥作用，社会存在才能从有机生命中产生出来，产生一种新的独立的存在类型。卢卡奇说，“只有当我们理解到，社会存在的形成过

① 卢卡奇：《历史与阶级意识》，杜章智等译，重庆出版社1989年版，第22～23页。

② 卢卡奇：《关于社会存在的本体论》下卷，白锡堃等译，重庆出版社1993年版，第9页。

③ 卢卡奇：《关于社会存在的本体论》下卷，白锡堃等译，重庆出版社1993年版，第12页。

程，它对自己的基础的超越以及获得独立的过程，都是以劳动，就是说，都是以不断实现目的论设定为基础的，我们才能合理地谈论社会存在”。[①] 社会存在区别于无机和有机存在的根本特征就在于“目的设定”，即劳动是一个有目的的活动，劳动的这种目的论特征使社会存在具有了自己的新特点。在卢卡奇看来，只有深刻理解的劳动的目的设定这一根本特点才能真正理解社会存在的本质特点。显然，卢卡奇的劳动目的论突破了传统唯物主义的理解，“所以从本体论上来看，为此提供动力和方向的意识才能不是一种伴随现象。这个结论使辩证唯物主义有别于机械唯物主义”。[②]

总之，在卢卡奇看来，社会存在是通过实践建构起来的，他强调对“任何一种实践来说都具有一种本体论的优先地位”。他认为，马克思关于实践的讨论构成了社会存在本体论的内核。正是在实践活动中，人们一方面受到物质条件的制约，另一方面通过有目的的活动将物质条件与人联系起来，实现了三类存在之间的沟通，形成了社会生活的总体性规定。卢卡奇认为，在哲学的意义上，马克思的学说的划时代功绩就在于揭示了实践的优先地位，揭示了实践对于认识的引导和制约作用，并将实践置于历史性的社会存在之中。这是马克思超越纯粹哲学、纯粹经济学理论视界的基础。

《关于社会存在的本体论》超越《历史与阶级意识》的根本之点很重要的在于实现了一种理论框架的提升。在其早期思想中，卢卡奇的逻辑是从黑格尔那里“借来”的。他从主客体同

① 卢卡奇：《关于社会存在的本体论》下卷，白锡堃等译，重庆出版社 1993 年版，第 16 页。

② 卢卡奇：《关于社会存在的本体论》下卷，白锡堃等译，重庆出版社 1993 年版，第 27 页。

一来论证“历史与阶级意识实际是同一的”。[①] 许多学者认为，卢卡奇此时的整个框架是黑格尔“本体即主体”的翻版。晚年的卢卡奇则给自己提出明确的任务，他说，“对于马克思来说，实际上哲学中决定性的东西是：克服黑格尔虚假本体论的唯心主义，描绘出唯物主义和历史的本体论的理论和实践的轮廓。”在《关于社会存在的本体论》中卢卡奇特别注重深入揭示黑格尔哲学的内在矛盾。卢卡奇依据马克思和恩格斯对黑格尔的批判研究，对黑格尔的本体论进行了十分深入细致的分析。卢卡奇认为黑格尔的“逻辑本体论”从“根本上制约着他的历史本体论”。由于这种建立在逻辑上的本体论倾向，即一种只在逻辑范畴和逻辑联系中才能发现其恰当的表述的本体论的倾向，结果生成了“逻辑概念承受着本体论内容的过重负担，以一种无法接受的形式把本体论关系建构进它们的联系，同时也时常由于把最重要的新本轮认识塞进逻辑形式之中而在许多地方歪曲了它们”。[②] 卢卡奇认为黑格尔哲学的悲剧就在于，“在同时克服唯物主义的机械性和康德唯心主义的先验主观主义的尝试中，它所设定的同一的主体和客体，采取了一种不仅自在的，从现实主义的本体论立场出发来看是站不住脚的，而且也在很多方面属于一个过去的，已被完成了的时代立场”。[③]

卢卡奇提出的历史性原则来自他对马克思《德意志意识形态》中的一段论述的理解。马克思说：“我们仅仅知道一门唯一的科学，即历史科学。历史科学可以从两个方面来考察，可以

① 麦克莱伦：《马克思后的马克思主义》，李智等译，中国社会科学出版社1986年版，第275页。

② 卢卡奇：《关于社会存在的本体论》上卷，白锡堃等译，重庆出版社1993年版，第496页。

③ 卢卡奇：《关于社会存在的本体论》上卷，白锡堃等译，重庆出版社1993年版，第490页。

把它划分为自然史和社会史。但这两个方面是密切相连的：只要有人存在，自然史和人类史就彼此相互制约。”[①] 正是从这一论述中，卢卡奇的《关于社会存在的本体论》由三种存在，即由无机自然、有机自然、社会，对社会历史和自然的关系加以重新说明。对此，卢卡奇在晚年的谈话中讲，“积极的方面：重新思考《历史与阶级意识》……是完成马克思著作中的历史主义”。[②] 他还说：“马克思确认，历史性是一切社会存在的根本范畴，而一切存在都是最重要部分。”《关于社会存在的本体论》对青年卢卡奇思想的整理是多方面的，例如：关于异化概念，关于总体性思想等等。从以上诸方面，可以清楚地看出《历史与阶级意识》与《关于社会存在的本体论》之间的关系。他自己申明，后者加深了前者的主题，后者是对前者的一个修正和自我批评。卢卡奇反复说，马克思所制定的伟大目标始终激励鼓舞着他，建立马克思主义哲学的社会存在本体论是他一生追求的夙愿。

（三）关于“非理性主义”的批判。

卢卡奇还有一部著作，即在 20 世纪 50 年代出版的《理性的毁灭》。卢卡奇十分注意德国的生命哲学。他曾和某些代表人物，如席美尔、狄尔泰有十分密切的个人交往。在卢卡奇看来，不管主观意图如何，实际上这派哲学思潮在德国导致了法西斯主义，而法西斯主义给人类带来了第二次世界大战。大战期间卢卡奇是在苏联度过的，他亲眼看到法西斯主义造成的灾难。战后，卢卡奇返回匈牙利，又目睹了战后祖国和欧洲的可怕情

① 马克思、恩格斯：《德意志意识形态》，《马克思恩格斯全集》第 3 卷，1960 年版，第 20 页。

② 卢卡奇：《卢卡奇自传》，杜章智等译，科学文献出版社，1986 年版，第 41 页。

景。他内心深感痛苦。作为一个严肃的思想家，卢卡奇不能不反复思考希特勒法西斯主义的根源何在。他得出的结论是，归根到底，正是由于希特勒一度醉心的生命哲学之类的非理性主义，导致了这一切，几乎毁灭了理性，甚至要毁灭整个欧洲文明和人类。

因此，卢卡奇在 1945 年返回匈牙利以后，除了进行社会活动外，对于法西斯主义的理论及其思想先驱进行了深入研究，并展开了尖锐批判。这一理论工作的成果，就是 1952 年写成而 1954 年用德文在布达佩斯出版的《理性的毁灭》。他在该书序言中说：“我们相信，属于德国历史最屈辱的一页。因此必须深入研究它，以便德国人能够彻底克服它，并有力的阻止它的继续存在或卷土重来。那个有过丢勒（Dürer）、托马斯·闵采尔，有过歌德和马克思的民族，在历史上有过很多伟大的东西，将来也有远大前途，所以它没有理由害怕畏缩，不对危险的过去及其有害的有威胁的遗产作毫不留情的清算。在这种双重的——德国的和国际的——意义上，本书愿意为每一个诚实的知识分子提出一个警告、一个教训。”①

卢卡奇在《理性的毁灭》中考察了非理性主义哲学的理论根据。他认为，这来自谢林晚年的天启哲学和理智直观的思想；来自叔本华的唯意志论和尼采的强力意志论和超人学说；来自克尔凯郭尔的宗教哲学。卢卡奇在论述中写道：“只要我们随便瞥视一下”“具体化的谢林的观点”，就可以看到，“当他更具体的规定独立于思维并制约思维的存在本质方式时，他自然而然谈到康德的自在之物。”“谢林说：‘因为或者这个自在之物是一个物，即是说它是一个存在物，那么，它必然也是一个可知的

① 卢卡奇：《理性的毁灭》序言，王玖兴等译，山东人民出版社 1988 年版，第 27～28 页。

东西，因此也就不是康德所谓自在的，因为他所理解的‘自在’，恰恰是在一切知性规定以外的东西。或者这个自在之物真是自在，即是说是一个不可知的，不可设想的东西，那么，它既不是一个物。’[①] 可是当他进入具体化，进入他自己的观点的讨论时，他却走到了对现象世界的主观唯心的不可知论和对‘实体’世界的纯粹的非理性主义那样的二元性，这种二元论也构成了叔本华哲学的本质。”因为“叔本华本人在这问题上，远不是由谢林的影响来决定的，所以我们对这种血缘之亲，只是当作非理性主义的趋势的特征来强调，而不是当作晚期谢林和叔本华之间的历史联系，这种联系几乎不曾有过。”卢卡奇又引述了谢林的一段话加以评论。谢林说：“我们说：或许有一个第一性的、自身不可知的、无尺度及无规定的自在的存在，但是自在之物却没有；一切对我们说来是客体的东西，都已经是自身由主观而感受过的东西，即已经是部分由主体建立起来的东西。”[②] 卢卡奇就此指出，“滑跌到没有根基的非理性主义之中的倾向，却恰恰是谢林方法的必然后果，而不是他自觉用意的结果。正相反，就像我们所指出的那样。……假如因此而要寻找从否定到肯定的哲学的具体过渡，那么，以前那样坚决的的关于存在对思维的第一性的说法，便黯然失色了；说得更恰当些：那种被说得很抽象而模糊的存在，却不依据任何根据，不依据任何媒介，不知不觉地便转化为超乎任何理性之上的、在理性彼岸的上帝。……‘……假如有或者应该有一个合乎理性的存在，那么，我就必须以那个精神为前提。但是这样总之还没有由这个精神的存在说出任何根据。假如理性的存在和理性的存在和理性本身必须要建立起来，那么这个精神存在的根据才是

① 《谢林全集》，第10卷，第239页。
② 《谢林全集》，第10卷，第240页。

通过理性给予的。但是情况恰恰不是如此。因为绝对地说来，没有理性和没有理性的存在，这与有一个理性和理性的存在相比，同样是可能的。……这样一来，就一切哲学的理性主义而论，即就没一个把理性提高为原则的体系而论，其基础便被摧毁了。……精神本身是无需根据的，直截了当，因为它存在”。[①]卢卡奇指认，“这个存在，即晚期谢林的存在”，因为“谢林把事物的本质（它是什么）和它们的具体存在（它所以是什么）”截然和形而上学划开了，“‘须知一个存在物乃是两种全然不同的事情，一个是什么（quid sit）和另一个它所以是什么（quod sit）’，前者——对它是什么这一问题的回答——使我可以明白事物的本质，或者说使我对事物有了理解或概念，或说在概念中有了事物本身。但是后者对它所以是的认识，却给予我的不仅仅是概念，而是超出仅仅是概念之上的东西，即具体的存在。’……因为谢林这里是用如此歪曲的经验概念来工作，因为恰恰是非天启能够显得是经验的对象，便使得他在这里也成了近代非理性主义的先驱；在近代非理性主义中，自马赫谈论实用主义以来直到今天流行的派别，都同样努力滥用经验这个名词”。[②]

卢卡奇在《理性的毁灭》中以大量篇幅分析、评述了非理性主义的各个流派。从考察谢林、叔本华、尼采起，依次评述了狄尔泰、席美尔、斯宾格勒，分析了新黑格尔主义和德国社会学派及其代表人物托尼斯、韦伯、曼海姆和施密特；特别从哲学上揭露了被指认为希特勒理论家的哥比诺、张伯伦、罗森堡的反动的种族主义理论；还考察了战后才盛行起来的存在主

① 《谢林全集》，第3卷，第2部分，第247页。

② 卢卡奇：《理性的毁灭》，王玖兴等中文译本，山东人民出版社1988年版，第160～163页。

义及其主要代表人物克尔凯郭尔、海德格尔、雅斯贝尔斯和萨特等。卢卡奇指出，有史以来非理性主义在法西斯官方意识形态中达到了顶峰。

二、柯尔施论马克思哲学的本体论基础

柯尔施（Karl Korsch，1886－1961）1886年出生在汉堡一个银行家家庭，1910年在耶拿大学获法学博士学位，1912年去伦敦求学，参加了“费边社”，接受英国改良主义思想的影响。第一次世界大战爆发后，他返回德国，被征参军，战后在耶拿大学任讲师。1917年参加德国独立社会民主党，1918年积极参加“斯巴达克同盟”号召的革命，投身于工人委员会运动。1920年参加德国共产党。1923年在由共产党和左翼社会民主党人参加的图宾根工人政府中担任司法部长，1924年成为德国共产党驻议会的代表，并主编党的理论杂志《国际》。但由于他的《马克思主义和哲学》一书，在共产国际第五次代表大会上受到批评和指责，1925年被撤掉主编职务，从此，柯尔施便同党的领导处于对立地位，1926年被开除出党。1933年希特勒上台后，他移居丹麦、英国，1936年迁至美国，从此脱离政治活动，专事著述，1961年在美国逝世。

柯尔施作为“西方马克思主义”的创始人之一，同卢卡奇一样，试图通过“暴露马克思主义的黑格尔根源”来“恢复”和“重建”马克思主义。他强调理论和实践的统一，但反对实践是认识的基础和检验真理的标准；他强调马克思主义的“新的哲学世界观”，但不同意列宁的某些观点；他对马克思主义发展作了三阶段的描述，否认列宁主义阶段。柯尔施的主要著作是1923年发表的《马克思主义和哲学》一书，此外还有《卡尔·马克思》等。柯尔施的《马克思主义和哲学》激烈批判了第二国际理论家们的“庸俗马克思主义”。在柯尔施看来，第二

国际的“正统马克思主义者”正是在对“哲学”的否定态度中，力图使马克思主义实证主义化；而这种实证主义直接意味着从根基上消除马克思主义的批判性质或革命性质，并从而使之沦落为“庸俗马克思主义”。

柯尔施认为，把马克思哲学庸俗化的理论根源在于二元论：正是由于把作为实在过程的经济运动和全部意识现象形而上学的劈分开来，完全以一种“二元论的方式”来加以对待，这样，前者变成了唯一客观的和非观念性的现实，而后者则变成了空想或幻想意义上的“伪现实”。在柯尔施看来，这里所说的“二元论”并非一般意义上与哲学“一元论”相对峙的东西，毋宁说，它倒是属于现代哲学之基本前提或建制背景上的东西，大体上属于迄至黑格尔哲学以前的现代形而上学的基本构成要素；然而无论如何，正是这一根本之点深刻地形成了马克思（以及黑格尔）同庸俗马克思主义（以及现代形而上学）的基本对立；前者立足于意识与现实的一致，即意识和现实的辩证法，而后者则立足于意识与现实之关系的本质上的二元论。

柯尔施在其著作中，对列宁既有称赞，也有很明确的批判，在《马克思主义和哲学》中所提到的批判话语直接涉及列宁的有许多处，而他关于形而上学的批判，这样写道：“全部意识现象被全然以抽象的和基本上是形而上学的二元论方式来对待，并被认为是一个真正具体和实在的发展过程的反映，完全依赖于这个过程。”[①] 于此柯尔施在注释中提到恩格斯的名字，实际上这里是就对恩格斯提出评论，进而涉及到列宁。他说，“列宁回到了‘思维’和‘存在’、‘精神’和‘物质’的绝对对立，而这种对立曾经构成了划分 17 世纪和 18 世纪 启蒙运动两大流

① 柯尔施：《马克思主义和哲学》，王南湜等中文译本，重庆出版社 1989 年版，第 41 页。

派的那种哲学争论甚至某种宗教争论的基础。当然，黑格尔已经辩证地超越了这些流派。”“列宁和他的追随者片面地把辩证法变成了客体、自然和历史，他们把认识仅仅描绘成主观意识对这种客观存在的被动的镜子式的反映。这样一来，他们既破坏了存在和意识的辩证的相互关系，而且作为一个必然的结果，又破坏了理论和实践的辩证的相互关系。”“还不止此，他们还放弃了历史存在的整体和所有在历史上流行的意识形式之间的关系这个问题。”于是，“列宁和像他一样的那些人以一种倒退的形式通过把这个问题变成主体和认识客体之间的关系这样一个更狭义的认识论或‘知识论的’问题而修正了它。这还不算，他们还把认识说成是一种根本协调的进化过程，一种趋向绝对真理的无限上升。他们对革命运动内部理论和实践的一般关系和特殊关系的论述完全抛弃了马克思的辩证唯物主义，退回到发现真理的纯理论与把这些吃力发现的真理运用于现实的纯实践的完全抽象的对立。‘理论和实践的真正统一是通过实际地改变现实，通过基于理论所发现的客观发展规律的革命运动而获得的’——这些是列宁哲学的解释者之一的话，他丝毫也没有违背他的老师的教诲。有了这些话，马克思的革命实践严整的辩证唯物主义的统一就衰变为一种可与最典型的资产阶级唯心主义哲学相比的二元论。”柯尔施还在此处加了一个注，说列宁的《唯物主义和经验批判主义》“研究存在和意识的关系”，这部著作中，“从头至尾都始终从一种抽象的认识的观点出发去论述这种关系。他从未把认识摆到意识的其他社会—历史形式那样的层次上，从未把认识当作一种历史现象，当作在既定时期社会的经济结构的意识形态的上层建筑（见马克思的《〈政治经济学批判〉》序言）或者当作‘现存的阶级斗争的真实关系的一般表现’（《共产党宣言》）来加以考察”[①]。

柯尔施写道：“列宁认为从黑格尔的唯心主义辩证法，过渡到马克思和恩格斯的辩证唯物主义，无非是一种交换：作为黑格尔的辩证方法基础的唯心主义世界观，被一种不再是‘唯心主义的’而是‘唯物主义的’新的哲学世界观所代替。看来他没有注意到对黑格尔的唯心主义哲学的这样一个‘唯物主义的颠倒’，至多只是包含着用被叫作‘物质’的绝对这样一种单纯术语上的变化罢了。”[②] 柯尔施说：“在列宁的唯物主义中有一个甚至更为严重的弊病。因为他不仅取消了马克思和恩格斯对黑格尔的唯物主义颠倒；他还把唯物主义和唯心主义之间的整个辩论，拖回到从康德到黑格尔的德国唯心主义所已经超越的历史舞台上去了。莱布尼茨和沃尔夫的形而上学体系的瓦解，开始于康德的先验体系，而终结于黑格尔的辩证法。在此以后，‘绝对’已经确定被从‘精神’和‘物质’的存在中排除出去，并转成‘观念’的辩证运动”。而“列宁却回到了构成为哲学的、甚至某些宗教的争论的基础的，划分了17世纪和18世纪的启蒙运动的两股思潮的关于‘思维’和‘存在’、‘精神’和‘物质’的绝对两极性中去了”，“这种唯物主义是一种绝对的和所与的、形而上学的存在观中得来的；尽管与此相反的正式主张，却不再是充分辩证的了，更谈不上辩证的唯物主义的了”。[③] 柯尔施还写道：“正常的资产阶级的素朴形而上学观点认为思维独立于存在，并把真理定义为同外在于它、被它所反映的客体

① 柯尔施：《马克思主义和哲学》，王南湜等中文译本，重庆出版社1989年版，第80、81～82、83页。

② 柯尔施：《马克思主义和哲学》，王南湜等中文译本，重庆出版社1989年版，第130页。

③ 柯尔施：《马克思主义和哲学》，王南湜等中文译本，重庆出版社1989年版，第131～132页。

的符合。只有这种世界观才鞥支持下列这一种见解：这种见解认为一切形式的经济意识（科学以前的以及非科学的意识的经济概念）因为符合于一个实在（他们所理解的物质生产关系）所以具有客观意义，认为一切更高的表现形式则仅仅是无客体的幻想，在推翻社会经济结构和废除它的司法的和政治的上层建筑之后，它们将自动地分解在它们的本质上的虚无之中。然而，在事实上，就连经济概念同资产阶级社会的物质生产关系这二者之间的关系，也并不是映像同它所反映的客体的关系，而是作为一个总体的被特别规定的部分同这个总体的其他部分之间的关系”。① 柯尔施指认，“在黑格尔—马克思主义的眼光看来，马克思主义理论的出现，无非是无产阶级的阶级运动的出现的另一个方面罢了，只有这双方一起才形成为历史过程的具体的总体性”。② 柯尔施认为，不仅社会科学，而且自然科学也是一个特殊的社会“总体性”和阶级利益的历史和实际的表现。因为历史和自然是同一个天地：它们都是人类生活过程的组成部分。一切自然环境——生物的、物理的和地理的——不是直接地，而是通过生产力的中介影响着我们的生活，从而对于我们来说是作为社会和历史现象而出现的。对于我们来说，整个宇宙是一个社会宇宙，所以，就同我们有关的而言，压根就不存在什么独立于历史之外、整个地存在于我们之外的自然。柯尔施不同意实践是认识的基础和检验真理的标准。他说，这样去理解理论和实践的统一，是和马克思斥之为直观的认识论相一致的。认识的行为仍然只是对宇宙的消极同化，而马克思主

① 柯尔施：《马克思主义和哲学》，王南湜等中文译本，重庆出版社 1989 年版，第 95 页。

② 柯尔施：《马克思主义和哲学》，王南湜等中文译本，重庆出版社 1989 年版，第 45 页。

义的要害却恰恰在于使传统的认识解释发生彻底的变化，即认为理论认识并不是对社会运动的单纯反映，而是它的一个组成部分、方面或表现，必须把它解释成运动本身的一个主要组成部分。他进一步写道：“用马克思主义的话来说，庸俗社会主义的主要弱点在于：它十分‘非科学地’固执着一种素朴实在论——在这种实在论中，作为‘最坏的形而上学家’的所谓常识，和资产阶级社会的常规的实证主义科学这二者在意识和存在之间划了一条鲜明的分界线。它们都没有注意到这种区分甚至对于批判哲学中则已经被完全地放弃了”。①

三、葛兰西“实践哲学”的本体论指向

安东尼奥·葛兰西（Antonio Gramsci，1891－1937）是意大利共产党的创始人和领导者。葛兰西于1891年1月23日出生于撒丁尼亚岛的阿莱士小村的小公务员家庭。他1911年至1914年在都灵大学读书时，就积极参加革命活动，1913年加入意大利社会党。在1921年他和P. 陶里亚蒂共同创建意大利共产党；1922年至1923年任意共驻共产国际执行委员会代表；1924年任意共议员和意共总书记；1926年11月被法西斯分子逮捕流放，1928年被判刑20年。他在狱中从事从事哲学和政治思想研究，写出《狱中札记》7卷。狱中的恶劣条件使他完全丧失健康，1937年获释出狱，数日后即逝世。葛兰西称马克思主义哲学是把物质和精神、人和自然都统一在实践之中的“实践哲学”。

葛兰西在哲学上的很大特点在于把客观事物溶解在人的实践之中，因而强调“并不存在独立的、自在和自为的现实，而

① 柯尔施：《马克思主义和哲学》，王南湜等中文译本，重庆出版社1989年版，第86～87页。

只存在处于同那些改变它的人们的历史关系之中的现实”①，“我们对事物的认识，无非是我们自己、我们的需要和我们的利益”。② 在论证他的论点时，葛兰西由“康德的本体”生发出他的见解。他指出，“关于‘外部现实的客观性’的问题，是就它同‘自在之物’和康德的‘本体’概念相联系而言的。看来，难于排除这样的假定，即‘自在之物’是从‘外部现实的客观性’和所谓的‘希腊—基督教实在论’（亚里士多德，托马斯·阿奎那）中导衍出来的。从整个庸俗唯物主义和实证主义的倾向产生了新康德主义和新批判学派这个现实中也可以看到这种导衍。”“如果现实是像我们所认识它的那样，而我们的认识又在不断改变的话，那就是说，如果任何哲学都不是确定不移的，而全都是被历史规定的话，那么，难以想象客观现实是随着我们自己身上的变化而变化的。不仅常识、而且科学思想也使这一点难以接受。在《神圣家族》中说，整个现实处在想象之中，超出现象之外什么也没有，而这种说法肯定是正确的。但是，却并不易于证明。什么是现象？现象是某种客观的，存在于自身之中并为自己而存在的东西，还是由于人的实际利益（构造他自己的经济生活）和科学利益（在世界中发现一种秩序和描写与分类事物的必需，这种必需是和未来的实际利益相联系的）的结果而被人分离出来的性质？”③

这样，葛兰西强调，“接受下列论断，即我们对事物的认识无非是我们自己、我们的需要和我们的利益，换句话说，我们的认识是上层建筑（或者非一确定不移的哲学），那就难以想象

① 葛兰西：《实践哲学》，徐崇温中文译本，重庆出版社 1990 年版，第 20 页。

② 葛兰西：《实践哲学》，徐崇温中文译本，重庆出版社 1990 年版，第 54 页。

③ 葛兰西：《实践哲学》，徐崇温中文译本，重庆出版社 1990 年版，第 53～54 页。

超越这种认识之外的某种现实的东西——不是形而上学意义上的‘本体’，一个‘未被认识的上帝’或一个‘不可认识的东西’，而是具体意义上的对现实的‘相对的’无知，具体意义上的某种还未认识的东西，这些东西在一旦人类的‘身体的’和智力的工具较为完善的时候，那就是说，在人类的技术和社会条件朝着进步的方向变化了的时候，就将被人们所认识。这样，我们就作了一个历史的预告，这种预告就在于把一个类似于发生在迄今为止的过去中的发展过程，投射到未来中去的思想行为。人们在任何场合都应该研究康德，并重新准确地考察他的概念”。①

葛兰西以“实践哲学”作为对马克思主义哲学的称谓。研究者认为，葛兰西使用这一称谓有为了逃避法西斯狱吏检查的目的。但如果单纯为此目的，他大可不必一定要用“实践哲学”的这一名称。他选择用“实践哲学”来指称马克思主义是有其特定哲学意图的。

“实践哲学”这个术语，早于葛兰西的作为意大利第一批马克思主义者的拉布里奥拉曾用来指称马克思主义。

葛兰西借用拉布里奥拉的这一称谓，一个原因就是要发展拉布里奥拉是意大利19世纪著名的哲学家，罗马大学教授。他的思想先后受黑格尔、赫伯尔特以及马克思的影响。在19世纪70年代末，拉布里奥拉开始接触马克思主义，批判尼采、哈特曼、新康德主义等等的资产阶级哲学；80年代末，他开始站到社会主义的立场上来；在90年代中期以后，先后发表《纪念共产党宣言》(1895)、《论历史唯物主义》(1896)、《关于社会主义和哲学的探讨》(1897) 等著作。拉布里奥拉用黑格尔的观点

① 葛兰西：《实践哲学》，徐崇温中文译本，重庆出版社1990年版，第54～55页。

来考察“实践”这一哲学范畴。在他看来，人类历史是由自觉地反映历史的、合理发展的自由活动所构成的，所以，实践是反思的、合理的活动，同时又表现主观的偶然性和历史的必然性，它是一个包含主体和客体的统一整体。拉布里奥拉否定历史决定论的观点。他说，现实历史是“人的作品”，而不是非人称的、决定的过程；历史的标志是进步还是倒退，这取决于人的活动的合理性；这样，未来基本上是未定的和不可预告的。拉布里奥拉还拒绝把社会现实分为经济基础和上层建筑，他认为“经济”不可能是历史进步的主要“原因”，因为它在实际上并不自主地存在着。他认为，实践是由物质生产所决定的，但是，在这个辩证的宇宙中，物质法则又是由实践所中介并表现在实践之中的。在1897年出版的《关于社会主义和哲学的探讨》一书中，拉布里奥拉提出他的实践哲学观说，使用了“作为历史唯物主义的精髓的实践哲学”这样的提法。[①] 葛兰西借用拉布里奥拉的这一称谓，一个原因就是要发展拉布里奥拉的哲学倾向，因为拉布里奥拉强调用黑格尔的方法去解释马克思主义的人，他反对把马克思主义认作是实证主义或宿命论的学说，也否认马克思主义能提供历史发展的永恒不变的规律。

在《狱中札记》中，葛兰西之所以要用拉布里奥拉提出的“实践哲学”这一名词，应当说，不是偶然的事情，这反映了葛兰西和拉布里奥拉在思想上的共通性，反映了葛兰西对拉布里奥拉赋予“实践哲学”这个名词的涵义和强调的重点是赞同的。正如美国加利福尼亚大学教授马丁·杰所指出的：“那个时代吸引他［葛兰西］的唯一人物是安东尼·拉布里奥拉，他赞美他的实践重点，他从拉布里奥拉那里借用来在《狱中札记》中作

① 参见，《实践哲学》中译本序言，重庆出版社1990年版，第6～7页。

为马克思主义的委婉说法的‘实践哲学’，抓住了他思想中的能动主义的推动力，这意味着热切地注意到政治对于经济的相对自主性”，“葛兰西总是强调说，历史是自觉活动、实践意志、主观干预以及政治主动性的舞台”①。

葛兰西在《狱中札记》中多次提及“实践哲学的创始人是马克思”。② 仔细阅读葛兰西的著作，就会发现，葛兰西强调“实践哲学”有其更深刻的原因，这是和葛兰西对马克思的理论、对马克思主义在当时的种种发展趋向的看法紧密地联系在一起的。当然，葛兰西并不是无批判地继承拉布里奥拉的哲学，而是通过对庸俗马克思主义的批判以及对克罗齐哲学的批判来阐释“实践哲学”的思想，从而赋予了“实践哲学”以自己特有的含义，也因此使自己成为主张“实践哲学”的西方马克思主义的鼻祖之一。

葛兰西把批判的矛头指向了第二国际理论家。他认为，这些人坚持的是庸俗唯物主义，这种庸俗唯物主义是当时流毒最广的对马克思主义的歪曲解释。葛兰西试图通过对庸俗唯物主义的批判来开启对马克思哲学阐释的决定性反驳。鉴于葛兰西当时在狱中的特殊条件，他选择了布哈林的《历史唯物主义理论——马克思主义社会学通俗手册》一书作为其批判的靶子。

学界还有研究者指出，南斯拉夫实践派哲学家曾步西方马克思主义者葛兰西的后尘，把实践本体论表述为实践一元论，认为“关于世界的统一性在于它的物质性的看法是没有得到彻底克服的教条主义和直观唯物主义的残余，是过时世界观的最

① 马丁·杰：《马克思主义和总体性》，洛杉矶加州大学 1984 年版，第 154～155 页。

② 葛兰西：《狱中札记》，曹雷雨译，中国社会科学出版社，第 196 页、第 296 页。

后残余……世界的统一性不在于它的物质性，而在于实践，马克思主义实践的一元论而不是物质的一元论”。[①]

第二节　西方马克思主义的法兰克福学派

20 世纪 20 年代，德国的法兰克福成立了一个社会研究所，形式上隶属于法兰克福大学。一批学者来此工作，组成了法兰克福学派。1932 年，马克思的《1844 年经济学—哲学手稿》公开发表。受卢卡奇等人影响的法兰克福学派，根据马克思这部“手稿”中关于“人”和“对象性”的理论，把人看作是全部历史生活形式的生产者。他们认为首先需要研究的问题是资本主义社会中人的心理结构和社会经济政治制度和意识形态之间的对象性关系，关注经济、政治、意识、本能的总体革命后来法兰克福学派的主要代表人物分别在西欧和美国开展活动。战后的法兰克福学派十分注重研究当代西方社会的新情况和新问题，推进了他们早期的研究。

关于法兰克福学派的代表人物，通常认为：第一代有霍克海默、阿多尔诺、马尔库塞、弗罗姆以及波洛克等；第二代有哈贝马斯、施密特、内格特莱；第三代有韦尔默尔、奥赛等。

一、霍克海默

霍克海默（Max Horkheimer，1895－1973），出生在德国斯图加特一个犹太族的家庭，曾先后在慕尼黑、弗赖堡和法兰克福大学学习和研究哲学、心理学和社会学。1922 年在法兰克

① 转引自贾泽林：《南斯拉夫当代哲学》，中国社会科学出版社 1982 年版，第 121 页。

福大学以论文《关于康德的〈判断的二律悖反〉》获得哲学博士学位，并留校执教。1931 年升任法兰克福大学教授并任法兰克福社会研究所第二任所长。由于法西斯主义上台并对犹太人实行残酷迫害，1934 年霍克海默随研究所一起迁至美国纽约哥伦比亚大学。二战期间，他居住在加利福尼亚。1945－1947 年，他担任美国犹太人委员会调查研究部的首席研究顾问和主任，1948 年他重返德国并恢复社会学研究所，继续担任法兰克福大学教授和社会学研究所所长职务。1951 年霍克海默出任法兰克福大学校长。他在 1959 年退休之后，移居瑞士安度晚年。1973 年 7 月 7 日，霍克海默病逝于德国的纽伦堡。

霍克海默一生涉猎领域广泛，著述丰厚，它不仅研究哲学，而且研究心理学和社会学等。其所写文章的主要论题，有对实证主义、实用主义的批判，有关于科学哲学和历史哲学的种种是非，又有对宗教、家庭、权威、大众文化以及资本主义社会的非正义的批判，也有在晚年对集权主义工业社会的罪恶和弊端的批判。其主要著作有：《传统理论与批判理论》《启蒙的辩证法》(与阿多尔诺合著)、《独裁国家》《工具理性批判》《社会哲学研究》《理性的衰落》《过渡社会》《黑格尔与形而上学问题》《唯物主义和形而上学》《艺术和大众文艺》《资产阶级历史哲学的开端》等等。

从 20 世纪 30 年代起，霍克海默发表了一系列文章批判实证主义，奠定了法兰克福学派实证主义批判的理论基调。长期以来，孔德等实证主义者提出“摒弃形而上学”的口号，声称要通过实证自然科学的“经验”来克服思辨哲学的虚妄。

霍克海默指出，由于实证主义把感觉经验视为知识的唯一基础，因此，形而上学所追求的“本体”、“本质”皆因无法经验而成为神秘的、不可认知的东西被排除在科学研究之外。由此，实证主义强调科学对于事物的“本质”是无能为力的，它关注的是“现象”。也就是说，实证主义主张实证科学的研究对象并非事物本身，而只是事物向人们显现的东西，即现象。霍克海默说，“当孔德把实在等同于主观性材料和纯粹现象后，他在所有认为经验到超感觉东西的断言面前，事先和在根本上就使自己毫无办法了”，因此，这种“主张不仅不与‘神秘’相对立，而且还为它开辟道路”。[①] 对于逻辑实证主义对此所作的进一步的规定和补充：即认为事物向我们显示的东西必定可以被表达在判断中；而判断是由许多人证明的事实，凡不可表达的东西或没有表达出来的东西都不可能成为科学研究的对象；霍克海默指出，这里恰恰显现出逻辑实证主义的一个形而上学的前提：“事实”与“判断”具有同构性。因此，那些能被表达在判断中的事实，即所谓的客观、纯粹、中立的“现象”，并非是事物自身向我们自行呈现的东西，而是以被实证主义的抽象理性主体事物事先“筹划”过了的东西为前提的。这一“筹划”并非无关紧要，它的全部重要性就在于它“必定成为对所追求的自然知识而言的自然”，而这一被筹划出来的“自然”根据筹划主体的内在性质又必然成为“具有时空关系的质点的自成一体的运动联系”。[②] 霍克海默强调，这种被“筹划”出来的自然无疑是形而上学化了的与本来意义上的自然早已相去甚远，它顶多只是后者的一个面相。由此，霍克海默深入分析了，由实证主义所孜孜以求的“纯粹经验”的获得需要两个条件：人把自身建立为纯粹主体和世界堕落为纯粹表象。霍克海默就此指责实证主义以假定一种“未被任何理论影响的直接的原初材料

① 霍克海默：《批判理论》，李小兵等中文译本，重庆出版社 1989 年版，第 38～39 页。

② 海德格尔：《海德格尔选集》，孙周兴选编中文译本，上海三联书店 1996 年版，第 888 页。

的真实存在”为前提，这是不可能的；他指出，“实证主义和形而上学不过是贬低自然知识和假定抽象概念结构的同一个哲学的两个不同阶段”。①

霍克海默反对实证主义以之为前提的基本框架—人类主体与自然客体的二元对峙，并把对主体和客体的非辩证分割看作时代苦难的本质根源。他知道意识和它的对象从来就不是两个相互分离的世界，任何把它们区分成为纯主体和纯客体的做法都是有害的。在这种主张中，他显示了试图超越传统形而上学的全部决心和努力。

关于主体和客体的关系，霍克海默这样写道：“呈现给个人的、他必须接受和重视的世界，在其现有的和将来的形式下，都是整个社会运动的产物。我们在周围知觉到的对象—城市、村庄、田野、树林，都带有人的产用的印迹。人不仅仅在穿着打扮、在外在形式和情感特征上是历史的产物，甚至人们看和听的方式也是与经过多少万年进化的社会生活过程分不开的。感官呈现给我们的事实通过两种方式成为社会的东西；它们是由人类活动塑造的东西”；② “现存秩序也是社会生活过程的产物”。③ 显然，这里所要表达的是，主体与客体的关系奠基于“人类活动”之上；换言之，“人类活动”与“社会活动”是具有存在论的基础地位和意义的，无论是感性的自然界，还是社会和人类自身都是人类活动的结果，也正因为如此，便没有了“纯粹主体”与“纯粹客体”的二元分离与二元对峙。

① 霍克海默：《批判理论》，李小兵等中文译本，重庆出版社 1989 年版，第 37 页。

② 霍克海默：《批判理论》，李小兵等中文译本，重庆出版社 1989 年版，第 192 页。

③ 霍克海默：《批判理论》，李小兵等中文译本，重庆出版社 1989 年版，第 151 页。

霍克海默自认为，他较之于一般形而上学家而言，对于“人类活动”，不仅看到了其所具有的肯定的方面，也看到了其否定的方面。所谓否定的方面是指人类活动同时又产生了人与人之间的对抗以及个人与社会的冲突，即所谓“异化”。霍克海默指出这些“异化”状态，“不是事物的永恒的或自然的状态。倒不如说，它们都是从特殊社会形式实践着的生产方式中产生出来的”。[①] 正因为如此，霍克海默强调了他的“批判理论”。

二、阿多尔诺

阿多尔诺（Adorno，1903—1969），原名为特奥多·威森格隆特。他母亲卡尔维丽．阿多尔诺信奉天主教，是位有科西嘉血统的歌剧演员，姨母阿加德是为颇有天赋的钢琴家，他使阿多尔诺从小就对音乐的很有兴趣和并显示出才华，他很早就能用钢琴演奏贝多芬艰深的“第十一奏鸣曲”。还在上中学时期，阿多尔诺就在两家颇有名气的音乐戏剧杂志上发表了两篇关于表现主义和新歌剧的评论文章，在音乐界崭露头角。15岁时，阿多尔诺迷上了哲学，开始阅读康德的《纯粹理性批判》。1921年，阿多尔诺上了名牌的歌德大学（即法兰克福大学），潜心研究哲学、社会学、心理学和音乐。3年以后，年仅21岁阿尔多诺以一篇关于胡塞尔现象学的论文获得了哲学博士学位。后来，阿多尔诺追随音乐家奥尔本·伯格来到维也纳，进入以舍恩贝克为中心的创新作曲家圈子，以期在作曲上有所成就，但不很成功。1927年，阿多尔诺返回法兰克福大学执教。然而，纳粹上台给阿多尔诺这个父亲是犹太人的大学教师带来了严重的阴影。1933年他被剥夺了教书的权利，不得不流亡英国，试图在

① 霍克海默：《批判理论》，李小兵等中文译本，重庆出版社1989年版，第190页。

牛津大学获得一席之地，但未能如愿。正是在此时期，阿多尔诺在自己的姓名中略了他的父姓，开始采用母姓“阿多尔诺”以掩盖自己的犹太出身，以便能去德国访问。1938年，阿多尔诺受霍克海默之邀前往英国，先是在普林斯顿广播研究所当音乐指导，后加入霍克海默在纽约重建的法兰克福研究社会所，积极为该所杂志《哲学与社会研究》撰稿。1941年，该杂志停刊后，阿多尔诺移居加利福尼亚，和霍克海默合作研究，写出了他们的共同著作《启蒙的辩证法》（1947年）。1949年，阿多尔诺和霍克海默一道返回法兰克福大学执教，重建了法兰克福大学社会研究所，曾任该所的副所长、所长。这期间阿多尔诺写了大量的哲学、社会学、文学和音乐理论著作，跻身于德国的著名的哲学家和社会理论家行列。特别是在1961年德国哲学界的那场“实证主义的论证”中，他同波普发生了旷日持久的激烈争执，他否定和更彻底地摈弃实证主义。1969年8月，阿多尔诺在瑞士度假时因心脏病猝发逝世。

《否定的辩证法》（1966年）是阿多尔诺晚年的一部最重要哲学著作，也是一部很晦涩的著作。晦涩的原因在于，阿多尔诺一方面为使这部著作保持一种理论论争的风格，大量使用了他的批判对象康德、黑格尔、海德格尔的抽象术语，可又不加以解释，仿佛读者都像他一样能充分理解这些人的术语及体系；另一方面，出于反体系、反逻辑，保持一种散文结构，故意使该书论点模糊。由于阿多尔诺的主题是否定和破坏，所以该书的晦涩文风和混乱形式正好体现了他对哲学体系的否定和破坏精神。尽管如此，该书还是充分表达了阿多尔诺的基本哲学思想。①

① 参见阿多尔诺：《否定的辩证法》，中译本序，张峰中文译本，重庆出版社1993年版，底1～3页。

阿多尔诺的《否定的辩证法》（Negatlve Dlalektik），对此书名中的第一个词 Negatlve，中文翻译成“否定的”，对于后一个词 Dlalektik，人们往往翻译成“辩证法”。对此，我认为应这样看：固然可译成“辩证法”，而就书的内容讲，并不重在论“辩证法”这个概念，Dlalektik 这个词其词根经常带有对话、论辩的意义。整体看，该书的真意其实是“否定性的论辩”。人们感受到，阿多尔诺的著作往往以思想艰深、语言晦涩、文风怪异著称，他的书以“阿多尔诺式德语”而自成独特风格。正如此书汉译者张峰在中文序言里讲的：英语世界的译者把翻译阿多尔诺的著作叫作“天书的迻译”，绝非故弄玄虚。①

《否定的辩证法》一书除了导论以外，共有三个部分：第一部分“与本体论的关系”；第二部分“否定的辩证法，概念和范畴”；第三部分“模式”。在第一部分“与本体论的关系”中，第一章是“本体论的需要”，第二章是“存在与实存”。阿多尔诺在书中第一部分第一章的一开始就写到：“德国的本体论、特别是海德格尔的本体论时至今日仍然起作用……不言而喻，本体论被理解为情愿批准一种不需要有意识地证明的他治秩序”。“本体论越是不在确定的内容上固定下来，他就越像是超自然的。”“本体论越是不在确定的内容上固定下来，它就越像是超自然的”。②

阿多尔诺还写道：“在新本体论倾向的早期，在神学的同情者谈论复活形而上学时，这种需要就粗俗地但公开地表现出来了。在胡塞尔的以直接意向（intentio recta）取代间接意向（in-

① 张峰：关于 阿多尔诺《否定的辩证法》的序言，重庆出版社 1993 年版，第 11 页。

② 阿多尔诺：《否定的辩证法》，张峰中文译本，重庆出版社 1993 年版，第 57 页。

tentio obliqua）的意志中就留心从中得到点什么。曾在理性批判中为认识能力定界的东西不过是对认识力量本身的回忆，而现象学的纲领起初意味着没有这种回忆也行。在‘构想’局部领域和区域的本体论结构中，最终在‘构想’‘作为一切存在物之整体的世界’中表现出来一种想把握主体同时又不想对总体的知识施加任何限制的意志。胡塞尔的 εiδn（意式）——后来在《存在与时间》中被海德格尔变成‘存在的’——是全面的预先推定从局部领域直到最高领域原本是什么。其背后的含义是理性的构想可以预先设计一切丰富的存在的结构。这是绝对哲学的第二次重演。其第一次重演是后康德的唯心主义。”①

为澄清关于“本体论”中的“存在”问题，阿多尔诺重新审视了 sein。前已涉及到德语 sein 在西文中与 on（Being）相对应。对于 sein 来说，与 on（Being）相仿，在其变化中同样也有既可表示“是”，又可表示“在”的情况。阿多尔诺结合海德格尔等人的哲学对此提出了自己的看法。

阿多尔诺写道：“‘是’在语法主语和谓语之间设立了存在判断的联系，因此提出了某种本体之物。然而，由于‘是’本身纯粹被当作一个系动词，它同时就意指着一种一般的、绝对的综合事实，无须再现任何本体之物。因此，它可以直接列入本体论一边。”“‘是’一词也具有一种与它相应的‘事实状态’。在每一个表语性的判断之中，‘是’具有它的意义，就像有主语和谓语一样。但这种‘事实状态’是一种意向性的事情而不是存在的事情。这个系动词的意义只能在主语和谓语的关系中得以实现，它不是独立的。海德格尔误使‘是’超越它的意义的唯一根源，屈服于他表示反对的那种物化思想。他把‘是’意

① 阿多尔诺：《否定的辩证法》，张峰中文译本，重庆出版社 1993 年版，第 57～58 页。

指的东西定义为绝对的‘自在的’理想，换言之，定义为存在，从而给判断的主语和谓语所表达的东西（一旦脱离了这个系动词）以同样的权力。这个系动词对主语和谓语所表达的东西的综合便作为一种纯粹的外在事件而出现。这恰恰就是发明存在概念的理由。正如在一种过时的逻辑中那样，主语、系动词、谓语再一次成为遵循事物的模式的、封闭的、完成了的个别”。“事实上，论断不是附加的东西而是在把主语和谓语结合起来时这二者本身会是的东西，如果能设想这种‘会是’而又无需用‘是’来综合的话。因此，禁止从这个系动词中要么推断出一种预先规定的‘存在’，要么推断出一种‘成为’、即一种纯粹的综合。这种推断基于一种意义理论上的混淆：把系动词‘是’的一般意义、即判断综合的永久语法标志同每一判断中‘是’所获得的特定意义混淆起来。这两种意义绝不会恰好重合。在这种意义上，‘是’可以被比作偶然的表达词。它的一般性是一种对特殊的规定，是进行特殊判断的一般形式。命名法考虑到了这一点，为这种一般性保留了科学的术语‘系动词’，而且为每一判断所需要的特殊性能保留了‘是’”。①

基于此，阿多尔诺对海德格尔评论说：“海德格尔忽视了这一差别。结果，‘是’的特殊性能开始成了只像一般性的一种现象模式的东西。存在判断的范畴和实质之间的差别被弄得模糊不清了。用一般的语法形式代替了具体的内容，这种代替把‘是’的存在状态的性能改变成一种本体论的性能、存在方式。”“由于存在物绝不会因其被规定和自我规定而不需要某种别的东西、即它本身不是的东西——因为单靠自身它是无法规定的——所以它趋于超越自身。‘中介’只是表达这一点的另一个

① 阿尔多诺：《否定的辩证法》，张峰中文译本，重庆出版社 1993 年版，第 97～99 页。

词。然而，海德格尔试图守住那种想超越自身的东西，并把它超越的东西当作垃圾扔到身后。对他来说，紧密结合走向了自己的绝对的对立面，走向了 πρωτη ονδια（第一存在）。‘存在’一词，即存在的东西的总体中，系动词已经对象化了。”①

阿多尔诺进一步说，“当然，正如没有‘是’我们就不能谈论存在一样，没有存在我们也不能谈论‘是’。这个词表明了客观的因素，这一因素在每一谓词判断中限定了为它自身的具体化所需要的综合。然而，存在并不独立于这种‘是’，正像一个判断中的事实陈述不独立于‘是’一样。语言——海德格尔正确地认为语言不是纯粹的符号——根据它的形式的非独立性提供了不利于海德格尔想从语言中榨出的东西的证据。如果语法把这种‘是’和作为其财产的基础范畴‘存在’——存在的某种东西——结合起来，那么，它将只是在和一切存在的东西的相互关系上使用‘存在’，而不是自在地使用‘存在’。诚然，本体论的纯洁性的现象被这样一个事实所加强：每一判断的分析都导致两种因素，人们不能把一种要素还原为另一种要素——在元逻辑上也不能把主体和客体这样来还原。一种被幻觉迷住的思想、即认为某种东西绝对是‘第一性’的思想将最终导致这样的判断：甚至这种不可还原性本身也是‘最终的’。在海德格尔的存在概念中显露出向不可还原性的还原。但这种还原是一种和它要形式化的东西并不协调的形式化。在它自身看来，它不过是意指着一种否定：每当人们进行判断时，判断的要素在哪一方面都不会彼此融合——换言之，它们不是同一的。在判断要素的这种关系之外，不可还原性便是虚无，不能意指任何事物。因此，我们不能认为它具有凌驾于要素之上的

① 阿多尔诺：《否定的辩证法》，张峰中文译本，重庆出版社 1993 年版，第 99 页。

本体论的先验性。错误的推论在于把这种否定——一种要素不能还原于另一要素——改造成某种肯定。”“由于‘是’既不是一种纯主观的功能，也不是一种物品、一种存在物——因为对我们传统的思维方式来说它绝不是客观性——海德格尔便把它叫作‘存在’、即既非主观又非客观的第三者。这种改变忽视了这一术语的意图，而海德格尔却自认是这一术语谦卑的解释者。‘是’既不可以叫作一种纯思想，也不可以叫作一种纯存在物，因此不允许被美化成与这两种规定性相独立的某种先验的东西。每一种思考‘是’的企图即使是以最苍白的一般性来思考，都要一方面导致存在物，另一方面导致概念。要素的星丛不应被还原为某一种本质，在这个星丛中内在地存在的东西本身不是本质。‘存在’一词只有就它不被思考而言，它许诺的统一才可维持下去，因为它的意义不能按照海德格尔自己的方法得到分析，而任何这样的分析都将暴露出在存在的深渊中消失的东西。但如果这种分析被存在当作禁忌的事情，疑难就变成了虚假判断。据说应该把存在设想为绝对，但它之所以是绝对只是因为人们不能思考它。它在要素的彼岸闪光，只是因为它魔术式地蒙蔽了人们对要素的认识。由于理性不能竭尽全力去思考，理性本身便成立坏的。”①

进而阿多诺强调，“存在不具有先验性”。他说，“与海德格尔这个相信整体者所实行的语言原子化相反，事实上，每一单个的概念本身与被分类逻辑所忽视的判断之间已经结下了不解之缘。过去把逻辑划分为概念、判断和结论三部分，这是一种类似于林奈体系的遗风。判断不是概念的纯粹综合，因为没有判断就没有概念——海德格尔也许是在经院哲学的影响下忽视

① 阿多尔诺：《否定的辩证法》，张峰中文译本，重庆出版社 1993 年版，第 99～102 页。

了这个事实。然而，在存在以及'是'的中介之中，主体还存留着。……每一判断的分析把人们引向主体和客体，但这一事实并没有创造一个超越这些要素的领域、一个'自在的'领域。分析的结果是这些要素的星丛，而不是一个优越的或至少更一般的第三者。""当然，人们可以在海德格尔的意义上说'是'不是一种物，不是 ταὄντα（实体），不是一种存在物，不是我们通常用客观性意指的东西。因为'是'离开了综合就没有任何根基，在人们打算作出的事实陈述中没有相应的、可以将其解释为存在的 τοδε τι（这个）。因此，人们结论说，'是'肯定表明一种第三者、即存在，但这一结论是错误的，是自给自足的语义学的突然袭击。这种错误推论由于这样一个事实而明显起来；这种假定纯洁的'是'的基础是不可思议的，每一种想思考它的企图都会碰上相解除实体化的存在的中介。然而，对海德格尔来说，这种不可思议性产生了一种效益，一种有助于增加存在的形而上学尊严的东西。""不可否认，存在根不是一切存在的东西，不是一切事实的东西的总体。……在与 τὰὄντα（实体）——每一事物不单是它存在的样子——相对立的'存在'一词中继续起作用的东西意味着紧密结合，而不是某种先于紧密结合的东西"。①

阿多尔诺在以上论述前后，还列出标题"对本体论的内在批判"、"存在的问题"、"存在的神话"、"实存的动能"等等，展开了论述。在此过程中阿多尔诺强调，"事实上，只有命题才能是本体论的。有意识的个人（他的意识不能离开他而存在）在空间和时间上仍然是一种现实性，一种存在物；他不是存在。在存在之中——因为它是一个概念，不是直接的材料——有主

① 阿多尔诺：《否定的辩证法》，张峰中文译本，重庆出版社 1993 年版，第 102～103 页。

体；但在主体之中有个人的意识，因而有某种本体的东西。这种存在物能思考，这并不足以使他丧失他作为一个存在物的规定性，仿佛他直接是本质的。他恰恰不是‘自在地’‘本体论的’，因为这种自我要求有那种在本体论的在先性学说中被排除掉的本体性。”① 阿多尔诺强调，如果不这样认为，那就会如处于“存在学说的黑暗夜空中，不再有闪烁的星星。实存用不着神圣化的因素便被神圣化了。存在物应具有的或受其制约的永恒观念只剩下了关于存在物的赤裸裸的证明：对权力的赞同”。②

在阿多尔诺看来，他所说的“‘新本体论’本身就是这样一种替代品，例如，“一般说来，作为替代品的不单是文化工业填鸭式的给大众带来的基本的愿望实现——实际上用不着相信他们。在官方的文化教规的珍宝库里，在假定崇高的哲学领域里，幻想是无边界的。这种幻想今天最紧迫的需要表现对某种坚固之物的需要。这种需要激励了本体论，本体论据之来衡量自身。这种需要的权力在于人民不愿被他们无力反对的历史动态所埋葬。”③

有研究者叙述道：尼采之后，特别是胡塞尔－海德格尔的哲学，主要批判了传统形而上学的基础本体论。《存在与时间》的问世，通常被人们视为旧本体论已经被彻底颠覆的标志。然而，阿尔多诺的提问是，海德格尔之后，本体论的需要究竟是被取消了，还是在一个更深的层面中被最大限度地强化了？他

① 阿多尔诺：《否定的辩证法》，张峰中文译本，重庆出版社 1993 年版，第 125 页。

② 阿多尔诺：《否定的辩证法》，张峰中文译本，重庆出版社 1993 年版，第 131 页。

③ 阿多尔诺：《否定的辩证法》，张峰中文译本，重庆出版社 1993 年版，第 90 页。

的答案显然是后者。①

阿多尔诺认为，通过研究可以看到，海德格尔《存在与时间》中的理论原则已在他的老师胡塞尔的著作中出现，虽然海德格尔在学术上压倒了胡塞尔。阿多尔诺说：“胡塞尔与海德格尔以自我的原则——胡塞尔称之为先验自我，海德格尔成为存在——取消了必然性与偶然性之间的间隙。在两种哲学中都存在观念与现实的交互作用。海德格尔想掩盖不可解决的矛盾，（如无时间的本体论与历史）通过把历史本体化为历史性，然后把矛盾转化为‘存在的结构’，这方面已预先存在于胡塞尔的认识论中。胡塞尔也同样把不可解决性本体作为对问题的解答。”②

阿多尔诺发现，在海德格尔之后，人们对本体论的需要实际上转变为一种无形的学术运演前提，与过去旧本体论的那种简单的固定化的本源求证相比，它高深莫测地成为一种动态的形而上学追问。这是发人深省的指认。他认为，其实“本体论越是不在确定的内容上固定下来，它就越像是超自然的”，因为“无形性似乎是不可辩驳的”。在阿多诺眼里，海德格尔固然消解了传统的形而上学本体论，但实际上又铸就了一种新的本体论。他曾指出说，这是一种功能性关系背后的存在本体论。

关于此，阿多尔诺说：“这种发展和本体论需要本身的疑难分不开。这种本体论的需要不能被这种哲学所满足，正如它一度不能被先验体系所满足一样。这就是本体论曾被笼罩在烟雾中的原因。以一种更古老老的德国传统相一致，本体论把问题摆在比答案更高的地位，在它未实现它许诺的东西的地方，它

① 张一兵：《无形的本体牢狱：海德格尔颠覆本体论的颠覆——阿多尔诺〈否定辩证法〉解读》，载《马克思主义研究》2001年第1期。

② 阿多尔诺：《否定的辩证法》，张峰中文译本，重庆出版社1993年版，第131页。

曾安慰性地把这种失败提升到存在的水平。”[①]

依阿多尔诺之见，海德格尔哲学是使“绝对变成了它最不想成为的东西、批判的真理谈论的东西，即一种快速的且粗俗地提供调节规范的自然历史的事情”。在海德格尔那里，绝对并没有消失，只是成为一种被批判地改造了的东西，僵死的本体存在（存在者）变成了功能性的存在，这个存在仍然是在本体上最优先的东西。阿多诺揭露道，海德格尔的这种本体论重建，是设想通过“把问题摆在比答案更高的地位”来实现。面对存在，不能靠二元分立中的主体对象性（“在手”）地认知，只能由“此在”历史性的“在世”（从“上手”开始的“去”存在）关系中去追问。所以，阿多尔诺说：在这里，“哲学的答案不是既定的，不是作出的，不是制定的，他们是在展开的透明问题中的突变”[②]。

这样，在阿多尔诺讲来，海德格尔的基础本体论成为一种异质于传统形而上学实体本原的建构，它是提出一种活的功能性的、意向关系性的存在“本体”。阿多尔诺的看法是，在形而上学看到“现成性本体”的地方，海德格尔发现了非存在者状态上的“功能性存在”，这是功能性的“生存（Existenz)”[③]。世界不是外部的“现成的手”的对象化客体，而是在此由于手指引出来的“姻缘整体性”的在世关联。而海德格尔的功能性反思有着两个不同的层面：即功能性的在世关联与从在世返归存在的本真性意向关联。本真存在发生在此，在追问一种反对物

① 阿多尔诺：《否定的辩证法》，张峰中文译本，重庆出版社 1993 年版，第 59 页。

② 阿多尔诺：《否定的辩证法》，张峰中文译本，重庆出版社 1993 年版，第 59 页。

③ 海德格尔：《存在与时间》，陈嘉映等中文译本，三联书店 1999 年第 2 版，第 136 页。

化的意向性返回中；本真的存在相对于实有的世界倒是无。它只是一种本真的意向性垂直关系。人们注意到，阿多尔诺只是一般地言说海德格尔的功能性本体论，但少有更精细的理论界定。①

当然，阿多尔诺作了一些背景分析，他说：“本体论的需要很少能够保证能够得到他所欲求的东西，犹如饥饿的折磨不能担保得到食物一样。但对这种保证的盲目信任却折磨着一种未曾预料到的哲学运动。为此，这种哲学运动也特别陷入了不真实的肯定。‘遮暗世界绝不会使我们得到存在之光’（海德格尔：《来自思维的经验》一书的用语——引者注）范畴是产生本体论的问声的原因。为此，基础本体论要么否认范畴，要么使之升华，以致他们不再适用于任何不友好的对立。从每一范畴中可以看出，范畴完全是一种匮乏而不是生产的印迹，它们是这种匮乏的补充的意识形态。然而，对存在的崇拜、或至少存在这个词被当作优等物而产生的吸引力靠的是这样一种事实：在现实中，正如一度在认识中一样，功能概念越来越排挤本体概念。”这样，“存在，被看作与这种本体性同样不明说的存在，永远比功能关联域活的更久。”② 由此，我们才能看清阿多尔诺为什么指责海德格尔，也才能理解海德格尔究竟是在否定绝对哲学还是在一种“更隐蔽的本体论”中肯定旧本体论。③

阿多尔诺说，康德的“哲学企图凭靠那种对他想拯救之物构成威胁的东西来实现这种拯救”。而在实质上“有一个客观上

① 参见，海德格尔：《存在与时间》，陈嘉映等中文译本，三联书店 1999 年第 2 版，第 128 页。

② 阿多尔诺：《否定的辩证法》，张峰中文译本，重庆出版社 1993 年版，第 61 页。

③ 以上参见张一兵：《无形的本体牢狱：海德格尔颠覆本体论的颠覆——阿多尔诺〈否定辩证法〉解读》，载《马克思主义研究》2001 年第 1 期。

支持复活本体论的事实的确是和本体论的观念最不和谐地共存的。这个事实是：主体在很大程度上要成为一种意识形态以掩盖社会客观的功能关联域，并为主体在社会中的苦难进行辩解。在这种意义上——不单是今天——非我急剧地走在了我的前面。”[①] 这里讲到的“我”、“非我”，实质上是就在物化中的物支配主体的颠倒关系而言；阿尔多诺强调的意思在于：这种物化关系造就着不以人的意志为转移的客观“功能关联域”。

阿多尔诺由此讲到了有关“第二自然”及“人类中心说”的问题。他说，“有一种普遍的感觉、一种普遍的畏惧；我们在支配自然上的进步或许正日益促成那种据说这种进步会保护人类免遭的灾难，或许正在编织社会粗鄙的长成的第二自然。”“本体论和存在哲学是反应的模式，意识希望以这些模式——和其他更粗糙的模式一起——来逃避上述麻烦。但本体论和存在哲学本身包含着一种命定的辩证法，那种把人排除的创造的中心之外并使人意识到自己无能为力的真理将像一种主观的行为方式一样证明这种无能为力的感觉，使人们与它相一致，因而强化了第二自然的魔法。对存在的信仰、一种从批判的预感中派生的模糊的世界观正如海德格尔有一次轻率的确定那样，实际上已退化成一种存在的奴役。”[②]

阿多尔诺讲：“本体论的普遍成功哺育了一种幻想；直接意向的状态是完全可以被一种充满了唯名论和主观主义沉积物的意识所选择的，而只有通过自我反思，这种意识才成为现实的东西。当然，海德格尔看穿了这种幻想。他凭靠那种在直接意

① 阿多尔诺：《否定的辩证法》，张峰中文译本，重庆出版社 1993 年版，第 63 页。

② 阿多尔诺：《否定的辩证法》，张峰中文译本，重庆出版社 1993 年版，第 64 页。

向和间接意向之外，在主体和客体之外、在概念和本体之外而盛行的存在学说绕开了这种选择。”阿多尔诺指出，在海德格尔那里“存在是至高无上的概念——因为说‘存在’的人说出的不是存在本身，而是这个词——也可以说它有居于一切概念之上的特权，因为思想家根据‘存在’一词所考虑的要素、抽象的获得概念的同一性标记的要素并没有穷尽。”阿多尔诺强调，海德格尔的“关于存在的谈论是以胡塞尔的关于范畴直观形象或本质直觉的学说为前提的……用该学派的观点来说，只有靠胡塞尔的这种观点，海德格尔哲学归于存在的结构才能被‘启封’或‘展露’。海德格尔强调的存在是观念本身产生的东西的理想”。[①] 阿多尔诺说，康德曾讲“哲学企图凭靠那种对他想拯救之物构成威胁的东西来实现这种拯救”，而在实质上，“有一个客观上支持复活本体论的事实的确是和本体论的观念最不和谐地共存的。这个事实是：主体在很大程度上要成为一种意识形态以掩盖社会客观的功能关联域并为主体在社会中的苦难进行辩解”。在此意义上“非我”走在了“我”的前面。“而关于走在了‘我’的面前的‘非我’，在海德格尔的哲学中绕开了这一事实，但又理会到了这一事实。在他的手中，这种历史的第一性成了‘存在’绝对的对一切本体的和现实的事物的本体论在先性。”“可以说，处在哲学的自我反思中的主体已使过去几个世纪对地球中心说的批判成了对它自身的批判”，“人类中心说的生活意识已被动摇了”。[②] 阿多尔诺指认，海德格尔的做法本身实际上是对人类中心主义话语的动摇。

① 阿多尔诺：《否定的辩证法》，张峰中文译本，重庆出版社 1993 年版，第 61 页。

② 阿多乐诺：《否定的辩证法》，张峰中文译本，重庆出版社 1993 年版，第 63 页。

阿多尔诺在大量分析海德格尔哲学在“本体论”方面的见解时，又指出，“海德格尔动员了范畴观方面的所谓更高贵的尊严，把认识批判的问题当作前本体论的问题并连同他的合法性问题一起清除掉了。对初步的认识论的不满意证明彻底清除它是合理的。教义学简单地变成一种更高的真理以便反对对教义学的传统批判，这就是海德格尔好古的根源。希腊的‘存在’一词的模糊性——这种模糊性可以追溯到伊奥尼亚人未能把物质、始基和纯本质区别开来——并没有被算作一种缺陷而是被当作起源的优越性。这种模糊性的使命是治愈‘存在’概念的概念性创伤、弥补思想与其内容之间的裂痕”。[1]

这样，阿多尔诺又以“本体论的客观意义”为标题展开论述说，“那种在衰亡——主观化的形而上学和客观化的形而上学二者的衰亡——之前是万古长存的东西将不得已的变成成一种僵硬的‘自在’”。所以海德格尔“费力地把两种对立的立场均匀的列在存在的失落，以回避批评家的争论”。阿多尔诺指出：“它的概念的升华还是不停息的继续胡塞尔的还原。存在所意指的东西就像被剥掉了一切个体化的生存一样，也被剥掉了一切合理抽象的痕迹。这种存在以主体已经摆脱的那种同义反复而告终；‘但存在——什么是存在呢？它就是它自身。’[2] 对存在来说，没有任何办法可避免同意反复。当人们以谨慎的坦率选择同意反复，发一个庄重的誓言时，同意反复并没有变得更好一点”。而“存在的概念如果被新本体论所使用……新本体论‘任意地结束了那种其纯正形式恰恰与纯粹直接性相反的存在、即

① 阿多尔诺：《否定的辩证法》，张峰中文译本，重庆出版社 1993 年版，第 66 页。

② 海德格尔：《柏拉图的真理学说》，波恩 1932 年第 2 版，第 76 页。

一种只在中介中才有意义的彻底的间接，亦即强加于绝对的直接。'[①] 在这种本体论中，存在只能靠自身来定义，因为它既不能通过概念来理解——换言之，不是'可中介的'——又不能按照感觉良知的模式来直接证明。任何批判的存在权威所做的只是重复纯粹的名称。残余物、即假定未受损害的本质[②]，成了有动机的思想运动必须抛弃的那类 αρχη（原理）之一。""正如海德格尔有一次在"《什么叫思维？》中"反对萨特时所指出的，一种哲学否认自己是形而上学并没有解决他是还是不是的问题，但证明了某种怀疑是有道理的，说明在这种拒绝承认他的形而上学内容之中可以暗藏着不真实"。这"都清除不掉在亚里士多德的形而上学中因 τοδε τι（'这个'）和 πρωτη ονσια（'第一存在'）的联系而引起的困难，现在这些困难出自新本体论绝对、朴素的恢复的存在和本体的不连贯的规定性。任何对客观性的要求不管多么合法都不能使我们认为康德对上帝的本体论证明的批判是可以消灭的"。[③]

所以，阿多尔诺讲，"本体论的设计感觉到了这一点。它把这种合法性投射在受害者主体身上，它们发狂地以自在秩序——直至最抽象的秩序、存在的结构——的启示淹没了客观否定性的预感。在一个又一个地方，世界开始转向对秩序的恐惧，并不像辩护哲学公开的或私下的抱怨的那样转向其社会对立面。自由在很大程度上依然是一种意识形态。人们无力反对制度，不能合理地决定他们的生活和总体的生活，甚至不能不更加痛苦地思考这种决定——这迫使他们的造反采取了使人厌

① K. H. 哈格：《新本体论批判》，斯图加特 1960 年版，第 73 页。

② 参见海德格尔：《什么叫思维？》，图宾根 1954 年版，第 57 页。

③ 阿多尔诺：《否定的辩证法》，张峰中文译本，重庆出版社 1993 年版，第 66～68 页。

恶的形式；宁要更恶要不要更好的外表。这就是直到最近的哲学高兴地为之奋斗的东西。”[①]

阿多尔诺认为，在海德格尔那里，“存在物从那种对他进行综合的精神中借来了并非实际的存在的光芒：先验的神圣性。这种结构假设自身优越与反思的知性，指责知性用一把解剖刀把存在物和概念分隔开来。”[②] 阿多尔诺指出，海德格尔的“基础本体论像现象学一样仍然是实证主义的情愿的继承人。”[③]

阿多尔诺讲，近代本体论已经不像旧本体论那样为等级制度助威了，“来自本体论复兴时期的对等级制度的好感也就消失在存在的无限权力和孤独中。”哲学已经发生了一种变化，“从对本体和固体的需要变成一种避免社会曾实行的、并且绝对支配其成员的精神物化的需要。避免这种精神物化的手段是一种谴责这种物化的形而上学，这种形而上学求助于一种不能丧失的起源来限制物化。但实际上，对物化的伤害并不比本体论对科学活动的伤害更严重。”“失去面子的永恒价值什么也没留下，只有对存在、即万物之前的本质的神圣性的信任。由于面对着存在——存在被认为本身是动态的、‘发生的’——物化的世界是卑鄙的、非内在的，所以便被认为不值得变化。”[④] 如果这样，“主体和客体会暂时或永恒地处于愉快的原始统一状态，这样的图景只是一种浪漫的幻想，然而，有时候也是一种充满希望的

① 阿多尔诺：《否定的辩证法》，张峰中文译本，重庆出版社 1993 年版，第 86 页。

② 阿多尔诺：《否定的辩证法》，张峰中文译本，重庆出版社 1993 年版，第 86 页。

③ 阿多尔诺：《否定的辩证法》，张峰中文译本，重庆出版社 1993 年版，第 87 页。

④ 阿多尔诺：《否定的辩证法》，张峰中文译本，重庆出版社 1993 年版，第 87 页。

设想，不过，在今天只是个谎言。”[①] “海德格尔助长奴隶思维并且以反对舆论市场的标准姿态践踏‘人道主义’这个词。他在反对一切‘主义’的统一战线中得到了一席之地。”阿多诺气愤地质疑：“大概可以问问海德格尔，他是否只是因为他的实物学说想活下去就不愿废止这种太可恶的关于人道主义的空谈。”[②]

阿多尔诺针对海德格尔激烈地指出，“如果哲学的复归和手段把一种存在物投射给存在，那么存在物就令人满意地呗证明是合理的；如果存在被轻蔑地当作一种‘纯存在物’，那么它可以继续毫无阻拦地从外部作害。这同独裁者的感觉几乎没有什么区别，独裁者不愿访问集中营，而集中营的官员却忠实地执行他的指示。”[③]

三、马尔库塞

赫伯特·马尔库塞（Herbert Marcrse，1898—1979）生于德国柏林的一个犹太人家庭。第一次世界大战爆发后，他应征入伍，此后又经历了德国革命等重大事件。在此期间，其政治态度一直是偏向激进，年轻时曾参加过德国社会民主党，不久退党。德国革命失败后，他在柏林大学和弗赖堡大学学习哲学，退出政治活动，就读于胡塞尔和海德格尔门下。他 1922 年获得博士学位后当上了海德格尔的助手，但不久因观点分歧，分道扬镳。1932 年他与霍克海默相识，参加法兰克福社会研究所。1934 年随研究所前往美国，先后在美国的一些研究机构和高等

① 阿多尔诺：《主体与客体》，汉译文载《法兰克福学派论著选辑》，商务印书馆 1998 年版，第 209 页。

② 阿多尔诺：《否定的辩证法》，张峰中文译本，重庆出版社 1993 年版，第 86 页。

③ 阿多尔诺：《否定的辩证法》，张峰中文译本，重庆出版社 1993 年版，第 97 页。

院校任职任教，1942—1950 年受聘于美国政府当研究分析员，起初在战略情报局工作，后来进入国务院。离开政府工作后，他又在哥伦比亚大学和哈佛大学担任研究员。20 世纪 60 年代末，他积极支持西方青年学生的造反运动，被誉为“新左派之父”、“青年造反者的明星和精神领袖”。1963—1964 年任耶鲁大学历史系客座教授。1964—1965 年担任布兰代斯大学政治学和哲学教授，并取得终生教授的职务，此间还在法国巴黎高等师范学校任过职。他从布兰代斯大学退休后，担任加州大学圣地亚哥分校的哲学教授。1966 年荣获柏林大学荣誉教授称号。1979 年 7 月 29 日，马尔库塞在赴联邦德国讲学期间，逝世于施塔恩贝格，终年 81 岁。

学界一般认为，马尔库塞的思想发展大致可划分为三个阶段：20 世纪 30 年代受存在主义影响较深；40 年代致力于解释“马克思主义与黑格尔主义的紧密联系”；50 年代则主要是从弗洛伊德的精神分析学出发解释马克思主义。他的主要著作有《理性与革命》(1941)、《爱欲与文明》(1955)、《苏联的马克思主义》(1958)、《单向度的人》(1964)、《论解放》(1969)、《反革命与造反》(1972) 等。

马尔库塞的早期思想曾被研究者称为“海德格尔的马克思主义”。他把海德格尔关于 Being 和此在、个人生存的本体境况之话与马克思的“社会—历史性”结合起来，对人的存在作出分析。其后的研究表现出他挥之不去的海德格尔思想基调。马尔库塞的中期思想被研究者称为“黑格尔主义的马克思主义”。他追溯马克思思想的黑格尔根源，发掘黑格尔的思想，对社会政治经济和人的异化作出批判。马尔库塞在其中后期思想中，由于十分注重以弗洛伊德的精神分析学说来解释马克思主义，曾被研究者们称为“弗洛伊德的马克思主义”。

马尔库塞的学术道路曾与存在主义有密切联系。马尔库塞在德国弗赖堡大学学习时，海德格尔是其指导教师。马尔库塞的博士论文《黑格尔的本体论与历史性理论的基础》就是在海德格尔的指导下完成的。并且，马尔库塞在研究海德格尔的存在主义时把马克思主义与海德格尔的存在主义相嫁接，重视张扬“海德格尔的马克思主义”的提法。而关于马尔库塞与萨特哲学的联系，在马尔库塞看来，萨特把自由视为本体。而萨特讲的自由本体难以在说明社会存在时发挥作用。萨特也认识到了自己理论的不足，力图使“自由本体”与“社会存在”相统一，但处于难以克服的困难中，于是他又退回到抽象的自由本体去了。马尔库塞认为，只是在后期萨特才实现了他的理论转向。①

马尔库塞对萨特存在主义评论说：“《存在与虚无》一书，开宗明义，区别了两种类型的存在：自为存在（为我、意识、我思）与自在存在（在我）。”② 马尔库塞指出，萨特把具体的个人的存在视为本体，这不可避免地要导致超验本体与经验本体的矛盾冲突，因为现实存在的具体的个人是在给定的社会条件下存在的。具体的人不可能是完全超验的，他必定有他的现实规定性，这导致萨特一定要探讨自由本体的现实存在，就这一点而言，萨特的自由本体之论与海德格尔关于本体的理论有着区别，海德格尔是在纯粹超验范围内探讨本体论的。

在马尔库塞眼里，萨特讲的自由是人的存在本身，但人的存在作为一个“沮丧”的、“破缺”的存在，其中自由表现为一个过程，表现为一个不断战胜“沮丧”的过程，要超越自我和境遇，最终实现完整存在。也就是说，人既是人又是非人，只

---

① 参见，张和平：《论马尔库塞对萨特存在主义的评判》，载《西北师大学报》1998年第3期。

② 马尔库塞：《现代文明与人的困境》，上海三联书店1989年版，第8页。

有在这一过程结束时，他才能成为真正的人。所以有学者说，萨特的本体的自由之概念并非现实、具体、经验的存在，这使之哲学就具有了斯多葛、基督教和柏格森哲学的特点。马尔库塞明确指出："人们似乎可以看出，萨特本人的本体论自由思想也可以被判定为'唯心主义的神秘化'，《存在与虚无》对这种判定不能给出提出任何辩护。"[①] 马尔库塞认为，萨特通过关于"自为"的论说勾勒出了阶层、阶级、国家等等概念的区别，但他把这些具体存在归结为"自为"的本体性表现。这就导致本体论主体与历史主体的虚假等同，导致把人的具体存在归结为抽象本质，而且先于存在。这显然与萨特的"存在先于本质"命题是相矛盾的。马尔库塞指出，萨特存在主义的自由无法解释人在经验世界中的不自由。马尔库塞说："在他已经被贬低为一件物品、一种工具的情况中，在他几乎完全是作为肉体存在的地方，他的'自为'就丧失殆尽"。[②]

马尔库塞认为，萨特为了解决其学说中的矛盾，把我思或自我意识规定为展现活动中的具体的个人存在，把他的存在主义哲学规定为"一种行动的哲学"[③]。萨特认为："人是自由的，并不因为他是其所是，而是因为他能显现其所是。仅仅是其所是的存在是不自由的。自由实际上是一虚空，这虚空在人的心中；这虚空使人类实在去创造自身的存在。"[④] 对于萨特的上述观点，马尔库塞分析说，萨特"对人的自由的论述到此已达到自行退场的地步。"[⑤] 这是因为，法西斯的极权统治与迫害犹太

① 马尔库塞：《现代文明与人的困境》，上海三联书店 1989 年版，第 39 页。
② 马尔库塞：《现代文明与人的困境》，上海三联书店 1989 年版，第 30 页。
③ 萨特：《存在主义与人道主义》，巴黎，1948 年版，第 95 页。
④ 萨特：《存在主义与人道主义》，巴黎，1948 年版，第 539 页。
⑤ 马尔库塞：《现代文明与人的困境》，上海三联书店 1989 年版，第 25 页。

人的"刽子手的铁钳"与人的自由是对立的，而萨特的存在主义却把二者视为是统一的、一致的、等同的。马尔库塞进一步说："假如一种哲学借助其对人或自由的存在本体论的分析，能够把被迫害的犹太人和刽子手屠刀下的牺牲品证明为完全自由的，证明为依然是其应当自负其责的选中的主人，那么，这些哲学的思想就堕落到纯意识形态的水平上。"① 因为按萨特"人的实在"的思想，刽子手和迫害者完全有理由认为他们的行为是自由本体的行为表现。但这不仅歪曲了人的真实存在，而且也使"自由"的本来涵义丧失殆尽。因此，马尔库塞强调，萨特的哲学实际上"在哲学术语与存在术语之间，拉开了一个根本的鸿沟"。"这些人的存在并不处于哲学的层面上"②。这种自由，在"人的实在"中，在社会生活领域中只有少数人才拥有。

马尔库塞出于对现代社会中人的异化根源的探求，由弗洛伊德的本能理论提出了"爱欲解放论"。"爱欲解放论"是马尔库塞所设想的"非压抑的文明方式"的主要内涵。马尔库塞指出，现代社会中人的异化根源在于人的本能结构遭到了破坏。在弗洛伊德的理论中，文明的发展与本能的压抑是联系在一起的。马尔库塞在其《爱欲与文明》这本著作中说，"人的历史就是人被压抑的历史"，"一种压抑性的本能组织是文明中现实原则的一切历史形式的基础"。③ 马尔库塞认同弗洛伊德"本能压抑"之说，认为人的被压抑就是人的异化，他由此角度对人的异化进行阐明。但是，马尔库塞认为，弗洛伊德的本能理论没有作出生理因素和社会因素之间关系的区分。以马尔库塞这样

① 马尔库塞：《现代文明与人的困境》，上海三联书店 1989 年版，第 25 页。

② 马尔库塞：《现代文明与人的困境》，上海三联书店 1989 年版，第 45 页。

③ 马尔库塞：《爱欲与文明》，黄勇、薛民中文译本，上海译文出版社 1987 年版，第 21 页。

表述，“弗洛伊德的术语没有在本能的变迁与社会历史变迁之间作出恰当的区分”,① 这就有可能导致本能压抑的永恒化，进而导致了弗洛伊德对人类文明前景的悲观主义态度。由此，马尔库萨提出，“对他的这些术语，现在必须配以相应的表示特定的社会—历史区分的术语”,② 这个“特定的社会—历史区分的术语”就是“基本压抑”和“额外压抑”，以及“操作原则”。马尔库塞认为，所谓“基本压抑”，指的是“为使人类在文明中永久生存下去而对文明所做的必要‘变更’”。③ 换句话说，这种压抑是建立在生命有机体本身所固有的缺乏和缺陷之上的，是为维持人类的生存和文明的建立所不得不实施的压抑；原始人就是在这种压抑的基础上，才逐渐摆脱野蛮状态进入文明的。而“额外压抑”则是指“产生于特定统治结构的附加控制”，“为特定的统治利益而维持的特定社会条件的结果”。④所以，额外压抑是在一定的历史阶段上产生的，受统治阶级特殊利益支配的过多的压抑。在马尔库塞看来，尽管“在文明史上，基本压抑和额外压抑总是不可分割的错综复杂的交叉在一起”,⑤ 但是从总体上说，在前现代时期，主要是基本压抑阶段，因为那时候生产力水平相对低下，人们的生活资料缺乏，因此对人实施的压抑主要是基本压抑，而到了现代社会，则主要是额外压抑阶段，

① 马尔库塞：《爱欲与文明》，黄勇、薛民中文译本，上海译文出版社 1987 年版，第 21 页。

② 马尔库塞：《爱欲与文明》，黄勇、薛民中文译本，上海译文出版社 1987 年版，第 21 页。

③ 马尔库塞：《爱欲与文明》，黄勇、薛民中文译本，上海译文出版社 1987 年版，第 21 页。

④ 马尔库塞：《爱欲与文明》，黄勇、薛民中文译本，上海译文出版社 1987 年版，第 23、62 页。

⑤ 马尔库塞：《爱欲与文明》，黄勇、薛民中文译本，上海译文出版社 1987 年版，第 23 页。

因为现代生活物质丰富，人们不再为生活资料缺乏而担忧，因而所实施的主要是为维护统治阶级的利益而强加的压抑。

在马尔库塞看来，如果说“额外压抑”是现代文明压抑的特征，那么支配这一现代文明的现实原则则在“操作原则”这个术语中得到了体现。所谓操作原则就是指“现实原则的现行历史形式”，[①] 换句话说，操作原则实际上就是资本文明的现实原则——它利用科学技术的新成果，以技术合理性的要求确立人们精神的、行为主义的模式，以竞争性的经济原则规范人们的行动方向，从而在人们的社会生活中，占据了每一个角落，甚至使个人的思想和行为、个人所具有的各种机能一体化，从而使人的异化达到了无以复加的地步。

马尔库塞强调，“正是文明本身‘给现代人造成这种创伤’，因而只有一种新的文明才能治愈这种创伤”。[②] 在后来《单向度的人》一书中，马尔库塞引用本雅明的话说，“只是因为有了那些不抱希望的人，希望才赐予我们”。[③] 对于马尔库塞来说，这种非压抑性文明实际上就是本能的革命，这个“本能的革命”具体说来就是“爱欲解放”。“爱欲”是弗洛伊德后期理论中与死亡本能相对的生命本能，它是人的肌体对普遍快乐的一种追求，“是保存一切生命的巨大的统一力量”。[④] 爱欲的解放意味着使人的整个身心都获得全面的持久的快乐，它不同于单纯追求

① 马尔库塞：《爱欲与文明》，黄勇、薛民中文译本，上海译文出版社 1987 年版，第 21 页。

② 马尔库塞：《爱欲与文明》，黄勇、薛民中文译本，上海译文出版社 1987 年版，第 136 页。

③ 马尔库塞：《单向度的人》，刘继中文译本，上海译文出版社 1989 年版，第 231 页。

④ 马尔库塞：《爱欲与文明》，黄勇、薛民中文译本，上海译文出版社 1987 年版，第 15 页。

异性肉欲快感的性欲，而是把性欲转变为爱欲，“随着性欲转变为爱欲，生命本能也发展了自已的感性秩序，而理性就其为保护和丰富生命本能而理解和组织必然性而言，也变得感性化了”。[①]对这种变得感性化了的理性，马尔库塞称之为“感性的理性”或“满足的合理性”，也就是他后来所称的“新感性”。论述这种“新感性”，成为马尔库塞思想的主要着力点。

为了更好地说明这种“新感性”的思想，马尔库塞对传统理性的本体论进行了分析。在马尔库塞看来，西方思想从古希腊的亚里士多德开始，就确立了把逻各斯视为存在的本质的本体论思想。这个“逻各斯是抑制本能的理性”，[②]这种理性一直伴随着西方的文明发展史，而且其统治愈演愈烈，直至今天理性变成极端抽象的“工具理性”统摄一切。但是，这种理性本体论在其发端处就已经意识到统治的逻辑不可能一帆风顺。因此，寻找“逻各斯”和“爱洛斯”的结合，寻找主客体关系的调和，在西方一直作为统治逻辑的补充而存在，西方思想在这种张力中前进，其最高的成就体现在黑格尔哲学中。黑格尔通过绝对知识来调和主客体对立的关系，但是由于绝对知识仍然属于亚里士多德的“神的努斯”，所以黑格尔并没有克服理性本体论的根本缺陷：在纯思想的运动中把握对象，对象并没有生命，这种把握只不过是满足或检验自我的力量而已。

马尔库塞通过上述考察，得出了决定性的结论：“西方哲学以理念始，也以理念终。无论在其开端（亚里士多德）还是在其终端（黑格尔）那里，最高形式的存在、最高形式的理性和

① 马尔库塞：《爱欲与文明》，黄勇、薛民中文译本，上海译文出版社 1987 年版，第 164～165 页。

② 马尔库塞：《爱欲与文明》，黄勇、薛民中文译本，上海译文出版社 1987 年版，第 90 页。

自由，都表现为努斯，表现为精神。无论在其开端还是终端，经验世界都是一种否定性的东西，是精神的、或精神在世间的代表的材料和工具。……在开端与终端之间存在的，是作为统治的逻辑的理性的发展，即通过异化而达到的进步"。① 马尔库塞认为，要突破理性本体论，必须对存在的本质重新作出规定，"新的思想原则在此机构之外发展起来，它们具有不同的性质，服从不同的理性形式，不同的现实原则。这个变化，用形而上学的语言来表达，就是指存在的规定不再被看作逻各斯"。② 马尔库塞这里所指的"在此机构之外"的新的思想原则，就是指在以黑格尔为完成形式的理性存在论之外新的思想。这些思想将重新对存在的本质进行规定。为此，马尔库塞列举了叔本华、尼采和弗洛伊德的名字，认为他们的思想都是作为理性本体论的对立面而出现的。这"与以逻各斯为基础的存在观相抗衡，出现了一种以非逻辑的东西即以意志和快乐为根据的存在观。这股逆流也想努力表明其自身的逻各斯，即满足的逻辑"，用满足的逻辑对抗统治的逻辑，"于是传统本体论（ontology）遭到了非议"。③

马尔库塞由其用爱欲解放论来替代和反对理性本体论，注重指出，在理性本体论统治之下的感性，地位非常之低，它要么是属于认识的低级阶段、即为高级的理性认识做准备的阶段，要么是为知识提供纯粹的质料、即还有待于理智的高级机能来组织的材料。马尔库塞强调，必须把感性从理性的统治之下解

① 马尔库塞：《爱欲与文明》，黄勇、薛民中文译本，上海译文出版社 1987 年版，第 84 页。

② 马尔库塞：《爱欲与文明》，黄勇、薛民中文译本，上海译文出版社 1987 年版，第 90 页。

③ 马尔库塞：《爱欲与文明》，黄勇、薛民中文译本，上海译文出版社 1987 年版，第 89 页。

放出来。为此，马尔库塞考察了“美学”在哲学史上地位的确立，并用这一事件来表明感性原则的确立。他指出，美学(Aesthetic)这个词原先的含义就是指“属于感觉”。直到18世纪中叶，鲍姆加登才确定这个词的新的用法，即“属于美和艺术”，由此才成为一门新的哲学学科。马尔库塞认为，美学这门学科的成立是一个绝大的事件。因为在此之前，只“存在着一种作为概念理解科学的逻辑学，但不存在一种相应的作为感性科学的美学”，因此没有可以与具有逻辑本性的理性存在论相抗衡的东西，而“美学这门学科确立了与理性秩序相反的感性秩序”，从此理性一统天下的局面就将被打破，一直受到理性压抑的感性也将重获解放。于是，“作为一门独立学科的美学的基础抵抗着理性的压抑性统治：由于想要证实审美功能的核心地位并使之成为一种生存范畴，结果使感觉的固有真理价值在盛行的现实原则下没有发生退化”。[①] 可见，马尔库塞重新回顾“美学”确立的历史，其目的非常明确，那就是要建立一种以感性为基础的本体论以对抗理性本体论。这种感性已经不是在理性的压抑性暴政之下的感性，而是“新感性”。[②]

马尔库塞称这种新感性是“激进的感性”。“激进的感性这一概念强调感觉在构造理性时那种能动的、建构的作用；所谓构造理性，即是指铸造那些借以去组织、经验、改造世界的范畴。感觉并非仅为被动的、接受的：它们具有自身的‘综合’能力，它们导领着经验的原初材料”。[③] 这样，“我们的世界不仅

① 马尔库塞：《爱欲与文明》，黄勇、薛民中文译本，上海译文出版社1987年版，第132页。

② 以上参见叶晓璐：《马尔库塞的爱欲解放论及其存在论视域》，载《云南大学学报》2005年第6期。

③ 马尔库塞：《审美之维》，广西师范大学出版社2001年版，第124页。

出现于空间和时间的纯形式中，而且同时还作为一个感性性质的整体，即不仅是眼睛（视觉）的对象，还是所有人类感觉（听、嗅、触、尝）的对象”。[①]“所谓‘感觉的解放’，意味着在社会的重建过程中成为有‘实际作用的’东西，意味着它们在人与人、人与物、人与自然之间创造出新的（社会主义的）关系。同样地，感觉也成为一种新的（社会主义的）理性的‘源泉’。”[②]

四、弗罗姆

弗罗姆（Erich Fromm，1900—1980）是心理分析学家，是西方马克思主义中与弗洛伊德学说结合的哲学家。其学术特点在于，注重个体存在理论。弗罗姆1900年诞生于德国法兰克福一个传统犹太家庭里。弗罗姆在法兰克福长大，在那儿主修过法律学，未完成学业便转学海德堡，专修社会学、心理学和哲学，1922年在这里获得哲学博士学位。他于1926年娶了职业为心理分析师的Frieda Reichmann为妻，随后到柏林，在弗罗伊德的学生Sachs那里进修心理分析师的课程。弗罗姆于1929年在柏林开始从事“非正规医学出身”的心理分析师工作。1930年，他被聘为法兰克福社会研究中心的社会心理部门主任，与好友阿多尔诺（Theodor W. Adorno）一起工作。基于他的犹太背景，在二次大战期间，他与法兰克福社会研究中心一同移民到美国。1939年，因为他和阿多诺发生争执，而离开此研究中心。他著名的作品《逃离自由》于1941年问世。1949年他移居到墨西哥，继续从事心理分析工作。之后，他完成了《走出不健全的社会》（1955)、《爱的艺术》（1956)，以及《拥有或存

① 马尔库塞：《审美之维》，广西师范大学出版社2001年版，第124页。

② 马尔库塞：《审美之维》，广西师范大学出版社2001年版，第125页。

在》（1976）等著作。人们对弗罗姆有所谓“存在的教育学家”的封号。

弗罗姆强调了“拥有”与“存在”的区别，他指出，在一个以“拥有”为取向的社会里，不论是人或是物，都是可使人占为己有的东西。因此，一个人的幸福感，建构于能拥有某某人，或是占有、赢得某物品，尤其在占有和赢得更多的物品之上。弗罗姆指出，这个以“拥有”为中心的社会是不健康的，因为这幸福感将随着失去某人，或在无法占有想要的物品时而消失，人们往往因此而倒下，甚至精神崩溃。

费罗姆认为，在以“存在”为取向的社会里，人的存在便是幸福的根源。他指出，“存在”代表着一个正在进行的过程，意指“活动性、移动性”，换句话说，与“改变”的意义紧密相连。[①] 人们必须珍惜每个独特个体的存在，“他的存在便是一件美好的事情”。[②] 这是活生生的关系，不因为外在条件而放弃所爱的人。也因此，弗罗姆提出：这时“个人的发展不在满足社会的需求，而是在实现真正的自我”。[③]“使社会具有人性化。唯有如此，才能让每个独立个体受到尊重、得到充分发展的机会，不因失败、或无法达到社会需求时，而被遗弃。”[④] 弗罗姆指出，现代人患病的主要原因，是人们不知不觉地将“拥有”作为自己生命的目的。不容否认，人要生存下去，必须拥有一定的生

---

① FROMME. Haben oder Sein [J], 33 Aufl. Munchen : University Freiburg Presse, 2005: 59.

② FROMME. Die Kunst des Liebens [J] 63Aufl. Munchen : University Freiburg Presse, 2005: 55.

③ FROMME. Haben oder Sein [J], 33 Aufl. Munchen : University Freiburg Presse, 2005: 56.

④ FROME. Die Furcht vor der Freiheit [J], 3. Aufl. Munchen: University Freiburg Presse, 2006: 92.

活必需品、人际关系等。佛洛姆强调的以“存在”为中心的社会并不意指“人们得完全放弃占有事物，或者不去从事任何工作、不去追求任何的人生目标，而是人们不该紧握着所拥有的事物不放”，① 即不将所拥有的人、事、物当作可任意支配的物体。生活必需品、财富、学位、社会地位，甚至孩子，以及所爱的人，他们本身并不是不好的东西，弗罗姆指出人们患病的原因，是基于人们与这些人、事、物建立的不健康关系。“人们因为拥有他们而妨碍，甚至放弃自我的发展”。②

弗罗姆描述了一个他所理解的真实的乌托邦：由教育和心理工作人员以重视每个存在的个体为开端，瓦解经由“拥有”架构起来的权力互动模式，致力满足每个存在个体的发展机会。个人的发展不在于“拥有”，而在于实现真正自我的“存在”。③

弗罗姆关于“拥有”与“存在”的论断，又基于他关于“中世纪的人”“现代人”“健全的人”的分析。他指出，“原始共同体成员与其部落及自然”，“中世纪人与教会及其社会阶级”④ 被紧密联系在一起，牢固的依附关系虽然令人失去了自由，却保证其得以生活在有组织的整体中，由其位置与身份似乎产生一种“安全感”。弗罗姆讲：这时，“一个人在社会地位上几乎没机会从一个阶级转变到另一阶级。从地理位置来讲，

---

① FROMME. Haben oder Sein [J], 33 Aufl. Munchen : University Freiburg Presse, 2005: 191.

② FROMME. Haben oder Sein [J], 33 Aufl. Munchen : University Freiburg Presse, 2005: 136.

③ 以上有些内容参见，YUAN Wei：《在“拥有”与“存在”夹缝间的教育—佛罗姆（Fromm）的教育思想》，载《电子科技大学学报（社科版）》2008 年第 5 期。

④ 埃里希·弗罗姆：《逃避自由》，刘林海中文译本，国际文化出版公司 2000 年版，第 17 页。

他几乎不可能从一个镇迁到另一个镇，或从一个国家迁到另一个国家，他必须从生到死，待在一个地方，甚至连随己所好吃穿的权利都没有。……个人、经济和社会的生活都是受制于种种规则和义务，概莫能外”。所以，中世纪的人相信“地球和人是其中心，天堂或地狱是来世的归宿，显然，人的活动始终是因果相联的”。[①]“虽然社会是这样构造的，也给人安全感，但它束缚了人。它是一种有别于后来的权威主义和压迫的束缚。中世纪并未剥夺个人的自由，因为‘个人’尚不存在；人仍借始发纽带与世界相连。唯一使他认识到自己是个‘个人’的途径便是他的社会角色（即其天然角色）。他也未视其他人为‘个人’。到城里来的农民是陌生人，甚至城里不同社会群体之间的成员，也都彼此视对方为陌生人。个人自我意识、他人意识及世界意识尚未得到充分发展，尚未意识到三者是独立的实体”。[②]所以，弗罗姆宣称，“自由的意义是暧昧的”，“自由”仿佛一把双刃剑，一方面协助人类荣升为自然主宰者，另一方面又令其一次又一次地遭逢不安全的威胁。弗罗姆于是感慨地说：“自由成为一个难以忍受的负担。于是它便等同于怀疑，无异于一种缺乏意义与方向的生命”。此时，“‘摆脱束缚，获得自由’与‘自由地发展’两种自由之间的鸿沟越来越大”。[③]

弗罗姆认为，文明模式的转型发端于中世纪后期，大到整个社会的组织结构，小到个人的人格与心理机制，都出现了这样或那样的变化。也就是说，随着中世纪社会结构的解体，经

① 埃里希·弗罗姆：《逃避自由》，刘林海中文译本，国际文化出版公司2000年版，第29～30页。

② 埃里希·弗罗姆：《逃避自由》，刘林海中文译本，国际文化出版公司2000年版，第25页。

③ 埃里希·弗罗姆：《逃避自由》，刘林海中文译本，国际文化出版公司2000年版，第25页。

由文艺复兴和宗教改革运动的努力得以巩固，近现代意识崛起。弗罗姆指出，文艺复兴运动孕育出来的全新经济活动模式在很大程度上加速了上述过程的完成。在近代走向现代的过程中，无论是在财富还是在权力方面都给人以更大的自由空间，人们为了追逐财富与权力展开殊死搏斗。

弗罗姆认为，现代性之症结在于将人类从宇宙整体中割裂出来，使其孤立为个体；“个人化”过程愈演愈烈，到当代抵达顶峰。这样，一方面人的主体意识觉醒，另一方面无家可归的孤独情绪随之递增，导致“逃避自由”的心理机制形成。而“逃避自由”并不是真正的出路，那何以作出选择，弗罗姆认为，人们要“沿‘积极自由’前进；他能够自发地在爱与劳动中与世界相连，能够在真正表达自己的情感、感觉与思想中与世界相连；他又能成为一个与人、自然、自己相连的一个人，且用不着放弃个人自我的独立与完整”。①

弗罗姆的主张有别于马克思的劳动异化说，他提出人格异化的命题。他讲，“事实上，20 世纪的精神病比 19 世纪更为严重，尽管 20 世纪资本主义出现了物质的繁荣兴盛，并具有政治上和性方面的自由”。② 弗罗姆进一步解释说：“19 世纪的问题是上帝死了，20 世纪的问题是人死了”，③ 鉴于此，弗罗姆认为扭转异化现状的有效方法在于建立健全的人格。

弗罗姆描述道：“精神健康的人是创造的和没有异化的人；他使自身与世界建立起友爱的联系，运用他的理性去客观地把

① 埃里希·弗罗姆：《逃避自由》，刘林海中文译本，国际文化出版公司 2000 年版，第 128 页。

② 埃里希·弗罗姆：《健全的社会》，欧阳谦中文译本，中国文联出版公司 1988 年版，第 10 页。

③ 埃里希·弗罗姆：《健全的社会》，欧阳谦中文译本，中国文联出版公司 1988 年版，第 138 页。

握现实；他感到自己是一个独一无二的个体，同时又觉得跟他人是一体的；他不屈从于非理性的权威，而是自愿地接受良心和理性的合理性权威；只要他生存着，他就会不断地发展自身，他把生命的赠予看作是他最宝贵的机会”。[①] 正因为这样，弗罗姆才强调说，“在重占有的生存方式中，与世界的关系是一种据为己有和占有的关系，在这种情况下，我要把所有的人和物，其中包括自己都变为我的占有物”。[②] 而在重生存的生活方式中，“人不占有什么，也不希求去占有什么，他心中充满欢乐和创造性地发挥自己的能力以及与世界融为一体”。[③]

弗罗姆倡导的思想正是围绕着上述健全的人格拓展开来的。他指出：“我只想指出它是一种把人以及人的发展、完善、尊严和自由放在中心位置上的一种思想和感情的体系，它强调人本身就是目的，而不是达到任何其他东西的手段；它强调人不仅作为个人而且作为创造历史的参与者的那种积极主动能力；以及强调每个人在其本身之内都怀有全部人性”。总之，弗罗姆以“人的生存方式”为主题回顾了人类文明历程，本着人本主义的立场，就三种典型的“人”即“中世纪的人”“现代人”“健全的人”的心理机制和性格结构进行了深入解析，同时围绕自由的暧昧性及其引发的悖论选择，为人类的后续发展勾勒了蓝图。[④]

---

① 埃里希·弗罗姆：《健全的社会》，欧阳谦中文译本，中国文联出版公司1988年版，第278页。

② 埃里希·弗罗姆：《占有还是生存：一个新社会的精神基础》，关山中文译本，生活·读书·新知三联书店1988年版，第29页。

③ 埃里希·弗罗姆：《占有还是生存：一个新社会的精神基础》，关山中文译本，生活·读书·新知三联书店1988年版，第23页。

④ 参见，董琦琦：《三种人—费罗姆对人的生存境遇的观照与反思》，载《山西大学学报》2011年第4期。

五、哈贝马斯

尤尔根·哈贝马斯（Jurgen Habermas，1929—）出生于德国的迪塞尔多夫，是德国法兰克福学派的第二代理论家，成为当代很有影响的思想家。哲学家阿克塞尔·霍内特在一篇祝贺哈贝马斯70岁生日的文章中写道：“他无疑是当今世界最重要的、最有影响的哲学家和社会理论家……没有他，德国的艺术文化将黯然失色，这个国家的哲学在世界上将缺少一位极其优秀传统的杰出代表”。哈贝马斯于1949年结束其中学生活后，先后就读于哥廷根大学、苏黎世大学、波恩大学，主修过哲学、历史、心理学、德国文学以及经济学等专业，1954年在波恩大学以《绝对性与历史：谢林思想的二重性》一文获博士学位。哈贝马斯是一位学识广博的人，在哲学、社会学、政治学、语言学、历史学以及心理学等学科造诣深厚、独树一帜。哈贝马斯于1961年在马堡大学以其论文《公众舆论的结构变化——对公民社会的一种范畴的研究》获大学教师资格后，便在海德堡大学任教，并在随后的三年里任哲学副教授。这期间，哈贝马斯出版了第一部著作《理论与实践：社会哲学研究》。从1964年之后的七年里任法兰克福大学的哲学社会学教授，并协助阿多诺领导法兰克福社会研究所的工作。与此同时，他的学术著作也开始大量问世，1969年出版《作为“意识形态”的技术与科学》《认识与兴趣》等，并且经第四次扩充的《理论与实践》也在这一阶段问世。哈贝马斯在政治上一直是活跃的。他对20世纪60年代中期以后掀起的激进学生运动开始时持支持态度，但他反对马尔库塞提出的在发达工业社会搞“大拒绝”和迫使统治集团使用武力的斗争策略，主张采取“群众教育战略”；他还批评激进学生运动中的“活动主义”趋向，认为这种趋向或者导致反理性主义，或者导致堵塞具体的政治分析的独裁主义。

在 1967 年和 1968 年的两次激进学学生运动中，他都持批评态度，并指责激进学生的领导人是“左翼法西斯主义者”。而激进学生运动也把哈贝马斯当作政治上的敌人批判，将他说成是“顺从主义”和“反革命”。在这种情况下，哈贝马斯在法兰克福学派左、右两翼围绕这类问题的激烈争论中，离开社会研究所，1971 年到 1980 年在施塔恩贝格和慕尼黑任马克斯·普朗克社会研究所所长。这一时期哈贝马斯学术著作开始涉及众多理论领域，最具代表性的是 1973 年出版的《后期资本主义的合法性问题》，1976 年出版的《历史唯物主义的重建》。之后直到 1994 年哈贝马斯一直执教于法兰克福大学。

哈贝马斯是一位多产的哲学家，他的学术著作和理论观点获得过许多奖项，这成为理论界对哈贝马斯理论研究的肯定。早在读书时期，哈贝马斯就经常得到学校的奖学金，他的著述和文章更是得奖不断。《论社会科学的逻辑》一文首次发表于《哲学评论》杂志上就引起了重视，获得了斯图加特市颁发的黑格尔奖。《一种补偿损失的方式，政治短论集》（1978）获得哥本哈根市索宁奖，还有更多的奖项，就不一一列举。哈贝马斯是一位积极的、重实践的哲学家，不吝与各国的哲学家讨论自己的哲学，2001 年哈贝马斯的中国之行更是促进了我国学术界对其理论的研究，引起了一股研究哈式理论的热潮。

哈贝马斯在其著作《后形而上学思想》中，讲到：“今天，各种思潮日新月异。哲学思潮说到底是一种效果史现象。”[①]“在本世纪也形成了四种思潮，分别是分析哲学、现象学、西方马克思主义和结构主义。这四种思潮之间差别很大，我们只要深入考察一下，立刻就会发现这一点。不过，它们到底还是一条

① 哈贝马斯：《后形而上学思想》，曹卫东、付德根中文译本，译林出版社 2001 年版，第 3～4 页。

思想大河中的四种各具特色的思想体系。”“上述四种思潮在形式、结构和影响等方面都有着相当大的差别。”①

关于“分析哲学”，哈贝马斯论述说：“分析哲学方面有摩尔的《伦理学原理》，罗素和怀特海的《数学原理》”。作为这种“思潮”内部所发生的“分化”，“语言分析分为科学论和日常语言论”。分析哲学“在第二次世界大战之后的几十年里独步一时，时至今日，由于有了奎因和戴维森，分析哲学依然占据着垄断地位”。②“各种力量的空前集中。看来已经完全从内部决定了这种为规范的自我批判所左右，并根据自身的问题不断进行自我调整的（分析哲学）传统的走向。”③“分析哲学传统最终在库恩那里形成一种后经验主义科学哲学的历史主义，在罗蒂那里形成一种后分析语言哲学的语境主义。而且，正是在这种自我扬弃中，分析哲学取得了丰硕的成果，进而促使语言分析继续决定着这一领域的阐释水准。”④

关于“现象学”，哈贝马斯论述说：“现象学方面则有胡塞尔的《逻辑研究》。维特根斯坦的《逻辑哲学论》和《哲学研究》之间，海德格尔的《存在与时间》和《关于人道主义的通信》之间，都有着一定的不同，这表明（他们各自的哲学都发生了）某种转向。”⑤ 此外，这种“思潮内部也发生了变

① 哈贝马斯：《后形而上学思想》，曹卫东、付德根中文译本，译林出版社2001年版，第4页。

② 哈贝马斯：《后形而上学思想》，曹卫东、付德根中文译本，译林出版社2001年版，第4页。

③ 哈贝马斯：《后形而上学思想》，曹卫东、付德根中文译本，译林出版社2001年版，第4页。

④ 哈贝马斯：《后形而上学思想》，曹卫东、付德根中文译本，译林出版社2001年版，第5页。

⑤ 哈贝马斯：《后形而上学思想》，曹卫东、付德根中文译本，译林出版社2001年版，第4页。

化。……现象学则在人类学方向上拓展，并沿着本体论方向深化，接着双管齐下，吸收了存在主义的现实性。继法国最后一批具有创造性的代表人物如萨特、梅洛－庞蒂之后，现象学似乎已经四分五裂”。[①] 如果说“分析哲学不断自我扬弃”，那么“现象学则在自我消解”。

关于“结构主义”，哈贝马斯论述说，结构主义“代表了另外一种截然不同的思想类型”。“结构主义是由外界（索绪尔的语言学和皮亚杰的心理学）促成的”。“早在社会理论温床上的思辨思想萌芽之前”，这种“思潮就在各种精神科学和社会科学中为自己铺平了道路”。“当马克思主义社会理论在阿多诺的否定辩证法中恢复成一种纯粹哲学时，结构主义才通过本想对它加以克服的福柯和德里达等人刚刚进入哲学思想的领域。由此可见，这些哲学思潮告别现代的形式是截然不同的”。“后结构主义今天看来似乎已经成为一种被尼采推向极端的理性批判”。[②]

关于“西方马克思主义”，哈贝马斯论述说，“西方马克思主义”作为“后马克思主义”，与结构主义类似也“代表了另外一种截然不同的思想类型”。“西方马克思主义（卢卡奇、布洛赫和葛兰西）则继承了黑格尔主义传统，把马克思的思想从政治经济学恢复成反思哲学”。这也“在社会理论温床上的思辨思想萌芽之前”“就在各种精神科学和社会科学中为自己铺平了道路”。“早在本世纪二十年代，西方马克思主义就已经开始与弗洛伊德的元心理学联姻，并因此而激发流亡纽约的法兰克福社会研究所出版了许多跨学科的研究成果。在这方面，西方马克

① 哈贝马斯：《后形而上学思想》，曹卫东、付德根中文译本，译林出版社2001年版，第4页。

② 哈贝马斯：《后形而上学思想》，曹卫东、付德根中文译本，译林出版社2001年版，第5页。

思主义同经过巴什拉的科学批判、列维－斯特劳斯的人类学、拉康的精神分析理论而迅速发展起来的结构主义之间有着诸多相似之处。然而，当马克思主义社会理论在阿多诺的否定辩证法中恢复成一种纯粹哲学时，结构主义才通过本想对它加以克服的福柯和德里达等人刚刚进入哲学思想的领域。由此可见，这些哲学思潮告别现代的形式是截然不同的。在西方马克思主义尚未丧失活力的领域里，其理论生产的社会科学特征和专业哲学特征越来越明显”。①

哈贝马斯讲，“上述四种思潮是本世纪所特有的。这样讲是不是就意味着我们的概述不只是对它们作简单的编年排列呢？它们是现代所特有的思想吗？如果是，那么，远离它们是否就意味着告别现代呢？”“网罗一切思潮的特殊的现代因素与其说是方法，不如说是思想主题。四种现代思想主题标志着现代与传统的决裂。概括地说，这四种现代思想主题是：后形而上学思想，语言学转向，理性的定位，以及理论优于实践的关系的颠倒——或者说是对逻各斯中心主义的克服”②。

对于“理论优于实践关系的颠倒”，哈贝马斯指出：“把马克思主义思想推向极端最终颠覆了理论与实践中的古典关系。但无论是从皮尔斯到米德和杜威的实用主义，皮亚杰的成长心理学或维果斯基的语言理论，还是舍勒的知识社会学和胡塞尔对生活世界的分析，都充分证明了我们的认识能力深深地扎根在前科学的实践以及我们与人和物的交往中。这样也就澄清了实践哲学在现象学和（从早期马尔库塞和后期萨特以来的）马

① 哈贝马斯：《后形而上学思想》，曹卫东、付德根中文译本，译林出版社2001年版，第5页。

② 哈贝马斯：《后形而上学思想》，曹卫东、付德根中文译本，译林出版社2001年版，第6页。

克思主义之间所建立的盘根错节关系。”[①]“澄清理论与实践之间的关系，最终使哲学思想没有沾染上独立的幻想，并且使哲学开阔了眼界，认识到了诸多超出断言范围的有效性要求。然而，这也使得许多人陷入了唯生产力论，实践被还原成劳动，由符号构成的生活世界、交往行为以及话语之间的多重关系被遮蔽了。”[②]

对于“理性的定位”，哈贝马斯指出：“怀疑论的理性概念使哲学彻底醒悟过来，并且同时明确了哲学作为理性保护神的角色。但是，从另一角度看，一种彻底的理性批判也流行开来，不仅反对知性膨胀成为工具理性，而且把理性与压制（Repression）彻底等同起来，目的是为了从某个他者那里寻求一种宿命论或怀疑论的出路。”[③]

对于“语言学的转向”，哈贝马斯指出：“从意识哲学向语言哲学的范式转换，导致了一场同样深刻的变革。语言符号先前一直被认为是精神表现非工具和附件，然而，符号意义的中间领域现在展现了其特有的尊严。语言与世界以及命题与事态之间的关系取代了主客体关系。建构世界的重任从先验主体性头上转移到语法结构身上。语言学家的重建工作代替了难以检验的反思。由于连接符号、构成命题和作出表达等所遵守的规则可以从作为先验之物的语言结构中推导出来，所以，不仅分析哲学和结构主义创立了一种崭新的方法论基础，胡塞尔的意义理论和形式语义学之间也建立起了联系，甚至批判理论最终

① 哈贝马斯：《后形而上学思想》，曹卫东、付德根中文译本，译林出版社2001年版，第7页。

② 哈贝马斯：《后形而上学思想》，曹卫东、付德根中文译本，译林出版社2001年版，第8～9页。

③ 哈贝马斯：《后形而上学思想》，曹卫东、付德根中文译本，译林出版社2001年版，第8页。

也未能摆脱语言学转向。”[①]“语言学转向进一步把哲学研究放到了一个更加可靠的方法论基础上，并将它带出了意识理论的困境。但在此过程中也形成了一种本体论的语言观，使语言阐释世界的功能相对独立于内在的学习过程，并把语言图景的变换神化为一种充满诗意的原始事件（Ursprungsgeschehen）。”[②]

对于“后形而上学思想”，哈贝马斯就别人对他一篇文章的评论讲到：“迪特·亨利希大仁大义，把我的一篇评论文章作为契机，展开一场带有元批判性质的讨论，旨在袒露其哲学研究的宏旨。他就‘何谓形而上学——何谓现代性’所提出的这十二条论纲，简明扼要地提出了一种对抗规则，对此，我在这里不可能如法炮制，一一作出答复。我的论述不如说具有一种对哲学研究这一公众事业及其主题作前理解的特征。”“近年来，迪特·亨利希比以前更加坚定不移地做康德之后一直还在坚持的形而上学的卫道士。这种形而上学始于康德和费希特的自我意识理论，后来又吸纳了由黑格尔的现象学、荷尔德林的颂歌以及贝多芬的交响曲所构成的三重奏。亨利希高举康德形而上学的大旗，对抗当代盎格鲁－撒克逊思想中的自然主义背景哲学——事实上就是要在分析唯物主义面前证明其有效性。亨利希的这一抉择开辟了一条新思路，他要求把认知和行为主体的自我关系与自我理解作为出发点。主体应当回到作为自我解释的标准视界，并且具有建构世界功能的主体性那里，而不必根据偶然的事和物所构成的世界来理解自身。”“因此，形而上学、对自然主义的拒绝以及回归主体性也就构成了亨利希哲学研究

① 哈贝马斯：《后形而上学思想》，曹卫东、付德根中文译本，译林出版社2001年版，第7页。

② 哈贝马斯：《后形而上学思想》，曹卫东、付德根中文译本，译林出版社2001年版，第8页。

的主题。”[①] 哈贝马斯进一步论述说：“不管怎样，亨利希都认为，现代意识的地位不是由纯粹的自我捍卫的偶在性决定的，而是取决于怎样捍卫一种有意识的、创新自适的生活。但是，如果这种有意识的生活只有借助形而上学手段才能醒悟过来，那么形而上学和现代性之间便保持着一种内在联系。亨利希的《论纲》所讨论的就是这种联系。”“亨利希在研究过程中把恢复（形而上学与现代性之间的）这种联系同那种回归形而上学的做法区别了开来。回归形而上学遭到了似乎只会惹是生非的现代性的拒绝。此外，亨利希还和‘出于同样动机’要求‘克服形而上学’的做法划清界限。”所以，哈贝马斯“根据形而上学、反自然主义和主体性理论这三个关键词语来逐步展开”他要讲的问题。

基于以上分析和论述，哈贝马斯总起来说：“把科学史上的范式概念应用到哲学史上，并根据‘存在’、‘意识’和‘语言’对哲学史进行大致分期，这样做已不足为奇了。根据施耐德巴赫和图根哈特，可以相应地区分出三种思维方式，即本体论、反思哲学和语言学分析。”[②] 于是，哈贝马斯对这“三种思维方式”进行了说明。

就“本体论”来说。哈贝马斯讲到始自巴门尼德、柏拉图，止于康德、黑格尔的哲学传统。他讲：“尽管柏拉图和亚里士多德之间矛盾重重，但是，随着巴门尼德而产生的形而上学思想一般都把存在者的存在问题作为出发点——因此，这是一种本体论意义上的形而上学思想。真知追求的永远都是普遍性、永

① 哈贝马斯：《后形而上学思想》，曹卫东、付银根中文译本，译林出版社 2001 年版，第 10～11 页。

② 哈贝马斯：《后形而上学思想》，曹卫东、付银根中文译本，译林出版社 2001 年版，第 13 页。

恒性和必然性。无论是以数学为摹本，把真知理解为直观和回忆，还是以逻辑学为摹本，把真知看作沉思和话语，认识所把握的都是存在者自身的结构。众所周知，本体论思想转向唯灵论（Mentalismus），主要是由对存在先于思想的怀疑以及对方法问题的具体反思所促成的。”①

就“反思哲学”来讲，哈贝马斯讲到，“认知主体的自我关涉打开了通往表象领域的大门，而表象领域是内在的、固有的，它属于我们所有人，并领先于所表现的客观世界。”“形而上学最初是关于普遍性、永恒性和必然性的科学；它只有在意识理论中还能找到等价物，而这种意识理论从先验的角度阐明普遍综合判断的客观性所必需的主观条件。”“我们如果就这样来确定形而上学一词，那么，在现代反思哲学前提下可以说不存在什么严格意义上的形而上学思想。有的顶多只是经意识哲学改造之后的形而上学问题。这样我们就可以解释康德对待形而上学的暧昧立场，以及他的理性批判对形而上学这个概念的意义的改变。另一方面，我们也可以像亨利希那样坚持用‘形而上学’一词来指称对形而上学问题，或有关人和世界的整体性问题所作的任何一种探讨。这么做同样不无道理。原因在于莱布尼茨或斯宾诺莎或谢林，他们的方案丝毫没有越出自柏拉图和亚里士多德开始构建的庞大体系所形成的传统，康德的两个王国的学说就更不必说了。在海德格尔看来，连尼采都是一位形而上学思想家，因为他是一位处于主体性原则支配下的现代思想家。”“那么，真正的争论焦点又是什么呢?”“哲学的重建使命无可非议……在重建过程中，我们不仅要考虑到（对象明确的）自然（知识）的形而上学和道德的形而上学这两个蓝本，

---

① 哈贝马斯：《后形而上学思想》，曹卫东、付德根中文译本，译林出版社，第13页。

也要充分注意到康德把理性分为客观认识潜能、道德认识潜能以及审美判断潜能这样一种建筑术。”①

就“语言学分析”来讲，哈贝马斯讲到，“具有言语行为能力的主体所具备的一切类潜能，经过合理重建，确切地说是诉诸我们在已经取得成效的生产过程中直接获得的知识，都可以充分地发挥出来。从这个角度来讲，哲学活动是科学活动的延续。除了追问普遍性之外，哲学并不高出个别科学一筹，当然也不永远具有掌握真理的特权。”因此，除了细枝末节问题外，在哲学的理论作用上我们的意见不会有深刻的分歧。相反，哲学在探究所有生活实践时所发挥的严格意义上的启蒙作用才是争论的焦点。我在其他地方已经把哲学作为‘解释者’（Intepret）和作为‘示范者’（Platzhalter）所发挥的不同作用区别了开来。② 这里的争论涉及到的是康德所说的‘不容回避’的问题。从一定意义上讲，这些问题是自发产生的，并希望获得标准答案。哲学应当促成一种‘有意识’的生活，它在反思的自我理解中得以澄明，并在一种非严格意义上得到‘把握’。”“在康德之后‘形而上学’是否还有可能在这种口舌之争背后，隐藏着的实际上是围绕通过批判能够领会的那些古老真理的存在时间和有效范围所展开的争论，以及有关古老真理在被批判领会过程中发生意义转化的方式方法的争论。”③

所以哈贝马斯才强调了，“从意识哲学向语言哲学的范式转换，导致了一场同样深刻的变革。”分析了“语言符号先前一直

---

① 哈贝马斯：《后形而上学思想》，曹卫东、付德林中文译本，译林出版社，第13～14页。

② 哈贝马斯：《哲学作为示范者和解释者》，载《道德意识与交往行为》，Frankfurt am Main，1983，第9页及下两页。

③ 哈贝马斯：《后形而上学思想》，曹卫东、付德根中文译本，译本出版社2011年版，第15页。

被认为是精神表现非工具和附件”，而现在“语言与世界以及命题与事态之间的关系取代了主客体关系。建构世界的重任从先验主体性头上转移到语法结构上。”而且“不仅分析哲学和结构主义创立了一种崭新的方法论基础，胡塞尔的意义理论和形式语义学之间也建立起了联系，甚至批判理论最终也未能摆脱语言学转向。”由此延伸，哈贝马斯专门讲到了“本体论意义上的现象学”“剥夺了理性的古典属性”。他写道：“本体论意义上的现象学以终极性、时间性和历史性的名义剥夺了理性的古典属性。先验意识应当在生活世界的实践中把自己呈现出来，并在历史形态中把自己丰富起来。人类学意义上的现象学则把肉体、行为和语言作为其他的表现媒介而补充了进去。维特根斯坦的语言游戏语法、伽达默尔的效果历史中的传统语境、列维一斯特劳斯的深层结构以及黑格尔派马克思主义者的历史总体性等，都试图把偶像化的抽象理性重新放回到其语境当中，并把理性定位在它所特有的活动范围内。”

在整个哲学史的总括中，哈贝马斯进而讲到：“撇开学派间的壁垒不论，后形而上学思想、语言转向、理性的定位及逻各斯中心主义的克服等思想主题，都属于20世纪哲学研究最重要的原动。”“但是围绕那些永恒主题所展开的争论一如既往”。而“十多年来席卷整个西方世界的复辟浪潮，也使一个自始至终伴随着现代性的主题浮上岸来，这就是又一次改头换面的形而上学的模仿实质”①。哈贝马斯认为形而上学思维与意识哲学范式有着天然联系。因此，克服意识哲学范式是超越形而上学思维的必由之路。哈贝马斯所强调的交往范式保证人们能够使用历史的、具体的理性把握普遍的共识性真理，故能打开后形而上

① 哈贝马斯：《后形而上学思想》，曹卫东、付德根中文译本，译林出版社2001年版，第8～9页。

学思维境域，提供建构后形而上学的基础。后形而上哲学是一种生活实践哲学，扮演着“示范者”和“解释者”角色，旨在促使具有多元价值取向的文化系统在生活世界的实践经验语境中组合起来并获得应有的秩序。[①] 正是基于这样一些哲学思考，哈贝马斯在其著作《后形而上学思想》的一开始就提出这样的问题：“20 世纪哲学究竟在何种程度上堪称现代哲学?”哈贝马斯说道：“至少在术语上有类似的地方。当代哲学家也在庆贺他们告别了现代（步入后现代)。他们中有些人自称后分析哲学家，另一些人则自封为后结构主义者或后马克思主义者。现象学家由于尚未达到他们的“后主义”（Postismus)，因而险些不被信任。”[②] “‘后主义’并非一味地见风使舵；作为时代精神的测量仪，我们倒是应当认真对待这种‘后主义。”[③]

这样，哈贝马斯才专门分析了形而上学思维的困境。虽然哈贝马斯把形而上学与意识哲学范式之间的密切关联追溯到西方哲学的源头，但在哈贝马斯心目中，直到 17 世纪，西方哲学才彻底完成形而上学体系的意识哲学奠基。也就是说，现代性状况印证了意识哲学范式遭遇了困境，寻求摆脱困境的路径是当代西方哲学家研究的根本方向。哈贝马斯认为，无论是黑格尔、马克思的包容性理性模式还是海德格尔、德里达、福柯的排斥理性模式，对于主体性的批判都是主体的自反性批判，因而无法摆脱意识哲学的困境。哈贝马斯提出要从意识哲学范式到交往范式的转向。在他看来，交往范式是以交往理性为基础，

① 参见，付永军：《哈贝马斯论形而上学之思和后形而上学之思》，载《社会科学战线》2003 年第 3 期。

② 哈贝马斯：《后形而上学思想》，曹卫东、付德林中文译本，译林出版社，第 3 页。

③ 哈贝马斯：《后形而上学思想》，曹卫东、付德林中文译本，译林出版社，第 4 页。

以语言为本质的行为范式。在这一范式下，语言参与者的立场使主体与自身的关系成为互为对象的主体间关系，从而打破了内在性意识的垄断。从存在论视域看，交往范式虽然从语言角度切入关系原则，以交往理性超载主体为中心的理性，却由于主体间性的非真实性与交往理性的先验性而无法真正摆脱哲学与现实的困境。①

第三节　法国、意大利等国有关人物的论述

一、梅洛－庞蒂

莫里斯·梅洛－庞蒂（Maurice Merleau-Ponty 1908－1961）生于法国西南部夏朗德省安菲利尔县罗什福尔。他先在勒阿弗尔公立中学读书，后于1923年搬到巴黎，先后在让松·德·塞伊公立中学和路易·勒格朗公立中学读书。此时他已决心将哲学作为终生事业。他曾对人讲：“进入哲学级（中等教育最后一年——作者注）的那一天，我就明白了，我一直盼望的就是哲学”。1926年后他由攻读哲学到讲授哲学而在该校获得很高威望。1939年德国入侵法国后，梅洛－庞蒂志愿从军。不久，法军投降，维希政府成立，梅洛－庞蒂退役。1941年他与萨特等人一起组织抵抗运动小组：“社会主义与自由”，约一年瓦解。1944年，接替萨特被任命为孔多塞公立中学哲学教师。1942年发表《行为的结构》，1945年发表《知觉现象学》，他基于这两部著作而取得博士学位。他1945年被任命

① 参见，夏魏：《从存在论视域看哈贝马斯哲学范式的转向》，载《山东社会科学》2009年第8期。

为里昂大学讲师，1948 年升任教授；1945 年 10 月与萨特等人共同创办《现代》杂志，开始以言论介入政治。用萨特的话说，他是作为事实上的总编辑和政治指导员指导该杂志的。他对确定该杂志的左翼方向起了很大作用。他发表在该杂志上的许多论文，收集在《人道主义与恐怖》（1947 年）、《意义与无意义》（1948 年）等文集中。1947—1948 年，同时在里昂大学和高等师范学校授课，授课笔记以《马勒勃朗士、比兰与柏格森的统一学说》为题于 1968 年发表。1949 年受聘到巴黎大学授课，讲授儿童心理学与教育学，讲义以《人的科学与现象学》（1953 年）、《幼儿与他人的关系》（1953 年）为题发表。1951 年出席第一次国际现象学会议，做了题为《论语言的现象学》的报告。1952 年，与萨特分歧表面化，离开《现代》杂志。同年被选为法兰西学院教授，担任由柏格森担任过的职位，时年 44 岁。这样年轻进入法国最高学术机构的人，在法国历史上是很少见的。梅洛—庞蒂 1955 年发表《辩证法的冒险》，此书首次把卢卡奇的《历史和阶级意识》所代表的思潮概括为“西方马克思主义”，后来这一概念一直流行。他 1960 年出版论文集《符号》，1961 年发表《眼睛与精神》；1961 年 5 月 3 日，由于心脏病发作突然去世，留下《可见的与不可见的》《世界散文》两部未完成的著作，由 C·勒福尔编订分别于 1964 年、1969 年出版。

虽然，梅洛—庞蒂对“西方马克思主义”概念的阐述作出过贡献，然而，在“西方马克思主义”的研究中，他却从没有引起人们太多的关注。人们愿意把他看成是“胡塞尔最好的解释者和追随者”，同时又让他与萨特一起分享着“存在主义马克思主义者”的头衔。在哲学上，梅洛—庞蒂试图把马克思主义与存在主义结合起来，对萨特的《存在与虚无》中的自由观做某些修正。他以“人是被判定为意义”之说法去对抗萨特“人是被判定为自由”的观点。后来，萨特正是在他的启发下建构其“存在主义马克思主义”的，萨特自己也承认了这一点。在西方，梅洛—庞蒂有“存在主义马克思主义者”或“现象学马克思主义者”的称号，有人为了将他与萨特等人区别开来，称他为“现象学存在主义马克思主义者”。

梅洛—庞蒂早年在中学教书时，除教授哲学课以外，还从事格式塔心理学、行为主义心理学、精神分析学和心理学的研究。他的注意力集中在知觉上。他对格式塔心理学的研究倾注了极大的热情，对所谓传统心理学提出了反驳。他认为，由于和心理有关的实验心理学和神经科学的成就，很可能需要重新构造现今使用的各种心理学和哲学概念。这种以“格式塔”为中心的研究成果，就是《行为的结构》；以此为基础的现象学研究，就是《知觉现象学》。

梅洛—庞蒂的《知觉现象学》于1945年问世，比萨特的《存在与虚无》迟两年。梅洛—庞蒂的《知觉现象学》引起很大反响，引起哲学家们很大兴趣。《知觉现象学》全书由序言，导论和正文中的三个部分构成，这三个部分是：第一部分：“身体”；第二部分：“被感知的世界”；第三部分：“自为的存在和存在于世界上”。这三部分主要考察先验领域，是对作为先验基础的现象学之“我思”的考察，是说明现象世界如何在人们之间形成，现象世界如何可能。在这一部分中，梅洛—庞蒂强调用“存在于世界之上”这种“真正的我思”，代替笛卡尔的抽象的我思（cogito）。

重要的在于，梅洛—庞蒂留下一部未完成的遗著，即《可见的与不可见的》，包括已完成的导论部分和此书的写作笔记。从1961年3月的笔记中可以看出他的写作计划：开始是方法论导论，这一部分占遗稿已完成部分的80%，在这之后是全书的三个主要部分：（Ⅰ）可见的东西，（Ⅱ）自然，（Ⅲ）逻各斯。

关于这部书所阐述的思想与他之前哲学的关系，在关于梅洛一庞蒂的研究者中间是有争议的。[①]

梅洛一庞蒂的写作笔记表明，他试图修改他以前著作中表述过的思想，感到需要有一种本体论方面的论证作为基础。他是从关于存在（l'Etre）的优先性开始的。他试图按照这种新的本体论“加深”和“纠正”他之前著作中见解的论证。此中他特别指出，现象学不再是本体论的基础，而是被建立在本体论基础之上。

现象学的本体论化是西方现象学运动自胡塞尔晚期以来一直反复呈现的课题。在此过程中，梅洛一庞蒂的本体论建构因其与马克思主义的关联而有了一种特别的意味。梅洛一庞蒂上承黑格尔的“精神现象学”，下接关于“时间”与“存在”的现象学描述，以“身体”现象学为依托，形成了一种既强调理性精神、又贯彻生存论关怀的本体论论证倾向。

在梅洛一庞蒂的《可见的与不可见的》一书中，中心概念是大写的存在（l'Etre）。这个存在与萨特意义上的“存在”不同。梅洛一庞蒂讲的这个“存在”是绝对的根据，这既是普遍的层次，又是单一的存在。梅洛一庞蒂讲，“自己的存在，他人的存在和自在的存在都是这个单一的存在的各个片断”[②]；存在是“一切事物的源泉”，“精神就像水一样从存在的缝隙中涌流出来”[③]；在梅洛一庞蒂那里，本体论世界中，有可见的东西，也有不可见的东西，所谓不可见的东西是指：1）现时不是可见

① 此处及后面有些内容参见王炳文：《梅洛一庞蒂》，载《当代西方著名哲学家评传》第2卷，山东人民出版社1996年版，第79～87页。

② 梅洛一庞蒂：《可见的与不可见的》，罗国祥中文译本，商务印书馆2008年版。第92页。

③ 梅洛一庞蒂：《可见的与不可见的》，罗国祥中文译本，商务印书馆2008年版。第289页。

的，但将来可能是可见的东西；2）但是相对于可见的东西，他不能被看作事物；3）他是在触觉或动觉上存在的，4）他是λεχξα，我思。[①] 梅洛－庞蒂认为，可见东西是单一存在的一方面，不可见东西是其另一方面，两者是紧密结合的。

梅洛－庞蒂试图在其哲学中表明，他的“我思”是在“我在”的超越运动中完整化，意识也是在存在的超越运动中完整化的，这也就表达了梅洛－庞蒂的存在现象论的意图和界限：回归与存在。如前所说，这并没有脱离笛卡尔以来的法国传统。但梅洛－庞蒂的“新”在于，认为主体是受一种超越的运动影响，他在自身面前永远是逃逸的。如果他知道，他就不知道他知道，而如果他知道他不知道，也并不一定知道。这知觉的主体其定义与“我＝我”又是不同的。在梅洛－庞蒂看来，绝对意识或主体与他想的东西一致是假“我思”。真正的“我思”是以内在距离为标志的人的意识：我永远不完全是我，这是未完成的。就这样，梅洛－庞蒂关于知觉的哲学思想奠定了他的历史哲学的起点：因为当“我”转向“人们”的“在”（on），有人称主体转向无人称主体，这就有了“我们”，这是无名的精神，集体的精神。

梅洛－庞蒂直接将黑格尔哲学与存在主义嫁接在一起，而他于此强调的是要由“回到生活中去”来考察。他说：“可以肯定的是，《精神现象学》并没有试图将全部历史整合进一个预置的逻辑框架中去，而是力求将所有学说和时代都带回生活中去，并不带偏见地将其自身置于它们的内在逻辑的引导之下，框的引导之下，这样，所有与体系有关的考虑似乎都被遗忘了。”在梅洛－庞蒂那里，回归到生活中去，并抛弃体系式的逻辑建构，

---

① 梅洛－庞蒂：《可见的与不可见的》，罗国祥中文译本，商务印书馆 2008 年版。第 310～311 页。

这使黑格尔获得了存在主义式的解读："正是在这个意义上，我们方能论及'黑格尔的存在主义'，因为他并没有打算去联结概念，而是谋求揭示人类经验的所有部分的内在逻辑。"梅洛一庞蒂认为，这种内在逻辑并不是透明的，而是在人的生活中达成的一种自我理解，这种理解是艰难的，有时甚至是模棱两可的，或者说是暧昧的："更准确地说，讲黑格尔思想是存在主义的，在于它不是从一开始就把人看成是一种存在（being），一种完全明确把握了其自身思想的意识，而是将其视作一种生活，它自负其责并尽力理解自身。"①

那么，生活如何才能成为一种存在、历史如何才能具有意义呢？梅洛一庞蒂说，时间性是一个入口。对于梅洛一庞蒂来说，此重要的是通过直觉体验到。体验的方式就是我们的存在，在我们的存在中"留住整个时间，我们呈现给我们自己，因为我们呈现给世界"。② 在我们的存在中，时间是"我们的存在的一个维度"。而"时间不是一条直线，而是一个意向性的网络。"在这一网络中，时间既不是由主体投射出来的一种主观的时间，也不是像赫拉克利特所说的那条连续的客观河流。因为"意向性不是来自一个中心的我（Je），而是来自后面拖着它的保持界域、前面被它的向将来的延伸拉着的我的知觉场本身"。③ 这个知觉场直接就位于现在的当下，唯一的时间"是一下子被确定的"。

在梅洛—庞蒂的论证中，"界域"这个概念有关键作用。梅洛一庞蒂讲，所谓界域"就是在探索过程中能确保对象的同一

① Merleau－Ponty：Sense and Non－sense，North－western University. Press，1964，P65.

② 梅洛—庞蒂：《知觉现象学》，商务印书馆2001年版，第531页。

③ 梅洛—庞蒂：《知觉现象学》，商务印书馆2001年版，第520～522页。

性的原因，是直接能力的关联物”。只有在界域中，物体才能作为对象呈现给视觉。而界域的意义就在于，它使得所有其他的作为界域而存在的背景物成为对象的一种参照物，反过来讲，“每一个物体都是所有其他物体的镜子”。这种界域不仅存在于空间中，也存在于时间中，“物体是从所有时间被看到的，就像它是从所有角度被看到的，同样，物体是界域的结构”。① 梅洛—庞蒂这么做的用意在于，知觉由于界域的这种涵盖作用而获得了普遍的意义，即在直接性中有了普遍性和永恒性。正因为这样，梅洛—庞蒂说：“永恒的感觉是不真实的，永恒依赖于时间。”② 据此，在直接的知觉能力中，意义作为普遍物和永恒物也就有了进入知觉的可能性。

这引起一些学者对梅洛—庞蒂学说中的相对主义加以批评。在1946年的一次会议讨论中，布雷耶就这样问道：“您（梅洛—庞蒂）的相对主义是否只是普罗泰戈拉主义？当您谈到他人的知觉时，您认为这个他人只是与我们相比较并在与我们产生关系时才存在。”③ 其实，梅洛—庞蒂在《知觉现象学》中，是打算用将普遍纳入特殊的方法来克服这种相对主义的。例如他在说明现在作为一个时间点如何在时间长河中成为一个客观的时间点时说道：“靠着保留和延伸的双重界域，我的现在就不再可能是由时间的流逝引起和取消的一个实际现在，而成了在客观时间中的一个固定的和可认出的点。”④ 这“使物体处在未完成的和开放的状态”。这就有了所谓关于世界的无限记忆

① 梅洛—庞蒂：《知觉现象学》，商务印书馆2001年版，第100～101页。

② 梅洛—庞蒂：《知觉现象学》，商务印书馆2001年版，第530页。

③ 梅洛—庞蒂：《知觉的首要地位及其哲学结论》，三联书店，2002年版，第39页。

④ 梅洛—庞蒂：《知觉现象学》，商务印书馆2001年版，第102页。

(Mémoire) 与当前的存在之间的矛盾，或所谓超越性的方面与内在性的方面之间的矛盾。[①]

正是由于这种矛盾，梅洛—庞蒂认为对于现象学来说首先要做的研究就是对“身体”的研究，因为“身体”是产生那种客观思维的决定性的因素，而且也沉淀了这种矛盾。“由于客观身体的起源只不过是物体的构成中的一个因素，所以身体在退出客观世界时，拉动了把身体和它的周围环境联系在一起的意向之线，并最终将向我们揭示有感觉能力的主体和被感知的世界。”[②]

于是，梅洛—庞蒂把主体归结于他所讲的“身体”，他把身体说成是“凝固化了或一般化了的实存”[③]。他说，身体保存实存整体，因为“实存在身体中实现自己”。[④] 他试图将萨特的“自在”与“自为”结合起来。因为在他看来，身体作为“被凝固的实存”，本身就是“自在”与“自为”的综合。它既非单纯主体，又非单纯客体，既不是物，又不是意识，而是处于二元对立之外的“混合的”(ambigu) 存在者。“身体的经验向我们揭示一种混合的实存方式。”[⑤]

梅洛—庞蒂认为“身体”并不像我们平常认为的那样是物理的东西，而是赋有生命的。由此他谈到“心”。他认为“心”不像我们平常认为的那样是明确的观念和表象的居所。“心”与

---

① 参见，臧佩洪：《当下向身体开放的存在之现象学描述——论梅洛—庞蒂的本体论建构》，《南京社会科学》2003 年第 6 期。

② 梅洛—庞蒂：《知觉现象学》，商务印书馆 2001 年版，第 105 页。

③ 梅洛—庞蒂：《知觉现象学》，罗国祥中文译本，商务印书馆 2001 年版，第 194 页。

④ 梅洛—庞蒂：《知觉现象学》，罗国祥中文译本，商务印书馆 2001 年版，第 193 页。

⑤ 梅洛—庞蒂：《知觉现象学》，罗国祥中文译本，商务印书馆 2001 年版，第 231 页。

“身”并不是互不相容的两个实体，他们之间关系可以看作是一种功能的连续。他认为，身体本身就具有某种关于事物结构的自然的“知性”。这种自然的“知性”能指导眼睛从模糊不清的影像朝焦点运动，能调节我们的手使他感到事物的速度与压力。因此，身体可以“认识”到我们的知觉所寻求的东西，从这种意义上说，有某种“身体的心智”，否则身体就不可能发现任何东西。

所以在梅洛—庞蒂所讲的新本体论中特别提出了另一个重要的概念：“肉”（la Chair）。这并不是解剖学上与骨骼不同的那种肉。梅洛—庞蒂用这个概念表示一种普遍的可知觉性。因此，它不限于具体的人的肉，而是适用于整个世界，称之为“世界的肉”。他说：“正是这种可见性，这种可感东西本身的一般性，这个我自己的与生俱来的无名者，我们称它为肉”。[①] 肉是一种广大无边的形质，“它既不是物质，也不是精神，也不是实体。为了称谓它，需要一个古老的术语—‘元素’，即当人们谈论水、气、土、火时那种意义上的‘元素’。就是说，它是一般的东西，它处于时空中的个体与观念之间……在这种意义上，肉是存在的‘元素’”。[②] 我们的身体与世界是有相同的肉构成的”[③]。“肉”具有前逻辑的和前客观的性质，为强调这个方面，梅洛—庞蒂又称它为“未加工的存在”或“野性的存在”。梅洛—庞蒂正是在这个概念之上建立起他的“可见东西的本体论”。他说，“在这里不是我在看，也不是他在看，而是一种无

① 梅洛—庞蒂：《知觉现象学》，罗国祥中文译本，商务印书馆 2008 年版，第 183 页。

② 梅洛—庞蒂：《知觉现象学》，罗国祥中文译本，商务印书馆 2008 年版，第 184 页。

③ 梅洛—庞蒂：《可见的与不可见的》，罗国祥中文译本，商务印书馆 2008 年版，第 302 页。

名的可见性居于我们中间。”[①] 因为身体与世界是由相同的肉构成的，所以感觉到某种东西的人，同时又是被感觉到的东西，而且感觉和知觉是在世界上发生的。感觉者又是被感觉的东西，被感觉的东西又是感觉者，梅洛—庞蒂称这种情况为“可逆性”(la reversibilite)。而身体就是直接体验这种可逆性的场所。在梅洛—庞蒂那里，还有另外两个重要概念，即“交织”(l'entrelacs) 和“交替”（lechiasme)；梅洛—庞蒂用此表示存在、看与被看、可见东西与不可见东西之间的紧密联系。

梅洛—庞蒂从强调“身体”以至“肉”的作用，又引申于强调“语言”的作用。在这种情况下，梅洛—庞蒂求助于结构语言学。他认为，符合理论，比如语言学，可能包含着一种历史意义的理论，而不涉及物与意识的交替。有学者指出，梅洛—庞蒂大概是最早这样向语言学寻找哲学真谛的人。他要借助结构主义建立自己现象学的历史观。

梅洛—庞蒂理论的一个很大特点是将“语言”与“身体”紧密联系起来，而它们都与所讲的“肉”“世界之肉”相连。

梅洛—庞蒂认为，在语言或言语事件中，“自我”或“主体”才得以生成，“他我（alter ego/other self)”也会在此生成。他讲，“思想寓于语言之中，它是思想的身体”。[②] “语言涉及我们，迂回地通达我们，吸引我们，牵引我们，将我们转变成他者、将他者转变成我们”。[③] 他还特别说，“并非人在说话，或者并非人拥有语言，而是语言在人身上说话。”这是因为，“人在

① 梅洛—庞蒂：《可见的与不可见的》，罗国祥中文译本，商务印书馆 2008 年版，第 187 页。

② 梅洛—庞蒂：《儿童心理学与教育学：索邦 1949—1952 课程》，转引自杨大春：《梅洛—庞蒂与法国哲学主流》，人民出版社 2005 年版，第 259 页。

③ 梅洛—庞蒂：《世界的散文》，杨大春中文译本，商务印书馆 2005 年版，第 164 页。

说话之前应该重新让自己被存在所要求"。所以说，"存在、语言、人三者形成这样的关系：存在的本质特征为了我们的生活而被语言所守护。"梅洛—庞蒂强调，"语言既不是事物也不是精神，既是内在的又是超越的"。[①]

在梅洛—庞蒂看来，语言之"肉"和身体之"肉"是同质的，梅洛—庞蒂自认为，借助于语言之"肉"，他也就可以克服和瓦解理智主义语言观。他讲到在表达中"事物"与"我的身体的不可思议的相互关联。"[②] 在他看来，"在某种意义上，就像瓦雷里说的那样，语言就是一切，因为它不是任何个人的声音，因为它是事物的声音本身，是水波的声音，是树林的声音。"[③] 这样，他实际上就将语言的视野扩大到了更广阔的空间之中了。梅洛—庞蒂坚持认为："只有当只想思想的聚合性的言语具有足够数量、且足够雄辩以便没有歧义地指向我，作者或其他人指示思想，以便我们拥有思想物化地呈现在言语中的整个经验时，我们才说一种思想得到了表达。"[④] 所以，语言既是一种表达，又是一种互逆性的不透明空间。梅洛—庞蒂说：这是因为，"语言的本质就在于，其构造的逻辑从来都不属于那些被置于概念之中的逻辑，而真理的本质在于，它从来都不会被占有，它唯有透过某一表达系统（这一表达系统带着另一过去的印迹和另

① 梅洛—庞蒂：《儿童心理学与教育学：索邦 1949－1952 年课程》，转引自杨大春：《梅洛—庞蒂与法国哲学主流》，人民出版社 2005 年版，第 319、259 页。

② 梅洛—庞蒂：《眼与心》，杨大春中文译本，商务印书馆 2007 年版，第 57 页。

③ 梅洛—庞蒂：《可见的与不可见的》，罗国祥中文译本，商务印书馆 2008 年版，第 192 页。

④ 梅洛—庞蒂：《哲学赞词》，杨大春中文译本，商务印书馆 2000 年版，第 53 页。

一未来的胚芽）被搞混的逻辑才是透明的。”[①] 它牵涉到言语及其运用；牵涉到自我、他人和世界的存在。语言在梅洛—庞蒂看来就是灵性化的和肉身化的。[②] 这也应和了并且是加深了伽达默尔（Gadamer）的话：“能被理解的存在就是语言。”[③]

梅洛—庞蒂追求一种“真正超越”的哲学。他认为，梅洛—庞蒂认为，“哲学的首要活动就是从客观世界一边回到经历世界中去，因为只有在经历世界中我们才能理解到客观世界的种种限制，就是还物以其具体面貌，给有机体分析世界的固有方法……并且重新找到现象，活生生的经验的层次（通过经验的层次，他人与诸物首先向我们表现）以及正在产生的‘我—他人—诸物’的体系”。[④] 这样，真正的超越物并不归结于一个“我”，甚至不是一个相对的、先人格的我，更不是一种绝对的、透明的、尚没有我的意识。只有主体才能从本质上说明世界上的问题。这个主体是真正的超越物。这样，根据海洛—庞蒂的知觉现象学的观点，不应该把主体与世界、主观与客观、主体与客体分开，这就不同于萨特把存在分为自为与自在的二元论。梅洛—庞蒂强调：物与人是不同的，物体是没有欲望，永远是自身，所以它是清晰的不会相混于精神；而人对世界而言，既不是主体，也不是客体，是“主—客”体，同时是思维着的主体又是肉体我。人有肉体，就必然有物质欲望，但由于又有自我意识，这身体不能纵情地存在。总之人既是自由的，又是被

---

① 梅洛—庞蒂：《世界的散文》，杨大春中文译本，商务印书馆 2005 年版，第 39 页。

② 参见张中：《语言与生存——梅洛—庞蒂的语言和他人问题》，《中国矿业大学学报（社科版）》2010 年第 1 期。

③ 见洪汉鼎：《理解的真理》，山东人民出版社 2001 年版，第 276 页。

④ 梅洛—庞蒂：《可见的与不可见的》，罗国祥中文译本，商务印书馆 2008 年版，第 187 页。

决定的，既是主动的，又是被动的。这种由否定纯粹的自在世界与纯粹的自为世界出发的思想，贯穿着梅洛—庞蒂的整个哲学发展过程，并且由此继续他对历史、社会的现象学研究。

二、阿尔都塞

路易斯·阿尔都塞（Louis Althusser，1918－1990）是法国著名哲学家、“结构主义马克思主义”的奠基人。阿尔都塞出生于阿尔及利亚首都附近的比曼德利小镇，其父是一家银行的经理。1924－1930 年在阿尔及尔上小学。1930－1936 年在法国马塞上中学。因德国法西斯入侵而应征入伍，随军驻守布列特尼半岛。1940 年被德军俘虏，关押在集中营，直到战争结束才获释。1945 年重返高等师范学校，在哲学家巴歇拉尔指导下研究哲学。1948 年获哲学博士学位，留校从教，并于同年加入法国共产党。1962 年升为教授，1975 年通过答辩，又被庇卡底大学授予文学博士学位。阿尔都塞发表的主要著作有《孟德斯鸠、卢梭、马克思：政治和历史》《保卫马克思》《读〈资本论〉》《列宁与哲学》《自我批评》等。

在阿尔都塞的著作里，有关于“认识的客观物体”和“真正的客观物体”之间的类别区分，这直接来自斯宾诺莎关于思想和思想的对象实体之间的著名划分。作为结构主义马克思主义的理论家，阿尔都塞立足于他关于“本体论”的立场，坚决反对一元决定论，认为马克思对黑格尔历史观的改造不是从绝对精神一元论改造到物质资料生产方式一元论，而是从一元论改造成多元论。他的相关著名命题是：“历史是由多元决定的”。他提出：“不存在能被用来衡量一切历史的唯一的线性时间的连续性”。

阿尔都塞学说的很大特点在于，把“意识形态”置于他关于本体论（Ontology）的见解之下进行研究。“意识形态”这一概念于1795年由法国思想家特拉西提出。之后，马克思对意识形态概念作了新的解释。汤普森有过这样的综述："意识形态的概念与理论界定了一个分析的领域，它仍然是当代社会科学的中心并构成了日趋活跃的理论辩论题材。"[①] 伊格尔顿曾在《意识形态引论》一书中，把有关"意识形态"的流行定义归纳为六大类：(1) 一个社会的信仰和价值；(2) 特定集团或阶级的"世界观"；(3) 一集团从其他集团谋取利益的合法性工具；(4) 把人民统一在一个统治强权下的方法；(5) 维护统治集团的欺骗性话语；(6) 由社会自身滋生出来的虚假性或欺骗性信仰。[②] 意识形态问题成为西方马克思主义理论家的重要论题。在西方马克思主义那里，初期多强调意识形态与政治即革命的关系。20世纪60年代开始，随着西方工业社会的日趋繁荣，激烈的阶级矛盾减缓，一些西方马克思主义理论家逐渐在意识形态问题上发生了视角转移。其中，阿尔都塞独树一帜地把意识形态及其意识形态国家机器的存在立足于"本体存在"来进行理论论证。

阿尔都塞说，"人生来就是意识形态的动物"，"一种意识形态总是存在于某种机器当中，存在于这种机器的实践或者各种实践当中。这种存在就是物质的存在。"[③] 阿尔都塞进一步讲："就单个的主体而言，他所信仰的观念具有一种物质的存在，因为他的观念就是他的物质的行为，这些行为嵌入物质的实践，这些实践受到物质的仪式的支配，而这些仪式本身又是从这些

① 约翰·B·汤普森：《意识形态与现代文化》，高銛等译，译林出版社2005年版，第2页。

② 季广茂：《意识形态》，广西师范大学出版社2005年版，第10页。

③ 陈越编：《哲学与政治：阿尔都塞读本》，吉林人民出版社2003年版，第362页，第356页。

机器中产生出来的。”[①] 阿尔都塞还说，“意识形态表述了个人与其实在生存条件的想象的关系”[②]，即是说，意识形态是“社会历史生活的一种基本结构”[③]，它是“一种非历史的现实，即在历史上无处不在的现实，这就是说，这种结构和功能是永远不变的，它们以同样的形式出现在我们所谓历史的整个过程中”，“因为它的历史在它之外，而在那里唯一存在的历史就是那些具体个人等等的历史”。[④] 阿尔都塞总结说：“意识形态是人类依附于人类世界的表现，就是说，是人类对人类真实生存条件的真实关系和想象关系的多元决定的统一”。[⑤]

阿尔都塞又认为，意识形态是“关系的关系”。在阿尔都塞看来，“主体是构成所有意识形态的基本范畴”，[⑥] 而主体的再生产是通过意识形态对主体的建构与塑造（召唤与质询）来完成的。阿尔都塞指认，“所有意识形态都通过主体这个范畴发挥作用，把具体的个人呼唤或传唤为具体的主体。”[⑦] “主体”有两层含义：一是指“一个独一的、绝对的、作为他者的主体”，比如“上帝”、“国家”、“真理”等等；二是指“众多的”、“具体的”个人。具有权威性的“绝对主体”占据着独一无二的中心的位

① 陈越编：《哲学与政治：阿尔都塞读本》，吉林人民出版社 2003 年版，第 359 页。

② 陈越编：《哲学与政治：阿尔都塞读本》，吉林人民出版社 2003 年版，第 355 页。

③ 阿尔都塞：《保卫马克思》，顾良译，商务印书馆 1984 年版，第 202 页。

④ 陈越编：《哲学与政治：阿尔都塞读本》，吉林人民出版社 2003 年版，第 351，350 页。

⑤ 阿尔都塞：《保卫马克思》，顾良译，商务印书馆 1984 年版，第 203 页。

⑥ 陈越编：《哲学与政治：阿尔都塞读本》，吉林人民出版社 2003 年版，第 361 页。

⑦ 陈越编：《哲学与政治：阿尔都塞读本》，吉林人民出版社 2003 年版，第 364 页。

置，“个人主体”围绕着他，并听从“他的传唤而臣服于他”。无数的个人主体是“绝对主体”的传唤对象，是“他的镜子、他的反映”。一句话，在意识形态中，个人成了“一个由于主体而存在并臣服于主体的主体”。[①] 因此，“所有意识形态的结构以一个独一的绝对主体的名义把个人传唤为主体都是反射的，即镜像的结构；而且还是一种双重反射结构：这种镜像复制是构成意识形态的基本要素，并且保障着意识形态发挥功能。”[②]

有人指出，阿尔都塞对意识形态中关于“主体”的论述，迎合了拉康的一个论点，主体从来都是一种自欺。[③] 在阿尔都塞看来，“个人从来都是主体”，这个“具体的主体”表面上看是“主动的”、“自由的”，其实他被剥夺了“一切自由”，只是能够“自由地”服从于一个更高的权威、“自由地”接受臣服地位而已。他认为，我们的悲哀在于，意识形态不可避免地迫使我们自己囚禁自己。阿尔都塞把意识形态和主体的关系看作是双重的：主体的存在不能没有意识形态，反过来，意识形态又要通过主体发挥作用。人是意识形态的构造者和支配者，而“人不能选择自己的开端”。[④] 这成为阿尔都塞意识形态学说的中心。

阿尔都塞意识形态学说中的“个人主体”其实与海德格尔存在哲学中的“常人”是一脉相承的。有学者指出，他的“意识形态与意识形态国家机器”，也就是海德格尔所言的“此在”的“非本真”生活的“他人世界”。安德森评论说，阿尔都塞

---

① 陈越编：《哲学与政治：阿尔都塞读本》，吉林人民出版社 2003 年版，第 369 页。

② 陈越编：《哲学与政治：阿尔都塞读本》，吉林人民出版社 2003 年版，第 370 页。

③ 张一兵：《问题式、症候阅读与意识形态》，中央编译局出版社 2003 年版，第 173 页。

④ 阿尔都塞：《保卫马克思》，顾良译，商务印书馆 1984 年版，第 44 页。

“试图找到某种社会发展的客观的、决定性的结构法则。在这种类型的马克思主义中，人类主体的自主与个性的作用是很小的。”[①]“意识形态比我们通常意识到的具有更大的内在复杂性”。[②] 而伊格尔顿又指出：“尽管存在着缺陷与局限，阿尔都塞对意识形态的解释，代表现代马克思主义思想在主体问题上的重大突破”。[③]

三、德拉－沃尔佩

德拉－沃尔佩（Galvano Della－Volpe，1897－1968）出生在意大利罗马纳的一个地主家庭里。德拉－沃尔佩的学术经历开始于 1929 年在波伦亚大学一项关于黑格尔的研究，在这项研究中，他通过强调黑格尔同席勒、谢林以及德国文化中其他非理性主义者和浪漫主义者的关系，来反对当时意大利学院哲学的主流。他认为，青年黑格尔不是一个不自觉的无神论者，而是一个主要关心于虔信派命题的神学新教徒。以后，德拉－沃尔佩又写了一些关于意大利唯心主义以及休谟和浪漫主义美学方面的文章。德拉－沃尔佩后来长期在意大利墨西拿省立大学任教授。德拉－沃尔佩和意大利学术界一些知识分子一样，在二战前曾同墨索里尼法西斯主义相妥协。1943 年，他开始对马克思主义感兴趣，在推翻墨索里尼的巴多里奥政变以后，意大利共产党在 1944 年吸收德拉－沃尔佩入党。入党以后，德拉－沃尔佩在政治上竭力同党的路线保持一致，而在理论上主张“新

① 安德森·文森特：《现代政治意识形态》，袁久红等译，江苏人民出版社 2005 年版，第 153 页。

② 安德森·文森特：《现代政治意识形态》，袁久红等译，江苏人民出版社 2005 年版，第 483 页。

③ 斯拉沃热·齐泽克等：《图绘意识形态》，方杰译，南京大学出版社 2002 年版，第 285 页。

实证主义马克思主义”。他的思想吸引了一些意大利青年知识分子。在60年代初期，意大利形成了一场政治运动，把意大利共产党内一些知识青年推向激进的新左派。当时这些知识青年大都携带着德拉－沃尔佩的主要著作。意大利共产党内在德拉－沃尔佩的影响之下，形成一个青年知识分子学派，其中包括皮埃特勒尼亚、路西、迈克尔、赛路尼和科莱蒂等人。

科莱蒂（Lucio Colletti，1924－）作为德拉－沃尔佩的学生，他出生于意大利罗马一个银行职员的家庭。他在学术上的出发点，开始于研究克罗齐和金蒂雷的新黑格尔主义哲学。他在1949年所写的博士论文就是论克罗齐的逻辑的。后来他又转而批判新黑格尔主义。他发表过论存在主义者海德格尔、雅斯贝尔斯和实用主义者杜威的著作。科莱蒂崇尚康德哲学，认为康德要比黑格尔更加接近唯物主义。他认为，马克思从黑格尔那里得到的，是关于理性的理论，是关于逻辑－演绎过程的结构；而从康德那里得到的，则是关于存在的见解，认为“存在”比概念中来包含的东西更多。他力图重新评价康德对认识论的贡献。他还把卢梭看作是马克思在政治理论中的主要先驱。

德拉－沃尔佩曾与作为其学生的科来蒂一起参加意大利共产党主要的文化刊物《社会》杂志编部，在学术注意力及政治观点上有许多接近之处。德拉－沃尔佩在1957年发表的《卢梭和马克思》一书中认为，正是《黑格尔法哲学批判》指出了批判黑格尔辩证法的基本方向，因为它不仅“剥掉了先验的、唯心主义的和思辨辩证法的神秘性”，而且“它在批判黑格尔逻辑的形式中包含有一种新哲学方法的最一般的前提”。①

在德拉－沃尔佩看来，马克思在《黑格尔法哲学批判》中

---

① 德拉－沃尔佩：《卢梭和马克思》，1962年罗马版，第103、104页。

关于家庭、市民社会和国家的关系的论述，向人们明确指出，唯心主义辩证法的基本逻辑结构是思想的“实体化”（Hypostasizatin，Substantification）。这体现于：首先，思辨把现实归结为理念；接着，它又把这个理念当作现实本身，就是说，使之实体化；这样，实体化就含有颠倒现实和理念、物质和精神、主体和宾词、有限和无限的意思。这样，在黑格尔关于家庭、市民社会和国家之间关系的论述中，首要的东西，真正的主体、市民社会、家庭等等变成次要的，变成了宾词，而真正的宾词，即理念却作为逻辑上首要的东西而出现。当理念、宾词被实体化时，现实的或真正的主体就作为产物而出现，现实成了理念的结果。德拉一沃尔佩认为，马克思对黑格尔思辨的批判又不同于费尔巴哈的批判。因为费尔巴哈把黑格尔抽象的特征说成是剥夺经验内容的虚无，而马克思则把它看成是“有错误地充满着经验内容”。德拉一沃尔佩认为，对《黑格尔法哲学批判》的上述引文说明，在马克思看来，如果思辨辩证法唯心主义地颠倒了主体和宾词，如果颠倒了现实和理念，那么，对这种方法的现实结果的理解就导致了“只是被一般（即预先确信的、先验的）抽象所超越，而错误地充满对经验还未被中介或未被消化的内容”。①

德拉一沃尔佩说，把现实归结为理念是实体化的前提，而在特定的抽象方式中，在一般的抽象中才使得进行这种“归结”和“实体化”具有可能。在黑格尔哲学的“纯”思辨中，被黑格尔唯心主义的不确定抽象所清除掉的具体的、物质的现实，这正是生活之中的经验内容。

所以，德拉一沃尔佩说，“推理出作为一个认识论要素的物

① 德拉一沃尔佩：《卢梭和马克思》，1962年罗马版，第108页。

质的确实性和物质性”，不能靠“不对作为理性之外的物质作出恰当说明的任何推理的、无结果性和有错误的充分性”。[①] 德拉—沃尔佩指出，马克思对黑格尔唯心辩证法所作的这个分析批判，是《黑格尔法哲学批判》作出的第一个重要贡献。另一个重要贡献在于，它提出了一种和黑格尔的思辨相反的新方法；这在于他用一种特定的抽象、确定的抽象来反对黑格尔的一般的抽象、不确定的抽象。德拉—沃尔佩引用马克思的话说：“真正哲学的批判要理解”“矛盾的根源和必然性”，“从它们的特殊意义上来把握它们”，“这种理解不在于像黑格尔想象的那样到处去寻找逻辑概念的规定，而在于把握特殊对象的特殊逻辑”。[②] 德拉—沃尔佩在《1844年经济学哲学手稿》中，发现了对确定的抽象和不确定的抽象这两种方法的进一步的详细说明，以及对颠倒主体和宾词的再一次充分揭露：“（在黑格尔那里），现实的人和现实的自然界不过成为这个隐秘的、非现实的人和这个非现实的、自然界的宾词、象征。因此，主词和宾词之间的关系被绝对地相互颠倒了：这就是神秘的主体—客体，或笼罩在客体上的主体性”[③]。马克思在《黑格尔法哲学批判》中，从黑格尔的思辨“没有改变”现实的存在形式这一事实中，指出其中“有错误地充满着经验内容”；在《1844年经济学哲学手稿》中，这被有眼光地理解为“非批判的实证主义”（“现有经验在哲学上的分解和恢复”）。[④]

① 德拉—沃尔佩：《卢梭和马克思》，1962年罗马版，第109页。

② 马克思：《黑格尔法哲学批判》，《马克思恩格斯全集》第1卷，人民出版社1956年版，第359页。

③ 马克思：《1844年经济学哲学手稿》，《马克思恩格斯全集》第42卷，人民出版社1979年版，第176页。

④ 马克思：《1844年经济学哲学手稿》，《马克思恩格斯全集》第42卷，人民出版社1979年版，第162页。

而在最后，德拉－沃尔佩认为，一个提议打开了按照马克思的方法和自然科学的方法的统一性去理解马克思本人的方法的可能性：“历史本身是自然史的即自然界成为人这一过程的一个现实部分。自然科学往后将包括关于人的科学，正像关于人的科学包括自然科学一样：这将是一门科学。”①

在德拉－沃尔佩看来，到了1846年的《哲学的贫困》一书，马克思就尖锐地揭露了思辨辩证法保守的政治含意。颠倒主词和宾词、现实和理念，这既不是一个无知的学究游戏，也不仅仅是一个逻辑错误。当人们超越了一切具体的现实所与，并给予它们以非常多的抽象的逻辑范畴时，一切现实的、暂时的历史规定就不得不作为理性的、永恒的和自然的而出现。所以，马克思强调指出：“人们按照自己的物质生产的发展建立相应的社会关系，正是这些人又按照自己的社会关系创造了相应的原理、观念和范畴。所以，这些观念、范畴也同它们所表现的关系一样，不是永恒的。它们是历史的暂时的产物”②；而“经济学家所以说现存的关系（资产阶级生产关系）是天然的，是想以此说明，这些关系正是使生产财富和发展生产力得以按照自然规律进行的那些关系，因此，这些关系是不受时间影响的自然规律。这是应当永远支配社会的永恒规律。于是，以前是有历史的，现在再也没有历史了。”③

① 马克思：《1844年经济学哲学手稿》，《马克思恩格斯全集》第42卷，人民出版社1979年版，第128页。

② 马克思：《哲学的贫困》，《马克思恩格斯全集》第4卷，人民出版社1958年版，第144页。

③ 马克思：《哲学的贫困》，《马克思恩格斯全集》第4卷，人民出版社1958年版，第154页。

第十章　后现代主义哲学与形而上学之辩

“后现代”（postmodern）一词早先出现于艺术领域。1870年英国画家查普曼（J. W. Chapman）提出“后现代绘画”这一概念；“后现代主义”（postmodernism）一词最早出现在1934年西班牙学者奥尼斯（F. Onis）出版的《西班牙暨美洲诗选》中。有人认为，美国著名文论家I. 哈桑认为乔伊斯的《芬内根的守灵》（1939）是后现代主义的肇始；而评论家奥康诺（F. O' Conner）则把英国20世纪50年代以“大学新才子”为中心的文学运动视作后现代主义开端。从20世纪60年代起，科技革命促进西方经济高度发展；D. 贝尔讲这促成步入一种“后工业社会”；人们往往对此也称之为信息社会、高科技社会或消费社会等；而在文化形态上则被一些学者称为“后现代社会”。

从20世纪70年代起，在以上意义的后现代主义思潮在文学、诗歌、绘画、建筑等领域蔓延起来。80年代出现了关于现代与后现代的争论。进入90年代，在西方一些国家中“后现代主义”几乎成为一种广泛的用语。关于后现代主义思想的源起，有人认为尼采是其先驱者；有人甚至把马克思的思想也归入后现代主义；还有一些人把I. 哈桑视为后现代思潮的开启者；不少人把海德格尔视为第一个后现代主义者；更多学者将怀特海看作虽“本人没用‘后现代’这个词”“却是以后现代的调子去谈论现代的”。

一些等学者把后现代主义理论分为三种形态：一是激进的或否定的后现代主义（福柯、德里达、利奥塔、费耶阿本德、瓦提莫等）；二是建设性的或修正的后现代主义（罗蒂、霍伊、格里芬等）；三是马克思主义后现代文化批判学派（F. 杰姆逊）。在我看来，阐述后现代主义哲学，可由以下几个层次：一是早期用“后现代”视角来看待现代的后现代主义；二是特别冲击“传统形而上学”的后现代主义；三是后来建设性地修补“后形而上学”的后现代主义。他们对西方哲学史上的“本体”“本体论”，对“传统形而上学”，提出了他们的看法。

第一节　早期以“后现代”视角看待现代的后现代主义

这要说到怀特海。怀特海以“后现代”视角看待现代，而他自己没用“后现代”这个词。美国著名的“过程论”思想家约翰·B·科布的《建设性的后现代哲学的奠基者》一书在有关怀特海的章节中写道：“虽然怀特海本人没有用‘后现代’这个词，但他却是以后现代的调子去谈论现代的”。

阿尔弗雷德·诺思·怀特海（Alfred North Whitehead, 1861—1947）是英国数学家、逻辑学家，被认为是形而上学家。其自称为“新实在论”者。怀特海 1861 年 2 月 15 日生于英国，1880 年进入剑桥大学三一学院学习数学，毕业后留校任教，1924 年赴美国任哈佛大学教授。怀特海在剑桥大学任教时，主要研究数学与数理逻辑，这个时期他与罗素合作写了三卷本的《数学原理》（1910—1913）和《数学导论》（1911）。后来他转向研究物理学理论基础，写了《关于自然知识原理的探索》（1919）。在哈佛大学任教时，怀特海已 63 岁，从此时开始，他致力于建立“宇宙形而上学”，先后写出了《科学与近代世界》(1925)、《过程与实在》(1929)、《观念的历险》(1933)。其中《过程与实在》是他受爱丁堡大学邀请讲授“有机体哲学”后整理而成的，使之以“过程哲学”而在哲学上产生重要影响。这本书以“形而上学”思辨地提出了一种宇宙论假说，成为西方庞大的形而上学著作之一。

虽然怀特海本人没有用过“后现代”这个词，但不少人把他列为后现代哲学的奠基人之一，认为他是以后现代的基调去谈论现代的，他以“形而上学”所建立的思辨的宇宙论体系，体现出不少后现代思想。所以学界往往称之为“思辨的后现代主义”(speculative post modernism)。

一、关于“实体”和“事件”

怀特海处在实在论哲学思潮有重要影响的时期，他曾自称为“新实在论”者。怀特海在他发表的使之见解得以集中发挥的《过程与实在》一书中，讲到，在哲学实在论者那里，有两种类型的事物是确实的。这就是实体和事件。怀特海认为，每个确定的实在都需要成为系统的宇宙来维持它的存在。“没有真正的事物可以从宇宙全体之中抽出”。“只有哲学才能把科学选择所忽略的全体恢复过来”。

怀特海辨析道，“实体”指我们周围始终如此的对象。实体不变、不灭和不可分。而关于实体的学说后来命运不佳，现代后期放弃了对世界的这种实在论说明。“事件”不是“实体”，形而上学把事件当作实体的附庸，不能独立自存。但现代物理学对原子成分的分析告诉我们，类似能量子这样的东西，与其把它们说成是实体，倒不如当作能的事件。形成我们实在感的东西更确切地说应该是活动的稳定模式，而不是实体，事件是终极的实在。有关于人的事件，比如“战争”、“交谈”之类，它们的组成单位是更小的“事件—人”的经验，“经验机遇”即为经验的“原子”。

首先，经验机遇作为原子事件与物质原子相当不同。因为，它们是四维的。怀特海指出，古典的理论认为物质原子不需要时间的流逝就能成为它自己；而怀特海强调，原子事件必须以其空间和时间来准确定位，其外延是由空间伸展来构成的，同时也是由时间持续来框定的。其次，经验机遇是关系。例如，史密斯太太有一个经验机遇，该经验是她先前经验的继续，或许她先前听到的是布朗太太说的一个词的开头，而这会儿她正在听这个词的结尾。把它当作一个词的尾来听，这就说明先前那一刻在当前仍然生动。怀特海由此例子说，史密斯太太当下的经验是新的声音和先前听到的声音的综合。显然，史密斯太太还有视觉，她能够懂得一个词作为句子一部分的意思，这都需要与其他人及过去的经验发生关系。另外，她听声音的感觉方式（怀特海将此称作把握的“主体形式”）受其肌肉的疲劳度和酸累度及半明半晦的期望值的影响。这样的分析可以一直进行下去。怀特海指出，问题在于这种分析是朝向物理感受和物理把握的，这是朝向该事物与其他事件的内在关系的，其他事件的参与方式构成了新的事件。总之，经验机遇是其对世界的感受和把握的统一。人以外的其他原子事件，我们无法像分析自己的经验那样来对它们作现象分析。怀特海相信，这种事件成立的原因在于它们与其他事件的关系模式。某一领域的一部分发生的事情，离开该领域的整体来作抽象理解是不行的。它最好被当作领域中的那一点来看待。原子事件是其对其他事件把握的综合而不是带有属性的实体。

二、从“主体与客体”到“主—客体”

怀特海关于现代见解的最基本一点，作为其认识论的出发点，即关于把世界分为主体和客体的议论；他对此加以澄清认为，所有实际的客体都曾经是主体，所有的主体都会变成客体，主体和客体不是实际的两种事物，而是以不同方式考虑的同一些东西：当前的经验机遇可以是当前对过去机遇把握的主体，过去的机遇又会是这个把握的材料，这成为给予主体的客体。经验的对象（客体）本身就是一个作为把握其他机遇的主体的经验机遇。当前机遇所感受到的东西，正是过去机遇的感受。那些感受或把握成为客体，而作为感受却并未失去其主体形式；所不同的只是，它们现在是完成了的过去。现实的客体世界就是过去的主体世界。怀特海的假设是，所有原子事件都是经验的机遇。它们出现的时候，它们是主体，当它们完成自己的时候，成为其他事件的客观材料。

三、论“语言实体”与“本体论”

一般讲，近代哲学趋向于重视认识论研究。其中一些哲学流派认为认识论的开端是建立在感觉经验第一性基础上的。而怀特海认为，本体论与宇宙论才是第一性的。

他论述到，现代哲学假设我们必须先从认识论开始，要在认识论上考察如何回答世界的实在性问题之后再提出世界的实在性。这个程序受到了批评。所有关于认识论的讨论都含有预先的假定，谁也无法以中性的态度从事认识论的研究工作。怀特海将日常感觉经验拆分成两种成分，并把它们分别称作“表象直接模式的知觉”和“因果效应模式的知觉”。以视觉为例，“表象直接模式的知觉”是认识分布在一定空间中的一块颜色。就它本身来看，它不仅没有告知外面的实在世界，而且也是无时间的，既不指过去，也不指将来。因此，当它成为所有认识的基础时，认识确实会受到严重的限制。怀特海特别指出，重要的是我们的日常语言把感觉材料和真实的世界联系在了一起。

我们不说“看见一片棕色在某个地方”，却说“看见一个棕色的桌子”。要是有人诘问，我们可能难以证实自己所言，然而在内心深处仍相信看到的是一个真实的物质世界，并非只有一片颜色。怀特海指认，这种信念是由于真实世界冲撞我们所致。用他的话说，当我们尚未完全受骗的时候，我们是具有物理感受或是事件的把握的。正是这个物理感受，我们才如此肯定有一个真实的物理世界，它首先是由我们的身体，而后由其他物理事物组成。这是“因果效应模式的知觉”。在日常感觉经验中，以上两种模式并成了一个感觉，即“看见一个棕色的桌子”。怀特海强调说，这成为“符号指称模式的知觉”。他论证说，表象中直接的一片棕色，指称那个把光映射到我们眼睛中的物理事物；大部分时候，这很有效地把我们带入了我们所处的世界。而所有外部事件作用于人的经验机遇是通过身体事件进行的，这一说法尚无本体论上的必然性。因果效应模式的知觉并不只限于我们感官的那一部分外部世界。每一经验机遇受其整个过去的影响，有些影响甚至并非在邻近相继间发生。更特别的是，离我们很远的某个人的情感能够影响我们的情感，甚至不必依靠感觉。有证据表明，“因果效应模式的知觉”是非感性知觉，而感觉经验是首要的；重要的是“符号指称模式的知觉”在其中起着重要作用，这成为“语言实体”。

由此怀特海认为，每一认识活动都是有条件的，它会受到特有的历史、文化、经济、乃至性别以及种族状况的限制。任何试图超越这种限制想要获得纯客观真理的想法，都是值得怀疑的。这导致了“概念相对主义”。怀特海认为，如果只坚持“表象直接模式的知觉”，“那么，我们每个人确实就锁在了他自己的直接经验中”。走向极端，彻底的感觉主义成为“唯我论”。怀特海提出要感谢康德把个人附属于人类或大写的心灵，要感谢语言学的转向将实在放在了有关的语言之上。然而，怀特海认为这样做并未把实在性问题论说清楚。所以怀特海对语言与非语言对象的符合问题，予以关注。他论证了“语言实体”，特别区分了命题和句子之类的“语言实体”。他阐述说，命题是一种可能性（某种经验机遇或一组经验机遇）。句子及其他“语言实体”的功能是唤起听者去注意这种可能性。当对命题作如此理解时，它们与事物状况相符合就不再神秘了。它们是事物可能的状况，可以是真实的事物状况的具体表现。这样，讨论一个命题确实与否。即某个命题事实上是否真实的问题就变得有意义了。①

第二节　特别冲击“传统形而上学”的后现代主义

一、福柯：“外在本体性”与“外在本体化”，关于“系谱学”

福柯（Michei Foucault，1926—1984）被认为是法国后现代主义哲学的主要代表人物和开山者。他也被认为是尼采主义者。德娄兹称他为当代最伟大的哲学家之一。其研究涉于知识考古、考古学现象学、权力/道德谱系学；还是著名社会活动家。福柯 1926 年 10 月 15 日出生于法国西部古城普瓦捷。他 1940 年 9 月入圣斯坦尼斯拉斯教会高级中学，该校有一位知识渊博的历史教师，使福柯对历史产生了兴趣。1942 年，福柯开始阅读柏拉图、笛卡儿、帕斯卡、柏格森等哲学家的著作。1943 年，福柯通过了中学会考，拒绝了父亲要他“学医以承父业”的愿望。他 1945 年去巴黎亨利四世中学准备报考巴黎高等

① 参见，张妮妮：《思辨的后现代主义》，载《后现代主义辞典》，中央编译出版社 2004 年版，第 591～593 页。

师范学校，时值二战刚刚结束，法国新黑格尔主义者伊波利特（Jean Hyppolite）到此校执教。福柯深受其影响，后来成了伊波利特在法兰西学院的继承者。1946年，福柯以第四名的优异成绩考上巴黎高师。在高师期间，福柯广泛阅读古今哲学家著作，写了大量的读书笔记，又在身患严重的癫狂症、染上同性恋的情况下，涉猎了心理学、精神分析和精神病学，进而开辟了自己的特殊研究领域：癫狂和性欲。他在阅读中把尼采作为自己的精神导师。在高师他还结识了现象学家梅洛—庞蒂和结构主义马克思主义者阿尔都塞（Louis Althusser）。受阿尔都塞影响，福柯1950年加入法国共产党，后由于多种原因而退党。次年他取得法国大学和中学哲学教师资格，同年秋去法国国家科学研究中心准备博士论文，一年后任里尔大学文学院心理学助教。1953年开始系统研究尼采哲学。1955年夏，福柯离开里尔去瑞典乌普萨拉大学任教，开始了云游天涯的生活。在工作之余，基本上完成了博士论文初稿；三年后任波兰华沙大学法国文化中心主任，同时做了一年法国驻华沙使馆文化参赞，继续写作博士论文；1959年任德国汉堡法国文化中心主任，此后完成博士论文，旋即回国准备论文答辩，并成为克莱蒙—费朗大学讲师；1961年，取得博士学位，次年被任命为克莱蒙—费朗大学教授。他于1965年去巴西圣保罗大学讲学两个月；1966年调往突尼斯大学工作，出版了《词与物》获得很大成功；1967年被选为南泰尔大学哲学教授，但法国教育部长迟迟不对他任命，遂重返突尼斯大学。法国1968年“五月风暴”后，福柯回到巴黎创建樊尚实验大学中心，兼任哲学系负责人；1969年被选为法兰西学院教授。翌年春法国教育部长正式任命福柯为法兰西学院思想体系史教授。1971年法国成立监狱情报小组，他积极从事政治活动，特别关注犯人生活状况，监狱、监视、惩罚、权力等成了福柯后期的研究主题。1984年6月25日病逝于巴黎。

福柯的主要著作有：《精神病与人格》（Maladie mentale et personnalite，1954，1962 年改为《精神病与心理学》（Maladie mentale et psychologie）），国家博士论文《癫狂与非理性——古典时代癫狂的历史》（Folie et deraison，Histoire de la folie a I'age classique，1961），《诊所的诞生——医学凝视考古学》（Naissance de la Clinique，Une archeologie du regard medical，1963），《雷蒙·鲁塞尔》（Raymond Roussel，1963），《词与物——人文科学考古学》（Les mots et les choses，Une archeologie des sciences humaines，1966），《知识考古学》（L'Archeologie du savoir。1969），《话语秩序》（L'Ordre du discours，1971），《监视与惩罚——监狱的诞生》（Surveiller et punir，Naissance de la prison，1975），四卷本《性史》（Histore de la sexualite，1976－1984），四卷本文集《说与写》（Dits et Ecnts，1994），等等。

关于福柯一生的哲学生涯，他在晚年曾对自己思考的主题概括为，对“我们自身的历史本体论”这一“实践整体”的探讨；其中包括三大领域：对物的控制关系的领域，对他人的行为的领域，对自身关系的领域；而贯穿其中的三条轴线则是：知识轴线、权力轴线与伦理轴线。福柯通过知识、权力与伦理对“人们自身”的“本体论”这一“实践总体”加以探讨，实际上构成的是“对我们是什么的批判”。[①] 这在问题本身的意义上可说是从古希腊的“认识你自己”到康德的“人是什么”的哲学永恒命题的延续。不过就与康德相比而言，研究者指出，他们两者在探寻问题的思路上迥然各异。康德在实践哲学方面

① 《福柯集》，杜小真编选，上海远东出版社 2003 年版，第 542 页。

是为构造某种道德形而上学；而福柯则注重摒除近现代哲学有关人的预设，即一些先验的、超历史的人的观念，通过对疯癫、监禁、性等历史事件的考古学调查与谱系学研究，来揭示现代社会的规训性质，以及人为权力所造就的现实，从而给出一个真实的现代社会与真实的“主体”。[①] 有著作将福柯的理论与韦伯的理论作出对比，写道：“福柯的学术领域不是社会学，尽管他不时受到批判，但仍能以一种卓越的博学和历史感解构人文科学。然而，在许多人看来，人文科学对现代社会的诊断是他的研究和思考的中心。许多主题仅仅表现为在韦伯著作中的各种观点的激进化。和韦伯一样，福柯也赞同理性化的一种扩大概念，即整个社会现实（科学，技术，市场，管理，纪律，文化和宗教）在理性化进程中塑造所有的生活领域，性欲或人格，统治或生产。然而，在韦伯看来，问题在于能以一种历史观点证明纯粹形式上的和仅仅围绕延伸到行动的计算能力的西方理性化方式的特殊性。而在福柯看来，不存在一种理性或不存在一种理性化的整体过程，也不存在在各个领域中进行的一系列过程，其中的每一个领域可归结始终都受特殊合理性支配的基本经验（疯癫，疾病，死亡，罪行，性欲……），尽管所有这些组成部分最终并非没有问题地构成他的思想体系。”[②]

这样，在福柯那里，人被理解为一个处于历史的、社会的、尤其是权力的关系网络中的存在；这是被社会通过知识话语、道德话语等权力话语，以及包括从医院、学校到监狱等各种手段所规训、控制的。福柯如此来展现现代性的状况，讲述使人

① 陈嘉明：《现代性与后现代性十五讲》，北京大学出版社 2006 年版，第 186～187 页。

② ［法］达尼洛·马尔图切利著：《现代性社会学——二十世纪的历程》，姜志辉中文译本，凤凰出版集团译林出版社 2007 年版，第 228～229 页。

类步入“成年”的道理；他以继承启蒙运动的质疑与批判的精神为己任，坚持对现实社会的批判，以此来寻找追求自由的“新的原动力”。① 因而，“福柯在现代性社会学模型的历史中占有一个不容置疑的地位，至少表现在两个方面。一方面，在他的著作中，明显属于韦伯传统的一种权力理论以最极端的形式呈现出来。1983 年在法兰西学院的一次讲课中，福柯跻身于‘从黑格尔，经过尼采和马克思·韦伯，直到法兰克福学派’的一种当代本体论之列。从此以后，他成为一些研究的对象，这些研究旨在证明福柯的权力理论和韦伯的直觉之间的共同之处。另一方面，他的著作中，理性化模型的困境最明显地呈现出来了，因为他的著作继续围绕人文科学本身，对理性化的危害进行批判。问题针对‘真理的进步和自由的历史’之间的关系，关键在于‘如何把能力的增加和权力关系的强化分离开来’”②。“一方面，如果我们不从现代性的中心问题——即把理性的普遍原则应用于所有处境的可能性和愿望——出发，另一方面，如果我们不从他的极端怀疑，事实上，其出于内心的信念——即理性既不是一种解放力量，也不是现代社会的一个真正冲突焦点，而是统治原则本身——出发，那么我们就不可能理解福柯的著作。”③

在哲学探索中，福柯贯彻着由“外在本体性”和“外在本体化”展开他的研究。我们知道，关于“本体论”的研究，在康德以后出现了复杂的情况，在一系列困难之中或者弱化或者

① 福柯：《什么是启蒙》，载汪晖等主编的《文化与公共性》，三联书店 1998 年版，第 437 页。

② 米歇尔·福柯：《什么是启蒙运动》（1984 年），见于《言论集》，1954—1988 年，第四卷，巴黎，Gallimard 出版社，1994 年，第 562～567 页。

③ ［法］达尼洛·马尔图切利著：《现代性社会学——二十世纪的历程》，姜志辉中文译本，凤凰出版集团译林出版社 2007 年版，第 227～228 页。

放弃。福柯关于“本体论”另辟路径，重在于关注“外在本体性到外在本体化”；他联系精神病人与健康人、被监禁者与非被监禁者、禁欲与非禁欲、医生与患者的关系，着重论述了本体只有由其外在性才能真正实现自我显现。

福柯认为，人是作为其他生物的他者才获得了自己的存在，人也是作为其他事物的他者才有了知识的哲学基础。福柯指出：“确定与限定的联系、经验与先验的重复、我思与无思的永恒关系、起源的回溯与回归，限定了人的存在方式。19世纪以来的反思在人类存在方式的分析中而不是在表象的分析中，为知识的可能性找到了哲学基础，……人类作为有理性的、会说话的动物只不过是另一种生物，可以从它们的正确定义中得知人性，从而把它排到生物图表的适当位置上”。可见，在福柯看来，本体论的哲学基础是把人类看成是其他生物的绝对他者。这就不难理解福柯为什么对病人、犯人、癫狂者等非常规现象那么如醉如痴地加以关注，他力图在这种情况的本体外在化中去寻找人类存在的根据。

值得注意的是，福柯在其理论中专门论述了其关于“系谱学”的见解。

系谱学（genealogy）源于拉丁文 genealogia 汉译还往往为谱系学、家系学、家谱学。这个词的法语是 généalogie，原义指关于家族世系、血统关系和重要人物事迹的科学，这被认为是有助于理解事物的起源及其演变过程的科学。1881年，尼采在《道德系谱学》（Zur Genealogie der Moral）一书中，首先运用系谱学方法分析道德问题，重估人的价值、重评价值标准、重建价值关系，注重研究价值解释标准的判断。在福柯之前的哲学史上，尼采曾由在一定条件中各种价值结合在一起的情况，构成一个“价值表”。在尼采看来，一切有关道德的东西都集中在这个价值表上，认为依此描述可对价值进行批判分析，最终达到重估人的价值之目的。在后现代主义哲学讲来，这是一种重新走向“陌生化”的方法，这形成了研究西方文化现象世系关系的理论。

系谱学在福柯那里，既是他重要的哲学方法，也是其哲学著述的重要组成部分。具体讲，福柯的系谱学方法包括以下两大步骤或任务：其一是追溯对象的出身（出处），其二是标示出对象的发生。

在福柯看来，要实现第一个任务，即“追溯对象的出身（出处）”，首先要破除人们千百年来形成的关于“本质”、“本原”、“同一”的幻想。福柯曾明确谈到，系谱学家的任务就是要摧毁本原及永恒真理的优越地位。系谱学家要揭示的一个秘密就是：事物“没有本质，或者它们的本质是用事物的异在形式零碎拼凑起来的”。对于系谱学家来说，不存在什么固定不变的本质、规律和基础，不存在什么形而上学的终极目的。与对本质，本原的摒弃相联系，福柯的系谱学放弃对“深层”的探索，将探索的目光转向表层，它寻找事件的细节、微小转换以及细微轮廓的外现。福柯的原话是：“系谱学是灰色的、注意细节的……系谱学要求耐心地对待细节的知识，它依赖于广泛的原材料的积累”。

在《尼采，弗洛伊德，马克思》一文中，福柯曾谈到系谱学与传统解释学的区别。他认为，解释学就像一个发掘者，总是倾向于深入事物；而系谱学就像一种越来越高、越来越向上的总观，它使深层可以越来越清晰地在它面前展开：“深层又重新成为一种绝对和表面性秘密”。福柯借系谱学要告诉人们的是，一切所谓“深刻的隐含意义”，“不可达到的真理高度”，“意识的隐晦的内在性质”，都是历史的虚构，都是虚假的。由于不存在什么深层的本质及深刻的意义需要解释，因而对每个事物（哪怕最表层、微小的事物）都可以有多种解释。而这都不是必然的、唯一的、绝对正确的，都包含着任意的成分。系谱学就是要记录这些解释，而这又不是唯一解释的历史。

福柯讲，既然系谱学并不是要确立什么不变的基础，那么就要“打破以前认为是永恒不变的东西，搞乱以前认为是统一的东西”。福柯的结论是：“在事物的历史开端被发现的不是它们本原的纯粹同一性，而是相异事物的纷争，是差异（comparity)”。正因如此，福柯的系谱学被称作一种“用来把握异的方法”。

在福柯看来，系谱学的再一个任务，即“标出对象的发生”。这要明确，系谱学打破人们关于对象的纯粹、高尚，“本原”、“本质”、“同一”，这样的幻想，正是为了给对象的“发生”留下空间。这位对象“发生”的考察又为彻底摧毁人们关于“本原”、“本质”、“同一”的幻想，提供了强有力的支持。

福柯指出，考察对象的“发生”，就要“发现所有缠结在对象内的子个体”。这意味着，没有任何对象能是纯粹的本原（起源）、纯粹的开端，每一个对象都将必然是从其他元素遗传下来的元素。而无论人们最终选择在哪一点上来考察所给定的元素，都能发现该元素得以源出的更古老的某些元素。不仅如此，一个元素还可以完全被置换，因而就可能被看作是一个不再生存于现在的“过去”；尽管可以在某些成分现在仍然是现今元素的部分这一意义上说，这个元素还是在现在。按照福柯自己的说法，要确定一个对象的出处，就要追溯那些已被结合而构成对象的外来形式（元素），“以便在难以澄清、解析的网络里，发现对象内相互缠结的所有微妙的、特殊的和近于个别的标志”。

福柯强调，这里需要指出的是：系谱学考察对象的发生，并不是要用所谓普遍规则或规律来解释这样的现象为什么会发生、建立因果关系，这是要努力屏弃的。这就涉及到福柯系谱学的核心性的原则：“非连续性原则”。正是这一原则使福柯的系谱学对历史中的一致性和规律性持坚决的拒斥态度，指认这些一致性和规律性完全是虚构，纯粹是假面具。

福柯认为，与传统历史学家写“超验的历史”不同，系谱学家写“实际的（真实的）历史（Wirkliche Historie)”。这里的根本不同之处在于，“实际的历史”与一切所谓“恒常不变”的东西无缘，这是以拒斥形而上学的“整体”、“同一”、“开端”、“发展”、“目的”为指归的。所以要反对在时间之外作超历史的观察，反对总括历史，反对追溯历史的内在联系，反对历史决定论和历史目的论。福柯在其著作《纪律与惩罚》中，说道：“我对过去感兴趣吗？如果说是指根据现在写过去的历史，回答是否定的；如果说是指写目前的历史，则是肯定的。”这里，福柯明确表示要与历史分析中的“现在主义”（presentism）划清界限。

福柯由其主张的“我们自身的历史本体论”看来，历史并不存在终极目的。福柯由其一生特别是晚年一直思考的“我们自身的历史本体论”，体现于其“系谱学”理论，否认历史有所谓进步。福柯在一次谈话中，当访者问及他谈到科学总假定人在进步时，福柯着重指出：“不是科学这样说，而是科学史这样说。此外，我并不是说人性不进步，我想说的是提出诸如‘我们是如何进步的？’这类问题是一种坏方法。问题是：事情如何发生？而且现在所发生的并不一定必然比过去发生得更好，更先进。更好理解。”正因为这样，福柯自认为他是在重新关注“真理的进步和自由的历史”之间的关系。福柯认为，康德在《什么是启蒙》中并没有赋予现在以优先性，将现在看作过去以往发展的顶点，而是问：今天与昨天有何不同。他认为，在当代思维中一个有害的习惯是，在分析现在时，将历史中的现在看作一中断的、完成的、至高无上的。福柯认为应该将我们所存在的这一时刻看作是整个时代中的一个，它是一个像其他时间一样的时间。福柯主张，历史并非普遍理性的进步史，也不是黑格尔意义上的绝对观念展开的历史；历史并非真理的崇高发展，也不是自由的具体展开；更不是一曲关于进步的赞歌；而是充满事故、偶然、弥漫现象以及谎言的故事。福柯志在驱散人们对统一性、坚实性和连续性的令人鼓舞的“幻觉”；强调人并不是历史的主体，历史并没有主体，既没有个体的主体也没有集体的主体来推动历史的进程。人只是历史的产物，其本身是由话语实践决定的。

福柯主张其系谱学，试图向人们显示：过去是如何与现在不同。他努力拉开过去与现在之间的距离，打破历史学家在过去与现在关系之间所确立的密切关系；向人们显示“过去”本身作为一个本真的差异场所不可能被吞并到同一性的领域；向人们显示，他与传统历史观将焦点集中在所谓“最高尚的时代”“最高的形式”“最抽象的观念”“最纯粹的个体”相反，要告诉人们的是：既然非连续性是历史的根本特征，那么文化继承就绝不会如人们所想象的那样，是不断积累的“获得”而且时间越发展“占有”就越稳固；“而毋宁是裂痕和断裂的汇集，是不同性质之断层的集结”。福柯表示，他不同意像结构主义那样，梦想把一个既定时期所有的元素都纳入一个模式中（把全然无关的现象组合进一个有意义的模式中，进而从这个模式出发解释这些现象）；他也不同意像黑格尔主义者那样，把历史的一个或全部系列都展示为某一理念或范式的具体发展。他讲这做法是“超历史的”，是很“滑稽的”。按照福柯的分析，“超历史的观点期望从自身完全封闭的总体性中抽绎出历史”，这样做的结果尽管确保了所谓的“巨大的连续性”，但却失去了真实性和多样性。

福柯运用系谱学，在与对传统历史观的拒斥中，向传统的线性进步观提出质疑。依福柯看来，这种线性进步观其实是传统思想家杜撰的一个神话。在一次谈话中，他曾明确表示，要对“我们自己和我们所是”“此时此地的我们”是历史进步的结果，加以否定，以防止人们断定“我们现在所拥有的东西远比过去要好”。福柯在《纪律与惩罚》中，破天荒地向人们表明：进步并不必然是好的，也并不必然等于越来越好。

福柯讲其系谱学是一种“陌生化”的方法。所谓的“陌生化”，就是“将熟悉的弄得不熟悉了”，使人们对一直视为当然的东西产生动摇和怀疑，使一直看着熟悉的“过去”看起来“陌生”。这是在人们过去发现同一的地方发现差异，在人们过去认为简单的地方发现复杂。不少人认为，可以将福柯的系谱学看作是一种新的书写历史的方式。[①]

二、德里达：“在场的形而上学”、“解构”，对“外在本体”的新研究，关于“延异”

雅克·德里达（Jacque Derrida，1930－2004），也被认为是后现代主义的重要哲学家。他出生于法属阿尔及利亚，其父亲是犹太人。根据他自己的回忆，他很早就开始接触文学和哲学。1949 年，德里达就读于巴黎高等师范学院文科预备班。1952 年考入巴黎高等师范学院，潜心攻读了黑格尔、胡塞尔、海德格尔以及法国哲学家巴塔耶、布朗肖等人的著作。他于 1956 年毕业后，次年通过教师资格会考。1960 年到 1964 年到索邦大学当助教，后来到巴黎高等师范学院当了 20 年的助理讲师。后来，德里达出任法国高等社会科学院研究主任一职，并先后担任一些著名大学的客座教授。1992 年 5 月，当剑桥大学决定授予德里达荣誉哲学博士学位的时候，18 位著名哲学家联名致书剑桥

① 参见，于奇智、王治河：《系谱学》，载《后现代主义辞典》，中央编译出版社 2004 年版，第 633～636 页。

大学表示反对，认为德里达作为"哲学家"的作品没有达到专业学术所要求的基本的"清晰与严谨"。剑桥大学最后启动特殊的投票表决程序来解决这场争端，结果以 336 票对 204 票通过了荣誉学位的授予。德里达所创立的解构主义理论甚至为美国哲学界所不容，将其开除美国哲坛。而实际上，德里达的思想产生了很大影响。

德里达可谓多产的思想家，其中，《论书写学》（1967)、《言语与现象》(1962）和《书写与差异》(1961）这三本著作可谓他的扛鼎之作。《论书写学》（又译为《论文字学》）反驳了构成统治西方思想传统两千多年的"逻各斯中心主义"。《言语和现象》解构了胡塞尔现象学关于"声音"和"在场"两个概念。《书写与差异》是一部论及列维·施特劳斯、福柯等人学术主张的论文集。后来，德里达又写了《播撒》和《哲学的边缘》(1972)、《丧钟》(1974)、《绘画的真理》(1978)、《论精神——海德格尔与问题》（1987)、《人的目的》和《马克思的幽灵》(1993）等著作。

（一）关于德里达的哲学，人们注意到，其中一个很重要之点，是他在前人特别是自康德哲学之后，在寻找和发现本体的真正内涵以解决本体论的困难方面，给出了他的哲学见解。回顾哲学史，我们知道，康德的《实践理性批判》认定人的自由应是人的本体特征，这是其批判的内涵，其特别强调前批判的自我体验。沿着这种前批判形态，胡塞尔力求确定先验主体，或者说要把没有外在污染的主体性确定为人的主体性。海德格尔对其师的"本体"回溯并不满意，他在确认先验的主体时强调了"此在"，实际上这是指作为人被抛入这个世界的"存在"。海德格尔指出，语言是人类作为其他事物严格他者的界定条件，这是人的本体属性。这样，福柯所讲的"外在本体性"和"外在本体化"似乎在哲学上是昭然若揭的。然而，在许多哲学家看来，由于语言有作为严格他者地位的标志和属性，由于语言自身的不透明性和奇妙作用，以上理论不能被认可。维特根斯坦虽然第一个阐明了语言是哲学分歧的制造者，但没有把它确定为作为人的本体存在而得以构成的存在。卡西尔和苏珊·朗格关于符号的哲学人类学只是在一个小小的角落里透过一丝光亮向外界表示了一些真知灼见。德里达则要通过关于符号和自然语言的研究，更进一步更仔细地确定“外在本体”的基本属性。

德里达认为，在西方传统的形而上学观念中，以逻各斯为中心，依此返本求原以达到关于世界的客观真理；人们往往设定一个关于世界的“存在”，并关注用语言呈现世界真实性的问题；这样产生了逻各斯中心主义。在德里达看来，逻各斯中心主义认为，存在着一种以二元对立为基础的意义等级秩序，如理性与感性、本质与现象、逻辑与隐喻、真理与谬误等等。德里达指出，在这种二元对立之中，前项与后项所处的地位并不是平等的。前项往往是处于首位的、本质的、中心的、本源的地位，而后项则被看成为次要的、非本质的、边缘的、派生的。德里达指认，整个西方哲学从柏拉图到卢梭，从笛卡儿到胡塞尔，都设定先有肯定后又否定、先有本质后有现象、先有单一后有复杂、先有必然后有偶然，如此等等；这种设定构成了传统形而上学永恒的、内在的程序；由这种秩序带来的二元项之间的不平等，逻辑、真理、本质、理性等被认作基础而自身存在，并且永远在场。于是，就传统形而上学而言，作为“存在”，不在场的东西是根本的，而在场的东西则是不重要的甚至无意义的。由此，传统形而上学才有个“在场的形而上学”(metaphysics of presence) 的问题。

德里达对于“在场的形而上学”的问题，对于传统的哲学本体论，对于以理念、基础、本质、真理为恒定在场的“逻各斯中心主义”（Logocentrism)；在他早期著作《人文科学话语中的结构、符号、与嬉戏》之中，有这样的解释：“所有与本质、原则或与中心有关的命名总是标明了一种永恒的存在（an invariable presence）——理念，元始，终极，势能，实在（本质，存在，实质，主体），真实，超验性知觉，或良知，上帝，人，等等”；他认为，这些名称或术语内容不同，却分别代表着各自体系中那个形而上的所指（points of reference）或中心，具有衡量一切的权威性。每一种形而上学都围绕着这样一个中心建立，一切从这里出发最后又回归到这里。

在场（presence）这一概念，是德里达从海德格尔那里借来的。德里达对之进一步加以解析，依此来阐述他对于形而上学所谓本原或本体的见解。

这其中，很重要的是，德里达由 present（s）与 presence 的区分，论述了“形而下”与“形而上”。德里达论述道，present（s）指谓显现的事物，代表形而下的具体事物，通常是可感的，同时表示哲学意义的事物存在。这里强调了“显现”的意义。在此意义上 present（s）作为“显现”的事物，是“在场”、“出场”的。而 Presence 与 present（s）相对：它不是具体的，而是抽象的，代表那种 present（s）成为其自己的超验的更高的存在；它不可以感知，要在逻辑思维中把握；换言之，Presence 是形而上的本体，它使那些可感的事物即 present（s）有生存并具体价值。

基于此，德里达强调，实际上，在如此的“在场存在”（present－being）中，不应该有什么“中心”；在没有历史性的“存在”里，“中心”是不可想象的；“中心”没有一个自然的基地，也不是一个固定的点。如果非得要设立出一个“中心”的话，那么这个“中心”也不会是一个个定点（fied locus)，只能是“一种功能，一种使无数符号替换物进入活动成为可能的非定点（nonlocus）”[1]。所以德里达主张“非中心化”。正是由此他提出了“解构”。

（二）德里达重视的“解构”（deconstruction）这一概念，在他之前就曾被许多思想家所关注，甚至形成一种思潮。在20世纪60年代后期到20世纪80年代大约20年的时间里，关于“解构”的论说，从法国开始，后又在美国迅速发展。其中著名的解构批评家有保罗·德·曼（Paul de Man）、希利斯·米勒（Hillis Miller）、约瑟夫·里德尔（Joseph Riddel）、乔纳森·卡勒（Jonathan Culler）、杰弗里·哈特曼（Geoffrey Hartman），哈罗德·布鲁姆（Harold Bloom）等。人们认为，对解构理论本身解释得比较好的是斯皮瓦克（Gayatri Chakravorty Spivak）和克里斯托弗·诺里斯（Christopher Norris），还有英国著名批评家文森特·利奇（Vincent B. Leitch）。

德里达以创立其特有的解构主义理论而著称于世。他对自己的解构理论说明道：“解构不是摧毁和破坏”，“解构不是一种批评活动，批评是它的对象；解构总是在这一刻那一刻，影响着自以为是的批评和批评理论，也就是说，影响着鉴别和决断的权威，以及事物之可以被鉴定被决断的最终可能性；解构乃是对批评教务的解构”。德里达认为，从黑格尔到马克思，在辩证法、差异和矛盾之类的问题上有许多联系，但他们在关键的问题上未曾涉入，这些未涉入的领域是“哲学秩序”、“符号学”、“语言学”、“心理分析”等领域。因此，德里达说：“我们不应认为马克思、恩格斯或列宁的文本是能够简单地被‘应用’到当前现实中的完备解释。”[2] 所以必须对这些“关键的”工作做一番加工才行，而“解构”就是这样的工作。

---

① 德里达：《马克思的幽灵》，中国人民大学出版社1999年版，第98页。

② 德里达：《马克思的幽灵》，中国人民大学出版社1999年版，第107页。

德里达把马克思称作"前解构主义者"。德里达在其1972年由巴黎Minuit出版社出版的《立场》(Positions)一书中指出:"我们不能认为马克思、恩格斯、列宁的文本是彻底完成了工作,可以把这些文本简单地应用于我们目的的工作"。德里达要在解构中诠释马克思文体的"书写实践活动"意义。他还说,"为了定义文字、书写物、延异、文本等,我总是坚持'实践'价值。"①

在德里达的《立场》一书中,收录了一书系由德里达接受记者采访的两篇谈话录。其中第一篇着重解释解构主义与马克思主义的关系,第二篇继续解释德里达关于语言学的观点。其中记录了,德里达注意到,"物质"被马克思称为完全在意识之外,因而是"唯物主义"。而德里达并不常用"物质"一词。因为德里达认为这常和逻各斯中心主义统治下的"实在"概念搅在一起。他指认,如果脱离"在场"的用法,"物质"便和"书写"相似,而"在场"的物质概念属于唯心主义,或形而上学唯物主义。他认为列宁的物质定义就是形而上学的,所以要给予辩证法式的重写。德里达声称,他既不说物质概念是形而上学的,也不说物质概念不是形而上学的,这完全依赖产生它的文本,就像"我不断坚持书写,文字、痕迹、文本的非概念的外在性有赖于它们与语境不可分离的必要性……我这里要揭示的,如同我在'La double Séance(双重景观)中欲表明的,是一种双重符号或重新标记的操作,物质概念须被标记两次;在被解构或被推翻的领域和解构中的文本之间,后者超越了物质与精神的对立"。

在德里达那里,"解构"面对的是"结构"。他在说明"结

① 德里达:《马克思的幽灵》,中国人民大学出版社1999年版,第21页。

构”时讲，这里的内容不限于索绪尔的语言学及其相关的结构主义批评，更主要的是指整个形而上学传统，包括哲学，也包括普通语言和人们的思维习惯。德里达在他的《人文科学话语中的结构、符号与嬉戏》一文中说：“我们很容易说明结构的概念，甚至‘结构’这个词本身与形而上学认识论（episteme）一样古老，也就是说，与西方的科学和西方的哲学一样古老，而且它们都深深根植于普通语言的土壤之中，形而上学认识论在语言的最深处活动着，它把西方的科学和西方的哲学归并到一起，使它们成为自己的组成部分，所有这一切都是通过一个隐喻性的置换来完成的。”① 显然，这里所谓的“隐喻性的置换”，指思想现实与语言符号的转换，此中已强调，普通语言在解构学说里强调的，已不只是普普通通的表达工具，而是与思想血肉相连。

德里达很强调把结构主义的内涵延展为整个的西方文化传统；因为他看到现代结构主义对传统思维有很大突破，同时他又看到二者的内在联系；由此引发出他对科学、对历史的思考。首先，现代结构主义对客观事物穷其现象，寻求隐含的规则或“语法”（rules or grammmar）；就其试图从而建立科学体系来讲，传统并无二致；区别在于因切入点、侧重面有所不同，所得的看法才有所不同。其次，从认知方法上讲，德里达认为，现代结构主义与传统思维在本质上是联系着的。以索绪尔的语言学为例：19 世纪末 20 世纪当初西方语言哲学还处于关于理性学说的逻辑占主导地位的时候，索绪尔的语言学削弱了理性的绝对性和权威性；强调主体受制于自己所生存中的语言结构、文化结构，这使人们认识到自己的局限；同时，也没能截断与

① Derrida, Jacques: Writing and Differences. Trans. Alan Bass, [Britain: Routlege and Kegan Paul Ltd.] 1978. p. 278.

传统形而上学的关联，甚至在不知不觉中仍受它的羁绊。而且，索绪尔的符号学依然囿于语音中心主义的传统。再就是，在解构理论的视角上看，以往一切形而上学的认识论都讲结构。对此可权且称之为广义的结构主义。在这种理论学说中体现着“二元对立”。例如，广义的结构主义理论体系，大到关于宇宙结构的思想体系，小到索绪尔语言学中的符号结构，结构不论大小，都是围绕着一个中心而建立，都含有中心与非中心，本体与实在，本源与派生等等二元对立的等级关系。西方哲学中关于语言的现实与符号、所指与能指、言说与书写等等的二元对立概念，都体现着这样的结构关系。又例如，结构主义的方法虽然在文学批评中，特别是在小说方面取得了丰硕结果，但也暴露了自身的弱点：一方面由于结构批评旨在寻求文本中的关系结构，所以文本总是被平面地展开，似乎一览无余，却缺少对读者本身及其阅读认识过程的思考；另一方面，由于它旨在寻求那些可以纳入某一结构的因素，而对不能纳入的因素弃置不管，这就使那些被弃置因素被该结构压抑，因而忽略了其内部可能包含的人们尚没认识到的更深邃、更复杂的潜文本。这两方面缺陷都源于，没注意对人生存在进行深入思考。正是在此，现代结构主义与传统形而上学又合拢了。

德里达结合对“传统形而上学”问题的揭示，论证了他的哲学强调“解构”的重要性。他指出，在西方传统的形而上学思维中，人们自觉或不自觉地寻本求原，于是事物、现象的所谓实体或本质便成为思考的中心，围绕这一中心人们力图建立一个个被认为是完整的理论体系。于是，每一种认识、每一种学说都从某一中心出发，展开之后，又回到这里。于是这个中心便成为一个固定的起源，一个衡量或评价一切是非的准则，一个统御一切的权威。在西方思想史上，有无数的理论、学说，因此就有无数个关于中心的概念。德里达举出诸如“理念，元始，终结，势能，实在（本质，存在，实质，主体），真实，超验性，知觉或良知，上帝，人，理性，等等”。德里达指出，从所有这些概念中我们可以看出一个历史的悖论：那个一方面设定了“永恒的存在”并成为 an invariable presence。现代的在德里达看来，这类似于传统神学中关于“上帝”的设定。他认为，这种种本体论与传统神学在构成方式上有惊人的相似之处。因为其中都坚持有一个最高的存在，不管它叫作上帝还是理性，都是那个固定的本原，一切事物从这里起源也在这里归宿；它还是绝对的权威，主宰着世界上的万事万物。海德格尔因此称现代的种种本体论为本体神论。另一方面，以上涉及到的那些形而上的诸多概念，分别代表着不同时期、不同思想体系中的某个中心。而这些概念的相继问世本身又说明世界上并没有永恒的存在。说明人类虽总是追求一个永恒的中心却又不知不觉地粉碎了一个又一个自己认定的那个永恒的中心；前人建立学说后人修正，以至今天的我打破昨天的我。因此德里达说：“结构概念的全部历史”，“就必须被认为是一系列中心对中心的置换，仿佛是一条由逐次确定的中心串联而成的链环。中心依次有规律地取得不同的形式和称谓。形而上学的历史。与整个西方历史一样，成为由这些隐喻和换喻构成的历史”。这必定凸显出“解构”的重要性。

“解构”这个术语在德里达的著作中既涉及关于生存的哲学也渗透到关于历史的解说。在关于生存的哲学中，包括对传统形而上学思路的解构，也包括对语言的解构；而在关于历史的解说中，则把历史的发展论说为“结构—解构”的循环。

（三）德里达基于解构，通过对结构，以及对符号和自然语言的深入研究，沿着关于“外在本体性”及“外在本体化”（“本体外在化”）的区分，由“外在本体”的基本属性，讲到了“踪迹”、“替补”、“播散”，特别对“延异”进行了解析。于此，德里达自己说，他最得意的是"延异"。

"延异"（differance），该词在中文翻译中，还往往被译为"分延"。这是德里达自创的。这是在"迟延"（defer）与"分隔"（differ）两词的组合中形成的。在 differance 中，以字母 a 换掉了法语 difference（常译为"差异"）中的 e，发音上并没有改变，而在书写上却是有区别的。法文中有 differrer，其源于拉丁语的 differre。differre 有两层含义：拖延，区分。根据法语语法，动词现在分词的构成是将原动词中后缀"－er"去掉后，加上－ant，读音为［a：n］；而动名词则与现在分词不同，去掉－er 后加上－ence 读音为［a：ns］，Differance 便是这两个派生词的结合。－ance 也只能读［a：ns］，所以从语音上无法区分 differance 与 difference。德里达借此区别说明，语言中有声无声的内容，有语音中心主义解决不了的难题，从而暴露了其遮蔽面；德里达以此来颠覆传统形而上学思维模式。

德里达曾反复强调 differance 既不是一个单词也不是一个概念。人们知道，在西方，一个单词（word）通常意义上往往有：语音符号和它所代表的意义。而德里达那里的 differance 没有自身与 difference 所不同的语音，也很难直接说出其特定的意义，甚至可以说它没有与 difference 所不同的特定意义，以至让人认为它有一定的意义，所以不能把它当作一个普通的单词来对待。通常讲，概念的思维是在语言意识的层面进行的，是逻辑的，又是线性的，而且意义要力求透明。而德里达试图借助 differance 解说语言在生成过程中的差异运转，认为 differance 介于无意识与意识之间，多向度发展并且交织成网络状态。他还强调意义在生生灭灭的流动中不可能完成透明。所以 differance 既不是一个多义词也不是一个简单的或复杂的概念。differance 什么都不是，却为语言意识中的一切敞开了大门，其内涵非常复杂。德里达曾为此写过专题，这可见其著作《哲学的边缘》，他还曾在种种场合对此进行过解说。

德里达认为，differance 与广义书写（writing in general)、心灵书写（psychical writing)，与 trace，与 play 等是相通的。它们后者诸词分别从不同的侧面解说语言（这涉及到“意识”）是怎样生成的。而在德里达那里，difference 与这些词不同，其特点在于：

1. differance 与 difference 意义大不相同。

一方面－ance 与－ant 相近，因此保留了原动词的主动性，动作性；而另一方面它又与－ence 相通，所以也拥有名词 difference 的种种含义，比如它具有被动性，常常表示 differer 活动的结果。借助这些语法语意的歧异，德里达阐释其是既主动又被动的活动。有人结合德里达讲“认知”，这样解释，求知欲望是人的本能，人可以有意识地去接触客观外界事物，但是意识不能控制无意识，而是相互作用。所以人类认知活动总是既主动又被动的。而认知欲望总是不能圆满地实现，于是即发生所谓的“延异”（differance)。有人这样说，这可联系“延缓”、“拖延”、“替代”、“迂回”、“分派”、“保留”等多层含义来理解。其实，这并没真正把握德里达推出 difference 的真正意图。有人还注意这样解释，“延异”包含的“延缓”并不意味着有某种事物或行为被推迟。其指向生命运动本身的特点。这与德里达所讲的“心灵书写”中的“入侵”对生命的威胁，以及知觉神经组织对此威胁的反映（deferring)，是相通的。

德里达在其《论书写学》一书中写道：“我们说‘写’是外在于声音序列的：电影胶片、舞蹈布置，当然也是图画式的，音乐的，雕刻的‘书写’”。[①] 德里达认为这种书写脱离了一切形

① 参见，德里达：《论书写学》（《Of Grammatology》)，汪堂家中文译本译为《论文字学》，上海译文出版社 2005 年版。

而上学概念，它是经过“涂改”的书写符号。différance 可称为德里达心目中的象形文字，它的 a 脱离了拼音的束缚，所以不是 différance。对这只能从字形上分辨它们之间的区别，从读音上无法区别，因而是独立于语音的。

德里达自认为其推出“延异”（differance），根本目的是要解构传统哲学关于本体追寻的最高目标。在他讲来，对“延异”不能与“本原”、“本体”的理论同语；它无所指涉也没有确定的意义，它在场而又不在场。其不确认有所谓现象背后的本质和能够决定整个世界的本体；不确认存在着所谓永恒不变的知识基础和能够指导人生的、超历史的基本原则，要给出的并不是西方在传统上所讲的真理。

2. 延异有三层含义“差异—区分—延宕”（difference—differing—deferring）。

这里的两极是“差异”、“延宕”。关于“差异”。按德里达的论述，“差异”是“延异”的空间方面，指一个文本或符号的意义并不在于它与“所指”的对应关系，而在于它在差异系统中的不确定的位置。关于“延宕”。按德里达的论述，“延宕”则与“延异”的时间方面相关，在差异系统里，“在场”与“不在场”相辅相成，文本或符号的终极意义无法从“在场”中获得发现，不显现出完整的观念，而总是一再地被延宕，总是没有最后的确定和完成。

关于“区分”。在德里达那里，“区分”处于“差异”和“延宕”的中间。由德里达理论讲来，“差异”“延宕”相辅相成、相互渗透，而其间要有“区分”为中介：“差异”需要“区分”，“区分”需要“延宕”；“区分”成为“差异”和“延宕”的联结，成为“差异”“延宕”在时空中的综合。

就 difference（延异）讲德里达是由 differenc（差异）所创而来。即使不论此两个词的不同在哪里，有一点是很凸显的，即其带有的词根源于拉丁文 differre，此拉丁词的本义就是“区分”。这本身就说明，德里达所推出的“延异”既内含着“差异”和“延宕”，更强化着“区分”。这样，Differance 作为活动总是在区别事物，使之不同，因此产生了关于世间各种事物的不同乃至对立的观念。其复杂使结构与生成这两种理论都不足以描绘它，界定它。而它兼备二者，在二者之间更替。

所以，德里达说，“延异”“是一种从在场和不在场的两相对立的基点上所无法想见的结构和运动。延异是差异的游戏系统，是使各种因素相互联系的间隙中的系统游戏。”在这基础上才实现“延宕”。这样，德里达的“延异”全然相异于传统形而上学的概念。传统形而上学指向“中心”、“本原”、“本体”，以此为归宿，而这又始终离不开那个具有本体功能与作用的“逻各斯”；而“延异”却是无目的性、无确定性、无本原性的，是在“差异—区分—延宕”中实现的“踪迹（trace）、替补、播散（dissémination）”。

3.“延异”实现于“踪迹”、“替补”、“播撒”。

关于“踪迹”。

“踪迹”（trace），往往也中译为“痕迹”。讲到此，要从作为“差异”和“延宕”中介的“区分”说起。在德里达的理论中，对于 differanc（延异）来讲，“区分”不是主体的有意识活动，而是 differance 的活动。因为在“心灵书写”中外部事物对知觉神经的刺激每每不同，所以刺激与其留下的踪迹（痕迹）不同；痕迹即“踪迹”在活动中积累、衍变，其中一部分上升到意识的层面；意识与无意识不同，当我们有种种区分，即看到种种事物有所不同，以至形成似乎是势不两立的观念时，德里达告诉我们，这都源自 differance 的活动。

在德里达讲来，“延异”中的“自身”总是历史“踪迹”（trace）的“他者”。他认为，我、你、他，我们、你们、他们，在自身与他者的相互作用中形成本体。这个他者既是自身又不是自身，这个自身既是他者，又不是他者。而"延异"表明，只有既区别于时间 T_0 和空间 S_0 意义上的自身，又区别于自身所处的时间 T_1 和空间 S_1 意义上的他者，才存在。这样，"自身"成为既在时间上又在空间上与"他者"相区别的"自身"；"他者"成为既在时间上又在空间上与"自身"相区别的"他者"。二者在这种相对中确定自己的本体地位。基于此，德里达还依托语言学说到"替补"，这是一种互补关系。

关于"替补"。

德里达理论确立于这样的背景：在传统语言学里，互补作为一种历时的现象，成为进入语境中的一个语素，这不同于没有进入语境中的语素。换句话说，两个语素可同处于一个集合体，但不能共现。而德里达的"替补"概念是指在一个集合体中的两个事物可以共时的互补。即使不能共时的互补即共现，仍然是以"踪迹"形式起作用。也就是说，一个语素之所以具有本体性，是因为另一语素的"踪迹"在起作用；我们之所以是我们，是因为有你们和他们的踪迹与我们形影不离。在种种"踪迹"的包围之下，我们可知道我们自身的渺小，所以才有要关注种种互补关系，重视"替补"的作用。正如德里达所说，我们是历史踪迹中的他者，是文化踪迹中的他者。而我、你、他，我们、你们、他们，之所以在他者的互相作用中形成本体而相互"替补"，原因在于自身加入人类的发生、演化、发展、存在，这类似生物进化的多元发生。这是宇宙和历史以播撒的形式或者说以多元发生的形式创造出来的，这正是播撒的结果。

关于"播撒"(dissémination)。

"播撒"是德里达在解说其"解构"的意义观时出现的一个重要术语。

《播撒》(La Dissémination) 作为德里达的解构主义的代表

作之一，在书中全面驳斥了西方形而上学传统思维方式，并以读解柏拉图著作的方式提供了解构主义阅读方法的范例。该书主要由三部分组成。第一部分中，德里达以柏拉图为典型代表，对西方哲学史中“在场”（presentation）的观念进行辩驳。其主要材料是读解柏拉图的《斐多篇》（phaedrus）。柏拉图的《斐多篇》中提出了“pharmacy”（药）一词，其实这是此篇对话集中关于文字或书写作用的一次讨论。苏格拉底贬低文字，并以有生命活力的话语作为逻各斯的象征。德里达认为西方形而上学源远流长的二极对立传统即来源于此，解构的使命就是分析柏拉图主义中的自相矛盾之处。例如，从词源翻译看，象征文字的“药”一词在希腊文中同时有“补药”和“毒药”的含义。所以，当柏拉图将文字比做“药”时，实际上并没有给出真正的价值判断，而释义者完全可以在上述两种含义中作出选择。可见“文字”完全是悬而未决的问题。德里达还从西方拼音文字的特点进一步说明准确定义“文字”（pharmacy 的象征）的不可能性。以 pharmakon 的词义为突破口，德里达分析了与该词有关的上下文，说明柏拉图关于“文字”一词的观点是西方形而上学传统之源。德里达强调，简单说来，“文字是写在心灵上的”，而真理显现于言语，而非文字。

第二部分是对马拉梅（mallarmé）的关于模仿理论的评述（标题是“两个法庭”）。这部分延续了对形而上学传统的批判，其角度是针对西方传统的模仿戏剧理论——这一理论的渊源其实是柏拉图的模仿论。德里达认为它是一种本体论，其涉及的或者是存在显现或表现论，或者是模仿者与被模仿者之间的完全相似关系。为了批判这种理论，德里达引述了马拉梅的著述，按照后者的戏剧理论，被模仿的东西不是一个指称物或实在，而是模仿本身的活动。在这里模仿者和被模仿者之间的差别在被保留的同时亦被取消了。

第三部分标题取名为“播撒”。这部分由评论飞利浦·索莱尔斯（P. Sollers）题为“数目”的一部小说论起。这部小说的文本取自不同种类的题材而缺少连贯性，例如其引语、括号的删节，比喻的非常规使用。小说破坏了真实的场景，没有故事的主题，却穿插着各种文化文体。就好像是一场没有舞台的戏剧，词就是演员，也就是观众，在这里发生了不同文化，特别是东西方文化的对话。德里达以对索莱尔斯作品的评述，阐发了他关于“解构”的意义观。

前已涉及到，对于“解构”，在德里达之前，通常是这样来说明，认为文本（text）隐含着一个确定的意义，它要么是作者潜心编织的意图，要么是批评者透过丰富的感性材料所作的理性阐释。德里达认为，持这样的意义观的人，不知不觉地被形而上学逻各斯中心主义牵着鼻子走。因为这样所追求的这个确定的意义换言之便是一个终极的意义，它是写作的也是阅读所围绕着的中心，一旦谁宣称已经把握了它，谁就成为文本的最高裁判，围绕文本所展开的活动要么停止，要么就范，否则将被视为异端邪说。于是一切潜在的、还没有为人们所认识和理解的因素就被有意无意地压抑了。而德里达所讲的“解构”，否认文本的终极意义，因为意义是生生不息的。德里达认为，文本的意义属于语言。德里达这里所说的语言不是通常意义上作为表达和交流工具的语言，而是解构意义上的语言，即“广义书写”。德里达认为，写作、阅读都属于广义书写，都是“心灵书写”的活动，是无意识与意识的对话。作者写作时生产了意义，这是当下语境的产物，或者说此刻文本对作者来说具有意义，但是它不是一成不变的。阅读也生产意义。阅读生产出来的意义是一个“仿制品”，即读出来的意义固然与原作品有密切联系，甚至相似，然而终究不是同一个。在此意义上，作者也是一个读者，他或她徇每对自己的作品的体会也有不同。不同读者无意识早贮存的"踪迹"（trace）不同，"踪迹"在每一次对话中的活动也不同，因此读出来的意义总是相异；文本是同一个，意义却可以无穷无尽口阅读中播撒的是意义的种 子，它们在文本的土壤里生根、开花并结果。作品在阅读的耕耘中生存、发展并丰富。

德里达本人对"播撒"的描述是："播撒把自己放在开放的'dlifférance'的链条中……（播撒）并不意指什么，无法给它下定义……播撒产生了许多不确定的语义效果，它既不追溯某种原始的在场，也不神往将来的在场，它标志着……生衍着多样性。"它象征着文字和动作飘忽不定，相互派生，绵延不断。德里达呈现了许多文字的一词多义，让人们注意到文字丧失彼此间的界限，使书写和阅读变得复杂而捉摸不定，以致作者和读者都无法完全捕捉文字的跳跃。德里达的文字学主张书写不受语法规则的束缚，打破文法与字意的界限，使它们融为一体。德里达举出许多词序打乱而重新组合以此说明语言就像无规则的游戏，从而在结构上动摇了西方传统的语法学理论。这样，"播撒"的文字学形成一种异样文字，德里达认为这使自己处于书写与阅读的"零度"，丧失了传统的支撑点。与逻各斯传统比较，文字学不在"书"中，不在"话"中，它不出台。用传统目光见不到它，它隐不可测，而文字的播撒就是写。

有学者专门提醒说，德里达关于解构的"播撒"与燕卜逊（Empson）讲的"含混"（ambiguity）不同。前者属于哲学认识论的范畴；后者在语法修辞领域。后者讲意义的"含混"，是说意义多而难以确认某一个，这种意义的模糊能丰富读者的想象；而前者强调意义的"播撒"（dissemination），是说意义没有穷尽，它在阅读中生长。

德里达自认为其关于 differance 理论超越了海德格尔的理论。德里达评析了海德格尔那里的 onticoontological oppositiom or difference。海德格尔以 Being 代表本体的存在，他的 Being 与形而上学的 Presence 已有很大不同。德里达指认这是海德格尔对“存在”与“在场”的区分。而德里达指出，这本身即表明他还没有走出传统形而上学思维的模式。德里达自认为他关于 differance 的理论超越了传统形而上学的模式。因为这里强调，differance 的思想以至 differance 这个术语本身都是 differance 活动的产物；所以说这超出了海德格尔关于 Being 与 Presence 的区分，即超出了“存在”与“在场”之分。这被认为拆毁了传统形而上学最后的根基。

在德里达讲来，differance 是生长的“土壤”。在此土壤里，有形语言才得以诞生；索绪尔语言学中一切，其阐明的所指与能指由此诞生；形而上学的 Presence 包括一切科学的结构也因此诞生。

有关学者认为，了解德里达的哲学而不了解世界物理属性的人，不可能真正弄懂弄通德里达本体属性的真正内涵和重要意义。他们指出，现代物理学的前沿成果充分证明了德里达的哲学概括，不是玄之又玄的抽象语词，而是有明确的实验佐证。于此举例说，物理学在 20 世纪 50 年代发现了宇称不守恒的现象，继之又发现超荷不守恒和同位旋不守恒的现象。随着研究的深入，关于最小的物质单元夸克禁闭现象的研究，排上日程。研究的结果发现，夸克在形成的过程中同时就被一种真空膜包裹，物理学家把真空膜形象地称为“泡泡”。正是这些泡泡形成的高强度“口袋”使夸克禁闭。物质在极小尺度上与真空对应，或称物质和真空的“对称”。正是这种“有”和“无”的对称性使得人们对“宇称”、“同位旋”、“超荷守恒”有了新的认识，换句话说，宇称不守恒，同位旋不守恒，超荷不守恒，都是人们在一定层次上忽略了真空造成的结果。应当认为，物质是借助于真空才实现其本体性的。所以，这方面学者认为，此恰恰证实了德里达关于“外在本体性”和“外在本体化”见解。可这样认为：物质的宇称守恒、同位旋守恒、超荷守恒是真空的“踪迹”，物质和真空共时“互补”，物质与真空的本体性是宇宙的“播撒”；物质向更大层次的跃迁是“自身”和“他者”的“延异”。

有些学者甚至还讲到，只了解德里达的哲学而不了解人类历史的演进，也不能真正弄懂德里达关于“本体属性”见解的真正内涵和意义。人类行为具有各自的价值追求，不能只用齐一性的价值取向来统一和整合社会。正如德里达所说，“社会本体性和本体化就在于社会的每一个子系统和所有的子系统在延异、播撒、替补、踪迹的作用下实现外在本体化。”①

三、利奥塔：对“整体性”的解构，关于“元叙事”和“知识合法性”；费耶阿本德：论“什么都行”的“无政府主义”，关于“反规则”与“多元主义方法论”

（一）让－弗朗索瓦·利奥塔（Jean-Francois，1924－）是法国哲学家。他1924年生于法国巴黎，青年时代就读于巴黎高等师范学校，1950年顺利通过大中学教师学衔会考，获得教师资格。1971年，利奥塔获博士学位。利奥塔的思想发展既前后连贯又明显地呈现出阶段性，大致可分三个时期：早年马克思主义时期；70年代的美学和心理学时期；80年代以来的后现代主义思想时期。1979年，利奥塔发表其重要著作《后现代状态：关于知识的报告》，阐述了他的后现代观。以此为标志，利奥塔的后现代定义进入成熟阶段。由此，利奥塔被认为是后现代主义哲学与美学理论的重要思想家。利奥塔的后现代主义思想主

①　以上参见，王治河主编：《后现代主义辞典》，中央编译出版社2004年版，第241、242、685页。

要包含以下内容。

首先，利奥塔质疑并力图解构西方思想传统中的整体性（totality）观念。对整体性的质疑构成了利奥塔后现代主义的基础。他多次强调思想变化多端的特性，强调难以用某种逻辑的手段将它们划定在一个整体性的，固定的领域。因此，利奥塔认为思想中最具威胁性的就是它自命为整体性的。

其次，利奥塔把后现代主义看作对元叙事（rnetanarrative）的怀疑。利奥塔认为，现代科学一般是在自身之外寻求合法性的基础，它依靠元叙事确立真理的准则。元叙事往往是综合性的，在规定真理条件的同时，它把所有知识统合为一个整体，德国的思辨哲学和法国的启蒙思想都是如此。利奥塔认为，以思辨精神为核心的德国唯心主义哲学，在叙述普遍精神的展开过程中，以超越具体实证科学的视角，包容了所有的经验科学，在这种叙事中，知识、社会和国家的发展都以普遍精神的实现为目标。个别知识话语均需凭借它们在精神历程中的位置确定其价值，所有直接、具体的知识必须整合到庞大的叙事之中，由此形成一个思辨的整体。法国的启蒙思想则把科学的合法性确立在政治伦理思想基础之上。启蒙思想追求天赋人权、人人平等自由，不追求对知识本身的追问能力，而是志在培养能够运用知识服务社会、报效国家的人才。在这种叙事中，现实主体被看作是知识的最终权威。对利奥塔来说，思辨叙事以压制实证科学为前提，因此为科学危机埋下伏笔。而且思辨叙事以科学为知识的唯一范式，由此遮盖了其他形式的知识。因此，元叙事所提供的整体画面实际上潜伏着许多矛盾与裂痕。这些问题就是利奥塔所说的立法原则内部的"蚀化"，指认这将最终导致立法的危机和整体的瓦解。

进而，利奥塔在论述解构"整体性"及怀疑"元叙事"的基础上，论述了"知识合法性"问题。这是他后现代主义思想的另一个重要方面。对利奥塔来说，思想和知识带有异质性（heterogenity）特征，是由许多种不同的领域组成的，其中，每一种知识领域的合法性都与其他知识领域的合法性相区别。利奥塔分析了两种知识形式，即有“叙事知识”和“科学知识”，并追溯了现代科学的“立法”过程。他认为现代科学一直是通过叙事体为自己建立合法性的。他由“合法性”也讲到“非合法性”（delegitimation），并指出，两种叙事体本身都存在“非合法性”的种子，并由此导致其立法地位的“衰败”。

为了说明后现代科学的立法原则，利奥塔首先分析了现代科学的运作原则，“完成行为原则”（performativity），即以最小的投入获取最大的收获。在利奥塔讲来，这一原则是以社会体系的稳定性和决定主义（determinism）为前提的，简明性、连续性、非矛盾性是这一原则的基本信条；利奥塔又通过援引量子论、微观物理学等科学研究的结论指出，与上述科学观念相反，后现代科学研究实际上是对“不稳定性”（Instabilities）的探索，科学的实质应该是不断提出新的论证方法，不断“移动”，甚至提出新的游戏规则。“后现代科学讨论的是不可定之物、完全控制的局限性、从信息不完整为特征的冲突、‘裂隙’、突变以及实用的反论，因此它把自身的发展理论化为非连续性的、突变的、不可调整的和反论的。”[①] 由此，利奥塔确认，后现代科学遵循着与完成行为原则无关的立法模式，它不断地追求差异，追求对已知的否定与突破，不断追求对知识含义及其动作原则的更新。

利奥塔借用维特根斯坦的“语言游戏”概念，一方面说明各知识领域表现出的异质和繁多的性质，另一方面游戏法则的

① 利奥塔：《后现代状态：关于知识的报告》，法文版于 1979 年由子页出版社（Les Editions de Minuit）出版。

变幻与不断推进又构成知识发展的动力。利奥塔借助于对叙事知识和科学知识的区分与厘定，勾勒出多种话语并存的知识景观，并肯定了每一种话语都具有独特的语用学效用，这些话语各自遵循自身的合法性，而不为任何单一的原则整合；而且由于话语的游戏性质，它们都在不断地突破边界，不断更新立法。正是在此基础上，利奥塔确立起其关于为科学确定合法性基础的后现代哲学理论。他指出，后现代科学知识的有效性原则就存在于它自身。科学的合法性不是建立在实证的有效性基础之上的，也不是建立在决定论的基础之上。利奥塔具体说，科学是在“创造”中寻求“反证”，即寻求未知的东西；对科学的论证意味着寻求“谬论”（paralogy）并用新的原则使之合法化。这是个无穷尽的过程，而这又正是科学存在的基础。

利奥塔还发表《后现代状态》（1979）、《分歧》（1984）等著作，从哲学上论述了关于“分歧”的问题。“分歧”（disagreement），源于法文 différend，还可汉译为争论、纠纷、不和、争议、争执、争吵、意见分歧、矛盾、商讨、争辩、异议、辩论、争端和论战。原义是两人或几人间意见、观点、思想或兴趣的不和。利奥塔把“分歧”解说为后现代事物的状态和条件。他认为，历史学所描述的事件令人深感失望，历史叙述十分可疑，这是一种既往症。利奥塔讲的“分歧”有两个方面表现：在历史方面，主体在历史中不再拥有合法而普遍的地位，反而成了历史的唯一牺牲品，这样，许多分歧和矛盾产生了；我们这个时代的分歧，总是存在于野蛮和错误之中，必须建立新的词语对象和新规则。在语言方面，要建立和发明关于分歧的特殊语言（诸如妇女、流亡国外的女性劳动者），分歧居于语言之中，语言的歧义性总是存在的。后现代哲学的任务就是揭示事物的分歧性。分歧性是后现代文化的特点，是文化多元化的可能性条件。语言的歧义性导致思想上的矛盾、异议和争论，它们又作用于社会，社会本身就是一个“差异”—“同一”—“争端”的混合体。因此，到处有分歧，处处在论战。当远离完美的总体性、主体和封闭而自足的合理性，会有许多未来得及思考的分歧现象（即还有一个未思或不思的领域），这表明后现代是一项远没完成的（甚至不可能完成的）计划。①

利奥塔以后现代知识观为理论前提，还提出了关于后现代知识分子理论。利奥塔认为西方的现代知识分子实际上代表着一种普遍的主体。整体性的元叙事为普遍的知识分子提供了理论依据。伴随整体性的解构，这样的社会主体也消融在形形色色的语言游戏当中，由此，那种能够超越自身局限，以获得普遍视角为特征的知识分子面临着退场的命运。在后现代的社会语境下，知识分子将演变为具体的职能角色。

利奥塔的后现代主义思想还展开于他对康德美学的重读以及对后现代美学与艺术的分析和阐述。利奥塔提出了不可表现性（unrepresentable）之说，认为现代艺术就是通过一定技巧表现出不可表现性的存在，而康德所说的“无形式，形式的缺失”就成为表现不可表现性的途径。因此，在利奥塔看来，现代美学不再是关于美的科学，而是通过形式的探索、实验而对无限性的追求。

（二）保罗·费耶阿本德（Paul Feyerabend，1924—1995），是当代的美国著名科学哲学家，被认为是后现代主义的重要思想家。他 1924 年出生在奥地利维也纳，1947 年进入维也纳大学攻读历史学、物理学和天文学。他 1951 年获博士学位后准备去英国跟维特根斯坦学哲学，维特根斯坦的逝世使他成为波普尔的学生。他从 1958 年起，任加利福尼亚大学伯克利分校哲学教

① 见于奇智：《分歧》，载王治河主编《后现代主义辞典》，中央编译出版社 2004 年版，第 146 页。

授，1995年去世。

费耶阿本德一直过着独身生活。他性情有些孤僻，较少与人交往，也很少出席学术会议。费耶阿本德的著作很多。《哲学文集》二卷本收录了他早年的一些文章。意义问题，实则是经验的地位问题构成这部文集的主要论题。70年代出版的《反对方法》是他最主要的一部著作。在这部著作中，他全面展开了其无政府主义知识论的基本观点，并且考察了哥白尼革命的历史作为其科学哲学的事实支持。他的另一部较重要著作是《自由社会中的科学》。在此，费耶阿本德回答了批评意见，并且从社会的角度进一步展开了他的观点。

费耶阿本德由其对于"意义"的分析指出，不是观察陈述以及观察给予理论陈述以意义，相反，在观察中充满了理论，理论本身是意义更根本的来源。费耶阿本德属于科学哲学的历史学派。他极为重视对科学实际发展的考察，提出了"回到史料中去"的主张。费耶阿本德以前的科学哲学家大多认为科学的发展是一个合乎理性的过程。费耶阿本德认为这种描述是不准确的。在他看来，科学的发展是一个非理性复杂过程。一些科学理论得以存活下来。就在于历史上的一些思想家"或者决定不再受明显方法论规则的约束，或者不经意地打破了它们"。

由此，费耶阿本德提出了他的"知识论的无政府主义"（epistemological anarchism)，也有人对此译为"认识论的无政府主义"。费耶阿本德强调科学本质上是无政府主义的事业，认为理论上的无政府主义更能鼓励科学的进步，也"更符合人性"。他说："无政府主义对于科学和作为一个整体的我们的文化的进步不仅是可能的而且是必要的。"

费耶阿本德声明，他讲的无政府主义既不同于哲学中的怀疑主义，又有别于政治上和宗教上的无政府主义。因为哲学中的怀疑主义或者认为一切观点都是同样好的，或者认为一切观点都是同样坏的，或者根本拒绝作出任何判断。

而他的无政府主义却毫不犹豫地捍卫最平凡或最匪夷所思的陈述，政治上和宗教上的无政府主义寻求取消某种确定的生活方式，而他的无政府主义却要对之进行捍卫。这种无政府主义绝不会持久不变地忠于任何一种社会制度或任何一种思想形式，也不会持久地反对它们。在此他将这种方法论上的无政府主义与艺术中的“达达主义”进行了类比，认为两者之间有许多的相似之处。其最根本的共同点在于不但没有纲领，而且反对一切纲领。所以有时他也自称是一名“达达主义者”。并称他这类达达主义者、无政府主义者所最喜欢从事的娱乐就是“给非理性的学说发明出令人不容置疑的理由，以此来使理性主义者们陷入混乱”。

正是在这个意义上，费耶阿本德被称为“非理性主义者”。根据他的看法，理性主义使科学更“理性”、更准确的试图必将会使科学丢丑。并认为今日形成科学基础的思想之所以能够存在，只是由于有偏见、奇想和激情这样一些东西存在着，因为这些东西是非理性的，因为它们被允许为所欲为。因此费耶阿本德讲，我们不得不作出这样的结论：甚至在科学内，理性也不能和不应该被允许是包罗一切的，它必须经常被压制或被消除。费耶阿本德认为，一个知识无政府主义者，“像一个从事暗中破坏的间谍，他玩弄理性的游戏，目的是挖理性（真 理、忠诚、正义等等）权威的墙角”。在这类坚持非理性主义的达达主义者、无政府主义者眼中，既没有什么普遍的标准、原则和观念，也没有什么唯一的不可缺少的方法。“他从正面所绝对反对的一个东西，就是普遍的标准、普遍的规则和普遍的观念”。

所谓“普遍的”标准，规则和观念，费耶阿本德是曾明确提出：“关于存在一种固定的方法，存在着一种固定的理性理论的思想，显然是以一种对人及其社会环境的过分天真的看法为基础的。对于那些考察由历史所提供的丰富材料的人，对于那些无意于以使这些材料变得空泛为代价来取悦自己的低下本能并满足对理智确定性、明确性、严格性与‘真实性’的追求欲望的人来说，可以在所有情况下，在人类发展的所有阶段得到维护的，显然只有一个原则，这个原则就是：什么都行（anything goes）。”正是在这个意义上，费耶阿本德说：“一个人要成为一名真正的达达主义者，就必须同时也是一名反达达主义者。”他坚持认为他的无政府主义是医治认识论和科学哲学之病的良药。

对此，费耶阿本德认为这是由自事物发展的多样性和不平均性原理。为加以证明他甚至援引了列宁的某些论断。列宁曾经在《共产主义运动中的“左派”幼稚病》中，写过这样一段话：“全部历史，特别是历次革命的历史，总是比最优秀的政党、最先进阶级的最觉悟的先锋队所想象的更富有内容，更形式多样，更范围广阔，更生动活泼，‘更难以捉摸’。”费耶阿本德将此外推至认识史和认识论的相互关系，并推论说，似乎可以从列宁的思想推出这样的结论，即认识过程是混乱的和不可预测的，因此认识论和方法论是根本不可能的。为了使自己的这个论断更加可信，费耶阿本德还引用了列宁的《论欧洲联邦口号》和《无产阶级革命的军事纲领》两篇著作。列宁在这两篇著作中指出，“经济和政治发展的不平衡是资本主义的绝对规律”。费耶阿本德把这直接转用于科学，指出科学的发展是极不平衡的，这意味着科学的发展是偶然的，而对于偶然的无序的发展，任何科学知识白生方法论都是不适用的。

费耶阿本德提出“反规则”（counter－rule）。他以“反归纳”（counterinduction）为例，进一步详细阐发了他的“什么都行”的方法论原则。他说，“反规则”建议人们引入和提出与经过确定的理论或经过确定的事实不一致的假说。他指出，与归纳法强调经验分析相反，反归纳强调的是理论的对比，认为可驳倒一个理论的证据往往不是经验而是与之不同的另一种理论。其实归纳法所津津乐道的经验也已经“沾染”上理论了。

费耶阿本德让人们记住，观察报告、实验结果和关于“事实”的陈述，不是包含有那种假定，就是由于它们在其中使用的方式而肯定这些理论假定。因此，我们在正常环境下用我们正常的感官来看桌子时，就说“这桌子是褐色的”，但在光线条件不好或者我们对自己的观察能力感到没有把握时，则说“这桌子似乎是褐色的”。这种习惯表示这样一种信念，即当人们的一些感觉印象是真实的，另一些感觉印象是不真实的时；人们并不认为在人与对象之间有物质媒介的歪曲作用，而想当然地认为确立接触的“实体”—“光”—“传送”真实的图景。其实上述这一切都是“抽象的、高度可疑的假定”。它们形成人们的世界观，而人们却对它们不加批判地加以接受。而且通常人们甚至不认识它们，只有当人们遇到一种全然不同的宇宙观时，才认识到它们的作用。结论是：成见是通过对比而不是通过分析形成的。

费耶阿本德讲：“为了发现我们认为我们所居住的实在的世界（也许它恰好是另一个梦境世界）的特点，我们需要一个梦境的世界。”一旦人们这么做了，就已经踏上“反归纳”之路了。费耶阿本德极力强调反归纳既是一个“事实”（科学没有它不能存在），又是“合情合理”的，是科学游戏中极为需要的一种方法。认为科学不同部分的“不平衡发展”，十分需要这种“非理性的”方法。

需要着重指出的是，费耶阿本德在这里并非在推崇一种新的方法论。用反归纳法取代传统的归纳法。也并非用一组普遍的规则来代替另一组普遍的规则。他的目的是让读者相信：“所有的方法论，即使最显著的方法论，也存在着自身的限度”。他认为证明这一点的“最好方法”是去“证明”某些人们所喜欢的基本规财的“不合理性”和局限性。上述对归纳法的局限性的阐明，便显示了反归纳法也是可以成立的。也就是说，固定不变的方法论是不存在的。而传统的方法观念本身即包含着“坚定不变的和绝对确定的原则”。

费耶阿本德运用科学史的事实证明，没有任何一种方法论原则不在此时此地或彼时彼地遭到违反和否弃；并认为这种对确定的方法论原则的违反并不是偶发事件，也不是知识贫乏和心不在焉的结果。相反，对于科学的进步来说，这种违反是必要的。人类知识的一系列发展和变革，从古代原子论的出现。哥白尼革命，到现代原子论的兴起（动力学、立体化学、量子论）和光的波动说的逐渐发展。正是由于思想家们不受某种显著的方法论的束缚，由于他们打破了这些方法论原则的框框。费耶阿本德以此证明，他所倡导的方法论上的“无政府主义”是有历史基础和依据的。费耶阿本德进一步说，根据考察，马克斯韦尔、霍尔姆兹、赫茨、马赫、杜海姆等科学家都是支持和“赞同多元论的”。

费耶阿本德知识论的无政府主义倡导的是“多元主义方法论”。与传统一元的唯我独尊的方法论原则相反。费耶阿本德强调的是采用一切方法。容纳一切思想，反对传统方法论原则的唯一性、普遍性，反对传统方法论对其他方法的排斥和打击。

费耶阿本德在否弃传统的理性主义一元方法论的基础上提出的多元主义方法论（pluralist methodology），详细说是认为对于同一个实在或同一个科学问题，可以也应该允许存在各种不同的观点或理论。

费耶阿本德提出了达到理论多元论的两种具体机制。这就是“韧性原则”和“增生原则”。费耶阿本德说：“我把这样一种作法——从许多个理论中选出一个可望取得最好效果的理论，即使遇到最大的困难，还加以坚持——称之为韧性原则。”韧性，要求在理论面临困难时仍然坚持不息。

费耶阿本德的理论“增生原则”也即“理论繁衍原则”，又是要从关于一个科学问题的一种观点或理论中“增生”或“繁衍”，出一些与它逻辑上不相一致甚至对立的理论。用他自己的话说就是：这一原则要“发明和阐发出一些同已被人们接受的观点不一致的理论，即使以前碰巧是得到高度确认和为人们所普遍接受的观点。任何采纳这一原则的方法论就叫作多元主义方法论。”原因很简单，既然可以有各种不同的理论，产生这些不同理论的方法就不可能是同一种方法。理论增生原则实际上倡导的是一种理论的多样化、方法的多元化。根据费耶阿本德的分析，在人类思想史的每一个重要阶段都是这一原则在“起作用”。

费耶阿本德认为：坚持这种多元主义方法论的人将保留在《创世记》和 Pimander 中所发现的关于人和宇宙的理论；而且要加以补充，或完全用一种改进形式的《创世记》来代替。这样，在多元主义方法论者看来，理想的知识不是一系列趋向一个理想观点而逐渐接近真理的首尾一贯的理论。毋宁说“它是一个互不相容的（甚至不可比的）各种知识越来越增长的海洋，每一种理论，每一个童话都是这个集合的一部分，通过竞争，都对我们意识的发展作出贡献”。在费耶阿本德看来，理论的增生、繁衍和扩散对科学是有益的，而一律性则损害了科学的批判力，同时也危害个人的自由发展。

利用这种多元主义方法论，费耶阿本德向传统哲学、向当代的逻辑经验主义等科学哲学及其表现形态的种种已被人们普遍接受的确定无疑的信条，展开了进攻。

一方面，费耶阿本德对认识论中的理论与事实的符合论进行了诘难。费耶阿本德认为传统哲学对理论与事实的一致性的要求是行不通的。因为科学史和人类认识史已经表明，既不存在一成不变的理论，也不存在一成不变的事实；既没有一种理论在其领域内与一切事实相一致，也没有总是该受责备的理论。简而言之，在理论与事实之间不存在任何分界线。理论的语言使观察的语言完全屈从自己，按照自己的形象改变观察语言，以至于一切科学原理都具有极强的理论性质，它还规定着同该理论有关的一切经验概念的意义。费耶阿本德运用科学史实证明，不存在什么纯粹理性的“科学方法”。也不存在任何一种单一的规则或方法能够构成一切研究的基础，并保证它是“科学的”、可靠的。用他的话就是：“任何方案、理论、程序都必须按照它自己的优劣，根据适应于它所应付的那些过程的标准予以判定。”

另一方面，费耶阿本德向根植于科学与非科学对立的科学沙文主义进行了发难。费耶阿本德认为，科学沙文主义是反自由、反民主的，而多元主义方法论则是与民主和自由相契的。费耶阿本德的结论是：“现实的科学比人们所料想的更接近多元论。”“科学与非科学的分离不仅是人为的，而且有害于科学的进步。”医治传统科学哲学方法一元论的良药是“什么都行”的无政府主义多元论。

费耶阿本德由“知识论的无政府主义”，专门提出一个“非方法”（non—method）的概念，并认为“非方法”较之传统所推崇的理性的、科学的方法更有成功的机会。对于这样做的理由，他讲了两点：其一，从认识上看，我们所探索的世界在很大程度上还是未知的，因此我们不能保守、封闭，而必须保持我们选择的开放性，必须坚持“什么都行”的无政府主义方法论原则，否则不舍作茧自缚，结果一定是处处碰壁。其二，从人道主义的角度上看，人只有摆脱僵化的科学教条，摆脱形式理性的限制，才可能最终摆脱思想的被奴役状态而获得做人的尊严。基于以上，所以在费耶阿本德看来，传统的普遍方法论原则及其建立在这种原则之上的科学教育妨碍了人性的自由发展。费耶阿本德是一个自由主义者，人们认为他的“什么都行”的方法论原则，也就是实现在科学及社会中体现自由幸福的原则。费耶阿本德强调：他所讲的多元论“不仅对于方法论是重要的，而且也是人道主义的本质部分”。①

第三节　建设性修补“后形而上学”的后现代主义及其他的后现代主义见解

一、罗蒂：后形而上学希望

理查德·罗蒂（Richard Rorty 1931—）是美国著名的后现代主义哲学家。他是美国弗吉尼亚大学凯南人文科学讲座教授，“后哲学文化”提出者，新实用主义主要代表人物。他从分析哲学转向实用主义，并以《语言学转向》（1967）、《哲学和自然之镜》（1979）、《实用主义的后果》（1982）、《偶然性、讥讽和亲和性》（1988）、《客观性、相对性和真理》《论海德格尔和其他》（1991）、《后哲学文化》（1992），以及作为自选集的《后者学文化》《后形而上学希望》《哲学、文学和政治》，等等。这些著作，使之成为当前非常有影响的新实用主义者。

（一）罗蒂主张，为适应后现代、适应后现代语境，要建设一种“后哲学文化”。罗蒂在专门写的专著《后哲学文化》（Post—Philosophy Culture）之中，强调的就是要确立“后哲学

① 参见，王治河主编：《后现代主义辞典》，中央编译出版社 2004 年版，第 142～143、517～519、99～100 页。

文化"，而这里的前提是要消解"后神学文化"。在罗蒂看来，这里讲的"后神学文化"是指欧洲启蒙主义运动以来从笛卡尔到康德、直到近现代一系列理性主义哲学，由承继柏拉图主义的"本质主义"而形成的哲学文化。在那里"哲学"与"自然科学"代替"神学"，取得了主宰一切的"基础地位"。罗蒂认为，这种"后神学文化"固然以"非神圣"的理性崇拜代替了对"神圣形象"的崇拜，但仍然是以某种超历史的"非人""存在"去解释、去规范人的存在。罗蒂说，这只是以"大（写）"的哲学来代替"神"。在此种"大（写）"的哲学中，即在罗蒂所称的那种"后神学文化"中所讲的"哲学"、"哲学家"、"真理"，只不过是将原先"小哲学"、"小哲学家"、"小（第二级）真理"，代之以"大（写）"的"哲学"，在此中对于"人"，"达到了（大写的）真理（第一级真理）的人"；而此时对"善于成为人的人"的追问，是"本质主义"的追问。这只是表述了现实的个体人对某种"共名"的"符合"。

罗蒂强调，后现代主义哲学对此持否定态度，于是形成其"反本质主义"。罗蒂要把这种"反本质主义"贯彻得更彻底。例如，萨特说"人的本质就在于没有本质"，罗蒂则针对于此说："人类同其他任何东西一样没有本质"。

（二）因此，罗蒂所设想、要建设的"后现代文化"就在于，"克服人们以为人生最重要的东西就是建立与某种非人类的东西（某种像上帝，或柏拉图的善的形式，或康德的道德律这样的东西）联系的信念"；而达到美国的实用主义和"后尼采的德国（海德格尔）和法国（德里达）哲学之间的聚合"。依罗蒂的理论取向，他在海德格尔那里所取的是，向着"未来"的"此在"的"历史主义"，在德里达那里得到的是，对"大（写的）真理和哲学（包括对海德格尔之作为'基础'的'在的真理'）"的消解。

罗蒂在由德里达哲学论说到海德格尔时，突出讲到海德格尔关于“存在”与“存在者”的区分。海德格尔在将“存在”和“存在者”作出区分时，对于“存在”，用的是德文中“sein”这个词；讲“存在者”，用的是德文中“Seiend”这个词。国内中文翻译家考虑到“sein”这个词的德文原义，在中文里通常可由三个词来表达，即“是”“有”“存在”，很难找到一个词集中与之相应，所以取“存在”为主要译名，有时也译为“在”；另在一些地方有时也酌情译之为“是”或“有”。而“seined”德文原意偏重于存在着的具体东西，因此对之与把 Sein 译为“存在”相对应，将 Seiend 多译为“存在者”。海德格尔指出，存在和存在者之间有着重要的区别。一切存在者都存在，但是，存在并不能理解为存在者的共性，而是存在者的存在方式。他对这种存在大致从两个方面来解释。其一，它不是什么“实体性”的东西；其二，这种存在方式不仅是指某种现成存在的方式，而且可指可能存在的方式。正是在这个意义上说，存在者只有在它的存在中，也就是说在它的存在方式中才能得到领会，这是存在者得以可能的条件。在海德格尔看来，传统的形而上学，即“本体论”，之所以贻误了“存在”问题，根本的一个原因就在于不懂得这个区别。“存在的遗忘就是存在与存在者之间区别的遗忘”。他们把存在视为存在者的一种属性，一种抽象的共性，企图用形式逻辑的方法加以规定，寻求答案，其结果是存在者取代了存在，存在本身仍蔽而不明。海德格尔强调，存在不可归结为存在者的一种特殊性质，但离开存在者也是不可捉摸的，存在总是存在者的存在。

罗蒂对海德格尔的哲学评论说，“海德格尔把他毕生的精力都放在解释他的所有先辈都忽视了存在者和存在之间的‘本体论差异’，并且最终提出建议：我们应该只书写一个带×号的单词'存在'(Being)。"[①] 罗蒂接着指出:"海德格尔坚持避开这样一些追随者,他们认为:'既然我们的头脑中已经清晰地认识到本体论差异了,那么请给我们讲讲存在的概念。'最终,他说那种认为形而上学和本体神学的传统混淆了存在者与存在之间的差别的理论本身就是一种误导人的形而上学的理论。他在《存在与时间》一书的结尾是这么写的:'不考虑存在者而思考存在意味着不考虑形而上学去思考存在。然而,对形而上学的考虑,依然弥漫着那些旨在克服形而上学的意图中。因此,我们的任务就是终止所有的克服形而上学的工作,让形而上学留给形而上学去处理。如果克服形而上学的工作仍然是必要的,我们的任务就是永不停息地克服倾向于使这样的言说成为不充分的那些障碍'"。[②]

罗蒂指认,德里达对此找到其解决的方式。罗蒂说:"德里达认为,或者至少说当他开始撰写《论书写语言学》(De la Grammatologie)的时候这么认为:解决海德格尔问题的唯一途径就是忘掉以往作者从视觉和听觉意象中借来的那些术语并且创造一整套只用于表达书写的新的方式。"

为了使人理解德里达所指的解决海德格尔问题的"唯一途径",罗蒂引述了德里达这样一段话:"使西方传统得以形成并继续存在的确凿的证据是:所指的序列决不与能指的序列同时出现,它至多与能指的序列保持(在存在时间上)具有微妙差别的颠倒关系或平行关系。符号必定是异质的统一体,因为所

① 参见马丁·海德格尔《存在的问题》,纽约,1958年。(此为罗蒂原注。中译文见罗蒂:《哲学、文学和政治》,上海译文出版社2009年版,第16页。)

② 海德格尔:《存在与时间》,琼·斯坦博译,纽约:哈珀和罗:1972年,第24页。(此为罗蒂原注。中译文见罗蒂:《哲学、文学和政治》,上海译文出版社2009年版,第17页。)

指（意义或事物，意向对象或实在）本质上不是能指，不是痕迹（也有的汉语文献译为“踪迹”，下同）：在任何情况下，它的意义并非由它与可能的痕迹的关系构成。所指的形式本质乃是在场，它靠近作为语言的逻各斯的特权乃是在场的特权。只要有人问‘符号是什么?’，即只要人们使符号服从本质问题，服从‘ti esti’（你的存在），那么这就是必然的回答。符号的‘形式本质’只能由在场来决定。人们不能回避这种回答，除非人们否认提问方式本身，并开始认为符号名声不好，是唯一逃避‘什么是……?’这一哲学问题的东西”[①]。罗蒂强调，“在这段引文中，值得我们停下来回味的是‘唯一’这个词组。德里达似乎认为他完成了一件海德格尔所没有完成的事情——找到了一个不能成为评论主题的、不能成为论述‘德里达符号学说’的博士论文主题的关于无条件者的表达，人们决不能够探讨这一表达，就好像它是又一个无条件者的名称。”罗蒂又引述了德里达的这样一段话：“从柏拉图到卢梭再到黑格尔，消除痕迹(trace)的运动被强加于狭义的书写之上；这种错位的必然性现在看来是很明显的。笼统地说，书写是痕迹的典型之一，不是痕迹本身。痕迹本身是不存在的。存在就是去是（to be)，去是一个实体、一个当下的存在者、在上（to on)”。[②] 由此，罗蒂说，“人们可以对这段话语进行讽刺攻击：假如你想知道对于一个作者而言是什么概念在本体神学传统中取代了上帝，你就找那个他认为不存在的概念。这个概念就是那不可言说的、那可以被阐明但无法被言说、那可以被相信但无法为人们所认识、

① 参见德里达《论文字学》，第 24 页。（此为罗蒂原注。中译文见罗蒂：《哲学、文学和政治》，上海译文出版社 2009 年版，第 18 页。）

② 《论文字学》，第二部分第一章。（此为罗蒂原注。中译文见罗蒂：《哲学、文学和政治》，上海译文出版社 2009 年版，第 18 页。）

那可以被预测但无法被指涉之物的名称，就是那个包容着我们的生命、运动和生存的概念。正是表达这个我们意识到不可表达的无条件者的需要让我们想到了维特根斯坦的观点：'有时候，在思考哲学问题时，我们就想发出一种不可发出的声音'①。但是，那也无法阻止人们书写下关于他发出的不管什么样的声音的论文。""然而，幸运的是，德里达是第一位告诫我们躲开我刚才所描述的诱惑的人。这种诱惑使我们神圣化痕迹，并且笼统地把书写当作'痕迹的典型之一，而不是痕迹本身'。在专著《论文字学》之后发表的一篇论文《延异》中，德里达将他希望在'符号'之间发现的延异视为逃脱了哲学问题规则化的唯一事物，并且将所有不能胜任这一角色的差别与海德格尔的'本体论差异'相等同。在这篇文章中，他转变了自己的角色，从一个危险的语言哲学家的角色变为一个哲学的哲学家。在这个角色中，哲学仅仅是某种书写游戏的自我意识。'延异'与痕迹不同，它与各种符号无关，正如它与各种事物、与上帝或者心灵或者任何康德主义哲学所寻求的那些无条件的条件无关一样。"罗蒂说，"'延异'是一位辩证哲学家起步的情境的名称——希望通过创造一套新的容不得提问老问题的词汇来阻止把现有的词汇永久化和世界化。"

于是，罗蒂又指出，"在《延异》一文中，德里达有一段话语，精彩地反驳了海德格尔以及他自己以前的观点"。德里达是这样讲的："对我们说来，延异仍然是一个形而上学的名称；而且它从我们的语言中所获得的所有名称也仍然是形而上学的，只要它们是名称。""我们的语言比存在更加'古老'，于是找不

① 维特根斯坦：《哲学研究》，纽约和伦敦：麦克米伦，1953年，第1部分第261节。（此为罗蒂原注。中译文见罗蒂：《哲学、文学和政治》，上海译文出版社2009年版，第19页。）

到名称来表达这种延异。但是，我们‘已经知道’，假如它是不可命名的，这就不是暂时性的。这不是因为我们的语言还没有找到或者接收到这个名称，或者是因为我们必须在我们语言的有限系统之外的另外一种语言中去寻找它。而是因为没有名称能够表达它——甚至没有本质或者存在——甚至没有‘延异’这个名称，它不是一个名称，不是一个纯粹的、有名无实的统一体，而且不断地在一个不同的替代链条中断裂”。“没有独一无二的名称，甚至没有存在的名称。它必须在不带有任何怀旧情感的情况下构思出来，换言之，它必须在属于已经失去的思想领土的纯粹母语的神话之外构想出来。相反，我们必须确证它——在纳粹积极运用确证一词的意义上——带着笑声、带着歌舞”。①

于此，罗蒂在《哲学、文学和政治》自选集中，专门有一文，其中列出一节来讨论“德里达的建构”。罗蒂认为，关于德里达那种“解构最大的总体性”的“努力”，可以看作是对“语言”“表现某种非语的东西”的“消除”。罗蒂是这样表述的：“为了解释德里达在哪里和为什么表现出他的建构倾向，我需要回到我前面所谈论过的关于他对‘语言哲学’的态度。我们可以将德里达试图‘解构最大的总体性’的努力看作是消除那种认为语言即是试图表现某种非语言的东西的观念的努力。”

罗蒂指认，由此“德里达在寻找一种可以避免‘符号’、‘表象’或者‘增补’等概念的讨论语言的方法”。“他的解决办法包括”提出像“踪迹’（trace）这样的概念”。而“近来在德里达的追随者们看来，这个概念已经变得很像是一个新的‘主题’。可是在发展这个替代概念的过程中，德里达几乎到了跟我

① 《言语与现象》，第158～159页。（此为罗蒂原注。中译文见罗蒂：《哲学、文学和政治》，上海译文出版社2009年版，第19～20页。）

们讨论语言哲学的危险境地，因此可以说几乎到了回归他和海德格尔称之为‘本体神学传统’（tradition of onto—theory）的境地”。罗蒂对此加以讨论时，对这种情况的遭遇，放于整个思想史进行了分析。他说：“首先，有人注意到有一种包罗万象和无条件的事物似乎被当作一种更加受限制的和有条件的事物对待。接着，这个人解释说这个事物是如此与众不同，以致它需要一整套完全不同的词汇来表达，于是就创造了一套词汇。最后，他的追随者们被这一整套新的词汇弄得如此困惑不解以致认为这个人已经创造了一个新的研究领域，依此循环往复。”德里达就思想史上的情况，指出，“这一现象同样在‘上帝’身上发生过：早期基督教神父们的柏拉图主义把神圣之物从时空中分割出来并坚持认为上帝的存在是不可言喻的。对那些读过亚里士多德的早期基督教神学家们来说，上帝就变成了一只鸽子。他们解释说这个难以用语言表达概念终归是能够被表达出来的，但仅仅在类比的意义上如此”。后来，“当康德在‘悖论’（Paralogisms）中解释说这个主体不是一个实体，因此使得费希特和19世纪的哲学家们认为真的有许多关于这个主体的话可以说，但是只能在先验的语境中说”。罗蒂结合哲学史说道：“在这两种情形中，有人（奥古斯丁、康德）告诫我们不要去描述那些无条件的东西，也有人（阿奎那、费希特）为着这个特殊的目的空想出一种特殊的技巧。假如我对德里达的怀疑是正确的话，那么我们就有危险，可能会看到这种相同的模式在海德格尔和德里达身上重复出现。我们可能发现我们自己认为海德格尔认为不可能被言说的东西真的是可以被言说的，只不过是在文字学的意义上可以被言说。”[①] 他又说，“如果柏拉图言说优

① 罗蒂：《哲学、文学和政治》，黄宗英等中文译本，上海译文出版社2009年版，第14～16页。

于书写的‘逻各斯中心主义’的观点是正确的话，那么就可能存在一个终极词语（a Last Word）。德里达的观点在于他认为没有人能够弄懂这些概念：一个终极的评论、一个终极讨论的脚注、一篇无法引出一篇更好的书写的优质书写。”[①] 罗蒂认为，德里达想在“克服西方形而上学传统”方面超过海德格尔（海德格尔曾经试图克服西方形而上学传统）。但是，这幅画像可能过于宽容，因为德里达有一方面表现出出人意料的建设性。这方面似乎使德里达最终妥协于怀旧，妥协于建构哲学体系的诱惑，特别是建构另外一种先验唯心论的诱惑”。这使“德里达著作中”有“明白易懂、建设性的、坏的”方面[②]。

罗蒂总结说：“这样的论辩可以没完没了地进行。我认为德里达的观点是，这样的论辩正是我们需要寻求的话语，像‘文字学的新科学’之类的花招不会结束或者消解（aufheben）它。一旦我们把哲学看作是一种书写，我们就不应该对这样的结果感到惊奇。因为这么想就意味着要停止创造作为‘第一哲学’的语言哲学——一个包罗所有观点的观点、一门知识中的知识——的努力，一种像拔靴带式的自我提高以致让所有过去和将来的书写能够被包容到一个永恒的框架之中的努力。”[③]

（三）罗蒂力求在对以往哲学的比较中实现一种建设性的综合。他说：“原则模糊性是美国人的做事方式，海德格尔称之为‘超出了形而上学’。依海德格尔的用法，‘形而上学’是对清楚而明确的事物的探索，是对充分在场的事物的探索。其言下之

① 罗蒂：《哲学、文学和政治》，黄宗英等中文译本，上海译文出版社2009年版，第27页。

② 罗蒂：《哲学、文学和政治》，黄宗英等中文译本，上海译文出版社2009年版，第14页。

③ 罗蒂：《哲学、文学和政治》，黄宗英等中文译本，上海译文出版社2009年版，第27页。

意是，那个事物不是遁入无限之未来的东西，而是亚里士多德所谓的'当下'，是充盈丰满的在场之在，（to nun，a nunc stans），海德格尔认为，实用主义是这种探索的组成部分，因此完全是一种倒退。他认为，美利坚主义是世界向原始质料的还原，是思想向筹划的还原；他认为，实用主义是幼稚的'美国人对美利坚主义作出的解释'。那个还原恰恰是他本人尝试唱出一曲新歌之企图的对立面。但是海德格尔从来没有读懂惠特曼的新歌。假如他读懂了的话，他或许可以想象为如黑格尔那样（纵使言简意赅地）理解美国；美国是精神的又一次远航，是超越欧洲的下一个演化阶段。"

罗蒂在"民主是一个'人与其自然经验之关系的形而上学'"意义上谈到"民主"。在罗蒂看来，杜威"他说的意思是一个名副其实的非封建社会制度将产生出且也将产生于思考本质和知识的一条非二元论途径。这条思想途径将第一次使知识分子为劳动阶级而非有闲阶级服务。实用主义将第一次把理论视为对实践的辅助，而不是把实践看作理论的退化。"罗蒂这样说明："假如人们认为在场的形而上学就是欧洲的形而上学，那么，正如对古老欧洲和新兴美洲作一番比较一样，他可以对这个形而上学和'新形而上学'即民主作一番比较。"罗蒂联系马克·吐温的见解讲到，"杜威相信，与传统欧洲哲学具有不良联系的每一事物都是向一幅世界图画看齐的结果：那幅图画都产生于一个不平等社会内部，并满足着那个社会的各种需要。他把这个哲学传统所有有害的二元论全都看作是在劳心者和劳力者之间，在悠闲阶级和劳动阶级之间的社会分工的剩余部分和表现。""杜威主张，迄今为止，哲学的动力一直是保守的；它一直站在悠闲阶级一边，赞成稳定而反对变化。哲学一直千方百计地赋予永恒不变以威望。他说道：'欧洲古典哲学的主题'一直是使形而上学'取代习惯而成为较高道德和社会价值的源泉和维护者’。杜威试图把注意力从永恒不变的事物转向未来，为了做到这一点，他就要使哲学成为变化的工具而非保守的工具，并因此使它成为美国人的哲学，而不是欧洲人的哲学。为了做到这一点，他希望——像海德格尔后来也否认一样——否认哲学是一个知识形式。这意味着，否认存在着或可能存在着支持习惯的外在于文化的条件，并且公开承认”“本质”；杜威在《哲学和民主》之中论证了“在哲学中，‘本质’是一个价值术语或选择术语”。罗蒂指出，杜威“他想要抛弃他称作‘如下观念的东西，自古希腊时代以来，那个观念一直统治着哲学：哲学的使命在于揭示那先行存在的实在，而非在于，为了我们实践判断的缘故，获得对处理我们在实践中遇到的问题所必要的某种理解’。”

于此罗蒂讲到马克思。他写道：“假如所有这一切都让人模糊地联想到马克思，那是因为马克思和杜威都对黑格尔学说造诣很深。而且因为两人都反对黑格尔中一切非历史主义的东西，尤其是他的唯心论。他们还反对黑格尔乐于解释世界而非改造世界。两人都仅仅保留了黑格尔中很容易与达尔文调和的某些方面。杜威把黑格尔描述为‘近代世俗而实证主义的精神在实质性目的方面的胜利……是向人类主体发出的去掌握已经被包容在此时此地世界之中的事物的一次邀请……’他把达尔文和黑格尔看作一个单一的反二元论思想运动的两个方面，通过反对本质和偶然的区分，通过强调精神和物质的联系，这种运动强调连续胜于分离，对新奇事物的创造胜于对永恒事物的沉思。”“哈贝马斯曾经说过，马克思、克尔恺郭尔和美国实用主义是对黑格尔作出的三个建设性回应，而美国实用主义是‘青年黑格尔派的社会民主分部’。黑格尔对马克思和杜威产生的影响将导致把注意力从康德问题‘何为可能性的非历史条件?’转向的问题在于‘我们如何才能使现在走向更富裕的未来?”虽然马克思认为他能够看到整个社会历史形态，并且能够把当前阶段看作介于封建主义和共产主义之间的过渡阶段，但是杜威满足于说当前的阶段是，如果幸运的话，将通往或许有超乎人们想象的更美好阶段的过渡阶段。”“到了晚年，杜威终于顺便阅读了马克思。杜威断定，马克思受到了源之于古希腊的黑格尔不良影响，这一方面是指相信历史的必然规律。他认为，马克思、孔德和斯宾塞都屈服于一种从现在推知未来的虚假科学的诱惑。”

以上罗蒂说的是欧洲大陆哲学的情况；而就英美哲学的情况来说，罗蒂讲：“卡尔纳普和波普尔是其代表的逻辑实证主义运动——第二次世界大战之后，在美国哲学界，那个运动将粗暴地把实用主义丢到一边——重新杜撰了鲜明的康德式区分：一边是事实，一边是价值；一边是科学，另一边是意识形态、形而上学和宗教，等等。这些区分是詹姆斯和杜威曾经千方百计地想予以模糊的东西。在弗雷格和罗素的帮助下，逻辑实证主义者语言学化了所有古老的康德式区分，杜威认为黑格尔帮助我们克服了那些区分。在蒯因的领导下，由新实用主义者实施的再一次消解这些区分的历史是使美国哲学再一次实用主义化——并因此非康德化和再一次黑格尔化——的故事。”罗蒂对此注解说明道：“在《哲学和自然之镜》中，我对这个故事提出了自己的说法。在《没有方法的实用主义》（收入《客观性、相对主义和真理》[①]）一文中，我讨论了悉尼·胡克（杜威最中意也最具天分的弟子）提出的把实用主义和逻辑经验论调和起来的企图。”[②]

① 剑桥：剑桥大学出版社，1991 年。

② 罗蒂：《后形而上学希望》，张国清中文译本，上海译文出版社 2009 年版，第 8～12 页。

通过总结以上种种情况，罗蒂认为，他找到了实现英美分析哲学与欧洲大陆思辨哲学相连的桥梁。他在作为其自选集的《后形而上学希望》之中写有“没有本体或本质的世界”一节，写道：“英语世界的哲学家通常并不十分认真地对待非英语世界哲学家的工作，反之亦然。”这样，“所谓的‘分析’哲学和所谓的‘大陆’哲学之间并没有相连的桥梁。这种情况在我看来是令人遗憾的，因为我认为，在这两个传统中那些得到了完成的最出色工作在一个重要程度上是互相重叠的。”“表达这个共同性的最为快捷的途径就在于指出，像威廉·詹姆斯和弗里德里希·尼采，唐纳德·戴维森和雅克·德里达，赫拉雷·普特南和布鲁诺·拉图尔，约翰·杜威和米歇尔·福柯这样来自欧美两边的哲学家都是反二元论者。当然这并不意味着他们都反对二元对立；……确切地说，这意味着，他们都试图摆脱某些特殊形而上学二元论的影响，那些二元论是西方哲学传统从古希腊那里继承下来的：它们是本质和偶然、本体和属性、表象和实在之间的对立。他们正尝试用一幅不断变化着关系的流动图画取代在这些古希腊对立支持下建立起来的那幅世界图画。这个泛关系论的一个后果是，它让我们抛弃了在主体和客体之间、在来自心灵的人类知识因素和来自世界的人类知识因素之间的区分，并因此帮助我们抛弃了真理符合理论”。于是，“西方传统中的各种标签和口号都和这个反本质主义、反形而上学运动联系在一起。他们中间有实用主义、存在主义、解构理论、整体论、过程哲学、后结构主义、后现代主义、维特根斯坦主义、反实在论和解释学。”罗蒂声明：“我自己偏爱的术语是实用主义。”他综合地讲，“在这些口号中间，有‘每一事物都是一个社会建构’，‘所有意识都是语言学事务’”。……总起来说，“作为分析哲学和大陆哲学之间趋同性的初步说明，我想要证明这两个口号是如何逐渐变成为同一回事的。双方都说，我们将决不可能走出语言之外，决不可能把握不以一个语言学描述为中介的实在。所以，双方都说……我们应该设法用诸如‘关于世界之不太有效的描述’和‘关于世界之比较有效的描述’之间的区分取而代之。说‘每一个事物都是一个社会建构’的，等于说，‘我们的语言学实践是如此地密切相关于我们的其他社会实践”。①

（四）罗蒂的哲学以“新实用主义”号称。新实用主义（neo－pragmatism）是美国在19世纪与20世纪之交的产物。第二次世界大战后，由于战争期间一些欧洲哲学家涌入美国，欧陆形而上哲学特别是与人道主义关系密切的存在主义的冲击，使实用主义在20世纪中期显得思想资源贫乏，内涵苍白肤浅。然而，到20世纪60－70年代，美国的本土哲学在意识形态“多元化”的背景之下，奎因、戴维森和普南特等美国哲学家使实用主义再度复兴。在此哲学氛围中，罗蒂进一步对20世纪初到中期皮尔斯、詹姆士、杜威的实用主义进行改造，使之适应后现代主义语境，这才形成了他那以新实用主义哲学为主导话语的“后哲学文化”。罗蒂主张的“后哲学文化”，充分体现着其“新实用主义”哲学。罗蒂从反“镜喻”哲学，即反对“反映”论的“镜子”说起，走向“反本质主义”或“反表象主义”。这一哲学从主观的价值立场出发反对柏拉图主义，不同意认为任何事物都有本质与现象的关系，不同意认为本质有决定某事物之所以是该事物的作用；反对从以往的认识论所坚持的真理是符合于本质的认识，即所谓反“符合论”。罗蒂重申詹姆士所说真理就是“最好加以相信的东西”，认为“真理不是那种具有一种本质的东西”，只是强调把以“好的”、“有用性”作为

① 罗蒂：《后形而上学希望》，张国清中文译本，上海译文出版社2009年版，第24～25页。

真理标准，提出“真理最好的标准是由自由研究获得的意见”。

罗蒂以新实用主义强调的后现代哲学，再个的特征是提出抹去价值与事实、道德与科学之间的“二元”区别，贯彻其所谓“整体论”，认为在“应该是什么”与“实际上是什么”之间“没有任何认识论的区别”；以这种所谓“一元”的统一贯彻其价值论，实现其“反本质主义。另外是，罗蒂在以“自我”的‘好的”、“有用”的这些价值标准中补充了“对话制约”论。罗蒂说，“对研究，除了对话的制约以外没有任何别的制约，这不是来自对象，或心灵，或语言本性的全面制约，而只是由我们研究伙伴的言论所提供的零星制约”。这借用并放大了哈贝马斯的“社会交往”和“语用学”，及由胡塞尔提出的“主体间性”理论，强调一种由对话方式构成的“共同体”，从而把“个体中心主义”放大为“种族中心主义”。这被认为是一种由人类学借喻的“群体主义”。罗蒂讲，对“种族中心主义的维护，就是说，没有任何其他的见解可以作为我们工作的依据。检验由其他个人或文化提出的信念的办法是，看其是否能与我们已有的信念交织在一起。我们能够这样检验它们，因为任何我们可以看作是一个人或一个文化的东西，都将是与我们共享大量信念的东西”。他依据这样一个信念，不断地扩大“我们”一词所指的范围，把越来越多的人不是称作“他们”，而是称作“我们”。

此外，罗蒂还张扬海德格尔所讲的“历史主义”原则，而为“新实用主义”所用。罗蒂坚持的这种“历史主义”原则，主张反对“非历史的”、“超历史的”东西。罗蒂强调，要反对先于历史的“绝对性”，反对超历史的“永恒性”和“终极性”。对于罗蒂这种见解，许多人认为，其所坚持的实用主义这种关于“绝对性”的见解，是走向“相对主义”。罗蒂面对这种指责，进行辩解：他只是以“相对主义”的观点来批评康德、柏拉图等人的“元哲学”，但对“实际理论”来说，如在主张“具体的、详细的宇宙学”或“政治变革计划”方面，这里的根据“不是范畴或原则”，而是其应有“具体好处和坏处”。所以罗蒂讲，这不能说是相对主义的。

二、霍伊：将系谱学与解释学结合

大卫·霍伊（David Couzens Hoy）是美国当代后现代主义思想家。他1965年毕业于美国耶鲁大学，1972年在耶鲁大学获得哲学博士学位；之后，先后在耶鲁大学、普林斯顿大学、哥伦比亚大学和加州大学任教；曾多次担任加州大学圣克鲁兹分校哲学系主任，又任该校人文学院执行院长。

霍伊所著的《批评的循环——文学、历史与哲学解释学》（The Critical Circal：Literature，History，and Philosophical Hermeneutics）一书早已为中国读者所熟悉。由他主编的《福柯——一个批判的读本》（Foucault：A Critical Reader）在西方影响很大，1986年问世后，已发行了5版，至今畅销不衰，该书的西班牙文版和法文版于1989年面世。1994年他与麦卡锡合作出版了《批判理论》（Critical Theory）一书，1997年他的另一部重要著作《批判抵抗》（Critical Resistance）问世。

多年来霍伊不仅一直致力于福柯哲学和哲学解释学的研究，而且积极投身于当代西方有关后现代主义的讨论，发表了大量论文，其中影响较大的有《福柯：现代抑或后现代?》《福柯与批判理论》《解构意识形态》《尼采、休谟与系谱学》《海德格尔与解释学转向》《意识的历史——从康德和黑格尔到德里达和福柯》《猫头鹰与诗人——海德格尔对黑格尔的批判》以及《忘却本文——德里达对海德格尔的批判》等。霍伊对后现代理论的主要贡献是提出了“系谱学解释学”（genealogical hermeneutics），将系谱学与解释学结合起来，这被认为开辟了后现代哲学研究的新领域。

我们知道，“解释学”在西方思想史上，经过早期意义上只关心“解释”的“解释学”，经过近代狄尔泰等人的方法论解释学；在海德格尔那里形成一种基于“语言是存在之家”而所称的“本体论解释学”。伽达默尔则在关于“真理与方法”论证中，主张“证实理解是存在的基本特征”，而“把解释学当作哲学本身来对待”，由此确立了其在哲学上有独特地位的“解释学”。后来又出现了哈贝马斯重视日常语言分析的“批判解释学”，以及科利等人的基于“现象学的解析学”而提出的综合解释学各派的“新解释学”。

霍伊“系谱学解释学”是在与伽达默尔和哈贝马斯、罗蒂、麦卡锡等人的论辩和对话中形成的。具体说，这是在与基础主义、普遍主义和相对主义、虚无主义的争辩中形成的。霍伊的系谱学解释学面对的问题是，怎样既坚持后现代的反基础主义和多元论立场，又避免相对主义和虚无主义的极端。可以说，霍伊的系谱学解释学是福柯系谱学和伽达默尔解释学二者的结合。

前已说到，福柯的系谱学在尼采的系谱学的基础上发展，体现一种内在的批判方法。这种方法拒绝任何超验的视角，拒绝一切超验、必然的一般标准，致力于从内部阐释和批判社会形态。霍伊的系谱学解释学更致力于向普遍必然性挑战，致力于解构必然性，致力于从内部揭示所面对的社会及其偶然性。在霍伊看来，根本不存在什么断言事物如何发生或者必然发生的“先天方法”。他也不相信存在一条通往好生活的唯一正确之路。他说，社会生活形式的多样性和个人生活形式的多样性业已证明了这种观点是令人难以置信的。

霍伊十分重视伽达默尔的解释学，这是在当代思想史中有其集中理论并影响很大的解释学理论。霍伊的“系谱学解释学”在汲取伽达默尔理论的基础上，进一步强调，那种能仲裁不同解释的差异的、标准的“一般性的元解释”是不存在的。他反对“一解压百解”。霍伊“系谱学解释学”主张，那些想当然地被看作是一般的、永恒的和必然的东西，其实都是有一个历史的、有开始也有结束的东西。人们对“自我”的理解也不是永恒的，而是历史的，所谓必然的自我概念其实“仅仅是偶然的”。在霍伊看来，指出我们的“自我”认识是偶然的，并不意味着要我们彻底屏弃对自己的理解。我们依然可以肯定我们自己的自我理解，但无权将这种理解强加给别人。正是在这个意义上，霍伊认为，“系谱学解释学”让人们尊重差异，尊重多样性，“学会与偶然一起生活”。

霍伊由其解释学的系谱学，对传统的“连续进步观”进行批判。他提示，这种“连续进步观”有个重要表征是假定现在比过去好，未来将比现在更美好，人类正一步步走向理想的社会。霍伊发挥福柯的理论强调，按照福柯的意思，我们今天的“现在”像任何其他“现在”一样都是处在问题中的。解释学系谱学就是要对独一无二的、但成问题的“现在”，进行考察。按照霍伊的考察，即使像尼采这样的哲学家也没能摆脱这种“连续进步观”的影响。尼采在其论历史的论文中，曾抽象地希望新一代的青年将能不同地思考，这似乎是“新”的思考，但不能告诉我们关于这一不同思考的详情。霍伊将这种寄希望于未来的思想称之为“乌托邦式思维”。在他看来，取向于含混的未来，进行乌托邦式的思辨，可以说丝毫无助于对现在的研究。因为这种乌托邦式思维并没有告诉我们，我们如何可以是不同的。如果说这种思维意指现在是一种必须被整个超越的自我所包含的整体，那么它便是“反生产性的”。依照霍伊的观点，这种含混的未来将比现在更好的思想，其实是一种非常空洞的想法。这种空洞的乌托邦式思维的一个重要特征是对“新”的迷恋。在霍伊说来，在阿多尔诺那里，最吸引他的不是关于真理的观点，而是对现在的关注，对新旧关系辩证法的阐述。阿多尔诺认为，“每一现代的东西，由于它的永不变化的核心，而显得比它看起来更古老”。霍伊讲，对于阿多尔诺来说，“新”被现代文化转变成现代对之着迷的“感性”。这种着迷永远也不可能完全被满足。其最终结果是，导致感性的迟钝而不是敏锐。换句话说，对“新”的连续不断的渴望，成为同一的永恒轮回。霍伊视现在为以往的精华，视以往最高的观点为“现在的辩护士”。

霍伊宣称，他运用其解释学系谱学讨伐现在的目的是为了有效地克服人类的“自鸣得意”（complacency）。他强调，在理性一直被认为是我们现代骄傲的情况下，对理性展开批判便构成解释学系谱学的重要任务。霍伊强调，对理性进行解释学系谱学的考察并非要毁灭理性，而是旨在提醒我们，理性关于自己具有必然性和普遍性的假定是一个“幻觉”。这一假定忽视了理性在过去的历史性、在现在的不确定性，以及在未来的脆弱性。

由霍伊讲来，后现代主义哲学对多元论的推崇使它始终受到形形色色的普遍主义的攻讦。例如，哈贝马斯批评的一个重要之点，是指控后现代主义哲学的多元论涉嫌“操作性的矛盾”，认为这必会陷入“自我参照性的悖论”。按照哈贝马斯的理解，所谓后现代主义的“操作性矛盾”就是，一方面宣称社会一致和社会共识概念是可疑的、是应该屏弃的，另一方面又要求人人同意它的批判性的论断是正确的；一方面宣称有效性概念本身是应该否弃的，另一方面又将自己的论断视为有效的。在方法论上，这种矛盾或悖论表现为，一方面向一切究竟至极的东西进行挑战，反对“一解压百解”，另一方面又断定自己的理论具有优越性和优先性；一方面反对一切巨型理论体系的建构，另一方面却建立了自己的理论体系。霍伊认为，后现代主义者要捍卫多元论，就必须面对这些矛盾和悖论，就必须对这些批评作出回答。霉伊声称，他自己的系谱学解释学可以有效地回击这些批评。

在霍伊看来，以哈贝马斯为代表的当代普遍主义者对后现代主义涉嫌“操作矛盾”的指控，是建立在对后现代主义的误解之上的。实质上仍是站在传统的哲学立场上进行的，是建立在对“理论”的传统理解之上的。具体地说，这一指控是建立在这样两个可以说相互矛盾的暗中假定之上的。假定之一是，后现代主义者同他们一样是个普遍论者，因而必定将自身的理论设想为放之四海而皆准的正确观点或公理。假定之二是，如果后现代主义不是普遍论者，那它一定是虚无主义者。霍伊认为，从这两个假定不难看出，普遍论者仍没逃离非此即彼的二元对立思维。

霍伊认为，真正的后现代主义并不反对理性也不捍卫非理性，是反对虚无主义的。霍伊批评说，“只有虚无主义才走得这么远”。霍伊讲他自己的系谱学解释学是拒绝走入虚无主义极端的。霍伊认为，他的这种理解与后现代主义思想大师福柯的思想是一致的。霍伊不同意哈贝马斯对福柯的解读，认为福柯始终没有将自己看作是一个攻击理性的反启蒙的思想家。在《什么是启蒙?》中，福柯明确提出，理性的精髓将被保存在任何事件中。霍伊认为，福柯与哈贝马斯的分歧不在于：一个不要理性而另一个要理性；而在于：重建关于理性的元理论是否必要。依福柯看来，哈贝马斯所谓的生产一种理性元理论的工程不是今天最需要的批判行为，现今需要的不是批判理论，不是用今天的术语重新描述理性自主的理想，而是更具体地批判历史实践。这里面不存在虚无主义的问题。霍伊强调：“福柯也好，伽达默尔也好，都没有一般地反对真理概念和自由概念，只不过更感兴趣的是这些各式各样有待丰富的真理和自由概念在实践中是如何具体地被解释的。”这便涉及到对普遍论指控中所暗含的另一个假定的反驳。

霍伊强调，多元论的系谱学解释学尽管反对普遍论的主张，但无意确立自己的主张为唯一正确有效的，进而取代普遍主义者的公理。为了更好地与普遍主义划清界限，霍伊主张用后现代解释学的“解释”概念来替代传统的“理论”概念。他认为，传统的“理论”概念是与“现实”相对的，正确的“理论”无疑是对“现实”的准确把握和真实描绘。在这个意义上理论是一种“图画”。霍伊解释说，传统的理论概念所给出的这种“图画”式的“理论”概念，是以下列这样一个预设为条件的，即现实（包括社会现实）是给定的（given）。在霍伊看来，现实，特别是社会现实从来就不是给定的。因此没有任何理由说可以绝对正确地把握现实。而这又并不意味着说现实是完全混沌的、不可认识的，所有的感知和认识都是抽象和虚假的幻觉；而是说现实是复杂的、生成的、像黑格尔那样旨在绝对地把握事物是不可能的。在霍伊看来，这就是阿多尔诺等人所揭示的“思想的局限”。

既然现实不是给定的而是复杂多变的，既然人们只能相对地认识现实，这样，传统的图画式的“理论”概念便暴露出了它的局限性。因此，霍伊主张用解释概念来替代理论概念。相应地，传统的作为一种肯定的、关于社会历史力量的哲学，应被一种带否定或批判功能的新哲学所代替。在霍伊讲来，他所提出的“理论”，较之具有排他性的“理论”来说，是强调：“解释”的最大特点是开放性。按照霍伊的系谱学解释学，种种不同解释都是可能的。说一个解释是好的，并不意味着它是唯一的。换句话说，不存在所谓唯一正确的解释。霍伊在批评中讲到，康德曾经说过他对柏拉图的理解比柏拉图自己对自己的理解要好；伽达默尔认为对过去的文本不可能被理解得更好一些，而只能理解的不同。在霍伊看来，康德心目中无疑是坚信存在着唯一正确的解释的，他自己的哲学便被他视为唯一有效的真理。霍伊称这种思想为一元论（monism）。霍伊进一步认为：传统思想对绝对真理的追求，对存在着"唯一正确意义"的坚信，一定隐藏着某些另外的目的。如果我们弄清了这些目的是什么，无疑将削弱或消解所谓"绝对真理"或"唯一正确的意义"。霍伊强调，他的系谱学解释学有助于克服狭隘的夜郎主义（Parochialism）。所谓"夜郎主义"，并非是指人们对需要认识的东西没有完全的知识；而是指人们自以为对所需认识的东西全知道，从而故步自封，将其他解释拒之门外。霍伊认为，系谱学解释学强调解释的开放性是治疗夜郎主义的一剂很好的"解毒剂"。

霍伊指出，他的多元论的系谱学解释学并不一概否认产生社会协同性（solidarity）和共性（community）的可能性；而只是认为"并不因如此就视这些价值为永恒的和普遍的"。在霍伊看来，协同性和共性并不是抽象的，它是与偶然的历史时刻连在一起的。它们可能是这些偶然的历史时刻的最高成就，它们也可以对后一阶段有所启迪，但它们不能被重复；不应是在后一阶段被照猫画虎式地加以模仿，因为这种模仿很可能只导致一种"反动的盲目"，从而使人们对后一时期所面对的新问题熟视无睹。霍伊在《意识的历史》一文中明确地将哲学看作是一种"反思方式"，是一种"重新思考的需要"。①

三、杰姆逊："后现代主义"的"文化逻辑"，"去神秘化"

费雷德里克·杰姆逊（Fredric Jameson，1934— ）是美国著名的文化批评家。他于 1934 年 4 月 14 日出生，1954 年获哈

① 参见王治河：《系谱学解释学》，载《后现代主义辞典》，中央编译出版社 2004 年版，第 318 页，第 637～639 页。

佛学士学位，1959 年获耶鲁大学法语博士学位，1959－1967 在哈佛大学、1967－1976 在加利福尼亚大学圣迭戈分校教法语和比较文学，1976 年成为耶鲁大学教授。现任美国杜克大学教授，杰姆逊早期表现出对萨特的极大兴趣，著有《萨特：一种风格的源起》（1961）；1970 年代致力于“马克思主义－结构主义”的批判，著有《马克思主义与形式》（1971）、《语言的牢笼》（1972）；80 年代热衷于文化批评，在 1983 年伊利诺伊大学举办的“马克思主义和文化解释”为题的国际讲习会和讨论会上担任主持人。他的思想受卢卡奇和阿尔都塞以及本雅明与阿多尔诺等多方面的影响，并对他们的理论进行批判改造，使自身成为 20 世纪后期新一代马克思主义学者与理论家。他在被认为是他成熟之作的《政治无意识》（1981）一书中，提出了“马克思主义阐释学”及“政治无意识”概念。80 年代中期他致力于解析“资本主义“晚期”的“文化逻辑”，对后现代主义文化进行研究，著有《后现代主义，或晚期资本主义的文化逻辑》（1991）等，还有《诊断学》（1982）、《后期马克思主义：阿多尔诺或辩证法的持久性》（1990）等著作。这些论著被译成不同文字，使杰姆逊的理论产生了世界影响。

杰姆逊在其重要代表作《政治无意识》（1982）一书中提到了“后现代主义”，但并未就此展开专门论述。后来，杰姆逊将现实主义、现代主义与后现代主义分别与资本主义社会经济的早期、中期、晚期相对应，把“后现代主义”视为“资本主义晚期的文化逻辑”。杰姆逊根据他所讲到的后现代主义“深度模式”，把海德格尔与萨特归入现代主义；而对桑塔格，由其《反对解释》一书，将其看作后现代主义“意义链崩溃”的例子。

杰姆逊 1972 年在《语言的牢笼》一书中，重视研究结构主义的“二项对立”，认为语言结构同现实的“有机结构”是“同构”的；强调带有精神特性的语言形式与现实东西的“同构性”，实质上是现实矛盾的反映。他在《元诠释》一文中，又讲到，“一种确定的文学形式的存在总是反映该社会发展阶段的某种可能的经验”。20世纪80年代以后，杰姆逊在对后现代主义文化与后现代资本主义历史状况的分析中。把后现代主义既作为一种风格，更作为资本主义“第三发展阶段”的“文化逻辑”。

杰姆逊申明，他对“后现代”一词的“广义运用”绝不意味“今天的一切文化都是‘后现代的’”。他认为，对于后现代主义的论争不仅在于这个概念的界定上，也不仅在于对其特征的不同描述上，更在于对其评价的相反倾向上。他的看法是把后现代主义作为历史的进步。他认为，这标志着“机械论世界观已陷入不可克服的危机”，“新的范畴如开放性、多义性、无把握性、可能性、不可预见性等等，已进入现代的语言”；他强调，“后现代思维积极维护事物的多样性和丰富性，坚决反对任何试图将自己的选择强加于别人，使异己的事物屈服于自己意志的霸权野心。它尊重并承认各种关于社会构想、生活方式以及文化形态的选择。它具有真正的批判精神，与盲目顺从、满足现状是格格不入的”。杰姆逊在具体阐释文化与资本主义形态的关系时常用“物化”这个术语，用“物化”和“商品化”的不同量级来界定资本主义三个时期，并作为其文化逻辑的社会物质基础原因。

杰姆逊所讲的“重视论述其第三阶段”，关于这方面见解，与此相关的有：美国未来学家A. 托夫勒通常称之为信息社会，而著名社会学家丹尼尔·贝尔又称之为“后工业社会”，也有人称之为“消费者社会”；杰姆逊则称之为“多国化（multinationalize）的资本主义”。杰姆逊的出发点并不排除工业和科技，而他特别把“信息化”集中到“广告”上面来；认为“广告与广告形象”成了“后现代主义的中心问题，因为电视以其速度之快和效果之好完全突破了旧有的广告形式”。他把这个问题最终归结于“商品化”；他指出，在后现代主义阶段出现了甚至比垄断资本主义更巨大的商业企业形式，这就是“多国化的资本主义”。

杰姆逊认为，后现代文化与工业生产和商品已经紧紧地结合在一起，文化“已经完全大众化了，高雅文化与通俗文化、纯文学与通俗文学的距离正在消失。商品化进入文化意味着艺术作品正成为商品，甚至理论也成为商品；当然这并不是说那些理论家用自己的理论来发财，而是说商品化的逻辑已经影响到人们的思维”。这同资本输出之多国化并行。杰姆逊把文化的商品化当作后现代主义最为集中的特征。

杰姆逊的理论，很大程度上在于，对卢卡奇早期观点的重复并表现出受萨特后期思想影响。他说道：“马克思主义当然是唯物主义，但是历史唯物主义，而不是辩证唯物主义。……辩证唯物主义企图把辩证法同时运用于解释历史和自然，而这是和斯大林、恩格斯的思想联系在一起的。……恩格斯在《反杜林论》中提出了他自己的说法，这本书也就成了苏联马克思主义的基础。《反杜林论》区分了历史唯物主义和辩证唯物主义——一整套完整的世界观和形而上学。将辩证法看成了自然界‘永恒’的规律”。杰姆逊认为，“历史唯物主义则是关于历史的，和形而上学、存在、自然等没有关系，辩证法只是在历史发展中起作用，在自然界中则不能说有辩证法”。

在杰姆逊的论说中还体现出，他认为人的本质不是由人以外的社会关系的总和所决定的，而是由“人自身”的理性、欲望、心理的、情感的东西。这就是杰姆逊所谈到的“力比多”，因而走到萨特的“存在先于本质”、“存在是不能规定”上面去。有评论者指出，这正是现代主义与后现代主义种种反意识形态、非社会、非历史、非政治批评的根源；这也恰恰是杰姆逊所涉及到的"在局部上是正确的"种种"多元"理论。

在杰姆逊的理论中，也重视了"解释学"理论。杰姆逊指出："阐释在这里被视为一种基本的转喻行为，它是在本文重写中根据一种特定的主导符码构成的。"这里所说的"转喻"，其意义正如《政治无意识》一书的副标题所示："一种社会象征行为"。杰姆逊认为，这要有更高的解码阐释。杰姆逊把现代的叙事文学称为"政治寓言"。杰姆逊认为，就解码的要求而言。西方现代主义的形式变异性所带有的政治寓言的特点，只不过是因为创作往往是在专制独裁政权下躲藏的寓言，西方现代主义是逃避古典的人道主义传统的隐匿。后现代主义发掘隐义、转换符码、反溯始源，则是历史的阐释，这才能在根本上实现功能而完成使命。这一功能与使命又是同在新历史条件下对异化的继续批判联系着的。这整个"理解—阐释"的过程也就是对于"现代—后现代主义本文""去神秘化"的解码行为。这也就是马克思主义所阐释的超越现代主义的阐释方法，这指向"最终点"之"绝对视野"。

在杰姆逊提出的理论中，一个重要之点是强调"去神秘化"(demystication)，这通常是指，对事物神秘主义解释加以破除，这曾着重针对中世纪神学、唯灵论哲学，也针对过黑格尔的体系。在杰姆逊之前，许多学者提到过关于"去神秘化"的思想。例如，实证主义哲学家孔德曾将实证主义哲学的任务规定为以科学实证彻底破除神秘。意大利的葛兰西曾提出将黑格尔的辩证法的"神秘"性改造为"合理"性。杰姆逊则提出了对"现代主义""去神秘化"的原则。杰姆逊张扬的解释学的"去神秘化"，重在于指去掉意识形态上的"面具化"，即"非面具化"；这针对着，认为意识形态的"本质"根源于现实的阶级关系，"一切最终都是政治的"，这样的观点。杰姆逊明确指出"神秘化"的根源在于现象与本质分裂；他认为越是"对于不可解释的东西越是需要解释”。

四、格里芬：“祛魅”与“返魅”

大卫·格里芬（David R. Griffin，1939—），系美国加州克莱蒙特研究生大学教授，是建设性后现代主义的倡导者。他曾积极创建“后现代世界中心”和“过程研究中心”。其主要著作有：《上帝、权力和罪恶》《过程神正论》《过程神学》《泛心理学，哲学与精神》《没有超自然主义的返魅》等；编有《物理学和时间的最终意义》和《自然之心》（与小约翰·科布合编）；主编了“建设性的后现代主义”丛书共 18 本。格里芬对建设性的后现代思想产生了重要影响，其中《后现代科学》《后现代精神》《建设性后现代哲学的奠基者》已有中译本问世，在中国学术界中引起关注。

以上说到的格里芬的《后现代科学》这部著作，还有一个副标题：“科学魅力的再现”。格里芬此书的“引言”写的是“科学的返魅”。这里的“返魅”英文词是 reenchantment 。而在《后现代科学》中，格里芬紧接着便是论述他之所以提出“返魅”所针对的是“自然的祛魅”。在该“引言”中的第一句话，格里芬就指出，“现代性及对现代性不满皆来源于马克斯·韦伯所称的‘世界的祛魅’（the disenchantment of the world）。这种祛魅的世界观既是现代科学的依据，又是现代科学产生的先决条件，并几乎被一致认为是科学本身的结果和前提。”①

格里芬追溯了这方面观点的思想史。他写道：“弗雷德里希·席勒比韦伯早一个世纪就谈到了自然的祛魅，他用的是 Entgotterung 一词，字面上的含义是自然的非神性化。对于诸如笛

① 大卫·格里芬编：《后现代科学——科学的魅力的再现》，马季方编译中文本，中央编译出版社 1995 年版，第 1～2 页。

卡儿、波义耳和牛顿等现代世界观的创始人来说，神性绝不是世界所固有的；神性对于世界来说完全是一个外在的存在，它从外部将运动和法则施予世界。因而，自然法则与反映人类社会成员习性的社会法则完全不同。自然的祛魅的一个深刻而主要的特征是否认‘远距离作用’。韦伯在形容祛魅时用的是Entzauberung一词，字面上的含义是‘驱除魔力’。机械论观点的中心内容是，否认自然事物有任何吸引其他事物的隐匿（神秘）的力量（这种否认使得磁力和万有引力变得难以解释）。就这样，自然失去了所有使人类精神可以感受到亲情的任何特性和可遵循的任何规范。人类生命变得异化和自主了。”他还说，“‘自然的祛魅’的含义是什么？从根本上讲，它意味着否认自然具有任何主体性、经验和感觉。由于这种否认，自然被剥夺了其特性”。“在祛魅的自然中，关于自然的现代科学导致了自然本身的祛魅。这是由于，关于自然的机械论的、祛魅的哲学最终导致了整个世界的祛魅；这种哲学最初是关于作为一个整体的实在的二元论和一神论观点的一部分。”

关于这里所说到的“二元论”，格里芬特别讲到，“自然的祛魅这种观点最初是在二元论的超自然论的框架内由伽利略、笛卡儿、波义耳和牛顿及其同道者们提出的。二元论的超自然论认为，灵魂和个人神性具有解释功能和因果力量，在物理学中客观化的、机械论的和还原论的方法的成功很快就使人们坚信，这种方法应适用于现实中的所有事物。上帝首先被剥夺了除原始创造力量以外的一切因果力量；其后，思想家们将这种自然神论变成了彻底的无神论。人类灵魂或人的心灵最初被说成是‘副现象的’，意即它是实在的，但它只是果，而非因；再其后，思想家们相信自然不存在不旋转的车轮，否认心是一个特殊的实体，宣称它只不过是大脑所具有的一种性质而已。因而，将因果性归因为人性力量的泛灵论观点遭到了彻底的否定。

所有从人性到非人性过程的‘向下的原因’都被革除；用基本的非人性过程解释一切的还原论方法被广泛接受。就这样，整个世界被祛魅了”。

在解析了“祛魅”之后，格里芬进而讲到：“具有讽刺意味的结论是，具有祛魅性质的现代科学开始了一个由祛魅的科学本身而结束的进程。”“许多新近的思想推断说”，“祛魅的观点到此走到了尽头”。[①]

关于“祛魅的逆转”的“缘由综述”。格里芬陈述道：“在20世纪，当现代性的祛魅趋势遍及世界多数角落时，一股反向运动开始在哲学、历史学、科学心理学以及各学科中抬头。这一运动本世纪后半叶获得了巨大的发展势头，它割裂了科学与祛魅之间的联系，为科学的返魅开辟了道路。”“也许人们认为，由于科学从一开始就是祛魅的，因而称其为返魅是不恰当的。但是现在有许多证据表明，在16和17世纪的大部分时间里，科学的主流形式曾是魅（enchantment)”。于是格里芬展开分析了“祛魅”转向“返魅”的四个理由。他说：“科学和祛魅之间貌似必不可少的联系之所以正在被割裂，主要有四个理由：关于科学性质的新认识；关于现代科学起源的新认识；科学本身的新发展；以及对心身问题的思考。”[②]

在格里芬看来，要解决“祛魅”而“返魅”的问题，重要的是克服“二元论”。他认为，二元论一词恐怕是我们语言中最模糊和含义最多的词了。它可以指以下区别：（1）自然和超自然的世界；（2）实在世界和理想的世界；（3）时间和永恒；

① 大卫·格里芬编：《后现代科学——科学的魅力的再现》，马季方编译中文本，中央编译出版社1995年版，第2～4页。

② 大卫·格里芬编：《后现代科学——科学的魅力的再现》，马季方编译中文本，中央编译出版社1995年版，第10页。

(4)善与恶;(5)宇宙间善与恶的力量;(6)有感知和无感知的事物;(7)有生命和无生命的事物;(8)心和身。关于二元论的探讨经常受到不必要的非难,因为在它不受到非难时,一种意义上的二元论被认为拥有一种或多种意义的二元性。二元论一词在这种情形下不可避免地是指笛卡儿的二元论及其相互作用。①

由以上见解,格里芬著作在理论澄清中对消除二元论而走向后现代主义哲学的一系列问题,阐发了他的见解。例如,在论述"现代诸范式"与"后现代范式的依据"时,他涉及到"与现代本体论互为依据的认识论"。他认为,"现代世界的基本假设(也是二元论和唯物论共同的假设)是,世界的基本构成因素是'空洞的实在'(怀特海《过程与实在》第8部分提出——引者注),全然不存在内在的实在、感知或经验、主观性、目的或目标及一切的内在的生成"。他还认为,"经验的活动有两个方面:自为的经验是一个作为主体的事件。事件作为主体,它被涉入一个简短的生成过程中。这一过程分为两个阶段。事件由于受到先前经验的影响而开始。例如,我现在受到我先前经验和组成我肉体的细胞的影响。这一接受阶段被称为活动的形的一极。然而紧接着,在一种经验生成过程中又有了第二阶段。我不仅仅被动地接受过去的影响,相反,我主动地决定对此以何种反应,继而决定眼下应采取哪种经验。因而从某种意义上讲,经验具有自创性。这一自决阶段被称作神的一极,这一称法用于一种严格的意义。它并不一定就代表着意识:多数经验是无意识的。当然,在此,神不等同于经验,因为整个事件只是'经验的活动'。不管是形的一极,还是神的一极,

① 大卫·格里芬编:《后现代科学——科学的魅力的再现》,马季方编译中文本,中央编译出版社1995年版,第52~53页。

都是彻头彻尾的经验的，况且，谈到活动的‘神’的一极，只是单指其自创性的一面。这一面之所以被称作‘神的’，不仅仅由于它是对现实事物的反应（如形的一极所为），而且由于它对理想或责任亦作出反应。我们说经验的瞬间不完全取决于其过去和现实的世界，这意味着它还有选择的可能性。对这些可能性的选择是由其‘精神性’所体现的。这种选择可以是相当盲目的，并不受意识的指引。现代物理学诸定律不适用于个别现象却适用于平均的统计，这一事实说明了在这种意义上，某些精神性因素无时无刻不在发生。因而作为主体的经验活动将感受（肉体性）与自决（精神性）结合在了一起”。“当这种主观生成过程完成之后，事件就有了另一种存在形式。它现在是一个超体（superject）或客体。它不再与自因有关；它生成什么便就是什么。但现在，它是后来的经验活动产生的原因。它不再具有经验，而是由他人去体验。曾一度是一个自为的主体现在成了为他的客体。正如前文所述，内部与外部的区别就是一种时间上的区别：在事件成为一个为他的客体之前，内部实在的瞬间便完成了。”①

总之，格里芬所倡导的建设“后现代世界观”，试图战胜“现代世界观”。而在此他强调，他不是通过消除目前存在的各种世界观存在的可能性，他反对的是科学主义而并不是科学本身；他要通过对现代前提和传统概念的论证，来建构一种后现代世界观。他自认为这是一种科学的、道德的、美学的和宗教的新体系。

① 大卫·格里芬：《后现代科学——科学的魅力的再现》，马季方编译中文本，中央编译出版社 1995 年版，第 182、188、193～194 页。

五、罗威：在神学转向中走向生态学马克主义

20世纪下半叶，出现了主张一些“生态学马克思主义”的学者。其中有的人在神学转向中，走向生态学马克思主义。例如，法国的西方马克思主义哲学家、社会学家，现任法国国家科学研究中心（CNRS）荣誉主任，并执教于法国高等社会科学研究院（EHESS）的迈克尔·罗威（Michael Lowy，1938—）。罗威曾先后师从哥德曼、马尔库塞，并对卢卡奇、布洛赫、本雅明、阿多尔诺、霍克海默等具有犹太背景的西方马克思主义哲学家颇有研究。罗威被认为是“（犹太教）塔木德式的学者”。罗威还深受韦伯的影响，被称作“韦伯主义马克思主义”（Weberian Marxism）者。罗威作为当代集中探讨过马克思主义与宗教关系问题的思想家，他在其著作“《救赎与乌托邦》中借用歌德的术语‘选择性亲和’试图在一系列中欧犹太思想谊和作家——从马丁·布伯和古斯塔夫·兰道尔到互乐特·本雅明和阿多尔诺，也许还有布洛赫和卡夫卡，莫不如此——身上梳理出”[①]“选择性亲和”理论；他“倾其全力探索西方马克思主义与宗教之间的‘选择性亲和’关系”，特别对“犹太弥赛亚主义”与“解放的乌托邦”作出说明。罗威强调指出，弥赛亚是诸多宗教文化所共有的重要概念。在基督教、伊斯兰教、巴哈伊教等等之中均有弥赛亚观念，只是发展起来的各个宗教对其阐释不同而已。[②] 而20世纪的中欧犹太知识分子所持的“犹太弥赛亚主义”（Jewish messianism），其特征在于：对原初黄金

① 拉塞尔·雅各比：《不完美的图像：反乌托邦时代的乌托邦思想家》，姚建斌等中文译本，新星出版社2007年版，第49页。

② Roland Boer，Criticisim of TheoLogy：On Marxism and TheoLogy Ⅲ，Boston：Brill，2011，P. 159。

时代的复归，对千年王国之乌托邦的渴望，对末世纪灾难的救赎；这不是个人得救，而是集体解脱，不再诉诸神灵的救赎而是人类自我拯救，这里面对着自由目标与革命手段的伦理悖论。罗威强调这是一种革命维度的弥赛亚主义，是政治弥赛亚主义；罗威将“生态学马克思主义”整合进自己的整体理论规划；罗威由确立宗教与浪漫主义的关系，批判现代资本主义工业文明，他主张马克思主义必须成为绿色的，必须将生态学维度纳入其中。[①]

第四节 对后现代主义否定形而上学观点的辩驳

一、以格拉切为例

荷海·格拉切（Jorge Gracia）是近几十年美国哲学中很活跃、有贡献的哲学家。他的研究领域涉及形而上学、中世纪哲学、哲学解释学及拉美哲学等领域，出版了十五部广有影响的专著，主编了近20部著作。他还积极从事哲学的行政及组织活动。除担任过多届布法罗纽约州立大学哲学系主任外，他曾任美国哲学学会常务理事，美国中世纪及文艺复兴学会主席，拉美思想学会主席，美国天主教哲学学会主席，美国形而上学学会主席等。

形而上学一直是格拉切哲学生涯的兴趣中心。他于1971年在多伦多大学获得博士学位，博士论文是关于中世纪哲学家苏亚雷兹的形而上学。此后他一直致力于中世纪及近代早期关于

① 见，张全新作为导师指导的孙海洋研究生学位论文：《迈克尔·罗威的“选择性亲和”理论研究》。

个体性及个体化的研究。继一系列哲学史研究专著后，他在1988年出版了《个体性：论形而上学的基础》，表达了他对于"形而上学""个体性"问题研究的重视，这是一部关于个体性的系统研究专著。该著作于1992年获美国形而上学学会颁发的形而上学奖，成为格拉切的代表作之一。

格拉切的著作被译成中文的尚少见。其著作《形而上学及其任务》，由陶秀敏、朱红、杨东东译成中文，我国著名哲学家傅永军教授校；此书前有"荷海·格拉切哲学简介"，其中在作了以上介绍后写道："从亚里士多德以后，什么是形而上学，形而上学的范围与界限，形而上学的合理含法性等后形而上学问题一直困扰着哲学家们。至今未有共识。格拉切在本书中力图解答的问题是，为什么形而上学能够从对它的种种攻击中生存下来并继续以这种或那种形式得到发展？他对哲学史上提出的种种有关形而上学性质的主要观点进行了讨论和批判，并建立了一种新的形而上学概念，即形而上学是对一切知识堪础的范畴性研究。形而上学寻求辨认与定义最为一般的范畴，确定它们之间的关系，并说明一般性程度较低的范畴与最一般的范畴相联系的方式。按照格拉切的看法，正是因为形而上学是研究其他学科的基本概念，使得一切知识皆依赖于形而上学观点，形而上学才变得始终不可避免。而那些力图拒斥或取消形而上学的努力则一而再再而三地失败。由于把形而上学定义为对范畴的研究，格拉切在本书中亦对范畴的性质及本体论地位提出了许多精辟见解。此书已在美国哲学界引起了广泛的讨论。纽约的Randolpi出版社于2006年初出版了《我们如何理解格拉切的观点?》一书对此做专门研究。十多位哲学家对格拉切在《形而上学及其任务》中提出的观点进行了多层次多角度的批评性考察。”①

格拉切在《形而上学及其任务》一书的“前言”中，由对西方哲学史的整个分析，在概述中表达了他对“形而上学”及“本体论”的看法。格拉切的“前言”一开始就写道：“形而上学能够持续不断地恢复期特有的活力，这或许是哲学史上最显而易见的事实之一。”② 后面，格拉切围绕于此历数了西方从古希腊到现代一系列哲学史上的情况。在此，本人不惜对原文基本实录，以从中体会他关于该问题与后现代哲学的不同见解。

格拉切写道：“的确，从一开始，形而上学就一直受到攻击，它有好几次看来都好像受到了致命的打击。但是这门学科却总是能设法恢复自身。”格拉切从古希腊哲学开始说起，“这些反形而上学的攻击具有不同的动机。大体上一些人是受反对知识的怀疑论观点的影响。这种攻击首先出现在古希腊，当智者否认知识的确定性、而喜好权宜之术时，就已显露了出来。他们反对的矛头还不是专门指向形而上学，而是指向任何获得确定知识的可能性，因为当时形而上学还没有发展为一门独立的学科。”“怀疑论者的这种攻击没有取得成功。因为苏格拉底已经从智者学派中脱颖而出。他明确地承认他的无知，从而为对整个时代最具有影响力的形而上学学说之一的柏拉图的理念论奠定了基础。的确，恰恰是柏拉图的学生亚里士多德，第一次明确地尝试将形而上学同其他学科区分开来，并且正是亚里士多德著作的编辑者，罗兹的安德罗尼柯将‘形而上学’这个专门术语赋予该学科。”

① 格拉切：《形而上学及其任务——关于知识的范畴基础研究》，陶秀敏、朱红、杨东东中文译本，傅永军校，山东人民出版社 2008 年版，第 1～3 页。

② 格拉切：《形而上学及其任务——关于知识的范畴基础研究》，陶秀敏、朱红、杨东东中文译本，傅永军校，山东人民出版社 2008 年版，第 1 页。

关于中世纪哲学，格拉切讲，“中世纪对形而上学的攻击则出自一种完全不同的目的。中世纪的拉丁学者最关注的是人类与上帝的关系问题，以及哪个时代会是上帝向人们启示他对人类的拯救计划的问题。”“事实上，所有哲学和非宗教的知识，包括形而尚学，都被看作是可疑的，因为它们的观点似乎与以上帝的启示为基础的观点相抵触。这种与整个世俗化研究的对立，在这个时代的各个时期，达到了极端的程度。”“企图将所有学科都还原为神学，从而严重地威胁了形而上学的独立性。”“无论如何，这种反形而上学的宗教式的攻击是不成功的。异端在等级森严的宗教思想家内部出现了。如托马斯·阿奎那和约翰·邓斯·司各脱，他们不仅维护了形而上学和广泛地记写下了形而上学的性质与形而上学的论题，并且发展了形而上学的观点，这种观点几乎影响了未来几代的哲学家，并且在13世纪和14世纪，产生了唯一能看作是这门学科的复兴的内容。”

接着格拉切重墨写到了近现代哲学。“在现代早期，经验主义的发展对形而上学构成了一种不同的挑战。如果所有的知识都必须以感觉经验为基础，并且如果形而上学，正如很多人所宣称的那样，既涉及非物质的存在体，并且是先天地进行规定的，那么形而上学就不能被认为是一种知识。例如休谟的纲领，认为必须摧毁形而上学”。“但是休谟的观点却导致了康德的出现，后者认为自己的任务就是在一个牢固的基础上重建形而上学。针对经验主义的挑战，他作出了自己的回应，即要为形而上学找到一块地盘，发现可构成我们知识的必要条件的概念结构。因此，在很长时间内被认为已经死亡了的形而上学又重新复活了，就像凤凰涅槃一般，尽管是以新的形式。的确，康德对休谟问题的回答，造就了西方形而上学研究的最旺盛的时代。”“19世纪见证了对形而上学的另外一种挑战。这是由自然科学的成长和成功引发的。19世纪的实证主义将自然科学的实验方法作为例证，并且因此将建立在另外的不同方法基础上的结论推翻。由于很多后康德主义的形而上学家们不受观察的约束而沉溺于思辨之中，他们的观点必定被实证主义者作为一种非科学的、因而是非真实的知识而摒弃。此外，实证主义者还有其实践的一面。他们不仅限于理论研究还希望对社会的进步有所促动。他们认为，以往的形而上学，由于它的纯粹理论目标和它的思辨的方法，所以是社会进步的障碍。实证主义的这种挑战是非常强大的，特别是因为它诉诸了实践的需要和要求。”“然而，对这种反形而上学浪潮的反叛没有多久就出现了。19 世纪实证主义之所以让位，是由于他们清除了伦理和美学的价值。在他们将所有学说都还原为科学学说的企图中，他们把伦理学和美学还原为经验的心理科学，从而在他们的模式中，没有为人类自由和自我留下位置。甚至一些向来具有实证主义修养的人都发现了这种态度的不适当性，转而起来反对它。其结果是形而上学的回归，这是一种关于生活、人性和价值的形而上学。”“对形而上学最近的一种批评，是建立在确定的语义学理论基础上的。意义和真值条件之间的强大关联，作为弗雷格和其他学者的一些重要——有些人称之为革命性的——结论。在 20 世纪被建立起来。这种理论，连同一种强烈的实证主义倾向，为意义的可证实理论的出现奠定了基础。这种被逻辑实证主义者提出、并且获得广泛普及的理论认为，意义以经验实证为必要条件，以至于任何不被经验证实的语句一定是没有意义的。当然，这种观点起到了毁坏形而上学的效果，因为大多数形而上学语句都不能在经验的语词中得到证实。按照这个判别标准，形而上学语句便是没有意义的，并且因此，形而上学作为一门合法的学科必须被抛弃。”“逻辑实证主义对形而上学的攻击，在英—美哲学传统的国家有强大的影响。尽管认为意义是可证实的这样一种观点很快受到了挑战，并且最终被代表英

—美哲学主流的大多数人所抛弃，但是，从语义学角度展开的批判，即将形而上学看作是虚伪学科的观点，却被证明是非常有效的。”“将形而上学带回到英—美传统国家的第一个重要尝试，是由 P. F. 斯特劳森在 20 世纪 50 年代开创的。斯特劳森论证说，有两种形而上学，一种是合理、合法的，一种是不合理、不合法的。他称后一种为‘修正的’，因为它旨在改变我们思考世界的方式，正如他在《个别物》一书中所指出的：‘创造一个有关世界的更好的［我们思想的］结构。’‘描述形而上学’则相反，它‘满足于描述我们对世界的思考的现实结构’。修正形而上学的代表是笛卡尔、莱布尼茨和巴克莱；描述形而上学的代表则是亚里士多德和康德。斯特劳森的形而上学观点与他的前辈相比，有相当的不同，而是否赞同或者反对其中的观点，是分析哲学传统的学者们迈向合法的形而上学实践的意义重大的第一步。的确，在最近这些年中，形而上学已经成为分析哲学家的一种正当的追求，尽管他们通常是通过语言学和语义学的观点来对待它的。形而上学又一次东山再起，尽管是以一种不同的形式。”

之后，格拉切着意讲到了“后现代主义”。他写道：“另外一些对形而上学最重要的、最近的批评来自后现代主义阵营。可以说，这种批判根源于康德和 19 世纪历史主义，但它的直接来源还是海德格尔的理论。被海德格尔和其他一些学者所系统阐述的解释学循环理论指出，理解依靠语言，并且，由于语言是与文化相关的和境遇性的，所以一切理解都无法超越文化和语言。于是，一些人便走得更远，他们宣称，所有的知识，包括形而上学的知识，都是意识形态的，并且反映了某些集团统治和镇压其他集团的企图。这种指控的原因在于，形而上学历来是西方世界的产物，帝国主义掠夺非西方文明的一种工具。理性，正如西方人所理解的那样，是白种男性用于维持他们对女性和非白种男性的霸权统治的一种发明。形而上学被看作是人们争夺权力的又一个工具。这就使终结这门学科的呼声合法化了。”“但是，甚至在这种激进的反对派内部，我们仍然发现了一种复兴形而上学的尝试，尽管是在一种不同的装饰之下。不仅如此，还有一些人仍然坚持对形而上学及其可能性的考察。例如，哈贝马斯的工作，就是这方面的证据，并且还有更激进的后现代主义者，如德里达，偶尔也承认这门学科的不可避免性。”这时，“贯穿于西方哲学史始终的很多反形而上学的攻击，并不仅限于争论问题，而且还常常伴随着一些在社会制度范围内旨在压制形而上学或形而上学观点的活动。”

格拉切进而针对有关情况指出，“大多数形而上学的著论，基本上都是去描述那或多或少已经完成的形而上学体系，或者去探讨那些在作者看来是形而上学的基本问题或基本概念的东西，而不考察形而上学认识论，或者形而上学的论述和术语的语义学问题。”而且，格拉切由其自身的哲学，还特别强调了关于“形而上学”的“个体性”问题。格拉切认为：“当前的著作，往往只有一个狭窄的中心；它以形而上学的性质为研究目标，其目的既不是描述一个形而上学体系，也不是研究形而上学的最基本的问题和概念。[①] 虽然在实现其目的的过程中，它确实讨论了各种形而上学观点，但是这些讨论仅仅是该书主要对象的一个入门。因此，它的任务，既是雄心勃勃的，又是谦逊的。说它雄心勃勃是因为，它自以为是地提出了形而上学的一个令人满意的定义，它旨在完成西方哲学两千五百年来都没有完成的任务；说它谦逊是因为它的主题非常狭窄、它的论点具有犹豫不定的特征。如果不是其他什么的话，那么哲学史，已

① 参见，皮尔士的文集《形而上学的本性》，柯林伍德的《论形而上学》。

经教会我们：对哲学问题的回答是难于获得的，如果这种答案可获得的话，那么我们必须安于那些或多或少具备些精确性的近似回答。”①

格拉切对于“本体论”的看法，有一段话很能表达他关于“形而上学的本体论地位”的特有见解。他说：“一个尤其重要的问题涉及‘形而上学的本体论地位。’这个问题不应该与形而上学的定义问题相混淆，因为前者包含着那经常被指称为‘本体论的特性’的东西。所谓‘本体论特性’，是通过对形而上学所适合的最一般范畴的确认获得的。我们应当可以通过一个例子看出这两个问题之间的区别。考虑这个单身汉的例子。一个单身汉被定义为一个没有结婚的男人。但是这个定义不能告诉我们一个单身汉所属的一般范畴。在一个亚里士多德式的形而上学框架内，一个单身汉被证明是一个实体，因为这是亚里士多德采用的、单身汉所适合的一个一般的范畴。此外，亚里士多德认为实体是由两个原则构成：质料和形式。然而，其他的哲学家们则是以另外的方式进行思考。例如，笛卡尔认为，一个单身汉是一个确定种类的思维实体；而对于莱布尼茨，他应该是一个单子。事实上，一些哲学家甚至完全否认了实体的观点，认为单身汉是实体之外的什么东西。例如休谟，把一个单身汉仅仅归结为一束知觉。把形而上学范畴化，历来是哲学家关注的问题。至于范畴化是什么，他们是经常有分歧的。“②

格拉切在《形而上学及其任务》的“中文版序言”中又讲到，“《形而上学及其任务》主要是一部关于形而上学的著作。

① 见格拉切：《形而上学及其任务——关于知识的范畴基础研究》，陶秀敏、朱红、杨东东中文译本，傅永军校，山东人民出版社2008年版，第1～8页。

② 格拉切：《形而上学及其任务——关于知识的范畴基础研究》，陶秀敏、朱红、杨东东中文译本，傅永军校，山东人民出版社2008年版，第一章导论。

它对形而上学的性质提出了一种看法并力图说明在对世界的一般性的哲学观点的发展中形而上学为什么是不可或缺的。不过，这一著作自身亦具有形而上学的一面。其主要命题之一是说形而上学是研究范畴的，并进一步论证说范畴在本体论上是中立的。也就是说，范畴作为范畴对于它的存在或不存在，或对于它是作为概念还是作为精神外的东西而存在是中立的。这种中立性的优点在于，它不会使人们在研究形而上学究竟是做说明的这一问题之前便已对答案作出了倾向性的选择。范畴性质本身即是一形而上学的主题。"①

所以格拉切声明："本书要为以下三个论点提出辩护。第一个是，形而上学哲学中的研究范畴的部分，但是它在研究不同的范畴时采用的是不同的方式，因为它试图确立各个范畴的独特之处。关于那一般的范畴，形而上学任何时候都尽可能努力地去分辨它们，去规定它们，确定它们之间的联系。关于那一般性较小的范畴，形而上学试图建立它们与最一般范畴的联系。第二个论点是，范畴在它们是否是语言的或概念的，还是实在的这个问题上，是中性的，因为存在着各种范畴，而它们并不属于同一个种类。现在，既然形而上学研究范畴，并且范畴在解释的意义上是中性的，那么，认为形而上学不是唯名论的或概念论的，就是实在论的话语，就是一种误解。形而上学不是仅仅研究一种范畴，而是所有范畴。最后。我证明，正是还原的企图，对于以上所说的对形而上学的误解负有责任。"②

于是，格拉切写出了他的结论。他写道："由于启蒙学者那

---

① 格拉切：《形而上学及其任务——关于知识的范畴基础研究》，陶秀敏、朱红、杨东东中文译本，傅永军校，山东人民出版社 2008 年版，第 6 页。

② 格拉切：《形而上学及其任务——关于知识的范畴基础研究》，陶秀敏、朱红、杨东东中文译本，傅永军校，山东人民出版社 2008 年版，第 10～11 页。

种无限的傲慢，康德在《未来形而上学导论》的序言中提出，'谁若尝试去判定，或者更有甚者，去建构一个形而上学体系，必须满足下述要求：或者应用我的解决方案，或者彻底驳倒它，并用另一个方案取而代之。而躲避它是不可能的。'[①] 此外，他还主张：对于那些不幸的人来说，无论他怎样努力，仍然觉得《导论》晦涩难懂，那么他们没有任何办法，只有完全放弃这项研究，并且转向另外的专业，因为并不是每一个人都具有那种从事抽象概念分析的天分。很显然，康德对他自己和他所建立的东西非常有信心。"

接着，格拉切说，"我没有如此超凡的主张，毋宁说，我有着与怀特海同样的观点，即对人类能够建立运用于所有时间和空间的概念体系的能力，抱有相当的怀疑。正如怀特海所指出的，'哲学家们从来不能希望最终地构造……形而上学的第一原则……因为形而上学的范畴，不是那种对显而易见的东西的独断陈述；而是那种最终一般性原理的试探性构思'。[②] 的确，按照悲观主义的说法，我们可以这样理智这一观点，即一个人的理智的历史就是他的错误的历史。"然而，这"至少可以促进问题的讨论，并且我相信，这些问题不只是形而上学的、而且是所有哲学的核心。我们大略可以这样解释怀特海的观点：形而上学是一项澄清思想的冒险活动，它是前进的和永无终点的；不过，哪怕在这场冒险中有部分的成功，也都是十分重要的。[③]"

格拉切申明："我认为：形而上学是哲学中研究范畴的部分：它尝试去确定和定义（当可能时）最一般性范畴，并且明

① 康德：《任何一种能够作为科学出现的未来形而上学导论》，庞景仁译，商务印书馆 1978 年版，第 11 页。

② 怀特海：《过程与实在》，第 6～12 页。

③ 怀特海：《过程与实在》，第 4 页。

确它们的相互关系，以及较少一般性范畴与最一般性范畴的联系。此外，就作为亚范畴的语词、概念或事物而言，范畴被理解为中性的。任何一个范畴都是它所是的东西，并且由它的定义所表达，因此不能还原为任何其他范畴，除非它所满足的条件使这样的还原成为合法的。于是，形而上学就被证明是知识的范畴基础，因为在其中，我们要尝试去建立和理解那最一般的范畴，以及所有其他范畴与它们的关系。其次，以我所记录的那些方式来研究范畴，事实上是哲学史上的大多数形而上学家在投身于形而上学时一直从事的事情，虽然他们中的大多数人以与我完全不同的方式来描述形而上学。然而，我们不应该对此大惊小怪，因为人们通常是在这里就他们所从事的事业进行了错误的描述——此时引导他们作出描述的往往是偏见而非翔实的观察。”

格拉切结论说：“我以提出这个问题作为本书的开始：为什么形而上学在经历了所有对它的攻击之后仍能生存下来，并且继续以这种或那种形式繁荣不衰。我认为，直到我们对这门科学有了一个清楚的理解之后，才可能就此问题给出回答（因此，现在我便可以自信地回答这个问题了。首先，我们可以否定一些已经给出的回答。形而上学劫后余生的原因，并不在于它涉及存在、上帝、先验存在体、终极因，或其我们已经否定了的、能够作为形而上学合适的对象的东西。另外，这也不是由于人类在其中发现了他们生活的意义，或者形而上学对于他们是自然而然的事情。形而上学将永远不会消失的原因在于：它涉及最一般的范畴，以及较少一般性范畴与最一般性范畴之间的关系。由于形而上学关注这些范畴和它们之间的关系，所以它是人们可能拥有的任何一种观点的逻辑前提。除非可以提供某种形而上学基础，否则对我们所知道的或者认为自已知道的东西的陈述都是不完全的。当然，即便我们没有有意地实践或持有形而上学的观点，也能够从事其他学科和拥有其他观点，但在这种情况下，我们事实上已经有了某种形而上学的态度，因为我们所坚持的那些观点，在逻辑上早已预设了关于最一般的范畴、它们的相互关系以及较少一般性范畴和最一般性范畴的关系的观点。不论人们是否意识到这点，我们所有的知识，都依赖于形而上学的观点，我们所有的思想也都包含着形而上学的思想。当然，仍有一些人自欺欺人地以为，自己根本没有从事某种形而上的思考活动。他们与那些形而上学家的区别在于，前者是在无意中、非反思性地实践形而上学的观点，而后者在意识到这点的情况下，公开地和慎重地从事这项工作。总之，形而上学是不可避免的。"①

二、评析"后现代主义哲学"之后的哲学思考

关于"后现代"人们可以这样理解，这首先是一个与历史时间序列相关的词，可以说，有前现代、现代、后现代；在此意义上讲，后现代显然指向着现代之后。作为现代性、后现代性来说，从一定意义上说可以这样来理解："现代性"，这是在社会走向现代的进程中，当对历史走向现代及其以后的社会文化进行研究、进行判定，才产生的相关概念。这又是与人们常说到的"现代化"，属同一系列而密切相关的概念。"后现代性"，显然是就走向现代化之后来讲的。但作为后现代主义，我理解，实际是指在讨论现代性、后现代性的过程当中，为作出一种解释、论证、评价或作出一种批判性说明，而产生的一种思潮、一些思想或理论体系。所以说，"后现代"再加个"主义"，就更令人不可小视了。关于后现代主义哲学，应当认为，

① 格拉切：《形而上学及其任务——关于知识的范畴基础研究》，陶秀敏、朱红、杨东东中文译本，傅永军校，山东人民出版社2008年版，第239～240页。

这往往并不限于某个人的哲学、也不限于只是某个哲学体系；其哲学见解往往体现于一批人或一批学说之中，不排除它们是各自提出的又冠以不同名称的哲学流派；其观点在不同哲学体系中或许大体一致，也可能各有不同论说，甚至有不同的论点、论证及理论。这样，后现代主义并不一定必产生于现代之后，很大程度上会产生于现代之中，甚至在现代之前或者说前现代时就有人提出。关于后现代及后现代主义，正像有人说的，如果说后现代主义的思想体现着对现代性或现代化的一种批判，实际上马克思已涉及过；既然这样，那么马克思主义学说中的一些见解亦可被看作是后现代主义某些理论观点的先驱。马克思关于哲学上的“存在”概念，突出论述的是“人的存在”“社会存在”。马克思基于工业社会的存在情况，深刻揭示了其所面临的一系列问题、一系列矛盾；特别揭示了，资本主义社会工业化对人的压抑，由工具、机器上的异化，把人变成机器的零件，致使人片面地发展、社会畸形地发展，等等。马克思在揭露资本主义社会处于“对物的依赖性”之中时，就阐发过这样一种理论精神：本来机器的发展是人的肢体和能力的一种延长、延伸，应是飨成或成就于人的，却又恰恰成为压抑人、摧残人的。由此他对资本主义社会做出了深刻揭露和批判。就马克思的整个学说来讲，他的论证，指向于人怎样来确证自己，怎样实现自由而全面发展。所以，他所设想的未来社会是人能真正得到自由而全面发展的社会。从这个角度来讲，持后现代主义学说的一系列思想家，当其对现代化的某些趋势进行一系列批判时，往往就以前边说到的一系列观点为背景，形成了一系列社会批判理论或社会形态理论。

近代以来到20世纪形成的现代工业社会，相对于之前的社会，无疑呈现出巨大的历史进步；但又不可否认的是，在这种社会的“存在”中，建立于“对物的依赖性”基础上的人的

"独立性",并不是真实的、更不是普遍的。特别是以商品市场经济为基础的现代社会,并不是使每个人真正实现自由而全面发展的乐土。而马克思关于资本主义的批判,对科学社会主义的理论阐发,恰恰是由经济、政治、文化及社会诸方面因素,揭露了作为现代社会的资本主义社会种种矛盾及其内在的否定性,阐述和论证了社会主义社会取代资本主义社会的历史必然性。在这个意义上讲,对于马克思的学说,正像有人强调的,实际上是体现后现代主义批判精神的。也正因为如此,许多被称为持后现代主义见解的代表人物,例如马尔库塞、哈贝马斯、福克和德里达等等,曾以不同的方式来引申和发挥马克思的某些思想,持一种批判现代的主义,来提出其被称为后现代主义的学说及理论观点。正是在这种批判和构建当中,涉及了剖析20世纪发达工业社会出现以来的情况。其中的许多学者解析了基于商品和市场的存在方式和运行规则而可能出现的社会模式;有的学者针对人成为马克思所说的失去了人自身性质而带有其自身否定性的情况,提出了"单向度人"的概念。持此说的学者认为,马克思把现代发达的业社会称为新型的极权主义社会。所以,这些学者基于此,由经济领域、由政治领域、由文化领域、由生活领域乃至由整个社会领域中的种种事实,对这种社会进行了整体的论证性批判。其强调,人们要想去追求与现实不同的生活,就必须对现代性进行批判。其中特别指出,现代性具有两重性质,既创造了巨大的财富,也给人类带来了一系列问题和层出不穷的麻烦甚至危害。这里特别涉及到现代性所造成的人的异化问题和全球性问题,形成了对现代性的批判。因此许多持后现代主义的学者大声疾呼,这种批判所要解决的主要问题,就是现代社会中个人的自由与社会化之间的矛盾。就此而言,许多后现代主义学者声称,他们所进行的批判重要的就是要消解人在现代化当中社会对他的一种异化。

后现代主义哲学是基于对现代性加以批判而出现的。后现代主义特别在哲学层面上，力求摆脱现代以前的哲学，消解“传统的形而上学”。在许多学者看来，从哲学演进的逻辑来讲，现代以前的哲学可称之为理性信仰时代的哲学。也就是说，其中重要的指向是追问世界本体、追问形而上的普遍必然性。由这一点来讲，它是崇尚理性和信仰崇高的。那时的许多哲学家主要是强调，应以理性所竭力张扬的“非神圣的形象”来取代过去的“神圣形象”，比如，以体现理性的哲学来取代神学。这被后现代哲学家称为“后神学文化”。后现代主义哲学提出，不仅要抛弃神学的“神圣形象”而且对于那种“非神圣形象”，也要消解掉。也就是说，后现代主义哲学思潮的突出特征在于，提出把“消解”“非神圣的形象”作为重要的哲学使命。具体地说，后现代主义哲学，其主张的根本内涵是把人的那种超历史“神圣形象”乃至“非神圣形象”当中传统的“自我异化”消解掉，把的人的本质归还给人本身，这就是所谓“人的发现”。

他们认为，固然“后神学文化”中所体现的哲学的、科学的理性，其以“非神圣”的理性崇拜代替了对“神圣形象”如对上帝的崇拜，但仍然是以某种超历史的非人的存在去解释、去规范人的存在。一些后现代主义哲学认为，这种“后神学文化”在近现代哲学文化当中，一是以诸种形式的柏拉图主义和黑格尔主义等等的面貌出现的。一些学者对此以“表象主义”、“本质主义”，或者“逻辑中心主义”、“基础主义”等等来概括。其中认为，这些学说在规范人的存在时，仍然是居于“本体”“共相”，把个人视为某种“本体”或者“共相”的体现，离不开“本质”或“意义”这些范畴。所以很多后现代主义哲学家提出应该消解那种由普遍性湮没个体性的哲学。在这种消解运动当中，他们强调了所谓的“反表象主义”、“反本质主义”、“反中心主义”、“反根源主义”、“反基础主义”等等。这就构成了后现代主义哲学面对其所关心的命题而极力去“消解”的基本内容。这里的所谓“反表象主义”，就是要消解哲学中的所谓“主体与客体的二元对立”，消解哲学方法中关于表层与深层的区别，也就是要消解哲学所追求的客观性，消解在传统哲学当中所注重的区分主体与客体、讨论主体与客体的关系，并且要消解主体性，等等。所谓“反本质主义”，就是消解关于现象与本质的“逻辑二元对立”，要消解本质性，要消解哲学所追求的超验的本体。所谓“反中心主义”就是消解中心与边缘的“结构二元对立”，也就是要消解哲学所把握的世界确定性。所谓“反根源主义”，就是要消解本原与派生的“历史二元对立”，也就是要消解哲学所追求的“发展规律性”。所谓“反基础主义”，就是要消解从笛卡尔以来那种关于逻辑的“逻各斯中心主义”，这里要否定的是这样一种逻辑分析方法：即反对不停地还原，不停地追求，不停寻找最初起决定性作用的东西。后现代主义对以上哲学命题的“消解”，从根本上说是要把哲学中基于“传统形而上学”所追问的普遍性、必然性、规律性、根源性、基础性、统一性以及崇高性消解掉，也就是消解统一性对个别性的统摄、普遍性对特殊性的规范、必然性对偶然性的支配、规律性对创造性的制约、崇高对藐小的蔑视等等，“解构”“传统形而上学”关于统一与选择、现实与必然、规律与创造、崇高与藐小的命题。这样，后现代主义思潮所自我期待的消解，被认为表征着对“当代人类自相矛盾”的自我意识，挺立着个人的独立性和文化的多样性，出现着崇高感的失落和生存感的危机，凸显着一种自相矛盾的自我意识。根据以上一些基本情况的介绍，如果归纳起来，值得关注的有这样几个方面：

一是从本体论角度来说，后现代主义哲学否认形而上。我们知道，就哲学本性来说是追问形而上的，如亚里士多德的本体论，追问本体，这是对关于本体形而上的追问；他那本书的名称就被称作《形而上学》。用中国哲学的传统语言来说是，“形而上谓之道，形而下谓之器”，道是形而上的，器是形而下的。后现代主义哲学的许多思想家强调，应把哲学关于形而上的追问、把哲学关于本体的追问、把哲学关于本质的追问，否定掉。而在其哲学中对形而上学却总是难以连根拔掉，他们还是作了传统形而上学与他们所讲的形而上学的区分。他对他们所坚持的形而上学却总是说得模糊不清。

二是从科学论角度来说，后现代主义哲学思潮有一个重要特点，就是否定分析方法。这表现为其主张对他们所谓的“逻辑主义”加以否定，表现为其对科学不停地追问本原予以否定，再就是表现为其对确定性给以否定。这与当代自然科学特别是量子力学出现后的物理学关于决定论与非决定论的争论，有直接的关系。

三是从价值论角度来说，许多持后现代主义哲学观的人，否定价值普遍理性的终极关怀。首先是，否定关于价值的共同追求；其次是，否定人类中心主义，否定他所谓的“工具理性”；另外是，否定有普遍的道德理性，否定社会规范，往往强调一切都不需要按规矩；再就是，否定崇高，强调世俗化。由此出现了主体的没落和责任心的消解。这就带来一种像西方世界中一些人对自己人生和整个社会毫无责任心的理念和行为。

总起来说，关于哲学，后现代主义要消解“传统的形而上学”，这里面既有关于重建形而上的建设性思考，也有对形而上学的完全拒斥。如果完全不要形而上学，这等于要消解哲学本身。对于一系列后现代主义哲学家来说，就其这方面论述应作具体分析。他们的许多工作，在人类思想史来说固然有其促使哲学面向现代人的实际生活一面，而其对“形而上学”的完全消解，对哲学有摧毁性。关于人，后现代主义反对工业社会或现代社会对人的一种压抑；这对人的解放，有一定积极意义；

但是，同时它又形成一种关于道德的无政府主义倾向，走上一种责任的消解，出现一种消极的没落情绪。关于自然，后现代主义学说看到现代科技对自然界往往带来一种破坏；深刻揭示这一点，对提出可持续发展观的见解，对提醒人们重视生态文明，有很重要的启示意义；但是，后现代主义哲学很大程度上走向了完全否定科学规律，走向极端的反技术主义，这是有片面性的。

后现代主义哲学产生的这些基本思想，有其深刻社会根源；既有偏颇，也有针对性地发出警世之言。我们可以从以下这几个方面看看它的社会根源：

第一，当代资本主义社会的生产方式，进一步强化了对人类生存方式和生活活动的制裁。马克思在当年分析资本主义社会的规律时，就曾经特别提到资本主义生产方式对个人生存和发展的强制，揭示过无产阶级在整个资本主义生产过程中所扮演的劳动力商品而创造剩余价值的角色。马克思曾经讲到，大机器的发明引起生产方式的改变，并归根结底引起生活方式上的改变；而资本主义的生产方式对社会个体，尤其是对无产阶级生活方式的影响，一直具有异化了的强制性，随着当代资本主义现代化的发展，这种强制不仅没有得到松弛，只是在一定程度上变换了方式，而且具有越来越有强化的趋势。在现在发达国家当中，社会个体不仅越来越依附劳动对象，越来越受制于大规模的生产过程，而且他在生产之余，越来越受制于国家机器和意识形态的强制性影响。整个资本主义社会的运行几乎全面地控制了所有社会个体的生产活动和生活方式；个体的生存方式和工作方式完全被纳入到固定的程式当中；这不仅意味着没有闲余闲暇的时间，而且意味着没有可以自由地而不受他人干扰的消费闲余时间空间。资本主义生产方式在当代的发展，虽然使社会个体有了一定的独立性，但是在商品经济当中完全处于一种物的依赖性当中，完全被这种物的依赖性强化了，或者说被异化了。

第二，当代科学技术的发展对传统的人文科学和艺术的生存和发展造成了威胁。在这种情况下，个体越来越受制于外界诸多因素的影响，一方面，其作品和成果出现越来越趋向于市场化和世俗化，作者、读者与作品之间的关系日益疏离和陌生化；另一方面，诸媒体争夺读者市场，面对着传媒系统的各种信息、新闻和传闻的巨大引力和影响力，知识要反映事物的真相变成次要的了，学术、新闻、艺术作品等等一些精神产品变成了赢利的手段，而且为了在市场上进行争夺，成为总是不停地杜撰迎合受众需要的东西。

第三，西方非理性主义文化发展导致了主体尊严的丧失和人的价值的失落。一些带有反传统色彩的哲学家，在批判逻辑中心主义时，在批判理性中心主义时，往往带来的倾向是，使理想趋于破灭、道德失去基础、理性走向消失、价值没有了主体、知识丧失了尊严。换句话说，就是，当工业化达到一定程度，当人们面对着一种社会强制或者说社会压抑，会出现这样的状态，个人欲望极力宣泄，个人情绪直接暴露。所以弗洛伊德讲，这形成了"原欲"爆发、合法化、合理化。后现代主义思潮，基于以上情况对"现代性"进行思考，走向了一种消极，在实际上动摇着人的生存根基。这些具有反传统色彩的后现代哲学对传统文化进行的批判，虽然具有一定的积极意义；但是，它没有指出一种人获得自身解放的途径，所以它往往沦为一种消极的思潮。

第四，由于科学技术的发展，造成了对自然界的破坏。用后现代通常使用的语言来讲，就是"自然界的祛魅"。也就是说，自然界有它自己的生机系统，有它的自然魅力；这种魅力在最初哲学当中，往往被视为一种灵性，自然界本身被理解成是有其灵性的。在对宗教进行冲击的时候，这种灵性几乎被全盘否定了。这样，面对的只是科学技术，面对的只是人去开发，面对的只是人要去改造的并被弄得千疮百孔的自然对象。这样，后现代主义猛烈地批评今天所发展起来的自然科学、科学技术以及追求科学理性的哲学，认为以逻辑为中心的逻辑理性所确立和带来的科学手段，使自然界丧失了魅力。后现代主张一个很重要的口号，就是要把“祛魅”的哲学变成“返魅”的哲学。与此相关，就是刚才说到的那种否定；于此应当认为，造成这样的情况，与近代以来伴随着资本主义经济发展、伴随着工业化发展而产生的近现代科学和哲学的一整套基础方法有关。比如说，被认为由伽利略在科学研究中所创始的、进而被笛卡尔在哲学上所完善的分析方法，这是一种人类认识的重要方法，是探索自然、认识自然的一种重要研究方法，在科学技术及人类社会的发展史上，功不可没。但是，这种方法导致，为了解事物对象的真相，总是将对象加以分解，将事物分析成最简单的要素或者粒子；这带来在认识中把世界本身看作是一种被分割以后又结合起来的东西。这样，整个世界的有机整体或少或多地被忽略了，甚至整个被忽略了。与此相关，近现代，特别是在早期资本主义发展时期，在现代化过程中，由于盲目地开发，对大自然的破坏达到了一个相当猛烈的程度。这样，由对自然界破坏的严重后果，是使自然界的魅力在分析中被肢解，在实际的改造过程中被整个地瓦解了。这就是如前所说的关于自然界“祛魅”或“返魅”的问题。总之，基于这些自然科学中的，以及哲学思潮发展中的问题，再基于社会当中的，大机器、大工业对人的一种压抑、对人生的一种摧毁、对大自然的一种破坏，所以后现代哲学突出否定技术主义，否定工具主义。甚至有哲学家主张一种新的“神学转向”而强调与宗教保持一种“选择性亲和关系”。

后现代主义哲学提出这些批评，与人类的整个思想史密切相关。从西方哲学史来说曾经过早期对本体的追问。亚里士多德关于“物理学之上”的那本书，现在的翻译就是“形而上学”。经过中世纪经院哲学，到近代出现经验论与唯理论的分野与论争。经验论的哲学取向，突出强调关注经验当中的、被证实的命题。而唯理论则强调逻辑理性，追问思维和认识的必然性何以可能。后来休谟提出归纳问题，康德以回答“先天综合判断如何成为可能”来解决，经过费希特、谢林到黑格尔，一直是理性主义的。同时，非理性主义也生长起来。例如叔本华、尼采，强调生命意志，开了非理性主义和非逻辑主义的先河。而随着科学的发展，延续经验论，实证论的思潮发展起来，一个重要倾向，就是强调经验的证实，认为一时没有被经验证实的，便被指认为是不可取而要摈弃的；作为“一般”的普遍命题，被认为是没有意义的，要用“奥卡姆的剃刀”削掉。这必定要导致对普遍性的否定，这实际上带来否定人们对人类基于最高理性而形成的最高理想的追求。特别是随着量子力学的发展，引起了关于“决定论”和“非决定论”的争论。因为量子力学在面对量子现象时候，似乎难以用决定论的方式描述，所以才出现了爱因斯坦和玻尔之间以及后来的那些争论。这里触及到量子力学的完备性，也就是完备的物理学体系应该是什么样的。这一直延续到当代关于“量子纠缠”一系列实验的讨论。这里有一个很重要的观念，即追求还原的简单决定性的观念，在那里起着破坏性作用。这涉及到，在一定情况之下，决定性的规律性并不能像原来经典力学所设想所描述的那么简单。

再就是随着当代系统科学的发展，关于复杂系统的研究，对还原论形成很大的冲击。因为，这其中表明，不可能用还原论那样的方法来看待复杂系统。对复杂系统的描述和把握，只用线性分析来进行，很有局限性。面对混沌，其中大量的是非线性关系，普里高津说混沌是有序之源，这一理论大量是用非线性数学来描述的。

当把科学方法的问题引申于伦理的、社会的问题时，由于否定逻辑主义、否定普遍规律、否定普遍理性，同时就伴随了这样一种哲学观念，那就是否定对人的行为规则中关于普遍理性的追求。我们现在讲，中国古代提出仁义礼智信，讲孝和悌，这都是在强调人应该有一种恰当的人伦规范。从西方来说，原来的宗教也给出一种人伦规范，并以此规范来约束人。其中就宗教教义对人的强制和压抑来讲，是必须冲破的。一些人理解的近代所强调的人的解放很大程度上就指向于此。随着近代对宗教的冲击，宗教伦理规范也受到冲击。文艺复兴以后的一些哲学家，由伦理规范到底其必然性是如何得以证明的，进行了广泛探讨。既然形而上的证明与经验证明有着很大的距离，这使得对伦理的普遍规律性及其确定性带来很大的怀疑。甚而引起对道德理性的根本否定，对终极关怀的彻底否定。这使人们不再去追究一种道德理性。现在西方国家特别是美国在教育上有一个观点：知识是可以教给学生的，而价值判断和道德理性是不用你去教的，一教你就限制了他的生活，限制了他的个性发展。所以现在美国的青少年奇奇怪怪的事很多，而且任其自由发展，甚至形成破坏社会的犯罪。在前不久，孔子基金会请了几个人座谈，那天我也去了，来的还有两个美国人。他们介绍了一下美国的学校教育。在他们的学校教育中许多人主张，学生愿意怎么发展就怎么发展，而且给提供条件，进而出现许多荒唐的事情。再例如，关于性的问题，关于同性恋的问题。西方国家有个词叫“性工作者”，英文是 Sex Worker。美国有“性工作者协会”，即妓女协会，其中也有为男女性服务的协会，其成员要争取自身的权利，而且自称是以后现代主义为旗帜的。

这实际上带来一种主体责任的消解。讲主体责任，必涉及到理性的规范。欧美国家历史上强调的道德伦理规范，多是通过宗教来确立的。达到规范，才能实现一种神圣。现在西方一些国家的学校教育否定了原来的宗教神学。原来是用宗教来告诉人们行为规范，去掉了以后，即去掉原由宗教给人确立的那一种“神圣”的“崇高”，新的规范不去建立，人的行为怎么来规范，这就出现了刚才所说的那一种情况。可以说，首先消解崇高、消解神圣，然后强调生活的世俗化，但一些人持这些主张，看起来，是对个人生活角色的一种肯定，消除了思想上政治上、经济上对人的一种压抑、一种异化，似乎不必以思想上相信什么主义的角色来实现，不用以政治的角色来出现，也不以经济角色来出现，一个人以人本身来出现，那就在直接进入世俗生活中得到了解放。其实，这里有很大的误解。应当意识到，人不能没有崇高、没有理想，不能只满足生理生存需要；塑造论哲学指出，人在社会中，性情欲求和伦理规范应在特定历史条件下实现统一。性情欲求带有冲动性，伦理规范带有节制性，这其中有着“约束”与“挣脱”的关系。约束，在于使人的性情欲求纳入社会必然性之中；挣脱，在于力求人自身纳入自然的本性之中。二者相辅相成。

这样，对后现代主义哲学思潮我认为应当这样看：后现代思潮对以往哲学的批评，是对以往哲学的一种反对。同时，这又是对现在各种各样哲学和思潮的一种反应，其总体取向与揭示工业化社会当中出现的问题有关，这是显然的；它要对那些问题作出一种社会批判，这也是显然的。但是，在这样一种批判过程中，出现两种情况：一是对人，这样的批判，对人的解放，有一定积极意义；但同时来说，它消解了主体、消解了责任、消解了普遍理性、消解了崇高，这就把人变成了消极的人。二是对自然，它看到了只强调技术理性、科学技术时会出现的问题，尖锐提出了，近现代科学技术的发展，其对人到底是带来了好处，还是带来了坏处，从而对这样的问题进行重新思考，是有意义的；而同时，他们完全否定技术理性，又是有问题的。因此，我们在了解和研究这些理论时，应当结合当今世界特别是我们国情的实际，作出实事求是的思考，从而得出符合实际的正确结论。

最后，就当前我们所直接面对的情况讲，我再着重提出与前面讨论命题相关的三个延伸问题。这在我的思考中，是有自己特殊见解的。先粗略给大家说说，请大家关注研究。

一是怎样避免当代科学技术特别是网络发展，把人变成单向度的、隔离的。这里的问题是，由于技术的开发，对人的生存环境带来巨大的破坏，如何才能不形成这种破坏？再就是由于技术的发达，对人自身形成一种压抑，如何才能不形成这种压抑？科学技术的发展往往把人变成单面的即单向度的，或把人变成一种隔离的。有人举过这样的例子，计算机上网，与其说是加强了人与人之间的联系：在网络上信息化的沟通加强了；不如说是，恰恰把人给隔绝了：本来，人互相之间直接交谈、相互之间共事、互相之间打交道，这体现的是一种人与人之间的直接关系，人类不能没有这种直接的关系。现在过度地依赖网上联系、网上谈话，谁也不认识谁，实际上在网上把人的关系极端地符号化了，实际上带来了一种人与人之间关系的隔绝与冷漠。前几天看了一个电影，演了这样一个故事：两个人在网上谈恋爱。这二人谈来谈去，他与她很长时间中用的都是化名。其实他与她在生活中并不亲近。可二人在生活和工作中本是很熟的，刚才还在一起，说了几句话，各自都急着赶紧回去。他也回去上网，她也回去上网，回去之后互相交谈一番，最后两个人约定好在一个地方见面。弄了半天还就是他与她俩。就是这样一种状态，看起来是加强了人的联系，实际上是把人隔绝了。这里体现出现代科学技术对人与人之间关系的一种破坏。我们应对于网络技术体现的社会进步和体现的对人们关系的破坏，进行深入思考。

二是怎样避免当代文化生产特别是文化产业的消费，把人变成了无文化的、丧失主体性的。现在西方一些学者在论述文化生产、文化工业时，强调一种"大众文化"，这里讲的"大众文化"并不是我们所说的人民大众的文化。此种"大众文化"是指伴随着文化进入产业而形成的一种商业性的、随着市场经济发展的文化。也就是说，"大众文化"，是通过商业性的来实现其世俗性的。当一个人作为一个世俗的社会成员来消费这种文化时，实际上把自己纳入了工业生产的标准化、齐一化，走向文化生产和消费的平庸化，滥觞模仿性、形成无风格、泯灭个性和创造性，实际上陷入媚俗的无文化。因为人在此过程中丧失了自主的主体性。当把人自身的主体也给消解了，即彻底颠覆了主体性，人自身的自由发展也就变成了畸形发展。马克思在对现代社会、工业化社会进行揭露时，实际上涉及了这个问题。当代西方马克思主义哲学流派的一些理论家、与之有渊源关系的学者，在新的历史条件下也抨击了这一倾向，称之为"完美的罪行"。我们应对此作出深入的研究。

三是怎样避免当代经济增长特别对生产指标的追求，把人变成无生机的，这成为破坏生存的。以上我们说到了科学技术发展问是，当代学者还进一步关注了经济增长问题。想一下，我觉得，我们的确需要重新考虑一下经济增长的问题。这有重要意义。我们说科学技术是第一生产力，我们的确要发展科学技术，我们的确要关注科学技术对于经济增长的作用，我们的确要追求经济增长的指标；但是，这里我要贸然地提出，可能将来总有一天我们要限制这种增长。我在自己专著《塑造论哲学导引》中曾专门涉及这一问题。我们只有一个地球，我们不能在地球资源毁坏到相当严重程度的时候，才来关注这个问题。就像在20世纪50年代，说家庭要实行计划生育、要限制人口，人们不可理解、不可想象，怎么还要限制人口生育呢？我想，总有一天对于经济增长也要进行一种限制。

我们研究后现代哲学思潮，可能要想到以上的问题。这是我们必须结合当今世界和现实中国以至未来，去进一步研究、解决的。①

① 此部分是2000年5月张全新在东营职业学院的演讲，据录音记录。